生活·讀書·新知 三联书店

李天纲 著

金泽

江南民间祭祀探源

图书在版编目（CIP）数据

金泽：江南民间祭祀探源／李天纲著．—北京：生活·
读书·新知三联书店，2017.12 （2025.6 重印）
ISBN 978 - 7 - 108 - 05936 - 9

Ⅰ．①金…　Ⅱ．①李…　Ⅲ．①祭祀－民族文化－研究－青浦区
Ⅳ．① K892.29

中国版本图书馆 CIP 数据核字（2017）第 085229 号

责任编辑	李静韬
装帧设计	康　健
责任印制	李思佳

出版发行　**生活·讀書·新知 三联书店**
　　　　　（北京市东城区美术馆东街 22 号 100010）
网　　址　www.sdxjpc.com
经　　销　新华书店
排　　版　北京金舵手世纪图文设计有限公司
印　　刷　北京建宏印刷有限公司
版　　次　2017 年 12 月北京第 1 版
　　　　　2025 年 6 月北京第 2 次印刷
开　　本　635 毫米 × 965 毫米　1/16　印张 35.25
字　　数　411 千字
印　　数　8,001 - 8,500 册
定　　价　68.00 元
（印装查询：01064002715；邮购查询：01084010542）

一九三〇年金泽镇桥坊寺庙全貌草图

北

延寿桥
增福桥
关帝阁
英烈候庙
梅菴
林家桥
财神阁
佛阁
了安亭桥
佛阁亭桥
西归桥
天王庙
塔汇桥
东归桥
寿康桥
刘王阁
四相公庙
天王桥
玄通菴
府隍庙
許氏凤坊
寺界桥
贾氏腴坊
财神庙
百婆桥
梅堂
石假山
颐
鸳鸯殿
和尚浜
太平桥
瞭望台
放天园
毗卢阁同喜堂
浩
大雄殿
遗址
小祥浜
唐氏菴
三官庙
禅寮浜
小山门
聖堂庙
安乐桥
地藏殿
普济桥
寺
基
大山门
金刚殿
鹤颈街
总管庙
安寿桥
杏花桥
西林寺
城隍庙
放生桥
王氏百岁坊
兴隆菴
东岳庙
百家桥
里仁桥
如意桥
祖师庙
吉庆桥
五圣庙
叙旧潭
了寿菴遗址
凌涉石坊
迎祥桥

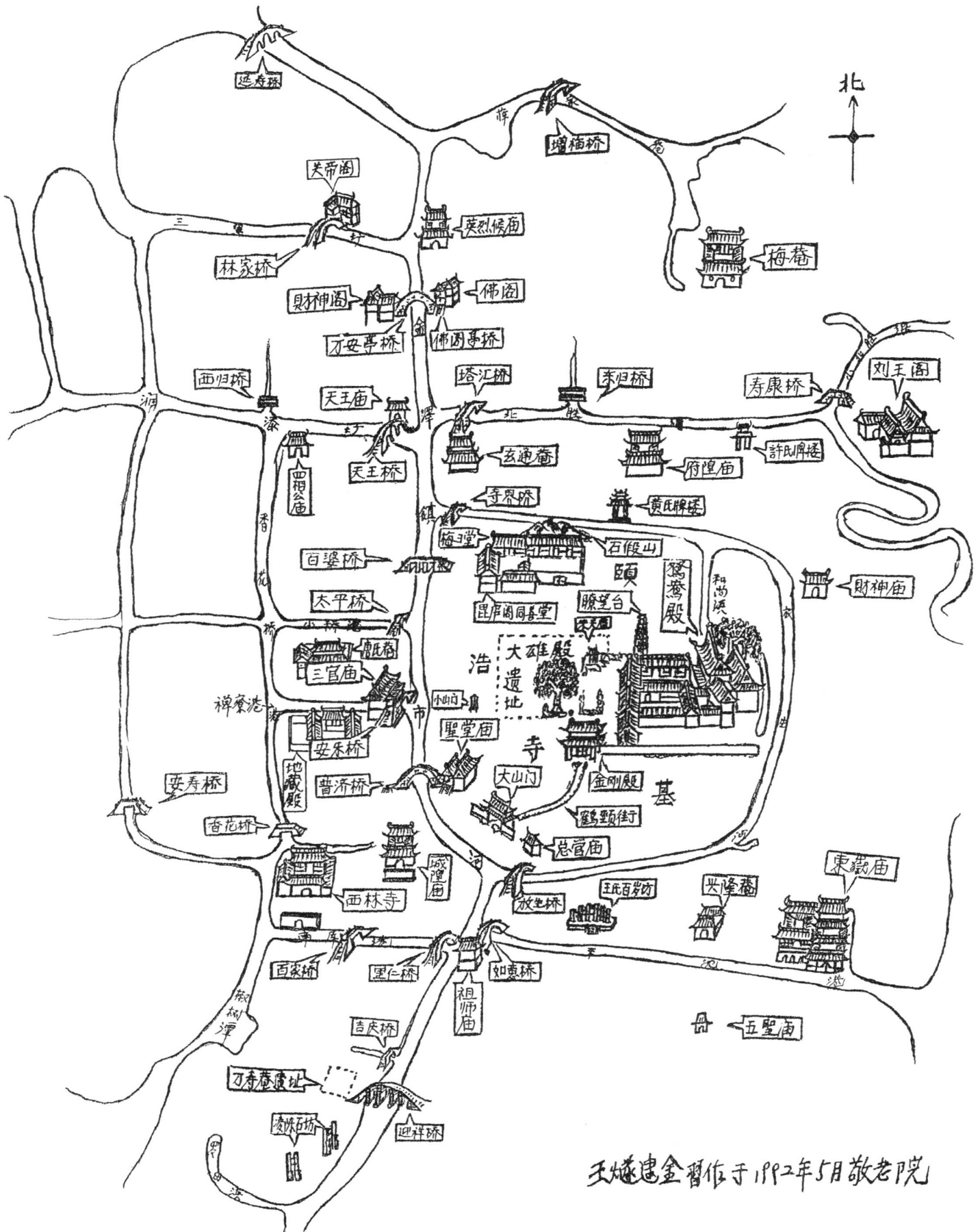

王燧建金習作于1992年5月敬老院

目　　录

上篇　金泽的祭祀生活

下篇　江南祭祀之源

绪论　金泽：江南民间祭祀探源

民间宗教：渊源与反省

受"革命史"编撰的影响，中国学者的民间宗教研究，一般不是宗教取向，大多是政治取向。20世纪中以"民间宗教"为题的学术著作，主要讲秘密会社，而不是宗教学意义上的信仰生活。这种倾向，自20世纪第一个十年已经开始。辛亥革命元老陶成章（1878—1912，浙江绍兴人）著《教会源流考》（1910年），提出"白莲之教盛于北，而洪门之会遍于南"[①]的"北教南会"说，着意于秘密会社的政治动员。清史学家萧一山（1902—1978，江苏铜山人）为解释辛亥革命，作《天地会起源考》（1935年），亦着意于反清复明。此后，中国近代史学者，如罗尔纲、荣孟源、陈守实等先生研究"白莲教""天地会""哥老会""洪门""青帮""义和团"，关心它们与中国革命史的关系，基本上是政治运动的辅

---

① 陶成章：《教会源流考》，见《浙案纪略》附录，收中国史学会编《中国近代史料丛刊·辛亥革命》（三），上海，上海人民出版社，1957年，第100页。

助研究。①民间宗教研究对于革命史的关注，也投射到古代。受此影响，古代民间宗教研究，多半也是配合"农民战争史"的编撰，注重秘密会社。直到20世纪90年代，历史学者才试图将"会道门"纳入中国社会史，以便脱离革命史的窠臼。然而，该研究仍然集矢于秘籍、教义和会首等组织形态，把民间宗教描述为一种社会政治力量，从属于政治史，对关系"神祇""祭祀""社会""庙会"等民众信仰生活本身，仍然着墨不多。②

还有一类民间宗教研究存在于大学中文系。他们延续了五四运动以来新派学者提倡"到民间去"的采风传统，重视神话、仙话和鬼话的收集整理。③因为是民间文学教学研究的一部分，注重形象之生动有余，对传说、信仰、仪式背后的宗教思考则不足。作为历史系、中文系边缘课程的民间宗教，固然比那些宏大叙事来得新鲜、生动和有趣，但对于逐渐恢复中的宗教学来说，仍然很不适用。简而言之，这种类型的民间宗教研究，"民间"容或有之，"宗教"本身则很少。目前的研究，忽视了信仰本身是一种宗教行为，其次才渐渐化为政治、社会、经济和文学活动等，以至于大学的宗教学专业，很难系统地讲授一门真正有关信

---

① 中国近代史学者以"会党""秘密会社""帮会"等主题的民间宗教研究，可以参见魏建猷主编《中国会党史论著综录》（上海，上海市历史学会，1984年）、蔡少卿著《中国近代会党史研究》（北京，中华书局，1987年）。

② 20世纪80年代之前的中国秘密会社研究，参见魏建猷主编《中国会党史论著综录》。20世纪90年代以后发表的民间宗教研究成果，可以参看马西沙、韩秉方著《中国民间宗教史》（上海，上海人民出版社，1992年）、秦宝琦著《中国地下社会》（北京，学苑出版社，2009年）。

③ 1984年起，中国文化部、国家民族事务委员会和民间文艺研究会在全国范围内收集、整理民间文学，分故事、歌谣、谚语等门类，其中不少涉及"神话""鬼话"的传说，成果参见《中国民间文学集成》（北京，中国民间文艺出版社，1990年）；另外，该项目中特别以长江三角洲地区民间信仰与文艺为题做的收集整理工作，可见姜彬主编《吴越民间信仰民俗：吴越地区民间信仰与民间文艺关系的考察和研究》（上海，上海文艺出版社，1992年）。

仰的中国民间宗教课程。[①]

民间宗教（Folk Religion, Folklore, Popular Religion, etc.）作为一种知识体系，明清以前并不存在。19 世纪以后，中外学者用现代学术标准，在中国人的儒、道、佛"三教"论述基础上，共同构建起这门新学科。明清之前，学者辨教，"三教"而已。三教人士将民众的祭祀、崇拜行为斥为"私祀""淫祀"，但并不特别分类，并不统称为"民间宗教"。天主教耶稣会士利玛窦（Matteo Ricci, 1552—1610）来华后，和儒生对话，沾染了儒教色彩。他对民众崇拜行为的批评，和正统儒家对淫祀的鄙视接近，这类行为被称为"迷信"（Superstition）。利玛窦、金尼阁著《利玛窦中国札记》（1615 年，罗马），是西方汉学的奠基之作，其中第九章"关于某些迷信的以及其他方面的礼节"，专门批评中国人的迷信仪式，内容涉及择日、选时、生辰、算命、占梦、星相、迎神、风水、炼金、炼丹，这是最早站在西方文化立场上的迷信研究。[②]耶稣会士把中国人

---

① 笔者于 2003 年后在复旦大学宗教学系为本科生开设中国民间宗教课程时，深感以前自己在历史学领域关注过的民间宗教仅仅是会道门专题研究，难以支撑一个独立而系统的完整学科，需要另起炉灶，故做此研究。

② 《利玛窦中国札记》（利玛窦、金尼阁著，何高济等译，北京，中华书局，1983 年）判定中国风俗中的迷信后，天主教高层文件中使用"迷信"一词来描写中国礼仪的，最早见于教宗英诺森十世批准、由传信部颁发的《1645 年 9 月 12 日部令》，其中称："只要不是旨在搞偶像崇拜和迷信活动，中国基督徒可以接受摊派。"（"Chinese Christians could contribute money, so long as through such contributions they do not intend to concur in idolatrous and superstitions acts."）原为拉丁文，英文译文见于：*100 Roman Documents Concerning the Chinese Rites Controversy*, Ricci Institute for Chinese Western Cultural History, University of San Francisco, 1992, P. 1. 中文译文参见苏尔·诺尔编，沈保义等译：《中国礼仪之争西文文献一百篇》，上海，上海古籍出版社，2001 年，第 2 页。杨庆堃曾指出："中国人信仰是迷信的观点在西方非常普遍，并已经流行了一个多世纪。"（氏著，范丽珠等译《中国社会中的宗教》，上海，上海人民出版社，2007 年，第 21 页）这里应该是指新教传教士批判中国宗教为迷信，其实比马礼逊（Robert Morrison, 1782—1834）更早，天主教耶稣会士在 17 世纪已经开始讨论中国文化中的迷信问题。

的迷信，定义为在民众中间残余的上古原始信仰，认为"原始""低级"是其两大特征。^①在《天主实义》中，利玛窦把迷信作为佛教、道教附属部分来批判，这个态度与正统儒家的态度也是一致的。

耶稣会士对儒家评价较高，对民众信仰的评价却很低："他们已蒙蔽在异教的黑暗中长达数千年之久，从没有或几乎没有看到过一线基督教的光明。"^②他们对民众的怜悯，固然可以说是带着"基督教中心主义"。但是，另一种说法或许更加贴切：耶稣会士是用了文艺复兴以后欧洲的"新学"（New Learning）^③做标准，看所有的迷信都不顺眼，都要批评。在中世纪，甚至于在科学兴起的16、17世纪，欧洲一般基督徒民众也很迷信，占星术、炼丹术、巫术、咒语等非理性的信仰方式，也都在流行。持阿奎那主义的耶稣会士，在欧洲讲学问，反迷信，到了中国，自然充当理性精神的使者，和儒家一起反迷信。因此，与其说他们是固执于基督教中心主义，不如说他们带来的批判工具是人文主义、启蒙思想中的理性主义。

按照文艺复兴的标准，利玛窦、金尼阁认为儒教是理性主义的。儒教有较多学问，较高理性，引领了中国人的信仰。尤其是在早期儒教（"古儒""先儒"^④）阶段，中国文化甚至比欧洲文化更加高明。作者在第十章"中国人的各种宗教派别"

---

① 详细参见李天纲：《中国民间宗教研究二百年》，《历史教学问题》，2008年第5期。
② 利玛窦、金尼阁：《利玛窦中国札记》，第87页。
③ 关于耶稣会士开创的新学，可以参见：John C. Olin, *Erasmus, Utopia, and the Jesuits*, Fordham University Press, New York, 1994, P. 90。
④ 利玛窦著《天主实义》，用了"古儒"（古儒以为所以然之初所以然）、"先儒"（墨翟兼爱人，先儒辩之为非）等概念，厚古薄今，以古非今，显然是受到了明中叶以后儒教学者复古的影响和启发。

中，专门讨论儒、道、佛三教，说："（儒教）教导说：理性之光来自上天，人的一切活动都须听从理性的命令。我们没有在任何地方读到过中国人曾把这位至高神及其属臣的各种神祇塑造成鬼怪，像罗马人、希腊人、埃及人那样发展为神怪或邪恶的主宰。"文艺复兴以后，欧洲思想回归地中海，把希腊、罗马和埃及定为文明源头。利玛窦不无夸张地认定中国古代的"天""帝"信仰，比古代地中海文明更纯洁。他补充说："我不知道有什么民族在其古代的早期，是比中国人犯更少错误的了。"[①]利玛窦肯定儒家，依据的学理是托马斯·阿奎那以来的理性标准。一直以来，学术界都把"补儒易佛"的"利玛窦路线"肯定为极佳策略，是他一生传教的亮点。其实，作为一个17世纪在华的耶稣会士，利玛窦不过是用文艺复兴以后逐渐确定的人文主义、理性精神来解释中国宗教。利玛窦"合乎理性"的解释，先是引导了18世纪的西方汉学家，后来影响了19世纪欧洲的启蒙思想家，最后为20世纪留学欧美的中国学者所接受，转又成为当今中国学术界的主流判断。

早期的西方汉学家并没有把这部分迷信区别为某种宗教，只是用理性和非理性的标准，区别高层学理和下层蒙昧。汉学家们大致是把下层蒙昧作为附属于儒、道、佛三教的民间信仰实践。19世纪的主流观念，是把神学放在突出地位。有思想主张、经典教义的信仰列为宗教，不然就是迷信。问题是，并不是所有宗教都像近代基督教那样严格区分科学与迷信。主张把民间宗教从儒、道、佛三教中区分出来的是荷兰汉学家高延（Jan Jakob

---

① 利玛窦、金尼阁：《利玛窦中国札记》，第99页。

Maria de Groot, 1854—1921）。[①]"高延《中国的宗教系统》（1892）一书认为：中国的'民间宗教'，是儒、道、佛三教之外的独立宗教，别成一教。这类观点，为20世纪大多数中外学者认可，'民间宗教'的概念开始为人们接受。"[②]马克斯·韦伯（Max Weber, 1864 —1920，德国哲学家）的《儒教与道教》采用高延的研究成果，他注意到："格罗特（高延）压根儿拒绝将道教当做与儒教并立的一种特殊的宗教。"[③]事实上，韦伯的话说得有点出入，高延等人觉得在中国民间信仰的方式，和有典有册、有学问的儒、道、佛三教很不相同，简直是另一种"宗教"，因而采用"Folk Religion""Folklore""Popular Believing""Popular Religion"等词语来定义，中文就渐渐翻译为"民间宗教"。

受马克斯·缪勒（Max Muller, 1823—1900，德裔英籍东方学家）学说和美国芝加哥世界宗教议会（The Parliament of World's Religion, 1893）[④]的影响，20世纪初的西方汉学家大多有了比较宗教学、宗教科学、东方学和人类学的视野。在审视基督教中心主义的学术背景下，把非西方民族的信仰斥为"迷信"（Superstition）、"异教"（Heathenism）、"偶像崇拜"（Idolism）

---

① 高延，又译格罗特，毕业于荷兰莱顿大学，曾在厦门、爪哇等地担任汉语翻译六年，研究当地华人的民间宗教。1891—1911年任莱顿大学汉学教授；1912—1921年任柏林大学汉学教授。著有《厦门华人的年节和风俗》（*Jaarlijksche feesten en gebruiken van de Emoy, Chineezen, Aspect, Manners, Customs, and Social Institutions Connected therewith*, 1881年）、《中国的宗教系统》（*The Religious System of China: Its Ancient Forms, Evolution, History and Present*, 1892—1901年）、《中国的大乘经》（*Le code du Mahayana en Chine*, 1893年）、《中国的宗教》（*Religion in China: Universism, a Key to the Study of Taoism and Confucianism*, 1912年）。高延对中国宗教的看法，通过马克斯·韦伯的传播而影响深远。

② 李天纲：《中国民间宗教研究二百年》。

③ 马克斯·韦伯著，洪天富译：《儒教与道教》，南京，江苏人民出版社，1997年，第240页。

④ 马克斯·缪勒和芝加哥世界宗教议会与宗教学创立之关系，参见缪勒：《宗教学导论》（上海，上海人民出版社，1989年）；埃里克·夏普：《比较宗教史》（上海，上海人民出版社，1988年）。

的做法，越来越不合适。一批研究中国宗教的西方学者，如卢公明（Justus Doolittle, 1824—1880，美国公理会传教士）、高延、戴遂良（Leon Wieger, 1856—1933，法国耶稣会士）、沙畹（Emmanuel-Edouard Chavannes, 1865—1918，法国汉学家）等，逐渐开始把"迷信"改称为"民间宗教"。于是，在关于中国人的意识形态中，生出了一种新的宗教——民间宗教。

把民间宗教从儒、道、佛三教中剥离出来，别为一教，这样的做法在今天已经天经地义，少人质疑。其实，民间宗教，还有今天中国人理解的佛教、道教和儒教，都是中外学者重新定义过的，并非当初的意义。当初的儒、道、佛教都混杂着方术、祭祀和各种崇拜方式，是一个整体。2008年，我们翻译禄是遒（Henri Doré, S. J., 1859—1931，法国耶稣会士）的巨著《中国迷信研究》（*Researches into Superstitions*），宗教管理部门在审稿时坚持：如果中文书名中出现"迷信"二字，而内容又涉及儒、道、佛三教，则会伤害今天佛教、道教两界信徒，实难通过。禄是遒神父自19世纪80年代起，在上海、江苏、安徽等地调查中国宗教，发现儒、道、佛三教的下层民众中有些相当迷信，因而着手研究，并于20世纪20年代在上海徐家汇耶稣会驻院完成全稿。禄是遒和其他参与写作、整理、注释、翻译（法译英）的神父们，把儒、道、佛和民间宗教混同，在沿用高延等汉学家已经采用的"Folk Religion""Folklore"等词语的同时，书名却用了"Superstition"这个词。为了顺利出版，我们只能放弃原书名，去除"迷信"，改以《中国民间崇拜》①的中文书名发行。这个例子表明，在今天中国人的意识形态中，无论政界、教育界、学界，都已经把民间宗教（或曰封建迷信）从儒教、佛

---

① 参见禄是遒著，李天纲审校：《中国民间崇拜》，上海，上海科学技术文献出版社，2009年。

教、道教中严格地分离出来，不再混淆。

中西方的学者，继续利玛窦的理性思路，把儒、道、佛教的教义（Dogma）部分提炼出来，作为与基督教神学（Theology）和西方哲学类似的学问，进行比较。剩下非理性的迷信部分，单列为民间宗教，作为汉学（Sinology）、宗教科学（Science of Religion）和比较宗教学（Comparative Religion）的研究对象。在这里，学者们其实是把三教（儒教、道教、佛教）的宗教性与民间性分离，把民间信仰专门归类。①当时是把一些"乱七八糟"却有强大影响的宗教现象，即所谓"迷信"，与中国人传统的三教区别开来。

但是，严格区分三教以后，出现了难以解释的新问题。三教承学（儒学、道家、佛学），有典有藏，还有士大夫、道士、僧侣主持，是有体系的宗教。从民间信仰滋生出来的小寺庙，一般都没有稳定的经典、教义、神学、祭司和宗教领袖，就是一些膜拜、祭祀、出巡、法会、庙会等信仰活动。这样，上层儒、道、佛三教和下层信仰之民间宗教，到底谁可以代表"中国宗教"？这是一个难以回答的问题。1922年，中国基督教机关刊物《教务杂志》（The Chinese Recorder）就讨论过一个问题："一个国家的宗教，是某种宗教创始人的学说，还是不看创始人的教导，而看民众实际的信仰和实践？有些人可能会说前者是一个国家真正的宗教，另外有些人则会说应该看后者。"②这是在问：到底是孔子、老子、释迦牟尼的儒、道、佛学说代表中国宗教，还是民众的信仰、祭祀仪式代表中国宗教？按教主

---

① 关于西方传教士和汉学家开始中国民间宗教研究的情况，可以参见李天纲：《中国民间宗教研究二百年》。

② Albert George Parker著，陶小路、乔洋敏译：《民国初年中国普通民众宗教信仰与实践的问卷调查》，载《当代宗教研究》（上海，上海社会科学院宗教研究所），2013年第2期，第45页。著者在1922年8、9月的《教务杂志》刊登从中国九个省份收集来的83份调查问卷，以期回答他所设定的"中国宗教"问题。

奠定的教义来理解宗教，这是世界各民族"高级宗教"①的通理。但在事实上，任何宗教都不能没有祭祀礼仪，中国的三教历来都和民众的祭祀混为一体。硬是把民间宗教划出来，它们却仍然和三教紧密关联；没有了民间宗教的三教，看上去也就不太像是宗教了。

无论西方学者是否误会、曲解，甚至妖魔化中国宗教，也无论他们用基督宗教标准来判断中国文化是否正确，更无论把民间宗教从儒、道、佛三教分离出来的做法是否合理，两百年来中国出现了一个"民间宗教"，俨然成为事实。民间宗教研究着眼于下层信仰，修订、发展，延续到今天，留下了大量作品，影响深远。于是，我们不得不沿用"民间宗教"的概念，不过打上了引号，以提示这是一个需要不断检验、重新反省的现代概念。

当代社会环境下迫切需要反省现代性，但汉语学术界反省中国宗教的条件不乐观。中国大陆曾经由"宗教消亡论"主导，宗教学亦被取消。宗教和宗教学不复合法，学者自然更不会为一种连宗教都谈不上的迷信去多费心思。一位日本学者说：中国"大陆对民间信仰研究漠不关心，甚至可以说回避其研究已成为普遍情况"②。说中国大陆学者从来不在民间范围内研究宗教，这不确实，但是要说缺乏足够的反省，这个应该承认。

既然民间宗教是一个从迷信逐渐演化过来的近代概念，那它和同时存在的儒教、佛教、道教三教的关系究竟如何？这是首先需要反省的问题。问题包括：第一，中西文化交往之前，三教

---

① "高级宗教"和"低级宗教"的区分，参见涂尔干著，渠东、汲喆译：《宗教生活的基本形式》，上海，上海人民出版社，1999年。

② 滨岛敦俊著，朱海滨译：《明清江南农村社会与民间信仰》，厦门，厦门大学出版社，2008年，第6页。

和民间宗教原来是怎样的一种关系？第二，中西交往之初，从近代的比较观点看中国宗教，三教是怎样与民间宗教区分，并被一代代学者按现代宗教的观念加以重塑的？第三，先不论仍然处于"洋教"阶段的外来宗教（伊斯兰、天主教、基督教）与中国本土宗教的关系问题，就目前中国本土宗教的定义和界说，即以三教截然相分，补充以民间宗教、民间信仰的地方祭祀，各有组织，各定规章，是否真的符合中国传统信仰的习惯？这些问题像是多余，但是放到实践的领域，在地方、在信徒中，它们并非确凿无疑，天经地义。

返回明清时期，江南士大夫固然把儒、道、佛称为"三教"，但并非西方意义上的"宗教"（Church 或 Religion）。利玛窦最初把三教理解为三种"教派"（Sect），《利玛窦中国札记》原文为葡萄牙文，英译本的翻译为"Three Religious Sects Among Chinese"。利玛窦统称三教为"三种迷信""三种崇拜或宗教的体系"，[①]在分论儒、释、道的时候，则称为教派。"对各个教派考察的结论是：三大教实际已合为一套信条，它们可以，而且应该全都相信。……他们相信能同时尊奉所有三种教派，结果却发现自己根本没有任何一种，因为他们并不真心遵循其中的任何一种。"[②]利玛窦、金尼阁还是顺着明清儒家三教合一的论述，但放在欧洲人的宗教经验里，他们的难题是要决定三教到底是一个"中华教"（Sinoism，如同"印度教"[Hinduism] 的含义）的三个教派，还是三个根本不同的宗教（有西方 Church 的含义）。利玛窦倾向于认为是"合为一套信条"，他附和明代中叶的"三教合一论"。

---

① 利玛窦、金尼阁：《利玛窦中国札记》，第100页。
② 同上书，第114页。

　　早期传教士没有贸然把三教分离为三种宗教的原因之一是还要兼顾儒、道、佛并非水火不容的现实。1807年来华的英国伦敦会传教士马礼逊在介绍中国文化的著作《中国大观》(*A View of China for Philological Purposes*) 中，仍不确定把儒、道、佛称为教派还是宗教。他在开列三教诸神祇名称的表格之前，总体介绍了"三种公认的教派或宗教的神名"(Names of Three Acknowledged Sects or Religions)。分别三教时，他用了"Of the Sect Called Joo-Keaou"（"所谓'儒教'的教派"），仍然是以教派相称。[①]传教士使用复数"Sects"，有贬低中国人多神信仰的用义，也有包罗所有教派的含义，体现宗教家的另一种思路："视中国宗教为一个整体。"(Take the Chinese Religion as a Whole) 像英国人把众多的印度信仰合称为印度教一样，把中国人的所有信仰定义为一个中华教未尝不是一个选项。如果当初把儒、道、佛列为中华教之下的三大教派，如印度教内部的众多教派（婆罗门、湿婆、耆那等），那么中国的宗教版图就会是另一种理解。这种整体性理解会忽视一些"三教之辨"，却更合乎明清思想中非常强烈的三教合一论，也更接近中国人的宗教生活。清朝晚期来华的英国传教士苏慧廉（William Edward Soothill，1861—1935）回国后在牛津大学课堂正式采用"中国的三种宗教"(Three Religions in China)，[②]则表明中外人士最终把儒、道、佛分裂为现代宗教学意义上的三种宗教。

　　三教合一论有其道理，中国的三教，其神祇、仪式、教义，不像西方教会那样有严明的纪律划分，相互之间可以流动，可以

----

① Robert Morrison, *A View of China for Philological Purposes*, Macao, 1817, P. 110.
② 苏慧廉回国后任牛津大学汉学教授，研究中国宗教，有著作《中国的三教》(*The Three Religions of China: Lectures Delivered at Oxford*, Hodder and Stoughton, 1913)。

兼容，这是中西宗教的很大不同。顾炎武（1613—1682，江苏昆山人）在《日知录·士大夫晚年之学》中指出一个现象："南方士大夫，晚年多好学佛；北方士大夫，晚年多好学仙。"[①]明末士大夫中钱谦益（1582—1664，江苏常熟人）、方以智（1611—1671，安徽桐城人）以士林领袖、贵公子而晚年学佛，顾炎武虽不喜欢，但承认儒生喜好佛学、仙道，逃离儒教，"入禅""归道"，确实是普遍现象。《日知录·士大夫家容僧尼》从唐代、金代记载考证出："百官家多以僧尼、道士为门徒，往还妻子，无所避忌。"[②]士大夫在日常生活中，与僧尼为伍，甚至引入家室，习以为常。直到晚清，上海大居士盛宣怀（1844—1916，江苏武进人）、曾纪芬家里不但有僧尼入住，还建造家庙，与儒教之祠堂同存。儒、释、道三教，在有些朝代（如明代万历），有些地区（如江南城乡），有些人的有些年龄段（如"士大夫晚年"）往往混为一体，难以区分。天主教、基督教传入中国后，保守的士大夫提倡"国教"，奉行"保教"，对抗"洋教"。但是，中国宗教是什么？是"一"（通称为国教），还是"三"（分之曰儒、道、佛），或是更"多"，看法并不明确，在今天依然是一个可以讨论的问题。

把"Popular Religion"翻译为"民间宗教"，理解为下层信仰，即儒教所谓"愚夫愚妇"之教，也是一个现代性的定势，中外皆然。利玛窦从文艺复兴思想出发，明、清学者从儒教祀典出发，中西方人士都认为淫祀是一种乱象，应该遏制。《利玛窦中国札记》称："全中国各地偶像的数目，赫然之多，简直无法置信。这种偶像不仅在庙里供奉，一座庙里可能就有几千尊偶像，而且几乎家家户户都有。"[③]"Popular"固然有"民众""流行"的

---

① 顾炎武著，黄汝成集释：《日知录集释》，长沙，岳麓书社，1994年，第501页。

② 同上书，第502页。

③ 利玛窦、金尼阁：《利玛窦中国札记》，第113页。

意思，但是考虑到这些神祇有朝廷的批准（"赐额"），皇帝、官员和士大夫都相信，参与祭祀，祀典还有明文记载，则它们并非俚俗。由于三教分流，各立门户，近代儒、释、道教不断与有着教会传统的西方宗教，如天主教、东正教、基督新教等相比较。在此"理性化"的过程中，民间宗教的神祇、礼仪、斋醮、符箓、法术、咒术从三教学说中剥离出来，严加甄别，大多数都被作为下层的迷信，加以剔除，其实，当初这些神祇都是全民供奉，皇帝、官员、士大夫也概莫能外。

明清时期的三教，是一个包括很多祠祀神祇的大系统。马礼逊在《中国大观》中列举了三教诸神，儒教包括"天""地""社稷""山川风火各神""龙王""海神""孔夫子""天后""关帝""文昌""魁星"；佛教包括"三宝佛""准提""观音""天花圣母""惠福夫人""财神"；道教包括"三清""玉皇""北帝""华光""送生司马""土地"。[①]这一份诸神名录，远远不是全部，但已经可以看出儒、释、道各神祇的区分，和后来的定义不同。原属儒家的神祇，后来跑去了道教；被清理出宗教队伍的迷信，当初的儒、道、佛都有吸纳。出版该书时，马礼逊只有十年的澳门生活经历，并不足以独自理解中国的三教。这份名录靠欧洲汉学家及华人学者提供，传递了明清祀典中的三教观念。

1927年，国民政府采用"新文化"意识形态，三教之中放弃了儒教。祀典规定的祠祀结束后，大部分的神祇，如神农、关公、天后、文昌等，都脱离了儒教体系，归入道教。道教也不接受的小神祇，如江南地区的"杨老爷""刘猛将"等，只能划归民间信仰，大多被列为封建迷信，一禁了之。儒教纯化为"儒

---

① Robert Morrison, *A View of China for Philological Purposes*, P.111.

学"，不再有祠祀供奉。"天地""人鬼"等概念不再作为儒学来谈论，"理气""性命"等话题也仅仅讲论于大学课堂。理性化的倾向也存在于佛教。佛教被等同于佛学，佛学又理性化为哲学，慢慢地被解释为无神论。[①]道教的理性化表现在道家与道教的剥离，按照现代社会中"理性和信仰"泾渭分明之关系，道教虽有合法地位，但可以谈论的是道家，且道家与道教绝少干涉。1949年以后，对传统宗教基本上延续了"近代性"的限制政策，直到80年代改革开放的新时期。

全球－地方化时代的信仰

中国人的宗教生活自20世纪80年代后复苏，是一个明显现象。国内外测度当代中国的"宗教复兴"（Revival of Religions），通常采用统计信教人数的方法。1956年，国务院总理周恩来（1898—1976，江苏淮安人）估计当时信教人口约为一亿人。[②]据华东师范大学的调查报告称：2005年，16岁以上的中国人中具有宗教信仰的人数比例为31.4%，约为3亿。这个数字远远高于"文革"之前，"其中比较突出的是中国传统佛教、道教的发展，和民间信仰的重新登台。就在我们的调查中，这几方面加

[①] 从李提摩太到赵朴初，中国佛教界一直诠释佛学为"无神论"。赵朴初《佛教常识答问》（北京，中国佛教协会，1983年）设题说："佛教很像是无神论。"赵朴初答问时，其实对"佛教无神论"做了限制，说"佛教并没有否定婆罗门教的神祇"，还说"应当承认到后来佛教被神化了的事实"（第25页）。曾遇见上海一著名寺庙的主祭和尚，刚给丧户做完超度，转身就说"佛教是无神论"，为之绝倒，不禁有叹：朴老误人啊！

[②] 周恩来《不信教的和信教的要互相尊重》（1956年5月30日）一文称："中国的宗教徒有几千万，如果加上在家里信教而不到寺庙去的就更多，差不多有一亿了。"该文为对巴基斯坦、印度尼西亚伊斯兰教代表团成员的讲话记录，收入《周恩来统一战线文选》（北京，人民出版社，1984年）。

起来达到信教总数的66.1%，如果放到总人口中，大约达到两亿多人"①。佛教、道教、民间宗教的信徒不像体制严格的天主教、基督教和伊斯兰教那样能够精确统计，②但此项调查对于"文革"前后信教人口的估计，仍与一般经验相吻合。

亨廷顿（Samuel Huntington, 1927—2008，美国政治学家）在其《文明的冲突与世界秩序的重建》（*Clash of Civilizations and the Remaking of World Order*，1996年）中，列举佛教和中国民间宗教的信教人数占世界总人口的比例。佛教从1900年的7.8%到2000年的5.7%，中国民间宗教从1900年的23.5%到2000年的2.5%。③这个衰败的估计，和最近复兴的数据相矛盾。然而，"根据零点（调查公司）问卷调查推算，在16岁以上人口中，有1.2亿人自称不信仰特定宗教，但相信神灵、佛祖或鬼的存在。此外，在16岁以上人口中，中国有1.41亿人相信财神，有1.45亿人相信风水，3.62亿人在过去12个月内算过命或看过相，更有多达7.54亿人在过去一年中上过坟，其中2.06亿人承认祖宗神灵存在，1.23亿人在家里供奉祖宗牌位"④。亨廷顿的数据表明过去100年间中国宗教在世界宗教版图中的份额下降了，零点公司的数据则表明最近30年间中国道教、佛教和民间宗教的信徒人数和人口比例超过了20世纪50年代。因此，倘说20世纪80年代以来中国有一个"宗教复兴"，应该是事实。

---

① 新华社：《当代中国人信仰调查》，《瞭望东方周刊》，2007年第6期。

② 由于存在天主教地下教会、基督教家庭教会，中国基督宗教信徒的数量也难以精确统计，使得中国宗教徒的总数量难以统计。华东师范大学之外，另有中国社会科学院世界宗教研究所、零点调查公司的不同统计数字，可留意参考。

③ 参见亨廷顿著，周琪等译《文明的冲突与世界秩序的重建》（北京，新华出版社，2002年）第三章"普世文明？现代化与西方化"列表"世界人口信奉主要宗教传统的比例"。

④ 杨凤岗：《当代中国的宗教复兴与宗教短缺》，《文化纵横》（双月刊），2012年第1期。

中国社会在20世纪80年代以后出现了宗教复兴，这是社会各界的经验感受，也是城市生活的客观事实。以上海城隍庙的调查为例，每年正月初一到庙里烧香的人数呈不断增长的态势。"据庙里提供的材料，2000年后，初一进香的人数逐年增长，且其速率也有提升之势。2001年为9127人，2002年12767人，2003年17808人，2004年18206人，2005年18905人，2006年则达26811人。增幅最大的是2006年，比上一年增了41%强。"①这样的情况，在我们调查的上海青浦区金泽镇的香汛和日常祭祀中，也都表现出来。2000年，金泽镇杨震庙修复以后，香火和香客呈逐年上升趋势。据当地政府估计，持续进行的每年两次"香汛"（庙会），江南各地前来进香的人数达到十几万。

伴随着江南地区的经济发展，在工业化、城市化和现代化的过程中，反而有一个信仰运动的兴起，这似乎与理性化、世俗化的估计不相吻合。一般来说，这些合并的现代性会对传统宗教生活构成巨大冲击，以至于毁灭信仰。然而，现代化是否真的消灭了宗教，这是需要反省的问题。历史地看，19世纪中期英国的"牛津运动"（Oxford Movement），20世纪初年美国的"社会福音运动"（Social Gospel Movement），都是拜金主义盛行时代兴起的宗教再造运动。"二战"以后，随着东亚国家和地区的经济崛起，韩国的宗教复兴运动，由基督宗教的各教派领导；我国台湾地区的宗教振兴，开始由基督教、天主教倡导，后来却在佛教、道教和民间信仰中间蓬勃发展起来，佛光山、法鼓山、中台禅寺、慈济功德会等本土宗教主导了目前的宗教运动。"根据（台湾地区）'内政部'（1993年）最新资料，台湾目前有信仰的人已经冲破千万，十年前台湾的宗教人口不过115万左右。成长的速度可见

---

① 新华社：《当代中国人信仰调查》。

一斑。"①"亚洲四小龙"中的香港地区、新加坡虽没有出现强烈的宗教振兴运动，但民众信仰也没有被商业社会湮没，只是在城市社会（City State）体制中，宗教的表现方式有所不同。总的来看，从欧洲、北美先期现代化民族再到近期完成现代化的亚洲各民族，都出现了"经济-宗教"一起发展的伴生现象。两百年的实践证明：宗教与现代化，信仰与现代性，并非势不两立，此消彼长。

经历了现代性改造的社会，宗教复兴并非陈旧意识的简单回归、残余势力的突然袭击。现代宗教，经过现代性的洗礼，融入了世俗化的新生活，变化出一层新意义。80年代以来恢复的宗教生活，并非复辟旧制度，而是在延续了传统宗教形式之后，根据当代生活的需求，再造新信仰。1978年1月，上海市委统战部为涉外活动需要，正式开放玉佛寺。②此后，市区代表性寺庙如静安寺、龙华寺、城隍庙，郊区社区性小庙如金泽镇颐浩禅寺、杨震庙等相继复建。这些恢复活动当然带有拨乱反正、落实政策和歉疚补偿的初衷，但时过境迁，信仰不可能再以原来的方式重建，恢复的庙宇和祭祀已不是原来的样子，而是适应了新时期的更新信仰。

以我们做了田野调查的青浦区金泽镇为例，该镇民国年间围绕着东岳庙建立的庙会社戏、岁时节庆……在今天已经很不完整。在江南，岁时节庆是祭祀制度的一部分，现代文明视为习俗和文化的很多礼仪方式，都是古代宗教生活的辅祭和派生。正月，为祭祀之月，有初一日拜贺、初三日春酒、初四子夜迎五路财神、初五日开市、初七日人日（称人）、十五日元宵节、十五

---

① 台北《远见》杂志，1993年1月15日，第37页。
② 《上海宗教志·大事记》，上海，上海社会科学院出版社，2001年，第47页。

日祭祖撤坛……①这些节日原来都是祭祀，后来化为礼仪、规矩、风俗。如初一家庭、家族内部成员间的拜贺，新衣新帽，先拜天地，再拜祖宗，然后阖家阖族同拜。"礼拜之后，沿喜神方向退出。再诣神庙寺院参拜。"②诸如此类的老规矩具有浓重的宗教性，今天在上海市区都不见了，远郊乡镇金泽保存稍多。但是，镇区里的祠堂都废除了，新建的楼房很少保留中堂；春节期间拜天地、供祖宗的人家几乎没有。这些情况和上海市区人家基本一致。这种现象表明，寺庙背后原有的社会祭祀系统以及它们反映的一系列文化制度已经残破不全。

在这个变化了的时代，我们还能在什么意义上谈论传统宗教？传统宗教的信仰方式是不是完全退出了当代宗教生活？从上海市区各大寺观以及金泽镇的乡间小庙来看，明、清、民国时期的宗教传统似乎还活着。至少，无论是寺庙外观、祭祀方式，还是信徒对灵性的感受、理解等方面，都有很强的传统色彩。任何一个来上海访问的外国学者都会把玉佛寺、城隍庙、颐浩禅寺、杨震庙看作"中国宗教"。在中国，人们也是把当代佛教、道教、民间信仰看作本土文化，重视其传统性，远远胜于现代性。一个在情感上拒绝西方文化的人，仍然会把传统宗教当作自己"安身立命"的处所。权威部门在平衡外来宗教影响时，也常常想到是否要扶持一下本土宗教。种种现象表明：传统宗教仍然活着！

21世纪全球化时代，中国宗教的民族性和地方性仍然强烈。近30年以来，春节和圣诞节一直被视作中西方宗教文化的象征，相持不下。在圣诞节迅速普及到全国各地之后，春节、端午、清

---

① 参见中川忠英编著，方克、孙玄龄译：《清俗纪闻》（北京，中华书局，2006年）所记"年中纪事"。

② 同上书，第3页。

明、中秋、冬至也渐渐回到城乡民众的日常生活中，有的还定为国定假日。[①]每年清明时节，上海市区约有800万人要到郊区和江、浙各地的公墓去祭扫，沿途的纸钱、冥器、鲜花、人流和车流，蔚为壮观。按明清江南的儒教传统，提倡家庭内的中堂祭祀——家祭，宗族内的祠堂祭祀——庙祭。近代以来，上海等大城市内难以保留宗法礼教，民国至今都代之以清明、冬至去上坟——墓祭。或许我们可以就此得到一些看法：在全民经济迅速卷入全球化的江南，在早已都市化的上海，宗教信仰上的本土性还在不断更新，仍然强烈。

近年来传统宗教生活渐趋活跃以后，不同视角有各种看法。从统战理论出发的观点，这是落实政策；从社会转型实践的缺陷来评价，说是信仰危机；从人权理论出发，则是宗教自由。然而，若从宗教学者的经验描述，我们可以客观地称之为当代中国的宗教复兴。曾经被认为一去不复返的宗教信仰又回到了日常生活中间。"文革"高潮中，上海市革命委员会负责人曾"向外宾介绍上海已消灭宗教的经验"，[②]这个短暂的经验和今天日益兴起的宗教生活判若霄壤。到目前为止，中国政府对待宗教的态度是"任何国家机关、社会团体和个人不得强制公民信仰宗教或者不信仰宗教"，[③]秉持中正路线。政界、学术界并没有公开而普遍地支持或反对宗教（或某一种宗教），民间宗教也还没有得到中央

---

① 2007年12月14日，中华人民共和国国务院第513号令，发布《国务院关于修改〈全国年节及纪念日放假办法〉的决定》（http://www.gov.cn/zwgk/2007-12/16/content_835226.htm），定"全体公民放假的节日"为：新年（1天）、春节（3天）、清明节（1天）、劳动节（1天）、端午节（1天）、中秋节（1天）、国庆节（3天）。这一修改，增加了清明、端午、中秋，加上已有的春节，使传统岁时假日在节数和天数上超过了现代节日（新年、劳动节、国庆节），传统文化已经稍占上风。

② 张化：《上海宗教通览》，上海，上海古籍出版社，2004年，第4页。

③ 《中华人民共和国宪法》（2004年）第二章"公民的基本权利和义务"第三十六条。

政府的"赐额"（批准），仍然是民间信仰。[①]

其实，民间宗教在历史上不仅仅是"民间"的信仰，更是上上下下的普遍现象。古代学者处理民间宗教，常常就是在处理中国文化和中国宗教的整体问题。中国宗教被现代性做了种种限制之后，现在确实是一个只在民间，或者说在下层起作用的非主流信仰。杨庆堃（C. K. Yang, 1911—1999，美籍华裔宗教社会学家）笔下的故国信仰民间宗教，虽已在民国年间遭到贬斥，但仍然有着强大影响，他说："在中国广袤的土地上，几乎每个角落都有寺院、祠堂、神坛和拜神的地方。寺院、神坛散落于各处，表明宗教在中国社会强大的、无所不在的影响力。它们是一个社会现实的象征。"[②] 此后，20世纪50年代至70年代，中国大陆实施了更大规模的社会改造，发动了历史上最为剧烈的"隳庙"运动，人们一度以为民间宗教是一个很快就会消失的现象。不仅民间宗教，凡是宗教都会"消亡"，连明清传入的天主教、基督新教，虽称"先进"，也会"灭绝"。然而，出乎意料，80年代以后的社会发展却一步步地改变了群众、干部乃至学者们的判断，各大宗教，包括"民间宗教"，又复活了。

中国宗教既有民族属性，更有地方特征。"中国宗教"一词，通常并不用来描述包括汉、满、蒙、回、藏等族的中国人宗教，只是指汉人、华人的信仰。即使缩小范围，把中国宗教限定为汉族宗教、华人宗教，内部差异性还在，还有东西南北之间的地域分别。中国宗教传播范围广，例如二郎神从成都平原扩展到江南

---

① 在中外学术界，对应"Popular Religion"的翻译，一般都把下层宗教生活整体概括为"民间宗教"。在中国宗教学界，有学者把组织化的宗教秘密会社与一般仪式性崇拜区分开来，前者称为"民间宗教"，后者称为"民间信仰"。当代中国的宗教管理部门，沿用"民间宗教"和"民间信仰"的区别，否定前者作为一种正式的宗教与佛、道教并列，肯定后者作为一种社会习俗，可以有限地存在。

② 杨庆堃：《中国社会中的宗教》，第24页。

水乡；汉人的关公也为满人接受。但中国宗教有强烈的区域性，其地方特征更应该被重视。江南宗教的本土性一方面表现在一些本地独有的神祇，如杨震、黄道婆、陈三姑等信仰，别的地方没有；另一方面还表现在即使是全国同名的神祇，如关公、东岳、五路等，信仰起来也有鲜明的特征。例如，康熙年间，江南风传一位五十岁的老举人，因在关帝庙求签考中状元，于是举子赶考都去武圣庙向关公求上上签。[①] 苏州、松江、嘉兴地区儒生流行"不拜文庙拜武庙"的风气，这是别的地方没有的。

当代中国的"宗教复兴"，透露出什么样的信息？全球化的交往，世俗化的生存，不断现代化、都市化的环境，五四时期曾被认为愚昧落后的中国本土宗教，居然还能够重新出现，称得上是文化史上的异数了。上海和江南经历了自明末以来400年的中外交往，直接面对西方天主教、基督教的传播；经历了自鸦片战争后近170年以来的通商、传教，江南的城镇化生活转变为上海的大都市社会结构；又经历改革开放以来30年的市场经济，大量移民、时髦风尚、城市节奏变化、全球化运动……种种经验，都没有改变这座城市的传统性。上海仍然是一座具有江南特征的东方城市。从传统的角度看上海，仍然可以理解很多东西。这个城市的本土性，肯定不是单单由传统缔造的，它随时随地在吸收外来文化和当下风尚，融入自己的"海派"。但是，由于地理、人口、行业、物产、习俗、语言、价值观以及信仰，都有着鲜明的特点，这个城市的本土性将会长期保留。旧的本土性或许会改型，但是新的本土性会在改型中复兴。

---

① 钱泳：《履园丛话》，卷十三"科第·求签"（上海，上海古籍出版社《续修四库全书》影印本，2002年）记康熙五十七年（1718）殿试状元王云锦（1657—1727，江苏无锡人）"求签于关帝庙"（第196页），竟然有看似有效之事。此后，又有长洲鄜云倬（乾隆五十八年及第）、长洲蒋景（嘉庆九年及第）、长洲毛绣虎（道光二年及第）向关帝庙求签，看似屡屡有效，乃至苏州、松江、嘉兴地区举子风行向关公求签。

世俗化与都市宗教

2006年，上海师范大学都市文化研究中心委托笔者从事一项关于上海宗教的重点课题，以关注大都市的宗教生活形态。[①]委托者希望结合都市和宗教，解释上海文化的一个侧面。课题设计之初，是想利用过去研究上海近代历史的经验和成果，直接讨论自1842年"五口通商"开埠以后的宗教生活变迁。按此设计，需要谈论的问题无非就是欧美基督教、天主教如何从事文化传播，受"社会福音"（Social Gospel）等新派世俗化神学的哪些影响，以及它们怎样在中国通商口岸大城市开创近代科学、教育、医疗、艺术、新闻、出版、慈善和社会服务等事业；然后就是传统佛教、道教如何面临外部挑战，努力改造，积极转型，建立现代宗教组织，成为"人间佛教""都市宗教"。这一研究从"社会福音""人间宗教"的角度研究信仰生活，关注都市化。然而，在真正转向宗教学研究之后，我发现如上这些世俗化的研究方法，难以深入宗教生活的神圣性。20世纪80年代文化研究兴起以来，世俗化话题已经是老生常谈。虽还没有总结成篇，但早就人云亦云，了无新意。

20世纪的学术界，世俗化的讨论远多于神圣性的研究。前辈学者引进西方的"人文主义"，发掘中国人的"现世关怀"，着力于完善"人间世"，尽可能地回避谈论人和人类的未来——"来世"。在人文主义思潮中的中国宗教，或儒教、道教和佛教的讨论，大多是在政治、伦理、社会和文化领域内进行，关于宗教信仰本身的研究非常少，尽管儒、道、佛教原来都有浓烈的信仰和崇拜生活。2004年起，我为复旦大学宗教学专业的本科学生讲授

---

① 本课题于2005年申请，2006年在教育部立项，项目名称为《上海城市化历程与都市宗教研究》，项目代号为：06JJDZH003。项目于2011年结项，在此感谢上海师范大学都市文化研究中心主任杨剑龙教授的信任和支持。

"中国民间宗教"课程，以为涉猎过中国近代的会党、帮会、道门研究，还有众多为农民战争史、中国革命史服务的民间宗教史可以参看，便可以对付这门课程。但是，讲授中感觉到，从宗教信仰的角度讨论民间宗教、中国宗教，几乎无法展开。对于"神祇""仪礼""教义"等和信仰直接相关的内容，汉语学术界缺乏必要的讨论。换句话说，宗教学专业需要的"中国宗教"，必须重新研究。

中国的宗教研究更多关注世俗化，而非神圣性，这是20世纪世界学术思潮的主流。在宗教学领域更多关注神圣性问题，本应是宗教学家授课时审题切题的基本要求。但是，相反倾向的世俗化在宗教学受到更多肯定，已经持续了一个多世纪。按荷兰哲学家、神学家冯·皮尔森（Cornelis Anthonie Van Peursen, 1920—1996）的看法，"世俗化"就是"把人的理性和语言，首先从宗教的控制当中，然后从形而上学的控制当中解放出来"。按哈佛大学神学院教授寇克斯（Harvey G. Cox, 1929—   ）进一步的描述，世俗化就是其拉丁文Saeculum原意：现世（This Present Age），即让人活在当下。"把这个世界渐渐地从宗教或准宗教的理解中松绑，祛除所有封闭的世界观，打破所有超自然的奥秘和神性的象征。它代表'历史的非宿命化'。……世俗化发生在人们将他的注意力从各种不切实际的世界中，转移到这个世界以及当下。"20世纪的神学、宗教学者，都曾认为世俗化是一个不可逆转的潮流，顺之者昌，逆之者亡。寇克斯在《世俗之城：神学视野中的世俗化与城市化》中说："迫使我们时代世俗的和政治的运动朝着'宗教的'方向走，以使我们能够感受到附着于宗教的正义感，最终将是一场失败的战役。"[1]

---

[1] Harvey G. Cox, *The Secular City, Secularization and Urbanization in Theological Perspective*, the Macmillan Company, New York,1965, PP. 2-3.

寇克斯的说项，并非是让宗教在世俗化面前绝望和投降，他的积极建议是："我们必须学会，像朋霍费尔（Dietrich Bonhoeffer，1906—1945，德国基督教神学家）说的，用世俗的时髦来讲上帝，并找到一种对经典概念的非宗教诠释。"①朋霍费尔等人的"世俗化"理论，无疑是20世纪基督教、天主教生存下来，并改革、更新和发展的重要路径。今天西欧、北美的神学家、牧师、神父的讲道语言，已经完全不同于19世纪，令人听得下去。显然，世俗化是为了解释神圣性。但是，更加激进的世俗化主张却有意无意地抛弃了神圣性。当尼采说出"上帝死了"以后，各国知识分子试图用各种方法杀死自己文化中的"上帝"。如果以宗教消亡为标志，极端世俗化运动并不成功，现代社会的信仰和宗教现象依然明显。问题是，极端世俗化的理论更容易进入学术领域，否认宗教的神圣性是通行的做法。在中国，宗教研究中的"极端世俗化"也有各种说法，比如"儒家非宗教""佛教是无神论"及"道教是科学"，这些似是而非的说法，不胫而走。

美国社会学家彼得·伯格（Peter Ludwig Berger，1929—　）曾是世俗化理论的倡导者。1968年，伯格曾断言："21世纪的宗教信徒们看来将会仅仅是一些小教派，抱成一团来抵御世界范围内的世俗文化。"②1999年，彼得·伯格却修正了自己的看法："假设我们现在活在一个世俗化的世界中是错误的。……今天世界的宗教狂热一如往昔，有的地方犹有过之。这是指由历史学家和社会学家宽松地标识为'世俗化理论'的所有著述，在本质上都是错误的。在我早期的著作中，曾经对这类著述很着力。"世俗化的

———————

① Harvey G. Cox, *The Secular City, Secularization and Urbanization in Theological Perspective*, P. 3.

② 转引自：Monica Duffy Toft, Daniel Philpott, Timothy Samuel Shah, *God's Century: Resurgent Religion and Global Politics*，Norton，2011, P.1。

理论，用来描述好几个世纪以来的现代性十分适用，但要形容20世纪新出现的宗教热情，则有所不足。令人诧异的情况是世界各地的宗教，如北美、东亚和非洲的基督教福音派，东欧、南欧、北美、南美的天主教改革，东欧各国的东正教重建，中东、南亚的伊斯兰教复兴，以及全世界各地的新兴宗教（New Religion）、市民宗教（Civil Religion）运动，都不是随着现代社会的发展而衰败、消亡，相反有了振兴的趋势。彼得·伯格反省说："虽然'世俗化理论'这个专门术语起源于1950年至1960年间的研究，但这理论的关键概念的确可以追溯到启蒙运动。这概念很简单：现代化必然导致在社会和个人心灵中的宗教衰退。这个关键概念的最终的结果明显是错误的。肯定的是，现代化已经有一些世俗化的影响，一些地方比另外一些地方强。但是它也同样导致'反世俗化'（Counter-Secularization）的强烈运动。"①在宗教社会学领域，彼得·伯格有一个明显的非世俗化转向。

彼得·伯格转向不是个别现象。寇克斯也修正了他的世俗化理论。在最近出版的《信仰的未来》中，他把基督宗教的2000年，分为最初300年的"虔信时代"（the Age of Faith）——信徒们朴素地拥抱耶稣的教诲；"信仰时代"（the Age of Belief）——约公元300年以后，教会领袖持续地努力用正统教义驾驭信徒；"灵性时代"（the Age of Spirit）——最近50年来，基督宗教开始进入忽视教义、拥抱灵性的时代。②看到教会顺应时代的变革，寇克斯对基督宗教的未来持有比过去更加乐观的态度。另一位美国宗教社会学家罗伯特·贝拉（Robert Bellah，1927—2013）提出"市民宗教"的概念，认为美国生活方式中存在着许多神圣因

---

① 彼得·伯格等著，李骏康译：《世界的非世俗化：复兴的宗教及全球政治》，上海，上海古籍出版社，2005年，第3页。

② 参见Harvey G. Cox，*The Future of Faith*，Harper Collins，New York，2009。

素，"从一开始，'上帝'显然就是市民宗教的中心符号，延续至今，仍然如此"①。贝拉在世俗化的生活中，找到了众多的神圣性。

西方基督宗教遇见的情况，在东亚同样发生。以朝鲜半岛南部为例，现代化和非世俗化在韩国是同时进行的。朝鲜在18世纪初期，只有2万名基督徒。1903年，有"元山大复兴"；1905年，有"平壤大复兴"；1909年，有"百万人心向基督"等运动。至1969年，仅韩国教堂就达到11509所，教徒290万名，占韩国人口十分之一。据韩国政府统计厅数据，1985年，韩国基督宗教徒（含天主教）共有835万名，占总人口21%；1995年，达到1180万名，占总人口26%；2005年，达到1375万名，占29%。并非仅有外来宗教的繁荣，本土宗教也在复兴。2005年，韩国佛教人口1073万，占总人口22.8%。②韩国现代化过程中的非世俗化运动，以基督宗教的传播为代表。其他亚洲国家和地区的宗教运动，或以佛教，或以伊斯兰教，或以印度教，或以本土宗教的复兴方式来表现。比如我国台湾地区，伴随其经济生活的现代化、城市化，天主教、基督教处于停滞状态，而佛教、道教、民间宗教和新兴宗教则迅速崛起，在社会生活中起了越来越大的作用，确是某种非世俗化。

自20世纪80年代以后，中国社会不是单个教会的复苏，而是各种宗教整体性地恢复和发展。基督教、天主教、伊斯兰教、佛教、道教、民间信仰，乃至新兴宗教都有相当程度的振兴，成为20世纪后期全球非世俗化运动中特别值得注意的倾

---

① Robert Bellah, *Beyond Belief, Essays on Religion in a Post-traditional World.* University of California Press, Berkeley, 1970, P. 183.
② 韩国政府统计厅统计数据，转引于网站：http://www.religon.ac.kr。数据由复旦大学宗教学系韩国籍博士研究生石贵姬翻译、分析和提供，见于她的未刊论文《韩国宗教的非世俗化现象研究》。

向。中国的非世俗化运动，有不同于欧洲、北美、中东、南亚以及东亚其他民族的特殊背景，最主要的不同，在于中国大陆曾进行过30年的苏联形态无神论改造。宗教领域的改造运动被独有的统一战线理论中和，烈度没有东欧那样强劲，由此造就一条不同于东欧、东亚民族的道路。改革开放后的30年，中国大陆的落实政策，让宗教生活回归，有一些非世俗化的含义。但是，现代化、城市化的现实生活很快就作用于信仰，当代各大宗教的信仰热情，已经不是老年信徒们的回光返照，而是有新血加入。政界、学界、教界，还有商界、信众界，或者恢复统一战线，或者提倡国际接轨，与各地信仰中的非世俗化运动有沟通、合流的趋势。神圣性是当前中国宗教学者需要非常注意的问题。

无论是在传统文化中，还是在社会实践中，宗教都是中国人日常生活中最为普遍的精神现象之一。"人毕竟都有信仰""迷信根植于人性"，现代哲学依然无法否定的这一点，中国人和世界其他民族没有什么两样。但是，由于认识上的偏差、学者的忽视，中国人的宗教生活状况长期没有得到系统的研究，目前的宗教学仍是中国近代学术体系中最薄弱的一门，中国大陆学术界尤其如此。如何直面信仰问题做研究，而不是在政治、社会、文化、艺术……的研究过程中，涉猎宗教，浅尝辄止，这是学术界需要解决的问题。

2000年春天，我受香港中文大学李炽昌教授的邀请，访问他主持的宗教学系，接触到了系统的宗教学理论。李教授在英国剑桥大学主持亚洲神学研究所，为找到亚洲神学的根基，需要诠释中国宗教，尤其是儒教的基本特征。在李炽昌教授的敦促之下，我暂别手上的明清天主教、基督教和儒教关系的研究，回到中国学术史的脉络，研读"五经"、明清史籍和西方汉学中关于中国宗教的文献。在内地院校宗教学刚起步的时候，中文大学宗教学系已有了一个小环境，对华人宗教开展讨论。其时，欧大年（Daniel L. Overmyer）教授主持系政3年（1996—1998），刚刚卸任，尚留在中大。黎志添教授研究香港新界和岭南地区民间宗教和道教，王岗教授则从芝加哥大学宗教学系博士毕业后，加入该系，研究道教。他们三人都是芝加哥大学毕业，这个学术班底有很强的"芝加哥学派"背景，秉承伊利亚德（Mircea Eliade，1907—1986，美籍罗马尼亚裔宗教学家）比较宗教学说，推崇杨庆堃先生的中国宗教观，将其《中国社会中的宗教》奉为"研究华人宗教的《圣经》"①，这一段访学经历提醒我认真地考虑"中国宗教"问题。

杨庆堃、欧大年都强调"要了解一种文明，必须首先懂得该文明中普通民众的生活、活动和信仰"，并指出："在这一点上，研究中国历史的学者较之久已强调民间文化重要性的研究早期欧洲近代的学者，仍然是落伍的。"②开始以为，这个观点只是针对中国内地学术界贫乏的宗教研究而言。然而，在香港、温哥华和芝加哥的多次会议上，听欧大年教授强调这一点，激烈批评西方中国学界的"欧洲中心主义"和"精英主义"的立场，因而体会到当代西方学者对中国宗教也存有偏见，甚至不及19世纪后期的高延一代那样了解中国人的信仰传统。西方汉学（Sinology）学者中，荷兰汉学家许理和（Erik Zurcher，1928—2008）先生也持有这样的"民间"立场，主张在宗教研究中重视地方、民间和下层的文化形式。

---

① 欧大年：《〈中国社会中的宗教〉序》，见杨庆堃：《中国社会中的宗教》，第15页。

② 见欧大年《中国民间宗教教派研究》中译本序言，上海，上海古籍出版社，1993年，第2页。

从宗教性的角度研究中国人的宗教生活，是20世纪后期学术的一点进步，其实又何尝不是一种回归？在中国，明代、清代学者也都重视宗教性。明末学者如徐光启（1562—1633，上海人）、方以智、钱谦益，或投入教门，或研读教学；清初学者如顾炎武、黄宗羲（1610—1695，浙江余姚人）、孙奇逢（1584—1675，河北容城人）或主经学，或攻儒学；江南儒生士大夫的著述中，很多都包含着宗教性内容。西方汉学也是如此，这一时期传教士学者和世俗学者的著作，从利玛窦、金尼阁的《利玛窦中国札记》（1615年），到高延的《中国的宗教系统》（1892年），兴趣着眼点都是从汉族人的宗教生活来解释中国文化。回到19世纪以前，没有今天这样严格的儒、道、佛教划分，比较容易看出中国宗教的原生态。

从世俗化回归到宗教性，用信仰本身来解释宗教，是我们时代正在出现的一个新现象。在后世俗化、后无神论时代，宗教信仰会以什么样的方式回到中国人的日常生活中，这是个问题。在这个时候，看一看江南人的民间信仰是如何从19世纪走出来的，应该具有意义。当代学者重做宗教研究，看似复古，内衷应该是一次更新，和欧洲曾经的文艺复兴异曲同工。

金泽古镇：现代的边缘，信仰的中心

无论是置身于金泽镇，还是打开金泽镇政府官方网页[①]，都感到浓重的历史气息，正所谓古镇风貌。金泽镇，和长江三角洲地区轰轰烈烈的开发区（如宝山、闵行、青浦、昆山、太仓、常熟等地的工业园区）很不同，这里很幽静，没有大工业。与开发了

---

① http://jinz.shqp.gov.cn/.

的"江南古镇"（如七宝、朱家角、周庄、角直、同里、南浔、乌镇等旅游区）也不同，这里并不喧嚣，看不到商幌林立，听不到叫卖声。除了香汛季节举办传统庙会涌来香客外，游客很少。在高速发展的江南，金泽镇显得"落伍"。近30年来，金泽镇政府也在努力追赶，镇南的金南路边建过一些厂房，但现在大多废弃。上级政府一直没有在这里安排大型的国家级、市级、县区级工程项目，也没有大型的民营企业（早期称"社队企业""乡镇企业"）、三资企业的大笔投资。金泽，看上去还是一个冷寂的传统市镇。

金泽镇是一个传统底蕴深厚的地方。镇民们，包括对经济落后现状不满意的镇干部们，对家乡的悠久历史仍然很是自豪。那些在状元楼上喝茶聊天的老先生，还有在普济桥头给我们述说圣堂庙故事的阿婆，他们生活在先人留下来的文化氛围中。一次，在镇口百年老店状元楼吃午饭，说到金泽古镇"桥桥有庙""庙庙有桥"的典故，店经理朱林根先生喜不自胜，马上转身，从里屋取出两本乡土读物《江南第一桥乡——金泽》《金泽千年桥庙文化》送给我们，决意不收书款。两本小册子，书价45元。那一餐，我们只点了不足百元的农家菜。

金泽镇风俗淳朴，人民循礼好文，史有具载。道光年间，在青浦县学担任教谕（"司训"）的溧阳人陈栻，称道金泽人民："宜其地称胜区，人多穆行。比来文才蔚起，不独食饩明经者踵相接，兼有乔梓棣华，科名之盛。要在风俗淳美，为善于乡。游庠之士，咸恂恂有礼度。"[1]金泽镇古风犹存，他们用文字守护自己的生活，还执意要将之传之后代，告之众人。在中国近代社会

---

[1] 陈栻：《〈金泽小志〉序》，见周凤池纂，蔡自申续纂，杨军益标点：《金泽小志》，上海，上海社会科学院出版社，2005年，第1页。

的历次大变动中，金泽镇居民执着于自己的生活方式。吾土吾水，祖祖辈辈，清晰而历历可数的生命延续性，让这里的人们有着儒家所称道的"慎终追远"意识，很能回味。

明清以降，江南地区地方史志的修撰，不但有官修的通志、府志、县志，还有民间自撰的镇志、乡志。几百年来，金泽人一直在记载自己的镇史。清代乾隆年间，里人周凤池根据镇中口传、家传、书传的文献资料，编纂了《金泽小志》；嘉庆年间，里人蔡之容等增订《金泽小志》；道光年间，里人蔡自申续纂《金泽小志》。20世纪40年代，江南离乱，文献流散，《金泽小志》未及布刊，已经不完整。幸好藏书家录有一个抄本，1958年后归入上海图书馆。1961年，上海市文物保管委员会在青浦县划给本市管辖之后，在金泽镇做文物普查时，觅到《金泽小志》的残抄本三卷，并在次年排印，内部出版。

金泽镇的史志编纂，由镇民推动。20世纪80年代，镇民"永胜堂王太原"氏，手抄了一份《金泽小志》，为再续《金泽志》做筹划。1989年（己巳）夏月，永胜堂后裔王建金退休后，在全镇范围内踏勘寻访，编制了一本《王氏家录》，其中包含一份《大事录（1871—1989）》，把清末民初及至当代的本镇历史作了完整的记录。2003年，本镇人曹同生编写了《金泽千年桥庙文化》，自费出版。2000年之前，镇政府领导大多为本镇人，都支持这类文化工作。2001年，为推介金泽文化遗产，镇政府出面编了一本《江南第一桥乡——金泽》，由上海百家出版社出版。鉴于人民公社、"文化大革命"后文献湮没，文物之乡的老人们发愿修一部能与《金泽小志》接续的镇志。2003年，由本镇党委书记浦建玲、镇长吴跃进作序，镇志委员会编纂的《金泽志》列入"青浦乡镇志系列丛书"出版。从乾隆《金泽小志》到当代《金泽志》，金泽镇的历史仍在延续。

2007年，上海电视台纪实频道《星期五档案》栏目，根据81岁老人王建金的叙述，制作了《桥乡金泽》专题纪录片，片中呈现出上海境内少有的古朴风情。置身于金泽镇上，这里堪称"现代"，基层的镇级政府机构、银行、商店、中小学、卫生院……一应俱全，虽然比其他乡镇要狭小、陈旧，甚而破败。1949年以后，历次社会运动都波及金泽，土改、合作化、"大跃进""文革"……在社会动员程度极高的上海，这里没有一次免除。2005年，笔者第一次来金泽观光的时候，看到过刷写在民舍墙上的老标语"人民公社好"。因为交通不便，地处偏僻，不在政治漩涡的中心，这里规避了不少直接冲击。近30年中，没有大规模的市政改造和拆迁，传统社区得以保存，人们还生活在祖传的老宅中。在迅速工业化的江南地区，金泽的旧镇形态非常显眼。在上海，流传的说法是：周庄、角直、朱家角都已经过度商业化，都是观光业的秀场。金泽，才是上海"最后的古镇"。

1961年秋天，上海市文物保管委员会的干部们，"尝泛舟金泽，遍历普济、迎祥等桥，访颐浩寺旧址，并询乡之耆老"[1]。上海市文管会在文物普查中，见有大量明清古桥遗存，遂把金泽镇定为"桥乡"。此后，金泽镇的古桥进入文物古迹名录，慢慢以桥乡闻名上海。其实，按金泽镇流传的说法，镇上"桥桥有庙，庙庙有桥"，桥庙一体，水乡古镇丰富的民间宗教，才是金泽镇更加显眼的文化特色。不过，在60年代提倡科学，反对迷信的氛围下，上海市区的城隍庙都难以维持，金泽镇上的民间小寺庙更不可能被各界重视，也不会和古桥一起，列入文化遗产保护目录。几十年来，金泽镇的古代桥梁，并没有得到系统地保护。

---

① 上海市文物保管委员会：《上海市文物保管委员会排印本说明》，《金泽小志》，第2页。

"四十二桥"胜景不再，很多桥梁被拆，剩余的大部分也处境破败。2003年，金泽镇被青浦区政府定为旅游业开发市镇，第一期规划是整理镇南350米长的市河岸堤和街道石板铺设工程。①工程完工后，块石驳岸和青石路板让金泽拂去历史的尘埃，露出本来的秀色，江南古镇风貌初步显露出来。

金泽镇中心区，"南北长约1.5公里，东西宽约0.8公里，总面积约1平方公里"②。驾车前往，跃下318国道（沪青平公路），沿金溪路驶过与公路垂直的新镇街道（20世纪80年代后开辟建造），再折进金中路，打横慢行，驶近老镇区（民国至"文革"前仍在使用）。至此，道路上已经间不容车，只能找地方停车，步行进入明清古街道。

漫步古街巷，果然是"桥乡"。金泽古镇，分"东塘街""西塘街"和"长街"（上塘街、下塘街）。和江南古镇的格局一样，塘街就是与河道平行，临水而建的商业街。河塘边有驳岸，驳岸有码头供货物装卸；河塘上有虹桥，虹桥让行人上下跨越。君到金泽见，"人家尽枕河"，今天的旅游者，仍然可以在金泽感受到300多年前上海郊区城镇鱼米之乡的氤氲气息。

金泽镇的历史文化遗产得以维持，并不是镇民们的刻意保护，也不是当局人士的自觉规划。金泽镇处于相对孤立的悬远状态，投资少，拆迁也少，这是现代化的遗忘，也是大兴土木城市化的孑遗。金泽镇地处偏远，镇区南境抵着太浦河，与浙江省嘉善县的丁栅、大舜镇相望。镇区西乡的边界在元荡湖边，和苏州吴江区芦墟镇及昆山市周庄、锦溪镇毗邻。在青浦区里面，金泽镇东连西岑镇和莲盛乡，西北连着商榻镇。2001年，莲盛乡并入

---

① 《青浦年鉴·2003》，北京，方志出版社，2003年，第76页。
② 《金泽志》，上海，青浦乡镇志系列，2004年，第57页。

西岑镇。2004年，西岑、商榻二镇并入金泽镇。新金泽镇包括明清以来的金泽、西岑、莲盛和商榻四乡镇。

历史上，金泽镇处于青浦、吴江、嘉善三县交界处。1958年青浦县归属上海直辖市后，这里又成了江、浙、沪三省市的交会处，在三县、三省市的边缘，是典型的"三不管"地带。政府的"三不管"，意味着缺乏投资，没有建设。不受重视，发展停滞，避免了90年代以来的"建设性破坏"，未尝不是一种幸运。作为县（区）政府所在地的青浦镇，[①]整洁宜人的小桥流水全部拆毁，建造起低标准的当代建筑，丑陋拥挤，镇民们并无得益。反观金泽、朱家角、西塘、周庄这样仍然保存着不少文化遗产的市镇，还有可能修复、开发。近年来，市政府酝酿在这里安排建造大型旅游项目，镇政府在期待后发优势。

金泽镇，宋代初年始有史志记载。据《金泽小志》，金泽宋初属浙西路秀州华亭县，宋庆元年间，随华亭县属嘉兴府。元至元十四年（1277），华亭县升级，自为华亭府；十五年（1278），废华亭府，归松江府，属浙西嘉兴路。明万历三年（1575），江苏省松江府华亭县析置青浦县，金泽镇从此一直属于青浦县。1958年，为实施计划经济，青浦县划入上海直辖市，作为农业县解决大上海的粮食自给问题。金泽镇在宋、元、明、清时期就有手工业、商业、交通和服务业，镇上的人口大部分已经脱离农业。青浦划入上海市管辖后，金泽和青浦、朱家角、练塘并列为本县"四大名镇"，其余则为19个农业乡、1个渔业乡。[②]改革开

---

① 笔者幼年时，因父亲在郊县参加"四清"运动（1964），曾去过青浦县青浦镇、嘉定县南翔镇，"文革"期间，同学结伴骑自行车旅游，去过宝山县罗店镇、上海县七宝镇、川沙县高桥镇，这些传统市镇仍然保持着明清风貌，清洁、整齐，并不破败，绝不如90年代以后迅速凋敝的样子。

② 参见上海市青浦县县志编纂委员会：《青浦县志》，"概述"，上海，上海人民出版社，1990年。

放前，上海市政府一直把青浦作为农业县来规划。1999年，上海市政府施行"县改区"，青浦改制为市区建制，农业土地转为工业、住宅和市政用地。大规模的土地开发，国道、省市公路贯通后，开发区、旅游区、住宅区占据了大片田野，六星级的宾馆、破天价的豪宅不断建造，明清文人题咏连绵的"九峰三泖"，已经为"树小墙新"的大规模现代化建设所替代。

金泽的地位一直是镇，从来不是一个重要的行政中心。在中国古代，历代政府各级官员或贪图享受，或好大喜功，赋税都用来建造都城、省会、府治和县治城市，镇一级只是掠取，不作投入。按中国古代的传统礼制，县城是最低等级的城市单位，县以下无城市。①然而，明清时期江南地区的繁荣，却是在市镇一级自下而上发展起来的。民国初年，中央政府对市镇一级的管理仍然简放，换一句话说，江南市镇基本上是一个由商人、士绅和居民按照一定的社会伦理，协商治理的共同体，有自己的经济、社会和文化。在这个意义上，我们可以说，江南市镇是老百姓的天地，是一种自治的民间社会。明、清以降，江南市镇经济繁荣、社会富庶、文化发达，不是政府的政绩，而是市民劳作的结果。诚如费孝通（1910—2005，江苏吴江人）《江村经济》描述的那样：市镇是长江三角洲社会长期发展的基础。金泽镇，一个没有"封建""郡县"设治经历的市镇，在"三不管"地带，靠着得天独厚的水路交通优势，加上镇民们的工商业才干，或许还有他们虔诚的宗教信仰，自强不息，维持着一千多年的繁荣。

① 《周礼·冬官考工记》规定，天子、诸侯、宗室卿大夫各有城，城分三等，后世演为都、府、县三级礼制的分别。《左传·隐公元年》："先王之制：大都，不过三国之一；中，五之一；小，九之一。"为此，孔颖达《左传正义》疏曰"王城方九里""公城方七里""侯伯城方五里"。此为后世儒家礼制规定的城市建设等级原则。各地城市建造的实际情况容有参差，礼制也常常被突破，但儒家意识形态一直努力固守此原则。

金泽镇结束了千年繁荣，在20世纪衰败了。现在的金泽镇，是上海市政府管理的最低一级（街道、镇、乡）行政单位，镇政府设在镇东金中路2号，占地几千平方米，是镇区最大的新建筑。全镇辖区面积26.44平方公里，"距青浦城区22公里，距上海市中心66公里"①，交通发达的今天，汽车从市区沿沪青平公路疾驰，仍然需要近一个小时到达。经过"开埠"（1843）后170多年的现代化，60公里之外的上海，崛起为亚洲最重要的国际大都市，长三角以上海为中心的城市化，改变了金泽镇的命运，太湖流域满天星斗般的小城镇，都以大上海为中心，重新定位。

上海开埠前，金泽镇已经衰落。按老人的说法，金泽的市面，元、明两朝更加繁荣。今天金泽镇的格局，明朝之前已经铺盖到了。河流纵横，舟行宋元故道；桥庙相联，都是明清旧物。清代之前，金泽是淀山湖流域的经济中心，跨越州、府、县，负责捕盗、安全、诉讼、税收等事务的淀山巡检司，设在本镇。清嘉庆《松江府志》载："金泽，在四十二保，地接泖湖，稽人获泽如金，故名。旧置巡司于此。"②金泽镇曾经设司，可见商业繁荣，有大量税收。金泽经济的繁荣，优势在于交通。元代开辟海运，海港在太仓（清代转移到上海），大量货物必须经过金泽，出入江浙腹地。"元初张瑄、朱清督理海运，招致海舶，太仓称为六国码头，珠里西金泽镇当江浙之冲，设淀山巡司。明移治安庄，署在谢泽关，稽查关税。"③光绪《青浦县志·建置》亦记：

---

① 《青浦年鉴·2003》，第244页。此为2004年西岑、莲盛、商榻三乡镇并入金泽镇之前的数据，今天的金泽镇面积要大许多。
② 嘉庆《松江府志》，"疆域"嘉庆二十三年（1818年）府学明伦堂刻本。
③ 周郁滨纂，戴扬本整理：《珠里小志》，上海，上海社会科学院出版社，2005年，第98页。

"淀山巡检司旧署,原在金泽,明移安庄,并废。"安庄,在金泽镇区北面不远。清代淀山巡检司署移到了十几里外的朱家角镇,标志金泽镇的衰败。

清初朱家角(珠里)镇崛起,成为"青西首镇",金泽镇衰落为一般市镇。光绪《青浦县志》记:清朝在金泽镇保留了明朝以来一直设立的税课局,"税课局五,一在小蒸,一在七宝,一在金泽,一在凤凰山,一在新泾,皆明初置"。上海和江浙地区的古镇,大多是明、清两代的建制,金泽镇却更加古老。这里的桥、庙、河塘、市镇有宋元时代的样式。古旧的金泽镇,仅一条"长街"就长达200多米。从保留至今的塔汇桥、林老桥、如意桥、普济桥来看,桥身所用的石料都是4米长、0.5米宽、0.3米厚的太湖青石。太湖石经历了宋朝"花石纲""生辰纲"等劫掠,明清时期在江南本地已是罕见。金泽镇长街(上塘街、下塘街)、北胜浜街各大石桥,都遗有巨型湖石,其他江南明清古镇少见,也可知金泽镇在宋元时的繁荣。金泽镇,旧虽旧矣,破则破矣,论桥庙文化的历史还可以称雄江南。网上驴友感叹金泽是个风华绝代的垂垂老者,此言不虚。

魏晋以降,江南士大夫酷爱吟风弄月,题咏胜迹,曲水流觞。许多江浙名镇都出过翰林、阁臣、进士、举人,他们品评家乡的八景、十景……留在文集中。清代金泽乡人收集"金泽八景",共有三次,分别是"古八景":长湖、东岳观、莲社庵、亭桥、迎祥夜月、桑林春色、龙潭、古战场;"后八景":薛淀烟波、三环夕照、云峰古刹、湾潭春水、百婆明月、远浦征帆、水村风柳、假山怪石;"新八景":颐浩晨钟、石山晚眺、桑林春色、南桥夜月、龙潭垂钓、芦田落雁、雪漾征帆、三里耕归。①

---

① 《金泽小志》,第4页。

元代诗人牟巘寓居金泽，作《金泽八景》，其中第七首《凌云阁》："高阁何人营，巍然出云表。宾主互登临，一览九峰小。"[①]金泽镇曾有高阁，登临远眺，松江府的"九峰三泖"一目了然。即使在富庶的江南地区，兴建高阁，欲比南昌滕王阁，登州蓬莱阁，上海大境阁……的城镇并不多。塔之外，尚有阁，可以看出元代金泽镇的建筑曾经辉煌。

当代金泽，以桥庙文化闻名。古代金泽与东南名镇青龙镇齐名，且都以寺庙众多著称。"金泽昔与青龙镇相埒。青龙有三亭、七塔、十三寺。金泽有六观、一塔、十三坊、四十二虹桥，桥各有庙。"[②]青龙镇以塔、寺闻名，信仰以佛教为主；金泽镇的桥、庙更多，佛教之外，各类杂祀异常发达。清代史学家顾祖禹（1631—1692，江苏无锡人，生于常熟）对青龙镇的兴衰有所评价："宋时坊市繁盛，置巡司、税务及仓库于此，俗号'小杭州'。及再经变乱，市舶之设又复迁徙，而镇荒落。"[③]青龙镇，号称"小杭州"，曾设巡司、税务、仓库和市舶司。金泽镇除了没有设立市舶司之外，巡司、税务和官仓都曾有设立，堪与全盛时期的青龙镇相媲美。青龙镇衰败之后，金泽和朱家角一起并称"青西巨镇"，市面延续到了清末。

历经沧桑，宋代兴起、明清延续的江南古镇，现在正处于历史上的停滞时期。金泽镇的市面生活，已经衰退到低于江、浙、沪一般市镇的水准。金泽镇已经不复骄傲，镇民唯一可以自豪的，就是他们异常活跃的庙会。确实，如果单以祭祀生活而论，

---

① 康熙《青浦县志》，康熙八年（1669）刻本。

② 《金泽小志》，第101页。

③ 顾祖禹：《读史方舆纪要》，北京，中华书局，2005年，第1217页。青龙镇曾是太湖流域之雄镇，紧邻松江故道，三国时期开发，为东吴腹地。相传因孙权在此建造"青龙"战船，故江名"青龙江"，镇名"青龙镇"。唐天宝年设青龙镇，宋代置市舶司，为东南沿海贸易中心。明代嘉靖年间初设青浦县，县治即为青龙镇。

金泽镇一年有两次香汛，农历三月二十八为"廿八香汛"，九月九日为"重阳香汛"，是上海郊区，乃至苏南、浙北星罗棋布的市镇体系中最为活跃的。香汛不止一天，前数日就开始，后数日才结束，一共持续七八天。难得的是，香汛正日，本镇杨震庙还举办传统方式的"老爷出巡"，把老爷真身抬出庙来，在全镇巡游，震慑厉鬼，安抚信众。此时，江、浙、沪各地的香客蜂拥而来，络绎于途，不下数万，20世纪90年代有些年份还超过10万。整个香汛期间，金泽镇政府组织庙会，招商设摊做生意。香汛期间的金泽镇，是一个具有异常活力的市镇，香火缭绕，洋溢着一股信仰的气氛。

江南、上海和世界

选择上海市青浦区金泽镇作为中国宗教研究的田野考察地点，是想在研究方法上有所突破。从文本到文本的研读和比较，固然能够抓住一些本质问题，但这样的结论是否和实际生活相关，就是另一回事情。"接地气"是近年来的一句流行语，虽很俗套，却有合理之处。如果一项研究画地为牢，并不试图说明实际生活，无论它有多么强大的理论意义，也不能算是"究天人之际，通古今之变，成一家之言"。经典研究与民俗考察，文本研读与田野调查，宗教学与人类学相结合，发展一种跨学科的方法来推动宗教领域的研究，是立项时的初衷。但是，选择金泽镇作为田野调查基地，却是既有偶然性，也有必然性。2005年的秋天，偶尔到了金泽镇，正逢"廿八香汛"，发现这里的气氛很是异样，别的地方消失了的宗教生活，这里保存较好。混杂的庙会形式有些可以从儒教、道教、佛教的经典去理解，有的则沾染了现代生活气息。还有，明清以来地方志中记载的神祇、祀典和科仪，在当代老、中、青年的信仰中交错。这样的"活标本"，不是正好可以拿来观察江南和中国的宗教么？从金泽，我们看到中国人的宗教生活及它的过去、现在和未来。

水乡泽国的金泽镇，地处江南核心地带，这里历来存在着一个相对独立的地区信仰体系；明代以后，这一地区的士绅、文人、商人、僧侣以及刚刚来华的耶稣会传教士，在全国乃至全球范围内建立了一个广泛的经济、文化和信仰网络。这个网络已经初步建立起一个我们今天可以称之为"全球化"的文化关系，学者们或许应该称之为"早期全球化"（Early Globalization）。在金泽镇，稍作分析，便可以辨别出本土（Local）-地方（Regional）-全国（National）-全球（Global）一共四层关系。江南古镇金泽经过近代上海的牵动，成为世界经济与文化的一部分。地方，不只是江南的，也属于全球。经过明清时期的通商、传教运动，"地方性"（Localities）的含义完全改变了。江南社会初与西方文明有交往，始于17世纪初年。葡萄牙商人进入马六甲海峡以后，中国的大宗商品输出以丝绸、瓷器、茶叶为主，出产地均为江南。天主教耶稣会士用澳门做基地，深入内地，在上海、嘉定、杭州、南京建立以江南为核心的中国传教区。江南人的信仰和宗教生活已经为天主教神父们广泛谈论，仔细研究。[①]

清初在常熟传教的比利时籍耶稣会士鲁日满（Franciscus Rougemont, 1624—1676），他的传教区在苏州府的常熟、昆山、太仓等县，常常去松江、上海、苏州和杭州出差。和江南士人一

---

① 徐光启、李之藻、杨廷筠等"儒家天主教徒"与耶稣会士的神学对话，可见李天纲编：《明末天主教三柱石论教文笺注》（香港，道风书社，2007年）；佛教僧侣与耶稣会士的对话，可见袾宏（云栖）：《竹窗三笔·天说》（收入夏瑰琦编：《圣朝破邪集》，香港建道神学院，1996年）；尚未发现道教人士和耶稣会士的对话，而天方教人士对耶稣会士神学理论的回应，可见王岱舆著：《正教真诠》《清真大学》等（西宁，宁夏人民出版社，1988年）。

样，他的交通方式以乘船为主。利玛窦和耶稣会士们依靠瞿太素（常熟人）、徐光启（上海人）、李之藻（仁和人）、杨廷筠（仁和人）等开教"柱石"，建立了江南天主教会，就其教区分布范围来看，正好是以淀山湖为中心，把江苏、浙江和今天的上海联系在一起。江南教区的范围，大致以明、清帝国行政区的苏、松、太、常、杭、嘉、湖各州府为主，上海则是江南教区的中心。"上海传教区，它是整个江南省，也许是整个中国最为繁荣的传教区之一。当时有56座可以举行正式感恩祭的教堂，和大约40,000个教友。"①鲁日满神父从常熟来松江、青浦、上海，跨越范围就是以金泽镇为代表的江南地方宗教"信仰圈"。

鲁日满有一部《常熟账本》，给我们留下珍贵的资料，说明17世纪的江南天主教教区与传统的民间信仰圈高度重合。例如，他在常熟，记录了清初的物产、物价和其他费用，也记下他去各地出差时的费用。常熟到苏州的路费是260文；②常熟到太仓的路费0.40两；③常熟到青浦的路费720文；常熟到上海的路费1150文；④常熟到杭州的路费1.10两。⑤这里的路费，都是客船运费。每次有所不同，但大致相当。天主教徒、上海巨绅徐光启在青浦朱家角以东的赵行、蟠龙镇经营事业⑥，清初青浦的天主教会活跃。鲁日满来过青浦金泽镇，康熙十四年五月十四日（1675年6月7日）他在嘉兴给一位信徒施洗；二十四日（17日），在朱家角镇给另一位信徒施

---

① 高华士著，赵殿红译：《清初耶稣会士鲁日满常熟账本及灵修笔记研究》，郑州，大象出版社，2007年，第24页。

② 同上书，第127页。

③ 同上书，第142页。

④ 同上书，第110页。

⑤ 同上书，第124页。

⑥ 徐光启生前曾在青浦置业，以备上海倭患之事，可参见李天纲编：《徐光启诗文集·书牍》（上海，上海古籍出版社，2011年）中《家书》第五、第十通（第304、311页）。

洗。①从嘉兴到朱家角的水路途中，鲁日满必须经过江浙之门户——金泽镇。从鲁日满《常熟账本》看，常熟、昆山、太仓、嘉兴、杭州、青浦、松江、上海一带的天主教信仰圈，和江、浙、沪交界地带的淀山湖民间信仰圈重叠。如以金泽、朱家角镇为圆心，以50公里为半径，既划入杨震信仰，也包括天主教江南教区的大部分。

松江府在宋、明以后的经济、文化地位日形重要，与苏州府并称，有"苏松熟，天下足"的民谚。明万历年间学者王士性（1547—1598，浙江临海人）指出："苏、松赋重，其壤地不与嘉、湖殊也，而赋乃加其十之六。"②清初学者顾炎武则有"苏松二府田赋之重"③的详细论述。按顾炎武的查证，松江府田赋之"重"，又甚于苏州府。顾祖禹也对明代松江府的重要地位评价甚高，称其"雄襟大海，险扼三江。引闽越之梯航，控江淮之关键。盖风帆出入，瞬息千里，而钱塘灌输于南，长淮、扬子灌输于北，与淞江之口皆辐列海滨，互为形援。津途不越数百里间，而利害所关且半天下。……且居嘉、湖之肘腋，为吴郡之指臂。往者倭寇出没境内，而浙西数郡皆燎原是虞。谓郡僻处东南，惟以赋财渊薮称雄郡者，非笃论也"④。青浦县的河湖港汊串通起整个太湖流域和长江沿岸；青浦东境的上海县则依托东南沿海的海上交通，与广东、福建、山东、河北各地联通。江南士人重视松江府为"赋财渊薮"，却仍然轻视它"僻处东南"。顾祖禹批驳了这种陈旧见解，他看到上海作为一个通商口岸，正崛起为全中国乃至东亚和世界的交通中心。

吴淞江是贯穿松江府全境的主要河流，分为两条水路通往苏

---

① 高华士：《清初耶稣会士鲁日满常熟账本及灵修笔记研究》，第148页。
② 王士性：《广志绎》，北京，中华书局，1981年，第32页。
③ 顾炎武：《日知录集释》，第359页。
④ 顾祖禹：《读史方舆纪要》，第1199—1200页。

州府，一从昆山县境，一从吴江县境，金泽镇即是吴淞江从吴江进入苏州之孔道。"吴淞江，在（苏州）府南，从吴江县流入境，合于庞山湖，转而东入昆山县界。又娄江，在今城东娄门外，亦自吴江县流入，自城南复东北流至娄门外，东流入昆山县境。"①吴淞江下游自上海入海，但它的上游并不确定。顾祖禹称："自唐宋以来，三江之名益乱，东江既湮，而娄江上流亦不可问。土人习闻吴淞江之名，凡水势深阔者即谓之吴淞江。"②吴淞江北支因接近长江，淤塞日重，和娄江一样慢慢不可通航，昆山一路渐渐不用。所以，经朱家角镇到金泽镇，再经淀山湖水域入苏州，复经太湖水域去无锡、常州。往下，还可以经练塘、枫泾等镇，进入嘉善、嘉兴等浙江省县份。

淀山湖，是苏州和松江的界湖，"淀山湖，（昆山）县东南八十里，接松江府界，亦曰薛淀湖。东西三十六里，南北十八里，周回几二百里。下流注于吴淞江"③。淀山湖周边有一连串繁荣的古镇。青浦县境的西部，先有青龙镇的繁荣，后有金泽镇的崛起，明清时期又有朱家角镇的极盛。自三国时期的孙吴政权经营太湖东南之广大流域之后，本地就有青龙镇的长期繁荣。"青浦"便是因青龙镇而得名，这里不是一个落后地区。相反，青浦境内的金泽等市镇代表了农业、手工业时代的城市化。现代社会学家定义小城镇，指出在明清时期，长江三角洲地区已经有强劲的城镇化运动④。和尼德兰、英格兰等地一样，江南地区的早期城市化，也是借助发达的河运系统实现的。现在的金泽镇，镇区总面积108.49平方公里，其中水面面积达到33.84平方公里，金

---

① 顾祖禹：《读史方舆纪要》，第1164页。
② 同上书，第1173页。
③ 同上书，第1174页。
④ 见费孝通：《江村经济：中国农民的生活》，北京，商务印书馆，2001年。

泽镇超过三分之一的面积为河、湖、港、汉所占据，仍然是一片水乡泽国。

江南在17世纪便已经名扬欧洲，"早期全球化"运动中有上海的踪影。利玛窦、金尼阁著《利玛窦中国札记》，是近代西方人就近观察中国的第一本著作。该书以拉丁、意、葡、西、法、英文出版，17世纪时便流行欧洲，其中对"江南"有突出的描写。利玛窦描写徐光启的故乡上海："这个省份（江南）的这一地区盛产米和棉，棉可以做各种布，据说此地织工有二十万人。①布匹出口到北京皇宫和其他省份。这里的人，特别是城里人，都非常活跃，不大稳定，头脑聪明，出过很多学者文人，因而也出过很多大官。他们从前身居高位，现在退休后都很有钱，居住在富丽堂皇的府邸里。这里天气温和，可以说明何以这里的人要比国内别处的寿命更长些。在这里，人们不以六十岁为老，有很多人到八十或九十，有些甚至活过一百岁。"②利玛窦和耶稣会士们对上海和江南的描述，启动了欧美人士对中国文化的赞美，如鱼米之乡、物产丰富、文士众多、人性温和等说辞。

孟德斯鸠（Montesquieu, 1689—1755）在《论法的精神》（1748年）中，把"江南"阐释成一个"由人的勤劳建立的国家"，他说："有的地方需要人类的勤劳才可以居住，并且需要同样的勤劳才得以生存。这类国家需要宽和的政体。主要有三个地方是属于这一类的，就是中国的江南和浙江这两个美丽的省份、埃及和荷兰。"③孟德斯鸠把长江三角洲的"江南"，和埃及尼罗河三角洲、

---

① "二十万人"当是笔误，高龙鞶著，周士良译《江南传教史》（上海，天主教上海教区光启社，2008年）有同样来源的内容，写作"织工二千余人"，比较切近。

② 利玛窦、金尼阁：《利玛窦中国札记》，第598页。

③ 孟德斯鸠著，张雁深译：《论法的精神》，北京，商务印书馆，1982年，第282页。

荷兰低地国家相比较。埃及尼罗河三角洲土地肥沃，人口繁庶，曾经是罗马帝国最垂涎的省份；而尼德兰是欧洲中世纪以后最早繁荣起来的地区，农业、手工业、商业、航海、文化、艺术都领先于欧洲，孟德斯鸠写书的时候，荷兰人刚刚经历了被称为"海上马车夫"的全盛时代。

孟德斯鸠和伏尔泰、莱布尼茨等人一样，曾经潜心研究中国。孟德斯鸠"汉学"知识主要来源于法国耶稣会士杜赫德编撰的《中华帝国全志》（*Description de la Chine et de la Tartarie Chinoise*），其基调是对江南士大夫文化的赞美。为了获取不同资料来源，揭示中国政体的专制特征，孟德斯鸠和皇家图书馆的福建莆田籍馆员黄嘉略（1679—1716）做过深谈。① 根据黄嘉略的情报，孟德斯鸠说："我不晓得，一个国家只有使用棍棒才能让人民做些事情，还能有什么荣誉可说。"孟德斯鸠修正欧洲人的中国观，说"中国的政体的原则是畏惧、荣誉和品德兼而有之"②。关于江南，他说："（江南和浙江）这两个省份土地肥沃异常，因此给欧洲人一个印象，仿佛这个大国到处都是幸福的。"孟德斯鸠把江南从帝国划分出来，单独处理。在中国，"人们自然地倾向于奴隶性的服从"，只是江南的"政权必须是宽和的"，因为当地人民勤劳，智慧，并不淫逸，"像过去的埃及一样；像今天的荷兰一样"③。孟德斯鸠的"江南特殊论"，延续着从马可·波罗到利玛窦，再到杜赫德的话语，把江南夸饰成"人间天堂"。

我们完全可以说：17世纪以后，江南社会就进入"早期全球化"。19世纪上海大都市的崛起，只是江南社会早期发展的延

---

① 孟德斯鸠与黄嘉略之思想关系，参见许明龙：《孟德斯鸠与中国》，北京，国际文化出版公司，1989年。

② 孟德斯鸠：《论法的精神》，第127页。

③ 同上书，第283页。

续。清代康熙、乾隆年间，继元代朱清、张瑄开辟的"海运"事业，上海再一次"以港兴市"。1843年，上海开埠，中外贸易枢纽从澳门、广州转移到上海，各项新兴事业发展。上海周边地区的社会体系剧烈改组，长江三角洲市镇面临着亘古未有之"大变局"，江南市镇渐次融入现代体制。上海县的法华、龙华镇，宝山县的江湾、殷行、吴淞、真如等近郊市镇，首先被大上海吸附。远郊市镇，如七宝、闵行、南翔、大场、罗店等，也承接了上海的近代产业，更新市镇上的传统产业。金泽镇离上海都会区有60公里之遥，不通公路、铁路，仅仅通过传统水路联系，但是现代大都市的辐射力，仍然无时不刻地传输到当地。

20世纪30年代后，学者多用殖民地模式分析上海及江南地区的社会转型。他们根据江南传统市镇对于上海新都市经济的"依附性"，定义中国为"半殖民地、半封建社会"，且在政治、经济、文化三方面都是如此。果真如此吗？果真是帝国主义的上海，榨干了江南经济、断送了江南文化吗？事实未必如此，可能恰恰相反。罗兹·墨菲（Rhoads Murphey, 1919—1973）的研究表明，近代上海崛起后，长江三角洲地区依次发展，丝、茶贸易额大为增加。墨菲转引英国茶叶专家福钧（Robert Fortune, 1812—1880）的统计，外商在上海采购茶叶，运输费大大下降，只占成本的5%，在广州是70%，以至于"上海的茶叶贸易额大为增长，有更多的制茶商能够由于运费下降而进入上海茶叶贸易的出口市场。它不再是一项小规模的专门化的奢侈品买卖，而是一项因运输路线连续不断而成为可能的大规模贸易"[1]。上海的贸易促进了江南地区的生产和出口，将过剩的劳动力，还有荒坡上就可以大

---

[1] 罗兹·墨菲著，章克生等译：《上海：现代中国的钥匙》，上海，上海人民出版社，1986年，第128页。

量种植的茶树，转化为大量的GDP，销往欧美。

茶叶之外，生丝的情况也是如此，"太湖周围地区是江浙产丝区的比较重要的中心。在那里的若干地方，特别是无锡、苏州和湖州周围一带，桑树作为首要的农作物，取代了水稻，在四月和五月初养蚕季节的六个星期里，几乎所有的农民都在忙着养蚕。……几乎所有在这个'中国'蚕丝地区为外贸而生产的生丝，都在上海经由华商和外商经营生丝出口的商行销售"①。上海的对外贸易推动了江南的手工业生产。按墨菲的地理学观点，以及许多经济史学者的看法，现代上海的崛起和长江三角洲地区传统水路交通体系密不可分。近代上海的工商业发展主要借用水路交通，而不是维新思想家呼吁的铁路、公路系统。上海的工厂大都建在黄浦江、苏州河以及无数的支流港汊边上，船只和码头承担了原料和成品的运输，极其便捷。"在长江三角洲和长江流域的大部分地区，货物可以如此轻便而成本低廉地经由水道运输，因而几乎没有为供应上海这样大的城市而采用机械化的运输工具的必要。"20世纪30年代，上海的现代工业总产值占全国的近六成，但沪宁、沪杭两条铁路的运输量，却只占全国的7%，还排除了东北铁路的大量份额。②上海和长江三角洲的社会发展主要依靠水道，传统的商业网络和交通系统支撑了现代化。

金泽镇是江南市镇由传统到现代，从本土向全球过渡的普通例子。19、20世纪，乃至21世纪的今天，江南社会充满了这样的案例。这种社会转型可以用殖民化的依附性——即传统社会依附于西方资本主义经济来解释；同样，也可以用全球-地方化——即全球社会

---

① 罗兹·墨菲：《上海：现代中国的钥匙》，第129页。
② 同上书，第108、109页。

吸附本土传统，建立更加合理的分工体系来说明。20世纪下半叶开始，地方主义和全球主义成为"左""右"人类思想的两种不同解释，似乎是不可调和的两种意识形态。事实上，生活本身比任何精密细致的理论体系都要生动，且趋于中间状态，而不是去向两个极端。全球-地方主义（Glocalism）确实是一种可能的模式。19世纪的经济全球化，激活了古老江南的传统生产；江南市镇上的传统经济，如丝绸、茶叶、瓷器、家具等产业，都因为加入了全球贸易得到更大的发展。如南浔、震泽镇的丝绸业，宜兴、景德镇的瓷器业，苏州、杭州、徽州的制茶业，都超越了全国市场，不再只是依附于民族经济，而成为19世纪全球经济的一部分。

金泽镇的经济在清代中叶已经加入全球贸易体系。一个例子是长三角的内河运输业。我们看到：长江三角洲的内河船运业，自康熙年间上海设埠以后的沿海航运业，以及鸦片战争后各大洋行、招商局举办的远洋运输业一起发展，构成了一个完整的"Glocal"（全球的）航运体系。江南的贸易、金融、服务业和外国同行之间，既有激烈竞争，也有密切合作。直到民国后期，金泽镇的水路交通网络一直还在使用，分担着上海到江浙之间的重要航运，维持了金泽镇从明清遗留下来的庞大规模。金泽镇的航运业把上海进口和生产的"洋货"，搬运到苏州、无锡、南京、杭州；同时，把苏南、浙北的棉布、丝绸、茶叶、手工制品，还有人力、原材料等运到上海，转输到世界。

然而，金泽镇的优势产业——传统棉纺织业，在20世纪初开始衰落。长江三角洲市镇经济有很强的内部分工，各市镇都有自己的优势产业。总体上来说，三角洲东部的松江府各县，主要以传统棉纺织业为主，西部苏州府湖州府则以丝绸业为主。上海开埠，江南经济卷入全球贸易之后，丝绸业和棉纺织业有不同表现。丝绸业、瓷器业为江南垄断，日本、印度和欧洲企业，偷师学艺，很晚才有自己的丝绸生产，和中国竞争。在江南经济版图上，金泽镇是棉布业和丝绸业的分界。金泽往西50公里之内，有西塘、姚庄、芦墟、黎里、盛泽、震泽、乌镇、南浔各镇，这里是全球贸易中著名的"湖丝"产区，出口表现非常突出，浙江省湖州市南浔镇（今称南浔区）、江苏省苏州市吴江区震泽镇因丝绸业的发展称为"巨镇"；金泽往东，青浦、上海、川沙、奉贤、南汇、金山、嘉定、宝山的市镇，都以棉纺织业为主。英国和印度的"洋布"打开中国市场后，有英资、日资、华资在上海大量投资机器纺织业。靠近上海的市镇，如宝山县江湾镇、吴淞镇，上海县七宝镇、闵行镇，转型引入现代产业，和英、美、法租界以及南市、闸北一起发展。金泽镇地处丝、棉产业的边界，离上海又是不近不远，20世纪开始，当洋布挤走土布之后，在传统和现代产业中都没有优势产品，金泽镇衰败了。

金泽镇的棉纺织作坊，集中在镇西的下塘街，精益求精，规模效应，这里出现过江南地区最为集中和先进的纺织机械制造手工业。按照金泽镇政府近期出版物提供的资料，"下塘街在清朝中叶，镇民大多纺纱织布，一时很盛，出现了资本主义萌芽。到清末，出现了铁业、木业、竹业的小手工业生产，制造风车、牛车和木犁，为农业服务。此类手工业作坊，大大小小有五六十家，作坊的锯木声和榔头的敲打声，整天'呼嘭'作响，一片繁华的景象"[①]。按照《金泽小志》的记载，金泽镇纺织机械制造业出现得更早，道光年间已经成型，"纺具，曰车、曰锭子，铁为之。车以绳竹为轮，夹两柱，中枢底横三木，偏左而昂其首，以着锭子，轮旋而纱成焉。到处同式，而金泽为

---

① 青浦区金泽镇人民政府：《江南第一桥乡——金泽》，上海，百家出版社，2001年，第25页。

工"。金泽镇生产的铁、木、竹复合材料的先进机械，是江南地区最好的，以至于"东松郡，西吴江，南嘉善，北昆山、常熟，咸来购买，故'金泽锭子谢家车'，方百里间，咸成谚语"①。明朝以降，直至清末，金泽镇不但大量生产花、纱、布，还为整个江南地区的棉纺织业提供母机，好像是"江南的兰开夏""中国的曼彻斯特"。可以说，金泽镇赖以生存的支柱产业是棉纺织业。金泽镇的贸易、商业和运输业，都是以棉纺织业为核心建立起来的。

20世纪初，上海崛起了亚洲最大的现代纺织工业——机器织布业。华资上海机器织布局（1878）、英资怡和纱厂（1895）、民资申新纱厂（1915）、侨资永安纱厂（1921）、民资安达纱厂（1938），还有《马关条约》（1895年）签订后以后大量涌入上海的日资内外棉纱厂次第兴办，激烈竞争。"洋布倾销"使得织造和销售本地蓝印花土布的江南市镇一步步地陷入困境。金泽镇传统纺织业的衰败是注定的，但不是剧烈的。上海的现代化对长江三角洲市镇的冲击波，呈中心扩展的水波状，逐渐蔓延到江浙地区。现代工业对手工业的冲击力，在几十年当中慢慢呈现。固然，和上海毗邻的市镇如江湾、法华镇、龙华镇等，在鸦片战争以后不久就开始受到现代生活方式的影响，风气、语言、服饰、习俗，包括民间宗教形式为之一变。②但是，处在远郊的淀山湖周围系列市镇，大约要到20世纪二三十年代才真正感受到冲击。以服饰为例，据当地作者陈述，青浦在"民国初年，农村服装都用自家纺织的粗布"，直到"20世纪二三十年代，（上海）城里传入了'洋布'，那时的农村妇女开始用士林

---

① 《江南第一桥乡——金泽》，第22页。
② 参见李天纲：《简论上海开埠后的社会与文化变迁》，《史林》，1987年第2期。

蓝布制衣,并用浅色布或花洋布滚边,作为上街赶市、走亲访友时的穿着"①。可见地处远郊的金泽镇受现代化的冲击,要远远晚于上海的周边市镇。

金泽在20世纪衰败的情景,如40公里外桐乡市乌镇籍作家沈雁冰(茅盾,1896—1981)在其作品《林家铺子》里描写的那样。20世纪30年代,上海的日资纱厂低价竞争,大量出货。原来销售"老布"(土布)的林家铺子,只能转而销售"新布"(洋布)。其时正逢"九一八"(1931)事变发生,日本加剧掠夺中国,江南各地群情激奋,销售"东洋布"的林家铺子老板很痛苦,林家小姐在学校里也被人歧视。一日,小姐醒来,听到母亲哀叹:"这也是东洋货,那也是东洋货,呃!"②但是,江南地区的传统产业很顽强,上海的机器织布业并没有完全扼杀长江三角洲城镇的土布产业。80年代,上海宣传部门在"五一""七一""十一"安排文艺调演,来自青浦等郊县的文艺演出队,都会穿着蓝花土布服饰,唱跳挑担、插秧等农作姿态的歌舞。2005年,我们第一次进入金泽镇的时候,还看到过一些从周围乡村来镇上的老妇人,穿着蓝印花土布的衣服,顽强地保留着自己的生活方式。

费孝通先生20世纪30年代的小城镇研究,关注江南传统经济的倒闭。他描述吴江区震泽镇开弦弓村(西距金泽镇30公里):"村里的家庭纺织业实际上已经破产。我在村里的时候,虽然几乎每一家都有一台木制纺织机,但仍在运转的只有两台。因此,衣料大部分来自外面,主要是亚麻布和棉布。村里的缫丝工业主要为商品出口,并非为本村的消费,只有少数人在正式场合

---

① 尹继佐等主编:《民俗上海·青浦卷》,上海,上海文化出版社,2007年,第3页。

② 茅盾:《林家铺子》,《茅盾全集》(8),北京,人民文学出版社,1983年,第246页。

穿着丝绸衣服。"①这类描述经常被用来证明江南经济的凋敝。但是，事实上震泽镇的丝绸业通过中外贸易更新换代，改为大机器生产。20世纪30年代至今，苏州和湖州一直是全球最重要的丝绸生产基地，②衰败的只是土布。按经济史研究，在统计1911年以前建立的107个江南市镇中，有40个是1861年以后新建立的，其中8个因为新式工厂的建立而兴起。在上海近郊28个老市镇中，有3个因新式事业而复兴。③不幸的是，金泽镇不是传统行业持续繁荣的市镇（如震泽），也不是因新式事业推动而复兴的市镇（如朱家角）。江南的传统与现代并不是截然对立、你死我活的，而是融合生存的。传统和现代结合，地方和全球对接，渐渐发展，慢慢交替，过程温和。事实上，金泽镇的土布和传统纺织机械制造业，一直保存到50年代，直到"解放后，随着农村耕作技术的改革，这些手工业作坊，都进入手工业合作社"④。

或许可以这样说：江南市镇上的土布生产，作为明清时期行销全国（"衣被天下"）的大规模产业，在20世纪30年代难以为继了。但是作为一种农村手工业，农田耕作之外的家庭副业，江南村镇上的土布业一直维持到80年代。长江三角洲的市镇生活，比较北方和内地因战乱、兼并和掠夺急剧破产，或者原先就很贫困的生活来说，相对优裕。⑤江南民众对传统生活方式具有自信，并不愿意轻易改变。这种温和的"保守主义"态度，和近代上海

---

① 费孝通：《江村经济》，第115页。

② 浙江湖州丝绸之路集团董事长凌兰芳先生2012年告诉笔者，他的企业是目前中国和全球最大的丝绸生产基地，法国爱马仕品牌的主要供应商。

③ 参见黄宗智：《长江三角洲小农家庭与乡村发展》，北京，中华书局，1992年，第121页。

④ 《江南第一桥乡——金泽》，第25页。

⑤ 长江三角洲和华北平原的生活水平比较，可以参见黄宗智《长江三角洲小农家庭与乡村发展》第95—102页的列表。

市区流行的时髦精神恰成反差，也在相当程度上保存了江南特色的生活方式。70年代，上海中学生到周围农村"学农"劳动，古镇上仍然保留着静谧安详的生活方式，每家每户都在柴房间里保留着木质的纺机和织机。如今，在上海周围古镇旅游，常常有纪念品商店销售蓝印花土布，还是用这些机器生产的。原属上海、宝山、青浦、川沙等县的老人，仍然称本地妇女用半机械手工织造的质朴厚实的江南土布为"老布"，以区别现代铁工机器生产的洋布、新布。90年代，江南古镇游热潮兴起之后，七宝、朱家角、枫泾、周庄、甪直、同里、乌镇等地的商家都销售扎腊染制的蓝印花土布制品，作为文化遗产，成了游客们的至爱。

金泽镇衰败了，金泽镇的市镇地位也摇摆不定。1958年，政府按城市化程度划分户口，金泽仍被定为镇，居民被定为城镇户口，介于城市户口和农业户口之间。随后，因为地处偏远，工业经济发展滞后，手工业、商业、交通功能继续衰退，同时也因为上海市政府将青浦定位为农业县，县政府曾一度干脆将金泽镇划入农业乡，改称金泽乡。新版地图上，曾经的江南繁华胜地，连一个小圆点都没有了，金泽镇消失了。直到1985年，为迎合改革开放的浪潮，金泽撤乡建镇，恢复金泽镇原来青浦四镇之一的地位。县属四镇（青浦、朱家角、练塘、金泽）之外，青浦还有20个农、渔业乡，镇经济以农业为主的情况一直保持到1994年。当年，青浦县按照上海市政府的规划，布置新的城市化（乡改镇），将全县基层行政单位改划为19个镇，2个乡。金泽作为市镇建制至今，镇区内设2个居民委员会，金杨、金溪；9个自然村落设村民委员会，东西、新池、金泽、建国、金姚、徐联、李红、团结、杨垛。[1]现在的金泽镇，

---

① 上海市青浦区地方志编纂委员会：《青浦县志（1985—2000）》，"建置、地理"，北京：方志出版社，2009年，第32页。

是乡大镇小；农业大，工商、交通、服务业小。

"文革"以后新一次的城市化浪潮中，金泽镇一直在市、县政府的计划之外。90年代以后，上海市政府把淀山湖作为水源保护地，限制本镇的大型工业开发，不再批准国家、市、区级的工业开发区，本镇旧有的手工业自生自灭，新组建的乡镇事业发展也很困难。在长江三角洲一带，青浦西部区域保持农业格局，青浦东区以及邻近的昆山、太仓、常熟等县级市，都远比"青西"发达，金泽镇的乡镇工业在青浦区排在末几位。2000年，金泽镇的28家乡镇企业，用工1490人，工业总产值33464.9万元，都不算突出。最糟糕的数字是利润额，2000年全镇工业总利润只有95.4万元，只比凤溪镇（负403.2万元）、蒸淀镇（95.1万元）稍高，排在21个乡镇、开发区的倒数第三位。另外，金泽镇的三资企业、个体企业也处于相似的落后水平。① 金泽镇，似乎是一座被遗忘的孤城。但是，金泽位于江南，属于上海，仍然与这个高速变化着的世界紧密相连。

① 以上统计数字，均见于《青浦县志（1985—2000）》，"工业"。

上篇

金泽的祭祀生活

第一章　市镇祭祀：地方性知识

江南宗教

明清人士说"江南"，大都按上古史书的记载，溯至夏代的大禹治水，多有"三江考"。约三千年前，长江三角洲地区文明，以"吴""越"之名进入周代文献。《尚书·禹贡》："三江既入，震泽底定。"震泽，即太湖古称，今江苏省苏州市吴江区有"震泽镇"。三江则有不同说法，按地理学者王士性考证，"三江以吴淞江为主，在吴江东，源出太湖，又名松陵江，又名松江，又名笠泽，经昆山入海。"①吴淞江，即贯穿吴江、吴县（今苏州吴中区）、昆山、嘉定、青浦和上海的干流。明代中叶以后，吴淞江下游被黄浦夺去，终于"上海浦"。1843年以后，西侨开辟上海租界，便以"Soochow Greek"（苏州河）称呼自外滩上至上海县境内的吴淞江，至今沿用。吴淞江之外的其余二江，一为娄江（今浏河），一为东江（今黄浦江），均为太湖东南入海的通道。大禹治水，吴、越民众疏通"三江"，太湖东部流域水系安然入海，江南逐渐被耕作成"鱼米之乡"。

---

① 王士性：《广志绎》，北京，中华书局，1981年，第31页。

　　"江南"一词的地籍含义，有广、狭之分。广义的江南，包括长江以南，以至岭南的广大地区；狭义的江南，通常就只是指苏南之苏、松、太、锡、常、镇、（江）宁；浙北之嘉、湖、绍、宁（波）、台、处（丽水）；皖东南之徽、宣、宁（国）。由于长江两岸民众在语言、习俗、经济、文化上的密切关联，长江边上的一些城市，如桐城、扬州、南通等，也常常被归入合并为文化地理上的"江南"。明、清两代，以南京、北京为两都，以苏州、杭州为风尚，学者、士夫、官员乃至皇帝，"江南"是热门话题。明、清学者的"三江考"，多隐藏着自己的江南情结。按顾炎武的看法，古代"三江"，即"北江，今之扬子江也；中江，今之吴淞江也；……南江，今之钱塘江也"[①]。顾炎武的"三江"范围，比王士性宽泛很多。姑取顾炎武的说法，定长江、吴淞江、钱塘江为"三江"。三江夹持的流域，差不多就是令明清文人魂牵梦绕的"江南"。

　　周代正统观把富庶的江南看作荒蛮落后地区，《史记·吴太伯世家》："太（泰）伯、仲雍二人乃奔荆蛮，文身断发，示不可用，以避季历。"江南人民收养政治难民泰伯，泰伯入乡随俗，被记载为教化江南。然而当代考古学证明，江南地区良渚文化的文明程度甚至领先于中原。六七千年之前，长江三角洲地区出现了东亚最早的农业文明，有了璀璨的河姆渡、良渚、崧泽、马桥等文化，在现今中国版图之内的各大"方国"区域文明中，处于

---

　　① 顾炎武著，黄汝成集释：《日知录集释·三江》，长沙，岳麓书社，1994年，第38页。清代学者作"三江考"者众，华林甫《中国地名学史考论》（北京，社会科学文献出版社，2002年）统计，"清人考证'三江'的论著，多至三十余种"，重要者有：朱鹤龄《禹贡三江辨》、钱塘《三江辨》、王鸣盛《尚书后案》、阮元《浙江图考》、程瑶田《三江辨惑论》、胡渭《禹贡锥指》、汪士铎《三江说》等。

领先地位。①

以中原正统观视江南，有一项"落后"指标便是迷信。长江三角洲一带，被认为是"好鬼""淫祀"的地区，"吴风佞佛，俗淫于祀，闺房妇媪尤归向西方"②。对此，传统史志多有批评。同治《上海县志》"风俗"称：上海人"吉凶多沿俗礼，疾病杂用医巫"。光绪《川沙厅志》"风俗"记：川沙人"吉凶多沿俗礼，冠不备三加。丧事尚佛老，祭多以俗节，婚丧费尤奢。营室造墓，拘风水之说，每致讼，或有数十年不克葬者。……俗信鬼神，病则专事祈祷，男巫曰'火居'，女巫曰'师娘'，言能与鬼神通语。不独愚者为其所愚，有识者亦一时受其愚而不悔"。光绪末年，上海地区受"欧风美雨"冲击，现代经济、科学、教育和文化体系已经完备，戊戌变法中先进士大夫对移风易俗、破除迷信也有共识，而上海城厢内外的迷信风气依然如故。"本邑居民之愚鲁者，信鬼之风牢不可破，每有疾病，专事祈禳，往往听女巫之妄语，而祷祀鬼神，建醮焚锭，浪费甚巨。"③金泽镇所在的青浦县，情况也是如此。光绪《青浦县志》记载："习俗尚鬼，信卜筮，好淫祀。疾则先祈祷而后医药，乡村尤甚。"④然而，工业化、现代化、城市化与传统宗教信仰在上海地区并行不悖，江南文化仍然保持传统本色，这是一个比较费解的现象。

中国古代的宗教地理具有多样性，从《尚书》《诗经》《礼经》《楚辞》《史记》《汉书》中记载的情况来看，齐、燕、吴、越、楚等沿海、沿江地域的鬼神信仰比较明显，和黄河流域的祭

① 参见苏秉琦：《中国文明起源新探》，香港，商务印书馆，1997年。张光直：《中国青铜时代》，北京，生活·读书·新知三联书店，1999年。
② 袁景澜：《吴郡岁华纪丽》，南京，江苏古籍出版社，1998年，第17页。
③ 李维清：《上海乡土志》，上海，上海古籍出版社，1989年，第110页。
④ 陈其元等修，熊其英等纂：光绪《青浦县志》"风俗"，光绪五年（1879）尊经阁刻本。

祀体系有很大分别。若以"殷周之辨"来说明，商人明鬼，周人尚礼，"学上古史的人自然早就知道，殷商民族起源于东方——河南东部和山东境内"[①]。李济（1896—1979，湖北钟祥人）、徐中舒（1898—1991，安徽怀宁人）等先生在20世纪30年代都有考证，认定商代文化的宗教特征并非中原，而来自沿海。[②]考古人类学家张光直（1931—2001，台湾台北人）先生也指出："殷商文明中很重要的一些成分，绝大部分是与统治阶级的宗教、仪式、生活和艺术有关的，很清楚地起源于东方。"[③]

历史学家陈寅恪（1890—1969，江西修水人）先生呼应了考古学家的结论，他注意到鬼道宗教——天师道，集中在河北、山东、江苏、浙江、福建、广东等"滨海地域"，著有《天师道与滨海地域之关系》（1933年）。陈先生以为："自战国邹衍传大九州之说，至秦始皇、汉武帝时方士迂怪之论，据太史公所载（《始皇本纪》《封禅书》《孟子荀卿列传》等）皆出于燕、齐之域。"[④]陈先生以汉代黄巾之作，晋代孙恩、卢循之乱，以及北魏、东西晋、南北朝士族之崇道，证明齐、吴、越等滨海民族的鬼道特征。20世纪30年代，学术界开始有一个看法：中国文化的源头，不能只以黄河流域的周文化为代表；东方滨海地带的海洋文化有浓重的宗教色彩，其起源更早。陈先生暗示滨海地域存在着类似于地中海古希腊、罗马诸民族之间的鬼道信仰。50年代，考古学家凌纯声（1902—1981，江苏武进人）

---

① 张光直：《殷商文明起源研究上的一个关键问题》，《中国青铜时代》，第107页。

② 徐中舒：《再论小屯与仰韶》，《安阳发掘报告》，1931年第3期，第523—557页；李济：《城子崖》，南京，中央研究院历史语言研究所，1934年，第XV—XVII页。

③ 张光直：《殷商文明起源研究上的一个关键问题》，《中国青铜时代》，第117页。

④ 陈寅恪：《天师道与滨海地域之关系》，《金明馆丛稿初编》，第1页。

说："如以殷商文化的成分，作一分析的研究，其基层必为海洋文化。"[①]张光直总结考古学发现，更进一步地指出："良渚文化，或甚至于整个东海岸的史前文化在中国历史早期三代文化发展上有基础意义。"[②]换句话说，今天在上海、江苏、浙江交界处发现的以精美玉琮为代表的良渚文化，说不定正是夏、商文化的主要来源。

山东滨海之齐文化，为吕封之国，行"齐东野语"，与姬周同姓诸侯沿袭周人制度的鲁文化之"子不语"迥异；在江南，吴、越族裔本不属周境，加上太湖流域、长江三角洲、东南丘陵和沿海列岛，江河湖海，水乡泽国，人民大多乘舟航行，与风云雷电，诡波骇浪为伴，为中国少有之"航行民族"（the Nation of Navigation），因而特别虔信鬼神。[③]东南民族接近江河海洋，按其"仙道"的方式，有称为"道教"。陈寅恪说："青、徐数州，吴会诸郡，实为天师道之传教区。"[④]青州在今山东东部，徐州在今江苏北部。"吴、会诸郡"，就是以苏州、会稽为中心的今"三吴"地区，即青浦金泽镇所处的苏、松、湖三府交界地带。钱穆在《国史大纲》（1939年）中，也有类似的估计，他认为："神仙思想之产生，盖有两地。一在汝、淮、江、汉、陈、楚之域，

---

① 凌纯声：《中国古代海洋文化与亚洲地中海》，台北《海外杂志》，第3卷第10期，1954年，第7—10页。

② 张光直：《谈"琮"及其在中国古史上的意义》，《中国青铜时代》，第302页。

③ 中国东南民族长于航海，且虔诚信仰的情况初为欧洲人所知，见于1793年英国马戛尔尼使团成员回国后撰写的报告、日记和传记。使团成员亲见船民们在黄河、长江和东海中遭遇风浪，即敲锣鸣号，燃放鞭炮，焚烧冥币，屠宰公鸡用鸡血祭祀。按《英使谒见乾隆纪实》（斯当东著，叶笃义译，上海，上海书店出版社，1997年）的记载："祷告仪式是在经过险地或遇到逆风的时候祈神神灵用的。除此而外，中国船上还在房舱左边设立一个祭坛，每天都要上供和祷告。船上敬神的地方，人们除非万不得已不在那里来回乱走。"（第441页）

④ 陈寅恪：《天师道与滨海地域之关系》，《金明馆丛稿初编》，第15页。

其地山川景物，均与中原河域不同。其居民活泼而富想像，散居野处，巫鬼祭祀，男女相悦，其意态与北方殷、周严肃事奉一上帝者有别。……其一则在燕、齐滨海之区，海上神山，飘渺无稽，亦同为神仙思想所蕴孕。"[①]

闻一多（1899—1946，湖北浠水人）遗著《神仙考》（1947年）显然不同意陈寅恪《天师道与滨海地域之关系》中的"滨海说"。闻一多以为，中国人神仙、鬼魂观念并非起源于滨海之"三山"（蓬莱、方丈、瀛洲），而起源于西域之"昆仑"。闻一多考证，"齐地滨海"，"齐之所以前有不死观念，后有神仙说，当于其种族来源中求解答"。"齐人本为西方的羌族"，"今甘肃、新疆一带，正是古代羌族的居地，而传说中的不死民，不死之野，不死山，不死树，不死药等，也都在这里。很可能齐人的不死观念，是当初从内陆的西方带进来的"。[②]《神仙考》把东南文化的根源归到西北，固持中原文化"西来说"，考证则牵强粗疏。

自清末民初经学家刘师培（1884—1919，江苏仪征人）提出"南北学派不同论"（1905）之后，现代学者开始对中国古代文明的地域特征进行探讨。20世纪20年代前后，源自北大的古史辨派学者根据《左传》《诗经》等文献指出：中原地区的鬼神、魂魄等观念，不及齐、吴、越、楚等东南沿海、沿江水域地带丰富活泼。稍后，清华研究院毕业的姜亮夫（1902—1995，云南昭通人）先生在其《楚辞》研究中指出：《诗经》属于北方文学系统，是寓言特征；《楚辞》则属于南方文学系统，是神话特征。"汉代在很多方面延续着楚文化，如

①　钱穆：《国史大纲》，北京，商务印书馆，1996年，第352页。
②　闻一多：《神仙考》，《伏羲考》，上海，上海古籍出版社，2006年，第148页。

郊祀就沿用了楚的许多特点。"[①]这就明确指出了西北与东南地域在宗教信仰上的不同。余英时先生则进一步提出："魂，作为灵魂观点的起源，它很可能是公元前6世纪从南方传入北方的。"[②]晚近的考古学进一步证实这一点，1973年公布的湖南长沙马王堆一号汉墓T形帛画，有对死后世界的详细描写；20世纪80年代发掘的四川广汉三星堆遗址，有极富想象力的祭祀用立人铜像、铜面具出土；也是在80年代发掘的上海青浦福泉山古文化遗址，在早于周代的地层中找到了《周礼》记载的祭祀用器玉璧（礼天）、玉琮（礼地）、玉圭（礼东方），十分精美。看来，东南地区民众的信仰精神比西北地区更加强烈，古史中的这一印象是有道理的。

中华文明是"一元说"，还是"多元说""多中心说"？是黄河流域一个"摇篮"，还是东、南、西、北不同起源？整个20世纪的考古学得出一个结论：中华文明是不同文化融合的结果，绝非单向地、自北向南地教化和改造。1997年，考古学家苏秉琦（1909—1997，河北高阳人）先生在《中国文明起源新探》一书中，系统论述了"满天星斗说"，肯定中国六七千年以来的文明，既非"文化西来说"，亦非"中原中心说"，而是平行发展的"六大文化区系说"——"以燕山南北长城地带为重心的北方；以山东为中心的东方；以关中（陕西）、晋南、豫西为中心的中原；以环太湖为中心的东南部；以环洞庭湖与四川盆地为中心的西南部；以鄱阳湖—珠江三角洲一线为中轴的南方"[③]。令人诧异的是，考古学家在太湖和山东区系之间，发现了很多相似性，曾

---

①　姜亮夫：《楚辞今绎讲录》，北京，北京出版社，1981年，第25页。

②　余英时：《魂兮归来：论佛教传入之前中国灵魂与来世观念的转变》，《东汉生死观》，上海，上海古籍出版社，2005年，第136页。

③　苏秉琦：《中国文明起源新探》，第29页。

把太湖区系的良渚文化和山东区系的龙山文化混在一起。太湖（吴、越）和山东（齐）两大区系，在7000年前就存在着融合和影响。齐、吴、越等滨海地域自古密切交往，陈寅恪先生的中古史文献考证与史前考古学家的出土发现不谋而合。

　　中国文化自古以来就不是铁板一块，而是有不同形态。太湖平原，长江三角洲地带，是中华版图中最古老的文明起源地之一。上海、江苏、浙江地区对于河姆渡、马家浜和良渚文化的考古，确认长江三角洲原住民文化至少有7000年之久。1973年，浙江省余姚县河姆渡发现古文化遗址，碳-14测定年代约在公元前4800年，范围在浙江北部，年代"和中原地区新石器时代早期的裴李岗文化和磁山文化相当"[①]，早于黄河中游地区的仰韶文化。1959年，浙江省嘉兴县马家浜发现距今5000年的文化遗址，考古学家将浙江省桐乡县罗家角、吴兴县邱城，江苏省吴江县梅堰袁家棣、吴县草鞋山和张陵山、苏州市越城、常州市圩墩、武进县潘家塘和寺墩，上海市青浦县崧泽等地发现的遗址，都归为马家浜文化。[②]值得注意的是：马家浜文化处于太湖平原和长江三角洲地带，和《禹贡·夏书》所记"三江既入，震泽底定"的太湖（震泽）洪水东泄区域完全一致。

　　淀山湖作为太湖的附属湖，位于青浦县境内，处在太湖平原的中心。青浦境内外有"九峰三泖"分布，物产丰富，为水网交通之枢纽。淀山湖水系连接青浦、嘉兴、吴兴、吴江、吴县、昆山、常熟等县。金泽镇大致是苏、松、太、杭、嘉、湖各州府的中点，是交通要冲。金泽镇附近有大量文化遗址发现，非常可能就是太湖平原自古以来的文明中心。1957年以来，上海市文物管理委员会和上

---

①　安金槐主编：《中国考古》，上海，上海古籍出版社，1992年，第136页。
②　同上书，第139页。

海博物馆专家在青浦县发现崧泽遗址，证明当地的原住民文化是上海乃至长江三角洲和江南文化的直接源泉。"从距今七千年的马家浜文化，到四五千年的良渚文化，和到西周以前的古吴越文化，它们上下年代可以连贯起来，自成体系。"①崧泽文化上承河姆渡、马家浜文化，下接良渚文化，碳-14测定有6000年历史。20世纪80年代以后，上海文化界形成"崧泽文化是上海文化发源地"②的共识。

饕餮，商代青铜器中表现鬼神的形象，在太湖地域良渚文化中出现更早。"山东龙山和二里头文化的饕餮纹，确实可以看成是良渚文化与商代这种花纹的中介。"近期的考古学者进一步认定：良渚文化在玉器中表现出来的饕餮纹，比商代青铜器上的饕餮纹，更具有信仰和神秘的特征。③青浦地区出土的玉质祭器，证明江南人民信仰之古老，早于周文化，甚至可能是商文化之源。按《周礼·春官宗伯·大宗伯》："以玉作六器，以礼天、地、四方。以苍璧礼天，以黄琮礼地，以青圭礼东方，以赤璋礼南方，以白琥礼西方，以玄璜礼北方。""璧礼天，琮礼地"，"六器（瑞）"——璧、琮、圭、璋、琥、璜，都是周代祭祀规定使用的玉质礼器。比《周礼》早两三千年的崧泽、福泉山文化中，出土了玉璧、玉琮、玉璋，还有汉代《说文解字》等文献中记载的给死者陪葬用的玉琀。④我们有依据说：史前时期，现今山东、江苏、上海、浙

---

① 苏秉琦：《中国文明起源新探》，第57页。
② "崧泽文化是上海文化的发源地"的讨论，见李天纲：《上海寻根》，《文化上海》，上海，上海教育出版社，1998年，第249页。
③ 李学勤在《走出疑古时代》中说："良渚文化玉器上的饕餮纹，看来已甚复杂，恐怕还不是这种纹饰的原始状态。它所特有的价值是，比商周青铜器更清楚地向人们展示了纹饰的神秘性质。现在大家可以看到，这种纹饰确实应当有信仰、神话的意义，虽然我们还不完全知道应该怎样去解释。"（沈阳，辽宁大学出版社，1997年，第95页）
④ 崧泽、福泉山出土玉璧、玉琮、玉璜、玉琀之图谱，参见上海文物管理委员会编：《上海考古精粹》，上海，上海人民美术出版社，2006年。

江滨海地域的原住民，已经有一套共享的信仰体系。

金泽的祠庙

杜佑（735—812，陕西西安人）《通典》描述扬州风俗，称"扬州人性轻扬，而尚鬼好祀"，[1] 此说堪为的论。古九州之"扬州"，包含明清时期的苏南、浙北，正是陈寅恪先生所谓"滨海地域"、"吴会诸郡"。江南人信仰浓烈，21世纪的今天，金泽镇上仍然保存着浓重的信仰气氛。近代上海经历了多次移风易俗运动，镇民们仍然不回避谈论鬼神，旧志所称吴俗"好鬼"，民众"喜怪力乱神"的现象并未消失。清末的毁庙兴学，中华民国的"新生活运动"，新中国的破除迷信以及后来的"文化大革命"，并没有毁灭这里的宗教生活。"魂魄""风水"，在今天的镇上仍是重要话题。传说金泽镇"宜静院前古树一本，大可四五围，元时僧奔聂卜而纳手植。乾隆三十年间，僧某伐售，遂眇一目"。[2] 笔者曾经向普济桥下的一家住户求证，是否知道这个"伐树遭殃"的故事。老人说："是啦格，啥人坏脱金泽镇的风水，天老爷勿饶伊格。"颐浩禅寺里还保存3棵树龄超过700年的古银杏，在上海地区古树保护清单上名列前茅。古树在，旧风水在，神话传说也还在。

金泽镇的风俗，就是光绪《青浦县志》所称"好淫祀"，"乡村尤甚"，算得上是江南社会最底层的信仰。金泽镇寺庙众多，历史悠久，远近有名。金泽镇的乡土信仰有两个特点：一是时间延续长，二是空间扩展广。这里的寺庙，不仅仅是本镇本地的人民供奉，很多外来人士也在金泽寺庙留下印迹。金泽镇地处

---

① 杜佑：《通典·州郡·扬州·风俗》，北京，中华书局，1988年，第4849页。

② 周凤池纂，蔡自申续纂，杨军益标点：《金泽小志》，上海，上海社会科学院出版社，2005年，第103页。

江浙要冲，为松江、金陵、姑苏、临安之间孔道，宋朝南渡以后，不少官宦、士绅往来镇上。据说，宋高宗曾在金泽避难，手书"永安"两字匾额，将一座乡间草庵升格为体面寺庙。"宋高宗南渡时，尝驻跸于'坐'字圩草庵中，因易庵为寺，赐额曰'永安'。"①元代初年，有皇室成员在金泽出家，朝廷每月两次派船只前来，金泽镇设站停船，乃至镇西数里的地方，出现了一个新地名"站船浜"。②元代还有外籍西域僧人奔聂卜而纳在金泽定居，于颐浩寺东侧辟建宜静院，手植银杏树，至今尚存。③金泽作为水域交通要道，是太湖流域的大市镇，因而庙宇众多，香火繁盛。

民国时期，金泽镇融入现代上海，本地宗教生活却依然如故。每年三、四、五月的"春祠"期间，青浦地区的各镇都有自己的庙会。三月一日，重固镇有"玄帝盛会"；三月十五日，青龙镇有"佛会瞻礼"；三月二十八日，金泽镇有"杨爷会"；四月初八，白鹤镇有"施相公会"；五月十八日，青浦镇有"华佗仙师会"；五月二十日，青浦镇有"分龙节"。分龙节是一个典型的例子，表明江南的传统宗教转型为现代制度。分龙节原属周代民间"雩舞"和"祈雨"的祭祀传统，明清时期仍然流行于南方地区。江南地区的分龙节定为五月二十日，上海人徐光启编订的《农政全书》称："五月二十日大分龙，无雨而有雷，谓之'锁龙门'。"④

---

① 《金泽小志》，第100页。
② "镇西数里，地名站船浜。《吴江县志》云：'元初有宗室出家于金泽寺中，使每月两至，络绎于道。驿使于此站船，因名。'"见《金泽小志》，第107页。
③ "奔聂卜而纳，西域僧也。元初，过金泽，见风景幽寂，遂有终焉之志。结庐三楹于颐浩寺左，颜曰'宜静'，四众皈依。尝手植银杏数株，四百余年犹有存者。"见《金泽小志》，第98页。
④ 朱维铮、李天纲主编：《徐光启全集·农政全书》（六），上海，上海古籍出版社，2011年，第212页。

然而，就是这样一个祈雨类型的农业祭祀，却因为水的联想，在清末民初转化为现代都市的消防节。光绪年间的上海"竹枝词"中描写的五月二十日是一个消防日，"节届分龙演水龙，一班铜鼓领前锋；仗排后队旗明彩，百道长波喷雨浓"①。庆典由西洋铜管乐队开道，中间是各区消防队的彩旗招摇，最后是救火车的水枪朝天飙。上海的新式分龙节很快传到青浦。当天，青浦"城厢救火会各舁水龙于城南学场，用水标射，以高为胜。官绅咸莅，胜者给奖有差"②。传统的分龙节转化成现代的消防节，显示古老的宗教习俗向着全新的生活开放，两者并不冲突。

20世纪50年代以后，迷信与科学在意识形态领域发生了严重冲突。以"科学"的名义扫"四旧"，剿杀"迷信"和"落后"，江南的宗教生活受到毁灭性的打击。80年代以后，这种紧张关系已经大大松懈，虽然主流意识还不能接受，但许多小庙已经在暗中恢复。在金泽镇政府的官方网页上，贴出的文章都尽可能地突出文化、历史和古迹，减少宗教性的内容。一般的领导和干部，都会因为回避迷信问题，把宗教性事实（Religious Facts）用文化的方式说出来。金泽镇人士普遍有一个桥庙文化的说法，强调该镇的文化遗产一是古桥，二是寺庙。其实，他们更津津乐道于寺庙，而在公开的场合，就强调古桥。其实，小镇上很多传说都有宗教内容；很多民俗都用宗教信仰做底衬。直到今天，每当游客来金泽镇参观古桥，印象深刻的或许反而是这里保存完好的信仰生活，到处是香客，还有很多寺庙以及寺庙遗址。

金泽镇到底有多少寺庙，有不同的说法。向本镇的老人咨

---

① 秦荣光：《上海县竹枝词》，上海，上海古籍出版社，1989年，第46页。
② 钱崇威纂：民国《青浦县续志》卷二"岁时"，民国二十三年（1934），刻本。

询，多半都会说在金泽镇上有过42座庙宇。这个说法还出现在金泽镇政府组织编写的文字中，"金泽从宋、元以来，有四十二庙宇"。①这个说法没有注明哪个朝代、什么时期。成书于道光年间的《金泽小志》记载，"金泽有六观、一塔、四十二虹桥，桥各有庙"②，没有提到金泽镇有42座寺庙。但顾伯骐撰写《地藏殿记》说："金泽多佛刹，四十二虹桥，桥各有庙，供散圣。"③金泽镇的寺庙大多建在桥下，桥的两堍至少有一座庙宇。"桥桥有庙，庙庙有桥"，或者正是"四十二虹桥"的记载化成了"四十二庙宇"的说法。

如果金泽一镇确实曾有42庙的话，这真是高密度。今天的金泽镇，合并了西岑、练塘和商榻等乡镇，辖境扩大很多。按《金泽小志》划定的"四至"，本镇在清代时期的方圆为"东西广四里，南北袤五里，周二十八里"。④按广袤四五里换算，得本镇原来面积只有约5平方公里，一镇42座庙均除，则每平方公里超过8座大小庙宇。《金泽小志》没有人口统计，按本镇老人的回忆，另据清代长江三角洲市镇一般人口密度估计，应该不过一两千户人家，最多是上万的人口规模。明代的制度规定，每百户可以建一座社坛庙，实际上很多地方低于这个密度。像金泽这样一个远离县城的边缘乡镇，人口不足一万，却拥有42座寺庙，无论如何是非常稠密的。

20世纪50年代以后，金泽镇以桥乡闻名，各大庙宇名声不彰，甚而渐渐消失。事实上，桥和庙不可分。"金泽四面巨

---

① 参见青浦区金泽镇人民政府编：《江南第一桥乡——金泽》，上海，百家出版社，2001年，第34页。
② 《金泽小志》，第101页。
③ 同上书，第33页。
④ 同上书，第2页。

浸，内多河流，桥梁尤多于他镇，古称四十二虹桥，今尚存十之六七。"① 金泽镇在清代还有几十座古桥，桥与庙巧妙勾连。桥如线，庙如珠，连线的桥梁，把如珠般的寺庙串联起来。今天镇上的桥与庙大都已经破败，不复当初，但是置身金泽镇，仍然可以看见区内水网纵横，稍大一点的寺庙或者寺庙遗址都临近河浜驳岸。为了迎合乘舟而来的香客，最好的寺庙位置就在桥堍，下船一步，马上就可以敬香，非常方便。金泽镇寺庙繁荣时期到底有多少寺庙？这个问题学界一直在讨论。根据《金泽小志》的记载，道光年间镇上的寺庙即使不足42座，也有三十几座。现按本志的记载，整理《金泽镇寺庙一览》如下：

金泽镇寺庙一览②

寺庙	地点	建造时间	建造者
文昌祠	颐浩寺大殿东	宋代建造	
关帝庙	林老桥北堍	初建无考，光绪二年重修	
东岳庙	原在钟家圩，元迁东沈港	初建无考，元至正迁建，明嘉靖年间重修	明里人林青重修
府城隍行宫	北沈浜	元代初建	清里人蔡重光增建
县城隍行宫	国字圩	清康熙年间初建，雍正年间重修	
总管庙	放生桥北	明代建造，清道光年间重修	
刘猛将庙	东朝圩	初建无考，清康熙年间重修	
英烈侯庙	正朝圩		
五路堂	国字圩	明末建造	
火神庙	林老桥北		
施相公庙	位字圩		
葛仙翁祠	安乐桥南		

---

① 《金泽小志》，第12页。
② 同上书，第24—34页。

寺庙	地点	建造时间	建造者
周大中丞祠	潘家湾	清康熙年间建造	
海忠介公庙	东朝圩刘猛将军庙东		
颐浩寺	坐字圩	宋景定年间建造	宋里人费辅之
资福寺	四十一保		
颐赋寺	四十一保	宋代建造	宋里人李氏
颐正寺	四十一保（镇南）		
辉和庵	泖西金田村	元至正年间建造	元僧允中
觉乘寺	辉和庵西	明隆庆、万历年间建造	明里人盛氏、钱氏女
归真庵	颐浩寺南	元至治年建造	元僧坚
三官帝阁	禅寮港安乐桥上	初建无考，清康熙年间重修	
地藏殿	国字圩	明代初建	
莲社庵	有字圩	元泰定年间建造	元僧顺
圆通庵	塔汇桥南	宋代建造，明、清重修	
梅庵	正朝圩	宋代建造	
万寿庵	迎祥桥	元代建造	
毗卢阁	百婆桥东	宋代建造	
兴隆庵	东沈港	清乾隆年间因何大明祠改建	
西指庵	杨垛	清康熙年间建造	清僧宝
元帝行宫	普济桥东	宋代建造，清乾隆年间重修	
南圣堂	如意桥南堍	初建无考，供奉成吉思汗，或为元代	
天王庙	天王桥北堍		
许氏家祠	正推圩西归桥北	清康熙年间建造	清里人许君亮
许氏宗祠	坐字圩北沈浜	清嘉庆年间建造	清里人许永熙
恩晖堂	正朝圩蒲封漾浜	清乾隆年间建造	
俞氏家祠	俞家浜	清道光年间建造	清里人俞锐

　　《金泽小志》中一共记载了金泽镇38座寺庙，其中"葛仙翁

祠"两出，重复，引者在上表中删去。另外，许氏家祠、宗祠和俞氏家祠3座家庙，不是百姓都可供奉的公共寺庙。如果别除这4座，则金泽镇在清代乾隆至道光时期，共有34座佛教、道教或民间宗教的寺庙，与"四十二座"之数相差不算太远。

清末戊戌变法和民国的新文化运动使得佛教、道教及民间宗教都受到了冲击，开始转型，寺庙数量越来越少。由于地处偏僻，在近代一波又一波的移风易俗潮流之中，金泽镇仍然保存了相当数量的旧式寺庙。整个20世纪中，上海近郊市镇中的一些大寺庙不断被归并、取消、拆毁和占用，宗教建筑越来越少。远郊金泽镇保存的小庙，在上海最为突出，引起镇内外人士的重视。"文革"以后，管制放松，镇民建庙的冲动又起来了。许多人关心金泽镇到底曾经有多少寺庙，本地人士在老人中访问，查到本镇在清代以后仍然存有26座寺庙。《江南第一桥乡——金泽》中有一份最近调查——《古庙简表》，①现转录如下，第四栏"神祇性质"②为笔者增加：

古庙简表

庙名	建造年代	庙址	神祇性质
颐浩禅寺	1260年	金泽大寺基	佛教一般
东岳庙	1361年	东胜港	东岳大帝
西林禅寺	元代建造	香花桥西南	佛教一般
玄通寺	宋代建造	塔汇桥南堍	大殿佛教，二殿伏羲、女娲、神农
梅庵	宋代建造	唐湾村东滩	佛教一般
诚修堂	清末建造	三官桥北	尧、舜、禹

① 《江南第一桥乡——金泽》，第13页。
② 参考《金泽小志》《金泽千年桥庙文化》《江南第一桥乡——金泽》以及历次调查手记。

庙名	建造年代	庙址	神祇性质
杨家庙	清代建造	东岳庙半增	杨震
祖师庙	清代建造	如意桥南堍	百工祖师鲁班，理发祖师吕纯阳
总管庙	明代建造	放生桥北堍	金元七
城隍庙	1662年	南庳田圩里	沈恩
朱天庙	元代初建	金泽大寺基	朱天君
府隍庙	元代初建	南北胜浜	李侍问
财神庙	清代建造	寺浜东滩	赵公明
天王庙	明代建造	天王阁桥北堍	李靖
四相公庙	清代建造	金泽汽车站后	方氏名医四兄弟
二爷庙	清代建造	万安桥东北	李冰、李二郎
周爷庙	1662年	塘湾村	周孔教
东方朔庙	清代建造	塘湾村	东方朔
五路堂庙	明代建造	周家圩	五圣财神
火神庙	明代建造	关爷桥北	炎帝
万寿庵	元代建造	迎祥桥西北	弥勒佛
西指庵	1662年	杨垛村	佛教一般
五圣庙	清代建造	东胜港	五圣爷
西林寺	明代建造	西湾村	佛教一般
刘王阁	明代建造	北胜浜	刘承忠
四金刚殿	元代建造	泽大寺基	佛教东南西北四天神王

比较上列《金泽镇寺庙一览》与《古庙简表》，有典型意义。通过这两张表格，我们可以把清代道光年间尚存的（或仍能见到遗址的）寺庙数量，与"文革"后仍存有遗址的（或老人们仍然能够记忆其事迹）的寺庙加以比较，了解有多少座寺庙在这170年中间消失了。比较两者，前者有而后者无的是：文昌祠、关帝庙、刘猛将庙、英烈侯庙、葛仙翁祠、海忠介公庙、资福寺、颐赋寺、颐正寺、觉乘寺、归真庵、三官帝阁、地藏

殿、莲社庵、毗卢阁、兴隆庵、元帝行宫、南圣堂、许氏家祠和许氏宗祠、恩晖堂、俞氏家祠。也就是说，这22座寺庙，在这170年中间消失了。但是，170年间，金泽镇寺庙衰败的态势并非急转直下。在比较中，还有不少后者有而前者无的，即新出现的寺庙，它们是：诚修堂、杨家庙、祖师庙、财神庙、二爷庙、东方朔庙、五圣庙。这些寺庙是在清代后期新建造的，一共有7座。[1]也就是说，直至清代末年，金泽镇的信仰土壤还在源源不断地引进、繁衍和生成新的寺庙。太平天国占据江南地区时期，寺庙因"粤匪之乱，毁者十九"[2]，但在1864年"克复"之后，各种小庙很快恢复。民间宗教真正衰败的局面，发生在戊戌变法以后。众所周知，百日维新中有"庙产兴学"的内容，按照当时颁布的谕令，地方官员可以把较大规模的寺庙建筑占用为学堂、会堂等公共建筑。一般来说，现代事业本身对旧宗教的打击并不直接，而意识形态的革命、维新和改造运动，是冲击传统信仰的主因。

尽管金泽镇的香火是上海郊区各市镇中最为热烈的了，但和历史盛况相比，却仍然可以用"惨淡"二字来形容。20世纪80年代以后，经金泽镇政府批准，恢复、翻建了3座正式庙宇，民间称为官庙，区别于还有不少未被承认的私庙。1992年，青浦县政府批准金泽镇在废墟遗址之上复建颐浩禅寺，当年建造了寺庙山门、观音殿和两座侧殿，中国佛教协会会长赵朴初（1907—

---

① 另外，在《天下第一桥乡——金泽》之《古庙简表》中收录，而《金泽小志》未见记载的还有：朱天庙（元）、四金刚殿（元）、西林寺（明）、刘王阁（明），这些古代寺庙或者是为前代作者遗漏，或者可能是清末民初镇里人复建的。还有一些《金泽小志》中列入的寺庙，《天下第一桥乡——金泽》改用了他名，然故迹可循，如施相公庙改称"四相公庙"；周大中丞祠改称"周爷庙"；圆通庵改称"玄通寺"。

② 陈其元等修，熊其英等纂：光绪《青浦县志》，"建置·坛庙"，光绪五年（1879），尊经阁刊本。

2000，安徽太湖人）题"颐浩禅寺"刻在山门额头。颐浩禅寺的大雄宝殿还没有建造起来，看上去仍然是一座乡间小庙的样子，门票仅收2元。颐浩禅寺至今，还没有恢复，香火寥落，殊不是《松江府志》所称"虽杭之灵隐，苏之承天，莫匹其伟"的"梵刹琳宫"之壮阔气象。

东岳神曾是金泽镇的最大信仰，历史悠久，是江南东岳信仰的中心。金泽镇宗教信仰体系中的所谓"一朝阴官"制度，就是以东岳大帝为首领，召见全镇所有的神祇。东岳庙原在镇东郊，占地数十亩。庙宇高敞，1958年后被用作金泽中学校址，做教室和教工宿舍。金泽镇东岳庙西边原来还有杨震庙，2000年，鉴于四乡信徒一直来参拜杨震庙的庙址，为落实宗教政策，镇政府批准恢复建造杨震庙。杨震庙，民间称为杨老爷庙、杨爷庙。这次建造，杨震庙扩大规模，占用了东岳庙庙基。"杨老爷"的信仰，在江浙沪地区非常普及，神杰地灵，为信众公奉，香汛季节香客蜂拥而来。如此，"杨爷"就取代了"东岳大帝"，现在是金泽镇上的最大信仰，香火远远超过隶属佛教协会的颐浩禅寺。

颐浩禅寺和杨震庙之外，金泽镇上第三座为政府认可的寺庙是在老镇区内里的总管庙。早在1992年，镇政府回应信众要求祭拜"杨老爷"的呼声，利用镇南总管庙原址，安置了杨震庙。然而"杨老爷"赶走"金总管"，神明错位，灵魂交叉，犯了民间信仰的忌讳，用总管庙改建的杨震庙香火不旺，既和规模太小有关，也和寺庙体制错乱有关。江南信徒们对庙址非常敏感，烧香要在原处。"旧庙新老爷"，或者"新庙旧老爷"，都不买账，要的就是"旧庙旧老爷"，才会有"灵"。如今金泽有镇中颐浩禅寺、镇郊杨震庙、镇南杨震庙（占原总管庙）3座官庙。官庙归镇上的佛教协会管理，采收门票。颐浩禅寺门票是2元，镇郊杨震庙5元，镇南杨震庙2元。镇民简化地把有人管理、收取门票的寺庙称为"官庙"。

官庙之外，老百姓也恢复建造了一些老寺庙，如镇北的二爷庙、关帝庙，镇西四相公庙，潘家湾周爷庙，不收门票，归为"私庙"。目前，金泽镇的私庙时建时废，有的有固定施主，有的还不明确信徒人数，大多规模很小，处于无序状态。例如二爷庙，即金泽镇历史上专门祭祀李冰父子的小庙，如今由一位本地中年妇女信徒王金宝供奉，庙制非常局促，看似维持困难；四相公庙，亦称"施相公庙"，"相公"为神医，主健康，在淀山湖一带很有人气。青浦白鹤镇上的施相公庙已经政府批准纳入道教协会管理，可称"官庙"。但是，金泽镇上的施相公庙还没有得到批准，仍属私庙。

市镇信仰：空间的发现

中国学术自有现代学科划分以来，宗教学在20世纪90年代之前还没有成为独立学科。近百年来在文、史、哲领域分散研究的宗教学，是中国哲学、历史和文学的依附学科。世界宗教除外另论，对于中国宗教的研究，一度是从传统糟粕中提炼出儒家、道家、佛学、民间文艺等精华学说，分散在历史、哲学和中文等系的二级专业门类中勉强进行。历史学者做宗教研究，多半是以断代史的方式，诸如汉代经学、隋唐佛教、宋元道教、明清天主教、近代基督教等；哲学学者做宗教研究，注重教义和人物，以宗教经典为依据，分析佛学、道家和基督教神学在历朝历代以及不同阶段宗教文本、神学思想的变迁；中文系学者的佛学与文学的关系研究，基本上也是同样的路径。可以这样说，20世纪中国传统的宗教学研究，分析学说性质，注重类型变化，作出的是定性判断，基本上是历时性的研究。

中国传统学术擅长历时性，拙于共时性的优缺点，一样存在于宗教学中。20世纪30年代起，学者引进马克思主义的经济、政治和意识形态学说，本来可以启发一些功能性的结构分析方法，发展共时性的社会研究，将理论研究置放在坚实的地方知识之上。事实上，关于"中国社会发展诸形态""中国社会各阶级分析"的讨论，激活了一些空间分析的习惯，但是唯物史观多被引作阶级、阶层的属性分析，辩证唯物主义仅被用来做唯物、唯心的定性判断，被很少的几个概念左右着，中国近代学术反而进一步陷入简单化。

20世纪宗教学的进步，很多方面表现在历时性的空间研究。从全球范围看，欧美学者率先跨出了自己的传统宗教，在异文化领域发现不同民族宗教的独特性，开拓了宗教研究的视野。19世纪以来欧洲理性主义冲击教会和神学，导致基督教中心主义在20世纪初年的宗教学领域首先退潮。某种意义上说，诞生于西方的现代宗教学就是打破传统神学框架后发展起来的。桎梏打破后，西方宗教学者的学术背景，虽然还是基督宗教的神学和历史，但他们的工作空间已经拓展到亚洲、非洲、美洲和太平洋群岛，空间观念大大扩展了。于是，全球性的宗教科学和宗教社会学，又是由西方学者率先倡导建立。

宗教学奠基人马克斯·缪勒以东方民族语言学为根基的比较宗教学，为现代宗教学树立了一个完整的全球视野。涂尔干（Emile Durkheim, 1858—1917，法国社会学家）、马克斯·韦伯的宗教社会学开始分析非基督教社会的宗教生活；汤因比（Arnold Joseph Toynbee, 1889—1975，英国历史学家）、伊利亚德的宗教历史学描述全球各大文明的信仰方式；马林诺夫斯基（Bronislaw Kaspar Malinowski, 1884—1942，波兰裔美籍英国人类学家）、吉尔兹（Clifford Geertz, 1934—2006，美国人类学家，又译格尔兹）等宗教人类学，深入异文化的部落、村社、乡镇内部，从里面发现宗教性的社会功能和结构。这些宗教研究，虽是来自宗教生活的不同层面和侧面，但都有很强的"空间性"特征，并非传统的基督宗教裁判所类型的神学意识形态。①现代宗教学既将人类各民族的宗教一体化为整体学说，同时又通过语言学、人类学、社会学和历史学的方法，保存人类各种宗教现象的空间性和特殊性。一百多年来，宗教学已经找到一些比较好的方法处理人类文化的"一"与"多"，提出了不少宗教多样性的理论。

西方的人文、社会科学学者传统是以民族-国家（Nation-State）为单位，研究文化特征。在宗教学领域，韦伯的研究已经是"跨宗教"的，却仍然具有较强的德国的国族特征。②这是因为他虽然研究中国、印度的宗教，目的却隐含着借助东方宗教的低级形态，来证明德国新教伦理的"理性"。可是，韦伯类型的宗教学家在当代已经不多，这不但是由于重要宗教（Great Religions）常常都是跨国界、多民族的，而且也因为西方学者主动认识到基督教中心主义已经完全不能帮助人们清楚地认识人类的宗教现象。当代的宗教研究，很难局限在一个民族的空间内，用一个标准去判断。大部分的宗教学家都调整自己的研究范围，搁置民族畛域，要么扩展为跨国的（International）、全球的（Global），要么深入为地区的（Regional）、地方的（Local）。

20世纪迅速发展的人类学和社会学，在宗教研究方面成就

---

① 当代宗教学理论的概况，可参见包尔丹著，陶飞亚等译：《宗教的七种理论》，上海，上海古籍出版社，2005年。

② 韦伯《新教伦理与资本主义精神》（1906年）发表后，研究"世界宗教"（World Religions），从事各民族宗教研究，1915年有《儒教与道教》，1916年有《印度教与佛教》，1917年有《古代犹太教》发表。韦伯式的宗教研究都有一个核心的民族和国家，比如他研究的"儒教"和"中国"，在空间上完全重合。

巨大。宗教人类学、宗教社会学有一个明显的特征，就是暂且放下民族国家的界限，拉近视焦，深入底层，去发现宗教生活的细节，建立一个本土叙述，即美国人类学家吉尔兹提出的地方性知识。宗教人类学早在19世纪奠定之初，爱德华·泰勒（Edward Tylor, 1832—1917，英国人类学家）的《原始文化》、弗雷泽（James George Frazer, 1854—1941，英国人类学家）的《金枝：巫术与宗教之研究》就已经"潜伏"在部落社会，仔细地看待和描写当地的图腾和巫术；法国社会学家涂尔干在《宗教生活的基本形式》中处理了很多宗教生活细节，寻找祭祀、仪式的意义，宗教学者渐渐能对较小范围内，诸如部落、村社、街角、镇区的信仰现象做出判断和理解。相对而言，现代的宗教学者比较不受民族国家的限制。当代的宗教学，要么比较国际主义，要么比较地方主义，在20世纪宏大叙事（Grand Narrative）仍然主导学界的情况下，他们不那么民族主义。

吉尔兹的《地方性知识》（*Local Knowledge*）总结了人类学的思维方式，即研究者要尽可能地区分地理空间的单位，然后从内部、而不是外部来观察它，并从中得到真实的知识，即可称为"地方性知识"，或即马林诺夫斯基所称的"当地人的眼光"（the Native's Point of View）。政治、社会、文化，以及宗教的研究，什么才是合适的空间单位？是全球社会，还是民族国家？是区域文化，还是街角社区？这是人类学家一直思考的问题。吉尔兹的贡献在于提出：在20世纪现代性在西方社会完成之后，世界又进入全球化时期，人类应该恰当地寻找到更新鲜、更准确，因而也更真实的地方性知识。在一个如下的时代，"麦当劳在香榭丽舍；腐朽的摇滚乐在中国；从礼俗社会向法理社会，传统主义向理性主义，机械的团结一致向有机的团结一致，个人身份向契约的实质性的进化；以多国公司与电脑技术的形式出现的后资本主

义的经济基础，将很快为汤加人与也门人的头脑确定共同的思维
模式……"①吉尔兹引用近代埃及伊斯兰教法学家穆罕默德·拉希
德·里达（Muhammad Rashid Rida, 1865—1935）的话说："千万
不要信任一个飞着的人，除非你知道他是否遵守伊斯兰教法律。"
②确实，"外来者"（Outsider）的概念难以真正说明当地生活，
"族内人"（Insider）的想法才能表达真正的本土知识。

吉尔兹选取的地理空间单位是印度尼西亚巴厘岛上的一个
集镇。人类学家在一个文化多元的地区，利用"深描"（Thick
Description）的方法，获取地方性知识，并对人类的宗教生活作
出文化的阐释。为什么是集镇？为什么是这个集镇？吉尔兹回答
说："研究地点不等于研究对象，人类学家不研究乡村（部落、
集镇、邻里……），他们在乡村里做研究。你可以在不同的地方
研究不同的东西，有些东西，例如殖民统治对既定的道德规范产
生了什么影响，最适合在有限的地区进行研究。"③研究者终究需
要给自己设定一个空间，即"有限的地区"，无论大小，无论远
近，只要是"最合适"就可以。有些问题需要在国家范围内研
究，有些问题则应在区域、乡镇、村落中从事。吉尔兹选择巴厘
岛集镇，是因为这里承受了来自马来亚、印度、中国和西方的文
化，形成了一个复合的标本，正好可以拿来分析一个本土社会如
何与其他社会交往。

选择上海青浦的金泽镇作为本研究课题的切入点，几乎是
一个偶然。2005年秋天第一次去金泽，缘自一位老朋友李韧先

---

① 吉尔兹著，王海龙等译：《地方性知识》，北京，中央编译出版社，2000年，
第274页。
② 同上书，第292页。
③ 格尔兹著，纳日碧力格等译：《文化的解释》，上海，上海人民出版社，1999
年，第25页。

生的推荐。李韧原为上海社会科学院青少年研究所研究员，后转到市政府秘书处工作，了解金泽镇的旅游开发计划，推荐的用词是"桥乡"，上海最为边远的古镇。第二次去金泽，是2007年5月14日（三月二十八日），上海季风书园主人严搏非驾车，陪温哥华UBC大学卜正民（Timothy Brook）教授夫妇去青浦淀山湖郊游。一行人为"廿八香汛"中的金泽民间信仰盛况而震惊，我便发愿要以此为对象做研究。这些年里，我们一共十多次前往金泽镇，游玩、参观、活动、调查、访谈……参与过金泽镇"嘉礼堂"的古礼重建活动，参观上海戏剧学院在镇上的表演活动，协助杂志记者的专题采访，与区镇统战工作负责人商谈民间信仰研究课题，找"香头"们召开座谈会……这些访问，有点像吉尔兹在巴厘岛展开的人类学家的田野调查（Field Work），也有点像顾颉刚（1893—1980，江苏苏州人）妙峰山那样的民俗学家的采风，还有就是像兴之所至的郊游。

　　作为一个历史学背景的宗教学者，不能以人类学家的田野调查方式研究金泽镇。作为一个生长在市区，熟悉都市生活的上海人，其实也没有本地人游刃有余地谈论上海郊区的资格，如何观察金泽镇本土社会是一个问题。和卜正民教授讨论的时候，都觉得或许可以用中国历史研究者常用的地方志（Local Records）资料，加上人类学家的文化志（Ethnography）方法来做金泽研究。对于文化的阐释，吉尔兹有"第一义"和"第二义"的区分："人类学写作本身就是阐释，此外还有第二层和第三层的阐释（根据定义，只有'本土人'才能做第一层次的阐释，这是他的文化）。"[①]本土人的理解是"第一义"，而外来解释者则试图通过"第一义"获取"第二义"。吉尔兹并不认为外来者的解释都

---

　　① 格尔兹：《文化的解释》，第17页。

是捏造、发明和想象（一些后殖民、后现代的学者在这方面有过度发挥），文化正是通过本地人和外来人的合力得出合理的解释，从而获取在更大范围内的意义，因而具有普遍的合法性。吉尔兹的批评，是针对许多宏大叙事者，讲的是第三、第四义，或者干脆如顾炎武批评的那样——无所用心，言不及义。[①]

把学问落到实处，做"实学"，这是清代学者经常表达的意思。关注地方文化、乡镇生活，这也是明清江南学术的一个特征。中国古代对空间性的学术兴趣，先秦时期表现在《尚书·禹贡》《周礼·夏官司马·职方氏》的史书体裁中，明清时期则落实在方志、笔记、游记等文献中。中国的方志常以府、县为单位，有府志、县志，如《松江府志》《青浦县志》；明代有了省级通志，如《浙江通志》《江南通志》。清代，江南地区又出现了众多往下深入的镇志、乡志。还有，江南士大夫好作笔记、游记，从陆游（1125—1210，浙江山阴人）的《老学庵笔记》到陶宗仪（1316—约1403，浙江黄岩人，寓居松江）的《南村辍耕录》，很多记载为正史、方志所不载，其中相当多的是关于风俗、里巷、礼仪和宗教生活。无论通志、府志、县志、镇志、乡志、笔记、游记，这些空间性的记载，保留了很多地方性知识。中国学术能够通过数百、上千年之前的文献，以类似于田野调查的方式获取细节，了解古代生活，这是西方学术很难做到的。

了解金泽镇，不但有活着的宗教生活可供调查，还有不少文献资料可以征引。从金泽看明清江南，看近代上海，再看中国人的信仰变迁，一直是本项研究的核心关注。中国人的宗教信仰是从哪里来的？基本形式是什么？核心方式是怎样？不同信仰之间的关系如

---

① 顾炎武：《日知录集释·南北学者之病》："'饱食终日，无所用心'，难矣哉！今日北方之学者是也；'群居终日，言不及义，好行小慧'，难矣哉！今日南方之学者是也。"（第500页）

何？经历了哪些变故？将来还有什么可能性？这些一直都被谈论的问题，换一个视角可以有很不同的看法。我们从中国范围内看问题得到的是一种印象；换成在江南范围来看，又是另一种印象。我们决定从乡镇一级的行政单位看汉族人的信仰和宗教，得到的看法更是不同。较大范围的民族国家、文化区域、大型城市、民族部落，适合宏大叙事。较小的乡镇区域，可以更加清晰地剖析文化的形式与性质，各种复杂的文化关系也比较容易分析。乡镇层面上的宗教生活和一般神学文本上看到的信仰状况，更是完全不同。

把金泽镇看作一个与世隔绝、和现代化绝缘的古镇，会是一个很大的误会。事实上，金泽镇的社会结构早已随着上海的变迁而变迁，被现代化、城市化。在近20年大规模移民潮的冲击下，外地人（指非上海方言的外省人士）大量来金泽镇打工，金泽人也有为谋职、求学向青浦城区、上海市区迁移的。镇民们自嘲，现在金泽的长街（镇区老街）是"老外街"——老人和外地人的街道。我们在镇区行走，已经完全不会受到吉尔兹在印尼巴厘岛遭遇的针对"闯入者"的异样目光，哪怕你是外国人（非汉语的外籍人士）。目前江南地区的移民导入处于混乱状态，地方政府没有自治权限来决定自己的移民政策。居民们见怪不怪，对镇区内五方杂处后的混乱现象很无奈。但是老镇民们仍然敏感，对于各色各样的外来者分辨得很清楚："伊拉外地人……"这是镇民和我们交谈中常用的口头禅，他们不把市区人（说市区方言）看作外地人，透出现代上海人的认同感。但是，金泽还是金泽，小镇上无疑隐蔽着一种独特的社区感。本镇居民会说："金泽呒啥，就是风水好，人长寿。""上海蹲（住）不惯，自来水忒难吃。"

20世纪90年代，随着上海市区工业、商业和房地产业向周边地区扩展，外来人口也大量涌入青浦区。2000年，青浦全区的外来人口共168231人，占总人口的28.23%。区内外来人口数最多的行政中心青浦镇，总人口（103603人）中有40.41%是外地人（41873人）。比较起来，地处偏远的金泽镇，本地人口比例算是非常高了。2000年，金泽镇人口13395人，其中外来人口2324人，外来人口比例占17.34 %。[①] 2005年，笔者第一次到金泽镇旅游，古镇上行走的大多是老人、孩子，壮年人多是去青浦和上海市区工作了。镇上的人都说着一口腔调不变的本地话，具有乡土味。有些年轻的外来打工者，和别的地方只说普通话的外地人不同，也跟着说一些本地话，努力融入当地。颐浩禅寺住持法聚和尚为苏北籍，已经能说完整的"金泽闲话"。目前为止，金泽镇还是一个具有本土认同的市镇。

宗教意识也是金泽社区感的暗藏标志，不过轻易不能发现。政府并不正式鼓励镇区认同，更不宣扬宗教意识，相互之间甚至不谈论宗教。但是看得出来，本镇居民对于民间宗教都有同情。这种同情态度，既构成了本镇的文化氛围，又充当了文化认同。金泽镇重建杨震庙，保留土庙，和本镇籍干部的同情态度有一定的关系。同情民间信仰的态度，在日常工作中常有反映。一次，本镇统战部门讨论研究项目的时候，外来干部主张研究"民间宗教的规范化管理"课题，比较客观；而另一位本镇籍干部则倾向"民间宗教的合法化"，含着同情。"我伲金泽人对烧香拜佛不太反感咯。"一位本镇籍的女干部在带领我们寻找"私庙""小庙"时这样说。她真的不以为家乡的迷信生活是一件尴尬的事情。这样的态度，在上海市区，甚至是近郊乡镇公务员中，都不多见。

---

① 人口数字均见上海市青浦区地方志编撰委员会《青浦县志（1985—2000）》，"人口"，北京，方志出版社，2009年。

金泽镇有自己的传统，今天仍然以独树一帜的"桥庙文化"和其他江南古镇区分开来。在历史学家和宗教学家把金泽镇看作一个值得研究的"异域"（Exotic Place）之前，艺术家和投资商们已经发现这座小镇，捷足先登。看中金泽的古镇氛围和低廉的地价，摄影家尔冬强在20年前就把政府出让的镇卫生院租了下来，安装了一些收集来的江南古宅，改造成上海地区小有名气的艺术工作室。10年前，汉雅轩画廊主人张颂仁（上海裔，香港籍）协同胞弟张颂义（摩根士丹利CEO）及夫人梅冰巧，投资金泽镇迎祥桥堍的下塘街1号，在约56亩方圆的区域内修建江南庭院式的创意文化园区。园区的合伙人以"新士绅运动"做号召，投资建立嘉礼堂，发掘、收集和研究儒教礼仪，复建古镇文化生活。嘉礼堂在园区之外为金泽镇无偿建立了五座传统戏台，向老人、学生赠送了几百件民族乐器，有扬琴、琵琶、二胡、高胡、笛子等。在农家大学生们抛弃乡镇，匿去乡音，隐瞒身份，挤进大城市的时候，张颂仁却说："我们决定建一个很美的东西，让所有人都会被它吸引。它原汁原味但富有吸引力，能证明农村生活的魅力。"①

近年来，笔者参与了金泽镇嘉礼堂关于民间宗教的研讨活动。在儒家是否宗教的问题上，嘉礼堂主人们受"五四"学术传统影响，并不认为儒家是一种宗教。张颂义在美国学的是西方法律，回到香港后醉心现代国学，他是以文化、风俗和礼仪来定义祭礼、丧礼、冠礼、婚礼等，志在恢复一个有礼的乡镇社会。张氏兄弟感叹日本社会保留神道礼仪和节庆祭祀，对儒家是否宗教问题有东方传统的理解。他们在金泽嘉礼堂的乡镇重建实践中，

① 参见《华尔街日报中文版》2012年7月12日专题报道《张颂仁：在现代中国复苏传统生活》，网站地址：http://www.cn.wsj.com/big5/20120712/lif092053.asp，访问日期：2012年8月26日。

尝试按照《仪礼》《朱子家礼》等儒家经书重建古代婚礼、冠礼，还参照明清方志、笔记和画谱的记载，做了春节（舞龙灯）、元宵（挑灯会）、立春（鞭春牛）、清明（祭屈原）、中秋（祭月）等四时祭祀活动。2012年春，嘉礼堂试验复活鞭春牛。"鞭春牛"原属"先农坛"，是明清时期的县级祭祀，须由知县致祭，乡镇并不举办，民间做先农祭祀，在古代是僭越，很是不类。相反，明清时期每家每姓都做的祭祖活动，嘉礼堂却还没有找到办法来复活和推广，因为曾经遍布全镇的祠堂都不见了。还有，"廿八香汛"，举镇若狂，嘉礼堂却不知如何参与。坦率地说，嘉礼堂的礼仪重建活动，处于实验阶段，还有待真正深入金泽镇的居民生活。

中国太大，谈论中国宗教常常会失去确指。长江三角洲地区的文化传统悠久而复杂，指涉江南文化也往往会不得要领。为了弄清"江南"和"中国"，我们下潜到更基层的乡镇——例如金泽，选取一个有限的空间，深入剖析，以便理解一个更大的空间。这样的方法或许是可行的。剩下的问题是，进入"现代化"以来，江南的基层社会变化太快，想把握住传统，抓住要害，就要在这些本土特征消失之前赶快工作。

回归，抑或内部转换？

从印度尼西亚巴厘岛回来后，格（吉）尔兹发现一个问题："近来，我们听到很多有关亚非新兴国家的政治现代化和经济现代化的情况，但很少听到宗教现代化的情况。"[①]亚洲的宗教研究，哪怕是汉学家们一贯重视的中国宗教研究，至今还没有

---

① 格尔兹：《文化的解释》，第196页。

进入西方学术的主流话语。中国的地方宗教现状又如何？除了少数几个汉学家，西方的哲学家、宗教学家和神学家，更是不甚了了。吉尔兹主张借助地方性知识的研究，了解巴厘岛乡镇社会的内部宗教，并帮助西方人达成对于东方社会的理解。按巴厘岛的经验，格尔兹认为："即使宗教生活的根本属性发生了彻底的转变，巴厘文明的连续性也依然能够得到保持。"[①]正是这种"彻底的转变"，帮助了"文明的延续性"，格尔兹称之为"内部转换"。[②]从一个社会的内部观察其制度变化，而不只是用外部标准来评判它的优劣，这是20世纪学术进步的重要标志。在这方面，近年来的华人学者采用"创造性转化""现代性转型"等概念研究中国儒家学说之近代命运，此等学说与格尔兹学说相呼应，获得了不少有益的新见解。

长江三角洲江南地区，乃至上海、苏州、杭州等大都市区域，最近30年内都经历着一个当代宗教的"回归"运动，复庙、建庙的现象比比皆是。如此普遍的宗教复兴现象，国内外都是从信仰自由、宗教回归来理解，如同卡朋特怀旧歌曲《昨日重现》（*Yesterday Once More*）一般，宗教又回到了从前。确实，"文革"以后，和中国各地一样，金泽镇宗教生活的复苏以落实政策为引导，将一些旧庙修复，安顿传统神祇，归还给本镇信徒，看起来就是一种"信仰回归"（Restoration of Believing）。金泽镇的老年居民，希望恢复到明清和民国历史上"桥桥有庙，庙庙有桥"的旧格局，分管统战、经济的镇干部们，则希望颐浩禅寺能够恢复到宋代之鼎盛，而政策进一步开放的话，再把几个比较成熟的私

---

① 格尔兹：《文化的解释》，第197页。
② 格尔兹在《文化的解释》中用"当代巴厘人的'内部转换'"（第七章）整章篇幅来讨论巴厘人的"宗教自身内部的发展和自主的发展"以及"巴厘文明的延续性"（第196—218页），可以参看。

庙，合法化为公庙，像已经复建的杨震庙那样，既便于管理，又为信众欢迎。

几十年来，中国大陆的寺庙复建运动先后出现过三种模式。早期是政府主导的落实宗教政策，由统战部门归还和修复了一些主要的宗教场所。以佛教寺庙为例，上海的佛教三大寺庙（玉佛、静安、龙华）都是这一时期恢复的；中期是政府、商人和佛教协会合力，"宗教搭台，经济唱戏"，通过修复、扩建和经营寺庙景点和风景区，获取经济收益。这个"政-财-教"复合模式，可以无锡灵山大佛（祥符寺）、嵩山少林寺的修复、开发为代表。近期又出现了第三种模式，新的寺庙宫观的建造，纯由宗教界人士（包括海内外宗教领袖、热心信徒和一般信众）组织修造。这个模式，北方可以北京龙泉寺由佛教义工合力筹建为代表，南方则可以上海玉佛寺、静安寺自主重新翻造为代表。道教如上海城隍庙、湖北武当山、江西龙虎山、四川青城山等，民间宗教如莆田妈祖庙、嘉兴刘猛将庙、青浦施相公庙以及金泽杨震庙，都是差不多的情况。三种模式，当初是先后展开，目前已同时并存，出现了由政治、经济、社会和宗教各界多方力量推动的趋势。

经过20世纪80年代以来的庙宇、庙会重建运动，今天江浙沪各市、县、镇、乡的信仰生活，虽不复清朝、民国之旧，但毕竟有所恢复，比"文革"前后普及很多。经历了改革开放30年，时代已经变化，近来以修庙、复会为特征的宗教重建活动，是不是就是传统信仰的再现呢？这个问题少有人提。很明显，恢复过程中的宗教生活，已经和明清信仰有了很多不同。仅举一例，今天庙宇之恢宏和明、清、民国时期之局促，已是两种格局。政府从旅游业角度考虑，庙宇搭台，经济唱戏，需要较大空间，都会征地扩建。用公私款项建造的新式庙宇都比原来的小庙、土庙大许多。庙宇扩建大型化的动因也来自宗教管理部门。无论道教、佛教还是民间信仰祠庙，规制过于狭小，难免有迷信、落后、不正规的嫌疑。不修则已，修则修大。公共权力部门从经济振兴、宗教管理两个因素考虑，使得21世纪江南"民间宗教"的格局，已经不是传统规制，而是现代化的。

金泽镇原来的寺庙格局，是明清、民国内河航运时代形成的，42桥，桥桥有庙，庙庙有桥，桥庙相配，规制不可能很大。除了颐浩禅寺、东岳庙之外，其余寺观祠庙都是小庙形制。1992年，鉴于群众要求，镇政府把位于镇南总管桥堍的原总管庙改成杨震庙，借庙供奉"杨老爷"。据镇干部说：总归觉得庙太小，不正规，一直还是考虑回到镇东杨震庙原址，搬迁金泽中学，在开阔地带修建一座重檐大殿。于是，2000年按佛教大雄宝殿、道教三清大殿的规格，重建杨震庙。其实，过去江南的乡镇寺庙，大多是由居士、官宦、绅商捐献旧宅、故居而成，很少有大雄宝殿的。经过最近一波的江南古镇开发，每镇必有寺庙，每庙必有大殿。佛、道、民间宗教的庙宇，都扩充了经堂、忏房、经楼，附加了旅游、商业、餐饮甚至房地产的功能，原来的小庙都大型化了。这样的定式之下，庙制、教制上的内部转换必然发生。

无论如何，中国当代各种宗教的复兴和重建运动，绝不只是落实宗教政策或者是信仰回归这么简单，宗教正在经历着一次内部转换——接续19世纪末以来的维新思潮，是新一次的宗教革命。中国的社会变革，必然伴随着宗教界的思想革命。"维新"一词，原来就是有着宗教革命的含义——"维新"出自《诗经·大雅·文王》："周虽旧邦，其命维新。"按孔颖达（574—648，河北衡水人）《毛诗正义》的疏解，维新有两层意思，一是文王"变诸侯而作天子，是其改新也"，为政治改换的含义；另一则是"周虽是旧国，其得天命，维为新国矣"，是宗教性的制度改造含义①。周文王得到了新的天命，改革了自己的宗教，变制度而为新国，正是宗教革命之本义。

清末维新运动的时候，变法思想家如康有为（1858—1927，广东南海人）、章太炎（1869—1936，浙江余杭人）等人对儒、道、佛等传统宗教的未来做过筹划。各教团教会人物，如太虚（1889—1947，浙江崇德人）、陈撄宁（1880—1969，安徽怀宁人）等人为了本教的生存，也提出了很多改革方案，努力实施自我改造，适应现代社会生活。自清末民初的各教改革开始，到20世纪30年代逐渐限制各教活动以后，乃至20世纪50年代慢慢取缔宗教生活之前，以上海为中心的佛教、道教内部转换事业做得不错，上海佛教改革派的"人间佛教"运动，甚至深入金泽镇。30年代以后，金泽镇的佛教已经不是传统的地方信仰，通过镇上的净业社、中国佛教协会等现代机构，金泽佛教和静安寺、玉佛寺、龙华寺有了关系，成为上海现代佛教的一部分。金泽镇的佛教在100年前就开始都市化、现代化了。

从金泽镇的情况，参看江浙沪周边各镇的情况，20世纪初年江南下层佛教的现代化和都市化的改造，是从建立联网的组织方式开始的。20世纪20年代以后，江南的乡镇佛教寺庙与上海的大都市寺庙建立了联系，结成网络，这是中国佛教历史上的一次大变革。原来的佛教名山、丛林，大多以自我为中心，除了上下院统属、同衣钵传承的寺庙之外，各大山头很少串联。辛亥革命以后，一批从江南乡镇去上海求学、求职的新派士绅，把大都市里流行的学会、协会组织方式带回故乡，重建宗教生活。至晚

---

① 孔颖达：《毛诗正义》，《十三经注疏》影印本，北京，中华书局，1979年，第504页。

在1942年，金泽镇的佛教人士与上海新型佛教居士林组织净业
社（1922，关絅之、黄涵之等创办，赵朴初参与）建立了联系，
成立了金泽镇净业社。辛亥前后活跃于上海的江南文人团体南社
也参与了江浙沪交界地区的佛教改革运动，据记载："南社巨子，
文坛宿将，芦墟居士沈颖若莅金讲《阿弥陀佛经》。"①明清时期，
金泽镇的佛教、道教都是以苏州、杭州为中心，与颐浩寺交往的
高僧、居士，来自苏、松、太、杭、嘉、湖州府各县。烧香季
节，镇人出行，多前往苏州虎丘寺、杭州灵隐寺，很少有去上海
龙华寺烧香。从金泽镇加入以上海为中心的佛教体系看，我们得
知：江南宗教生活确实有了内部转换——散点式的市镇网络，辐
辏到了中心大都市上海。

维新、转换的同时，江南宗教的延续性毋庸置疑。镇民们
信仰的核心，江南宗教的基本形式仍然具有很强的传统性。民
国初年，直到20世纪50年代，金泽镇上有一个和净业社同时存
在，互有交叉的信仰组织，叫作"斗会"，由清末镇上的一批老
秀才创办，在外面读过新书的知识分子也加入了，常年保持在
20人以上。斗会相信"二十八宿之主"，即斗姥，人之生老病死
与所属星宿相关，为消灾免祸，就要礼敬拜忏。斗会中"有钟、
磬、铙、钹、牙笏、灵牌软挂、丝弦鼓乐等法器"。"每年举行集
会三次，农历三月初一'起年忏'三天，五月初五端午节一天及
八月十五中秋节一天。白天诵玉皇忏，分两班，四条彩凳，上呼
下续，虔诚顶礼。晚上举行星章法事，会员们纶巾鹤氅，道貌岸
然，人们称之为道士。"②"斗姥"信仰可以归为道教，但斗会人
士也是佛教的信众，同时，这种信仰方式也是改造过的民间宗

① 《金泽志》，"佛教"，上海，青浦乡镇志系列，2004年，第493页。
② 同上书，"斗会"，第496页。

教。正是这些镇乡人士，构成了江南信仰的基层，相当传统。

今天的金泽镇，传统神祇并未全面恢复，宗教信仰的情况发生了悄然变化。今天金泽镇的佛教协会、道教协会支部以及镇上存在的天主堂、耶稣堂，都是20世纪初期以来上海各大宗教改革运动的产物。经过五六十年的中断，如何接续当年的宗教改革运动，完善21世纪新型宗教生活，固然是宗教界人士的使命，但也应该是大学、研究院的宗教学者关注和思索的问题。我们在金泽看到：香汛季节，受河道淤塞、安全管制和便捷程度的综合影响，江南各地来到金泽镇的香客慢慢地都放弃了传统的水路交通，弃舟就车，改经318国道，租用旅行社的观光大巴前来；还有，我们在杨震庙、颐浩禅寺遇见的香客越来越年轻，从七八十岁的村妇老妪，慢慢替换成二三十岁的女白领、"富二代"；更有一次，看到一位阿婆，斜背着杏黄色烧香袋，她的孙女却提着一只LV皮包时，我们猜测：小镇上的民间信仰说不定是能够活下去的；然而为了活下去，这里的信仰又必须找到一种新的方式，适应这个紊乱而快速变化的时代。

第二章 众教之渊：金泽镇诸神祠

东岳大帝：从朝廷到地方

金泽镇的重要寺庙，宋代、元代以颐浩禅寺最为重要，清代和民国期间则是东岳庙。20世纪50年代金泽镇的"老爷出巡"，仍是以东岳大帝为首。东岳大帝，汉代以来为东南民众的"冥司之主"，管理人的魂魄。顾炎武指出，佛教有死后归去"西天"的说法，但更早的概念是"东岳"。"东岳"，即泰山，是集聚汉人死后魂魄的地府。泰山，是东南民众在佛教地狱之前的阴间信仰。民国期间，金泽镇的东岳庙和杨震庙毗邻，规模相似，都作为阴曹地府所司来崇拜。20世纪50年代后，庙产被金泽中学占用。2000年后，金泽中学移到庙基西面，在靠近公路处建造新校舍，中学原址上复建庙宇。然而，复建的仅为杨震庙，东岳庙还未恢复。在青浦及上海范围内，复建传统祠祀的情况各不相同。2000年，金泽镇杨震庙复建的同时，白鹤镇也批准复建施公庙。宗教管理部门并不是根据宗教学原理决定哪一个神祇可以复建。按学者的看法，东岳神曾经敕封，历史上曾归道教管理，更有影响，应该先建；杨震庙、施公庙则是地区神祇，迹近"土庙"，应该排在其后。宗教管理部门则认为：满足民众信仰需求更重要，信徒们多求哪一个"老爷"，就首先批准复建。在这个问题上，一般学者秉持教条意见，管理部门则采取务实态度。

东岳庙，官称"岱庙""泰庙"，祀东岳泰山，主神为"上帝之孙"，简称"天孙"。吴方言区简称东岳庙为"岳庙"，今上海松江区东岳庙仍称"岳庙"，实为"嶽庙"。因为在江南地区，岳飞庙也称"岳庙"，如杭州西湖岳飞坟前的岳王庙简称"岳庙"。青浦青龙镇有"岳庙"，民间误认为是"嶽庙"，[①]拜之甚虔。两"岳庙"同称，含意不同。"岳王庙"乃儒教忠烈祠祀，"东岳（嶽）庙"有时归为儒教"坛庙"类，有时则归为道教"宫观"类。[②]今天一般学者都将之归为民间信仰。东岳庙的身份在民国以后不能确定，儒、道、佛教均有沾染，今天仍然难以归属。其实，东岳神曾为国家级的官方祭祀，在唐、宋两代为皇室所信。唐开元十三年（725），玄宗"封泰山神为天齐王，礼秩加三公一等，近山十里，禁其樵采"[③]。宋大中祥符六年（1013），真宗为泰山神"天齐王加号仁圣，各遣使祭告"[④]。1009年，宋真宗扩建汉、唐所遗之"岱庙"，专奉"东岳神"。泰安岱庙天贶殿为仅次于故宫太和殿、曲阜孔庙大成殿的"第三大殿"。东岳庙有极强的官方色彩，绝难以"民间"概之。

泰山地府信仰从民间方术而来。钱锺书（1910—1998，江苏无

---

①　博润纂：光绪《松江府续志》（光绪十年刻本，上海古籍出版社重印本，2011年）"坛庙"："岳少保祠，在青龙镇东北一里，俗讹为嶽庙。同治十一年修。"（第290页）

②　正德《松江府志》卷十五收"东岳行祠"入"坛庙"，与社稷、文庙、城隍等秩祀同列；康熙《松江府志》卷二十七收"东岳行宫"在"寺观"，与佛教、道教同。

③　刘昫撰：《旧唐书·玄宗本纪》，"十三年"，上海古籍出版社、上海书店出版社影印本，1986年，第30页二。

④　脱脱等修：《宋史·礼志》，"礼七"，上海古籍出版社、上海书店出版社影印本，1986年，第349页二。

锡人）《封禅书》论周代沿海人民有仙境的想象，一在海中蓬莱，一在东岳泰山。相比周代海上"三神山"（蓬莱、方丈、瀛洲）之信仰，秦汉民众、方士和帝王对于陆上泰山之信仰，是较晚出现的一种崇拜。钱先生先证蓬莱，后说泰山，认为汉族的泰山信仰，与死后灵魂联系起来是汉代以后的事情，"然以泰山为治鬼之府，死者魂魄所归，其说亦昉于汉"。汉代以后，"泰岱之效，不减蓬瀛。东封即可，无须浮海"。①蓬莱之后，更有泰山，中原人民不须渡海，改而登山，也可以因"上封"而长生不老。蓬莱和泰山，古代都称为"封禅"，都是古人对于长生不老之术的信仰，渡海、登山，亲近鬼神，是一种巫觋式的灵魂出窍学说。然而，经秦皇、汉武御用，封禅礼仪就被官方化、儒教化了，褪去了巫觋色彩。

泰山崇拜，汉代前后不同。周代以降的泰山崇拜，是封禅形式，重在"登天"；东汉以后出现的新泰山崇拜，则是一种地府崇拜，重在"集魄"。周代以为泰山之高，近于天际，祭祀活动以登高为特征，封禅包含着"登泰山而小天下"的意义。封禅的主要职能是祭天，《史记正义》说："泰山上筑土为坛，以祭天，报天之功，故曰'封'。"秦始皇、汉武帝以及历代帝王对东岳神的崇拜，从祭天变为益寿。《史记·封禅书》记载方士李少君向汉武帝进献的成仙之道，劝以黄金为器作饮，则可以益寿，"益寿而海中蓬莱仙者乃可见。见之，以封禅则不死，黄帝是也"。②封禅的基本信仰，转为登天、成仙，核心是"天"。汉代以东岳神为核心的封禅活动，已经转为益寿乃至不死。封禅的登天信仰，由此转为地府信仰。

泰山信仰从升天的仙论，转为地府的鬼论发生在汉代。顾

---

① 钱锺书：《管锥编》（第一册），北京，中华书局，1979年，第289页。

② 司马迁：《史记·封禅书》，上海古籍出版社、上海书店出版社影印本，1986年，第175页二。

炎武《日知录·泰山治鬼》："尝考泰山之故，仙论起于周末，鬼论起于汉末。《左氏》、《国语》未有封禅之文，是三代以上无仙论也；《史记》、《汉书》未有考鬼之说，是元、成以上无鬼论也。"①仙论的核心是得道升天，鬼论的核心就是地府。东汉范晔（398—445，河南淅川人）《后汉书·乌桓传》中已有说法："中国人死者魂神归泰山也。"另外，西晋张华（232—300，河北范阳人）《博物志》："泰山一曰'天孙'，主召人魂魄，知生命之长短者。""仙"者升天，"鬼"者入地，汉代的封禅已经向祭地方向转化，乃发明泰山神。泰山神"乃天帝之孙"，称"天孙"，主"群灵之府"。于是，泰山信仰乃由祭天之仙论，转为祭地之鬼论。在汉代由天而地的信仰转变过程中，东岳神就成为地府总管，控制众鬼。顾炎武要论证的是：佛教在东汉传入中国之前，中国已有地狱观念，诚如顾颉刚理解的："东岳是中国未有阎罗王时的阎罗王。"②

　　顾炎武根据《盐铁论》所论"（古者）无出门之祭，今富者祈名岳，望山川，椎牛击鼓，戏倡舞像"，判断在东汉时期已经有"出门进香之俗"，拜五岳之神；根据《遁甲开山图》称"泰山在左，亢父在右。亢父知生，梁父主死"，判断在东汉哀、平之世，出现了泰山神；直到《博物志》中，泰山神固定为"天孙"，"言为天帝之孙，主召人魂魄，知生命之长短"。根据这些说法，顾炎武认为佛教"地狱说"，是"魏晋以下之人，遂演其说，而附之释氏之书"。③也就是说，佛教的"地狱说"与汉人的"地府说"合流，因而流行。汉传佛教大行其道，和东南地区原本流行的"地府说"大有关系。从此意义来看，与其说"明清以来，东岳主冥

----

① 顾炎武著，黄汝成集释：《日知录集释》，长沙，岳麓书社，1994年，第1079页。
② 顾颉刚：《顾颉刚民俗学论集》，上海，上海文艺出版社，1998年，第411页。
③ 顾炎武：《日知录集释》，第1079页。

和阎罗王主冥二种信仰逐渐合流"[1]，不如说汉唐以降，佛教阎罗王信仰本来就是建立在东岳"地府说"基础之上的。

东岳庙的庙制、庙会耗资很大，需要四乡动员，各镇参与，官员主持，故江南城市都有东岳大庙。东岳庙自上而下建造，是大型庙宇，营建时需要大笔投资，难以从三尺小庙的土祠发展起来。宋真宗建造的泰山岱庙天贶殿与北京故宫太和殿、曲阜孔庙大成殿并列为三大宫殿。按《古今图书集成·神异典·岱史》："《道经》曰：五岳之神，分掌世界人物，各有攸属。岱泰山乃天帝之孙，群灵之府，主世界人物官职、生死贵贱等事。"另《古今图书集成·神异典·五岳记》："东岳泰山神天齐王，领仙官、仙女九万人。"[2]神祇众多，庙宇必定广大。东岳庙规制不能太小，庙内必设72司，司各有像，如佛教罗汉堂。1924年春节，顾颉刚先生在北京朝阳门外东岳庙调查，该庙由南方道教正一派张留孙在元代延祐六年（1319）创建，规制非常大，有正、东、西三院，每院均两殿两庑。

东岳神，以封禅为标志，是秦、汉时的朝廷信仰。宋、明朝东岳信仰的重心往下转移，原来只在州、府、县城设立的"东岳行祠"（以泰安岱庙为总祠），在镇乡一级也纷纷设立。东岳信仰自上而下传播，是宗教普及运动，这和江南地区的城市化有关。明朝的北京把真武、东岳、城隍、关公、太仓、司马、文丞相、灵济宫、姚国公并列，称为"京城九庙"，都是官祭，"东岳、都城隍用太牢，五庙用少牢，真武、灵济宫素羞"[3]。九庙中，真

---

① 宗力、刘群：《中国民间诸神》，石家庄，河北人民出版社，1987年，第284页。

② 陈梦雷、蒋廷锡：《古今图书集成》，上海，中华书局，1934年影印。

③ 张廷玉等纂：《明史·礼志·吉礼》"京师九庙"，上海，上海古籍出版社影印本，1986年。

武、灵济用素羞，其他五庙用少牢，只有东岳和城隍享用太牢，可证明它们是最高级别的都城祭祀。

随着江南各县、镇、乡的财力增加，信徒仰慕都城制度，"东岳行宫""城隍行宫"普及到农村。松江府城仿都城建立了东岳庙，"在府城西，建置无考。宋朱右丞谔始大而新之"。朱谔（1068—1107，江苏华亭人），宋徽宗时丞相，则至晚在南宋时，松江府城已有东岳庙。元明时期，松江府东岳庙分香到镇一级，另有"别庙"为四："一在干山，元大德八年（1304）山民潘显建，府人春日登山赛祷于此，香火特盛；一在七宝镇，宋建，国朝成化间道士陈大经重建；一在张泾堰，元大德五年（1301）邑人施士亨建；一在南汇嘴城内，永乐十六年（1418）总旗官庸建。"①值得注意的是，这四个镇村，有的商业发达，如七宝、张堰、南汇都是商业镇市；有的地势特殊，干山村在佘山脚下，靠近松江境内的最高峰，有山岳和地府之想象。东岳庙在乡镇的普及，给都会大庙带来巨大的信仰资源，大批农民进城烧香，推动城乡交流。苏州玄妙观在城中，为东岳庙，东岳庙会为全年之盛，"（三月）二十八日为岳帝诞辰，元妙观有东岳殿，殿宇宏丽，仕女瞻拜……诞日赛会，拈香者阗咽，翠盖红旗，锦幢羽葆，辉映衢巷间，楼船野舫，充塞塘河"。东岳信仰深入农村，当日香客大都是农民，记载者特别提到："进香者乡人居多，因名'草鞋香'。"②

金泽镇东岳庙，《松江府志》不见记载。明正德《松江府志》记载除了府城东岳行祠外，市镇级的东岳庙，有七宝、张堰、南汇、干山4座别庙，金泽镇未见；崇祯《松江府志》延续正德记

---

① 顾清等纂：正德《松江府志》，上海，上海古籍出版社，2011年，第240页。
② 袁景澜：《吴郡岁华纪丽》，南京，江苏古籍出版社，1998年，第132页。

录，未有增减。①清康熙《松江府志》减为3座，张堰、南汇、干山仍在，七宝则消失。②嘉庆《松江府志》减为2座，收入七宝和干山。③光绪年间编辑《松江府续志》，青浦县"坛庙"名下仍未有金泽镇东岳庙的记载。④然而，在金泽镇乡绅编纂的《金泽小志》中记录了本镇的东岳庙，建于元代，"古时在钟家圩，元至正（1341—1370）间里人林青迁建东沈港。明正德六年（1511）重修，沈副宪霁作记"。⑤金泽镇早有东岳庙，且有名人碑记，修志官员视而不见，可证有多少基层信仰生活被忽视了。沈霁（1461—1545，江苏华亭人），字子东，号东老，正德六年进士，官至福建副宪（都御副使），通经学，授《春秋》，与沈淮之诗、沈悦忻之书，在江南并称"三沈"。⑥地方名人写的碑记尚且不被府志收录，可见还有多少乡镇寺院宫观没有被正史记载。直到光绪《青浦县志》才收录了金泽东岳庙，称："东岳庙，在七宝，宋时建。一在小蒸，一在金泽。"

正德十二年（1517），沈霁从华亭到南京任御史，经过金泽镇，参观颐浩寺，发现了东岳庙（"承乏南道时，往勾留公事，便道至金泽之颐浩寺以观胜概，偶见一新宫，殿庑廊宇，巍然特建，因入而览焉"）。沈霁应守庙道士钱端邀请，作《金泽东岳庙记》，他从经学角度，论述东岳信仰与儒教之关系："五岳绵亘，突然为天下诸山冠，自古天子四时巡狩，皆始于此。后世寖不逮古，更

---

① 陈继儒纂：崇祯《松江府志》，上海，上海古籍出版社，2011年，第1047页。
② 周建鼎等纂：康熙《松江府志》，上海，上海古籍出版社，2011年，第610页。
③ 孙星衍等纂：嘉庆《松江府志》，上海，上海古籍出版社，2011年，第429页。
④ 参见姚光发等纂：光绪《松江府续志》，上海，上海古籍出版社，2011年，第290页。
⑤ 周凤池纂，蔡自申续纂，杨军益标点：《金泽小志》，上海，上海社会科学院出版社，2005年，第24页。
⑥ 参见李绍文《云间人物志》，上海，上海古籍出版社，2011年，第65页。

为封禅之举，盖以祈福为利益也。《诗》曰：'惟岳降神，生甫及申。'则其山之灵应有自来矣。"沈霁秉承儒教经典的解释，认为山川有灵，且"岳神之变化往来，有无莫测，窃见福善祸淫，天道昭昭"①。从此角度看，儒者曾把东岳庙划入祠祀系统的坛庙，当代学者将之称为道教，列入宫观则是后起的说法。

东岳庙既是一个朝廷化的信仰，又是一种都市化的信仰。金泽镇的财力、物力、人脉丰厚，明代学者王世贞（1526—1590，江苏太仓人）为金泽东岳庙颜额"东岳行宫"，清代诗人沈德潜（1673—1769，江苏苏州人）题匾"万姓沾恩"，②金泽镇上的东岳行宫看上去绝非"土庙"。在中国古代，有多种信仰由皇帝的赐额，经过批准，自上而下地普及到民间。汉代的"东岳"，宋代的"天后"，明代的"城隍"，清代的"关圣"，都是朝廷自己信仰，然后推广到全国。朝廷信仰通常要经过省、州、府、县的行政中枢，从城市普及到乡镇。在江南地区，东岳、城隍和关公的普及程度非常高，金泽镇的"东岳行宫"已经不是一般的乡镇小庙，而是地区性的中心庙。金泽镇的主要庙宇东岳庙、城隍庙、关公庙，都属于全国性的信仰。都城庙宇出现在乡镇，表明江南地区的城市化运动已经深入乡镇。

按明清地方史志记载，东岳神在苏、松、太、杭、嘉、湖州府地区，是城乡一体的信仰。在苏州，地处城中闹市地带的玄妙观中设有"东岳帝殿"，吴中民间"俗谓神权天下人民死生，故酬答尤虔。……终岁络绎，至诞日为尤甚"。城中有东岳神中心庙，乡镇则分有行宫、行祠，江南地区"虽村隅僻壤，多有其祠宇"。农村信徒平时在乡村行宫、行祠烧香，三月二十八的"东

---

① 《金泽小志》，第26页。
② 同上书，第64页。

岳神诞日"就到城中烧香。农村信徒进城烧香，为苏州、松江、杭州、湖州等中心大庙带来香客资源。每逢"廿八香汛"，大量农村地区的信徒穿着草鞋，踏着泥泞，来城里烧香，城里人戏谑地称为"草鞋香"。①然而，中心庙的住持们绝不忽视农村信徒。乡村里的东岳行宫、行祠，为城中大庙培养了虔诚信徒，"草鞋香"才是信仰之源。

金泽在江浙沪地区，以本镇东岳庙一年两度的"香汛"闻名，镇民称"廿八香汛""重阳香汛"。金泽镇以东岳神为主神的庙会是从民国年间开始的。清道光十一年（1831），镇人蔡自申修纂的《金泽小志》，在东岳庙名下并没有记录香汛或庙会，证明清中叶时东岳庙还没有形成大型集会。金泽镇的廿八香汛，在每年三月二十八日举行，当日为东岳帝生日，可见金泽镇庙会以东岳神为主神，而不是今天以杨震为主神。民国年间的廿八香汛，今天金泽镇人还能说出详情："三月二十七日这天，东岳大帝换上新衣、新帽，由镇民抬轿出游，他是金泽庙宇阴府最高神祇。坐轿停放在大桥上，居高临下，开始'召皇'仪式，金泽镇上大多数佛像也都坐轿出游，接受召见，如海瑞老爷、总管老爷、二王老爷、府隍老爷、城隍老爷、猛将老爷、刘成师老爷等。召见时，一个接着一个，由金泽的一名道士，头戴方巾身穿道服，站在东岳大帝的大轿旁，高声呼叫'某某官召见'，那么这位坐轿的老爷，由四个镇民抬着，快步来回，以示接受召见。"②

1958年，金泽镇中学占用庙址为校舍，东岳庙关闭。据镇

---

① 顾禄《清嘉录》："俗以诞日前进香者，乡人居多，呼为'草鞋香'。"以上引文均见于《清嘉录·东岳生日》，台北，文海出版社影印本，1985年。

② 曹同生编：《金泽千年桥庙文化》，上海，浦东电子出版社，2003年，第119页。

民回忆，关闭前的东岳庙"四进三天井"，三殿二庑，格局宏大。前殿供三官大帝；中殿为主殿，供东岳大帝，配地狱阎王和一众鬼魂塑像，再加煎、碓、刌、剔、锯、割、烙等地府刑具，饰以六道轮回图录，意在涤人罪过，劝人为善；后殿为紫宸宫，为东岳大帝居所，两庑则为东岳娘娘、东岳太子寝宫。[1] 金泽镇东岳庙格局，与顾颉刚在1924年春节访问记录的北京朝阳东岳庙格局很不相同，则江南各地东岳庙自有一套，并无定制。金泽东岳庙最具特色的是在后殿设寝宫，招待和安顿老爷、娘娘和太子的日常起居。饮食男女，子孙满堂，暴露了基层信仰的草根性。今天的杨震庙也设有配殿，安顿三位杨夫人，因此香火特别旺盛。于此可见金泽人的人性取向，也可见江南人信仰特征的延续性。

杨震庙：江南草根信仰

金泽镇杨震庙是江浙沪地区唯一一座专供杨老爷的独立庙宇。近年来金泽镇香火持续旺盛，主要依赖于杨震庙。杨震（"杨老爷""杨爷"）信仰比东岳神的传播范围小很多，是长江三角洲的地方信仰，明、清、民国时期流行于江浙地区。杨老爷在青西地区特别普及，与金泽镇东面毗邻的西岑乡原有两座杨爷庙，一在西岑村北庄圩（1963年拆除），另一在陈国舍村（1958年拆毁）。[2] 金泽镇东邻莲盛乡谢庄村南也有一座杨爷庙，清朝末年建造，1958年拆毁。[3] 杨爷信仰在上海市区也很普及，今天金泽镇的杨震庙有不少上海人远道前来烧香。中国佛教协会佛教文

---

① 此据《金泽志》第43页"寺庙·东岳庙"，参以2005年笔者在金泽镇访问多位老人的回忆。

② 《西岑志》，上海，青浦乡镇志系类丛书，2005年，第316页。

③ 《莲盛志》，上海，青浦乡镇志系类丛书，2004年，第269页。

化研究所主任李家振先生是20世纪30年代生人，幼居上海法租界卢家湾，曾向笔者回忆说：某年大水，中学同班的南市同学家中漂进来一个杨老爷木偶像，顺便就供着。不日，远方有陌生人上门，说杨老爷昨夜梦里显灵，要他到城里这户人家来找它，果然寻到，定要赎回。

据老人们回忆，江南旧时杨震信仰盛行，苏、松两郡遍地都有杨老爷。奇怪的是，杨震信仰并没有被记录在历次重修的《松江府志》《青浦县志》中。光绪《青浦县志》没有杨震庙的记载，道光年间金泽本镇人士撰写《金泽小志》时，也没有收入杨震庙。可见士大夫把"杨老爷"看作淫祀一类的信仰。直到2000年以后，青浦地方政府新修镇志、乡志，金泽、西岑、莲盛等镇乡志中才披露出当地有不少杨震庙。情况非常明显，杨震庙和皇帝赐额的东岳庙不同，只是一个在江南民间流行的地区信仰，不登大雅之堂，缙绅大夫不愿多谈，也少作记录。

在今天，杨老爷得到了政府的宽容，大多纳入道教协会管理。在青浦新地方志中查考，除金泽镇有专庙外，道教协会所属朱家角镇城隍庙右侧殿复建有杨老爷雕像；佛教协会所属练塘镇新修庄严寺东南侧有杨震殿。又据上海道教协会2013年提供的资料（不完全），现上海道教协会所属宫观供奉杨老爷的共有18个：（1）浦东钦赐仰殿；（2）浦东龙王庙；（3）浦东崇福道院；（4）浦东老陈王庙；（5）浦东社庄庙；（6）陈行关帝庙；（7）闵行诸翟关帝庙；（8）闵行排马庙；（9）南汇东岳观；（10）南汇一王庙；（11）南汇祝桥关帝庙；（12）南汇姚家庙；（13）松江东岳庙；（14）青浦白鹤施相公庙；（15）青浦章堰城隍庙；（16）青浦朱家角城隍庙；（17）奉贤上真道院；（18）奉贤邬桥城隍庙。[1]这

---

[1]　2013年6月23日，上海市道教协会秘书处提供，经手人张化、李天纲。

些宫观辅祭杨老爷，以杨震为主神的只有金泽镇杨震庙。

杨震是真实人物，但在金泽镇有不同传说。范晔《后汉书》有《杨震传》："杨震，字伯起，弘农华阴人也。……'关西孔子杨伯起'。"杨震的八世祖杨喜，因军功被汉高祖封为赤泉侯；高祖杨敞，任汉昭帝的丞相；父亲杨宝，在西汉哀帝、平帝时隐居，教授儒学，东汉光武帝刘秀特旨征召，坚不出仕。"弘农杨氏"为豪门世家，杨震并非如当代传说，是个布衣。①正史撰述喜欢摆家谱、高门第，民间的杨震信仰则强调他为官清廉，出身平民，少提显赫家世。金泽镇的《杨震传》，前半部分的生平事迹和《后汉书》所记相当，但隐去了杨震的贵族身份。事实上，民间信仰的祠祀人物，都有很多改变，取其生前死后的灵异部分夸大叙述，事迹的真实性就越来越模糊。

民间神祇没有固定的经典，口口相传，自然会发生变异。传说引起的偏差并不是神祇变异的根本原因。受官方册封的神祇，有碑记、上疏和谕祭文，把事迹用文字记录下来，有了固定的说法。但是，随着神祇不断显灵，新的事迹又会加入，传说就会不断更新。民间信仰的神谱不能确定，只能不断变异，这是普遍现象。今天的杨老爷，又变成了反贪人士。庙前左右对联是，"清正廉明畏四知而辞金，反贪反贿受群众而爱戴"——虽不甚工，却有明确的时代含义。各时代神祇，其秉性、特征、功用，甚至籍贯、姓名，都会发生转移。所有的中国神祇，既有固定的传统神谱，更有新颖的时代特征。信众在时时更新的教义和传说中维

---

① 杨震家族是"东京名族"（《后汉书·杨震传》），近年来坊间却有人认为他只是平民，有"布衣宰相"的说法，如：2010年，由陕西华阴市政府投资拍摄发行的《东汉杨震》电视剧；2010年，在广州世界杨氏联谊会重修杨震公祠座谈会上发表文章《东汉布衣宰相杨震》等。显然，这是民间价值观的体现，杨震信仰又一次发生了变异。

持祭祀，这是一个信仰能够绵延不绝的重要原因。

例如，杨震为什么是一张恐怖的"黑脸"，青浦地区有不同版本的传说，供我们用作神谱转移分析。金泽镇的《杨震传》，大部分合乎《后汉书》的记载。"杨震，东汉陕西省人，字伯起，少年好学，博览群书，当时称'关西孔子'，历任荆州、涿郡太守、司徒、太尉等职。"①杨老爷为官清廉，不满朝政，辞官回家，愤而自杀，这些也是正史上的内容。但是，关于杨老爷黑脸、黑身的说法，金泽镇有自己的版本。《后汉书》说杨震是"饮鸩而卒"，金泽版本却是"投身入井"。当时，"众人立即从古井下救起，可杨震已气绝身亡，他的全身已被井泥淹黑，弟子们悲痛欲绝。后人立庙纪念他的高风亮节，塑像身脸用黑色"。②从《后汉书》的"饮鸩"到金泽镇的"投井"，同是对黑脸的解释，却是在神谱转移中发生了变异，值得探究。明清流行的说法，服用砒霜中毒而死，皮肤会发黑。③说杨震黑脸、黑身，是因中毒而死，这是原始版本。江南杨震信仰将死节改为投栏而殁，因井底污泥而变为黑脸。投水而死，在江南地区更加普遍。黑脸、黑身的杨震，有江南版本，具有了江南生活特征。换句话说，杨震信仰在江南地区被本土化了。

从青浦重固镇收集到杨震显灵的新传说，是一个现代升级版。传说杨震是为民众喝上净水中毒身亡的英雄："古时候，当地的水变浑，杨老爷不让大家喝，自己先喝了浑水，变成了黑脸

---

① 曹同生：《金泽千年桥庙文化》，第123页。

② 同上书，第124页。同样的文字，另见青浦区金泽镇人民政府官方网站：《杨震庙：公正无私的清官》(http://jinz.shqp.gov.cn/2004/gb/content/2007-11/02/content_154743.htm)，访问日期：2012年1月13日。

③ 《水浒传》第二十五回《偷骨殖何九送丧 供人头武二设祭》中，西门庆、潘金莲设计投毒后，"武大面皮紫黑，七窍内津津出血，唇口上微露齿痕，定是中毒身死"。可见明代有中毒者死后变为黑脸的传说。

黑身，救了一方民众。"①江南地区井水清，河水浑，人民有用明矾净水的习惯，但并不会中毒。这个"治理水污染"的案例，是把杨老爷当"滤水器"，乃至中毒身亡，带有现代特征。20世纪80年代开始，上海市区大工业扩展到江、浙、沪农村，太湖流域的水污染日趋严重，中毒致癌，怪病连连，时有报道。90年代以后，上海市政府在淀山湖地区保护水源，不许有工业开发，在当地有高强度的宣传。种种心理压力，日思夜梦，以至有此发明。"杨老爷防治水污染"是神谱转移中的一个最新版本，至少是3.0版。

杨震庙有强烈的民间性，从神名可见。正称"杨震"、尊称"杨老爷"之外，信徒们在供奉台款上更常常称"杨继伯"，还有读写成"杨寄爸""杨记爸"的。"继伯"和"寄爸""记爸"，即"义父"，称呼中流露出信徒和神祇攀亲戚、套血缘的谄媚，正古人所谓——"佞神"。青浦方言中"继、寄"不分，"伯、爸"则在同声韵的入声和平声之间。"继伯"和"寄爸"的发音差别不大，"寄爸"比"继伯"更亲近，年轻人称"寄爸"的多，取其亲近；年长者称"继伯"的多，比较庄重。民间信仰有自己的逻辑，老爷娶夫人，有爸必有妈。2005年"廿八香汛"时，见杨震庙还只有正殿，没有配殿。2007年，应信众的请求，寺庙管理机构在大殿右侧新建了三个正式的配殿，供奉三位杨夫人，作为杨老爷晚间下朝以后的寝宫，床、柜、台、凳，一应俱全。杨震的三位夫人，信徒称之为"杨继妈""杨寄妈"。

三位杨夫人均不见史书记载，《后汉书·杨震传》记载杨震儿、孙、曾孙的事迹，"自震至彪，四世太尉，德业相继，与袁

---

① 王宏刚：《上海农村城市化过程中的宗教问题研究》，《世界宗教研究》，2005年第4期，第132页。

氏俱为东京名族"。杨氏显赫，但没有杨夫人的记载。"杨夫人"一共三位，是杨震庙复建以后新供奉的，各地信徒就以金泽为籍贯，称为"金泽大继妈""金泽二继妈""金泽三继妈"，供奉落款上，每年都能见到。"继妈"也有写作"寄妈""记妈"的，和"寄爸""记爸"对应。吴方言"寄""记"，书面写法都是"继"，是"过继"的意思，俗称是"过房爷""过房娘"。江南习俗小团（囝）体弱多病，怕有夭折，常常在灌汤灌药之外，去庙里拜一个"过房娘""过房爷"，保佑他（她）长大，《金泽小志》记载："有愿舍身为神子女者。"①漫画家丰子恺（1898—1975）在《白象》（1947年）一文中提到："乡下人把孩子过房给庙里的菩萨一样，有了'保佑'，'长命富贵'。"②丰子恺家乡在浙江省桐乡县崇福镇，离金泽镇50公里，风俗相同。

值得注意的是，曾被鲁迅（1881—1936，浙江绍兴人）、茅盾、丰子恺等"五四"一代作家批判，在20世纪50年代以来基本肃清的"过房爷"信仰，居然在当代年轻人身上又复活了。金泽镇人认菩萨、老爷为继父的做法，居然在金泽镇杨震庙里见到了：很多时髦白领女孩子都自称是杨震夫人的"过房女儿"。她们不是从小被父母"过继"的，大多是近年来自己拜认的。众说纷纭，都说是因为生病、升学、求职的时候来拜过，灵的，就认她做"过房娘"。总之，杨老爷墨黑，杨夫人粉白，很多年轻男女都在金泽杨震庙认了"过房爷娘"，香火大大增加。从营庙的效果来看，加建侧殿的寝宫，迎来诸位杨夫人，常对女性信徒"显灵"，非常成功。目前在金泽镇发现的"新过房爷"案例，都是自愿投身，还没有他人胁迫、蛊惑和蒙骗的情况发生。在杨震庙寝宫前

① 《金泽小志》，第19页。
② 丰子恺：《丰子恺作品精选》，武汉，长江文艺出版社，2004年，第137页。

询问信徒："杨夫人有名有姓吗？"一香客回答说："陈三姑呀。"
这是一个令人吃惊的回答，也就是说，金泽镇的信徒们，把一直
列为邪神的陈三姑嫁给了杨老爷。这个说法，在《金泽志》中也
有透露："寝宫内设床、橱、柜、台等家具，中供珠冠玉带、罗裙
环佩的陈三姑娘，旁立侍女偶像。靠西间陈列着五路财神。"[①]五路
神、陈三姑，都是清代官吏汤斌（1627—1687，河南睢县人）、黎
庶昌在江南打击过的邪神，居然能够在当代复活，颇令人诧异。难
以理解之外，我们还在观察他们怎样在现代城市社会中生存下去。

杨老爷和陈三姑这两个本不相干的神祇居然嫁娶，可见民间
的神祇谱系很容易改变。信徒记录的灵验，是神谱改变的原因。
江南的民间宗教有极强的自我繁殖能力，新的人物和事迹不断被
制造出来，相当无稽却自有逻辑，按他们的说法：灵魂是不受人
间规矩限制的。金泽镇的杨老爷娶有三位夫人之外，最近还多
了一位娘舅。镇南放生桥边上，有一座新建的"娘舅庙"，供杨
爷的娘舅，当然属于土庙。所谓"土庙"，目前还没有常年的庙
址，只是香汛季节拿出来，供香客拜祭。查《后汉书·杨震传》，
根本没有关于杨震舅舅的记载，连杨母也没有。金泽人则说，杨
震从小死了父亲，是随他母亲和舅舅一起长大的，他舅舅就是金
泽人！非常遗憾，一直没有找到见过杨老爷舅舅显灵，并且建
造这座土庙的恩主。不过，我们已经可以根据"杨老爷""杨夫
人""娘舅老爷"的神谱看到：民间神祇靠着这些显灵记载，生
生不息地繁衍起来。

2004年以后，金泽镇的东邻莲盛乡、西岑镇和北邻商榻镇
划归本镇。在今天扩大的金泽镇范围内，杨震信仰非常扎实。莲
盛乡境内，历来没有大庙，只有日常烧香用的小庙。小庙中就有

---

① 《金泽志》，第44页。

杨爷庙，"位于谢庄村南，清朝末年建，1958年拆除"。①西岑乡在清末、民国期间有所发展，有两个较大的佛教寺庙慈光庵、永静庵，但也有两座杨爷庙，一座在陈国舍村，一座在西岑村北庄圩。②稍远的朱家角乡，有两座杨爷庙，一在镇郊南港，一在乡间庆丰村。③朱家角镇有两处杨爷庙，一座依附在佛教真福庵内，建于乾隆二年（1737），现已经废除；另一座在西井街，称为"北杨爷殿"，也已经废除。真福庵和北杨爷殿都有300多平方米，都不是很小的土庙。④

　　近年来恢复的金泽杨震庙，目前仍然是孤立的一个大殿，还没有建造二殿、三殿。续建的西侧殿为杨夫人庙，与正殿构成L形，拥着一个近2000平方米的广场。历史上，民国时期的杨震庙和东岳庙毗邻，规制更大，是三殿式结构。东岳庙在民国年间增建了西首大院，为二进一天井。杨震庙在东岳庙西院的隔壁，老人们说，两座大庙加上中间的院子，差不多各占了三分之一。20世纪50年代，金泽中学用杨震庙、东岳庙做校舍，绰绰有余。民国时期杨震庙大殿中间供奉杨震本人，"东侧为寝宫，内设床、橱、柜、台等家具，中供珠冠玉带、罗裙环佩的陈三姑娘，旁立侍女偶像。靠西间陈列着五路财神，都是木雕像"⑤。后殿则是杨老爷的行宫。大殿前的天井有80米长，40米宽，规制很大。

　　金泽镇的杨震庙原来只是附庸在东岳庙西侧殿的一座附庙，民国时期的金泽镇以东岳为主神，杨震庙只是江浙间众多小庙之

---

　　①　《莲盛志》，第269页。

　　②　见《西岑志》，第316页。

　　③　见《朱家角乡镇志》，青浦乡镇志系列，香港，新大陆出版社，2007年，第315页。

　　④　见《朱家角镇志》，青浦乡镇志系列，上海，上海辞书出版社，2006年，第165页。

　　⑤　《金泽志》，第44页。

一。1992年，镇政府应香客们的要求，将镇南总管桥堍的原总管庙、后来的金泽镇粮食仓库，改建为杨爷庙，以敷香火。2000年，因庙址狭小，金泽镇内外捐款，在镇东南东沈港原东岳庙（后金泽中学）旧址建造杨震庙。杨震庙重建时，隔壁的东岳庙并未复建。今日的杨震庙，鹤立鸡群，一庙独大，以至目前金泽杨震庙有方圆百里最为突出的"杨老爷"，成为金泽镇、青浦区，以及江、浙、沪地区的中心大庙。四乡八邻，远至苏、松、太、杭、嘉、湖地区，烧杨老爷香，就要来金泽。2009年之前"廿八香汛"时，镇民恢复老爷出游仪式，用杨震像出巡全镇。[1]以杨震像代替东岳大帝像出巡，无可无不可。但是有一个疑难没有理清：三月二十八日是东岳大帝的生日，并非杨震生日。连带的问题是：出巡日子也是错误的。

金泽镇杨震庙现在是本区域的中心庙，这在历史上没有出现过。历史上的杨震庙，大大小小、遍布村镇，各自崇拜。信徒们按灵不灵的传说换庙烧香的情况是有的，但并不以哪一座庙为中心。民间神祇不集中在大型教堂，没有僧侣、教团维护，而是分散在许多小庙里，由分散的信徒自己供奉，这是中国宗教的一个重要特征。学者应用杨庆堃教授的说法，指称这种非教团、个人化的信仰，就是"分散性宗教"（Diffused Religion）。[2]其实，杨庆堃所说的"分散"，主要是说中国宗教的信仰功能，不似西方宗教那样集中控制，而是分散在法律、伦理、习俗、教育等不同社会领域，并不是指香火散漫。但是，中国宗教多三

---

[1] 近年来，镇政府以安全问题为由，停止了杨老爷出巡活动，"廿八香汛"的热烈程度顿时减低了许多。在调查中发现，信众们对此仍强烈要求恢复，"杨老爷出巡"的计划还在筹议之中。

[2] 参见李向平：《中国人的信仰与反信仰》（http://www.douban.com/note/15363820/）。近年来，中国学者谈论民间宗教的性质，都用杨庆堃"分散性宗教"来形容，好像杨庆堃"分散""弥散"（Diffused）含义，就是个人、小型、无组织的意思。这是一种误会。

尺小庙，少宏阔大庙的情况，确实也是寺庙功能不够集中的结果。恢复后的杨震庙，呈现出一个大庙格局，由于各地对土庙、小庙的限制和取缔，使得金泽镇开放的杨爷庙成为远近之稀缺，香客蜂拥前来。金泽镇近十多年来的香汛涌动，和这个实际上的中心庙地位有关。询问远方香客，当地有没有杨爷庙？回答大多是"没有"；少数回答说："有是有个，太小，总归大庙老爷灵点。"

镇上的干部认为，这种中心庙的格局，给宗教管理带来负担。每年"廿八""重阳"两次香汛，要投入公安、消防、市容、卫生、税务、交运、宗教等机构的人力、物力，几乎是全套班子。虽然香汛和庙会活跃了本镇经济，有了收入，但压力也同样沉重。干部们希望香汛和庙会能有序发展。管理杨震庙的颐浩禅寺法师和镇政府干部都说：中心大庙的出现，效果是正面的。庙搞大了以后，可以做大型水陆道场，可以办讲经活动，可以召集广场表演，也可以举行世俗集会，这些都是一般的小庙难以承受的。信仰功能的集中，使得现在的杨震庙呈现出新型寺庙的气象。中心庙的现象不只存在于金泽。1999年，青浦白鹤镇复建施相公庙，引来了江、浙、沪三地的香火，俨然是江南施相公信仰的中心；2009年，嘉兴王江泾镇推出以刘猛将庙为主的"网船会"，轰动江浙。当年每村每镇都有的施相公、刘猛将，今天的香火都集中到一起，其中的利弊值得研究。中心庙的好处是可以集中管理，组织信徒，形成社区，达成效应；弊端便是大规模的崇拜活动，如缺乏有效的组织，或者管理不当，会酿成各种社会冲突。

刘王庙：蝗神、水神和文神

刘王庙，淀山湖及周边江浙地区民众祭拜的刘王，俗称"刘猛将"，姓名是"刘承忠"，为驱蝗神。刘王信仰在江南流行很广，是和杨震信仰范围重叠的地区神。传说刘王是南宋名将刘锜，也有说是刘锜之弟刘锐，还有说是宋光宗时宰臣刘漫塘，更有说是宋钦宗时人刘鞈，莫衷一是。[①]民国时期金泽镇刘王庙，受嘉兴王江泾镇同信仰影响，供奉的是刘承忠。据《畿辅通志》说：刘承忠，广东吴川人，正月十三日诞辰，元末任指挥，称将军，但不见正史记载。刘承忠驻江淮间，督兵灭蝗虫。"后因元亡，自沉于河，土人祠祀之。"[②]取其忠勇，神称刘猛将，寺称猛将庙。江南人在明代开始祭祀刘猛将，用以驱蝗。清代康熙年间，汤斌（1627—1687，河南睢县人）任江苏巡抚期间，骤江南淫祀，把刘猛将和五通、五显、五方贤圣同列，严厉打击，并号称"数百年恶俗，一朝而革"。[③]然而，刘猛将在江南从未消失，当朝就有恢复。雍正二年（1724），因蝗虫为害严重，刘猛将灵验有效，反而被中央政府敕命为合法祭祀，纳入祀典，由官方致祭。[④]同治年间，再封其为"普佑上天王"，猛将庙又升级称为刘王庙。刘猛将祭祀从一个清初被严厉打压的淫祀，转变为被祀典接纳的官方信仰，可见儒教与民间宗教并无不可逾越的界限。

清朝在全国范围内推广刘王神，帮助驱蝗。此信仰在蝗灾

---

① 姚东升《释神·方祀》引《灵泉笔记》为"刘锜"说，称"宋景定四年，封刘锜为扬威侯天曹猛将，有敕书云：飞蝗入境，渐食嘉禾，赖尔神灵，翦灭无余。"正德《姑苏志·坛庙上》为"刘锐"说，称："猛将庙在中街路仁风坊之北，景定间因瓦塔尔创。神本姓刘，名锐，或云即宋名将刘锜弟，尝为先锋，陷敌保土者也。"王应奎《柳南随笔》卷二为"刘漫塘"说，称："南宋刘宰漫塘，金坛人。俗传死而为神，职掌蝗蝻，呼为'猛将'。"姚福均《铸鼎余闻》卷三为"刘鞈"说，称："或又以为刘鞈，字仲偃，钦宗时以资政殿学士使金，不屈死。"刘猛将在江南各地异名称呼的收集和考订，参见宗力、刘群《中国民间诸神》，第466—469页，范荧《上海民间信仰研究》（上海，上海人民出版社，2006年），第230页。

② 转引自宗力、刘群：《中国民间诸神》，第467页。

③ 董含：《三冈识略》，卷九"革淫祀"。

④ 《清朝文献通考·群祀考（上）》。

严重的中原大地和华北平原并不流行，却在江、浙、沪交界处的水网地带出现，这一点颇费理解。刘王庙的信众最初不是岸上持有土地的农民，而是在水上漂泊不定的船民和渔民。清代王应奎（1683—？，江苏常熟人）在《柳南随笔》中已经有此疑问："春秋祷赛，则蝗不为灾，而丐户奉之尤谨，殊不可解。""丐户"或即江南湖荡地区各镇的船户，在浙江严州地区或称"九姓渔民"，苏、松、嘉、湖地区则称"船浪人"。他们在明初被堕为贱民，又称"堕民"，规定不得识字、科举、任官，也不得与良民通婚。乾隆年间，清朝对上岸船民中的"耕读工商业已为良"①者，一视同仁，给予平等权利。延续到民国，这些船户受职业（捕鱼、航行、娱乐）限制，仍然很少上岸，也难以摆脱在社会上被歧视的地位。直到20世纪50年代，共和国政府亟欲建立社会平等，江、浙、沪等地的城市机构才陆续将自己境内的船民都编入单位，或住宿舍，或进新村；在农村，则把他们迁入人民公社，安插在他姓氏族的农业大队，组成渔业、运输业的专业小队。

刘猛将，明初是农业蝗神，清末在江南地区转为航运业的水神，这又是一个神谱转移的例子。刘猛将由陆而水的神谱转移，动因是什么？日本学者滨岛敦俊认为，"明末清初时，江南刘姓神很可能获得了保护水运的传说"。他提出：这个转移，可能与江南地区多位刘姓神祇的融合有关。南宋时期，湖南有保护水运的刘姓神，此地的渔民信仰或许乃湖湘迁居而来，并逐渐融合于当地的刘猛将信仰中。"江南刘姓神的保护水运传说，很可能起源于古代长江中游地区。"②时至清代，刘猛将信仰就从蝗神转为

---

① 《清朝文献通考·户口一》。

② 以上所引，见滨岛敦俊著，朱海滨译：《明清江南农村社会与民间信仰》，厦门，厦门大学出版社，2008年，第61页。

水神了。这个说法，从移民历史来理解，很有道理。但从社会学原理来分析，其间还有值得进一步探讨的身份问题。

刘猛将在明清时期为江南船民强烈信仰，根源在于丐户的身份认同。关于浙东九姓渔民的来历，学术界一直有讨论，傅衣凌（1911—1988，福建福州人）先生在《〈王阳明集〉中的江西"九姓渔户"》中认为：浙江、江西，乃至福建、广东的渔户、疍户，都属"古代越族（奴隶制）的遗胤"。近年来学者认为：江南地区流传的九姓渔户的说法（如他们曾为陈友谅旧部，故被朱元璋堕为贱民），是船民们为抬高自己身份编造出来的。[①] 撇开江南船民（丐户）的最早来源不论，元末明初的丐户乃陈友谅旧部，甚至是元代遗民之说法，[②] 正可以解释清代江南船民们为何以元朝将领刘承忠为猛将神。到金泽镇参与廿八香汛的浙江嘉善县的船民们，有一支勇猛异常的"先锋社"，他们在"扎肉提香"（用钢针扎在手臂肉里，悬线提住香炉）前，扶乩请神就是刘猛将。船民们曾经受到朝廷和民间的歧视，至今在职业（运输）、方言（苏北）上仍然表现出独特的身份感，和岸上农业居民有明显分别。他们奉刘猛将为保护神，虔诚崇拜。刘猛将承忠，元代贵族功臣，他的神迹正可以用来加强船民们的身份感，凝聚和强化族群内部的认同意识。

从这一角度观察，可以理解为什么清代、民国时期的刘王庙已经不单单是驱蝗之神，而且慢慢地演化为航行之神——水神。自清代末年，与民国始终，再到改革开放时期，江南湖荡地区船民们信仰突出的现象，为人瞩目。刘王庙、杨震庙的信众群体，

---

① 以上二说，均见朱海滨：《九姓渔民来源探析》，《中国历史地理论丛》，2006年第2期。

② 万历《绍兴府志》卷十八记载："丐自言，则曰宋将焦光瓒部落，以叛宋投金故被斥。"（转见于朱海滨上文。）

正是江南地区原苏州、松江、嘉兴、湖州、杭州的船民，他们在明清时代被贬为"二等公民"，因而更加团结。民国以来，浙江嘉兴县北乡王江泾镇的刘王庙信仰最为兴盛。刘王庙会前十日，就有数千艘船只云集王江泾镇，覆压毗邻，接天连云，俗称"网船会"。嘉兴王江泾渔民的网船会习俗，震动上海洋场，清末沪上风俗画杂志《点石斋画报》曾有记载："嘉兴北乡连四荡普佑上天王刘猛将庙，为网船帮香火主，亦犹泛海者之崇奉天后也。泛家泛宅之流，平日烧香许愿，来往如梭，以故该庙香烟独盛。八月十三日为刘王诞期，远近赴会者，扁舟巨舰不下四五千艘。自王江泾长虹桥至庙前十余里内排泊如鳞。是日，奉神登舟，挨荡巡行，午后回宫，俗名为网船会云。"①上海租界洋场的画报把八月十三日记为刘猛将的诞日，恐是误传。《畿辅通志》《清嘉录》所记正月十三日为刘王生日，有官方致祭。八月十三日应为纯粹民间庙会。

嘉兴县王江泾镇，为浙江省最北一镇，位于京杭大运河边，和江苏省苏州、松江两府有密切交流。明清时期，长江三角洲湖荡地区是全国最重要的稻米、丝绸、棉布、茶叶、工艺等物品产区，还孕育出同等级别的进士、举人及学者、文士群体。这些极具交流性质的物品和群体，北上进贡直隶，东出进入上海，都要经过金泽镇。王江泾与金泽之间的直线距离仅20公里，经水路通达，十分方便。康熙二十九年（1690），金泽镇的猛将庙得以重建，尊奉的便是刘承忠。②这次重建，显然和康熙二十三年（1684）在松江府上海县设立江海关，主持沿海通商有关。嘉、

---

①　吴友如等绘：《点石斋画报·网船会》，张奇明主编：《点石斋画报》（大可堂版），第三册，上海，上海画报出版社，2001年，第164页。"网船会"原稿收录在《点石斋画报》辛集，刊发日期在1886年4月至1887年4月之间。

②　《金泽小志》，第26页。

湖地区的船民，必要经过金泽、朱家角才能进入上海县东门外的十六铺港，然后海运至天津、广州，沟通全国。

金泽镇的刘猛将庙，初建无考，由什么样身份的人建造也不知道。康熙二十九年重建的刘猛将庙在东朝圩，具体的情况不清楚。到了清代的时候，金泽镇的刘猛将庙，既不是农民主导，也不是渔民主导，似乎倒是由镇上的士绅在主持。嘉庆十六年（1811）再次重修刘猛将庙，庙里供起了文昌、关帝，易名文星阁，这样的操持带有儒教色彩。还有，清代刘猛将庙的背后，似乎还有一个文人善会。本镇善士陈德嘉捐田六亩，专门请了一位僧人，在四乡八邻收集字纸焚化，做惜字炉。文昌、关帝为清代科举儒生所敬重，传说文昌帝能够监管所有字纸，负责惩戒辱没圣贤文字的行为。江南儒生有文昌会，敬惜字纸，积累功德，颐养善心。镇上留下的资料不多，根据这一条证据，我们或许可以做一个推论：清代嘉庆年间以后的金泽刘猛将庙，已为士大夫控制，变成了镇乡上的儒教信仰。

认同儒教的缙绅阶层，在千年古镇金泽具有影响力。宋、元两代，金泽是皇帝、丞相、王子垂注的江南名镇，文风极盛，可惜文献失载。时至明清时期，虽然衰败，文风已经不及毗邻的朱家角、西塘镇，但镇上的杨姓、陆姓、顾姓、陈姓等大族，仍然培育出很多士大夫，金榜题名。明、清两代，金泽镇有记载的进士五人，为嘉靖三十五年（1556）杨道亨、杨铨，万历二十年（1592）杨继礼，天启五年（1625）杨汝成，光绪十八年（1892）陆廷桢。此外，著在名录的还有23位举人，以恩荫、捐纳为官的也有15人。众多贡生中间，有著述，建行谊，见特长的文士更是不计其数。[①] 按老年人的回忆，民国年间金泽镇仍然有一支

儒生人群，大多是秀才出身，常年在镇上上塘街塔汇桥旁的状元楼饮茶赋诗。他们不单谈论政治、文化改革，参加"南社"活动，也组织宗教活动。佛教的"莲会"，道教的"善会"，儒教的"讲会""雅集"，都有金泽镇士绅们的身影。

江南市镇士大夫社会的巨大规模，可以从金泽周边乡镇的地方志统计中看到。朱家角镇和金泽镇同为青西巨镇，按《珠里小志》"科目"收录，该镇仅清朝康熙、乾隆两代进士就有11人，为康熙九年（1670）程化龙、王元臣，康熙十五年（1676）朱衮，康熙十八年（1679）陆祖修、王之朋，康熙二十一年（1682）王喆生，康熙四十五年（1706）诸晋，乾隆十九年（1754）王昶（1725—1806，上海青浦人），乾隆四十五年（1780）陆伯昆，乾隆五十四年（1789）王廷兰，乾隆六十年（1795）蒋维淦。[①]青浦另一巨镇盘龙镇（含今天七宝、徐泾、诸翟镇村），明代科举兴盛，中进士且任京官的就有金纯、金濂、王会、孟羽正、侯尧臣、王圻、徐三重、侯震旸、徐祯稷、侯曾炯。明末清初，本镇文士备遭厄运，清朝前、中叶都没有人登第。盘龙镇儒风在清末恢复，又有陆我嵩（道光壬午）、陆宗郑（同治甲戌）两位进士。[②]明清时代，江南市镇有一个强大的士绅社会，儒家思想影响是无疑的。这种影响，必然也施加在民间信仰之上。

镇居士大夫对当地的信仰生活施加影响，他们把刘王信仰"儒教化"了。金泽刘猛将庙得到陈德嘉等士绅的支持，香火相当不错。道光十一年（1831），刘猛将庙用积存的资金，修造了

---

① 据周郁滨纂，戴扬本整理《珠里小志》，上海，上海社会科学院出版社，2005年，第105页。

② 据金惟鳌纂：《盘龙镇志》，上海，上海社会科学院出版社，2005年，第59页。

庙前的驳岸，扩充了庙址，且一直维持到20世纪50年代。^①金泽镇刘猛将庙的儒家化，还有一个例证。金泽另有一座刘王庙，在北圣浜东口，规制较小，称"刘王阁"。刘王阁中的刘猛将边上同时供奉海瑞、文昌帝和关帝，^②这几个人神，忠勇仁义，在清代都具有儒教色彩，为儒生供奉。金泽刘猛将庙的恩主陈德嘉，在道光三年（1823）还出钱捐纳了一个"赈平汆"虚衔，知县李宗颖授予"谊敦任恤"匾额。^③可见陈德嘉确实是一个有钱的士绅，他们这一群人敬惜字纸，一直在为振兴金泽文风虔诚祈祷。

刘猛将作为文曲星之类的文神，在金泽镇之外还没有发现过。查考起来，这个儒教化的"刘王"也有文本依据。清代常熟人王应奎对江南人把蝗神定为"刘猛将"甚表困惑，曾指出刘王是个文采斐然的儒生："赵枢密蔡作《漫塘集序》，称'学术本伊、洛，文艺过汉、唐'。身后何以不经如此，其为后人附会无疑也。"^④他认定的刘猛将不是广东吴川人刘承忠，而是江苏金坛人刘宰（1166—1239）。刘宰，字平国，号漫塘，宋绍熙元年（1190）进士，曾任江宁尉，著《漫塘集》，《宋史》有传，是个文臣。史载：刘宰在江宁曾领导抗旱，"岁旱，帅守命振荒邑境，多所全活"。旱灾，伴有蝗虫灾害，民众因此把刘宰和治蝗联系起来。把刘宰作为猛将的另一个原因恰恰是他打击巫觋活动，"江陵巫风为盛，（刘）宰下令保伍，互相纠察……有持妖术，号'真武法''空云子''宝华主'者，皆禁绝之"^⑤。汉族人

---

① 参见《金泽小志》，第26页。
② 《金泽志》，第46页。
③ 《金泽小志》，第46页。
④ 参见王应奎：《柳南随笔》，卷二，北京，中华书局，1983年，第37页。
⑤ 《宋史·刘宰传》，列传第一百六十，第1375页四。

的巫觋信仰中有一个思维特征：只问强弱，不计恩仇，斗不过你就投降你，且拜你为王。刘宰抗旱驱蝗，降伏妖术，江南民间视为猛将，奉若神明。清初江南人把"瘝庙"的汤斌奉为神偶；20世纪50年代西南土司把战胜的解放军供在庙里，此所谓"道高一尺，魔高一丈"之另解乎？

清代金泽镇刘王庙供奉的猛将具有文臣特征，应该是刘宰而非刘承忠，这样才能解释金泽刘猛将的儒教特征。刘猛将，陆上农民奉为蝗神，水上船民奉为水神，再到金泽镇上的士绅大夫奉之为文神，刘猛将在江南地区有很广大的信仰基础，各阶层的信众都有。从刘猛将信仰来看，这已经是一个完整信仰的神祇，并不是某种行业神，只代表一些固定身份的群体。青浦区西部邻近淀山湖的乡镇，如金泽、西岑、朱家角、商榻、白鹤等，居民们的身份历来分为渔民、农民和镇民。渔民以船为家，农民耕读为业，镇民则在市镇从事工商业。职业不同，因地而异，因人而异，但他们都认刘猛将，形成了统一的身份认同，刘猛将在金泽镇上是一个身份融合的复合信仰。

刘猛将在雍正以后列为秩祀，成为官庙。作为官庙，官员亲自出席祭祀活动，每年两次，"岁以正月十三日及冬至后第三戌日致祭"[1]。知县或亲自出席，或派员参加。凡是列入秩祀的神祇，每年都有两次祭祀。秩祀的目录很长，"社稷""先农"以下，直到"猛将""道婆"，都要求地方首长出席，是儒教治国的基本要求，官员们都勉力遵守。所以，一个镇上如果有城隍、猛将的行庙，能够标志本镇的经济、文化地位，民众都积极申办。边远镇乡争取行宫、别庙，从官庙分香到镇，要有相当财力，还要有一定关系。我们在青西各镇的镇志中看到，

①　嘉庆《松江府志》，第415页。

经济和人脉相对较弱的西岑、莲盛、商榻镇，甚至比金泽后起的朱家角镇，在清代和民国期间都没有刘猛将庙。按光绪《松江府续志》统计：松江府各县的刘猛将庙，分布在华亭县任泾港、十保十三图、七保二十一图、四十一图、三十六保三图、二十七图；奉贤县南桥镇；娄县城关镇、三保廿一图、廿三图、四十一保廿八图、廿九图；金山县城关镇；上海县城关镇、杨家街、虹安镇；川沙厅城关镇、十七保十二图、二十保九图、十八图、二十二保廿四图、八团北五甲。青浦县城关镇有刘猛将庙，金泽镇刘猛将庙本志失载。①

原松江府各县、厅的刘猛将庙，"文革"以后都还没有恢复。今天上海地区刘猛将的信徒，转道去嘉兴王江泾镇烧香。该镇的刘猛将庙俨然成为江浙沪地区的中心庙，金泽很多信徒去王江泾镇烧刘王香。1986年，王江泾镇政府顶着"搞迷信"的指责，以"刘承忠纪念馆"方式，重建刘王庙，供奉刘猛将。该庙在历史上有影响，又是江南地区首先复建的刘王庙，20多年来香火兴旺，当代"网船会"名著江南。青浦、松江，还有嘉兴、湖州、苏州各地的船民信徒蜂拥前往。1996年，网船数目达到1200条，庙会人数则有26万（以购门票者为计），恢复到20世纪40年代的规模。从网船会的盛况看，刘猛将的信仰，仍然是以江、浙、沪的船民为主。《书城》杂志一位作者，在2009年3月21日参加了王江泾镇的网船会，遇见了夏姓船民的大家族，一个60多岁的壮汉指着船头旗帜上密密麻麻的名字说，全家族来了30多个人，成员来自"江苏吴江、江阴、上海松江和浙江嘉善等地"。②

---

① 参见光绪《松江府续志》。

② 文敏：《"网船会"的集结》，《书城》，2009年第6期。

二王庙：礼失求诸野

二王庙位于金泽镇北，在万安桥东堍偏北的地方，坐北朝南，与林老桥北堍的关帝庙隔河相对，曾是金泽镇上最重要的神庙之一。金泽老庙林立，二王庙后起，是清代后期才兴旺起来的一个信仰。香火轮流转，神有灵不灵，金泽镇的信仰热点一直在更替。宋、明时期香火鼎盛的是颐浩寺，民国是东岳庙，今天则是杨震庙。老人们说二王庙在明代就建造了，[①]但《金泽小志》中没有记载，可见晚至清代道光年间还不是镇上的主要信仰。民国期间，二王庙成为金泽最热的庙宇之一，乃至于扩为三进。山门口有石狮，大殿前有铁香炉。大殿供李冰父子，二殿为寝宫，安置李冰夫人、李二郎夫人。20世纪50年代，金泽镇二王庙未被上海市道教协会接收，神像被毁，三进二殿式的庙宇易为镇工会活动场所。金泽镇的老居民还记得，当年"五一"、国庆和春节的业余文艺演出在庙址举行。1970年，金泽镇粮管所扩建粮仓，二王庙被拆除。[②]

"二王"，一般是指四川都江堰的治水神李冰、李二郎父子。从江之头到江之尾，二郎神是流传甚广的全国性信仰。李冰治水的传说始于汉初，司马迁（前145—前87，陕西韩城人）《史记·河渠书》："蜀守（李）冰凿离碓，辟沫水之害，穿二江成都之中。此渠皆可行舟，有余则用溉浸，百姓享其利。"据说，秦始皇始建李冰祠。《太平御览》卷七十四引《风俗通义》："李冰为蜀守，开成都两江，造兴田万顷以上，始皇得其利以并天下，立其祠也。"李冰父子祠庙的爵号一直是"王"，后来衍生出来的李二郎，宋代曾封为灵惠侯，随后也升格为王。元代马端临（约1254—1323，江西乐

---

① 曹同生编：《金泽千年桥庙文化》，第141页。

② 同上书，第143页。

平人）《文献通考·郊社考》记载，李冰祠在"蜀封'大安王'，又封'应圣灵感王'。开宝五年诏修庙，七年改号'广济王'"。元朝，二王庙一直被官方承认，进入祀典，虽曾不断改变爵号，但级别仍是"王"。按王圻《续文献通考》：元至顺元年（1330），封李冰为"敷泽兴济通佑王"，李二郎为"承绩广惠显英王"。另据《清朝文献通考·群祀考》："雍正五年，封四川灌县都江堰口'通佑王'（李冰）、'显英王'（李二郎）神。"历代受封的李冰父子均为"王"，民间以两神并祀，信徒称之为"二王"。

李冰是确凿的历史人物，李二郎却来历不明。《事物纪原》卷七："（北宋）元丰时，国城之西，民立灌口二郎神祠，云神永康导江县广济王子。王，即李冰也。《会要》所谓冰次子，郎君神也。"大约在唐代，民间出现了李二郎神的信仰，但此"二郎"是否为李冰之子，还有疑问。[1]至少到了宋代，李冰、李二郎的信仰，始合而为一，"二王"并称。朱熹说："今来现许多灵怪，乃是他（李冰）第二儿子出来，□□初间封为王。"[2]按《宋会要·礼二十》中的"郎君神祠"条目，"仁宗嘉祐八年（1063）八月，诏永康军广济王庙郎君神，特封惠灵侯，差官祭告"。则李二郎在1063年，由李冰庙的辅祭神升为居次要位置的主神。朱熹生活的宋代，二郎已经"封为王"，且明确是李冰的"第二儿子"，足证"二王"已经合并。[3]到了明代，神话人物杨戬窜入

---

[1] 吕宗力、栾保群：《中国民间诸神》，石家庄，河北教育出版社，2001年，第455页。

[2] 黎靖德编：《朱子语类》，长沙，岳麓书社，1997年，第48页。

[3] 上文"初间"之前，应该是脱漏了北宋仁宗到朱熹生活的年代之间，包括北宋英、神、哲、徽、钦，南宋高、孝、光宗中某位皇帝的年号，这期间，二郎神受封为王。朱熹如果对学生（本条语录记者为叶贺孙，永嘉人，所记是"辛亥以后所闻"）多说几句话，我们就可以知道在哪一位宋帝的手上，最早颁赐给了"李二郎"什么样的王位爵号。

"二郎神"信仰，由于《西游记》《封神演义》的流传，二郎神的形象变成了头戴照妖镜，手持三叉戟，身后牵条狗的形象。[①]

四川、江南、岭南和华北祭祀的李冰庙参差不同。有的只祭李冰一神，有的同时祭父子两神；有的说李冰就是李二郎，有的则以李冰之子李二郎为二郎庙主神，有的更是把后出的杨戬尊为二郎神。二王庙的主神地位比较混乱，宋代列为祀祀的官庙，落到民间就按照信徒得到的灵验自行发展了。按老人们的回忆，金泽镇的二王庙并祭"二王"（通佑王、显英王）两个神祇，所以金泽镇所称二爷，不是二老爷的意思，而是两个老爷的意思。民国时期二爷的神像用木雕，并列在殿，殿上悬挂匾额"牧化黎民"。

明清时期，"二王"经常在江南显灵，为长江下游民众所崇奉。同一时期，李冰父子已经不为朝廷祭祀，未能列入祀典。"礼失求诸野"，曾经的敕祭逐渐转为一个纯民间的地方神祇。在调查中获知，民国时期金泽镇周围的乡镇，分布着众多二王庙。金泽镇的二王庙，只是四乡八邻的中心庙。非常可惜，因为这些乡镇二王庙大都是三尺小庙，属土庙，地方政府主持编写的方志并不收入这些小庙。清光绪五年（1879）纂《青浦县志》中无二王庙，光绪九年（1883）纂《松江府续志》中也没有二王庙。21世纪初青浦区新编乡镇志，《金泽志》等还是未将二王庙列入目录，只有金泽东邻西岑镇的《西岑志》记录了岑庄村有一座二爷庙，1958年拆除。[②]

在一般正史、实录、会典、通考等官书中，甚至在比较贴近基层的方志、笔记中，未必能记录和表现出完整的地方信仰状

---

① 禄是遒著，李信之译：《中国民间崇拜·道界神祇》，上海，上海科学技术文献出版社，2009年，第32页。

② 《西岑志》，第315页。

况。如果宗教学者只懂得运用传世文献，就会有盲区和缺陷。信仰的隐秘性、私人性和地方性，使得很多案例并不容易暴露在文献中。即使在信息发达的今天，真实的信仰生活也因为各种偏见，不能充分地呈现在公共领域。当代信仰状况需要宗教学家以田野调查的方式去研究，去"求诸野"。在金泽镇，我们听说有个二王庙，前往调查，果然发现在原址偏北的地方，出现了一座小小的二王庙，占地大约六七平方米，只比江南一般土地庙稍大，是信徒王金宝（女）于2003年私自复建的。

2011年4月24日下午3时，在金泽镇调查，巧遇二王庙女庙主王金宝。王金宝，40多岁，不是金泽本镇人士，住在离庙址3里远的乡下。她有3年时间生病，卧床不起。"二爷"托梦告诉她，要她建庙，否则疾病还要发作。求了二爷果然有效，王金宝于是奉旨行事，破财建庙。王女庙主的二王庙，庙门长、宽各1.8米，全庙正面也只有3米宽，2米高。庙门上沿，有极简易的手书题额，分四行："二爷庙，清代建造；二王庙，二老爷皇叔；重建二王庙，2003年4月18日；重建人王金宝，负责人周兴礼。"①不是烧香日，用建筑钢筋焊造的格栅铁门把守，里面的老爷能见不能拜。两座神像的模样大致不错，和传统的记载差不多，戴官帽，穿官袍，脸白，须长。王金宝说没有见过原先的二王神像，现在的二王塑像，是根据镇上的传说做的。②

透过格栅铁门的空隙，看到庙里面贴着两份当年的助捐名单，列出捐款人姓名、捐款金额。数额都很小，大部分为10元、20元，有三四十人之多。一份"总计人民币壹仟玖佰肆拾元"，另一份"总计人民币贰仟伍佰零叁元"。另一边的墙上，贴出的

---

① 当天iPhone手机照片，摄影人李天纲。
② 据2011年4月24日下午3点，在二王庙址巧遇王金宝时的谈话手记。

是当年的支出表，有"三夹板100元、铝合金门窗500元、帽子50元、袍110元、鞋子20元……"[①]因为是私庙占用了公地，根据宗教管理条例，镇政府屡次取缔，将它平掉。王金宝用各种方式保住庙址，发动信徒轮流来护庙。信徒捐款，不但是襄助建庙，也是一种民意收集。她说："你看，信的人蛮多的呀，大家侪来拜，好来邪气个。"对于私庙之不确定，她甚至表现出一种策略的潇洒，说："拆，我呒没意见的呀。老爷缠牢我，我呒没办法。啥人拆，让老爷缠牢伊，我勿管了。"王金宝说，她真的是为了身体，老爷附了身才来管这份闲事。和王金宝有相似经历的人不少，都来求情、护庙、烧香、捐款，他们一大群人一起维持着这座小庙，自己管理，账目清爽。他们希望镇政府把这块以前就是二王庙的地皮留下来，最好也做成一个公庙，他们就可以合法供香了。

按目前的宗教管理条例，信徒们自己建庙，占用公地，竖立小神，是违规的。但是，因为王金宝庙主的积极努力，二王庙成功地获得了几十位、上百位信徒的支持，他们初步组织起来，类似于"庙宇管理委员会"。从财务上讲，庙主和信徒形成了一定的信托关系，必须用好每一分钱。庙主发动信徒参与二王庙事务，类似于初步的自治团体。从这些意义上讲，私庙已经有一定的公共性。王金宝说：她这个庙确实是私庙，所谓"私庙"，就是她自己要捐最多的钱，光去年就贴进去5000元。王金宝为二爷过生日，花5000元给他换新行头，帽、衣、裤、鞋，一应俱全，华丽漂亮。金泽镇的公庙就三座，一颐浩禅寺，二杨震庙，三总管庙。公庙由佛教协会主持，卖门票管理。颐浩禅寺2元、总管庙2元，杨震庙香火最好，卖5元。私庙不收门票，靠信徒

---

① 当天iPhone手机照片，摄影人李天纲。

捐款维持。传说私庙有50多座，镇干部也眼开眼闭。据王金宝说，香汛日有很多香客，拜完了公庙，再来拜她的二爷庙，带蜡烛、高香来，赚不到钱，但有些小善款。二王庙得到信徒们的承认，已经有了公庙的功能。

2003年，镇政府批准重建杨震庙，王金宝也申请私人出资，再在本镇企业主中间筹款，复建二爷庙。造到一半，镇干部来管了，要拆。王金宝说："要拆侬拆，我不拆。侬拆了，二爷附了身上，侬自家倒霉，我倒是脱了负担了，让二爷缠侬。"据说该干部回家就生病了，没有再来管，王金宝就造了这间土庙。王金宝希望我们在二王的下一次生日，即2012年3月4日（星期天，农历二月十二日）再来，看他们烧香。但是，回来一查，二郎神的生日为六月二十六日。[①]当时忘记追问，不知道王金宝的"二爷生日"是从哪里得到的。鉴于"文革"前后，当地的二郎神信仰被禁止了近30年，40多岁的王金宝很难从上一辈信徒那里得到完整的二王庙信息，误记是可以理解的。从这个"误记生日"的案例，我们可以推知民间信仰的混乱是怎样发生的。2013年，投资本镇的文化创意企业"四民会馆"（嘉礼堂）重建了二王庙，更大更庄重，看上去像个官庙了。目前为止，镇政府还在宽容这座私庙，法外开恩。

王金宝"托梦建庙"的经历，是个人经验，追究她的心理真实性，应该是宗教心理学家做的工作。民间信仰的鬼神，有很多显灵方式，如托梦、圆梦、附体、招魂、扶乩、占验等。乡村民众，甚至现代城市人，很多都相信。这和文化水平、教育程度、城市化程度关系较少，而是与每个人的感受方式相关。按马

---

① 据明代徐应秋《玉芝堂谈荟》（《四库全书》本）说，转见吕宗力、栾保群：《中国民间诸神》附录，第852页。

克斯·韦伯的理论，一个人如果采取"Enchantment"（神魔）的态度看待周围世界，种种迷信的方式就会发生。著名教育家、曾任北大校长的蒋梦麟（1886—1964，浙江余姚人）描写过自己的少年经验，他对托梦、圆梦有实际感受。关于扶乩："五十年前（1906年左右），我自己就通过巫婆与我故世的母亲谈过话，那种惊心动魄的经验，至今还不能忘记。"关于圆梦："我听到过许多关于做梦应验的事，但是多半不记得了。我记得一个圆梦的例子是这样的：我的一位曾叔祖到杭州去应乡试，俗称'考举人'。他在考棚里梦到一只硕大无比的手，伸进了窗子。因为他从来没有见过这样大的手，这个梦就被解释为他将独占鳌头的征兆。放榜时，我的曾叔祖居然中试第一名，俗称'解元'。"关于托梦："神佛、死去的亲戚朋友，或者精灵鬼怪，可能由托梦提出希望，请求或者警告。一位死了的母亲，可能要求她的儿子给她修葺坟墓。死了的父亲可能向儿子讨纸钱。"①

蒋梦麟的家乡和金泽镇一样，素称发达。即使把他们的信仰方式归为落后，"愚妇愚夫"们并没有阻碍社会进步，这类信仰更没有就此消失。江南地区拥有100多年中国现代科学、文化发育最好，城市化水平最高的大都会（Metropolis）。如把相信魔幻、神奇、奥秘都称为迷信，那么迷信在今天金泽镇信徒中，上海大都市居民中，乃至英国、美国等欧美后现代社会国民中仍然存在。看一看J.K.罗琳的草根作品《哈利·波特》以及好莱坞同名电影的畅销，就知道现代城市人心中，还存着Enchantment。蒋梦麟以为教育、科学、文化等现代事业改变着农村的愚昧、落后，所有的"迷信"将迅速消失，而实际上未必如此。民间信仰基于人性，占验、圆梦、托梦、算命、预言、星相等现象，在经

---

① 蒋梦麟：《西潮》，台北，辅欣书局，1990年，第19页。

历了100多年的现代化、城市化、科学化之后，仍然以改变了的方式（有时还是原来的方式），与科学、文化共存，一起改变。

五路神：秩祀，淫祀？

在金泽镇民的记忆里，镇区范围内在20世纪50年代还有一座"五路堂庙"。金泽镇的五路堂庙于明代建造，地点在周家圩。[①]然而，在清代《金泽小志》中记录的五路堂，位于国字圩。[②]五路神，即江南民俗中正月初五日（为了抢神，实际上祭祀从初四日晚上开始）迎接的财神爷。江南习俗，以五路神为主财神，关公、赵公明、陶朱公范蠡其次。清末上海人过春节，"拜年未了接财神，爆竹通宵闹比邻"。此即正月"五日，接五路财神，必用羊头"。[③]"文革"以前，初五迎财神的习俗已被革除。最近20多年，上海市区恢复了50年代之前的旧习俗，年初五子时中夜，大放炮仗，迎五位财神。青浦区新方志在记述民国本地民俗时说："至年初四，店主接财神，店铺设香案，悬活鲤鱼，寓'吉庆有余'。年初五，俗称'五路财神日'，乡民提满水缸，以讨吉利；商店厂坊吃'五路酒'，决定伙计去留，若'榜上'无名，或铺上褥子被卷起一角，乃示意被辞退。"[④]这些正月初五的年节风俗，如卷铺盖、挑水缸，我们这一辈虽未经历，却耳熟能详。

20世纪80年代后，市场经济恢复，民俗生活随之开放，金泽镇也和青浦、上海及全国城乡一样，在初五日燃放鞭炮迎财

---

① 《江南第一桥乡——金泽》，第13页。
② 《金泽小志》，第26页。
③ 秦荣光：《上海县竹枝词》，第44页。
④ 上海市青浦县县志编纂委员会：《青浦县志》，"风俗·岁时"，上海，上海人民出版社，1990年。

神，但五路堂庙并未重建。庙被拆掉后，镇民们只是偶尔在旧址废墟上敬一些香，五路财神的样子，大部分江南人都没有见过，连五路神到底是五位还是一位也已经不清楚。金泽镇和全国各地一样，正月初五日接财神只是放鞭炮而已，并没有五路财神庙可以烧香。"失而求诸野"，有一种五路财神的形象，被日本人记录下来。乾隆年间，日本学者询问在长崎生活的江南商人，有图画本《清俗纪闻》。图中五路财神分两列，穿不同颜色的衣服，坐在红色的椅子上。"前列左黄衣，中橙衣，右绿衣；后列左蓝衣，右褐衣。椅红色。"五位神祇的服饰，是明代样式的官衣官帽。①

长江三角洲人民拜五路神为财神，在全国性的财神赵公明（玄坛神，三月十五日生日）、关公（关帝，五月十三日生日）之外，又别出一个区域小财神，作为本地人信奉的主财神，五路堂神是典型的江南民间信仰。然而，近30年来，全国各大城市都以年初五为接财神日，大放鞭炮，则江南之五路神已经成为全国范围内的财神。按清代道光、咸丰年间苏州人顾禄在《清嘉录》中的说法："五日，为路头神诞辰，金锣炮竹，牲醴毕陈，以争先为利市，必早起迎之，谓之'接路头'。"②关于五路神的来历，有不同的说法。《无锡县志》说，这位五路神"姓何，名五路。元末御倭寇死，因祀之"。③然而，《清嘉录》马上否定了这个说法，说五路神并非这位"何五路"，而是指"五祀"中的"行神"："今之路头，是五祀中之行神。所谓'五路'，当是东、南、西、北、中耳。"同治、光绪年间

---

① 中川忠英编著：《清俗纪闻》，第22页。
② 顾禄：《清嘉录·接路头》，卷五，第9页。
③ 转引自顾禄：《清嘉录·接路头》。吕宗力、栾保群《中国民间诸神》也有载录。

常熟人姚福均的《铸鼎余闻》采用了《清嘉录》的说法："五路神，俗称为财神，其实即五祀门、行、中雷之行神，出门五路皆得财也。"①

清代学者给五路神戴上《礼记·曲礼》的帽子，称他是五祀中行神，显然是在用儒家经学把五路神合法化。五路是后起的民间信仰，与汉代经学相隔遥远，儒生们只是在经典中寻找依据，以便让淫祀得到祀典的承认。"五路""五通""五显"起源于唐代，流行于宋代，都是人格神，常常还是邪神。到了明、清两代，显然是有不同来源的五路信仰混合在一起，合并为"五圣"。故事体系发生了歧义，人鬼事迹有很大的不同。康熙二十四年（1685），江苏巡抚汤斌认为，江南人的五路、五通、五显、五圣都是一样的信仰，属于淫祀。汤斌《奏毁淫祠疏》说："苏、松淫祠，有五通、五显及刘猛将、五方贤圣诸名号，皆荒诞不经。"②不分青红皂白，把所有五字头的神祇都判为"淫祠"。实际情况是：五路、五通等鬼厉信仰，在明代洪武年间已经得到官方肯定，而五显、五圣等旧神信仰，宋以来的朝廷也是承认的。当年，汤斌捣毁苏州上方山的五通庙，据说发现了明初道士张三丰的题碑："肉山酒海，遇汤而败。"③民间传为谶语，说五通本来是合法的，"隳五通庙"是汤斌个人的意见。

五显神，明、清学者均以为起源于徽州婺源。弘治《徽州府志》记录：唐光启二年（886），婺源人王瑜在自家院子里见到

① 姚福均：《铸鼎余闻》，台北，学生书局，1989年，第393页。五祀：按《礼记·曲礼下》"祭五祀"之郑玄注："户、灶、中雷、门、行也。"
② 转引自黄伯禄：《集说诠真》，台北，学生书局，1989年，第523页；光绪三十二年（1906）上海慈母堂铅印本，"五圣"条。
③ 徐崧、张大纯：《百城烟水》，南京，江苏古籍出版社，1999年，第22页。

五个神人，威仪如王侯，从一柱红光中下来，对他说："吾当庙
食此方，福佑斯民。"说完即升天而去。王瑜立即将家宅改为庙
宇，每天祈祷，并上报朝廷，据说是得到了册封。"宋大观三年
（1109），赐庙额曰'灵顺'，权邦彦为记。宣和五年（1123），封
通贶侯、通祐侯、通泽侯、通惠侯、通济侯，故称'五通'。"①
这就是五通的来历，最早的五通庙称为"灵顺庙"，由宋徽宗赐
额。婺源灵顺庙，为五圣信仰的祖庭。在明代初年，五显神仍为
官方承认，"洪武中，五显灵顺庙每岁四月八日、九月二十八日
遣南京太常寺官祭"②。

　　明清时期，五显神滋生、演变出不同的说法。苏州城内有五
圣阁，不属灵顺庙系统，而是"祀药师、大士、文昌、关帝、周
孝子为五圣"。③据说是北宋淳熙初年修造，明万历、天启，清顺
治、乾隆，历有善士续建，汤斌、沈德潜等还陪祀其中，可见五
圣确有不同系统。同一神祇在信众中间传播，会有不同神迹的显
灵，这种神谱变异现象经常发生。明清时期，江南人把五路神看
作邪神，横行乡里，作恶多端，显然不是文昌、关帝等"五圣"。
另外，郎瑛（1487—1566，浙江杭州人）《七修类稿》有五通摄
人的故事，记录他们霸占良家妇女。④他弄混淆了，认为："五通
神，即五圣也。"⑤赵翼（1727—1814，江苏常州人）《陔余丛考》

---

　　① 彭泽修、汪舜民纂：弘治《徽州府志》，卷五"祀典"，弘治十五年（1502）
刻本。
　　② 《明会典》，转见《古今图书集成·神异典》卷三十九引。
　　③ 徐崧、张大纯《百城烟水》，第124页。
　　④ 郎瑛：《七修类稿》卷四十八记："余姚郭姓民人新娶一妇，过旬日适值元
旦，其妇妆饰出堂，欲拜公姑，行至灶口，倏然不见。举家四野寻觅不得，后五日
闻半死于山间，家人往救，问之但曰："被二三人拖扶而去，只从屋檐上过，至则相
合如醉梦中。今偶日出，予在林木中跌下。"视其鞋袜裳襕皆已碎坏。后或看守不
严，则又摄去矣。不得已，卖入于新建伯家，遂息。人皆言五圣也。"
　　⑤ 郎瑛：《七修类稿》，第703页。

也认为："五圣、五显、五通，名虽异而实则同。"①唐宋时期官方认可的灵顺庙"正神"，明清时期在民间混同为"邪神"。民间信仰的神祇并不确定，可以变异，这种时正时邪、忽正忽邪的特征，在历史上经常出现。

南宋朱熹时代，五路神已有劣迹。《朱子语类》卷三"鬼神"中，有朱熹和五路神的故事。徽州"风俗尚鬼，如新安等处，朝夕如在鬼窟。某一番归乡里，有所谓'五通庙'，最灵怪。众人捧拥，谓祸福立见。居民才出门，便带纸片入庙，祈祝而后行。士人之过者，必以名纸称'门生某人谒庙'"。朱熹不信邪，不去，结果当晚饮酒后"遂动脏腑终夜。……众人哄然，以为不谒庙之故"。朱熹虽然肚皮痛，仍坚持原则，不拜五通，回答说："脏腑是食物不着，关他甚事？莫枉了五通！……某（朱熹）幸归此，去祖墓甚近，若能为祸福，请即葬某（朱熹）于祖墓之旁，甚便。"朱熹人在徽州，遭遇五通，不信五通能作恶，更相信祖先亡灵的保佑。如果不幸死掉，正好葬他于祖墓之旁。慎终追远，以求福祉，乃儒家所谓"鬼神之为德"，这是朱熹的态度。

五路神在地方祭祀分类系统中，一直列在儒教系统的"祠祀"，并不归入佛教、道教合类的"寺观"。元朝至元（1335—1340）初年，松江府从故都杭州分香，引进灵顺庙，是官方祀典中的合法信仰。"灵顺行宫，府治西南。神显灵于徽，望秩隆于杭。元至元初，府人仿杭，迎引会社，因筑宫祀之。国朝景泰中知府叶冕增修，成化间毁，知府王衡重建。"灵顺行宫被归在坛庙，属儒教。祠祀庙宇，官府春秋二祭，一般不设住持。但是，灵顺庙的香火很旺，"正统十二年，蓬莱

---

① 赵翼：《陔余丛考》，"五圣祠"，北京，商务印书馆，1957年，第774页。

道士李志道来主其祀事"。[①]从管理上来说，灵顺庙似乎成了道教，但从神谱来分辨并不是道教。松江府灵顺五显神经过道士管理后有了日常香火，李志道便改掉牌位，用道教塑像，香火更旺。"志道复募缘塑神肖像，于是祠宇一新，皈依云集，福利之及人其无穷矣。"[②]李志道推广五路神，将之与民间信仰结合起来，普及到县、镇、乡一级，这样的祠祀就和道教合体了。

五路神信仰十分庞杂，江南各地并非一致。不但有许多灵验传说，还有不同来源的五路混入。传说明太祖朱元璋梦见阵亡将士（一说是陈友谅旧部）亡灵来纠缠，以"五人为伍，处处血食，乃命江南家立尺五小庙，俗称'五圣堂'"。朱元璋允许民间设立尺五小庙，供奉五位厉鬼，让他们不要作乱，以至五显大普及，结果就是邪神遍地。清代嘉庆年间，四川又新出一个五显，说是萧姓，"宋时人，一胎五子，俱以'显'为派，长曰萧显聪，次曰显明，三曰显正，四曰显直，五曰显德。五显尤灵异，能降妖救难，故民争立庙祀之"。[③]显然是僭越了明初敕额"五显灵顺庙"的封号。同名、同音的神祇，在民间经常混同。例如青浦县南门有韩公祠，原祀明代万历年间本县知县韩原善，因为"韩寒音同，俗讹为'寒热司'神"，[④]小孩发寒热者，前往求神。由于五显、五圣、五通、五路音、义混同，有的官府承认为灵顺庙，春秋二致祭；有的并不承认，只是放任其使用五通、五圣之名。宋人洪迈（1123—1202，江西鄱阳

---

① 顾清等纂：正德《松江府志》，第240页。
② 任勉之：《松江府灵顺行宫记》，正德《松江府志》，第240页。
③ 李调元：《新搜神记·神考》，转引自宗力、刘群：《中国民间诸神》，第650、642页。
④ 光绪《青浦县志》，卷三"祠祀"。

人）《夷坚志》记："会稽城内有五通祠，极宽大，虽不预春秋祭典，而民俗甚敬畏。"[1]

在祠祀系统中，五路神的地位介于秩祀和淫祀之间。五路神在宋元时期合法，明代后期，五显、五路合流，迅速下层化，与民间邪神结合，但也未被取缔。朱熹当年对五显神的意见，是后世儒者对待淫祀的基本态度。朱熹说："人做州郡，须去淫祠。若系敕额者，则未可轻去。"[2]朱熹对淫祀的态度是排拒，但不是镇压。问题是：经过历代敕额的祠祀太多了，几乎所有的人鬼祠祀都有赐额，如"东岳"，如"天后"，如"猛将"，如"二王"，如"五显"……儒学人士的尴尬暧昧态度，决定了儒教神谱有相当大的宽容度。

五圣是唐以来最重要的南方信仰，其范围在江苏、浙江、安徽、江西、福建、湖南地区。《夷坚志》记载："大江以南地多山，而俗禨鬼，其神怪甚诡异，多依岩石树木为丛祠，村村有之。二浙、江东曰五通……变幻妖惑，大抵与北方狐媚相似。"[3]"南五通，北狐媚"，是中国信仰的一大特征。晚清文人宣鼎（1832—1880，安徽天长人）认为："南人之崇奉五通，犹北人之信狐也。"[4]五通神就是典型的江南信仰，带有区域文化特征。康熙年间，河南人汤斌从京官外放到江苏巡抚任上，即行废淫祀，专打五路神。汤斌是康熙朝以理学整肃江南民心的名臣，整治江南的策略之一就是反淫祀，隳五圣。五显有过赐额，为灵顺，还曾经为官府春秋致祭。汤斌虽称"理学名臣"，他不问青红皂白的做法却违背了朱熹教诲。

---

① 洪迈：《夷坚志》，北京，中华书局，1981年，第1364页。
② 以上所引，均出黎靖德编：《朱子语类》，长沙，岳麓书社，1997年，第48页。
③ 洪迈：《夷坚志》，第695页。
④ 宣鼎：《夜雨秋灯录》，济南，齐鲁书社，2004年，第79页。

其实，汤斌打击五圣另有目的，他要把所有的五通、五显、五路等祠祀神庙都改成清朝满洲人喜欢的武圣关帝庙。如此，五通问题的关键，就不在于淫祀，而在于它的江南信仰特征。康熙和汤斌，为打击江南的士风、民风，转移江南人的文化认同，将五通祠改为关帝庙。康熙《徽州府志》记："（婺源）灵顺庙，一名五显庙，一名五通庙。……（本府）在城东北，（休宁）在芝山，（婺源）三所……（祁门）四所……（黟县）三所……国朝康熙二十五年，江苏巡抚汤斌奏毁天下五圣庙，遂多有毁其像，改为关帝庙者。"① 关帝是满洲人在入关之前从关内迎去的主神，称"关玛法"，在满洲传统的"堂子祭"里与释迦牟尼、观音合为三祭。五通庙变为关帝庙，意味着把江南信仰改造为满洲认同，汤斌借毁淫祠为清朝制造意识形态，被江南人士谥为"清汤"。②

饶有意味的是，面对拆迁，遭受信仰打击的江南人，却不是用现代人的护庙方式来维权。史载，汤斌在苏州虎丘山隳五圣庙，遭遇反抗。然而反拆迁过后，待汤斌死去，他竟然被江南人视为神明，为五通神的克星。作祟的五通本来需要人管制，汤斌自己惹了麻烦，恶鬼缠上了他，从此他就是管制厉鬼的"人鬼"。此后，每当五通作祟，汤斌就被信徒拜求，求五通神去缠汤斌。俞樾（1821—1907，浙江德清人）《右台仙馆笔记》中记载了一个故事："余门下士蒋泽山孝廉，至崇明县襄校试卷。事毕，观于文庙，见两庑先儒中汤文正公之位阙焉。问之学官，学官曰：

---

① 丁廷楗、卢询修，赵吉士纂：康熙《徽州府志》，卷八"祀典"，康熙三十年（1691）万青阁刻本。

② 秦瀛《己未词科录》："里巷因先生之姓，至于谐呼为'清汤'。"（《续修四库全书》影印本，第537册，上海，上海古籍出版社，1995年，第261页）作者解释为清简之"清"，但从变五通为关帝的事件来看，此"清"应该理解为清朝，指为清朝效劳之汤斌。

'此地旧有五通神为祟，民间被五通之祟者，辄向学中门斗言明，将汤文正公之位私自请去，供奉其家，则祟自去。历来如此。'"[①]因势利导，崇拜魔力，以毒攻毒，也是江南民众信仰方式的一种。

在青浦金泽镇调查，曾经在关帝庙前问香客：同是财神，五路和关帝、赵公明有什么分别？答案各异。有一次在状元楼喝茶，一位老年茶客的答案最有价值。老先生说：关公是武财神，范蠡是文财神，赵公明是正财神，五路是邪财神，邪财神也要拜的，不拜是要触霉头的。老茶客用通俗的说法，解释了他的人生哲学：不管文武，无论正邪，在社会上混，上下左右各路财神都要拜，都不能得罪，和气生财，识时务者为俊杰。回味起来，这些话颇能透露出传统江南人的财富观和价值观，可以瞥见江南城镇市民精神中的温和、精明、世故、现实以及"打不过它就投降它"的经常被人征服和统制的无奈。

城隍神：城市型地方认同

城隍神，是明清以来汉族地区最普遍的鬼神信仰之一。其信奉区域，中贯长江流域，南达闽粤，北至燕京，而以吴、越江南地区为中心。按记载，城隍信仰起源于长江三角洲地区，是吴越地区的地方神。唐李阳冰（安徽亳州人）《缙云城隍记》称："祀典无之，惟吴、越有之。"《明史》作者在《礼志·吉礼·城隍》中辩称，城隍"不独吴、越为然"，各地皆有。但是，最初的城隍确在梁朝之吴越。《隋书·五行志》："梁武陵王祭城隍神，将烹牛，有赤蛇绕牛口。"梁武陵王萧纪（508—553，江苏兰陵

---

① 俞樾：《右台仙馆笔记》，上海，上海古籍出版社，1986年，第56页。

人），是梁武帝第八子。梁高祖武帝萧衍（464—549，江苏常州
人）为"南兰陵中都里人"，即今天的常州武进；都邺，今南京，
均属吴。梁武陵王谋反，在成都祭城隍，且用太牢，是移植建邺
帝庙制度的措施。[①]

　　城隍信仰在宋代广泛传播，成为全国信仰，"宋以来，其祀
遍天下。或锡庙额，或颁封爵，或迁就傅会，各指一人，以为神
之姓名"[②]。宋、元、明、清时期的城隍信仰有着特殊的性格。官
封以后的城隍神虽然是全国统一的信仰，但都、府、州、县的城
隍神都是不同姓名的神祇，有自己的生前事迹，为不同地方的人
所祭祀，因而城隍老爷具有很强的地方性。此外，城隍老爷还具
有等级性，都、府、州、县的城隍神有不同的品级和爵位，都城
隍称王，正一品；府城隍称公，正二品；州城隍称侯，正三品；
县城隍称伯，正四品。例如：松江府上海县的城隍神姓秦，名
裕，是元末明初的上海士绅，封为正四品，号"鉴察司民显佑
伯"，上海人尊称"秦裕伯"。

　　城隍神的基本功用，是祭祀本地失祀的孤魂野鬼，或曰"厉
鬼"。按儒教制度，无嗣、早夭、暴亡的灵魂都是厉鬼，需要阖
城公祭。村、镇、县、州、府的民众为避免地府阴曹里的恶鬼纠
缠，来城隍庙祭厉。《明会典》存府版《告城隍文》："某府遵承

---

　　① 姚思廉《梁书·元帝本纪》："（大宝三年）四月乙巳，益州刺史新除假黄钺
太尉武陵王纪窃位于蜀，改号天正元年。世祖兼遣司空萧泰、祠部尚书乐子云拜谒
茔陵，修复神庙。"（北京，中华书局，1995年）按《梁书》记录，武陵王萧纪在四
川改元时，梁世祖在南京谒陵修庙，伸张自己的正统。萧纪在成都用太牢（有牛）
祭祀城隍神，显然是设立了一个都城隍庙，僭越之心昭然。《隋书·五行志》引梁武
陵王用牛祭城隍神故事，说明萧纪以驰援为名，行称帝之实，存心不良，故祭神不
享。"（萧）纪虽以赴援为名，而实妄自尊尤。思心之咎，神不享，君道伤之应。果
为元帝所败。"
　　② "中央研究院"历史语言研究所校勘：《明实录·太祖实录》，"洪武二年正月
戊申"，上海，上海书店出版社，1982年影印本。

礼部札付，为祭祀本府无祀鬼神，该钦奉：皇帝圣旨，普天之下，后土之上，无不有人，无不有鬼神。人鬼之道，幽明虽殊，其理则一。今国家治民事神，已有定制，尚念冥冥之中无祀鬼神，命本处城隍以主此祭，镇控坛场，鉴察诸神等类。其中果有生为良善，误遭刑祸，死于无辜者，神当达于所司，使之还生中国，永享太平之福。如有素为凶顽，身死刑宪，虽获善终，亦出侥幸者，神当达于所司，屏之四裔。善恶之报，神必无私。钦奉如此，今某等不敢有违，谨于某年某月某日，于城北设坛，置备牲酒羹饭，享祭本府无祀鬼神等众。然幽明异境，人力虽为，必资神力，庶得感通。今特移文于神，先期分遣诸将，召集本府阖境鬼灵等众，至日悉赴坛所，普享一祭。神当钦承敕命，镇控坛场，鉴察善恶，无私昭报。为此合行移牒，请照验钦依施行。"[①]祷文可见城隍制度，城中设庙，城北设坛，供奉无祀鬼神。

在城隍神的体制建设中，官府通过儒家式的等级制度，分封王、公、侯、伯，建立一个等第，尊卑有序，便于控制和管理；然而，民间更加重视的是地方性，信众们和官府协商，推出自己城市的神祇，安抚一地之厉鬼，保佑自己城市的疆土，形成一个独特的地方认同。城隍信仰是官府和民众沟通交往的重要方式，清朝文献中每每都有知府、知州、知县上任伊始，首先参拜当地城隍庙的记载。新长官为官一任，必与本地民众共祝繁荣。光绪三年（1877），上海道台上任的第二天，就去城隍庙"谒庙点香"。[②]叶廷眷在上海知县任上，"每月朔望两天，知县老爷例须恭临城隍庙拈香"[③]。

---

① 李东阳、申时行等纂修：《明会典·群祀四》，《续修四库全书》，上海，上海古籍出版社，2002年。

② 上海通社编：《上海研究资料》，上海，上海书店出版社，1984年，第557页。

③ 同上书，第534页。

洪武二年（1369）"列城隍之祀"，定致祭之制，南京（京都）、开封（故都）、临濠（凤阳，龙兴之地），以及京畿地区的太平、和州、滁州的城隍神，爵位为王。次年，封全国其余各州、府、县城隍神的爵位为公、侯、伯，"在王国者，王亲祭之；在各州、府、县者，守令主之"。[①]作为凝聚一地之人心的城隍信仰，具有灵活性。城隍神祇，可以由不同的人鬼来担任。各都、州、府、县的城隍神，或由当地人推举，或由皇帝推荐，朝廷加以核准。这个制度维护了统一意识，同时顾及地方信仰的多样性，是一与多结合的模式。在江南，苏州府的城隍老爷是春申君，[②]杭州府是周新（广东南海人，永乐年间冤案死），松江府是李待问（1603—1645，江苏华亭人），上海县是秦裕伯，奉贤县是周中铉（？—1728，浙江绍兴人），南汇县是叶永盛（？—1601，安徽泾县人），青浦县则是沈恩（1472—1533，上海青浦人）。明清时期，江南各州、府、县都有自己的"城隍神"。

明、清祀典用唐宋时代的城隍信仰，建立起一个"中央-地方"共同信仰的架构。城隍信仰承认地域性文化，它是在地域之上构建中央信仰。城隍是一种地域性的社神信仰，"城隍之取义从地者也，则其附于社者甚明"。社为村镇基层祭祀单位，"有功德于民"或"能御大灾"[③]于地方者，可以立为城隍，具有很强的地方性。明朝的都、府、县城隍体系有较强本地化含义，

---

① 《明史·礼志·城隍》，上海，上海古籍出版社、上海书店出版社影印本，1986年，第139页。

② 宋代苏州人龚明之《中吴纪闻·春申君》记载："姑苏城隍庙神，乃春申君也。"则至晚在宋代，苏州城隍神已定为黄歇，在江南各州、府、县中为最古。其余各地城隍神多为明清时期所封。

③ 陈鹏年：《重修苏州府城隍庙纪略》，见冯桂芬纂：同治《苏州府志》，卷三十六"坛庙祠宇"，光绪九年（1883）江苏书局刻本。

一定程度上修正了大一统模式。城隍既承认地方特殊性，又含有中央统一性，是地方和中央共推的认同。城隍信仰模式，改变了传统中央政权对南方民族的文化霸权。秦汉以后，中央王朝在江南地区推行泰伯信仰，彰显中原正统，维系大一统。吴、越地区历来推广泰（太）伯庙，以示"吴人义泰伯，归之为王"，①泰伯庙供奉周太王长子泰伯、次子仲雍，按《史记·吴太伯世家》的说法，泰伯、仲雍，放弃王位，逊于季历，传于文王，《论语·泰伯》赞为"三以天下让"，来到"断发文身"的吴、越，使之归顺周朝。这个文化认同反映了中原政权统治江南的意志。朱元璋在江淮地区龙兴，社会基础在江南。明初设定祀典，强调汉族意识，偏重南方信仰，泰伯庙的文化认同显然不适合明朝。江南地区城隍庙兴起，泰伯庙式微，与此文化认同的转移有关。

洪武二、三年（1369、1370），朱元璋在都、州、府、县大设城隍，是明初祀典改革的重大事件，其原因颇值得揣测。民国学者解释说："据父老相传，此例实始于明祖定鼎以后。缘明祖起自布衣，出身微贱，少时投皇觉寺为僧，后随郭子兴起军濠泗，迨郭殁而自领其众，以是转战得利，十余年驱胡元而有天下，令有司各于所管区域设坛享祀。"②从明朝祀典来看，朱元璋动用多项祠祀来安抚在驱除胡虏中阵亡的厉鬼，厉坛之外，东岳、猛将、五显以及"城隍"等信仰方式，都被用上。亡灵可畏，需要超度，明初大建祠祀的举措和朱元璋下层沙弥经历有

---

① 陆广微：《吴地记》，南京，江苏古籍出版社，1999年，第5页。泰伯庙祀周太王古公亶父长子，即因禅让从中原躲避到吴地的泰伯。泰伯庙、墓，在无锡梅里："泰伯城筑于梅里平墟……今日梅里乡，亦曰梅里村，泰伯庙在焉。城东五里曰皇山，一名鸿山，有泰伯墓。"（《吴地记》，第163页）

② 陈伯熙：《上海轶事大观》，上海，上海书店出版社，2000年，第389页。

关，他虔信这一套。值得注意的是，安抚厉鬼，并不分敌我，与后世烈士纪念碑只祭奠自己一方的阵亡将士不同。元将领刘承忠有魔力，能灭蝗，虽然承忠殉了元朝，仍然被封为猛将神；元遗民秦裕伯，不与明朝合作，朱元璋畏惧他的亡灵，封他为上海城隍神。① 敌人的冤魂和异己者的亡灵也引作安抚，这种敬鬼神、畏鬼祟的古代信仰，和现代人以"正义"为名，誓死为仇、绝不宽恕的方式大异其趣，含有大赦天下、全民和解和消弭对立的意图。

近代以来，上海的城隍信仰越来越突出，超越了开封、杭州、苏州城隍庙历代之盛，为"第一庙"。上海城隍，其来有自。南宋上海镇从松江府华亭县分香，在西门外的淡井村有城隍行祠，后俗称"淡井庙"②。元至元二十八年（1291）上海设县，淡井庙行祠仍然充作县城隍。洪武三年（1370），上海县定出自己的城隍老爷秦裕伯，传为朱元璋钦点。秦裕伯为秦观（少游）之后，传为元至正四年（1344）进士，曾任福建行省郎中。③明兴以后，不惧朝廷威逼利诱，拒绝出仕，死后朱元璋谕旨"生不为我臣，死当卫吾土"。永乐元年（1403），上海知县张守约将城隍神迁入城内原霍光祠的后殿，扩建为邑城隍庙，形成"前殿为霍，后殿为秦"的特殊格局。明代嘉靖、万历年间三次扩建以后，至清中叶城隍庙成为城内最重要的信仰，是雄峙东南的巨庙。明代三次修缮，一在嘉靖十四年（1535），建牌坊一座，知县冯彬题额"海隅保障"；一在万历三十年（1602），知县刘一

---

① 说据秦荣光（温毅）《上海县城隍说》："公卒于洪武六（疑为"元"之误）年，讣闻于朝，太祖震悼，曰：'生不为我臣，死当卫吾土。'"转见自吴静山《城隍庙沿革考略》，收入上海通社编：《上海研究资料》，第505页。

② 淡井庙，原址在今永嘉路东首，曾占地近五亩。躲过了清末和民初的毁庙兴学，20世纪50年代陆续占用为街道工厂、小学、活动室和民居。1997年，被卢湾区政府彻底拆除。

③ 参见吴静山《城隍庙沿革考略》考证。

爁（万历二十三年进士，江西南昌人）修缮；一在万历三十四年
（1606），知县李继周修缮。①

明代中、后期，城隍庙已经成为上海城内最重要的祭祀，
这并非由于朝廷的刻意推广，而在于民众自身的虔诚信仰。嘉
靖、万历年间，上海经历倭患，江南数被寇略，城隍庙成为上
海人在集体灾难时期的精神支柱，是民众自己日夜祈祷的神
明。城隍老爷被作为上海人的保护神，明代万历年间为甚。上
海人历次的大喜大悲都与城隍庙的城市守护神紧密相连，加
强了它的地位。上海知县刘一爁《万历重建上海城隍庙记》
（1602年）是一篇充满"卫城"意识的碑文，可惜残破，不然
可以完整分析。文中感叹："往者倭夷东南，兵燹四延，上海
城几不戒矣。""城之险莫上海若，而备患莫上海先。"经历兵
祸，上海人除了建造城墙，还特别修缮城隍庙，共同祈祷。上
海城隍神的社会功能，是邑人的精神寄托，并不是儒教强调的
"教化"，刘知县说："人谓高皇帝神道设教哉！是不然，城民
之卫也。"城隍庙是城市卫神，故曰："城为民设，祠为城设，
灵矣常在。"②信仰毕竟在民，这是学者分析神道设教应该特别
注意的。

和一般南方庙会、北方香会不同，江南地区的三巡会是把老
爷从庙里抬出来，到特定的地点巡回，安抚、弹压失祀的厉鬼。
出会是江南信仰的特色，嘉兴王江泾镇有猛将出会，青浦金泽镇
有东岳出巡，松江府和上海县的习俗则是城隍出巡。据正德《松

---

① 关于上海城隍庙渊源和沿革，参见吴静山《城隍庙沿革考略》，本文参照嘉
靖、万历、康熙、乾隆、嘉庆、同治和民国《上海县志》以及多种笔记、小说，其
中考证最为详尽。

② 上海博物馆图书资料室编：《上海碑刻资料选辑》，上海，上海人民出版社，
1980年，第9页。

江府志》，松江府在北宋政和（1111—1118）之前就有城隍庙，元代扩建。洪武三年谕设州、府、县城隍庙，松江知府林庆在佛教兴圣寺旧址建造城隍庙。松江府有三巡会惯例，见于崇祯《松江府志》："清明先三日，郡牒城隍神，至期请诣厉坛。郡民执香花，骑从拥导，前后者数万余人。至晚复以华灯千炬迎归入庙。七月十五日、十月一日亦如之。"[①]上海三巡会延续松江府习俗，但更加世俗化、娱乐化。

邑城隍庙在清中叶以后进一步崛起，其过程和上海成为江南大都会相关。上海城隍庙延续传统，香火越来越旺，有后来居上、以邑庙取代郡庙的趋势。康熙二十三年（1684），上海开埠，移设江海关，为江、浙、闽、粤"四关"之一；1843年，上海对欧美商人开埠，和广州、厦门、福州、宁波一起，作为"五口"之一，对外通商。此后，上海迅速发展为国际大都市。上海的都市化、国际化并没有灭绝传统的城隍信仰，相反，后者有了更大的发展。当上海以租界方式对英、美、法商人开放并迅速繁荣起来之后，本地的城隍神并未式微，只是有了转型和变异。至20世纪30年代，上海邑城隍庙成为民国最重要的同类庙宇，其香火列沪上寺庙之最。

每年的"二致祭""三巡会"是上海城隍庙的最大特色。致祭，代表官方的认可；巡会，则是民间自发的盛典。按朝廷祀典礼制，"岁之三月清明、七月中元、十月朔日，主祭无祀鬼神，弥灾沴敉，宁四境，畛虫孽，保障一方"[②]。春秋致祭，官府必须出席；巡会（"宁四境"）活动没有明文规定，祭祀之后举行，由信徒自发组织。上海邑庙的三巡会，知县不出席，因有"淫乱"

---

① 崇祯《松江府志》，第176页。
② 光绪《青浦县志》，卷三"坛庙"录崇祯敕文。

之嫌。^①乾隆《上海县志》记载城隍老爷出巡，证明三巡会活动在清初上海已经很突出。"三月清明……城隍神至期诣厉坛，仗卫整肃，邑民执香花拥慕者甚众，至晚复以华灯迎归。七月十五日、十月一日皆如之。"乾隆时期的三巡会"仗卫整肃"，应该是中规中矩的。咸丰时期，三巡会规模扩大，城隍老爷之后的仪仗队伍，车马舆轿，低锣高跷，"舆从骈集，亘四五里"。^②王韬（1828—1897，江苏昆山人）于咸丰年间在上海所见三巡会，看到了商业繁荣之后的浮华淫逸风气："沪人于每年清明日、七月望、十月朔，例以鼓乐奉城隍神出诣北郊，坛祭无祀鬼魂。仪仗舆从，骈阗街巷，马至数百匹，妓女椎髻蓬发，身着赭衣，银铛桎梏，乘舆后从，谓之'偿愿'。间有徒步于市者，轻薄少年指视追逐以为笑乐。是非敬神，直酿淫风矣。"^③

王韬批评的上海民众借敬神行"笑乐"，其实应该理解为一种世俗化的宗教狂欢庆典，可以与欧洲中世纪后期的嘉年华相比较。嘉年华是在封斋忏悔，行四旬斋礼教之前的享乐和狂欢；三巡会则好像是一边礼忏赎罪，一边与神共舞，行神人之欢。老爷出会时，尾随游行者一般是些病人、残疾、求子、求业等边缘人士，佩戴枷锁，假扮罪人，祈求宽恕，转为好运。晚清的三巡会，看来有一些来自"洋场"的组织厕身其中，从广东路、福州路的书寓来了校书、长三（老式妓女），加入向城隍老爷赎罪的各类人群中。^④显然

---

① 三巡会为民间自发行为，官方不鼓励，甚至反对和禁止，这一现象的发现和揭示，见苏智良、姚菲：《庙、市民、社区：从城隍信仰看近代上海城隍庙社区》（"现代中国都市大众文化与社会变迁"讨论会论文，上海师范大学，2008年，未刊）。

② 应宝时修，俞樾纂：同治《上海县志》，同治十年（1871）上海南园志局重刻本。

③ 王韬：《瀛壖杂志》，上海，上海古籍出版社，1989年，第13页。

④ 上海妓女参与三巡会活动，为晚清人士诟病。道光年间，上海城中地区一度有几间书寓，同治、光绪年间均移帜租界，所谓"北市"。三巡会中的妓女，一定来自租界。

这是借着赎罪的宗教观念，组织城市里的世俗狂欢。上海中外通商的环境里，五方杂处、中外杂居，礼教约束比较松懈，伦理道德相对轻简，三巡会既有对现世罪孽的洗涤，又有对食色之性的放纵，和文艺复兴拉丁民族的嘉年华相近，呈现出都市生活的多样性和现代性。

光绪年间，三巡会的颜色和口味都越来越重，"小家碧玉，狭巷娇娃，艳服靓装，银铛枷锁，坐无顶小轿，游行其间，谓之女犯。既可媚神，又能炫客，诚一举两得焉"[①]。江南的出会，亵渎神明的情况间或有之，但借敬神而犯淫的风气罕见，这表明上海在开埠以后，社会文化中确实出现了反传统。有鉴于洋场内外出现的风化问题，"同治年间，知县叶廷眷出示严禁，此风才告禁绝"[②]。然而，三巡会中的风化问题，根于享乐主义的现代人性，很难禁绝。同治知县叶廷眷严禁之后，虽曰"此风稍息"[③]、"此风遂绝"[④]，可是事实上，三巡会的嘉年华风气，一直延续到光绪末年。有诗为证："舁神巡视迭鸣锣，仪仗森严奏乐和；男女喧传三节会，满城热闹看人多。"[⑤]南京国民政府期间，三巡会受现代城市管理制度以及"新生活运动"意识形态的冲击，渐次禁绝。

城隍信仰在近代上海陷入商业化和娱乐化只是一个表面现象。宗教变异的深入原因在于上海社会的转型。江南地区的传统宗教，在新兴大都会环境中出现了一种不可遏制的现代性。

---

① 黄式权：《淞南梦影录》，上海，上海古籍出版社，1989年，第111页。
② 上海通社编：《上海研究资料》，第551页。
③ 葛元煦：《沪游杂记》，上海，上海古籍出版社，1989年，第7页。
④ 黄式权：《淞南梦影录》，第111页。
⑤ 颐安主人：《沪江商业市景词·三节会》，顾炳权编：《上海洋场竹枝词》，第93页。《沪江商业市景词》刊于光绪三十二年（1906），所作均为光绪末年上海市景风俗。

我们发现，19世纪后期的城隍信仰，其实已经被市民团体接管，一批大商人主导了三巡会。1919年8月10日上海《申报》披露，"沪上自民国元年以来，三巡会早已革除，本邑各会首托名驱疫，遂趁机复活"。这里透露出三巡会的组织者是本邑各会首，即上海南、北市各会馆公所、大小商会，它们才是三巡会的策动者。任凭王韬的批评、叶廷眷的禁止，民国年间的三巡会乃至整个城隍庙的香火、娱乐和商业，都已经为商人和市民左右。

从乾隆年间开始，城隍庙得到上海商人的鼎力支持。庙与商的联姻，始于一次房地产交易。"乾隆中叶，前明潘允庵经营的豫园，渐就荒圮，潘氏后裔也渐见式微。其时上海初通海舶，商贾云集，潘姓急于求售，由是群众以贱价购得，归入城隍庙作为西园，并分地修缮，辟为各业公所。从此以后，（城隍）庙基又扩大了三十六亩八分九厘二毫，游人也渐见增多，商人竞设店肆，竟然成为市集了。"①商人及其会馆公所入住潘氏豫园后，紧邻城隍庙，以庙兴商，商助信仰，城隍庙地区以一座邑庙、一片园林扩展成近代上海最重要的商业区。因为商人入住，城隍庙的求财功能大大发挥。上海城隍庙除有秦裕伯、霍光、陈化成三个主神之外，还配祭有四司，即高昌司、长人司、新江司、财帛司。财帛司为财神，为商人疯狂信奉，每次三巡会都放在突出位置，有诗为证："士女填街塞巷时，委员弹压路三歧。年年三节城隍会，第一雄观财帛司。"②

商人组织介入城隍信仰的现象，见于城隍庙存历代刻碑。万历三十年（1602）《重建上海城隍庙记碑》、康熙三十六年（1697）《重修邑庙记碑》、雍正十年（1732）《善信乐输鼓亭工

---

① 上海通社编：《上海研究资料》，第502页。
② 袁祖志：《海上竹枝词·沪城城内竹枝词》，《上海洋场竹枝词》，第4页。

食碑》、乾隆四十九年（1784）《新建上海城隍庙西园湖心亭记碑》、道光十三年（1833）《二班快手重修改造班房碑》各碑文记载，均为小额募款，由信徒捐献。道光后期城隍庙修造事业，绝少个人捐款，多是商号行会的大手笔。道光十七年（1837）《重建上海县城隍庙戏台碑》记载，戏台全部由朱和盛号以下40家商行捐助，没有官方和个人的善款，共"钱肆仟贰佰柒拾壹仟三佰八十文"。①道光二十八年（1848）《重建三圣阁捐款碑》记载，城隍庙三圣阁建造，上海道台、海防分府、上海县三家官府，一共才拨款三百四十千文，而上海钱业公会一家捐钱就达六百千文。余下款项，各行商有豆业、布业、典业、坞业、木业、帽子、酱园、糖业、洋货、书业、腌腊、染业、绸业、商船、米业，还有福建泉州、漳州，广东揭阳、潮州，苏州、宁波、山东、山西等会馆，捐款共计约3800千文，民间捐款是官府拨款的十几倍，②道光年间，上海商人在财政上接管了城隍庙。

20世纪20年代，在维新思潮冲击下，各类寺庙风雨飘摇，不得不厉行改革。1924年，上海邑城隍庙大殿失火，上海绅商捐款重修，借机引进了租界通行的制度，建立邑庙董事会（1925），以"保持庙宇之庄严，扶住商业之发达，汇集公益之收入"③。上海商人以黄金荣、杜月笙、张啸林为首接管城隍庙，各项事业得以维持。1926年7月，城隍庙大殿、豫园湖心亭及周边地区的修缮工程，黄金荣（1867—1953，浙江余姚人）、张啸林（1877—1940，浙江慈溪人）、杜月笙（1888—1951，上海浦东人）、刘鸿生（1888—1956，浙江定海人）、程霖生（1888—1943，安徽歙

---

① 上海博物馆图书资料室编：《上海碑刻资料选辑》，第31页。
② 同上书，第32页。
③ 《申报》，1926年12月7日，转见苏智良、姚菲：《庙、市民、社区：从城隍信仰看近代上海城隍庙社区》（未刊论文）。

县人）等人就认捐了5万元。[1]社会闻人、商界大亨的赞助带动了市民的信仰。城隍庙的香火之"灵"，全沪公认。工程完工之后，"进香男女，络绎不绝，直至晚间九时，犹见香烟缭绕，红烛高烧"[2]。城隍庙香火在20世纪30年代后为上海各寺庙之最，得益于香火和善款供奉的雄厚财力，上海城隍庙组织的各项活动也成为近代中国道教改革之翘楚。从清末民初留存下来的资料来看，上海城隍信仰为市民社会控制，确实被整合成具有城市特征的都市信仰。上海工商界的老板、店主、经理、职员、店员、工人都烧城隍庙的香，以男性为主，和中小寺庙善男信女的职业结构不同。上海城隍庙从传统城市的社坛信仰转型为市民社会下的大都市宗教。

城隍庙成为大都市信仰的同时，在原松江府各县及其后大上海周边各市镇，城隍庙继续存在。它们虽不如上海邑庙那样兴旺，但也延续着明清以来的市镇繁荣，继续深入发展。以金泽镇所在的青浦区为例，城隍庙仍然是不逊于任何佛教、道教寺庙的重要信仰。青浦在明代万历年间建县时，知县石继芳即按祀典建置了县城隍庙，址在县城东北隅。乾隆朝有增建，咸丰十年（1860）毁于太平天国，同治十三年（1874）在原址重建。青浦设县较晚，崇祯六年（1633）九月敕令，"朕闻生为直臣，殁为明神，御灾捍患，维持奠安，兹特封尔为江南松江府青浦县城隍显灵伯"，任命沈恩为青浦县城隍神。沈恩，字仁甫，号西津，上海人，为弘治九年进士，曾任刑部主事，升任四川左布政使。沈恩是清官，虽为官一方，"及卒，贫不能敛"。江苏巡抚夏廷谟

---

① 参见吴静山：《城隍庙沿革略考》，上海通社编：《上海研究资料》，第504页。

② 《申报》，1927年12月19日，转见苏智良、姚菲：《庙、市民、社区：从城隍信仰看近代上海城隍庙社区》（未刊论文）。

为之立祠，祀在乡贤祠。①为何选择沈恩为青浦县显灵伯，现有资料已不敷解释，他的本地人身份可能是个原因。

按祀典，城隍信仰活动的最低一级落在县城。但是，明清时期，江南苏、松、太、杭、嘉、湖各府辖县的城隍庙，都有下移趋势，落在镇上。青浦县境内较大的市镇都设立自己的城隍庙。镇级不得封自己的城隍神，需要从县城隍庙分香，又称"别庙""别祠"。据光绪《青浦县志·建置》：青浦县城隍邑庙有8处别庙，"一在旧治青龙镇，一在珠街里，一在白鹤江镇，一在章堰，一在商榻市，一在金泽镇，一在沈巷，一在观型塘镇"②。城隍庙一县一座，一般都建在城内，称"邑庙"。在县城之外还有8处城隍庙，突破了明朝祀典的规定。在祀典来看，镇里供奉自己的城隍神是违制的，应为淫祀。然而在县政治理中，江南地区许多市镇，用别庙的方法，设立派出所，让镇城隍庙合法化了。③

20世纪80年代，日本关西大学滨岛敦俊教授发现"小城隍庙"现象。萧山县有5座城隍庙，其中一座俗称为小城隍庙。④事实上，小城隍庙在江南非常普遍，大多数县份都像青浦金泽镇一样，有镇城隍庙。市镇发达的宝山县，镇城隍庙更多，志称"行宫"。光绪年间，宝山县镇城隍庙有10座："一在杨行镇西市，明天启间须氏建；一在月浦镇，同治元年大殿毁于兵；一在罗店镇，明天启年间庞姓建，国朝同治十三年重建；一在盛

---

① 参见李绍文：《云间人物志》，卷二"沈西津"，第58页。
② 参见光绪《青浦县志》，"建置"。光绪《青浦县志》卷三"坛庙"也有简述。
③ 滨岛敦俊：《镇城隍庙之出现：作为宗教交通中心之市镇》（收高致华编：《探寻民间诸神与信仰文化》，合肥，黄山书社，2006年）一文，对上海周围松江、苏州府各县的镇城隍庙有更多统计，可参考。
④ 见滨岛敦俊著：《明清江南农村社会与民间信仰》，第395页附录《浙江萧山县小城隍庙调查报告》。

桥镇；一在刘行镇南，咸丰间毁于兵，里人重建；一在广福镇，乾隆间建；一在真如镇，同治九年重建后殿及寝宫；一在大场镇；一在江湾镇；一在高桥镇，明万历初建，国朝嘉庆间里人重建。"[1]邻近青浦的金山县也有很多小城隍庙，志称"别庙"，有五："一在朱泾镇上塘龙渊里；一在张堰镇牌楼街东，初建无考，同治六年里人重修；一在松隐镇河南，面北，相传为明沈犹龙宅；一在吕巷镇四保二十八图，道光年里人王蔚堂建；一在卫城县治东北，明洪武二十年指挥佥事李武建，康熙三十六年参将王功建修。"[2]镇城隍庙（小城隍庙）现象，确实如滨岛敦俊教授所说："市镇拥有城隍庙，则为该聚落地位提升。由村庄（农村聚落）升级为城市（都市聚落）的表征。"[3]

然而，村镇一级的城隍行宫、城隍别庙，或曰小城隍庙，到底是自上而下由官方布置的？还是从民间自发信仰开始，自下而上建立的？这个问题值得讨论。从江南地区的城隍庙系统来看，历史上村镇一级的别庙、行祠、行宫，大都是民间自建的，得到官府的默许，最后以小庙的方式被认可，挤进了祀典。如上面引述的，宝山杨行镇城隍行宫，是须姓信徒自建的；罗店镇行宫，为庞姓信徒自建；刘行镇、高桥镇行宫，也都是里人自建的。在提到建造者的情况中，金山县张堰、松隐、吕巷等镇的别庙都是民众自建的。只有在金山卫（即后来的县城）的城隍庙是指挥佥事李武用官方的钱款建造的，而那是后来的县城隍庙。滨岛教授认为镇城隍庙，由民间建造，"从国家典制来看，全然违

---

① 梁蒲贵等修，朱延射等纂：光绪《宝山县志》，光绪八年（1882）刻本，学海书院藏板。

② 龚宝琦修，黄厚本纂：光绪《金山县志》，光绪四年（1878）刻本。

③ 滨岛敦俊：《镇城隍庙之出现：作为宗教交通中心之市镇》，《探寻民间诸神与信仰文化》，第168页。

法"，①此言未必。镇城隍庙地位为行宫、行祠、别庙，并不竖立镇级城隍神；事实上也未发现官府追究"僭越"的记载；府、县志书以别庙记录，就是承认其合法性。明清时期江南城镇化发展，城隍庙从县级下移到镇级，城隍老爷的灵验范围也从城里来到镇上，从信仰上反映了"府－县－镇"在信仰精神上联为一体的局面。

城隍信仰，虽属官方认定的正祀，但本来就有很强的民间性。城隍神可以视为官方和民间为信仰而相互妥协的结果，可以称之为"信仰协商"。笔者在近十年来对金泽镇的数次访问调查中，每次看到上海市区很少见到的民间小庙，都不禁发问：建造这些小庙，政府怎么会允许？如果允许，那是否有镇政府人员的参与？信徒们回答说：干部当然不喜欢下面的人自己建庙，但也不是强烈反对。因为都很熟悉，低头不见抬头见，相互不为难。我们也不过分，慢慢的也算是默许吧。翻检地方志书，信仰协商的情况在历史上经常发生。金泽镇的民众对城隍老爷非常崇拜，清代的时候，金泽一镇居然有两座城隍行宫。一是"府城隍行宫，在北沈浜，元时建；康熙三十八年，蔡重光增建寝宫"。另一是"县城隍行宫，在国字圩，康熙年间建；雍正七年重修，乾隆四十七年，里人增建寝宫"。②一镇两城隍，金泽镇的民众同时供奉府城隍神李侍问和县城隍神沈恩，这在长江三角洲地区村镇很突出。民间有信仰冲动，基层官员网开一面，设立行宫、别庙，就是一个妥协。官民之间信仰协商的方式，在处理棘手的民间宗教、新兴宗教时不失为一种良方。对官方而言，只是要把民间宗教、新兴宗教纳入正轨（正祀），

---

① 滨岛敦俊：《镇城隍庙之出现：作为宗教交通中心之市镇》，《探寻民间诸神与信仰文化》，第168页。

② 《金泽小志》，第25、26页。

加强管理；对信徒而言，坚持私祀，也只是要将自己的信仰合法化，被社会所接纳。

金泽镇府城隍行宫的恩主蔡重光，有一篇《增建府城隍行宫寝宫记》，记录了他捐建城隍寝宫的动机，从中可以看出城隍信仰在他的家族，以及金泽镇上，确实是深入人心，具有民间性。记曰："康熙戊寅仲夏，余次儿英，年十六，从本邑童子试归，染病濒危。后流毒左足，卧床两载，几成痿症，医药罔效。余素敬信威灵公府主城隍大神，虔叩祈祐。向来寝宫在正殿西偏，甚湫隘。一夕，梦大神谕：'尔将寝宫改建正厢，保汝子平安。'余即相地拓基庀材，经始于庚辰季秋。甫起工，英儿即觉左足和畅，至次日竟崛然起坐，举家惊喜，合镇称异。夫以英儿积年重症，获大神佑救于冥冥中，感应捷于影响，不特顶戴洪恩，靡有涯涘，而厥灵濯濯，真日监在兹也。工既讫，立愿嗣后寝宫修理，一应独任，兼诫后之子若孙，永远随时加葺，勿致临于坍毁漫漶。是余之一点诚心所切嘱也。因记以勒石置壁间。"[1]因为府城隍在爱子身上灵验，父亲蔡重光不但花巨资兴建寝宫，而且勒石，宣示全镇，告诫子孙，本镇城隍庙寝宫的修缮费用，全部并且永远由蔡家承担。

长江三角洲地区的城隍信仰，深入村镇一级，使得近代以来江、浙、沪的城隍信仰具有广泛的信众基础，城隍神的影响力登峰造极，几乎成为第一信仰。19、20世纪，上海城隍庙、苏州城隍庙、宁波城隍庙都是当地最大寺庙，香火最旺。城隍庙的繁荣，既有20世纪现代大都市崛起之后，市民社会迅速发育，信徒们向宗教公共空间谋取权力的表现，如上海邑庙；也有传统江南市镇延续明、清市镇化发展，在农业地区扩充信仰的例子，如

---

[1] 《金泽小志》，第25页。

金泽行宫。20世纪30年代，原上海城隍庙的香火不但维持，而且加旺，超过了佛教龙华、静安和玉佛寺；"大上海"周围郊区的市镇城隍庙也延续历来的香火，凝聚镇人的本土情怀和认同。50年代以来，"大上海"（十区十县，原属松江、苏州二府）的城隍神信徒，都到"南市"城隍庙，即原上海县邑庙烧香。原属宝山、嘉定县的江湾、大场、真如、南翔等镇都有自己的镇城隍庙（行宫、别庙、行祠），他们的城隍老爷并不是秦裕伯，也到上海去烧城隍香。80年代以后，上海流行购买城隍庙址附近店家的老庙黄金（饰品），祈求吉利，郊区、远郊区，江苏浙江各市县的顾客也纷至沓来，顺便烧香。上海的城隍神庙境远远超过了原上海县的范围，成为江南城隍信仰的总代表。上海和江浙地区城隍信仰融合和重组的现象，表明长江三角洲地区形成了一个以上海为中心的大都市圈信仰。

关帝庙：官民共奉的信仰

江南地区的关帝庙，明代初年就有设立，但未如城隍那样纳入祀典。永乐年间，关公庙被列入"京师九庙""南京十五庙"之一。但正德《松江府志·坛庙》中，仍不见有关公祭祀，[①]则明代万历之前尚未纳入本地正祀。万历年间，关公信仰兴起，明神宗朱翊钧（1563—1620）笃信神道教，各地兴建崇奉关公的武安王庙。清嘉庆《松江府志》建置·坛庙记载：（松江）"南禅寺右旧有义勇武安王庙，在县学旧射圃东，后废。"此即明代松江府城华亭县武帝庙。另外，奉贤县武帝庙初建于洪武十六年（1383）；娄县武帝庙初建于万历三十年（1602）；

---

① 正德《松江府志》，卷十五"坛庙"。

金山县武帝庙初建于洪武初年；上海县武帝庙初建于万历十三
年（1585）；南汇县武帝庙初建于永乐八年（1410）；川沙县武
帝庙初建万历三十八年（1610）。万历年间确是关公信仰普及的
高峰，清代关帝信仰则普及到基层。洪武年间在淀山湖西（今
金泽镇地方）建有一座关帝庙，属别庙。清代青浦县武帝庙建
于南门外，县境内还有别庙4座：淀山湖西、县城南门内、金泽
镇林老桥北、沈巷镇福田庵右，均在明清时期建立。[①]据调查，
金泽镇林老桥北块的关帝庙，明代建立，清代繁荣，民国时期
为镇内大庙。

关帝庙在清代受到册封，在江南民间迅速普及，呈现出官民
共奉、家家拜祭、人人遵守的局面。以苏州府城关帝庙为例，关
帝为城市社会各个阶层、地域和行业的人信仰。清人顾禄《清嘉
录·关帝生日》记载："（五月）十三日，为关帝生日，官为致祭
于周太保桥之庙。吴城五方杂处，人烟稠密，贸易之盛甲于天
下，他省商贾各建关帝祠于城西，为主客公议规条之所。栋宇壮
丽，号为会馆。十三日前已割牲、演剧，华灯万盏，拜祷维谨。
行市，则又家为祭献，鼓声爆响，街巷相闻。"[②]本地官府、外地
商贾、城内百姓都奉关帝为神明，甚至用以为"主客公议条规
之所"，作为会馆章程及公平交易的信仰基础，关公作为商界主
神——财神，也有此原因。

金泽镇、青浦县和上海地区的信徒，至今俗称关帝为"关
爷""关老爷"，松江、苏州、常州、湖州、嘉兴、杭州地区的村
镇，都有大量的关帝别庙，形成香火网络。当年的关帝庙是江南
地区香火最旺的大庙之一，现在的关公像仍被沪、苏、浙民营商

---

① 嘉庆《松江府志·建置·坛庙》，卷十七。
② 顾禄：《清嘉录·关帝生日》，第8页。

家供奉，开店必备。然而，现代政府并不支持关帝信仰，1928年南京国民政府公布的《神祠存废标准》曾将关羽和伏羲、神农、孔子、孟子并列为"先哲"，加以保存。但1949年后政府的道教协会并未正式收入关帝庙，"文革"后上海各关帝庙，包括残存在南市的大境关帝庙也未重开。没有官方的支持，关帝信仰仍到处可见，在各类道观，甚至佛教寺院中保存，可证民间信仰之活力。官方和民间，各自的信仰怎样相互影响，不是一个容易讨论的问题。民间的信仰热情，常常不是皇帝能够左右的；朝廷要灌输信仰，民间也未必认账。关帝信仰的变迁过程，可以供我们讨论这个话题。

上海县关帝庙于万历年间敕建，清雍正八年（1730）移建于县城东北豫园主人潘恩的旧宅原天主教堂。同治元年（1862），因归还天主教教产，苏松太道台吴煦又将关帝庙移建于西门内原海防厅署，[①]即今上海市黄浦区大境路259号残存之大境阁，为上海道教协会所在。大境阁建在西城，高耸巍峨，与东城丹凤楼（奉祀天后）遥相呼应，为城中两大信仰。在江南，关帝庙是少数几个能够深入到村镇一级的外来信仰。民国时期，金泽镇的关爷庙香火极旺，在林老桥北塍，是镇上少见的楼房，桥庙连体，压在桥上，巍峨异常，远处可见。居民告知本镇关帝庙是"文革"中被拆除的。20世纪90年代，镇上信徒在原址重建了关爷庙，还未得到镇政府的批准，是一座私庙，香火不错。

在南北各地的信仰中，关帝（爷）是最能贯通上下各阶层的神祇。从华北、东北到江南，从宫廷、府县到乡镇，明、清关帝信仰的一大特征，就是帝王和民众的共铸共融，是典型的

---

① 参见同治《上海县志》，卷十"祠祀·秩祀"。

官民共奉。关帝信仰呈现出公共性是一个非常明显的现象。杜赞奇（Prasenjit Duara）教授《关帝信仰：中国人的武圣》一文，从"关帝信仰与帝国"（The Guandi Myth and the Imperial State）和"民间文化中的关帝"（The Guandi Myth in Popular Culture）上、下两个角度来研究，可谓抓住要害。宗教信仰深入各阶层，中国和欧洲、近东、印度等社会并没有很大差别。"关帝灵异之著于宋代者"[①]，此说确然。宋以前的关羽庙存于民间，并不显著，之后受到朝廷册封，登堂入室，成为全国性信仰。

唐代记载荆州玉泉祠，"祠曰三郎神，三郎即关三郎"[②]。关三郎，即三国蜀将关羽（160？—220）。关羽死后葬在湖北当阳县玉泉山，称"玉泉祠"。[③]佛教把关公列为护法，道教将之收为天将之前，关羽一直列在祠祀，被血祭，属于坚持人鬼、魂魄信仰的儒教。但是，民间的关圣是个作恶多端、令人致病的邪神，称为"关妖"。唐代孙光宪《北梦琐语》记载："唐咸通乱离后，坊巷讹言关三郎鬼兵入城，家家恐悚，罹其患者，令人寒热战慄，亦无大苦。……关妖之说正谓是也。"[④]关羽被祀为厉鬼、邪神、妖怪，与他死后身首异处的传说有关。传说关羽死后，孙权在当阳埋了他的尸体，割下了首级，送到洛阳，被曹操厚葬。民间流传关羽"头枕洛阳（河南），身卧当阳（湖北），魂归解州

---

① 俞樾：《茶香室丛钞》，卷十五"关三郎"，北京，中华书局，1995年，第332页。

② 范摅：《云溪友议》，上卷，民国（1930）嘉业堂刻本，第18页。

③ Prasenjit Duara, "Prescribing Symbols, The Myth of Guandi, Chinese God of War", *The Journal of Asian Studies*, Vol. 47. No. 4 (Nov. 1988) 一文认为，第一座关羽庙建于713年（P. 781），不知何据。禄是道《中国民间崇拜·中国众神》第43页"神话的过程"有历代关羽封号的考证，可参考。

④ 孙光宪：《北梦琐言》，卷十一，北京，中华书局，2002年，第244页。

(山西)"。[①] 按汉族人的信仰习惯，身首异处，魂不附体，冤屈而死的亡灵，一定是凶猛报复的厉鬼，必在人间作祟。

儒教持道德主义立场，并不允许祀奉邪神。皇帝赐额、儒家制典的时候必定会排除其淫祀因素。关羽被祀典册封，就是一个由邪而正的"圣化"过程，成为一位公正廉明的"关圣"，这样的故事发生在宋代。清代江南学者钱曾（1629—1701，江苏常熟人）读到道教张天师42世传人冲虚子所作《汉天师世家》一书，叙述第30世天师张继先降伏关羽，为道教所用的故事。钱曾著《读书敏求记》称："宋崇宁二年（1103），投符解州盐池，磔蛟死水裔。上问：'用何将？'随召关羽，见于殿左。上惊，掷崇宁钱与之，曰：'以此封汝'，世因祀为'崇宁真君'。"[②] 真宗（赵恒，968—1022）和徽宗（赵佶，1082—1135），是北宋两个笃信道教的皇帝。徽宗时，龙虎山道教天师张继先用投符（焚符篆投之于水）治水，又用召将（念咒语祈之于鬼）之法呼唤来了关羽。宋徽宗震惊不已，慌乱中急掷崇宁钱，可见关羽在宫中仍带着邪气。封为"崇宁真君"以后，关羽纳入祀典，成为正神。中国民间神祇的册封和西方教会的封圣（Canonization）过程迥异，宗教学上的功能却有相似，可作比较。

宋真宗大中祥符年间敕修关圣庙。敕修的地点，一在关羽家乡山西解州城西门外，真宗敕修，称关圣，见于《解州志》；一在关羽死地湖北当阳玉泉山麓，哲宗敕修，额"显烈王"，见于《宋史·哲宗本纪》。可见宋代册封关圣，真宗时代

---

① 《三国志·蜀书·关羽传》中没有关羽死后身首异处的记录，只说孙权"斩羽及子平于临沮"。罗贯中《三国演义》第七十七回《玉泉山关公显圣，洛阳城曹操感神》中出现了孙权"遣使者以木匣盛关公首级，星夜送与曹操"的情节。同一回，还描写了当阳玉泉山和尚普净晚上听闻关羽灵魂大呼"还我头来"的惊悚，关羽为厉鬼的说法，经《三国演义》传播。

② 钱曾：《读书敏求记》，北京，书目文献出版社，第52页。

已经开始。有宋一代，关羽不断显灵，且多以正神面目出现，致日后有"功昭日月，德配山河"的声名。关羽的神性由邪转正过程，与其地位从民到官过程相当。在这个过程中，"官方并不能（在大多数场合根本就不谋求）去除神祇的民间版本。不如这样说：官方在建立它对神祇的统摄力时，不过就是勾勒一个象征性的权力"①。道教龙虎山张天师帮助真宗、徽宗收伏关羽为义勇武安王、崇宁至道真君，聘请天将辅助宋朝。宋朝官方借用关羽在民间信仰中的法力，因势利导，并没有改变它很多的属性。

明朝重建关羽信仰，洪武二十八年（1395），南京鸡鸣山建关羽庙；永乐年间，北京始建关羽庙，"岁五月十三日（诞辰），祭以太牢、果品、五帛，一遣太常寺官致祭，国有大事则告"。②南京、北京都城设庙的做法表明，"关圣"是王朝册封的官方信仰，与尊汉的种族认同有关。朱元璋册封武安王，序列文昌之后，城隍之前，与明初力图强化汉人信仰，找回汉族认同有关。朱元璋《北伐檄文》中有"驱除胡虏，恢复中华"的宣誓。忠诚于刘汉的关羽传说有利于树立明朝的汉族认同。还有，明代流行于街巷坊间的话本《三国演义》，既是民间关羽信仰的表达，也是朝廷推广关公信仰的佐助。万历二十二年（1594），关羽的封号从王升为帝，为"伏魔大帝""协天护国忠义大帝"。明代姚宗仪（万历年间常熟人）有概括："荆州牧前将军，其本号也；汉寿亭侯，其加封也；壮缪侯，唐封号也；宋真宗封义勇武安王，则王之矣；徽宗加封崇宁至道真君，则神之矣。今上（万历）尊为协天大帝，又敕三界伏魔大帝、神威远震天尊、关圣帝

① Prasenjet Duara, *Prescribing Symbols*, P. 783.

② 王圻：《续文献通考》，卷七十九"群祀考·杂祠淫祠"，文渊阁四库全书本。

君，兼赐冕旒玉带，至尊无上也。"①作为官民共奉的关帝庙，从"关羽""关侯""关公""关王""关圣"持续了1350年，达到了"关帝"，完成了圣化的全过程。

官民共奉之外，关帝在清代还成为满汉同尊的信仰。比较特别的是，明初作为恢复中华正统标志的汉族关王信仰，在清初却成为满洲人极力推广的信仰。这固然和清承明制的继承政策有关，更和满族人早在关外时就接受了关王信仰、作为满族神祇来供奉直接有关。清初，关帝是一个大中华信仰，"关壮缪之祠至遍于天下，封为帝君"。②按清末的统计，"每一个州府县城都有关帝庙，总共有约一千六百个官方庙宇"。③关帝庙设置不止于县城，还深入村镇，遍布民间。赵翼注意到"今且南极岭表，北极寒垣，凡儿童妇女，无有不震其威灵者。香火之盛，将与天地同不朽"。④

关帝信仰的普及和清朝极力推广有关。康熙简放理学名臣汤斌任江苏巡抚，隳五圣庙，就地改造为关帝庙，已见前揭，此不赘述。然而，汉人的关帝为何为清朝满族人尊奉，这是另一个值得注意的现象。清朝在入关之前，归信了汉族神祇关公，称为"关玛法"（满语"关祖"）。在满族人的堂子祭祀中，把关帝和爱新觉罗祖先、观音等神一起祭祀，同称天神。"顺治元年（1644），定祭关帝之礼；九年（1652），敕封忠义神武关圣大帝。"乾隆三十三年（1768）"加封关帝为忠义神武灵佑关圣大

① 姚福均：《铸鼎余闻》卷二引姚宗仪《常熟私志》，台北，学生书局，1989年，第127页。

② 《日知录集释》，第1075页。

③ Henri Doré, S. J., *Researches into Chinese Superstitions*，中译本见禄是遒著，王定安译，李天纲审校：《中国民间崇拜·中国众神》，第45页。

④ 赵翼：《陔余丛考》，"关壮缪"，第756页。

帝"。①咸丰二年（1852）、三年（1853），封"护国""保民"四字，至此，其武圣之地位与文圣孔子并列。与此同时，海外反清复明团体天地会也奉关公为圣人，在香堂上行桃园三结义，取"虽不能同年同月同日生，但愿同年同月同日死"②的复汉义气。这个现象，并不能用当代"民族-国家"的宗教认同来解释。前现代时期，同一个神祇可以为不同族群信仰，不仅满族，日本、朝鲜、越南等儒教社会，也曾经供奉关帝和孔子，武文并称。这种交叉信仰（Overlap Believing）的现象表明，宗教信仰本身并不天然具有民族性，可以为不同人群共享。

关帝信仰还有一个特征，便是儒、道、佛"三教共举"。儒、道、佛教史志中，都有事迹兼涉关羽。章武元年（221）建关羽祠，乡人敬祀关公，此见于《历代神仙通鉴》；景耀三年（260），关羽受封为"壮缪侯"，列为祠祀，享有血祭。至清朝，武庙（关圣）与文庙（孔圣）并列，关羽信仰固然属于儒教祠祀。宋代，道教天师张继先帮助徽宗收伏了关公的鬼魂，化厉为良，为龙虎山天将，是崇宁真君（1103），纳入道教。至于佛教，陈隋高僧智颛（538—597）在当阳玉泉寺用关羽之灵永护佛法，见于宋张商英《重建关圣帝庙记》《续高僧传·智颛传》。唐代高僧神秀（约606—706）在当阳玉泉山建寺，借关羽为本寺伽蓝，见于《历代神仙通鉴》，则关公早就是佛教护法。"关帝""武帝""关夫子"是儒教祠祀系统的名称；同时，佛教引为"伽蓝"（护法），道教唤为"真君"，儒、道、佛三教共享了一个源于民间信仰的神祇——关羽。

在"官民共奉""满汉同尊"和"三教共举"的局面下，关

---

① 均见于《清朝文献通考·群祀考（上）》。
② 刘联珂：《帮会三百年革命史》，台北，古亭书屋，1975年，第2页。

帝的神通越来越大，神谱越扩越广，不分阶层、地域和职业，是全民神。关公神武，他保佑军队战无不胜；关公忠义，是清王朝认同的象征；关公的红脸塑像供在会馆、行会，是商界裁断事务的义秤；到了清代，关公小像被商人分身带回家家户户，成为更流行的财神爷，有取代赵公明的趋势；不可思议的是，由于清代尊奉关帝极崇，以至于出现了入京江南举子不拜文庙拜武庙，并且屡屡灵验、每每及第的传说。朱维铮（1936—2012，江苏无锡人）先生在《走出中世纪》中曾指出：关公称帝，"地位赛过孔子，而且香火也远胜于孔子"，"有些官迷心窍的儒生，怎么不会弃文拜武呢？"①清钱泳（1759—1844，江苏无锡人）《履园丛话》卷十三"科第·求签"连续记载了康熙丙戌（1706）科状元王云锦（1657—1727，无锡人）、乾隆癸丑（1793）科进士酆云倬、嘉庆甲子（1804）科举人蒋景曾（长洲人）、道光壬午（1822）科进士毛养梧因在关帝庙求签而灵验并及第的故事，可证清代江南儒生信关帝之虔诚。如此说来，关帝信仰还有一个文武通吃的特征。清朝关帝为全民共尊，最具公共性，比至圣先师孔子更能表率中国人的信仰。

---

① 朱维铮：《走出中世纪》，上海，上海人民出版社，1987年，第121页。

第三章　祀典：民间宗教与儒教

周孔之教与孔孟之道

　　早期儒家保持尊周传统，即孔子"郁郁乎文哉，吾从周"的说法，把儒学的渊源追溯到西周。秦始皇的"焚坑"暴行，使周代礼仪制度在汉初几乎失传。然而，汉初今文经学家大量著述，恢复经学，光复周孔之旧；另一部分擅长考古的古文经学家，发掘、整理出一批批周代古经。至汉代末年，今、古文经融合，铸为一体，以周代之名，传之后世。汉、唐儒家所谓"周孔之教"，均以五经为基础，展开各种各样的诠释。换一句话说：秦火以后的儒家谈论华夏制度，必须经过汉代经学家的整理和解释，才能上达"周孔"。五经时代的儒教和四书时代的儒学有很大不同。[①]从这一转承关键来看，有关汉代制度的学问（"经学""汉学"）的重要性是毋庸置疑的。这也是元代以后中原之民常自称为"汉人"，而明代制度又以"恢复中华"为目的，清代学者更以"复汉"为号召的原因。

---

　　① 儒学从五经之学向四书之学转变，其论述可参见朱维铮编《周予同经学史论著选集（增订本）》（上海，上海人民出版社，1996年），以及朱维铮《中国经学史十讲》（上海，复旦大学出版社，2002年）中的论述。

明末清初，恢复汉代古学倾向的汉学、经学、考据学已经成型，[①] 采纳江南学者部分观点编写的《明史》，推崇的是汉代礼制："《周官》、《仪礼》尚已，然书缺简脱，因革莫详。自汉史作《礼志》，后皆因之，一代之制，始灿然可考。欧阳氏云：'三代以下，治出于二，而《礼》、《乐》为虚名。'要其用之郊庙朝廷，下至闾里州党者，未尝无可观也。惟能修明讲贯，以实意行乎其间，则格上下、感鬼神，教化之成即在是矣，安见后世之礼，必不可上追三代哉？"[②] 《明史·礼志》序言有三层意思值得注意：(1)"周礼"残缺不可考，后代的礼制，应该以《史记》《汉书》中的"汉礼"为效法；(2) 六经中用作祭祀的《礼》《乐》，为经典文字，沦为"虚名"，而实际信仰的恢复，要靠上至朝廷、下至闾里的祭祀系统来传承；(3) 从以上两点引申：恰当而符合正统的祭祀礼仪，形成"教化"，"格上下，感鬼神"，可以合乎三代的宗教和信仰。

儒教与三代制度有着宗教性的关联。据《汉书·诸子略》："儒家者流，盖出于司徒之官，助人君顺阴阳，明教化者也。""顺阴阳，明教化"，则儒家在周代确乎是一种和宗教相关的职守。清代学者反对宋学心性式空论，强调典章制度的重要性，以为对六经的正确理解和恰当的鬼神祭祀，能够强化天人联系，同时更合乎经义。凌廷堪（1755—1809，安徽歙县人）在评

---

① 明中叶以后，在"王学"之外已经兴起考据学，此论点已经数位学者证实，论述充分者参见林庆彰：《明代考据学研究》（台北，学生书局，1983年）。

② 张廷玉等纂：《明史·礼志·吉礼》，上海，上海古籍出版社、上海书店出版社影印本，1986年，第132页一。所引欧阳修文，见于《新唐书·礼乐志》卷首语："由三代而上，治出于一，而礼乐达于天下；由三代而下，治出于二，而礼乐为虚名。古者，宫室车舆以为居，衣裳冕弁以为服，尊爵俎豆以为器，金石丝竹以为乐，以适郊庙，以临朝廷，以事神而治民。"（上海，上海古籍出版社、上海书店出版社影印本，1986年，第37页二）

价戴震（1723—1777，安徽休宁人）学说时说："自宋以来，儒者多剽窃释氏之言之精者，以说吾圣人之遗经。其所谓学，不求之于经，但求诸于理；不求诸于故训典章制度，但求诸于心。……先生（戴震）则谓：'义理不可舍经而空凭胸臆，必求之故训。故训明则古经明，古经明则贤人、圣人之义理明，而我心之同然者乃因之而明。理义非他，存乎典章制度者也。'"①按凌廷堪的理解，典章制度中的宗教性（例如天地祭祀）应该认真恪守："祭天燔柴，祭山丘陵升，本乎天者亲上也；祭川沈，祭地瘗，本乎地者亲下也。"除了朝廷的郊祀之外，凌廷堪认为民间俗祠也符合祀典，见于《周语》《楚辞》，完全可以祭祀，"并不主张捣毁这些民间俗祀"②。

古代祭祀素称"感鬼神"，是一种宗教性的信仰，和历代的祭祀精神一致。六经，尤其是六经中的"三礼"（《仪礼》《礼记》《周礼》）记载了古代社会的祭祀制度，是为宗教历史文献。清代学者提出"六经皆史"说法，是要用经学来贯穿古今信仰生活。章学诚（1738—1801，浙江绍兴人）《文史通义·易教》认为："六经皆史也，古人不著书，古人未尝离事而言理，六经皆先王之政典也。或曰：《书》、《诗》、《礼》、《乐》、《春秋》，则既闻命矣。《易》以道阴阳……"③六经为古代政典，是关于祭祀的"命"

---

① 凌廷堪：《校礼堂文集·戴东原先生事略状》，北京，中华书局，1998年，第312页。

② 张寿安：《以礼代理：凌廷堪与清中叶儒学思想之转变》，台北，"中央研究院"近代史所，1994年，第15页。凌廷堪《校礼堂诗集·望齐云岩真武殿作歌》："能捍大灾御大患，祀典讵曰非功勋？我闻民在即神生，从古立社缘成群。前者为柱后为稷，递相配位祈耕耘。周语但纪内史过，楚辞亦载云中君。乃知神亦有显晦，宁独城阳蒋子文。陋儒攘袂诋淫祀，不知变通空斤斤。"凌廷堪本诗转见张寿安书引，其为"淫祀"辩护，认为合于《国语·周语》《楚辞》，竟而斥反淫祀者为"陋儒"，可见其观点鲜明。

③ 章学诚：《文史通义·易教上》，北京，中华书局，1994年，第1页。

书。换句话说，章学诚认为：通过研读六经，古今之间可以建立信仰上的联系，如用《易经》来探知阴阳……完成精神上的沟通。

夏曾佑（1863—1924，浙江杭州人）在《中国古代史》（原名《中国历史教科书》，1902 年）中认为：儒学传统奠定在三代，"读上古之史，则见至高深之理想，如大《易》然；至完密之政治，如《周礼》然；至纯粹之伦理，如孔教然"①。夏曾佑继承清代经学的观点，认定儒家渊源始于周代，儒学的"周代起源说"一直为学界奉行；当代学者张光直、苏秉琦、许倬云等按考古学、人类学成果，认定中国人的信仰传统，还可以上推至商代；近年以来，中国大陆各学科学者做夏商周断代工程，提出"走出疑古时代"，同样也含有上探中华文明之源至夏代的蕴意。中国学者，延及西方的中国学家，大多因袭以宋明理学（新儒家）来解释中国文化的做法，注重"心性论"。新儒家的思路和方法，长于诠释儒家人文主义。但是，这个诠释的致命弱点是对儒教经典内外的礼仪、崇拜、信仰等宗教生活内容难有说服力，只能以"迷信"为由，加以回避。

用宗教经验来理解中国古代文化，本属自然。夏曾佑、章太炎在民国初年曾提倡融汇古今中外各门学科（如人类学、社会学和宗教学）的综合研究方法，可惜没有得到"五四"学者的呼应。法国学者葛兰言（Marcel Granet, 1884—1940，又译格拉耐）好奇古代宗教与当时中原、西南和东南亚地区民间宗教生活之间的联系，选择《诗经·国风》来研究中国人的宗教生活，有《中国古代的祭祀与歌谣》一书。葛兰言是法国宗教社会学家涂尔干（又译迪尔克姆）和汉学家沙畹的学生，他从西

---

① 夏曾佑：《中国古代史》，台北，商务印书馆，1994 年，第 6 页。

学进入汉学（Sinology），乃至国学，其宗教学取向的方法颇能启发。他研究"国风"，还没有扩展到《诗经》和整个六经，但也已经表明："通过适当的古代事实，来证明现存的事实在过去也是真实的，这是一种好方法。"[1]葛兰言之外，西方汉学家中还有卢公明、高延、禄是遒、戴遂良、沙畹等人，都采用了和清末学者类似的方法，即用经典文献、民间调查，结合人类学、社会学、宗教学的理论，来解释中国宗教现象。

中国后世流传的宗教性祀典，都把周代制度推为滥觞，并在"周孔之教"中获得合法性。但是，周代文化的"宗教性"，却为近代学者质疑。自从王国维在《殷周制度论》（1917年）中提出"殷周之变"（"中国政治与文化之变革，莫剧于殷周之际"[2]）之后，学者在涉及殷周宗教时，一直试图用非宗教和无神论的观点来区别殷、周信仰之不同，在古代中国文化中寻找一种理性主义。这一条唯物史观的思路，并非《殷周制度论》的原意，而是五四运动以后哲学界、思想界后进们的提倡。王国维和其他甲骨学者一直都在研究周代宗教的信仰特征，现代学者则把周代信仰定义为"人文主义"，甚而称为"辩证法和唯物主义思想的萌芽"。[3]王国维从周代800年的制度变迁，分理出诸多"殷周之变"，这固然是成立的。但是，将"殷周之变"夸大为人文主义

---

① 格拉耐著，张铭远译：《中国古代的祭祀与歌谣》，上海，上海文艺出版社，1989年，第4页。

② 王国维：《殷周制度论》，《观堂集林》（二），北京，中华书局，1959年，第451页。

③ 任继愈的《中国哲学史》（第一册，北京，人民出版社，1979年）中有"第二章：商周时期唯物主义萌芽，第一节：商周之际宗教神学体系下的辩证法和唯物主义思想萌芽——《易经》和《洪范》的思想"（第15页）。作者认为："这些无神论唯物主义思想，是对为奴隶主服务的'天'（上帝）决定一切的宗教迷信的破坏。"（第26页）如此推论，"商周之际"的周代祭祀，便具有了空前的"革命性"。

的思想革命，则否定了孔子本人的判断："周因于殷礼，所损益可知也。"孔子认为商周之间的制度具有继承性，这个看法为当代考古学所证明。

"殷周之变"固然是《尚书·牧誓》中明文记载，又在《礼记》《周礼》中不断诠释的事件。但是，就商、周两代的宗教信仰而言，"殷周之变"确乎是一个被汉代经学家和当代哲学家夸大了的"革命"。孔子在《论语·八佾》固然说过"周监于二代，郁郁乎文哉，吾从周"，有鉴于夏、商二代的弊端，周代祭祀做了改革。古文经学家推崇周公的"制礼作乐"，今文经学家抬高孔子的"删定六经"，树立了一种"周孔之教"。但是，经学家"重文轻质"的周代价值观并未隔断夏、商、周之间的联系，三代是一个连续的文化传统。事实上，商代与周代在宗教上的延续性，大于革命性。上海博物馆青铜器馆陈列的祭器，就饕餮纹而言，"商代晚期"和"周代早期"之间并无大的分别；20世纪80年代，学者对西周甲骨卜辞的研究表明：周原占卜和殷墟占卜是同一个系统，在时间上既重叠，又延续。[①]

当代考古学、甲骨学的诸多研究表明："殷周之变"是一个缓慢而渐进的过程，在信仰上尤其如此。日本学者岛邦男（1908—1977）在总结王国维（观堂）、罗振玉（雪堂）、董作宾（彦堂）、郭沫若（鼎堂）、胡厚宣、陈梦家等学者的发现后，其见解以为：周代祠祀强调的"五祀"（天帝、自然、山川、祖先、土地等五种祭祀），本来就是在商代后期建立的。岛邦男引用陈梦家《商代庙号考》中的结论"（商王）武丁时，周祭（五种祀典）制度还没有成立"，也同意董作宾《殷历谱》中对商代"新

---

① 参见王宇信：《西周甲骨探论》，北京，中国社会科学出版社，1984年。

派"占卜的看法"五种之祀典，创自祖甲"①。他引申的结论就是："卜辞的口祭，就是周代的禘祀。卜辞的'口'，在周初写作'啻'，至后世写作'禘'，殷人把尊严其父的祭祀称作'口'（下略）"②如此看来，后世儒家以周孔之名惯称的祠祀体系，其渊源实在于商代后期。

夏、商、周宗教之间的延续性显而易见，此即孔子在《论语·为政》"十世可知"命题中解释的："殷因于夏礼，所损益可知也；周因于殷礼，所损益可知也。"不但周代的"五祀"体系创自殷人，祭祀中的用牲和血祭也是商、周宗教一脉相承的重要特征。周代宗教的血祭特征，一直保留到今天，民间宗教仍坚持使用。我们在记录周代宗教生活的作品中，看到很多血祭的例子，据说都是从夏、商建制而来的。《礼记·郊特牲》记载，在一般牺牲的供品之上，还要加上当场取出鲜活的动物内脏，以加强"血气"。（"血祭，盛气也。祭肺肝心，贵气主也。"）按孔颖达的解释，血祭时添加动物内脏的礼仪，"周祭肺，殷祭肝，夏祭心"③，差别只是器官之不同。另外，三代祭祀时的章服之别，也是一种继承关系，"委貌，周道也；章甫，殷道也；毋追，夏后氏之道也"④。可见夏、商、周祭礼之间的因革关系。郭沫若在其早年的甲骨文研究中，注意到商代祭祀大量用牲，"卜辞用牲，一时有用至三百、四百者"。开始他以为这是商代"破天荒之滥用"。后来在《逸周书·世俘解》中查到周代用牲也很厉害，有"用牛于天于稷五百有四"；还

---

① 岛邦男著，濮茅左、顾伟良译：《殷墟卜辞研究》，上海，上海古籍出版社，2006年，第190页。

② 同上书，第342页。

③ 孔颖达：《礼记正义》，北京，中华书局《十三经注疏》影印本，1980年，第1457页中。

④ 同上书，第1455页下。

有"用小牲羊豕于百神水土社二千七百有一"[①]。这表明他说的商、周之际"宗教思想的动摇"，并由此而"奴隶制向封建制推移"[②]的结论并不牢靠。商、周卜辞的研究表明，汉代经学家树立的"周孔之教"，其实是一种基础广泛、来源更早且一脉相承的宗教信仰。

"周孔之教"在秦、汉之际有一次厄运，就是历代儒者叹为悲剧的焚书坑儒事件。"焚坑"之后，书册狼藉，六经危殆，儒家星散，礼崩乐坏。但是，就民间宗教信仰生活来观察，秦、汉之际的祭祀方式并无本质上的改变，商、周以来在甲骨卜辞和五经文献中都可以看见的天帝、自然、山川、祖先和土地的五祀传统仍在延续。司马迁在《史记·封禅书》中认为：《舜典》奠定了中国的祭祀传统，"类于上帝，禋于六宗，望山川，遍群神"，祀典由此而兴。此后的帝王，遵之则家国昌盛，违之则必遭讨伐，直到"帝纣淫乱，武王伐之"。周代隆兴，并非如近代中国哲学史叙述的"信仰革命"，而是完善了舜以来的祀典，建郊立社。"《周官》曰：冬日至，祀天于南郊，迎长日之至；夏日至，祭地祇。皆用乐舞，而神乃可得而礼也。天子祭天下名山大川，五岳视三公，四渎视诸侯，诸侯祭其疆内名山大川。四渎者，江河淮济也。"[③]我们还不知道《周官》的郊社体系，多大程度上在周土范围之内系统地实行过，[④]但

---

① 均见于郭沫若：《古代用牲之最高纪录》，《中国古代社会研究》附录，北京，人民出版社，1964年，第269页。

② 郭沫若：《中国古代社会研究》，北京，人民出版社，1964年，第123页。

③ 司马迁：《史记·封禅书》，上海，上海古籍出版社，上海书店出版社影印本，1986年，第934页七。

④ 按四库馆臣引用郑樵、孙处之的说法："周公居摄六年之后，书成归丰，而实未尝行。盖周公之为《周礼》，亦犹唐之显庆《开元礼》，预为之以待他日之用。"（《周礼注疏提要》，阮元编：《十三经注疏》，北京，中华书局，1979年，第631页）如此则《周礼》并不是一部真正实行的祀典，而是乌托邦式的理想。

我们看到经过经学家的传承，在汉代成为一套实践着的宗教法典。

从商周信仰到秦汉宗教之间的延续性，有一个重要例证，就是秦皇、汉武都非常热衷的"封禅"祭祀。顾炎武厌恶"焚坑"，但他认为秦政并非毁灭一切，说："汉兴以来，承用秦法以至今日者多矣。世之儒者言及于秦，即以为亡国之法，亦未之深考乎？"[①]深考一下，可以看到秦代宗教没有跳出古礼，即使是它热衷的齐国"八神"，也是古代传统。有人误以为封禅是周代祀典之外的信仰，其实"八神将自古而有之"，"一曰天主，祠天齐，天齐渊水，居临淄南郊山下者；二曰地主，祠泰山梁父，盖天好阴，祠之必于高山之下，小山之上，命曰'畤'，地贵阳，祭之必于泽中圜丘云；三曰兵主，祠蚩尤，蚩尤在东平陆监乡，齐之西境也；四曰阴主，祠三山；五曰阳主，祠之罘；六曰月主，祠之莱山，皆在齐北，并勃海；七曰日主，祠成山，成山斗入海，最居齐东北隅，以迎日出云；八曰四时主，祠琅邪，琅邪在齐东方，盖岁之所始"。秦始皇受齐、鲁儒生影响，迷恋东方宗教，一时登临的方川，如临淄、泰山、东平、三山、芝罘、莱山、成山、琅琊等，均属于齐国地方信仰，而泰山封禅先已被纳入传统体系。就"八神"的神谱和性质而言，齐国的封禅祀典，是一个缩微版的周代礼制，同是以天地、阴阳、日月、四时为崇拜对象的祭祀，大约就是"礼崩乐坏"之后，齐国诸侯对西周祀典的模仿。

秦始皇、汉武帝迷恋于滨海方术中特有的"仙论"和"鬼论"，祈求长生不老，备受批评。然而，他们热衷的东土封禅和西周郊祀确有不同，但也并非就是异端，这种信仰方式在华

---

①　顾炎武著，黄汝成集释：《日知录集释》，长沙，岳麓书社，1994年，第469页。

夏民族的信仰中古已有之。①秦汉的方术和儒家到底是怎样的关系？后世学者为了纯洁儒家，清理门户，一般都把由帝王主导、包含着"仙论""鬼论"的封禅活动划入迷信，归为道家和道教。其实，当时的儒、道何尝相分，后世所谓"道教"更还没有形成，而方术原是秦、汉儒家的看家本领，与"治国平天下"之术并用。当年秦始皇喜欢儒生的时候，"悉召文学方术士甚众，欲以兴太平，方士欲练以求奇药"②。"兴太平"和"求奇药"，是秦汉儒生同时担当的两项职能，一为政治，一为宗教。清末学者夏曾佑说："礼家封禅、申公、公玉带之伦，未能定其为儒生为方士，更无论焉。盖汉儒之与方士，不可分矣。"③

封禅兼有西周祠祀和齐东求仙两个传统的信仰。齐国方术在战国时受到鲁国儒家的影响，反之亦然。推动秦初封禅的正是齐国、鲁国的方术化了的儒家。始皇帝三年（前219）秦始皇东巡，"征从齐、鲁之儒生、博士七十人，至乎泰山下"，主持封禅大典。儒生搭架子，劝秦始皇尊重当地古礼，"古者封禅为蒲车"，把车轮用蒲草包裹起来，以免惊动泰山上"土石草木"，封禅不灵。秦始皇觉得此说"乖异"，"由此绌儒生"，撇下了儒生，自己上山。蹊跷的是他果然遇到了麻烦，"封事之礼"结束后，"风雨暴至，休于树下"④，只能在"五大夫"树下狼狈躲雨。齐、

---

① 顾炎武在《日知录》中有重要论断："三代以上无仙论"，"元、成以上无鬼论"，"考泰山之故，仙论起于周末，鬼论起丁汉末"（《日知录集释》，第1079页）。这个结论在其论及的《左传》《国语》《史记》《汉书》中是成立的。但是，这并不意味着"仙论""鬼论"只是在秦、汉时期才发生的信仰行为。甲骨文、金文卜辞和考古研究证明，周代史册并未完整记录吴、越、楚、齐悠久的信仰传统，而神、鬼祭祀早在夏、商时代的遗址和遗物中就已呈现。

② 《史记·秦始皇本纪》，第31页二。
③ 夏曾佑：《中国古代史》，第337页。
④ 《史记·秦始皇本纪》，第29页四。

鲁儒生幸灾乐祸，"闻始皇遇风雨，则讥之"[1]。始皇帝大光其火，坑儒恶念或许就此升起。近世学者揭示"焚坑"之祸的缘起，大都归于博士淳于越在秦王政三十四年（前213）主张分封诸侯，被李斯斥为"不师今而学古，以非当世，惑乱黔首"。其实，儒家就分封制在廷前辩论的失败，结局只是焚书——"天下敢有藏《诗》、《书》、百家语者，悉诣守、尉杂烧之"。导致坑儒灾难的是第二年发生的另一次宗教性事件。方士侯生、卢生在耗费巨资，"终不得药"之后，畏罪潜逃。潜逃之后，还在民间骂秦始皇刚戾自用，"贪于权势至如此，未可为求仙药"。于是，秦始皇"使御史悉案问诸生，诸生传相告引，乃自除犯禁者四百六十余人，皆坑之咸阳"[2]。顾颉刚先生曾指出："焚坑"是两件不同的事情，[3]"焚"为政治，"坑"因宗教，儒生、方士和始皇帝之间的复杂关系，纠结如此。

秦代一统之后，曾邀请鲁国、齐国儒生参政，设立七十博士，传授六经和"百家语"，以通古今。秦始皇焚书坑儒之后，方术化儒家的影响并未消失，汉初宫廷内仍然依靠儒生传授古学，鲁国讲阴阳、五行、五德的公孙臣在文帝时被拜为博士，主持祠祀。封禅祭祀则在武帝时再次盛行，按《史记·封禅书》《汉书·郊祀志》的记载，在汉武帝封禅活动的推动下，祠祀制度得到再一次的改造。"上念诸儒及方士言封禅人人殊，不经，难施行"[4]，便自己动手加以修订，重新厘定祀典。我们可以认为：汉武帝以秦、汉封禅和泰一为中心，结合郊祀、祠祭、明

---

[1]　《史记·封禅书》，第173页四。

[2]　《史记·秦始皇本纪》，第31页二。

[3]　顾颉刚《秦汉的方士与儒生》："焚书是初统一时的政治使命，坑儒则不过始皇个人的发脾气而已。"（上海，上海古籍出版社，2005年，第10页）

[4]　《史记·封禅书》，第176页四。

堂等典章制度，初步建立了一个统一王朝的祭祀体系。[①]这一体系为西汉"石渠阁会议"、东汉"白虎观会议"的祀典奠定基础。汉代的祀典更新运动是儒家思想更新的制度基础，前者是本，后者是末。司马迁随汉武帝在长安和各地封禅，见证了一个庞大祀典的诞生，赞曰："古今盛典，皇王能事。登封报天，降禅除地。飞英腾实，金泥石记。汉承遗绪，斯道不坠。仙闾肃然，扬休勒志。"[②]

汉武帝时代的儒家，吸取了焚书坑儒的教训，隐藏了自己的政治主张，更多地发挥神秘主义特长。他们借汉武帝"尤好鬼神之祀"机会，进封禅、郊祀之礼，还用仙道来顶替"黄老之术"，登帝王魏阙。不过，赵绾、王臧等人在汉武帝初年的活动，为窦太后设计挫败，且身败名裂。武帝元年，"汉兴已六十余岁矣，天下艾安，缙绅之属皆望天子封禅，改正度也。而上乡儒术，招贤良，赵绾、王臧等以文学为公卿，欲议古立明堂城南，以朝诸侯。草巡狩、封禅、改历、服色事未就，会窦太后治黄老言，不好儒术，使人微伺得赵绾等奸利事，召案绾、臧。绾、臧自杀，诸所兴为皆废"。窦太后死后，公孙弘以礼仪进，李少君用却老方进，谬忌以祠泰进，少翁以神鬼方进，汉武帝都相信。李少君"以祠灶、谷道、却老方见上，上尊之"[③]。汉武帝"独尊儒术"，这种儒术无论在民间，在宫廷，都包含着

① 汉代祀典对周代礼制的改造，参见顾颉刚：《秦汉的方士与儒生》，第十八章"祀典的改定与月令的实行"（上海，上海古籍出版社，2005年，第82—87页）。顾颉刚先生主张"疑古"，他认为周代祀典并未真正执行，"秦以前的国家宗教是很简单的"，《月令》中的"明堂"制度，甚至是秦代儒生的伪造。20世纪的商、周考古学发现，证明文献中的商、周历史相当可靠。顾先生的今文经学"疑古派"观点有问题，李学勤先生近年来提出"走出疑古时代"值得重视。

② 《史记·封禅书》，第177页二。

③ 班固：《汉书·郊祀志》，上海，上海古籍出版社、上海书店出版社影印本，1986年，第120页四。

政治和宗教两种含义。

汉、唐奉行的"周孔之教"，与宋、元、明流行的"孔孟之道"，是中国文化传承中的两种路径，虽并行不悖，却分别很大。前者强调以祀典祭祀为特征的宗教生活，后者则注重以心性论为表率的伦理境界；前者提倡实践实行，后者被认为是"玄之又玄"的空谈；前者能及于基层民众，后者则常常局限于士大夫人群。章学诚不同意孟子"孔子之谓集大成"①的说法，以为集大成者乃是周公。"隋唐以前，学校并祀周、孔，以周公为先圣，孔子谓先师，盖言制作之为圣，而立教之为师。"章学诚辨析周公（"圣"）的地位高于孔子（"师"），主张"欲知道者，必先知周、孔之所以为周、孔"②。"周孔之教"的观点，与"孔孟之道"的说法有重大交锋。③

周、孔之学脉，在汉、唐两朝列为儒学正统。"周"为周公，儒家以"制礼作乐""辅佐文王"的功绩归之，为周代制度的奠基者，孔子则是周代学说的传授者。唐武德二年（619），唐高祖李渊（566—635）"始诏国子学立周公、孔子庙；七年，高祖释奠焉，以周公为先圣，孔子配"。李渊以周公为"先圣"，孔子为"先贤"，用孔子配祭周公，儒教祭祀以周公为主，孔子为辅。唐太宗（599—649）执政后，亲政勤政，不喜欢辅政的

---

① 语出《孟子·万章下》。孟子的原意，谓孔子集"三圣"，即伯夷之"清"，伊尹之"任"，柳下惠之"和"为"大成"。但孟子以为孔子是"圣之时者也"，即"时代之英雄"，所谓集大成，是集时代之大成，还没有说是"亘古之英雄"，集历史之大成。朱熹《四书章句·孟子章句》（济南，齐鲁书社，1992年）的解释已然升级，"此言孔子集三圣之事，而为一大圣之事，犹作乐者集众音之小成而为一大成也"（第142页）。

② 章学诚：《文史通义·原道上》，第122页。

③ 邵晋涵说："是篇（《文史通义》）初出，传稿京师，同人素爱章氏文者皆不满意，谓蹈宋人语录习气，不免陈腐取憎，与其平日为文不类。"（《文史通义·原道下》附）这又是和戴震《孟子字义疏证》初出时不为京师学人理解一样，"谈道""闻道"之说，都被认为是"宋学"习气。其实，章学诚以"周孔之教"别于"孔孟之道"的理路，是在方法论上与"宋学"空论心性、"玄之又玄"作风的决裂。

周公，大臣们就抬举孔子。贞观二年（628），房玄龄（579—648，山东淄博人）提出："周公、尼父俱圣人，然释奠于学，以夫子也。"他以隋朝大业年之前，都是立孔子为"先圣"，颜渊为"先师"为由，"乃罢周公，升孔子为先圣，以颜回配"①。贞观四年（630），李世民下诏各州、县建立学庙，摒弃了周公，专祀孔子，称"孔子庙"。

在此过程中，大臣房玄龄抬举孔子，外戚长孙无忌（约597—659，河南洛阳人）则推崇周公。高宗李治时期，外戚势力上升，"永徽（650—655）中，复以周公为先圣，孔子为先师，颜回、左丘明以降，皆从祀"。显庆二年（657），太尉长孙无忌疏称："周公作礼乐，当同王者之祀。"②唐高宗采纳了这个"周公升级"的建议，封周公为"褒德王"，孔子为"隆道公"。结果却是周公升为帝王，迁到周代的太庙，配享在武王身边；而孔子为先圣，留在学庙，独占鳌头。周公迁庙之后，唐代儒生集团更是以孔子为号召，抗拒以周公为名的外戚、宫妃、宦官集团。"周孔"分离，此后在学庙中呈现的儒教，就从"周孔"并称的儒家演变成"孔颜""孔孟"并称的儒家，儒教便似乎是以孔子为代表。

周公被唐以后的儒家一步步地放弃，有一系列的政治原因。经学史上的重大转折，通常都与朝廷"权变"有关，这是儒学研究中特别需要注意的。③孔子取代周公为儒学代表，正

---

① 欧阳修等纂：《新唐书·礼乐志》，上海，上海古籍出版社、上海书店出版社影印本，第45页三。

② 以上所引，均见于《新唐书·礼乐志》。

③ 朱维铮先生在中国经学史研究中提出"学随术变"的论断，并论证诸如汉武帝"独尊儒术"背后的权力关系，指出儒学发展的重大转折背后，都有"权术"的作用，可参见氏著《经学史：儒术独尊的转折过程》（上海，上海图书馆刊行《上海图书馆建馆三十周年纪念论文集》，1982年），另收入氏著《中国经学史十讲》（上海，复旦大学出版社，2002年）。

是一系列政治运动的结果。西汉初年，有吕后"临朝称制"，以周公辅政为借口；西汉末年，有王莽自比周公，行"新政"，号"新朝"，也借用了周公的神圣性；唐代武则天篡政，又一次使用了"崇周"策略。史载：武则天把周文王尊为武氏家族的始祖，"丙戌（686）……追尊周文王曰'始祖'"。后又废"唐"，称"武周"。天授元年（690），武则天正式称帝，改国号为"周"，将唐朝太庙贬为享德庙，武氏自己上推至"周"的宗庙，则立升为太庙。[①]汉、唐两朝，"周公辅政"成了外戚干政、篡政的借口和信仰。与之抗颉的士大夫儒家集团不得不抛弃"周公"，周公祠渐渐不为儒家列为主要祭祀，遂以孔子祠为主庙。

道学心性论的兴起，当然也是孔孟之道取代周孔之教的重要原因。以孟子心性论为特征的宋明理学覆盖了周公、孔子奠定的先秦礼学，这确是儒学发展的一条内在理路。但是，需要注意的是这一内在理路的发酵和成型晚在宋代；而且，以周公为名义发展道学、理学，也未必不行，孔子与理学也没有太大的实质关系。"孔孟之道"覆盖"周公之教"，在理论形态上只是孟子心性论的胜利。儒学的这个转变过程，周予同先生恰当地称之为"孟子升格运动"。[②]复旦大学周予同（1898—1981，浙江瑞安人）先生在20世纪30年代提出过一个著名论断，即中国经学史上有一次"孟子升格"运动。

"孟子升格"是20世纪中国思想史研究中的重要判断，中国中古思想的转向，盖与这场运动的理学心性论密切相关。在"孟子升格"的同时，还有一个相应的抬高孔子运动。唐代中叶

---

① 《新唐书·则天皇后本纪》："封周公为褒德王，孔子为隆道公。改唐太庙为享德庙，以武氏七庙为太庙。"（第17页二）

② 参见《周予同经学史论著选集（增订本）》，"中国经学史讲义"第928页。

以后，孔子从一个次于周公，即所谓"周孔之教"的位置上逐渐上升。在实际祭祀上，"孔子祠"取代了"周公祠"的原来地位。周公在唐以前儒教中具有的地位让位于孔子，孔子为"至圣"，"周孔"逐渐不作并称，"孔孟"崛起为正统。周予同先生指出：韩愈（768—824，河南河阳人）提出道统说，"抛开荀子，连儒家八派也不再讲了。韩愈是为了反对佛教，宗教斗争也是政治斗争……到了元朝，从科举制度上确定了《孟子》的地位"①，"元延祐间，四书一名更见于功令，于是《孟子》遂与《论语》并称，而由子部儒家上跻于经部"②。经过"孟子升格"运动，孟子本人最终取代了颜渊，成为"亚圣"③，"孔孟之道"最后成型，"周孔之教"逐渐不讲。

孔孟之道和周孔之教的分别，表现了宋学与汉学的差异。明末清初江南学者尊汉的经学倾向和对理学的批评态度，被耶稣会士利玛窦察觉，他说："儒教目前最普遍奉行的学说，据我看似乎是来自大约五个世纪以前开始流行的那种崇拜偶像的教派。"④利玛窦懂得中国学术分野，告诉欧洲：儒学有新旧之分，"新儒学"（Neo-Confucianism）非儒学正统，"古儒"非宋学，乃汉学。⑤西方学者未知周孔之教与孔孟之道之分别，"教"和"道"与今天使用的"宗教"（Religion）与"人道"（Humanity）概念并非完全一致。但是，明、清学者分别周孔之教和孔孟之道的时

---

① 《周予同经学史论著选集》（增订本），第930页。

② 周予同：《群经概论·孟子》，上海，商务印书馆，1933年。引文收上书，第290页。

③ 参见朱维铮《中国经学与中国文化》一文中关于"周孔与孔颜"的论述。收《中国经学史十讲》，上海，复旦大学出版社，2002年，第17页。

④ 利玛窦、金尼阁著，何高济等译：《利玛窦中国札记》，北京，中华书局，1983年，第101页。指宋代儒学引入道教、佛教教义，成为"理学"——引者注

⑤ 利玛窦思想与明末学者的古学之关系，参见李天纲：《跨文化的诠释：经学与神学的相遇》，北京，新星出版社，2007年。

候，确实是肯定了先秦的祭祀体系，关涉信仰；而宋明的性命学说，更多地是人性修炼，概念论证，比较理性。清代学者重视典籍中的礼仪制度，扬周抑孔，更接近古代信仰——祭祀生活中的宗教性。

德裔美籍哲学家、神学家保罗·蒂利希（Paul Johannes Tillich, 1886—1965）提出"本体论类型的宗教哲学"和"宇宙论类型的宗教哲学"[①]之后，学者据以观察儒家思想，提出用"内在超越"和"外在超越"两种不同终极关怀（Ultimate Concerning）方式来理解儒学和西方宗教的分别。刘述先教授提出："不只佛教有其终极关怀，表面上看来彻底现世性的儒家一样有其终极关怀，而有其宗教意涵。"[②]个人和群体，按其内在性，克服人性的局限，提升自己达到神性的高度，由此内在超越的路径发现"儒家宗教性"。这个结论对于改变"儒家非宗教"的偏见有重大作用。但是，仅仅从内在性的角度肯定儒家的宗教性，还不能诠释儒教的全部精神。"把中国传统思想了解成为内在超越形态"，[③]这没有问题。但是把儒学的内在超越性绝对化、本质化，认为儒教只有内在性，并且以此特性与西方基督宗教、犹太教、伊斯兰教截然区别，则有误导作用。就像西方宗教也有内在超越（如蒂利希申说的奥古斯丁、斯宾诺莎学说）一样，儒教也有自己的外在超越（如五经中祭祀"上帝"的多种礼仪）理论。无论"超越"（Transcendency）之内与外，任何学说只要具备了对于神明的终

---

① 保罗·蒂利希著，陈新权等译：《文化神学》，北京，工人出版社，1988年，第22页。按蒂利希的看法，实在论类型（Ontological Type）以奥古斯丁哲学为代表，注重内在超越，宇宙论类型（Cosmological Type）以阿奎那哲学为代表，注重外在超越。

② 参见刘述先：《论宗教的超越与内在》，香港，香港中文大学中国文化研究所《二十一世纪》，2003年3月号。

③ 同上。

极关怀，就有宗教性。

如果我们把宋明理学推崇的"孔孟之道"定义为"内在超越"，那我们可以相应地把汉唐、明清经学肯定的"周孔之教"定义为"外在超越"。在关于五经的学说中，祭祀上帝、沟通天人、定义魂魄、谈论鬼神，这些外在于心性的内容非常普遍。通过祭祀的仪式求诸上，而不是用修炼的方法反求于己，儒教历史上，存在着大量外在超越的例子。正是通过所谓的"心神交融""天人合一"的信仰模式，内外结合，"心性本体"才与"宇宙本体"融为一体，成为中国宗教的重要特征。在古代中国的宗教生活中，大量神祇都是外在于人心的神明，如虞、夏时代的"天帝"，商、周时代的"五帝""三王"，汉代崇拜的"太（泰）一""周公"，宋代之"天后"，明代之"城隍"，清代之"关公"等。讨论"儒家的宗教性"，应该加上这些外在超越的神明。儒家在自己的祀典中容纳这些神祇，让民众祭祀，还派出官员亲往致祭，它们都属于儒教承认的信仰。和西方宗教一样，中国人的宗教生活，同样也是全面、丰富而具有深刻内涵的信仰。

祀典与淫祀

和古老汉字的传承一样，祭祀生活的延续性是中华三千年（或曰"四千年""五千年"）文化传统中的另一个因素。西方学者强调语文、宗教在建构民族文化认同中的重要性，[①]这一点，

---

① 康德："大自然采用了两种手段，使得各个民族隔离开来而不至于混合，即语言的不同和宗教的不同。"（何兆武译：《永久和平论》，上海，上海人民出版社，2005年，第37页）语言和宗教的不同，是近代欧洲纷纷建立"民族国家"的文化动因。

欧洲民族国家如此，中国人的文化认同也是如此。儒家表彰"正统论"，最为骄傲三千年的"礼乐文明，一脉相传"，指的就是祭祀——宗教制度。黑格尔主义、马克思学说和韦伯理论批评中国文化，也都强调这一点，所谓"中国文化长期停滞"，儒教是导致落后的主因。利玛窦说："儒教是中国所固有的，并且是国内最古老的一种。中国人以儒教治国，有着大量的文献，远比其他教派更为著名。"[①]儒教渊源最深，对中华文化负最主要的责任，徐光启等江南士大夫们刻意强调这个说法，尽力介绍给耶稣会士们。利玛窦、艾儒略（Giulio Alèni, 1582—1649，意大利耶稣会士）等"西来孔子"[②]，因此就理解了儒教对于中华文化的重要性。

回到"儒教"内部讨论，儒家到底靠什么维持了"三千年"？这个被称之为"道统"的问题，按王阳明的回答，就是"道心"的一脉相承。"圣人之学，心学也。学以求其心而已，尧、舜、禹之相授受曰：'人心惟微，道心惟危，惟精惟一，允执厥中。'此心学之源也。"[③]陆王一派的"心性论"认为儒教根本要旨是靠"心传"，传心谓之道统。宋、明时代儒学心性论的基础是修身养性之学，异于周、孔儒学之旧。心性论是佛教传入、道教兴起以后，在"三教论衡"氛围中出现的儒学更新形态。相反，儒教的祭祀制度，一以贯之，较少变异，且早于道教、佛教，存在于社会生活中。儒教人士

---

① 利玛窦、金尼阁：《利玛窦中国札记》，第100页。

② "西来孔子"，语出韩霖等著《圣教信证》，（顺治丁亥［1647］年刻本）。利玛窦、艾儒略等耶稣会士与儒教思想关系，可参见潘凤娟《"西来孔子"艾儒略：更新变化的宗教会遇》（台北，圣经资源中心，2002年）；拙作《跨文化的诠释：经学与神学的相遇》（北京，新星出版社，2007年）。

③ 王阳明：《王阳明集·〈象山文集〉序》，上海，上海古籍出版社，1992年，第244页。

为防止出现礼崩乐坏的局面，从上古到明清，战战兢兢，常年维持着一个系统的祠祀制度。儒学固然是儒教得以维持的内在因素；祠祀却更加是儒教能够绵延数千年的外部制度，具有更强的规定性。

《左传·成公十三年》（前578）记载"国之大事，在祀与戎"，则古人早就把祭祀与军事并列为政权的两大功能。周代政权的合法性，建立在完善的祭祀制度之上。中原王朝一直传承"禹铸九鼎"，西周的祭祀场面，恢宏精致，为东周的晋国、秦国、楚国羡慕嫉妒。楚国"问鼎中原"，秦国迁九鼎于泗水彭城，都说明礼乐祭祀于政权之重要。孔子时代，文献足征，夏礼、殷礼均"能言之"①。秦始皇焚书坑儒之后，"文献湮没"，就难以看出三代礼制的究竟了。20世纪甲骨学和考古学在研究中国古代宗教生活方面有很大进展，但是夏、商、周代的出土文物仍然不足以描述出一个完整的祭祀制度。今天的学者仍然只能采用汉代学者整理的儒家文献，如六经及"三礼"，经地下实物的印证，对传说中的周代祭祀制度有一个整体认识。②

周代祭祀制度分为"祖""社"两类。祖坛祭天，属阳，祀于南郊（天坛）；社坛祭地，属阴，配于北郊（社稷）。南、北郊设坛，分祭天、地的祭祀制度，从周代一直维持到清代。中国古代祭祀的神明虽然可以分为"天神"（包括日、月、星、辰）、

---

① 《论语·八佾》："夏礼吾能言之，杞不足征也；殷礼吾能言之，宋不足征也。文献不足故也。足，则吾能征之矣。"

② 利用商代考古发现研究中国古代宗教的成果，可见陈梦家：《古文字中之商周祭祀》《商代的神话与巫术》（均载《燕京学报》第20期，1936年12月）；张秉权：《殷代的祭祀与巫术》（台北，《历史语言研究所集刊》，第49卷第3期，1978年）；张光直：《商代的巫与巫术》（收氏著《中国青铜时代》，北京，生活·读书·新知三联书店，1999年，第252—280页）。

"地祇"（包括五岳、四渎、名山、方川）和"人鬼"三个系统，但由于"人鬼"（如帝王、祖宗、圣贤、先烈等灵魂）都可以配祀在天（祖）、地（社）二示中，则中国宗教仍然逐渐发展为"天地""阴阳""魂魄"相分的"二元"信仰，而"祖"与"社"便是另一个"二元论"的表现形式。《尚书·甘誓》："用命，赏于祖；不用命，戮于社。"孔安国《尚书正义》解释说："天子亲征，必载迁庙之祖主及社主行，有功则赏祖主前，示不专也；天子亲征，又载社主，谓之社事，不用命奔北者，则戮之于社主前。社主阴，阴主杀。亲祖严社之义也。"[1]随军携带祖、社两块祭祀牌位，作为"军事法庭"的象征，服从的在祖坛得到奖赏，不服从的在社坛杀掉，说明"祖""社"两坛的重要性。在皇族、官员、商人和平民的日常生活中，携带木主牌位旅行、迁徙、定居，用以祈愿、还愿、奖赏、惩戒、庆典……迁徙中的"分香"（在迁居地建立新庙）行为，也和此有关。祖与社的崇拜，一直保持到清代。祖和社以及派生的种种仪式，构成了完整的儒教祭祀体系。

综合近代疑古派和近代文献学者，包括近年来的出土简牍研究，篇目的细节容有争议，学界把《仪礼》定为孔子之前，《礼记》为孔子稍后的作品，则可以确定。[2]另外，《仪礼》及其相关作品《礼记》更多地关涉礼仪生活，而《周礼》的"天、地、春、夏、秋、冬"之"六官"大多数是关于官制，属政治制度（Civil System），且作者并非如汉代古文经学家所说是周公。从

---

① 孔颖达：《尚书正义》，《十三经注疏》影印本，第155页下。清代学者对于"祖"和"社"的研究，可参见顾炎武：《日知录集释·莅戮于社》（第179页）。

② 20世纪30年代学界关于《仪礼》《礼记》作者和成书年代的讨论，可参见周予同先生《群经概论》（收朱维铮编：《周予同经学史论著选集》[增订本]"三礼：周礼、仪礼与礼记"，第240—253页）。近年来，郭店楚简中发现有《缁衣》，证明《礼记》中的某些篇章在先秦时期已经成书，并非汉代儒者编造。

此看来，"三礼"中《仪礼》和《礼记》，比之《周礼》更能反映汉代之前中国人文制度的形态。讨论中国古代的宗教生活，《仪礼》《礼记》详细记载和解释了上至天子，中层士大夫，下至百姓的礼仪生活，比记载一般政治制度的《周礼》更具有宗教性。唐代经学家贾公彦在《仪礼注疏·序》中说："《周礼》为末，《仪礼》为本"[①]，含有这个意思。

在《仪礼》和《礼记》中，我们看到完整的周代宗教制度。按贾公彦的看法，《仪礼》兼存三代礼仪，不只是周代制度。[②]《礼记》则主要记载周代的祭祀制度，兼及周代与商代、夏代、有虞氏之间的分别。循此路线阅读"三礼"，非常关键。《礼记·明堂位》说：三代以上，中国就有完整的祭祀制度，设神位在"明堂"。一年四季，"明堂"都有祭祀，祭祀中的"祠""礿""尝""烝"，各有讲究。周代把一年中最重要的祭祀放在春季，称为"春祠"，后世又演为祠祀。祠祀用牺牲，为了酬神，也为了增强气氛，补益阴阳。三代祭祀，强调用气，要在煮熟的"三牲"（牛、羊、猪）之外，再添加带血鲜活的动物内脏，还要配以米。按《礼记》的解释，用气在有虞氏、夏、商、周等时代各有分别："有虞氏祭首，夏后氏祭心，殷祭肝，周祭肺；夏后氏尚明水，殷尚醴，周尚酒。"[③]按郑玄（127—200，山东高密人）《礼记注》，祭坛上加上这些血腥之物，都是因为"气主盛也"，用血祭在祭祀场合增加阳阴之气。

按周代的祭祀制度，中央政权固然用"祖""社"制度来祭

---

① 贾公彦：《仪礼注疏·序》，《十三经注疏》影印本，第945页上。
② 贾公彦：《仪礼注疏》云"《周礼》言周不言仪，《仪礼》言仪不言周……《周礼》取别夏、殷，故言周；《仪礼》不言周者，欲见兼有异代之法。"（《十三经注疏》影印本，第945页中）
③ 以上所引，均出自《礼记·明堂位》，见《十三经注疏》影印本，第1487—1493页。

祀天地，但也赋予地方诸侯有方川祭祀的权利。《礼记·王制》规定："天子祭天地，诸侯祭社稷，大夫祭五祀。天子祭天下名山大川，五岳视三公，四渎视诸侯；诸侯祭名山大川之在地者。"如此的天地、星辰、山川祭祀，在宗教学上被归类为"自然崇拜"。另外，天子、诸侯、士人、百姓都热衷的"人鬼"祭祀，则可以归类为"鬼神和祖先崇拜"。[1]就其普遍性来讲，周代宗教对"鬼神"之崇拜，并不亚于对"天地"之崇拜。按《礼记·祭法》的记载，"王为群姓立七祀"，"七祀"中全是"人鬼"："王为群姓立七祀：曰司命，曰中霤，曰国门，曰国行，曰泰厉，曰户，曰灶。王自为立七祀。诸侯为国立五祀：曰司命，曰中霤，曰国门，曰国行，曰公厉。诸侯自为立五祀。大夫立三祀：曰族厉，曰门，曰行。适士立二祀：曰门，曰行。庶士、庶人立一祀：或立户，或立灶。"如果我们不是单把《仪礼》《礼记》看作祭祀准则，而且还看作对于民间祭祀生活的承认，则民间祭祀的神祇数量要远远超过这些规定。周代祭祀固然有一个中央祀典系统，但这个系统是开放的，可以修改，可与民间互动，且还有地域特色。

在《礼记》的《王制》《郊特牲》《明堂位》《祭法》《祭义》《祭统》等篇章中，我们看到周代宗教有一种自上而下、力求统一的基本形态。周代"天子-诸侯-大夫-士-庶人"体系，是一种采用祭祀仪礼来维持的"等第制"（Hierarchy）。学者怀疑周代的祭祀等第制度在多大程度上曾经井然有序地执行（所谓"礼乐

---

① 林惠祥（1901—1958，福建晋江人）教授的《文化人类学》（商务印书馆"大学丛书"1934年原本，北京，商务印书馆2011年重印）早在20世纪30年代就开始介绍西方的宗教起源理论，其中有"自然崇拜"（Nature Worship）和"鬼神及祖先崇拜"（Ghost and Ancestor Worship）。林惠祥在厦门大学和"中央研究院"的人类学、民族学田野工作，将华人宗教信仰归为此类加以研究。

秩然")。但是，汉代以后的儒教，确实成功地将这套等第制度应用起来，把地方祭祀控制在有限的范围之内，使其不得躐等、僭越，超过中央。儒教"祭天"（天坛郊祀）是京城的垄断特权，各地只能分设"社稷""先农""土地""城隍"等地祇神坛，参与"祭地"。周代祀典的不平等规定，使得儒教有了基因缺陷。儒教不许民众祭天，道教、佛教便乘虚而入，他们的庙宇里直接祭祀"三清""玉皇"和"梵天"等天帝，吸引了信徒。以至于明、清时期的地方宗教，以佛教、道教为主，释道寺观的数量和规模远过儒教祠祀。道教、佛教的教义和祭祀，突破了民众不得祭天的儒教规定，使基层的贵族、官员、书生和民众多了一条通往终极信仰的道路。

汉族祭祀中的焚烧仪式，是周代礼制的规定。周人祭天用"燔"，堆累最为盛大的祭祀篝火。《礼记·祭法》有"燔柴于泰坛，祭天也；瘗埋于泰折，祭地也……"孔颖达《礼记正义》疏解本句，称："谕祭感生之帝于南郊，神州地祇于北郊。"[1]他主张天地分开祭祀，南北设坛，认为是远古已经确立的习惯。燔柴，即在南郊天坛上积薪焚烧，上置玉石和牺牲，使阳气冲天。燔柴祭祀习俗从南到北，从汉族到苗、彝、羌族通行未改，至今流行；瘗埋，即在北郊地坛下埋牲，或者供具牲馔，使阴间地祇接到人间的气息。用酒水、果蔬和盛馔供奉阴间地祇的习俗，也一直在东亚、东南亚的儒教社会延续，直到清朝，延至现代。

《礼记》的规定，除了"天地分祭"和"祭有差等"的特征之外，还有一个全民普祭、公私并行的性质。葛兰言在《诗

---

[1] 孔颖达：《礼记正义》，《十三经注疏》影印本，第1288页上。

经·国风》中发现：山川祭祀是民众维护"地方性共同社会"①的一种努力。周公修订虞、夏、殷代的祭祀制度，使之不仅是周王室的祭祀，而且成为天下——所有人——的祭祀。周代祭祀不但有王室的神坛，也为民众设立公共的社坛，史称"王为群姓立社"。《礼记·祭法》："王为群姓立社，曰大社。王自为立社，曰王社；诸侯为百姓立社，曰国社；诸侯自为立社，曰侯社；大夫以下成群立社，曰置社。"在这里，天子的"王社"是私立的家庙；而为"群姓"所立的"大社"，则是公共的大庙。同理，诸侯的"侯社"是私立的，"国社"则是公共的；大夫及大夫以下（百姓），除各自的家庙之外，还有公共性质的"置社"，供民众祭祀。按《礼记》的理想，王室私立家庙（王社、侯社）之外，必须设立公共祭坛（大社、国社、置社）。春秋时节，地方官员携带官书致祭。儒教的社坛祭地制度扩大了公共性，一定程度上抵御佛教、道教的影响，争取到民间信众。儒教公私并行的全民普祭制度，延续到清朝末年。

从汉代开始，儒者称周代祭祀为"祠"。按郑玄注《礼记·王制》："天子诸侯宗庙之祭，春曰礿，夏曰禘，秋曰尝，冬曰烝。"周代之前，夏、商两代把每年春天举行的祭祀称为"礿"，"周则改之，春曰祠，夏曰礿"，改制以后，周代用"春祠"取代了夏、殷两代的"春礿"。四季祭祀，春祠最为盛大，兼用重礼，汉代儒者便以"祠祀"冠称周代祭祀制度。如司马迁《史记·孝文本纪》："毋禁娶妇、嫁女、祠祀、饮酒食肉者。"许慎（约58—约147，河南召陵人）《说文解字》"示"部："春祭曰祠……仲春之月，祠不用牺牲，用圭璧及皮币。"不一而足。汉代以后，"祠祀"作为儒教祭祀的代名词，在正

---

① 格拉耐（葛兰言）著，张铭远译：《中国古代的祭祀与歌谣》，第182页。

史、政书、典章中普遍采用。明、清两代江南地区的地方志中，均有祠祀一栏，容纳社稷坛、神农坛、文昌庙、关帝庙、东岳庙、天后宫等神祇，其地位在（佛）寺（道）观一栏之前，表明儒教之首正。

周代礼制强调祭祀仪式和态度的正确性，祭祀中最重视仪式的庄重及态度的虔诚。《礼记》首篇的第一句话说："《曲礼》曰：毋不敬，俨若思。"[1]《礼记》要求虔敬的祭祀态度，并用通篇的礼制来表达这个态度。不独《礼记》是这样，所谓"三礼"都强调祭祀仪式和态度的重要性。和犹太教、基督宗教从《旧约》《新约》中发展出来的"教义原则"（Dogmatism）相比，中国的"三礼"是一种"礼教"，即注重祭祀本身体现的合法性。在祭祀仪式和态度之外，儒教对祭祀对象——神祇还有规定，典章制度规定何者当祭，何者不当祭。当祭者列入祀典，不当祭者则贬为淫祀。"祀典"一词，在汉代成形的《礼记》中已有使用，《祭法》区分三王五帝之灵和山川丘陵之神，称后者"非此族也，不在祀典"。[2]可见周代区分神祇的有效性，不该祭则不祭，祭了也没有效果。周代祭祀中有了"淫祀"概念，《礼记·祭法》称："非其所祭而祭之，名曰淫祀。淫祀无福。"[3]

虽然规定淫祀不当祭祀，但历朝历代的礼部，除了个别儒者的主张，个别案例的特殊，大多采取了弛禁的做法。实际执行中，礼部对于地方人士违反礼制的僭越行为（如违规建造大殿等）严厉打击，而对下层民众的俗礼虽有鄙视，却并不深究。历史上，极端主张"隳淫祠"的儒家并不多，仅以汉代王莽、唐代

---

① 孔颖达：《礼记正义·曲礼》，《十三经注疏》影印本，第1229页。
② 孔颖达：《礼记正义·祭法》，《十三经注疏》影印本，第1590页。
③ 孔颖达：《礼记正义·曲礼》，《十三经注疏》影印本，第1268页。

狄仁杰和清代汤斌最为突出。事实上，每次毁去民间淫祠之后，大量的民间信仰又重新回到儒教祠祀系统中来。造成这样混杂的局面有很多原因，路遥先生提出周代以宗法制禁淫祀，主要不是限制民众信仰，而是压制贵族的不伦祭祀，[1]是一个可能的原因；周振鹤教授指出"许多神祠随时随地而立，不少民间信仰也变成国家宗教"[2]，更是一个鲜明现象。

每一种宗教，归根结蒂是要靠民众的信仰，官方、教会和神职人员维持的神学意识形态并不稳定。受王朝青睐的儒教，和佛教、道教一样，也离不开民众信仰。对强调社会秩序的儒教而言，"礼治"是普遍要求，"心治"是特殊要求。《礼记·祭统》称："凡治人之道莫急于礼，礼有五经，莫重于祭。"这里的"五经"，为"吉、凶、军、宾、嘉"五种仪礼，要求全体社会人士遵守。宋、明时期的儒教更强调"治心"，主张以"治心"的修炼达成"心治"的世界，只是对于圣人、贤士和儒者的要求。宋、明儒家隐含着精英意识，"师心自用""独善其身"，以理学、心学为个人的率性成圣之具，不与"愚夫愚妇"下层信仰计较，这是祠祀中能够包容很多杂乱鬼神信仰（淫祀）的重要原因。

汉人宗教，不但对天上的神明加以祭祀，对隐含在天下人间、与活人密切相处的自然、人文现象，即所谓"地祇"，也作隆重祭祀。《史记·封禅书》："受命而王，封禅之符罕用，用则万灵罔不禋祀，追本诸神名山大川礼，作《封禅书》第六。"按司马迁的理解，周王祭祀中的封禅之礼，极为隆重，因而"罕

① 参见路遥《中国传统社会中民间信仰之考察》（《文史哲》，2010年第4期）中的观点。

② 周振鹤：《秦汉宗教地理略说》，《中国文化研究集刊》（第三辑），上海，复旦大学出版社，1986年，第69页。

用"。一旦为用，则所有人间神祇都加以祭祀（"万灵罔不禋祀"）。汉代和周代一样，仍然重视名山大川的崇拜。以山川祭祀为特征的祭地大典，在汉代专称为"封禅"，尤以华北平原上兀自独立的泰山为代表。按周代的礼制，"自古帝王受命，曷尝不封禅？"[①]帝王"受命于天"，则封禅原是一种祭天的礼仪。但是，汉代的封禅，转为泰山信仰，渐渐成为祭地的仪式。后世很多地府特征的信仰，如东岳神、东王公、石敢当、碧霞元君等，都源自泰山信仰。用了封禅之礼，"万灵罔不禋祀"，所有人间的信仰都集合在祭地的系列之中，形成一个系统。"事死如事生"，汉代人民特别相信地府的存在，重视灵魂在死后世界的生活，宗教意识大为发展。顾炎武、钱锺书都发现：原来的封禅属于祭天，自东汉起，封禅逐渐转换成为祭地。[②]在汉代，"封禅"一词专属祭地，不再具有周代祭天的含义。

汉代是儒教制度重新确立的关键时期，《史记》《汉书》继周、孔之后，再次立典。司马迁作《史记》，以"封禅书"为名，记录了大量地祇信仰；班固（32—92，陕西咸阳人）作《汉书》，以"郊祀志"命名，延续了封禅书倾向，更加强调人间的各类神灵。《史记》和《汉书》，把天的内容放到"天官书""天文志"中谈论，而以"封禅"和"郊祀"之名收纳了大量地祇信仰。《汉书·郊祀志》强调了地祇祭祀的重要性："祀者，所以昭孝事祖，通神明也。旁及四夷，莫不修之；下至禽兽，豺獭有祭。是以圣王为之典礼。民之精爽不贰，齐肃聪明者，神或降之，在男曰觋，在女曰巫，使制神之处位，为之

---

① 《史记·封禅书》，第173页四。

② 参见顾炎武《日知录·泰山治鬼》，钱锺书《管锥编·封禅书》。泰山信仰从"祭天"转为"祭地"，"仙论"转为"鬼论"的讨论，具体见于本书"东岳大帝"一节。

牲器。使先圣之后，能知山川，敬于礼仪，明神之事者，以为祝；能知四时牺牲，坛场上下，氏姓所出者，以为宗。故有神民之官，各司其序，不相乱也。民神异业，敬而不黩，故神降之嘉生，民以物序，灾祸不至，所求不匮。"

"三礼"——《仪礼》《礼记》和《周礼》——重视祭祀方式甚于祭祀对象。换句话说：中华宗教更加重视祭祀过程（"礼乐"）的合法性，而不是像亚伯拉罕宗教那样强调崇拜对象（"神明"）的正当性。中华宗教的系统性，在于祀典，而不在于"神明"。《史记·封禅书》记载了朝廷允准的祭祀仪礼，是用于执行的儒教祀典；《汉书·郊祀志》延续了汉初的祭祀仪礼，并进一步将地祇祭祀神学化、系统化，成为祀典的依据，后世儒教即以此为先河。祀典，即为儒教的礼制。合乎礼制的祭祀，是为正祀；超出祀典，即为淫祀。唐代杜佑的《通典·礼序》说："夫礼必本于太一，分而为天地，转而为阴阳，变而为四时，列而为鬼神。其降曰令，其居人曰义。孔子曰：'夫礼，先王以承天之道，以理人之情，失之者死，得之者生。故圣人以礼示之，天下国家可得而正也。'"[①]

祠祀来源于古代社会的宗教生活，儒教加以系统化、合法化而已。近代经学家刘师培的《文学出于巫祝之官说》有"古代祠祀之官，惟祝及巫"之说，指出祠祀起源于古代巫祝等原始宗教生活。清末经学家俞樾还提出"学校祀仓颉议"，建议在文庙尊经阁（图书馆）内立牌位，祭祀神话传说中的文字之祖仓颉。[②]儒教与汉代（以及更古老的三代）的巫术、方术有着一以贯之的

---

① 杜佑：《通典·礼序》，北京，中华书局，1988年，第1119页。
② 俞樾《春在堂随笔》有记："余有《学校祀仓颉议》一篇，载《宾萌集》。"他主张祭祀仓颉，沿"孔孟""周孔"，上溯到伏羲、仓颉（南京，江苏人民出版社，1984年，第53页）。

联系。清代学者修正宋学心性论，主张依据汉学文献来恢复古代祭祀，故有此看法。[①]祀典兼具民间和朝廷公认的合法性，便有了较强的礼仪约束力。明代来华的意大利耶稣会士利玛窦看到："信奉儒教的人，上至皇帝，下至最低阶层，最普遍举行的是我们所描述过的每年祭祀亡灵的仪式。据他们自己说，他们认为这种仪式是向已故的祖先表示崇敬……"[②]利玛窦看到的儒教，不仅仅是上层意识形态，而是全民祭祀体系。

全民祭祀的盛况，明、清时期达到另一个高峰。民国时期，一位上海学者曾为旧时知县参与致祭的活动做了总结，他说："知县老爷每年有一个月要耗费在祭祀上面。""每月朔望两天，知县老爷例须恭临城隍庙拈香，除非有公事不在上海。""正月有祭海的典礼……二月初三祭文昌，初四日祭吕祖，十九日观音诞拈香，二十一日城隍神诞拈香，这都是有定期的。还有文庙、武庙、天后宫、社稷坛、神祇坛、海坛、风神、龙神、土地祠、群忠祠、黄婆祠、周太仆祠、袁公祠、吉公祠和陈公祠，都是择日设祭的。二月底到三月初，先农坛和城隍神墓，也有照例的祀典。三月十八日的龙神诞，二十八日的城隍夫人诞辰是只要拈香，不必要设祭的。四月仅有十四日的吕祖诞拈香。六月十九日的观音诞，二十三日的火神诞，都照例拈香，二十四日的雷祖诞要祭祀。七月无事。八月所祭的和二月完全一样，而且都是择日祭祀，不像二月中有许多祭有定期的了。九月只是十九日的观音诞要拈香和月底的祭扫城隍神墓。"[③]

清朝结束以后，儒教的命运急转直下。民国建设现代国家

---

① 相似的主张，参见同期其他今古文经学家的著作，如夏曾佑的《中国古代史》、章太炎的《清儒》。

② 利玛窦、金尼阁：《利玛窦中国札记》，第103页。

③ 上海通社编：《上海研究资料》，上海，上海书店出版社，1984年，第534页。

体制，以"破除迷信"为现代社会的要义，儒教祭祀系统开始崩溃。南京政府没有一下子禁绝民间信仰，帝制规定的祀典并未完全放弃。中华民国政府认为祀典中的鬼神观与现代意识形态有冲突，但对现代国家的国族认同还有些许作用。因此，祀典被改造，用作中华民族建设的工具。1928年，南京政府内政部公布《神祠存废标准》，禁止祭祀"日、月、火、五岳、四渎、龙王、城隍、文昌、送子娘娘、财神、瘟神、赵玄坛、狐仙等神"，[①]同时废除画符、念咒等迷信活动。规定中保留的神祇有"伏羲、神农、黄帝、仓颉、大禹、孔子、孟子、岳飞、关帝、土地神、灶神、太上老君、元始天尊、三官、天师、风雨雷神、吕祖等"，[②]可以祭祀。某种意义上来说，《神祠存废标准》是中华民国的"祀典"，这个祀典注重"炎黄子孙""孔孟之道""忠义爱国"等观念，为民族-国家建设做信仰上的辅助。

当然，中华民国的《神祠存废标准》完全不同于历史上的反淫祀，而是对传统宗教的现代改造。中华宗教，儒、道、佛各种教派，能不能进入现代社会？用什么样的方式进入现代社会？这是戊戌变法（1898）提出来的问题，在20世纪30年代则变得更加迫切。1928年的《神祠存废标准》采用了一个更加严厉的手段，但是在执行中很不顺利，以至于"纠纷时闻"，不得已"明令改作参考"。[③]由于这个标准并未严格执行，金泽镇这

---

① 中国第二历史档案馆编：《中华民国史档案资料汇编》，第5辑第1编《神祠存废标准》，南京，江苏古籍出版社，1994年，第495—506页。

② 同上书。存废标准实施情况，另见李养正编著：《新编北京白云观志》，北京，宗教文化出版社，2003年，第29页。

③《内政年鉴》（四），上海，商务印书馆，1936年。中华民国南京政府宗教政策问题，参见郭华清：《南京国民政府的宗教管理政策论析》，《广州大学学报》（社会科学版），2007年2月。

样的民间祭祀还能坚持。然而，由于祀典在法理上被废除，不再具有合法性和正统性，汉人的祠祀系统就和中国社会的主流意识形态脱离了。祀典废除后，传统祭祀还在民间文化、习俗中保存着，但已经不成系统。传统祭祀不再是儒教之祠祀，而是按学界、教界和政界的术语，称为"民间信仰"，或曰"迷信"。在中国现代政府行为中，受现代性和民族主义意识形态主导的宗教政策是一种自上而下的社会改造运动。宗教政策主导民间信仰的改造，民间信仰则力图保持自己的祭祀，作为传统生活方式的一部分。

传统的民间宗教和现代化的世俗社会无疑存在很大的冲突。但是，在并不实施强烈宗教改造的社会，民间宗教一般都能顽强地生存下来，或自我消亡，或改造新生。香港新界地区长期保留清朝地方的治理法律，为我们保留了一些祠祀标本。在香港新界元朗区屏山乡存有一处文物，保存了一个完整的传统村落——坑头、坑尾村及其附属的上璋围。2011年7月23日，我们在香港新界的这个自然村落里，看到一个村级儒教祭祀体系，就像岭南地区村级宗教生活的活化石。坑头、坑尾村和上璋围的主要居民是邓氏家族，至今保留聚星楼（三层砖塔，文昌庙）、洪圣宫（祠祀，附德福祠、太岁殿）、杨侯古庙（祠祀）、愈乔二公祠（先贤祠）、邓氏宗祠（族祠）、崇德堂（家祠）、村社坛（土地庙）、觐廷书室（书院）、仁敦冈书室（书院）、圣轩公家塾（私塾）、述卿书室（家塾）等宗族宗教建筑。[①]整个村落已经衰败，被港府"康乐及文化事务署"开辟为"屏山文物径"，设有"屏山邓族文物馆"。新界儒家教育在20世纪初年逐渐并入香港现代教育体

---

① 2011年7月23日，笔者在香港城市大学中国文化中心讲学，以游客身份访问坑头、坑尾村。当天，香港旅游局和康文署联合协助该村邓氏家族举办祭祖活动，推广新界文化遗产。

系，邓氏子弟已经三代去香港本岛及外地求学，家塾、书院等儒家教育设施已经废弛很久。但是，祠祀、家祠、宗祠、先贤祠等儒教祠庙设施，邓氏家族今天还在使用。这一块儒教活化石，用以观察自周代《仪礼》《礼记》以来的传统宗教生活，有重要的标本价值。

日本学者滨岛敦俊教授在研究明、清时期江南民间宗教时，注意到是人格神的土地庙，而不是自然神的里社坛，扮演了地方上的主要信仰。滨岛教授还注意到：在香港新界和珠江三角洲的村落外头的大树底下，常常有土堆的坛，上置石碑，标明"里社"和"土地"，但他认为汉代建立的里社制度，在宋、元以后已经消失，明代也没有成功建立。[①]然而，在香港新界元朗区坑头村，我们看到了保存完好的里社坛，用红砖围砌，大约四五平方米，高约一米，村民们仍然在虔诚地供奉和祭祀。明代洪武二年（1369）规定"每里一百户内立坛一所，祀五土五谷之神"[②]的儒教礼制，在清末割让的殖民地香港反而幸存着。当代长江三角洲地区的城市、市镇和乡村已经不设社坛，但许多镇口、村头、田间、屋角也和岭南地区一样，保留很多小土地庙、小神龛。这些小土地庙，很可能就是从里社坛延续而来的小社坛，属于古代儒教体系。

值得注意的是，屏山乡坑头、坑尾村没有任何一座可以归入佛教、道教的寺庙。所有祠、庙、殿、坛都属于儒教系统的祠祀。在古代中国，佛教、道教虽然是体制化的宗教，但对基层村落而言，它们通常是外来的信仰。佛教、道教有区域性的组织系统，他们收购和兼并镇、乡间稍大一点的祠庙作为下庙，渗透到

---

① 参见滨岛敦俊《明清江南农村社会与民间信仰》第145页下的注释。
② 李东阳、申时行等纂修：《明会典·群祀四》，《续修四库全书》。上海，上海古籍出版社，2002年。

基层。由于元朗屏山乡地处偏僻，佛教、道教在明、清时期还没有进入当地。屏山当地的宗教生活，以山川、人鬼和宗法特征的儒教为主，呈现出岭南风格的底色文化，非常突出。屏山坑头、坑尾村的底层文化，应归属为儒教，今天学者称之为"民间宗教""道教"，其本质则是古代祠祀。坑头、坑尾村最大的宗教建筑，一为聚星楼，是儒家科举制度附属的文曲星崇拜；一为洪圣宫，是先贤灵异的祠祀崇拜。洪圣宫崇拜唐代广利刺史洪熙，在岭南地区流行。坑头、坑尾村地处新界，按江南、岭南的村镇规模论，应属"僻地海辄"的三家村。它保留了完整的儒教祭祀制度，为内地村落社会所罕见。

上海远郊的青浦区金泽镇，以保存较多民间信仰而著名。由于金泽镇处于长江三角洲交通和商业发达地区，早就失去了村社一级的地方性。也就是说，金泽镇的祠祀系统已经受到了外来佛教、道教、天主教、基督教等组织化宗教的影响。佛教颐浩寺作为一个区域性的信仰，其香火和杭州灵隐寺、苏州报恩寺贯通，在宋代已经进入本镇。颐浩寺虽是金泽的最大庙宇，但本镇的基本信仰仍然是祠祀。金泽镇上属于祠祀的庙宇有：东岳庙、杨震庙、城隍庙、关帝庙、刘王庙、二王庙、五路神……这些以"血食"为特征的人鬼祭祀，历来都归入祠祀，属于儒教。金泽镇的情况，和香港元朗屏山乡坑头、坑尾村基本一致，即基层村落乡镇的宗教生活以祠祀类型的儒教为基本形态。

洪武改制：汉人信仰的重建

按汉代奠定的礼制，皇帝登基，统一王朝初建，改正朔，易服饰，建国号之外，必要建立祀典，祭祀百神，以利长治久安。

《汉书·五行志》："王者即位，必郊祀天地，祷祈神祇，望秩山川，怀柔百神，亡不宗事。慎其斋戒，致其严敬，鬼神歆飨，多获福助。此圣王所以顺事阴气，和神人也。"[①]在朱元璋和他的礼臣们看来，元朝的宗教政策延续了隋唐以来"五胡乱中华"的传统，废弃了以儒教祭祀为主的中原宗教。朱明王朝以"恢复中华"为号召，格外用心排斥胡人礼法，重建汉族王朝的祀典。明初祀典力图恢复汉代祀典，对于后世影响很大。明朝中期虽有"大礼议"等变动，但祀典整体稳定。清代入关以后承明制，明、清之间的祭祀体系有因有革，变动程度也不大。近百年的宗教政策都奉行移风易俗、破除迷信，但在民间信仰中残留的祭祀制度，仍然带有浓重的洪武改制特征。洪武改制决定了汉民族近六百年的宗教生活特征。

《明史·太祖本纪》赞称："（朱元璋）崛起布衣，奄奠海宇，西汉以后所未有也。惩元政废弛，治尚严峻，而能礼致耆儒，考礼定乐，昭揭经义……"朱元璋虽起于田垄民间，但他的礼臣们立志恢复汉代以上的祭祀仪礼，以符合"经义"。汉代"经学"中呈现的上古祭祀仪礼，和历代民间信仰是渊源关系。朱元璋做的事情，就是把民间信仰重新转为"祠祀"，以"经义"之名将民间祭祀合法化。《明史·礼志·吉礼》记载："明太祖初定天下，他务未遑，首开礼、乐二局，广征耆儒，分曹究讨。洪武元年，命中书省暨翰林院、太常寺，定拟祀典。"当年，朱元璋刚刚称王，"上承天命"，马上谕令"礼臣李善长、傅瓛、宋濂、詹同、陶安、刘基、魏观、崔亮、牛谅、陶凯、朱升、乐韶凤、李原名等"制定《洪武礼制》等一系列祀典。"洪武礼制"对历代祭祀做了改革，厘定了儒教祭祀体系，即"祀典"。

---

① 《汉书·五行志》，第133页四。

朱元璋鼓励民间祭祀，朱国祯（1558—1632，浙江吴兴人）
《涌幢小品》有记："太祖最虔祀事，到任《须知册》，以祀神为
第一事。今官府莅任，吏人先投《须知册》，仿此。"由于朱元璋
重视祭祀，地方官员上任后第一件事情就是通过衙门胥吏准备的
《须知册》，确定当地的致祭名单。朱元璋不喜欢给民间神祇加上
官方封号，即所谓"赐额"，人鬼祠祀都用真实姓名，"各神俱
存本号，而后代泛加之称，悉皆撤去，为之一清"。按朱元璋的
规定，没有什么"正祀""淫祀"的分别，民间的神祇都可以祭
祀，"其不入祀典，而民间通祀者听。前代有毁淫祠者，而太祖
有举无废，盖重之也。《御制册·序》云：五经四书，有志之士，
固已讲习，即继曰：此书粗俗，实为官之要机，盖严事神明，推
崇经术，其圣不自圣如此"①。在朱元璋看来，民间祠祀"严事神
明"，正符合儒教经义。

朱元璋改制，最初三年兴而不废，鼓励建造社坛，禁止毁
去民间祭祀。"洪武元年，命中书省下郡县访求应祀神祇，名山
大川、圣帝明王、忠臣烈士，凡有功于国家及惠爱在民者，著
于祀典，令有司岁时致祭；二年，又诏天下神祇，常有功德于
民，事迹昭著者，虽不致祭，禁人毁撤祠宇；三年，定诸神封
号……"②连续三年，一系列改革祀典的措施，都是为神祠做加
法，且不得减去。这种态度使得民间祭祀和官方认可的神祇数
量大大增加了。民间兴起各种老爷庙姑且不论，按《明史·礼
志·吉礼》所载的祭祀，仅官方祭祀就有郊祀（即圜丘、天坛，
附祈谷、大雩、大飨、令节拜天等）、社稷（地坛）、朝日夕月
（日坛、月坛）、先农坛（籍田礼）、先蚕坛（亲蚕礼）、高禖坛

---

① 朱国祯：《涌幢小品》，卷十九"祀神"，上海，上海古籍出版社，2005年。
② 《明史·礼志·吉礼四》，第141页三。

（祈嗣礼）、祭告坛（祈告天神等）、祈报坛（祈报地祇等）、神祇坛（祭各类神祇）、星辰坛（祭祀星辰）、灵星寿星坛（祭祀寿星）、太岁月将风云雷雨坛（祭太岁，主风雨）、岳镇海渎山川坛（祭山川，主平安）、城隍庙（保境安民）、历代帝王陵庙（伏羲、神农、黄帝以下，至宋孝宗、理宗，帝王"凡三十有六"）、三皇庙（供伏羲、神农、黄帝）、圣师庙（供伏羲、神农、轩辕、陶唐氏、有虞氏、禹、汤、文、武、周公、孔子）、孔子庙（文庙）、旗纛庙（牙旗）、五祀庙（祭祀灶、门、行、户、中溜神）、马神庙（祭马祖、先牧、马社、马步）、南京神庙（南京城内北极真武等十庙）、功臣庙（明初功臣徐达、常遇春等祠祀）、京师九庙（北京城内真武、东岳、城隍等九庙）、诸神庙（各类神祇）、厉坛（祭亡灵为厉者）等等。如上祠祀数量庞大，大多为公共性的祭祀，致使挂在儒教名下的人鬼庙宇广布各地，和佛教、道教的寺、观分庭抗礼。

"洪武改制"①的路径是回到汉人原初的祭祀方式，进而恢复三代仪礼。"复礼"，历代儒教都有追求，明代尤甚。蒙文通（1894—1968，四川盐亭人）先生指出，明代正德、嘉靖年间，文学上出现了反"宋文"，学术上则伴随着反"宋学"的主张。②其实，有明一代的文化，始终在复古的风气下发展。明代儒教恢复周礼，和朱明王朝寻求汉族认同的合法性有关。朱元璋《北伐檄文》中"驱除胡虏，恢复中华"的口号，即恢复汉人的典章制度。"洪武礼制"以"折中于古""度越汉唐"为标识，《明

---

① "洪武改制"是一个明显而重要的现象，惜乎学术界的研究尚未全面展开。黄进兴《圣贤与圣徒》（台北，允晨文化实业股份有限公司，2001年）中提到"太祖改制"（第133页），并在全书中对此问题有所论述，可参看。

② 参见蒙文通《中国历代农产量的扩大和赋役制度及学术思想的演变·嘉靖学术》（《古史甄微》，成都，巴蜀书社，1999年），"这次运动的方向是反对传统的'宋文'，而在同时，却也发生了反对传统的'宋学'的新学术"（第373页）。

史·礼志·吉礼》曰："其更定之大者，如分祀天、地，复朝日、夕月于东、西郊，罢二祖并配，以及祈谷大雩，享先蚕，祭圣师，易'至圣先师'号，皆能折中于古。"又曰："若夫厘正祀典，凡天皇、太乙、六天、五帝之类，皆为革除，而诸神封号，悉改从本称，一洗矫诬陋习，其度越汉、唐远矣。"①洪武礼制的改革内容有：汉、唐以来衍生出来的，如天皇、太乙等神祇舍去不用；汉代已有的神祇，均采用本名，割去历代封号，如孔子只剩下"至圣先师"，其余不用；把西汉末年王莽建立的"天地合祀"，按《礼记》规定重新分解为"天地分祀"；还有，祠祀庙宇里以神主代替塑像，以合乎古礼。如城隍庙毁去塑像，泥于壁上。原定文庙也毁去塑像，除去唐、宋佛教影响，但迄至嘉靖九年（1530）方才成功。"折中于古"和"度越汉唐"的说法，都是回到周代礼制，在未受到胡人、色目人、蒙古人影响的纯粹汉人宗教之上，建立中华祀典的正统性。

洪武初年，左丞相李善长等儒生按汉代经学文献，如《仪礼》《礼记》和《周礼》的记载，设计以钟山之阳（南）设立圜丘（天坛），以祭天；在钟山之阴（北）设立方丘（地坛），以祭地。同时，还按《礼记·祭义》"祭日于东郊，祭月于西郊"的说法，增设日坛以祭日，月坛以祭月，配成了完整的天、地、日月星辰的祭祀系统，俨然"汉制"。南京的四郊祭祀毁于太平天国，北京则至今保存四坛格局。按朱元璋和明初礼官们的理解，"天地分祀"是正统的汉人祭祀制度。为此，他们援引五经作为正说："《周礼·春官宗伯·大司乐》：'冬至日，礼天神；夏至日，礼地祇。'《礼》曰：'享帝于郊，祀社于国。'又曰：'郊所以明天道，社所以明地道。'《书》曰：'敢昭告于皇天后土。'按：古者或曰

① 以上所引，均见于《明史·礼志·吉礼一》，第132页二。

地祇，或曰后土，或曰社，皆祭地，则皆对天而言也。此三代之正礼，而释经之正说。"①明初的复古理路，也是一种复礼之说，试图克服唐、宋以后由理学主导的天地合祀理论，主张分祀。

天地南北祭祀，是分是合，是关系明代国本的大事情。洪武十年（1377）秋天某日，朱元璋读了西汉经学家京房（前77—前37，河南清丰人）《易经》的"灾异说"，忽然觉得天地如父母，分祭就是夫妇分离，南北设坛的做法不妥（"太祖感斋居阴雨，览京房灾异之说，谓分祭天地，情有未安。……谓人君事天地犹父母，不宜异处"②），决定明年合祀。有明一代，天地合祀制度执行到嘉靖九年（1530）。本年，明世宗朱厚熜（嘉靖）阅读五经，感觉周代分祭上帝和地祇，专祭上帝，更加合理。实则朱厚熜以孝宗之侄、武宗堂弟的藩王身份"入承大统"。在著名的"大礼议"中，他借助天地分祀机会，将自己的生父兴献帝朱祐杬配祭在天坛，生母章圣皇后蒋氏配祭在地坛。于是，嘉靖皇帝在"大礼议"中的干将大学士张璁（1475—1539，浙江永嘉人）作《郊祀考议》，附和分祀；给事中夏言（1482—1548，江西贵溪人）上疏建议既然皇帝到先农坛"亲耕"，则可以让皇后到先蚕坛"亲蚕"，"适与所议郊祀相表里"③。于是，礼部议决再行南北分祀，奏曰："南郊合祀，循袭已久，朱子所谓千五百六年无人整理，而陛下独破千古之谬，一理举行，诚可谓建诸天地而不悖者也。"④这样，明朝的祭祀制度，又回到了洪武初年的"天地分祀"，并一直延续到清朝末年。

以现代宗教学的理论来诠释，天地合祀，以"天帝"为独

---

① 《明史·礼志·吉礼二》，第134页三。
② 同上。
③ 同上。
④ 同上。

尊，而且将"上帝"理解为"太一"等精神性的存在，"惟精惟一"，有一神论（Monotheism）的倾向；"天地分祀"，地祇——即各种各样的人间神祇独立于"上帝"而存在，则自然会组成一个独立系统，容纳更多的神祇，看似多神论（Polytheism）。儒教到底是一神论，还是多神论，这是自"中国礼仪之争"（Chinese Rites Controversy）以来，在教、学二界一直争议的问题。[1]周代礼制，经过历代儒家学者的诠释，"天帝"被抽象为精神，《诗经·大雅·文王》曰"上天之载，无声无臭"，无形无象，这种解释偏向于一神论。但是，五经和《史记》《汉书》，还有历代祠祀以及民间信仰中都还保留了许多有名有姓、曾有实迹的灵魂，即"五帝"（太皞、炎帝、黄帝、少皞、颛顼），这又接近于多神论。儒教在宗教学意义上是一种一神教和多神教混合的信仰。

杜佑《通典·吉礼一》分别祭天之礼，有"一"和"六"的差别："郊丘之说，互有不同，历代诸儒，各执所见。虽则争论纷起，大凡不出二途。宗王子雍者，以为天体惟一，安得有六？圜丘之与郊祀，实名异而体同。所云'帝'者，兆五人帝于四郊，岂得称之天帝？一岁凡二祭也。宗郑康成者，则以天有六名，岁凡九祭。"[2]据《孝经》衍义，"《中庸》言，郊社之礼，所以事上帝也"。南郊圜丘事奉上帝，是奉"一"还是奉"多"？"上帝"是唯一，还是有六（上帝加五帝)？历代有王肃（子雍，195—256，山东郯城人）和郑玄两种说法。王肃主张祭"一"（"合祀"），推上帝为唯一，其他神祇都作为陪祀。郑玄则反之，主张祭"多"（"分祀"）。上帝是一还是多的争议，固然不能用西方宗教的一神论、多神论定义来简单规范，但其中

---

① 参见李天纲：《中国礼仪之争：历史、文献和意义》，上海，上海古籍出版社，1998年，第268—272页关于朱宗元《郊社之礼所以敬上帝》一文引出的讨论。

② 杜佑：《通典·吉礼》，第1167页。

包含的类似意义——人类信仰都在追求一个至高境界，这是可以比较的。朱熹《四书集注》对"郊社之礼，所以事上帝"句的解释，认为孔子是在"郊社"之后，省去了"后土"（社稷），即祭祀上的简化。但是，耶稣会士利玛窦在《天主实义》中提出：朱熹的说法并不准确，《中庸》在"郊祀"之后不加"社稷"，并非是"省文"，而是强调上帝"一之，不可为二"[①]。从利玛窦开始，分祀与合祀的争议，与多神论与一神论的讨论便直接相关了。

儒家祭"一"的主张，含着以"上帝"为独一神明，其他神祇都是附庸神（配祀）的意蕴。这样中西会通的解释，和亚伯拉罕宗教的一神论虽不相同，却可以拿来比较中西文化之异同。天主教、东正教的教堂里，也用"圣人"（Saints）的圣像（Icons）来陪祭耶稣基督。根据利玛窦的思路，明末天主教徒朱宗元（1609—？，浙江鄞县人）作文《郊社之礼所以敬上帝也》，认为儒书中的"上帝"，即天主教的"天主"，是独一尊神，其他圣贤人物都是陪祭。他反对儒家祭礼中"南郊""北社"的"天地分祀"，而主张以"郊社"独尊"天帝"，其余神祇，如山川、社稷、风师、雨师、雷神、祠祀诸神，统统归为从祀，配享给"天帝"。我们可以"把这些讨论，看作儒学对天主教的一种回应，是一种新的'一神论'学说的诞生"[②]。

洪武初年和嘉靖以后执行的"天地分祀"制度，是为祭"多"，它为更多神祇进入祭祀体系开启了大门。天、地、日、月、社稷、神农、文昌、关帝、天后、城隍以及种种圣贤人物亡灵分别设坛、设庙，进行祠祀，对明、清、民国，以至今日的

---

①　李天纲：《中国礼仪之争：历史、文献和意义》，第313页。
②　同上书，第312—313页。

"群祀"性的"多神"现象有很大影响。洪武元年遍地访求神迹，将民众祭祀的群神收入祀典。朝廷出面访神，而不是限制淫祀，这是历代罕见的现象。民间因此大兴寺庙，一发不可收拾。洪武三年，因前两年的宽松政策导致群神泛滥，朝廷对过度的祠祀刹车喊停。本年的谕令是剔除不应祭祀者，把应该祭祀的神祇规定下来。这在一定程度上恢复了儒教严格祀典，反对淫祀的做法："天下神祠不应祀典者，即淫祠也，有司勿得致祭。"[①]明代祀典和淫祀的标准，在洪武三年稳定下来，并影响后世。

朱元璋对于祭祀仪式带着江淮地区民间信仰的理解。朱元璋本人虔信鬼神之灵验，对于元末长期战争中怨屈而死的厉鬼，尤其畏惧，怕他们作祟。他的《鬼神有无论》论述："自秦、汉以来，兵戈相侵，杀人盈野，致有生者、死者各无所依……今鬼忽现忽寂，所在其人见之，非福即祸，将不远矣。其于千态万状，呻吟悲号，可不信有之哉！"[②]洪武二年（1369），命各地大设城隍，就是为了安抚那些战争中死去的无祀鬼神，御制城隍祭文称："念冥冥之中，无祀鬼神，命本处城隍以主此祭，镇控坛场，鉴察诸神等类。"[③]顾炎武注意到朱元璋在鬼神问题上总是托梦改制，"《日知录》载：洪武二年，上（朱元璋）在朝阳殿，梦东莞城隍云：'每岁致祭无祀孤魂，一次不敷，乞饬有司岁祭三次，庶幽魂得以均沾。'上览而异之，召礼部议，诏天下无祀者，岁于清明、中元、十月朔，郡邑官致祭，著为令，今祀典因之"[④]。虔信城隍的朱元璋，第二天就批准了东莞城隍神在梦中向他提出的申请，在每年一次祭祀的例行之外，另加两次。明、清

---

① 《明史·礼志·吉礼四》，第141页三。
② 《明太祖集》，合肥，黄山书社，1991年，第223—224页。
③ 李东阳、申时行等纂修：《明会典·群祀四》，《续修四库全书》。
④ 转引自袁景澜：《吴郡岁华纪丽》，南京，江苏古籍出版社，1998年，第98页。

时期苏州、松江、上海地区流行的城隍神"三巡会"，据说就是这样起源的。城隍之外，借五路神来安抚厉鬼，也是洪武改制的结果。厉鬼闹事太甚，朱元璋又改造了江南民间信仰五显神，用以安抚。传说朱元璋梦见陈友谅旧部将士亡灵来纠缠，醒后就敕令天下，"五人为伍，处处血食，乃命江南家立尺五小庙，俗称'五圣堂'"[①]。五圣，又称五显、五通、五路，原是一个混杂的民间信仰，洪武改制中转而成为正祀。

淫祀和正祀之间并非总是对立，常常是兼容并蓄，时时转换。礼臣们有时将民间淫祀升为正祀，有时也将正祀废为淫祀，这样的"改制"多有发生。秦始皇曾规定，官方不加致祭的祠祀，民间可以自祠，"郡县远方神祠者，民各自奉祠，不领于天子之祝官"[②]；汉高祖也允许民间在官方祠祀之外，自筹财力，祭祀乡里神祇，"十年春，有司请令县常以春三月及时腊祠社稷，以羊豕。民里社，各自财以祠[③]。制曰：'可'"[④]；汉武帝初即位，"尤敬鬼神之祀"[⑤]，建元元年（前140）刚登基即下诏："河海润千里。其令祠官修山川之祠，为岁事，曲加礼。"[⑥]汉武帝曾将民间祠祀引为正祠，随后又在江南废除很多土神；王莽篡政后，"崇鬼神淫祀，至其末年，自天地六宗以下，至诸小鬼神凡一千七百"[⑦]。王莽祭祀的小鬼神达1700种，可见民间祭祀的

---

① 李调元：《新搜神记》"神考"，转引自宗力、刘群：《中国民间诸神》，第650页。

② 《史记·封禅书》，第174页四。

③ 《汉书》本处为"各自裁以祠"，"裁"的意思更宽泛，民间有权利决定什么当祭，什么不当祭。这里取《史记》的用字"财"，是认为汉武帝允许民间量自己的财力做祭祀，但也同意《汉书》说法：民间可以自裁信仰和祭祀。

④ 《史记·封禅书》，第174页四。

⑤ 《汉书·郊祀志》，第120页四。

⑥ 《汉书·武帝纪》，第18页三。

⑦ 《汉书·郊祀志》，第126页。

规模。然而，汉代后来又陆续有所废除，《汉书》以"罢淫祀"^①称之。《汉书·郊祀志》记汉武帝灭南越国，李延年以南国音乐进献，汉武帝责问："民间祠有鼓、舞、乐，今郊祀而无乐，岂称乎？"于是，次年郊祀"召歌儿"，用民间之乐。^②这个故事说明，生动的民间祭祀（民间祠），和枯燥的朝廷正祀（郊祀）之间存在着密切的交流关系，而民间祠为郊祀资源。

官民合作模式

无疑，中华宗教和西方宗教在形式上存在着基本的差异。但是，分解来看，提炼出共通的因素，我们仍然可以做一些比较。比如，通过相似的神权、王权和民权之间的三权关系来分析东西方宗教的不同传统。在传统中国，在中央王权、教会神权和地方民权的三权架构中，儒、道、佛、会、道、门等略有组织形态的"宗"与"教"，其作用远远不及西方宗教之教会。中国的神权，没有成长到能够和王权分庭抗礼，更没有出现由教会主导的政教合一，如西欧中世纪那样。

但是，中国宗教确实是一个弱组织。中华宗教的情景和西方不同。西方宗教，如犹太教的摩西、基督教的耶稣和伊斯兰教穆罕默德，都是经创教者发起，组织起来，建立教会，规定教义，册封圣人。中华宗教的情况不同，一个神祇，或一种信仰，通常不是由创教者发起运动，追随者竭力传教，最后形成一个强固的教会体系来完成的。汉族的民间神祇，几乎都是在无组织状态下

---

① 秦汉时期官方对待"淫祀"态度的论述，参见蒲慕州：《追求一己之福：中国古代的信仰世界》，上海，上海古籍出版社，2007年，第77—89页；另参见路遥：《中国传统社会中民间信仰之考察》，《文史哲》，2010年第4期。

② 《汉书·郊祀志》，第122页二。

流传起来，经过较小的运动，设坛、建祠、扩庙，渐渐赢得各界的信众。中国的儒、道、佛，还有民间的会、道、门，有一定的组织方式，但"教会"性质确实不强，这是区别于西方宗教的最大特征。学者按此"非组织"（Non-Institutional）特征，遂认定中国宗教是一种"分散性宗教"（Diffused Religion），如杨庆堃的定义，不无道理。

在传统中国，王权（朝廷）不是教会，自己并不制造信仰，也不直接控制神权（儒、道、佛、会、道、门）。从中央朝廷，到地方州府，再到县镇基层，官方是接受信仰，管理祭祀，但并不直接参与经营某个教会。朝廷通过保持对神祇的核准权，以维护中央的政治权威。这样，地方民权（基层信众）的空间，仍然很大。在宗教信仰方面，地方信众的权力甚至是决定性的，他们是信仰主体。用"政教主从"[①]的模式，未必能概括中国古代宗教的全部。从地方文献中，我们看到，一个神祇在民间诞生以后，信众们通过各种行为，谋求官方的默许、认定和册封，劝进、诱导，甚至蛊惑皇帝将之纳入"祀典"，成功升格之后，成为全国供奉的神明。也就是说，在传统中国，神祇、"宗""教"合法性的认定权，既在官方，也在民间；既在中央，也在地方；既在教会，也在信众。因此，中国宗教是一种"官民合作"的说法，或许比较合适。

中古时期在福建沿海起源的妈祖（天后、天妃、圣母）信仰的"封圣"过程，是一个典型案例，可以用来说明中国信仰的"官民合作"模式。妈祖生前为林姓官家女，是宋代始在闽南莆

----

①　中国社会科学院世界宗教研究所卓新平所长在《"全球化"的宗教与当代中国》（北京，社会科学文献出版社，2008年）一书中，把中国传统政治中的宗教管理形式，概括表达为"政主教从"的模式。"政主教从"的说法，基本符合中国宗教的"官方化"特征，但考虑到传统民间宗教的自发性和自主性，这个说法还需要有一些补充性的修正。

田地区流传的祠祀信仰。林姓女"生而神异，能力拯人患难……宋元祐间，邑人祠之"。徽宗宣和五年（1123），朝廷用八艘福建船通使高丽，遇海难，七艘覆灭，唯主船"见神女降于樯而免"。经船员和地方官奏报，"事闻于朝，锡庙额曰'顺济'"。再到了高宗时期，"绍兴二十六年（1156），封（妈祖）为灵惠夫人"①。妈祖从莆田信徒发现神迹，到福建地方纳为祠祀，再到中央朝廷核实册封，这个"封圣"过程，就是中国民间宗教合法化的一般程序。地方民间神祇，都是通过这个"赐额"的程序，从私祀、淫祀，升格进入祀典。

宋、元、明、清时期，福建移民将妈祖信仰带到台湾、南洋一带，还传播到上海、天津等口岸城市。至元年间，元代中央指派崇明人朱清、张瑄打造沙船，从事海运。上海地区水手奉命使用敕封的天妃，作为自己的海运神，泉州、福州、苏州、松江和天津的天妃宫连为一个朝廷祭祀系统，专护海运。"至元中，以护海运有奇应，加封'天妃'神号，积至十字，庙曰'灵慈'。直沽、平江、周泾、泉、福、兴化等处，皆有庙。皇庆以来，岁遣使赍香遍祭。"②福建籍的妈祖，敕封为全国性的天妃，列入祀典，受到官方的致祭。天妃信仰以泉州为中心，南到台湾、东南亚，北至苏州、松江、天津，福建籍以外的民众在接受妈祖时并没有很多冲突。上海人逐渐放弃了东海龙王、刘猛将、黄道婆等本土航运神，接受天后为海神。换句话说，某一位地方神祇，只要得到了朝廷的认可，很容易推广成为全国神祇，速度远远快于自然传播。

清代中叶以后，天后成为上海地区最重要的信仰，盖因为

---

① 姚福均：《铸鼎余闻》卷一。转见于宗力、刘群：《中国民间诸神》，第390页。
② 宋濂等纂：《元史·祭祀志》，上海，上海古籍出版社、上海书店出版社影印本，第7453页四。

康熙朝以后上海港成为海运中心，福建籍移民大量涌入。清代"沪城八景"之"凤楼远眺"，即为建于上海东门城墙上的顺济庙（天后宫）。清代的天后不入祀典，鉴于航运业在上海的影响力，地方政府认可为私祀，民间可以祭祀。1884年，上海天后宫移建到河南路桥北堍，并兼做清政府的行辕，宫殿豪华，天后信仰登峰造极。1949年以后，妈祖的合法性不被认定，道教协会没有接纳妈祖，以至于在上海、天津等城市的天后宫都被废除。20世纪80年代以后，考虑到天后在台湾和海外华人中的影响，莆田地方政府复建妈祖庙，接待台湾和东南亚华人信众的朝圣。现在的妈祖，当地商民当作旅游经济，地方政府采为税收来源，中央部门用作统战工具，已被联合国教科文组织列入《人类非物质文化遗产代表作名录》（2009）。这个曲折的"合法化"过程，虽不是用祀典来册封，却仍然呈现了某种"官民合作"模式。

汉代以后的民间社会，流行神鬼有别的理论，善神、恶鬼，各施所能。"鬼"，是指那些散乱飘忽，很不友善，会在人间作祟的亡灵，比如金泽镇的陈三姑；"神"，是十分高洁，主持正义，善于体贴祈祷者的神明，比如被人崇奉的后期关公。一个亡灵，在当地立祠供奉，如果不经过官方册封认定，很难为"神"，只能是"鬼"。但是，何者为鬼，何者为神？鬼魂又如何能化为神明，保境安民？不但民间要有大量的灵验（Miracle），还要有皇帝为代表的官方认证，一种"中国式封圣"（Chinese Canonization）——赐额。经过赐额，列入祀典的神祇，为王朝政府认定。敕封以后，慢慢传播，自然就渐渐地成为了全国神（National Gods）。

没有进入祀典的神祇，未必就是非法，古代政治的逻辑，和现代社会并不相同。事实上，明清时期县以下的镇、乡、村都存在着大量小神祇，被列入私祀，都是合法的。不合法的祭祀活动，朝廷和地方列为淫祀，加以谴责，但也不会动辄以"邪教"之名，强力拆除。朱熹曾说，作为地方上的州、县官，要提倡教化，反对淫祀。但是那些有皇帝、官员题额的小庙，就不要乱拆，所谓"人做州郡，须去淫祠。若系敕额者，则未可轻去"①。唐代狄仁杰，清初汤斌在江南"隳庙""去淫祀"的举动，是历史上的极端事件。民间的私祀，甚至淫祀，经常是被容忍的，官方编修的各地方志，都登录了四乡八镇那些名不见经传的小神祇。这些小神祇，可以称为"土神"（Local Gods），是地方上的基本信仰。

按《清史稿·礼志》的总结，时至清末，国家承认的祭祀仍为"大、中、群"三等："清初定制，凡祭三等：圜丘、方泽、祈谷、太庙、社稷为大祀；天神、地祇、太岁、朝日、夕月、历代帝王、先师、先农为中祀；先医等庙，贤良、昭忠等祠为群祀。乾隆时，改常雩为大祀，先蚕为中祀。咸丰时，改关圣、文昌为中祀。光绪末，改先师孔子为大祀，殊典也。天子祭天地、宗庙、社稷。有故，遣官告祭；中祀，或亲祭、或遣官；群祀，则皆遣官。"②按现代宗教学的观点来看，大、中、群三种祭祀，大致可以按照国家祭祀（National Ritual）、区域祭祀（Regional Ritual）和地方祭祀（Local Ritual）的概念来理解。清朝的祀典继承明朝，尊重汉族信仰。皇帝会亲自出席祭祀（"亲祭""告祭"），也会派满汉官员代表出席（"谕祭""致祭"）。明、清两朝的祀典，神祇谱系相当宽泛，从中央到地方尽可能地包容，这是明、清两代宗教政策的开明之处。

---

① 黎靖德编：《朱子语类》，第48页。
② 《清史稿·礼志·吉礼》，第337页下。

清代后期江南士大夫重修地方志，对于民间群祀保持宽容态度。清末冯桂芬（1809—1874，江苏苏州人）等人主纂的光绪《苏州府志》（1883年）卷三十六首语："国有六典，祀居其一。郡县通祀，载在《会典》，罔敢弗虔；至于乡之先哲，与夫贤士大夫之宦于斯者，亦宜尸而祝之；民间所奉，苟非甚不经而有旧迹可考者，并著于篇。"这个体例，对于祠祀系统的神祇，包括"民间所奉"，全体包容。俞樾主持纂修同治《上海县志》，其"祠祀"（卷十）卷首辞称："国家祀典详明，咸秩无文，百灵率职，群黎蒙庥，可无志欤？今分别其每岁动支公项致祭者，曰秩祀；其民间崇德报功，自行致祭者，曰私祀；而凡僧庐道观，缁黄所萃，仅有资于浏览，固靡涉乎典训。"俞樾把祠祀分为两类：一是动用公款致祭的神祇，归为秩祀，是公共祭祀；二是民间自行祭祀的神祇，归为私祀，是私人祭祀。在私祀中，指出某些神祇为淫祀，但并不打击。

莆田之天妃、上海之黄婆，曾是土神。经过申报和册封，查有灵异，均被纳入正祀。被列在私祀的土神，并不是不合法，并不加以禁止。俞樾把社稷、先农、文昌等儒教认可的正祀列在秩祀之首，而城隍神①、新江司殿、长人司殿、高昌司殿等社坛土地神，列在私祀之首，都可以合法地祭祀，只是在官、私性质，或者说公共性程度上有所不同。冯桂芬、俞樾的方志体例，为同治、光绪年间松江府各县县志普遍采用。按此体例，祠祀中的私祀，免去了淫祀之嫌。按俞樾的划定，祠祀系统包括"社坛类"的土地神，"先贤类"的人鬼神，都属于儒教，比"资于浏览"的"僧庐道观"（佛、道教）地位更高。上海县的秩祀标准，比

---

① 城隍在明代是列入祀典的合法神，因为清代上海县城隍庙全年的祭祀活动，均由各同业公会出资，故列为私祀。

朝廷祀典更加宽泛。

章炳麟（太炎，1869—1936，浙江余杭人）是俞樾的学生，他仍然采用一般清儒认定的"祠庙寺观"概念，祠庙属儒教，寺观属佛教、道教，以此来区别中国近代复杂的宗教现象。在《訄书·鬻庙》一文中，章炳麟参与策划戊戌变法的"庙产兴学"。他把官方祀典承认的"正祀"以及民间盛行的"淫祀"，合并称为"祠庙"。本着儒教本位的立场，章炳麟排斥"释道二氏"，主张把佛教、道教寺观，还有民间的淫祀寺庙，一并卖掉。[①]戊戌时期的章太炎，主张保留儒教祠祀的正统神祇，其余大小神祇都加以废除。比较冯桂芬、俞樾等前辈，章炳麟在戊戌时期的主张已经相当激进，但比较"五四"以后的"新青年"，他的宗教观念还相对保守。章炳麟后来对于儒教、佛教、道教，还有基督宗教的态度，既显示出清末革命派在西方文化中吸纳的现代性观点，主张移风易俗和建立宗教，又看得出他保留着很多儒教本位的立场。

和西方亚伯拉罕宗教（犹太教、天主教、伊斯兰教、东正教、基督教）相比，儒教主导的宗教管理体制，不太注重信徒信什么神，更关注人们怎样信神。《礼记》的"祭法""祭义""祭统"，主要记述祭祀方式，关于洒扫进退，礼器礼数。历朝历代，模仿周代的"九鼎"制度，都试图用完善的礼乐祭祀来增加自己

---

① 章炳麟：《訄书·鬻庙》（初刻本），《章太炎全集》（三），上海，上海人民出版社，1984年，第98页。章太炎在戊戌变法时期写作《鬻庙》一文，赞成"庙产兴学"。《鬻庙》回顾"宋元丰时有鬻庙之令"，提醒当政者在出售庙产，举办学堂时谨慎行事。宋元丰朝"鬻庙"，宰相张方平奏罢之。太炎先生认为：宋朝"鬻庙"的失误，在于"鬻祠庙而不及寺观；其与祠庙，又勿别淫祀"。他主张把属于淫祀的祠庙，和佛教、道教的寺观都卖掉，但保留祀典中的祠祀，以减少香火浪费，增加政府收入，开办新式学堂。按朱维铮先生考证，《訄书》初刻本中的文章，有16篇作于1899年7月之前，《鬻庙》为其中之一，见朱维铮所作《章太炎全集》（三）前言，同上书，第21页。

政权的合法性。明、清两代的中央政府尤其注重礼制。中央机构中太常寺、鸿胪寺、光禄寺，分工管理宗教事务。太常寺，"掌祭祀礼乐之事，总其官属，借其政令，以听于礼部。凡天神、地祇、人鬼，岁祭有常"。凡郊祀等各项祭祀活动，均由太常寺总负责；鸿胪寺，"掌朝会、宾客、凶吉仪礼之事。凡国家大典礼、郊庙、祭祀、朝会、宴飨、经筵、册封、进历、进春、传制、奏捷，各供其事。外吏朝觐，诸藩入贡，与夫百官使臣之复命、谢恩，若见若辞者，并鸿胪引奏"。凡朝廷各项礼仪场合，其中涉及周边诸藩的宗教事务，由鸿胪寺负责。光禄寺，"掌祭享、宴劳、酒醴、膳馐之事，率少卿、寺丞官属，辨其名数，会其出入，量其丰约，以听于礼部"。祭品的规格、品种、质量、程序均由光禄寺负责。太常、鸿胪、光禄三寺管理的宗教，都是"祠祀"系统的天神、地祇和人鬼信仰，属儒教。

后世所谓的佛教、道教，与儒教分列，在明朝、清朝的职官系列中靠后。儒、道、佛在朝廷管理地位中的差别，表现在官员从不致祭佛、道教的庙观。朝廷不把佛、道作为自己的事务，只是在礼部设"僧录司"管理寺院僧侣，"道录司"管理庙观道士。"僧、道录司掌天下僧、道，在外府、州、县有僧纲、道纪等司，分掌其事，俱选精通经典、戒行端洁者为之。"[1]礼部的"三寺"（太常、光禄、鸿胪）和"二司"（僧录、道录）分别管理儒教祠祀与佛、道二教，品级差别很大。太常寺卿为正三品，光禄寺卿为从三品，鸿胪寺卿为正四品；僧录、道录司的司正为正六品。明、清两代的宗教格局，儒教地位更加优越，祠祀为主，释、道为辅，至少在朝廷制度上表面如此。然而，特例也是有的，道教"龙虎山正一真人"在明朝职官上享有正二品官爵，甚至高于

---

① 以上所引，均见《明史·职官志》，第199页三。

"三寺"正卿。

人们会不假思索地接受一个结论，认为"普天之下，莫非王土"，中国的地方民权很弱，不足以挑战中央王权，不可能出现欧洲宗教改革以后形成的现代性，即民权抗议主导的政教分离。类似的结论，在一个宏大的东西方文化概论层面上，或许还能耸人听闻；一旦稍稍深入，或遇到了比较具体的问题，马上就显得似是而非。事实上，中央、地方和民间在信仰上有很多合作。政府官员一般会迁就地方人士的建议，亲往致祭，扶持他们提出来的神祇和庙宇。例如，清中叶以后，上海道台税收较多，商人势力增长，民间机构强大。地方政府受民间压力，把别的地方没有或不纳入官方祭祀的庙宇，都拿来提倡。上海县衙门的祭祀活动，比朝廷规定致祭的更多，更有特色。

分析上海县的海神信仰，可以看出地方与中央，民众与官府，以及民众之间的复杂关系。康熙二十四年（1685）以后，海运兴起，上海沙船帮主导了南北货运运输。[①]海运业是上海的经济命脉，官绅合建海神庙。由于沙船帮势力占优，就取用了当地信仰的龙王作为海神。"海神庙，俗称龙王庙，在大东门外老白渡。嘉庆二十五年知县叶机同绅商捐建。……历届海运，设局于此"。嘉庆二十五年（1820），上海海运商人把民间的"四海龙王"（东海龙王广德，南海龙王广利，西海龙王广闰，北海龙王广泽）供做海神，专门设庙。知县官叶机（1764—1824，舟山人）把政府的海运局也设在祠中，海神庙就顺理成章地列为"秩祀"。上海海神庙初由绅商捐建，后"咸丰三年毁于兵（小刀会），五年重建"，仍由"海运局董事沈誉来等筹捐"，可见海神

---

① 包世臣《海运南漕议》："康熙廿四年开海禁，关东豆麦每年至上海者千余万石，而布茶各南货至山东、直隶、关东者，亦由沙船载而北行。"（《包世臣全集》，合肥，黄山书社，1993年，第12页）

庙建庙事务均由海运商人负责，县政府（知县）则加以核准，代为"制秩"，并向上级报批认定。从民间到官方的合法化过程，是典型的"民建官准"的兴庙模式。嘉庆、道光以后，海运代替了漕运，上海跃升为东南沿海之交运枢纽，以商船会馆为代表的上海船商实力大增，他们的呼声常常上达天听。咸丰二年（1852），海神庙龙神和附属风神庙的风神，双双得到了敕封，朝廷批准"上海县风神加'扬仁佐治'封号，龙神加'助顺安澜'封号"[①]。从1830年建立海神庙，经过32年努力，上海的海运商人以及知县、道台，名正言顺地将本地龙王小庙（"海神""风神"）升格为王朝级别的官祭，每年两度，春秋公祭。

上海开埠以后，大量福建、广东、山东移民进入，逐渐形成"五方杂处"的格局，福建帮、广东帮、山东帮船商、货商云集上海十六铺。移民按地籍划分，便有地域神祇之间的竞争。福建籍船商的"天后"（妈祖，圣母，顺济庙）信仰侵入，引起本地信徒的反弹。上海镇在宋代设立市舶司时引进过顺济庙，由于是朝廷直接颁行，并没有遇到抵制。元代至元二十七年（1290），赵孟頫（1254—1322，浙江湖州人）曾为上海县撰《顺济庙碑记》[②]，赐额为民间接受。然而，自从康熙年间上海开埠以后，福建移民从海上大量进入上海，本地从事航运的沙船业民众曾试图在龙王之外，推出自己的女性海神——黄道婆，与福建籍的妈祖竞争。信仰上的竞争反映了地域、籍贯、商业和职业中的竞争，是世俗利益的冲突。

黄道婆原来是上海县乌泥泾镇（今上海徐汇区东湾村）女子，据说曾流落在海南岛崖州，回上海后教民用木棉（棉花）

---

① 以上所引，均见同治《上海县志》，卷十"祠祀"。
② 正德《松江府志》，第244页。

纺纱织布，元以后产业大盛，民赖以活，她的神祠也被特别敬奉。按陶宗仪《南村辍耕录》，乡人赵愚轩（如珏）在元代始建道婆祠。[①] 因不断显灵，道婆祠在万历年间由本地仕宦张之象（1496—1577，上海人）重修，天启年间又由同乡巨绅张所望（1556—1635，上海人）迁建。道光六年（1826），上海乡绅李林松等奏请，将道婆祠迁到上海县城西南半段泾李氏园的附近，列为官庙，有诗为证："邑治西南半段泾，黄婆专庙妥神灵；礼宜请列先棉祠，胜奉黄姑天上星。"[②] 本地信徒们的立祠之意，还别有所图。他们因着黄道婆从崖州航海而来的传说，改称黄道婆是"海运功臣"，力图把道婆祠纳入海神信仰，和天后、龙王、风神、总管等水府神祇同一系列。这一举动，实际上就是将道婆神从上海的本土信仰，扩展到整个东南沿海，与外省籍的海神争夺信众市场。

官府并未同意这样的神谱扩展，甚至还有指责。"公牍有'海运功臣'之语，近涉牵附，上官指驳。"为此，上海本地信徒们找到了当世名儒，徘徊于上海道台、苏州巡抚幕府内外的"安吴先生"包世臣（1775—1855，安徽泾县人），请他撰写《上海县新建黄婆专祠碑》。包世臣算是帮忙，说："沪人以（黄道婆）未列祀典，不足称成功盛德，征言于予，以讯将来。""诸君子推本海运，归美黄婆，固非无说。"[③] 然而，努力没有成功，时至民国，黄道婆依然还是织娘们的女神，没有转化成为水手们的海

① 陶宗仪：《南村辍耕录》，北京，中华书局，1959年，第287页。
② 秦荣光编：《上海县竹枝词》，上海，上海古籍出版社，1989年，第113页。
③ 包世臣：《上海县新建黄婆专祠碑》，上海博物馆图书资料室编：《上海碑刻资料选辑》，上海，上海人民出版社，1980年，第45页。包世臣《上海县新建黄婆专祠碑》收于《安吴四种》卷二十九，未署年月，唯起首时称"道光六年，沙船在上海受雇……"则应是包世臣当年与陶澍、魏源等人一起上疏海运时的作品。沪人借重包世臣倡导"海运代漕"的名声，请他支持将黄道婆列为海神。

神。黄道婆的例子印证了一个过程：初级的神祇信仰，需要由信徒、儒生和官府的上下协商，扩大民众祭祀，加上神祇不断显灵，才可以成为官方认可的祠祀。倘若不然，就是私祀。

同治、光绪年间，上海地区推行的维新事业及西方化已经有年，但本土信仰体系并没有崩溃，祠祀系统完整保存。太平天国占据江南期间，毁灭了大量坛庙寺观。苏福省收复之后，湘、淮军将领主持修复工程，大部分庙宇都有重建，反而激发了对于中国传统宗教的热情。同治十年（1871）俞樾纂《上海县志》，强调儒教祭祀的重要，称"古之圣人，成民而致力于神，即敬鬼神而民义存焉"。作为著名经学家，俞樾明确地把民间的祠祀，归之于儒教传统。经俞樾整理的上海地区祠祀系统，相当精粹，力求接近古代经典。祠祀中间，首列秩祀，包括如下坛、庙、祠：社稷坛、神祇坛、先农坛、东海神坛、厉坛、文庙、关帝庙、文昌阁、魁星阁、天后宫、海神庙、风神庙、火神庙、纯阳帝君祠、刘猛将祠、黄道婆祠、忠君祠、周太仆祠（中铉）、陈公祠（化成）、袁公祠（祖德）、吉公祠（吉尔杭阿）。

按俞樾的标准，秩祀是由政府出资的祭祀项目（"动支公项致祭者"），而私祀则由民间筹款祭祀（"自行致祭者"），包括：城隍庙、金龙四大王庙、晏公庙（敦复）、鄂王庙（岳飞）、英瑞庙（英布）、金司徒庙（金日磾）、筑耶将军祠（袁山松）、萧王庙（何）、周方二公祠（廉、如斗）、三公祠（海瑞、郑元韶、敖选）、海公生祠（海瑞）、三李公祠（棨、继周、希舜）、许徐二侯祠（汝魁、可求）、仁寿祠（群忠）、全公祠（思诚）、沈公祠（恩）、陆文裕公祠（深）、潘恭定公祠（恩）、潘方伯祠（允端）、乔将军祠（一琦）、徐文定公祠（光启）、忠勇祠（李府）、王公祠（王圻）、蒋参议祠（性中）、范烈妇祠（张旦兮妻）、张奚氏节孝祠（张静南妻）。这些私祀项目，基本上都是人鬼类的祭祀。

除了新近去世的人物，如徐光启、潘允端、潘恩等较少神迹外，像萧何、晏敦复、岳飞、英布、金日磾等古代人物，都被民间认为是屡求屡应的灵魂护佑。

民国初年，虽然国体、政体剧烈变革，新政府采用现代化的意识形态管理宗教，但传统的祀典系统仍然维持。民国七年（1918）上海新派士绅姚文枬等人修纂《上海县续志》，基本上延续了俞樾的同治《上海县志》。如前所述，明清时期江南地区的地方志把儒教祠祀与释道寺观分开，置于靠前的位置，以示儒教在"三教"之中的优越地位。民国《上海县续志》同样把儒教"祠祀"（"秩祀""私祀"）列在卷十二，放在新旧学校（书院、义学、学堂、学会）之后，相比列在卷二十九"杂记"的"寺观"（佛教、道教庙宇）、"教堂"（清真寺、天主堂、基督堂）、"僧道"（和尚、道士）而言，仍然具有单列和优先的地位。此外，民国《上海县续志》中的祠祀，按秩序抄录了同治《上海县志》的秩祀和私祀，只是做了一小部分的增删。

值得注意的是：虽然民国政府还没有来得及布置现代宗教政策，潜移默化的改变已经发生。民国《上海县续志》的祠祀系统，基本上继承了同治《上海县志》体例，但《续志》对于县城主庙之外，散在乡间的一些中、小庙宇，如关帝、城隍、岳王、药王、刘猛将、鲁班、黄道婆、虞姬等，都划出来归入寺院与道观。也就是说，中华民国初年，上海士绅们清理祠祀门户，开始把许多原属于公共祭祀的儒教祀典作为民间宗教，划到了地位较低的释道之中。最为突出的是：祠祀系统中数量最多的宗祠（祖宗、先贤），除了一些英烈人物之外，大多从传统的坛庙中划出来，与古迹、第宅园林、冢墓同列，放在卷二十七"名迹"名下。等到儒教废除以后，祠祀就更没有了依附，看上去就失去了宗教性。[1]

方志中的祠祀改革

　　清末民初的宗教改革运动，固然反映在学者、文人和改革思想家的言论中，更加深入而扎实的变化，则存在于基层体制的变动中。上海社会的变化纹理，清晰地记载在同时期的地方志中。俞樾在同治《上海县志》中初步改良了祠祀系统，姚文枬（1857—1933，上海人）在民国《上海县续志》中又对本地祠祀系统加以改造，看起来像是一个温和的祠祀改革方案。民国《上海县续志》的祠祀，首列秩祀，补充了同治年以后的一些祠祀，包括如下坛、庙、祠：社稷坛、神祇坛、先农坛、东海神坛、厉坛、文庙、关帝庙、文昌阁、魁星阁、天后宫、海神庙、风神庙、火神庙、纯阳帝君祠、刘猛将祠、黄道婆祠、忠君祠、周太仆祠（中铉）、陈公祠（化成）、袁公祠（祖德）、吉公祠（吉尔杭阿）、吴公祠（吴煦）、刘公祠（郇膏）、愍忠祠（光绪元年福星轮海难官绅24人）、应公祠（宝时）、李公祠（鸿章）、余公祠（联沅）。[2]这个秩祀的第一类神祇：社稷、神祇、先农、厉坛、文庙、关帝、文昌、魁星，延续了历朝历代的国家祀典，可以说是一种遍布中华的"国家信仰"（National Believing）；祭祀的第二类神祇：东海神、天后、海神、风神、火神、纯阳帝君、刘猛将、黄道婆等，在上海和江南地区流行，在民众中间有很高的认同，和国计民生关系密切。这种地方性的祭祀，可以说是一种"区域信仰"（Regional Believing）；祭祀第三类神祇的：忠君祠、

---

①　参见姚文枬纂：《上海县续志》，民国七年（1918）上海南园书局刻本。

②　姚文枬纂：《上海县续志》，卷十二"祠祀·秩祀"。

周中铉祠、陈化成祠、袁祖德祠、吉尔杭阿祠、吴煦祠、刘郇膏祠、愍忠祠、应宝时祠、李鸿章祠、余联沅祠，祭祀的都被认为是有功于上海当地的官宦、英烈，故而作为"先贤""忠烈"而公祭。借其英灵，护佑城市，这些人鬼类的本地人物，可以归类为"地方信仰"（Local Believing）。国家、区域和地方，三个层面上的祭祀，都在帮助维持一个地方社会共同体。这样的祠祀改革方案，与清末民初的中国文化之变迁——民族国家建设，地方社会完善，城市认同确立，都是一致的。

清末民初祠祀改革的实践，在南京国民政府建立之后就结束了。1927年建立的南京政权重新改造国民宗教生活，次年就颁布了《神祠存废标准》（1928年），希望借此建立中央集权的国家制度。这一次，我们用与青浦县金泽镇毗邻的江苏省苏州府城吴县的地方志来说明。民国《吴县志》编定于1933年，《神祠存废标准》执行有年，破除迷信、庙产兴学的运动在江南地区已经推广。在民国《吴县志》中，我们可以看到南京政府破除迷信带来的初步后果。民国《吴县志》卷三十三"坛庙祠宇"记载的神祇、庙宇和名人祀祠，分"现存祀典""现存私祀""已废祀典"和"已废私祀"四类。面对取缔神祠的压力，地方人士尽力维护祀典。民国《吴县志》编纂者认为坛庙祠宇系统的神祇，都是合乎儒教定义的正祠，所以特别强调说："古者祀有常典，《礼》'郊特牲'、'祭法'诸篇所载备矣。郡县所祀，名义虽繁，要以不离乎礼经所载。"①强调民间祭祀行为合乎儒教文化传统，显然包含着对于政府禁绝迷信、废除寺庙运动的抱怨和抵制。在本次县志修定中，吴县的祀典（现存、已

---

① 曹允源等纂：《吴县志》，卷三十三弁言，民国二十二年（1933）排印本，苏州文新公司印制。

废）和私祀（现存、已废）存废情况，一一都被记载下来，现将"现存祀典"和"现存私祀"两类抄录如下，并加说明，可证江南地区在1927年以后仍在举行的祭祀生活。

现存祀典

社稷：吴县曾自设社稷坛，清末民初合并于苏州府坛。府坛建于宋，明初移至石牌巷，"春秋仲月上戊日（二月初五日、八月初五日），由江苏巡抚（设治苏州），率僚致祭"。

先农坛：咸丰十年（1860）毁于太平天国，亦合并于府坛。

风云雷雨城隍神坛：设三神位：风雨雷电之神；境内山川之神；府城隍之神。春秋两季，由江苏巡抚率众致祭。此为苏州府坛，吴县（今苏州吴中区）风雨雷电坛附于府坛，县城隍庙自设。

城隍庙：由于镇、乡经济、文化发达，江南苏、松、嘉、杭各府诸县都设立城隍神"行宫""别庙"，如青浦县金泽镇。苏州府吴县"各乡城隍庙"有：光福乡、木渎镇、善人桥镇、金家涧、寺庵岭、潭东乡、上毛村、褚山村、谢宴岭。出现大量镇乡城隍庙，是明清时期长江三角洲"城镇化"的一个突出标志。金泽镇的情况最易说明这一现象。

厉坛：吴县厉坛，和设在元和县的府厉坛统祭。吴县一共有510所乡厉坛，洪武元年（1368），知县蒋玉建规定，乡厉坛与府坛"同日致祭"，民间祭祀为朝廷承认。民国后废除。

文昌宫：创建无考，太平天国时毁去，同治年间曾在文庙学官祭祀文昌帝。可见民间将孔庙与文昌君信仰密切联系。

关帝庙：在饮马桥，明洪武初年建，1860年毁于太平天国，同治七年（1868）重建。

火神庙：祀黿神，防失火。万历年间巨宦申时行（1535—1614，江苏长洲人）建，康熙年苏州织造李煦（1655—1729，满洲正白旗人）修。1860年毁于太平天国，同治年间重建。

刘猛将庙：宋景定年间因灭蝗，祀刘锜，敕名"扬威侯祠"。清雍正二年（1724）再次纳入祀典，1860年毁于太平天国，光绪年间重建。

旗纛庙：在校场演武厅，祀军牙六纛神，康熙年间建庙，后毁去。

吕祖庙：祀吕岩（洞宾、纯阳），在阊门虹桥西。吕洞宾在明代敕封为帝，清嘉庆十一年（1806）又敕封为"燮元赞运"，纳入祀典，官府春秋致祭。

天后庙：在胥江西岸夏驾桥南，"万历四十一年（1613），福建商人集资建"，和"三山会馆"合一。清代福建人重修，康熙五十九年（1720）纳入祀典，春秋两致祭。吴县和苏州的天后官，一直是福建商人推动和控制的。

财帛司堂：在升平桥西南，原为宋代贡院，后为布政司衙门。清道光年间重修，太平天国时毁去。

纠察司庙：在朱家园，清嘉庆九年（1804）建，光绪初年再修。

至德司庙：在阊门内上塘岸，祀吴泰伯。东汉永兴二年（154）始建，历代修建。宋元祐七年（1092）诏庙"至德"；明洪武二年（1369）定春秋两祭；清康熙二十三年（1684）江苏巡抚汤斌重修，四十四年（1705）康熙南巡时御书"至德无名"；乾隆十六年（1751）乾隆南巡御书"三让高踪"。

吴恭孝王庙：在洞庭东山白沙，祀吴泰伯弟仲雍，南宋时初建，后废。清康熙二十九年（1690）同姓后裔吴文灏重建。

延陵季子庙： 在武山锦鸠峰下，祀春秋时吴公子季札。唐大历年间初建；元至正五年（1345）同姓吴逢辰改建；清康熙二十九年同姓吴时雁重建。

吴相伍大夫庙： 祀吴王阖闾大臣伍子胥，在胥口镇伍子胥墓边上。伍子胥死后，吴人建祠。1860年毁于太平天国，同治年间地方人士又募款重建。

春申君庙： 在王洗马巷，祀春申君黄歇。初建不详，唐天宝十年（751）重修，康熙、乾隆年间都加修缮，1860年毁于太平天国，同治五年（1866）再建。

温将军庙： 在县学东通和坊，宋淳祐年建，祀唐代长安二年（702）生、温州平阳人温琼（子玉）元帅，又称"忠靖王"。琼为不第秀才，民间传为神，清嘉庆二十三年（1818）纳入祀典。

水仙庙： 在阊门外，唐代建。祀宋高宗南渡时敕封的"水仙明王"。明洪武二年（1369）列为官祀，"与天下岳镇海渎诸神等"；清朝历代重修，每年遣官致祭。1860年毁于太平天国，同治年间再建。

颜子祠： 在盘门内梅家桥，祀复圣兖国公颜回。宋元丰八年（1085）颜氏后裔颜长民奏建，历代颜氏不断祭祀。明嘉靖三十三年（1554）毁于倭寇战火，崇祯、康熙、乾隆年间，官府为维持文风，颜氏为表彰科举，历有重建和维修，遂使颜子祠与孔孟祭祀同祚。

闵子祠： 在桃花坞西大营，祀先贤闵损（子骞），汤斌废淫祠时移建于此。1860年毁于太平天国，光绪时里人重建。

葛洪祠： 在洞庭西山葛家坞，祀晋关内侯葛洪（约281—341，江苏句容人），清康熙五十年（1711）后裔葛汝翼建。

范文正公祠：祠在义宅，先贤范仲淹（989—1052，江苏吴县人），咸淳十年（1274）苏州知府潜说友奏建。祠中设"三公堂"，供范仲淹曾祖、祖、考牌位，虽属家祠，亦兼官庙。毁于太平天国时，同治年间重建。

韩蕲王庙：在灵岩山西麓，祀韩世忠（1089—1151，陕西绥德人）。绍兴二十年（1150）敕葬于此，坟边立祠作墓祭。明成化十年（1474）奏入祀典，每年仲秋（八月）官府致祭。后历有毁坏，清道光十年（1830）江苏巡抚陶澍重修。

徐靖节公祠：祠在陈千户桥，祀宋人徐揆。徐揆，浙江江山人，应试开封，为进士第一，当庭呵斥金人被杀，列《宋史》列传"忠义"。"南渡后数百年，徐氏子孙繁衍，不一其地而居，吴地之光福者为最著。"徐姓在江南为大族，江南徐氏在宋代以后以徐揆精神表彰忠烈，故此不是宗祠，而是公共祭祀。

范文穆公祠：在茶磨山北行春桥西，祀宋代乡贤范成大（1126—1193，江苏吴县人），明正德年间卢雍建，万历年间郡人范允临（1558—1641）重建，崇祯年间巡抚张国维再修。作为宋代苏州"两范公"之一，范成大祠也不单是范氏祠祀，而是公共性的地方乡贤祭祀。

张宣公祠：在紫阳书院北三元坊，祀宋代张栻（南轩，1133—1180，四川绵竹人），由迁吴张栻后裔在南宋期间建造。清道光九年（1829）地方人士顾震涛等帮助后裔张久文重修后，毁于太平天国。同治十三年（1874），应宝时（1821—1890，浙江永康人）任苏松太道和江苏按察使，拨官款重修。

张少傅祠：在桃花坞西大营门，祀宋末将领张世杰。张世杰为"三忠"之一（另有陆秀夫、文天祥），战死于广东顺德崖山海上。据说有南宋宫女嫁在苏州张氏，后人立张祠祭祀。明景泰末年官府拨款建造，道光年间毁去。清光绪十五年（1889），在上海办理洋务的吴县人谢家福（1847—1897）、香山人徐润（1838—1911）出资重建。

金千户祠： 在下保镇，祀元末抵御匪徒，惨遭屠戮的乡人金宏业，子金荣三、荣四祔祀。清道光二年（1822）族裔金启镇申请纳入祀典，原因未载，或因冤屈，或有灵异，居然得到允准。

礼贤祠： 在天官坊，后移建间邱坊巷，祀明庄愍公章溢。章溢（1314—1369，浙江龙泉人），曾与刘基、宋濂（1310—1381，浙江浦江人）、叶琛等人一起，帮助朱元璋征战，身世传奇。祠祀创建无考，曾毁于太平天国时，清同治八年（1869）由官府重建。

况公祠： 在西美巷，祀明代苏州知府况锺。况锺（1383—1443，江西靖安人），宣德年间任苏州知府十三年，以清廉公正名，民称"况青天"，死后列在苏州城隍庙陪祀。清道光六年（1826）官府在原五显神庙基上建造况公祠。毁于太平天国，同治十一年（1872）由官府重建。

陈僖敏公祠： 在镇抚司前，祀吴县籍宦官陈镒（1389—1456）。《明史》有《陈镒传》，生前"凡三镇陕，先后十余年，陕人戴之如父母"。陕西人在饥荒中一直高呼："愿得陈公活我。"明成化十六年（1480）江苏巡抚王恕奏为建祠，历代都由官府维修。清康熙二十六年（1689）江苏巡抚汤斌重建。

王文恪公祠： 在申衙前，祀明代大学士王鏊（1450—1524，江苏吴县人）。王鏊8岁咏经史，12岁能诗，举业连得解元、会元、探花，人称神奇。明嘉靖十一年（1532）子王延喆奏建家祠，居然准为官祭，可见苏州城里的文风、民风和祭俗。

录功祠：在城隍庙西，祀明苏州府同知任环（1519—？，山西长治人），曾任苏松兵备道，率领江南民众抗倭。明嘉靖三十八年（1559）徐师曾（1517—1580，江苏吴江人）奏建公祠，历代均由官府维修、重建。吴县木渎镇还有一录功祠，后称"朱墅庙"，祀乡土谷神。

张靖孝先生祠：在朱家园，祀明举人张基，明崇祯六年（1633）苏松巡御史祁彪佳（1602—1645，浙江绍兴人）奏建，原因不详。清嘉庆十八年（1813）七世裔孙张兴仁重修。

陆包山祠：在庙堂巷，祀明贡生陆治（1496—1576，江苏吴县人）。陆包山，文人、画家，与祝枝山、文徵明游，不知何故立为公祠。

申文定公祠：在流化坊，祀明苏州籍大学士、首辅申时行（1535—1614），明万历四十五年（1617）应天巡抚王应麟奏建专祠。

忠仁祠：在庙堂巷，祀明工部侍郎徐如珂（1562—1626，江苏吴县人）。明崇祯三年（1630）巡抚曹文衡奏建。

周忠介公祠：在卫前街，祀东林党义士周顺昌（1584—1626，江苏吴县人）。周顺昌为明万历四十一年（1613）进士，仁义刚烈，受酷刑而死，苏州为之"民变"。崇祯元年（1628）诛魏忠贤，冤案昭雪，谥"忠介"，五年（1632），敕建专祠。

徐先生祠：在上沙，祀明举人徐枋（1622—1694，江苏吴县人），以遗民之身，拒江宁巡抚汤斌求见，坚不出仕，鬻画卖字，贫病而死。清康熙三十九年（1700），门人潘耒（1646—1708，江苏吴江人）购徐枋隐居之"涧上草堂"建祠。因乾隆年间表彰汉族忠烈，转为官祭。

席太仆祠：在洞庭东山涧桥，祀明末巨商席本桢（1601—

1655，江苏吴县人）。席本桢曾在江南和中原各地赈济灾民，出资抗击匪徒，捐官太仆寺少卿，死后建立专祠。

汤文正公祠：在穹窿山藏书庙，祀清康熙年间江苏巡抚汤斌，江苏巡抚林则徐（1785—1850，福建侯官人）祠附。

林文忠公祠：在石塔头，祀江苏巡抚林则徐。同治五年（1866），长洲县知县蒯德模奏建为专祠。

王果悯公祠：在洞庭东山，祀江南福山镇太湖营副将王之敬（？—1861，浙江奉化人），太平军占据苏州，死于战场，奏立专祠。

朱太常祠：在西麒麟巷，祀清苏松常镇太粮储道朱均（？—1860，浙江海宁人），咸丰十年（1860）太平军攻占江南，在苏州殉难，光绪三年（1877）江苏巡抚吴元炳奏请建立专祠。

顾荣禄公祠：在护龙街尚书里，祀浙江宁绍台道顾文彬（1811—1889，江苏元和人）。光绪十八年（1892），苏州士人以当年克复太平军，平定江南功劳为由，奏请建立公祠。

王孝子祠：在县治东，祀清朝旌表孝子王如松，乾隆五十八年（1793）建。咸丰十年（1860）毁，光绪年间重建。

陶孝子祠：在王洗马巷，祀清朝旌表孝子、四川潼州知府陶文潞，光绪年间建。

节孝祠：在县学西南，雍正元年（1723）下诏建立，咸丰十年（1860）毁，同治七年（1868）重建。[1]

以上为苏州府吴县（与府城同治）在民国初年"现存祀典"中的所有祠祀庙宇，均见于《吴县志》（1933年）。经历戊戌变

---

[1] 以上所列祠祀名录，均据曹允源等纂：《吴县志》，卷三十三"坛庙祠宇"。事迹考录，参看正史列传及相关各书。

法后数十年的风俗改良运动，江南地区的祠祀系统已经发生了变革。清末"庙产兴学"的改革，并未触及祠祀系统的根基；民初以来，特别是南京国民政府奉行的庙产兴学运动，没收了一些庙产丰厚的大庙，但并未根绝民间的祭祀生活。国民党的宣传、文教部门对传统的祠祀原理，即所谓"祭义""祭法""祭统"精神作了改革。改革的原理，来自于国民政府奉行的民族主义和科学精神。《吴县志》记"现存祀典"虽然想维护信仰现状，继承传统祀典，但显然参考了1928年《神祠存废标准》，废除了不少祀典和私祀，以符合国民政府的主张。

根据《吴县志》的现存祀典，我们看到江南的祠祀，几乎都在咸丰十年（1860）被太平军捣毁。洪秀全（1814—1864，广东花县人）按"拜上帝会"的教义，把人鬼祠祀定为"注生死邪说"，是"蛇魔阎罗妖"。[1]太平天国运动援引周武帝灭佛、狄仁杰隳庙和胡迪毁淫祠的案例，在江南毁去大量祠祀。[2]然而，根据同样的方志记载，毁去的祠祀大部分都在同治、光绪年间都由曾国藩、李鸿章的湘、淮军官吏们主持，加以重建。"拜上帝会"打击儒、道、佛，引起了传统宗教反弹，恢复以后的祠祀祭祀更加强烈。所以，这里的结论是：太平天国运动对传统宗教的破坏，虽然残酷，而且惨烈，但是这场突如其来的外部冲击，并没有毁灭江南宗教。

---

[1] 洪秀全：《原道觉世训》（1847年），《中国近代思想史资料汇编》，北京，生活·读书·新知三联书店，1957年，第84页。
[2] 洪秀全在《原道觉世训》中号召"拜上帝会"的信徒捣毁祠庙宫观，援引了中国古代的隳庙案例，称："北朝周武废佛道，毁淫祠；唐狄仁杰奏焚淫祠一千七百余所，韩愈谏迎佛骨，宋胡迪焚毁无数淫祠，明海瑞谏建醮，之数人者，不可谓无特识矣。"（同上书，第87页）事实上，"拜上帝会"的反"阎罗妖"和历代官方儒家主持的"隳庙"有很大不同。太平天国捣毁祠祀宫观是以他们认为的基督教"上帝"为名，反对传统的儒、道、佛教，是彻底的反传统。

　　儒、佛、道教寺庙的真正衰败，起于清朝内部自身的现代化运动。在曾国藩、李鸿章担任两江总督期间，江南各类寺庙都有复建和维护，洋务派并不反对民间祭祀。中国近代意义上的诋教、毁庙运动，开始于维新派人物的宣传。在康有为等人建议下，"百日维新"中推出庙产兴学举措，即将寺庙、庙田用来兴办新式学堂。光绪《诏各省府厅州县设立学校》（1898年）敕令："民间祠庙，其有不在祀典者，即着地方官晓谕民间，一律改为学堂，以节糜费而隆教育。"这项变法诏令冲击了民间祭祀，地方各类人等蜂拥抢夺教产，几欲在一夜之间灭除"三教"。变法失败后，庙产兴学一度松弛；辛亥革命之后，北洋政府公布《寺庙管理条例》（1912年），又开始对儒、道、佛教祠庙寺观没收充公。民国政府公布《神祠存废标准》（1928年）后，儒教祠祀又一次遭遇来自国家权力的冲击，其烈度不亚于历史上的任何一次"隳庙""毁淫祀"。

　　尽管国家政权不再维护祀典，新政权针对祠祀实施了更加强硬的庙产兴学运动。但是，令人诧异的是，民间的祭祀生活在儒教系统破灭后并未消失。如民国《吴县志》所示，民间祭祀系统地保留了地祇类和先贤类的神祠，祀典中的一大部分内容幸存下来。这其中的原因固然和地方士绅努力维持祠祀有关，也和国民政府还想利用祠祀系统，帮助国家建设，建立民族认同有关。我们看到保存下来的祠祀，官方的解释发生变化。社稷、坛庙等等仪式，都不再解释为人鬼、魂魄的祭祀，不作为祈福、消灾、避祟之用，而是作为国家精神存在。国民政府虽没有明确和有效地利用儒教和民间宗教，但"地祇"类的祭祀，如社稷、先农、风云雷雨、城隍，和黄帝、炎帝、五帝陵，文庙、武庙等，都作为中华民族的国族象征保留，成为民族主义意识形态的补充。

先贤类的祭祀也得到了国民政府的承认，保留在现存祀典中。地方人士以先贤祠祀有益乡土文化，保持风俗为名，强烈坚持，中央政府也就允准。南京政府并没有毁去公私祭祀的祠堂，而是将之作为先贤人物的纪念馆式的场所，加以宽容。明清官府和族人后裔共同致祭的祠祀，传统祭义在于保佑一方，现代含义则改造来维系地方文化认同。如吴泰伯、吴仲雍、吴季子（札）被认定为江南吴姓的祖先，吴氏后裔和地方官府共同维护这三座祠祀。伍子胥祠也是由伍氏后人和地方乡绅，以及官府要员共同维护。吴氏始祖庙和伍子胥祠，并不是封闭性的一族一姓的宗族祠庙，而是江南民众的公共祭祀。即便是一些晚近死去的人物，只要其有功于当地（如任环、席本桢），有声于民间（如范仲淹、周顺昌），有异于常人（如况锺、王鏊），他们的英灵并不只是保佑本姓一家，而是各方百姓。从吴县现存祀典来看，古代的先贤祠祀，并不总是宗法性的，而是具有地方公共性。这一公共性特征，使得先贤祠祀很容易从"灵佑一方"的含义，转为地方文化认同的含义。以上祭祀都在苏州地区保留下来。南京政府虽然受到新派人士提倡科学、反对迷信的压力，但其他派别的人士，还是自觉不自觉地利用了地方祭祀中的先贤信仰，将之改造成为乡土文化，利于风俗。

苏州府历史悠久，人文资源丰富，名人荟萃，人鬼祭祀也就非常多。伍子胥、黄歇、韩世忠等神祠，有很强的宗教性，为苏州人顶礼膜拜，供祭为保境安民的守护神，与城隍庙的香火不相上下。破除迷信之后，各种神祠的宗教性大大降低，神主们被理解为纪念缅怀性质的先贤人物。如范成大、范仲淹、周顺昌、林则徐等祠祀，因其事迹健康积极，成为比较容易谈论的对象，其意义逐渐由神祠转为名人纪念馆。

现存私祀

水平王祠：在太湖北昂山，祀水平王，传说为佐禹治水（平水）的后稷庶子。宋庆历七年（1047）曾纳入祀典，清乾隆二十二年（1757）里人重修。

郁使君庙：在冲山，汉惠帝时吴人，授雍州牧，"人仰其德，因立祠为神"。历代重修。

杜康庙：在横金镇，祀酒神杜康。该镇多酿工，产酒，故祀奉传说中的夏代国君杜康。

义金庙：在横金镇，为地祀类的乡间社庙。明初建，万历十五年（1587）里人钱舜臣再修。

江东神庙：在教场，奉秦朝人石固，为汉初灌婴平定江南后出现的信仰。三国时吴国赤乌二年（239）建，明成化年间，清康熙、道光年间，里人均加修建，"为吴中神庙之最古者"。太平天国毁去后，光绪年间士绅又加重建。"江东神庙"历经"躔淫祠"而长期存在，可见民间信仰之顽强。

朱翁子藏书庙：在木渎镇穹窿山南，祀汉代会稽郡守朱买臣，传说他曾在此地藏书而名。初建不详，明天顺四年（1460）里人顾宗善重建，用汉代衣冠，立塑像。

司徒庙：在青芝山北，祀汉代邓禹（2—58，河南新野人）。初建不详，民国时庙前犹有四棵千年怪柏，别名"古柏庵""柏因社"，可证确为古庙。既"庵"又"社"且"庙"，可见儒教、佛教、道教纠缠在一起。

紫泉庙：在塘湾伏龙冈，宋乾道二年（1166）建，原祀三国东吴丞相步骘（？—247，江苏淮阴人），后用为本乡土谷神。

张林庙：在甪直镇南，修志人考定所祀为晋代人张林，归入"祠祀"。又有称"张林"为地名，则应归入"社稷"土地庙，又有称"彰灵土地庙"，则镇乡信徒们以灵异视之。

喝潮王庙： 在宝华岭下，祀顾野王（519—581，江苏吴县人），宋元丰初年建。明、清、民国时期，乡人用顾野王为土谷神庙，借以喝潮。民国《吴县志》考订本县儒教"祠祀"人物转为各乡镇的"土谷神"，并用以镇妖避崇的还有："明顾淇志祠为匠门堂土谷神，周顺昌为车渡浜土谷神，原其所至，乡人所奉之土谷神，必择一前明之至有名者以为之。"儒教祠祀和民间信仰，非常容易转换，或许本来没有绝对的分界。顾野王在吴淞江边有故宅，传说曾喝退江潮，苏、松二府居民奉为"喝潮王"。祠祀人物转为王爷信仰，"顾野王"是另一个例子。

翼宿星庙： 在镇抚司前，祀唐明皇李隆基（685—762），梨园弟子拜祭，俗又称"老郎庙"。李隆基祠，原设于县城隍庙中，清乾隆初年因梨园事业繁荣，分离出来，独自成庙，建于本地。

东平王庙： 在光福南街，祀唐代张巡（709—757，山西永济人），宋元丰初年建，清嘉庆、同治年间由里人重新修建。张巡祭祀，以河南商丘为中心，各地的张巡庙一般封为"忠烈祠"。江南、闽南和岭南地区，民间封张巡为"东平王"，七月二十五日张巡殉难日有"王爷庙会""王爷出巡"等活动。

忠烈庙： 在天平山，原为范仲淹祖先墓祠，仲淹父徐国公、祖唐国公、曾祖周国公三世葬于此。宋宣和五年（1123）奏建，为"公祠"，宋、明、清代一直用官款致祭。清乾隆南巡时，曾访问此庙，赐名"高义园"。

皮场王庙： 在盛家浜，据清乾隆《吴县志》说，本庙创自宋代，同治《吴县志》说本神原为开封显神坊的一个土神，曾封为"明灵昭惠佑王"，有"王爷"名。"皮场王"名，系明洪武年间用"剥皮揎草"刑治贪官污吏，惨酷异常，民间故祀"剥皮场王"，以辟邪气。毁于太平天国，清同治年间重建。

周宣灵王庙：在宝林寺前，祀显佑宣灵王周雄。创建无考，毁于太平天国，同治年间重建，作为金阊集祥里的土谷神。宣统三年（1911）苏州珠宝业众商再建，作为行业信仰。按民国《吴县志》记载，本县周宣灵王庙祭祀的周雄，为江西新城县人，淳祐元年（1241）封在当地，本县既非后裔，又无旅迹，故其祭祀"非其礼"，不该纳入"祀典"，为"私祀"则无可无不可。

朱司徒庙：在官厍巷，祀大云乡土谷神，明洪武八年（1375）知府王兴宗建，历代均有修建。清咸丰十年（1860）毁于太平天国，同治年间重建，光绪年间再修。

茅亭司庙：在慈悲桥北，祀永定乡土谷神。明洪武四年（1371）建，清同治年间重建。

驸马府庙：在泮环桥口，原为潘元绍旧宅，供张士诚（1321—1367，江苏大丰人）的"驸马爷"潘元绍。元绍娶隆平公主，为江浙行省左丞，士诚大将。潘元绍为人好色凶残，曾将自己最美貌的宠妓苏氏砍首，盛盘，供宾客欣赏。按《隆平纪事》记载，朱元璋攻破苏州城后，"擒元绍，至台城杀之，投其首于溷"。潘元绍死后，苏州人在其旧宅供奉亡灵，民国期间仍为丽娃乡土谷神。民国《吴县志》记载："吴人怜之，祀为神明。"苏州城里供奉潘元绍的社坛还有三处：铁局内、东美巷口、颛金桥南，民国初年之前已经毁去。潘元绍为"邪神"，供奉这位"恶驸马"，显然并非因为他是正义的"神明"，而是要规避他的恶魂出来"作祟"。

五泾庙：在阊门水关东北，因五条水泾汇聚在阊门，水深道险，故祀水神。万历年间苏州火灾，周围毁去数百户，唯有五泾庙独存，民间称神，供奉更甚。五泾庙初建失载，毁于太平天国，光绪年间重建。

玄坛庙： 在织里桥南，明嘉靖十三年（1534）里人张云龙建，清同治年间重修。

五路财神庙： 在芝草苳桥，祀五路财神。明初建，历有修建，民国期间犹存。

东岳行宫： 在虎山，祀东岳神。北宋建中靖国元年（1101）里人黄正彦、顾凤建，屡毁屡建，民国期间犹存。

真武行宫： 在洞庭东山梁家濑，祀玄武大帝，宋时初建，历代各有修建。唯"真武"（玄武）属道教，按民国《吴县志》体例，"真武行宫"应列在"寺观"一栏，放在"坛庙祠宇"，此属误置。

灵佑庙： 在洞庭东山的庙山，南宋建炎四年（1130）建，祀真武大帝，兼祀刘猛将神，历代都有修建，民国年间犹存。"真武大帝"和"刘猛将"兼祀，道教和儒教未分，放在"坛庙祠宇"，尚属合理。

利济侯庙： 在洞庭东山金湾，祀金元七。初建无考，俗称"金七相公庙"，即江南地区著名的"总管庙"。金元七，宋代开封人，姓金，名元，行七，故称。另据《姑苏志》：元至正年间，封金元七为"海运总管"，后又晋封为"利济侯"。

吴县土地祠： 巡抚都土地庙（后"土地庙"省）、府、总捕、管粮、苏公、李王、水平王、苳山司稻王、日神、顾相公、穹窿半山、赤兰相王、胥母、护王、陈明王、砚石、马丹马明为王、琵琶大王、顾明王、吴点、吴王、行春桥、陈葛、吴林、朱沙、八蛮、竺山、洪庙、卫王、西陆司、东陆司、吴侯土地庙。

土地祠，又称“土谷神祠”。明、清、民国时期，江南地区各行政单位（县衙门、镇乡村公所）都按人口规模和区划设置土地庙，由各单位的行政主管负责维护和祭祀，为本单位的一切福祉颂祷。在禁毁淫祠的运动中，民国《吴县志》纂者坚持认为“土地祠”不可废，抗辩称：按儒教制度，“上至先圣庙，下至各土地祠，皆编入会计”，即所谓“社稷”，属于同一个上下贯穿的系统。明初建立祀典，朝廷曾下令“各乡村每里立社，以祀土谷之神，是则‘土地’正祀也，要与淫祀有别”。县志纂者为土地祠辩护，显然是对南京政府取缔神祠的做法不满，力图保护这些土地庙。事实上，民国江南地区各衙门的这个祭祀仍然保持。如吴县土地祠，“在县署东偏，明初建，历任知县修缮，至今不废”。

周康王庙：在集祥里市曹桥北，晋、隋朝代的行刑处。因积有阴杀之气，唐代建庙，祀周康王，[①]以抚恤厉鬼，以利居住。故民间历有建造，毁于太平天国之后，光绪年间乡绅顾文彬出资重建。

圣姑庙：在洞庭西山，祀唐代李氏女，传说“有道术，能履水行”。被丈夫杀死后，至唐中叶，“几七百年，颜色如生，俨然侧卧”。据洞庭山艄公说，船过祈祷，稍有侮慢，就有怪风使船只打旋，不能航行。

四皓祠：在洞庭西山，祀汉初“商山四皓”，即《史记·留侯世家》中所记隐居不仕，高岁出而助太子刘盈的“东园公、甪里先生、绮里季、夏黄公”。创建无考，民国时期还

---

① 民国《吴县志》编者称，“周康王庙”得名，是“取成康几致刑错意”。西周成王、康王时期，史称“成康之治”，天下太平，并无两人“几致刑错”的故事。用周康王名庙，以抚恤厉鬼，安定地方，应该是取《史记·周本纪》“成康之际，天下安宁，刑错四十余年不用”的意思。

存在。

梁高士祠： 在西大营门双鱼池，祀东汉梁鸿（字伯鸾，生卒年不详，陕西扶风人）。梁鸿和妻子孟光以高士大才隐居于城市，晚年移住吴会，有"举案齐眉"故事留在苏州。祠祀初建无考，清道光十年（1830）江苏布政使梁章钜（1775—1849，福建长乐人）迁址移建。1860年毁于太平天国，光绪六年（1880）知县高心夔再移建于此。

黄门分祠： 在香山梅社，祀顾野王。吴县还有四座顾野王祠，不都是私祀。最大的一所在南濠义学，称为"黄门公祠"，曾列入祀典，是地方上的公共信仰。

双忠祠： 在盘门外灵岩乡，祀宋代义士刘鼐、张霓。南宋初年，金兵攻占苏州，刘鼐、张霓随高宗从开封南渡，固守盘门，殉国而死。明永乐初年建，历朝修建。太平天国时毁去，光绪间里人重建。彭绍升（1740—1796，江苏长洲人）《重修盘门双忠祠记》称："自二士之死，里人神而祀之，至今六百余年，而灵爽益著。"苏州双忠祠的香火一直很旺，信徒很多，"灵爽益著"，应该不是虚语。

周孝子祠： 在西大营门双鱼池，祀宋乾道间常熟人孝子周容明。明嘉靖间里人自建于常熟，因有灵异，府城苏州也建立分祠。按谢家福《五亩园小志》称：吴县周孝子祠有井，"居民有疾，汲泉和紫苏茎叶煎汤者多愈，为父母请者，尤验。以九月二十一日为孝子寿"。

邱文定公祠： 在洞庭东山杨桥莲花圩，祀宋代官宦邱崈，清乾隆十一年（1746）裔孙自建。

赵正惠公祠： 在穹窿山南，祀宋代官宦赵希怿。本祠不知何时转为佛教庵堂，名"潮音庵"，奉神"赵老爷"，民国《吴县志》考订为赵希怿，"盖'潮声'与'赵正'相谐耳"。主张"复庵为祠"，将此佛庵改回儒教祠祀，加以保留。

唐解元祠： 在桃花坞，祀明代解元、"江南第一才子"唐寅(1470—1523，江苏吴县人)，清嘉庆六年（1801）知县唐仲冕建，以祝允明、文徵明配祀。毁于太平天国，同治年间重建。

路文贞公祠： 在洞庭东山，祀明代都御史路振飞，后裔建祠。

王处士祠： 在胥门外，祀明贡生王学伊，清康熙年间后裔以祖居改建。

申公祠： 在北贞乡申庄，祀清代本乡官宦申繐，获旌表，后裔所建。

张公祠： 在潭东，祀清代学绅张介祉，获旌表，后裔所建。

二张先生祠： 在护龙街宜多宾巷，祀清人张孝时、张旌德兄弟，获旌表，后裔所建。

戈公祠： 在善教浜，祀清人戈元纶，获旌表，后裔所建。

江公祠： 在胥门外小日晖桥，祀清人江萧淞，后裔所建。

吴公祠： 在桃花坞，祀清人吴文垣，获旌表，后裔所建。

程公祠： 在护龙街砂皮巷，祀清人程仁藻，获旌表，后裔所建。

汪公祠： 在申衙前，祀清人汪雨亭，获旌表，后裔所建。

张公祠： 在护龙街砂皮巷，祀清人张世埒，获旌表，后裔所建。

勇义祠： 在香山津桥塥，祀咸丰十年（1860）死于太平军的徐则等七十九人，同治七年（1868）由政府公建。

双义祠： 在胥门伍子胥庙侧，祀浣纱女某和伍存敬妾金氏，清康熙年间建。

孝严祠： 在洞庭西山棠里，祀宋代徐国妾顾氏，明嘉靖年间建。

陈烈妇祠： 在香山塘村，祀清代烈妇村民袁七妻陈氏，获旌表，私建。

母节子孝祠： 在包衙前，祀清代杨桂节妇鲍氏、孝子杨灿，获旌表，私建。

赵贞烈祠： 在支硎山，祀清代王叔基妻赵氏，道光年间获旌表，私建。

潘氏祠： 在香山嘴下场，潘氏祖祠，明正德六年（1511）氏建。

蔡氏祠： 在洞庭西山飘渺峰下，为"西山蔡氏"祖祠，清康熙年间氏建。

金氏祠： 在洞庭西山橘社，为"西山金氏"祖祠，清康熙年间氏建。

席氏祠： 在洞庭东山安仁里，为"东山席氏"祖祠，清乾隆年间氏建。

陈氏祠： 在五都五图，陈氏祖祠，清光绪年间氏建。①

从民国《吴县志》中看到，至少在南京政府早期，相当大一部分的私祀寺庙在20世纪30年代继续存在，尚未被捣毁。尽管已经掩饰了部分灵异因素，现存私祀中的很多坛庙祠宇（如驸马府庙、顾野王祠、周康王庙、圣姑庙），看起来仍然非常"迷信"。自清末"同光中兴"以来，江南地区的现代化、城市化事业已经持续进行了60多年，而90多年前在上海大都市开始建立的现代社会制度（如新式学校、基督教会、行业协会、专业学会、报纸、书籍、银行、邮局、海关、巡捕房、救火会、工厂、公司、商行等等）已经渗透到松江、苏州府各县的每一个镇、

① 以上"现存私祀"所引，除标明出处外，均据曹允源等纂：《吴县志》，卷三十三"坛庙祠宇"。

乡、村。在这个不算短的时期内，传统的镇乡祭祀生活并没有成为现代都市制度的障碍。换句话说，清末民初，在中国现代化事业发展最为顺利的长江三角洲地区，传统宗教制度并未与新文化形成正面冲突。

1843年上海开埠以后，以西方为特征的现代社会文化制度大量进入江南地区，松江、苏州、杭州、湖州、嘉兴各府诸县，确实经历了巨大的外来文化冲击。但是，江南地区少有教案发生，基督教、天主教会并没有和传统宗教大肆冲突。太平天国期间（即各类方志所谓"咸丰十年"），江南地区的祠祀坛庙确实和佛教、道教寺观一起遭到了毁灭性的打击，但是理智的江南士绅并不认为拜上帝会真的代表了西方基督教，而径以"长毛""粤匪""邪教"斥之。同治、光绪年间，江南士绅一边从事洋务，一边修复祠祀。社会各界提倡中西熙洽，中西宗教既不冲突，传统宗教也不反动。清末民初江南地区宗教生活中温和兼容、多教并存的局面，完全可以在地方文献中得到证明，而与五四运动（1919）中漂泊在上海的士大夫知识人惊呼的中国宗教愚昧、落后并不相同。

按历代的方志体例，私祀的宗祠一般不会收录在公共祭祀的"坛庙"篇。民国《吴县志》选择了洞庭东、西山的一些大族宗祠（族祠）放在"坛庙祠宇"篇中，确实是破了传统方志的体例。传统方志不收宗祠，并不单单因为家族性的宗祠是私祀，公共性较弱；而且还在于宗法性的祭祀，和灵异类的祭祀相比，其宗教性不强。例如，吴县民众祀顾野王祠，虽然起源于家族性的宗祠，但因为顾野王逐渐被公认为"喝潮王"，经常有灵异发生，有求有应，成为地方公共信仰，便具有比一般宗祠更强的宗教性。一般私祀的家族宗法性宗祠，与那些公祭的灵异类宗教性宗祠有着很大的差别，笼统地把宗法性的祠祀

（宗祠）和宗教性的祠祀（坛庙）合称为"宗法性宗教"[1]，并不合适。

　　中华宗教承认人鬼信仰，经常显灵的人鬼可以列为宗教性祠祀。家族、宗族内部祭祀，并不具有很强公共性的祖先信仰，可以列为宗法性祠祀。民国《吴县志》将宗法性的祠祀，与宗教性的祠祀放在一起，把洞庭山各大家族（蔡、金、席氏）的宗祠列入"坛庙祠宇"，与那些灵异类的祠祀放在一起，确属不类。编者意识到这个问题，但在南京政府打击封建迷信，强推庙产兴学的氛围中，降低宗教性，倡导宗法性，应该是保存祠祀庙宇的权宜之计。编者称："按宗祠为史乘所不载，然自礼教凌夷，宗法不讲，任恤之风渺焉莫睹，犹赖有宗祠之设，一展敬宗收族之诚。洞庭诸山，风气淳朴，尚有先民规矩，宗祠之立，亦较多于各乡，择其尤著者著于篇，为孝子顺孙劝也。"[2]从这个例子可以看到：宗法性祠祀和宗教性祠祀在新文化的意识形态体系中逐渐合流。

---

　　① "宗法性宗教"的概念，参见牟钟鉴：《中国宗法性传统宗教试探》，《世界宗教研究》，1990年第1期。
　　② 曹允源等纂：《吴县志》，卷三十三"坛庙祠宇"。

第四章 私祀：民间宗教的秩序化

中国宗教体系

英国人类学家莫里斯·弗里德曼（Maurice Freedman, 1920—1975）在其论文《中国社会中的宗教和仪式》（1974年）中断言"存在一个中国宗教"（A Chinese Religion Exists）。[①]这里的含义，不但是指中国文化中含有宗教内容，而且是说：中华宗教可以作为一个整体来看待。杨庆堃的《中国社会中的宗教》（1961年）出版后，弗里德曼认为这是一本延续韦伯、葛兰言的思路，以"整体描述中国宗教"（Characterize Chinese Religion as a Whole）的著作。弗里德曼赞同杨庆堃把中国宗教作为一个整体，但对他把中国宗教看作"分散性宗教"（Diffused Religion）不满意。他认为："在任何程度上，我们开初就应该有个设定：中国人的宗教观念和实践，不是一种各类零散因素偶然的聚合。所有的现象，还有大部分的相关文献，都恰恰相反。有些文献，像禄是

---

① Maurice Freedman, "On the Sociological Study of Chinese Religion", in Arthur Wolf ed. *Religion and Ritual in Chinese Society*, Stanford University Press, 1974, P. 20.

道、戴遂良辑录的无疑都是一些珍贵资料，但他们却是把读者降贬到一大堆杂乱无章的事实面前，炫目中只得顺从。"弗里德曼认为：中国宗教并不散乱，"在表面杂乱的现象背后，存在着某种秩序。这种秩序，或许可以用我们常说的'中国宗教体系'，即观念层面的信仰、呈现、教义区分等，以及那些实践和组织层面的仪式、团体、教阶制度等等两方面来表述"。

任何民族的宗教生活都有独立而内在的完整性，这一点人类学家更能洞察。更何况，自周代以降的三千年中，中国人的宗教生活不断有儒者加以记载、整理、诠释，形成经典，早已把华人信仰弄成了一个系统。学者们只要有机会进入中国人的生活或者经典，都可以发现这里确有一个系统。说中国宗教"乱七八糟""没有系统"，是因为近代以来，中国宗教被现代化的意识形态砸碎、打烂的缘故。从基督教传教士判中国民间信仰为迷信，到荷兰汉学家高延用"中国宗教体系"（Chinese Religious System）、韦伯用"中国宗教"，再到杨庆堃的"分散性宗教"以及今天中外学者仍在广泛使用的"民间宗教"，正表明了现代学者对中国宗教的系统性缺乏共识。无论如何，研究者还是有一个共识，认为一般民众的信仰方式代表中国宗教的特征，更具有"中国性"（Chineseness）①。近年来，海外宗教学者越来越有把民间宗教单列研究的趋势，他们修正杨庆堃的分散性宗教理论，进一步提出：中国的民间宗教并不散乱，而是具有内在秩序。欧大年教授针对杨庆堃的分散性宗教缺陷说，提出"事实上，寺院和民间社区的祭祀仪式，都是与以家庭和乡村生活的秩序为基础的组织、结构相关的"②。民间宗教能不能从中国社

---

① Maurice Freedman, "On the Sociological Study of Chinese Religion", in *Religion and Ritual in Chinese Society*, P. 21.

② 欧大年：《〈中国社会中的宗教〉序言》，见杨庆堃著，范丽珠等译：《中国社会中的宗教》，上海，上海人民出版社，2007年，第16页。

会的整体关系中划分而独立成教，可以存疑，但是民间宗教能代表中华宗教的基本特征，其内部有着自己的信仰和社会结构，在城乡香火、公私祭祀、大小庙宇和不同神祇之间有着紧密的秩序和联结关系，这是肯定的。

从整体上看，中华宗教也是一种理性宗教。儒学、道家、佛理是哲学，是理性，近代学者已经有连篇累牍论证，利玛窦、李提摩太（Timothy Richard，1845—1919，英国人）等宽容派基督宗教传教士也有所肯定。然而，百多年来一直被划为"迷信"的民间信仰是不是含有"理性"？对于搬用西方学说的学者来讲，一般回答是否定的。然而，什么才称得上"理性"？"理性"是否只有"逻各斯"（Logos）一种形式？为此，走出"西方中心主义""基督教中心主义"的欧美思想界做了重大修正。法国当代结构主义思想家列维－斯特劳斯主张："野性的思维是通过理解作用（l'entendement）而非通过感情作用（l'affective）来进行的。"①直接地说，就是：野性的思维也是理性的。列维－斯特劳斯《野性的思维》引用巴尔扎克的话："世上只有野蛮人、农夫和外乡人才会彻底地把自己的事情考虑周详；而且当他们的思维接触到事实领域时，你们就看到了完整的事物。"欠缺文明的乡下人，反而会更加仔细地思考和周边社会的关系，采用什么方式是另一回事情，这是很多社会中的一个普遍现象。并不是运用的概念越抽象、词汇越高级，就越"理性"，"词的抽象程度的高低，并不反映智力的强弱，而是由于一个民族社会中各个具体团体所强调和详细表达的兴趣不同"②。

---

① 列维－斯特劳斯著，李幼蒸译：《野性的思维》，北京，商务印书馆，1997年，第307页。

② 同上书，第3页、第5页。

文化人类学①强调各个群体、部落、地区、民族和文明——即各种密切交往的人群单位——会有自己特别关注的要点，但无文明高下之分。生活方式不同，理性形式也各异。在中国民间宗教中间表现出来的秩序化，也是理性化的一部分。任何事物，只要有了内部秩序，便可以合理地运行。任何信仰，只要有了自己的组织化行为，虽不一定是基督宗教那样的"教会化"的宗教，却也有自己内在的秩序，以理服人。虽然中国的民间信仰和仪式看起来像是分散在各种世俗制度中的文化因素的组合，但在此表象下面存在着一种深层次的宗教秩序。正因为有此秩序，也可以说存在着一个不同于西方亚伯拉罕宗教（犹太教、天主教、东正教、基督教和伊斯兰教）形式的中华宗教。

任何形式的宗教体系，都必须具备相当规模的统一祭祀。寺庙数量和规模以及祭祀方式的同一性质，是判断一种宗教完整性的重要标志。天主教的大公性便是它规定了统一的祭祀方式，拥有广泛数量的教区、教堂和教徒。在中国，儒教祠祀系统的祭祀方式也有相当程度的一致性。从全国到地方，儒教人士维持着一个完整的祠祀系统。祠祀系统的寺庙数量、神祇种类和信徒人数，都有非常庞大的规模。正是在这个大规模的祠祀系统中，中华宗教呈现出某种类似于体制宗教的秩序。明、清两代，中央政府对各省的寺庙有完整的统计和管理。各行省有多少座寺庙，由礼部造册登记，统计的口径是按官方祭祀的"祀典"（"敕建"）和民间自行祭祀的"私祀"（"私建"）两种分类。沈赤然《寒夜丛谈》卷三引王逋《蚓庵琐语》，称"康熙

---

① 文化人类学（Ethnology），又译为"人种志"，列维－斯特劳斯特意强调其与Anthropology（人类学）的分别，目的是要区别马林诺夫斯基等人类学家轻视原始思维的"文明"态度。参见李幼蒸"中译者序"。

六年七月，礼部题奏：臣等计算直隶各省巡抚造送册内，敕建
大寺庙共六千七十三处，小寺庙共六千四百九处；私建大寺庙
八千四百八十五处，小寺庙共五万八千六百八十二处……以上通
共寺庙七万九千六百二十二处”①。

　　杨庆堃指出："低估宗教在中国社会中的地位，实际上是有
悖于历史事实的。在中国广袤的土地上，几乎每个角落都有寺
院、祠堂、神坛和拜神的地方。寺院、神坛散落于各处，比比皆
是，表明宗教在中国社会强大的、无所不在的影响力，它们是一
个社会现实的象征。"②杨庆堃没有全国性的统计数字，但他对中
国寺庙庞大数量的感觉完全正确。③明、清和民国时期，全国各
地到底有多少座寺庙，这是一个比较困难的问题。在明、清政治
中，礼部光禄寺、道录司、僧录司等机构负责统计儒、道、佛的
寺庙和寺产。还有，历代方志也记载当地坛、寺、观、庙、庵的
名录。各省、州、府、县，乃至乡镇方志中，都有统计数字。但
是，一个缺陷在于官方的"通祀"之外，还存在大量的"淫祀"，
政府通常都不加以取缔，这些寺庙的数量无法统计。编撰历朝方
志的士绅们，都把"淫祀"作为民俗保存，附录于"坛庙"，地
位还在佛寺、道观之前。明正德《松江府志》卷十五"坛庙"前
言："府境诸神祠，自郡邑通祀及先贤外，其不应祭法者多矣。
以所从来久，故不得而泯焉，亦因以观俗也。"

　　杨庆堃《中国社会中的宗教》一书提出说法，认为民间宗
教是一种"分散性宗教"："在中国，宗教的元素渗透进了所有

---

　　① 转引自瞿宣颖纂辑：《中国社会史料丛钞·甲集》，上海，上海书店出版社影
印本，1985年，第233页。
　　② 杨庆堃：《中国社会中的宗教》，第24页。
　　③ 杨庆堃在《中国社会中的宗教》（第27页）中统计了望都、清河、川沙、宝
山、罗定、佛山、绥宁、麻城"八个地方主要庙宇的功能分类（根据每间庙里主要
神明的属性)"，一共有1786座，按信仰功能来分类。

重要的社会制度，以及每一社区的组织化生活中。正是在这种分散性形式下，人们与宗教进行着最亲密的接触。许多研究中国社会的学者，要么完全忽视了中国社会制度中的宗教性一面，把分散性宗教当做迷信而不予理会；要么使用其他标签，而不情愿使用'宗教'这个词。在我们的分析中，制度性和社区生活中的宗教方面，正是以它的分散性的结构形式呈现的。"①"分散性宗教"说指出了中华宗教（特别是民间宗教）与西方宗教的"体制性宗教"（Institutional Religion）的不同，有着重大贡献。但是，"分散性宗教"说在解释中国宗教的完整性方面也存在严重缺陷。作为宗教社会学家，杨庆堃写作"本书的最基本目的，是对一些重要事实作功能性解释，以便展示宗教和社会秩序的关系模式，而并非对中国宗教系统作详细的描述"②。如其自陈：他的兴趣在于中国宗教与中国社会的关系，对中国宗教系统本身的描述并不详细；我们判断：分散性宗教的说法也不是很精确，因为儒家一直将来自民间的宗教信仰和实践加以秩序化，事实上中国民间的祠祀（包括祀典、正祀、私祀、淫祀）系统也相当完整，自成一体。

　　"分散性宗教"说的本意不是指中国宗教是一种乱七八糟的信仰。事实上，杨庆堃是从美国芝加哥大学宗教社会学家瓦哈《宗教社会学》中对"自然团体"（Natural Group）和"特殊性宗教的组织"（Specifically Religious Organizations）的划分引申而来，将之应用到中国民间宗教研究中。③杨庆堃认为：制度性宗

---

① C. K. Yang, *Religion in Chinese Society: A Study of Contemporary Social Functions of Religion and Some of Their Historical Factors*, P.296.

② 杨庆堃：《中国社会中的宗教》，第19页。

③ Cf. Joachim Wach, *Sociology of Religion*. Chicago, University of Chicago Press, 1944, Chap. IV, and V.

教有着一种独立的神学观和宇宙观；有着一套包含对灵魂、神祇和圣人崇拜的仪式体系；最后，还有着一个维护神学、仪式的团体组织，即教会。分散性宗教则不同，它本身没有一个独立的神学、仪式和教会体系；它的信仰方式，分散和渗透在各种世俗制度当中。[①] 按杨庆堃的看法，中国民间宗教没有"教会"，神学和祭祀也不成为独立的体系。中国宗教是和世俗性的家族、社团、地方、国家的伦理、法律制度结合在一起，学者需要散在不同领域，从一般社会生活中发现其"宗教性"。于是，中国宗教"大象无形"，渗透在各处，好像看不见摸不着，却又无处不在，说起来就是一种分散性宗教。

用"分散性宗教"模式来描写中国宗教，既有启发，也有误导。杨庆堃的"分散性"，英文为"Diffused"，包含从中心扩散到四周去的意思。如有这样一个"中心"，哪怕是虚拟的，便是承认中国宗教也是有实体的。肯定中华宗教特殊性的学者，都在诠释这个"实体"。然而，杨庆堃先生没有关注这样一个"实体"的特殊构成。如欧大年先生在敬佩之余指出的，杨先生用"Diffused"来形容中国宗教，无意识中仍然是把中国宗教相较于基督宗教，看作"次等的"。[②]"Diffused"本身有"Ill Organized"（乱七八糟）的意思，近年来中国学者不加区别地使用"分散性宗教"模式，强调中国宗教的"散漫""弥散"特征，反而加强了中华宗教"乱七八糟""功利主义"的印象，发生了割裂中华宗教整体性的误导。杨庆堃认为：佛教、道教是体制性的普世宗教（Universal Religion），"在中国，制度性宗教主要表现为普世性宗教，诸如佛教和道教，以及宗教和教派

---

① 杨庆堃：《中国社会中的宗教》，第269页。

② 金耀基、范丽珠：《序言：研究中国宗教的社会学范式——杨庆堃眼中的中国社会宗教》，载《中国社会中的宗教》，第13页。

性的会社。职业术士和巫师们的教派也属于这一类，因为这些教派并没有作为世俗社会制度的一部分起作用"[1]。按此分类，作为中国宗教一"部分的"佛教、道教以及民间宗教（会、道、门），都是体制性的，只有儒教（祠祀）和民间信仰（淫祀）才可以作为分散性宗教来谈论。

割裂后容易被误导的事实还在于：首先，儒教和民间宗教并不是一种不加组织的信仰，不过组织方式与西方教会不同而已；其次，儒、道、佛和民间信仰常常共享一种基本的信仰方式，很难独立出来，派分到不同的世俗领域；最后，民间的各类信仰，儒、道、佛的寺庙住持交叉，各种神祇（佛、仙、鬼、圣人、老爷、忠烈）的祭祀混杂，"三教合一"以后又难以划分。杨庆堃分散性宗教理论用来作为社会学观察，看到民间宗教在家庭、社会、经济、市场、地方和国家中的重要意义，看到宗教信仰在所有生活层面都确确实实地存在着。莫里斯·弗里德曼说："因为杨氏的书，社学会传统在此到达了一个顶峰，他使中国宗教成为一个实体。"[2]然而，这个"实体"仍然是个"虚体"。杨庆堃试图探索中华宗教的整体性，囿于社会学的功能主义理论，并没有对这个整体性作出解释。杨庆堃意识到中国宗教的"实体"存在，但仍然和大部分20世纪的中外学者一样，把它作为中国社会的附庸，而不是人性的核心。杨庆堃的判断是：随着中国社会结构的变化，中国宗教便会消亡。"分散性宗教这个一度作为中国社会的主导型因素，看来失去了其存在的基础，没落的命运是

---

[1]　C. K. Yang, *Religion in Chinese Society: A Study of Contemporary Social Functions of Religion and Some of Their Historical Factors*, P.295.

[2]　Maurice Freedman, "On the Sociological Study of Religion" *in Religion and Ritual in Chinese Society*, P. 36. 转引自杨庆堃《中国社会中的宗教》，第6页。

不可避免的。"[①]这个判断是有误的。进入21世纪以来，中国宗教并没有随着城市化、市场化等世俗社会的变化而"没落"，相反，宗教和信仰作为人性因素，正在当今的世俗社会中恢复、转型和再兴。

换一种不同于西方宗教的思路，我们看到中国宗教的组织方式其实相当严密。中国宗教远远不是一种"原始宗教"或者"巫术"。20世纪初年，法国宗教社会学家涂尔干以社会学的标准给宗教下定义。在《宗教生活的基本形式》中，涂尔干扩大宗教概念的范畴，将非西方形式的东方信仰纳入宗教。涂尔干并不把民间信仰（"巫术"）算作宗教，仍然只是把具有某种群体（大大小小的组织）形式的信仰团体称为宗教，他认为，"巫术不是宗教"，原因就是"不存在巫术教会"。涂尔干承认："巫术信仰也经常或多或少地带有些普遍性；这种信仰也往往会在广大民众中传播开来，甚至对某些民族来说，巫术的追随者同宗教的追随者在数量上也差不了多少。然而，这并没有使所有巫术的追随者结合起来，也没有使他们联合成群体，过一种共同的生活。"[②]"真正的宗教，总是某个特定集体的共同信仰。"[③]涂尔干讲的"共同生活""共同信仰"，实际上仍然是从天主教的教会（Church）概念衍生出来的社会学名词，即一种信仰共融的群体性。[④]

---

　　① 杨庆堃：《中国社会中的宗教》，第274页。

　　② 涂尔干著，渠东、汲喆译：《宗教生活的基本形式》，上海，上海人民出版社，1999年，第51页。

　　③ 涂尔干：《宗教生活的基本形式》，第50页。

　　④ 当代加拿大籍哲学家查尔斯·泰勒（Charles Taylor, 1931— ）在1999年年度爱丁堡大学吉福德讲座上，回应威廉·詹姆斯（William James，1842—1910，美国心理学家、哲学家）《宗教经验之种：人性之研究》把宗教定义为私人信仰时，重新使用了涂尔干的"共同生活"概念，主张借用天主教的教会概念，在西方社会重建社群主义（Communitarianism）。参见氏著《当前宗教之种：重访詹姆斯》（*Varieties of Religion Today, William James Revisited*，Harvard University Press，2002）。

20世纪后期的人类学家放弃了用基督宗教的教会标准来定义宗教，即使是巫术，也可以按其信仰、仪式和特定的组织方式，被当作宗教来研究。研究中国宗教，让西方学者了解中国民间宗教不是迷信和巫术，而是一种分散性宗教，这是学术上的进步。但是，中国的民间宗教也有自己的组织性。它们不但是中国社会的一副基本骨架（如杨庆堃已经指出），还是中国人的一种完整信仰（杨先生还未展开）。《中国社会中的宗教》讨论的民间宗教问题，包括：对家庭整合的作用；对社会和经济团体的凝聚力；在公众性生活中的沟通作用；宗教在历史上的政治角色；"神道设教"作为政治伦理信仰；国家对宗教的管理；儒家的宗教性；宗教与造反；宗教在20世纪50年代前的角色转变；共产主义作为一种新信仰等。所有的问题都是把宗教作为国家、政治和社会里面的功能因素来观察。功能主义的社会学惯于分割有机体，中国民间宗教的整体性，其实还是被社会学家人为区隔了。

很显然，涂尔干的宗教定义仍然残留着西方中心意识。天主教式样的教会，还是所有宗教生活的参照。然而，即使按涂尔干的标准，中国宗教也是远远地超越了巫术和迷信，它有自己的组织方式，也有一种共同的生活，具有群体性、规范性和系统性。涂尔干认为，中国社会制度框架体系下缺乏一个结构显著的、正式的、组织化的宗教，故而人们通常把老百姓的仪式视为非组织性的，而宗教在中国社会和道德秩序中好像不那么重要。杨庆堃争辩说，实际情况全然不是这样，事实上中国宗教在社会中扮演了非常重要的角色。但杨庆堃还是受基督教和涂尔干宗教学的影响，认为中国宗教缺乏一个结构显著的组织，是种分散性的宗教。

从儒家典籍中反映的社会生活来看，中国宗教是不是一种无组织的分散性宗教，这是有疑问的。多读《易经》《尚书》《诗经》《仪礼》《礼记》《周礼》和《春秋》中的相关篇章，可以发现周代儒教对于上上下下的祭祀生活有着繁复而严格的规定，已经是一种制度。汉高祖邀请经师叔孙通制礼，恢复秦代儒制之后，儒教有王朝地位，还未在社会上流行；汉武帝"独尊儒术"以后，以董仲舒为代表的今文经学派占据思想主流，"天人感应""阴阳五行"观念盛行，儒家宗教观念得到了王朝承认和利用。但是，董仲舒的今文经学派宗教观念还没有和社会生活结合为一个制度系统。甘露三年（前51），西汉宣帝刘询为此召集儒生会议，由今文经学派主导石渠阁会议，试图把儒家思想和全社会的礼仪实践结合起来，确定一套礼乐制度。石渠阁会议虽有决议，但仍然没有完成把儒家经义和信仰实践结合起来的初衷。于是，又有了东汉古文经学派主导的白虎观会议。[①] 近代思想家侯外庐（1903—1987，山西平遥人）敏锐地注意到中华"国教"的起源问题，他把《白虎通义》看作汉代皇帝为中国封建社会建立的"国宪"和"法典"。[②] 侯外庐的上层建筑理论夸大了儒教经典和意识形态对民众的统治作用，也忽视了中国宗教在民众中间的信仰基础，有些偏颇。复旦大学历史系经学史学者周予同（1898—1981，浙江瑞安人）则有一个持正的看法："侯外庐说此书（《白虎通义》）是'神学的法典'，罪不容诛。从观点上说，此书是坏的，但它有产生与存在的必然性。侯文是在打前

---

① 关于白虎观会议前后两汉今文、古文经学之争的过程，参见朱维铮：《中国经学史选读文献提要·白虎通义》，《中国经学史十讲》，（上海，复旦大学出版社，2002年）第266—268页。

② 参见侯外庐等著《中国思想通史》第二卷"两汉思想·汉代白虎观宗教会议与神学思想"（北京，人民出版社，1957年，第223—247页），书中称："我们认为白虎观所钦定的奏议，也就是赋予这样的'国宪'，以神学的理论根据的谶纬国教化的法典。"（第225页）

哨战……"[1]周予同先生肯定侯外庐看到了"宗教"问题。侯外庐的观点与回避和否认宗教在中国社会有重要作用的学者（以胡适、钱穆、冯友兰为代表）不一样，很有启发。

自汉代以后，起源于中原地区的汉族王朝，基本上都是按周代"五经"留下来的礼乐方式来组织和管理宗教生活。这一整套制度，在汉代经高祖（叔孙通制礼）、武帝（独尊儒术）、宣帝（石渠阁会议）和章帝（白虎观会议）逐渐确立起来。由东汉儒者、古文经学派的史学家班固记录整理的《白虎通义》，系统地反映了这一儒教制度。《白虎通义》是东汉章帝刘炟于建初四年（79）在白虎观召集的会议记录，"天子会诸儒讲论'五经'，作《白虎通德论》"。商议如何使用儒教的经学教义，为中国人确定一套包括祭祀生活在内的礼乐制度，俾"永为世则"。[2]会议把"五经"中的祭祀原则，确定为从"爵"（天子、王、公、卿、大夫）、"帝"（黄帝、颛顼、帝喾、帝尧、帝舜）、"王"（夏、殷、周王）、"五祀"（门、户、井、灶、中霤），到"社稷""乡射""辟雍""灾变""耕桑""封禅""巡狩""蓍龟""圣人""八风""文质""三正""三教""三纲""天地""日月""四时"等一系列制度。[3]

中华宗教的组织性主要在于它有完整的祭祀体系。这一套祭祀体系，在汉以后的两千年里断断续续地流传下来了，历代祀典中的神祇基本上按照《白虎通义》整理的原则收录；各朝

---

① 朱维铮编：《周予同经学史论著选集》（增订本），上海，上海人民出版社，1996年，第885页。

② 永瑢等纂修：《四库全书总目提要》，"子部二十八·杂家类二·白虎通义"，上海，商务印书馆，1931年。

③ 儒教祭祀体系的内容参见班固：《白虎通疏证》（北京，中华书局，1994年）。关于《白虎通义》的成书、作者和版本及其与今文、古文经学的关系问题，参见朱维铮：《中国经学史十讲》，第266页。

史记中的"礼志"（吉、嘉、军、宾、凶）也大致按此汉代儒教体系制定。东汉崩溃后，南北朝以后的一千年里，中原地区的礼乐制度屡受少数民族文化之冲击，儒教祭祀屡屡中断。元末明初，"天运循环，中原气盛"，朱元璋"驱除胡虏"之后，皇帝、礼臣和经师、儒生们通力合作，重建汉代礼乐文明，恢复民间祭祀制度。经过明初的"恢复中华"运动，民间祭祀又与"周孔之教"沟通，以至于我们可以谨慎地说：明、清两代中国人的宗教生活与汉代经学体系确实存在着一脉相承的传统。从儒教经典角度关注中国人宗教生活的学者很容易发现，周、秦、汉代的宗教观念一直存活到明、清和民国时期。传统儒家认定：这种延续性是因为儒学持"天行健，自强不息"观念，其自身有着强大的生命力。具有人类学视野的现代学者则认为：儒家宗教学说的延续，不过也是民间信仰生活稳定发展的曲折反映。

县、镇、乡宗教生活的秩序

明、清两代在南京、北京两座都城维护的祠祀坛庙祭祀系统属于中央制度。清代都城祭祀，天坛以下，有地坛、日坛、月坛、先农坛、文昌庙、武庙、文庙。除天坛（圜丘）的祭天只由皇帝主祭之外，地坛（社稷）以下的祭祀，都在府、州、县分别设祠，由官府派员，春秋两致祭。地方坛庙和都城祭祀是一个系统，即由国家主导的祠祀。这一套国家儒教祭祀体系，被承认为正祀，参照了据说是从周代延续下来的祀典，由历代儒家百般维持，具有完整的"祭统""祭义"和"祭法"，传承有秩、井然有序，清代江南方志称为"秩祀"。但是，自上而下的祀典布置并不能解释成中华宗教就是儒家控制的。相反，我们看到，在国家宗教之外，地方信仰还有很大的空间，中央祀典之外还存在大量民间祭祀。民间祭祀自成一体，有很多神祇为当地民众自己信仰，并非都是来自中央，也不与别的地方民众共享，因而具有很强的地方性。这些地方祭祀通常被称为"淫祀"，它与"秩祀"体系构成一种互为借鉴、交流的共同体系。经过常年的祭祀，有的淫祀（地方宗教）甚至被官方接纳为"正祀"（全国性信仰），这种自下而上的模式，或许才是中华宗教的主流。

青浦县金泽镇的祭祀生活从乡镇发展过来，完全是民间的，属于最初级别的地方信仰。金泽镇的众多庙宇表面看似杂乱，但也有自己的内在系统。自发生成的民间信仰在金泽镇逐渐地秩序化。金泽镇的坛庙祠宇有一个"一朝阴官"的说法，表达出他们将民间信仰系统化的想法。金泽人的神祇有官阶等第，他们在阴曹地府里掌握各级权力，显示各自的威力。据当地传说，朱元璋派大臣刘伯温来金泽，见这里风水有王者气象，害怕这里再出皇帝，便用石乌龟把金泽镇的龙脉压住。还把金泽镇上的神祇挑出来，封了"一朝阴官"，意为金泽镇人不能出"阳官"，金泽镇的鬼神可以做"阴官"。[①]这个说法和上海县城传说朱元璋封秦裕伯为本县城隍神的理由，说"生不任我官，死当捍我民"，思想和文法结构是相同的。金泽镇在明代以后就是以庙宇众多闻名。众多神祇凑成从皇帝到县官的一整个"朝廷"，阴府神祇组成完整系列，称之为"一朝阴官"。现列举秩序如下：

---

① 关于"一朝阴官"，金泽镇上有不同传说，此据 2012 年 12 月 28 日上午在金泽镇文化老人座谈会上池嘉明（75 岁）老人的说法。池先生曾参与新编《金泽镇志》的工作，问及此说为何没有写入镇志，老人以"害怕被人说成迷信"为对。

一朝阴官表[①]

东岳庙	东岳大帝	皇帝
刘王阁	海瑞	丞相
二王庙	二老爷	皇叔
府王庙	府王爷	府官
总管庙	安乐王	粮官
杨爷庙	杨震	州官
城隍庙	城隍爷	县官

今天的金泽镇正式恢复了"颐浩禅寺""杨爷庙"，开放了原"总管庙"，有几座私建的"二王庙""关爷庙""刘王阁"，其他的庙宇只存遗址。没有这么多的寺庙，便凑不齐一套"阴官"系统。但是，不少老人还记得"一朝阴官"的传统，有些香头还坚持在金泽镇烧十庙香，带领信徒在一些旧庙的遗址上烧香。"年轻人不懂，烧香其实不是那么随便的，要有一定规矩的"。镇上老人如是说。老人指的规矩，就是说"一朝阴官"的一个系统，烧香要从东岳庙烧起，一级一级烧下来，效果才好。显然，"一朝阴官"的做法，是金泽人仿照城隍庙的体制，给本镇的众神封官加爵，让散乱的神祇有了一个系统和秩序。城隍神，原来也是地方上的散乱信仰，各有各的神祇，后来才由朝廷出面对各地不同姓名的城隍小神，按都、府、州、县的层级，封为王、公、侯、伯的爵位，弄成了全国性的庞大信仰体系。城隍神的分封把源于土地神的各式城隍爷，按等级纳入朝廷的祀典，命地方官致祭，是官封；金泽镇的一朝阴官是百姓信徒们按照他们认为合理的秩序，分派本镇各位神祇的爵位，是私封。

[①]　根据青浦区金泽镇人民政府编辑之《江南第一桥乡——金泽》（第34页）一书，并加以整理。

用官衔私封鬼神，在中国宗教历史上属常见。阴曹之"曹"，地府之"府"，是汉代官名，民众用来描写管理亡灵的权威机构。汉代道教经典《太平经》中，天府被分为四曹："命曹""寿曹""善曹""恶曹"，对魂魄进行管理。"道教天府由众曹组成，显然这是当时人间官府的投影。"①金泽镇的信徒们，用一朝阴官的私封对众多神祇进行秩序化、系统化的编排，表现出民间信仰的理性化倾向。

这样的编排有什么道理，值得考究。今天的金泽镇已不敷"四十二庙"之数，没有足够多的寺庙，也就没有了将散乱信仰系统化的必要，一朝阴官只是在老人的回忆中。通过回忆，我们知道一朝阴官的等级秩序，却是无法知道当初制定（或者长期形成）时的具体缘由。我们对于金泽人的编排这么理解：第一，金泽人把东岳庙列为"皇帝"一级，是因为东岳神掌灵府，江南地区视为最高神祇，金泽镇的迎神赛会，以东岳神为尊；第二，海瑞列为丞相（海瑞只任过御史和部臣，未曾入阁）级别，和民间尊崇他敢于犯言直谏嘉靖皇帝，类同比干（商纣的忠臣）有关，也与他曾兼任应天巡抚，疏浚吴淞江，惩治贪官，在江南民众中间享有的魅力和魔法有关；②第三，其他府、州、县级别神祇的爵号和他们原来在祀典中的阶位有关，正好相配。看起来，一朝阴官的编排，是参照神祇在信众心目中的法力以及原先的祭品官阶一起决定的。

金泽镇的老人至今仍然对当年一朝阴官之下的"召皇"盛况津津乐道，称羡自豪。每年三月二十七，金泽镇东岳庙的东

---

① 余英时：《东汉生死观》，上海，上海古籍出版社，2005年，第69页。
② 海瑞以都御史身份兼任应天巡抚，在南京、苏州、松江有治声。百姓借其声名镇水怪、驱恶魔。甚至在他还活着的时候，民众就以"设像"和"生祠"的方式来祭祀。《明史·海瑞传》记载："瑞抚吴甫半岁，小民闻当去，号泣载道，家绘像祀之。"

岳神惯有老爷出巡仪式。东岳大帝，披戴新帽、新衣，由镇民们抬着大轿，出巡全镇。东岳大帝主阴府冥界，生老病死，信众最多。出巡时，东岳神的坐轿先停放在庙边的桥上，居高临下，行召皇仪式。金泽镇上大多数的神祇立像、坐像、牌位，也都坐轿出游、接受召见，称为"召皇"。这时候，诸神如海瑞、总管、二王、府隍、城隍、猛将、刘成师等等老爷齐来候见。召见时，老爷一个接着一个地排着，由镇上的一名道士，头戴方巾，身穿道服，站在东岳大帝的大轿旁，高声呼叫"某某官召见"，点到名的老爷，就由四个镇民抬着，快步来回，以示接受召见。[①]

金泽老人和香头们夸耀，整个江南地区，只有金泽镇才有一朝阴官的"召皇"制度，是明朝开国皇帝太祖朱元璋特批的。于是，还引出了另一段故事。"相传，刘伯温帮助朱元璋统一天下，夺得帝位以后，他陪同明帝到金泽来游览。金泽河清水秀，四面巨浸，是'龟形'之地，是一块'福地'，要出帝王之才，生怕影响大明政权。于是刘伯温陪同君王，坐船到金泽四面察看，确定了乌龟的各个部位，命工匠用石柱、石板镇压乌龟，以破坏金泽的风水。这大乌龟，在北石桥的杨廉荡，在荡里丢下一条十多米长的石埂，以压住尾巴。这大乌龟的头部在东岳庙的庙内，于是钉了这根大石柱，置它于死命。乌龟的四只脚，在古镇的东西南北，东在火柴荡，南在马斜湖，西在雪落荡，北在杨廉荡，分别用巨石压住，使它不能动弹，至今在金泽四周湖荡里，还能看到这些石埂和巨石。压制了金泽的帝王之才，朱元璋下旨，设置一朝阴官，有帝王将相，有文武官员，故金泽从明朝起，造了很

---

① 曹同生：《金泽千年桥庙文化》，第119页。

多庙。庙多了，桥也就多了。"①金泽人认为本镇是一块可出帝王之才的风水宝地，被朱元璋镇住了，明代以后就衰败了。这个传说掺合了神话、风水和历史，也包含着浓厚的地方意识。

传统的看法，民间宗教的信徒们就是乱拜神祇。其实，对散乱的神祇进行系统化处理，是民间信仰的内在要求。所有的宗教都要管理下层信仰，江南民间对于自己的信仰有多种整理方式。民间信仰中，因问医而求神的现象最为突出。神医愈多，必定生乱，就会有人出面整理秩序，建立一所"天医院"。江南道教就曾出面，按"神医"的职能，把江南地区和治疗疾病有关的祠祀鬼神作出分工，理出系统。禄是遒著《中国迷信研究》，对江南地区民众信奉的神医做了系统整理，并在道书《无上太极洞慈真元天心宝忏》找到一份《天医院神医表》，抄录如下：

天医院神医表②

神医药王卢医	扁鹊先师
天医官左班	孙真人
天医官右班	韦真人
百药退病	李大仙官
百药退病	朱大仙官
天医院主法	赵大元帅
天医院扶世	许大元帅
天医院博世	高大元帅
天医院垂佑	陶大元帅
天医院镇法	马大元帅
天医院疗功	汪大元帅

酿药灵童　石砭杵　针灸神吏

---

① 曹同生：《金泽千年桥庙文化》，第120页。
② 见《无上太极洞慈真元天心宝忏》，转引自禄是遒著，王惠庆译：《中国民间崇拜·道教仙话》，上海，上海科学技术文献出版社，2009年，第55页。

　　江南地区还有一种"烧十庙香"的风气，即烧香一路要烧十座庙。这种进香风俗认为，十座庙要连起来烧，各处的老爷一起保佑。这种古老的烧香法，是把不同庙宇看作一个信仰系统。按江南文献记载，"吴风佞佛，俗淫于祀……妇女联队出，烧香必历拜十庙，谓之烧十庙香"①。"烧十庙香"的风气，据说是在明代初年"洪武改制"的时候，由朱元璋在南京确定。朱元璋选择在"鸡鸣山设十庙，以祀佐命诸臣，及境内诸神"，当然是将民间信仰组织起来，联为系统。清顾禄《清嘉录》中也有"烧十庙香"一节，称苏州城里"郡县城隍庙及本里土地诸神祠，男女修行者，年初皆往烧香，必经历十庙而止，谓之烧十庙香"②。这一风气不但流行于南京、苏州，浙江的杭州亦然。有《武林踏灯词》云："闹蛾丛里斗新妆，去点吴山十庙香。"③杭州东南之吴山，有以伍子胥"伍公庙"为首的"吴山七十二庙"，与杭城西北之灵隐寺、岳王庙，构成了"十庙香"的进香系统，朝山香客，秩然有序。"十庙香"在江南非常普遍，从宁、苏、杭都会流行到州县、乡镇。浙江海宁县流行旧歌："年初一，真热闹，老太太约淘走十庙。"④浙江嘉兴县有说："初八日，烧八寺香……初十日，烧十庙香。……八寺系天凝、精严、楞严、金明、报忠、祥符、水西、朱福；十庙则加城隍庙、元妙观耳。"⑤清代上海城厢社会繁荣，县城"烧十庙香"的风气也非常繁盛。清袁祖志《沪上新正词》记上海人"烧十庙香"的情况："城门彻夜不曾关，向晓

① 袁景澜：《吴郡岁华纪丽》，南京，江苏古籍出版社，1998年，第17页。
② 顾禄：《清嘉录》，卷一"烧十庙香"。
③ 袁景澜：《吴郡岁华纪丽》，第18页。
④ 采自浙江省海宁县民歌，见于http://hnnews.zjol.com.cn/hnnews/system/2011/03/23/013497315.shtml。
⑤ 项映薇著，王寿、吴受福增补：《古禾杂识》，嘉兴，秀州书局，2001年，八寺香节。

香车水一般；何时烧香周十庙，往人环绕看云鬟。"[①]

近年来，青浦，还有松江、吴江、吴兴、嘉善地区的香客，在现代条件下恢复了"烧十庙香"的传统。2011年4月30日"廿八香汛"期间，已经下午4点，从大巴上下来的烧香人群，非常匆忙。香头解释说，刚刚在松江区、青浦区和朱家角镇烧了七八座庙，还要赶最后一个，当天一定要烧成"十庙香"，否则前功尽弃。询问来自青浦城里的香头："十庙香"，一天烧得过来吗？她说：现在用大巴士就容易多了。"十庙香"也是最近几年才流行起来的，以前庙少，赶得远一点，根本来不及。现在青浦城里和金泽镇、朱家角镇各有好几个庙可以烧香，松江城里还有东林禅寺、东岳庙，凑成了"十庙香"。当代"烧十庙香"和明清时期的差别是，以前信徒只在一个城镇"烧十庙香"，由于交通条件的改善（当然也由于庙宇数量的减少），现在可以在不同城镇之间"烧十庙香"。

"烧十庙香"的习俗表明，民间敬香确有系统，并非杂乱。信徒们选择恰当的庙宇，用恰当的顺序，恰当的方法，敬对自己有意义的神。据金泽镇的一位香头讲，他们进香组的烧香顺序，是从杨震庙开始。杨震庙之后，沿着河边一连串的旧庙遗址（有的恢复了私庙，有的只是遗址）烧土地庙、总管庙、关帝庙、二王庙，最后去颐浩禅寺。问香头：这样的顺序，有没有道理？回答说：杨震庙和东岳庙在一起，原来是东岳神最大，东岳庙没了，杨震庙最大。还有，东岳帝、杨老爷管阴间事情，也管身体不生病，这个最重要。其他总管老爷、二王爷、关老爷……各管一块，都要烧过。烧香要"守规矩"的，不好"瞎来"的。学者不理解烧香的规矩，更与西方宗教做比较，看到善男信女四处烧香，结论就是东方人信神杂乱无章，"实用主义"。"烧十庙香"，

---

① 袁祖志：《沪上新正词》，《上海洋场竹枝词》，第405页。

其实是某种信仰秩序，也是一定意义上的理性精神。

　　明清江南区域经济研究者使用"庙界"概念，描述苏、松、杭一带土地神祇各管一界的地理现象。[①]"庙界"现象或许存在，在孤立的村落地区，村民按庙分界，形成共同体的意识，春秋及汉代以来"乡里立社"的祭祀传统固定了这层关系。洪武元年恢复汉代制度，规定的"坛制"是"每里一百户立坛一所，祀五土五谷之神"[②]。"庙界"是民间祭祀中的空间秩序，村、乡、镇设立自己的社坛，各有神祇把守，各由村民祭祀。社坛成为乡镇共同体的精神维系。但是，江南地区是一个充分交往的社会，民众组成了更大的共同体，"庙界"的限制是有限的。由于迁徙、通婚、贸易、流寓、游学等流动因素，在交通发达的明清，江南民众早就突破了社坛，在更大的空间范围内组织其区域性的信仰秩序。

　　以金泽镇祭祀为例，本镇的神祇并非只为当地民众祀奉，苏州、嘉兴、上海地区的信徒跨界而来。金泽的"中心庙"辐射方圆百里，是一个区域性的信仰中心。宋明时期的颐浩寺，民国时期金泽镇的东岳庙，"文革"恢复后的杨震庙、施相公庙，都是江南地区的中心庙。很多信徒组织进香团，从外地乘舟、驾车来烧香。以前水路交通的时代，进香团乘"夜航船"，去杭州灵隐寺、苏州报恩寺、镇江金山寺烧香；今天高速公路通行，香客们坐大巴车往来于上海、杭州、苏州。自古以来，松江及苏、锡、

---

　　① "庙界"一词，为滨岛敦俊教授在《明清江南农村社会与民间信仰》（日文原版为2001年东京发行《総管信仰：近世江南農村社会と民間信仰》。中文版见朱海滨译，厦门，厦门大学出版社，2008年）在"庙界——土地庙和聚落"一节中使用的概念，提出"土地庙与特定的聚落之间结成了固定的关系……有其相应的范围及辖土"（中文版第149页）。后续的研究，参见王健：《明清以来江南民间信仰中的庙界：以苏、松为中心》，上海社会科学院历史研究所编，《史林》，2008年第6期，第118—134页。

　　② 张廷玉等纂：《明史·礼志》"吉礼三·社稷"，上海，上海古籍出版社、上海书店出版社影印本，1986年，第137页。

常、杭、嘉、湖各府的虔诚香客，不单在本地"烧十庙香"，还在更大的区域范围内，跨越镇、县、府的庙界，组织进香团。在金泽镇，我们看到的并非是一个村镇信仰共同体，而是一个兼跨了很多个江南乡村市镇的区域性信仰共同体。

把江南地区各州、府、县、镇的神祇信仰串联起来，我们发现这是一个分级别的区域性宗教系统。明清时期，长江三角洲各州、府、县与中央王朝（都）共享一个神祇体系，这个体系以社稷坛、神祇坛、先农坛、文庙、关帝庙、文昌宫等全民坛庙为代表；江南各州、府、县、镇，还有一套地方神祇系统，以刘猛将、杨老爷、天后、黄道婆等为代表，这个信仰系统的共享范围非常大，遍布村镇，覆盖东南，至少在好几个县之内传播；最为基层，看上去只在一村一镇为少数人拜祭的本土信仰，就是本乡本里的社坛、厉坛和本族本姓的宗祠、祖庙。地方上的本土信仰，看上去庞杂混乱，但就儒教制度而言，社、坛、宗庙，都是最重要的基层祭祀，可以自然状态存在，尽管需要引导和限制。

根据光绪《青浦县志》①、同治《上海县志》②、光绪《松江府志》③、同治《苏州府志》④中的祀典和私祀，整理《清代青浦、上海两县及松、苏两府祠祀表》。我们从中可以窥见江南地区祠祀系统的基本格局，也可以了解，作为一个"信仰共同体"，长江三角洲地区在清代末年仍然保持的基本格局。从此格局中，我们进一步分析看到它们的次第系统。青浦、上海两县以及松江、苏州两府，既共享了一个由朝廷维持的"全民坛庙"体系，也掺杂着不

---

① 陈其元等修，熊其英等纂光绪《青浦县志》。

② 俞樾纂同治《上海县志》。

③ 博润纂光绪《松江府续志》。

④ 冯桂芬纂同治《苏州府志》。本志对嘉庆《松江府志》（嘉庆二十三年，府学明伦堂刻本）所载"通祀"部分的坛庙，若"无修缮、移建，均不覆载"，所以，部分坛庙被省略了。今制定本表，又据孙星衍等纂嘉庆《松江府志》加以补录。

少民间自我掌管的"区域神祇"体系。更重要的是，县、镇、乡一级的地方，还维持着一套完全属于基层，不同于上层系统的本土信仰。这个本土信仰系统，才是明清以迄今天的信仰之源。

清代青浦、上海两县及松、苏两府祠祀表

	青浦县志	上海县志	松江府志	苏州府志
社稷坛	○	○	○	○
神祇坛	○	○	○	○
先农坛	○	○	○	○
东海神坛	□	○	○	□
风云雷雨境内山川神坛	○	○	○	○
厉坛	○	○	○	○
文庙	○	○	○	○
关帝庙	○	○	○	○
文昌宫	○	○	○	○
魁星阁①	□	○	□	○
城隍庙	○	◎	○	○
旗纛庙②	□	□	◎	○
海神（龙王）庙	□	○	○	○
风神庙	□	○	□	○
火神庙	○	○	○	○
刘猛将庙	○	○	○	○
吕祖（纯阳帝）庙	○	○	○	○
昭忠祠③	○	○	○	○
节孝祠	○	◎	○	○
天后庙	□	○	○	□

○，列为秩祀；◎，列为私祀；□，本志不载，或者失载

① 魁星阁通常为文昌宫附属建筑，为科举人士所供奉。青浦、松江未单列，故失载。

② 旗纛庙：为明清礼制中的"阅礼"之一部分，即为古代戎事祭祀遗留。除了都城有"大阅"之外，地方州府县的都司、卫所一般在校场前面，也设有旗纛庙，用以祭祀和阅兵。松江、苏州城内设有府治，故有旗纛庙。青浦、上海城内则未见旗纛庙的记载。

③ 上海县群忠祠祭祀涉及本县的忠烈人物，以维系地方认同，即为昭忠祠。另外，苏州府忠烈祠、忠勇祠，松江府群忠祠、忠勇祠，上海县悯忠祠，亦归入昭忠祠。

续表

	青浦县志	上海县志	松江府志	苏州府志
太岁殿①	○	○	○	◎
东岳庙	◎	◎	◎	◎
岳飞庙	◎	◎	◎	◎
筑耶将军（袁崧）庙	◎	◎	◎	□
真武庙	◎	□	○	○
言子祠	□	□	◎	◎
护粮王庙②	◎	□	◎	◎
萧王（何）庙	□	◎	○	□
黄道婆祠	□	○	○	□
周太仆（中铉）祠	◎	○	○	□
陈化成祠	□	○	○	□
袁祖德祠	□	○	○	□
吉尔杭阿祠	□	○	○	□
晏公庙	◎	◎	○	□
韩世忠祠③	◎	□	◎	◎
海公祠	○	◎	◎	□
陆深祠	◎	◎	□	□
仰德（高义）祠	□	◎	◎	□
方太守祠	□	◎	◎	□
镇海侯庙	◎	□	○	□
春申君庙④	□	◎	○	○
罗神庙	◎	○	○	□
陈子龙夏允彝祠	○	○	○	□
太阳宫	◎	□	○	□
明土庙	◎	□	◎	◎

○，列为秩祀；◎，列为私祀；□，本志不载，或者失载

① 太岁殿通常附设于东岳庙、城隍庙内，因松江府规定"文武帝、天后、龙王、火神、吕祖、太岁"各庙均由官府致祭，故独立设立太岁庙。太岁庙虽不见于其他方志，太岁殿则所在皆有，故列入。

② 光绪《青浦县志》未有护粮王庙，但金泽镇总管庙祭祀对象为金七，即护粮王，为同一祭祀。《苏州府志》也未有护粮王庙，但总管（金七）信仰在苏州府各县非常普遍，故参考收入。

③ 《松江府志》有唐宋忠良祠，供奉韩世忠。

④ 传说战国时期楚国春申君黄歇封于吴地，曾在吴淞江流域治水，以苏州府祭祀为主。今上海市松江区新桥镇春申村亦祭祀春申君，有春申君祠。上海县城未有春申君专祀，但是传说"黄浦"即为黄歇浦，"申江"即为春申江，故春申君亦应在上海县祭祀，此为理断。

以上的《青浦县志》《上海县志》，只记载本县范围内的祠祀坛庙。《松江府志》除了记载府城（与华亭县治同）坛庙外，还记载华亭、奉贤、娄县、金山、上海、南汇、青浦、川沙诸县的坛庙，本表收入府治华亭县祠祀的坛庙，参照其他县份的记载，适当补充。《苏州府志》除了记载府城（与吴县治同）外，还包括吴县（府城）、长洲、元和、昆山、新阳、常熟、昭文、吴江、震泽等县的坛庙，本表仅收录府治吴县的祠祀坛庙，也参照其他县份的记载，适当补充。

其他三部方志不录，仅为《青浦县志》（光绪、民国）所列的祠祀，有石神庙、鲁班庙、庄子庙、葛仙翁庙、太阳宫、柘泽庙、古境庙、华佗仙师庙、濮阳王庙、施相公庙、西霞司土地庙、朱垫庙、茅王司庙、艾祁司庙、中军司庙、梁岸司庙、葛萧司庙、三江司庙、顾浦庙、并亭庙、红庙、玄帝庙、奚王庙、上达庙、福泉山庙、毛太师庙、镇江庙、梁村庙、石塔庙、安村庙、盛泾庙、五塔庙、西洋司庙、大塘庙、曹家庙、华潮庙、封林庙、章雍王庙、九烈夫人庙、普江庙、洋泾庙、漕泾庙、斜泾庙、高泾庙、阳乌鸡庙、崧子庙、花桥庙、寅春庙、青山庙、顾长官庙、张管山庙、金敦庙、薛泽庙、贾山庙、佘将军庙、姚村庙、张浦庙、紫藤庙、宋家庙、会灵仙祠、曹娥庙、花神庙、牛郎庙、圣僧庙、干人胜社，以及启圣（彭越）庙、陆机陆云祠、双忠（张巡、许远）庙、屠隆祠、丁宾祠、周孔教祠、韩原善祠、陈继儒祠、李世祺祠、罗朝国祠、梁化凤祠等公祠。另有族祠、家祠若干，从略。

仅为《青浦县志》所载，不见于其他三部方志的神祇，大多是一些村、镇上的"××司庙"，即专门功用、专门祭祀的庙宇。有些信仰虽然只见之于《青浦县志》一家，实际上在江南地区并非孤立。例如"施（相）公庙"崇拜的是南宋义士施全，在江南地区村镇相当普遍，只是没有进入县城建造大庙，故而失载。乡镇上的司庙，很多是从土地庙或者当地人供奉的人鬼祠祀发展起来的。由于其信仰范围相对狭小，局限在一村一镇，至多是一县的范围之内，就可以判定为是一种本土信仰。从以上所列可以看到，本土信仰的神祇数目，远远超过了地方神祇和全民坛庙，是民间祠祀中最为普遍的信仰。

仅为《上海县志》（同治）所列的祠祀有：新江司殿、长人司殿、高昌司殿、金山庙（霍光）、通济龙王庙、金龙四大王庙、英瑞庙（英布）、金司徒庙（日碑）、方廉祠、周如斗祠、三李祠、许（如魁）徐（可求）二侯祠、仁寿祠（彭长宜、朱光辉）、全公祠（思诚）、沈公祠（沈恩）、潘恩（父子）祠、乔将军祠（一琦）、徐文定公祠（光启）、王公祠（王圻）、蒋参议祠（性中）、吴煦祠、刘郇膏祠、范烈妇祠、张奚氏节孝祠。从同治《上海县志》的记载来看，同为松江府所辖，上海县的民间祠祀比青浦县少得多。

仅为光绪《松江府志》记载的祠祀有：圣母宫（碧霞元君）、大树大王庙、龟蛇庙、杨社庙、白马三郎庙、护粮王庙（金七）、痧神庙、药王庙、三元庙、水神阁、淡井庙、高昌庙、元坛庙、三神庙、白虎庙、照天侯庙、庄贾庙、张侯祠（张飞）、吴辅国将军庙（陆逊）、父子忠孝祠、三烈妇祠、高义祠、秦良颢祠、钱司寇祠（钱唐）、方正学祠（孝孺）、夏（元吉）周（忱）二公祠、徐文贞祠（徐阶）、陆文定祠（树声）、董文敏祠（其昌）、张少宰祠（张骕）、方太守祠（岳贡）、王忠毅祠（之鼎）、施清惠祠、沈文恪祠（沈初）、程学启祠、华副将祠（华尔[Ward]，1831—1862）、周氏宗祠。

仅为《苏州府志》所列的祠祀有：八腊庙、财帛司堂、纠察司庙、至德庙、延陵季子庙、吴相伍大夫（子胥）庙、春申君（黄歇）庙、温将军庙、复圣颜子祠、葛洪祠、范文正公祠、徐靖节公祠、洪忠宣公祠、范文穆公祠、张宣公祠、金千户祠、礼贤祠、况公祠、陈僖敏公祠、王文恪公祠、禄公祠、张靖孝先生祠、陆包山祠、申文定公祠、周忠介公祠、徐先生祠、席太仆祠、林文忠公祠、王节悯公祠、洞庭西山节烈祠（以上祀典），水平王庙、郁使君祠、朱翁子藏书庙、司徒庙、皮场王庙、周宣灵王庙、朱司徒庙、驸马府庙、圣姑庙、四皓祠、邱文定公祠、唐解元祠、路文贞公祠、张公祠、双义祠、孝严祠、陈烈妇祠、赵贞烈祠（以上私祀尚存），医王庙、夏禹庙、沈隐侯祠、顾黄门祠、韩文公祠、韩忠献公祠、乐圃先生祠、胡公祠、张纯忠公祠、张崇公祠、朱文公祠、魏文靖公祠、张忠靖公祠、都南张公祠、张少傅祠、金仁山先生祠、表忠祠、张文僖公祠、徐文敏公祠、袁安节公祠、汪公祠、沈公祠、筼谷祠、郁孝子祠、王孝子祠、洞庭东山节烈祠、周康王庙、夫差庙、包山庙、太湖神庙、广惠庙、药王庙、闵子祠、颍川分祠、谢太傅祠、文中子祠、锺公祠、广陵王祠、李文靖祠、张忠文公祠、赵忠果公祠、双忠祠、石湖乡贤祠、尤文简公祠、贤守令祠、赵正惠公祠、吴庄敏公祠、高文忠公祠、二尚书祠、直道陈公祠、刘文恭公祠、武功伯祠、周文襄公祠、刘参政祠、景贤祠、毛都宪祠、黄公祠、都南濠祠、徐迪功祠、周公瑕祠、观所周公祠、张赐闲祠、三高祠、毛氏世忠祠、罗巡检祠、龙女祠、慧感夫人祠、张烈妇祠（以上私祀已废）。

苏州府的祭祀系统，有容易识别的特征。一是古老，如"八腊庙"，沿用周代的"大腊"制度。二是家祭、族祭中的名人乡贤，演化为城市里面的公共祭祀。人物荟萃，名人辈出，也有很多乡贤人士出类拔萃，历史上祠祀非常发达。公共性的祠祀是一种开放教育，不同于一般的家祭、族祭，维持的家规门风。公共性的祭祀，对于维持地方文化风气，奖善惩恶，有重要的劝化作用。

中国神祇的分类学

孔子时代，学者已经对众多神祇分类。有一种分类，是按"木石""水""土"的范畴，对神祇作出区别。《孔子家语·辨物》中有一段关于孔子鬼神知识的传说，说季桓子因凿井得缶，缶中有羊，但众人不辨，也有人以为是狗。于是，就派使者持缶问于孔子，咨询到底是羊，还是狗。孔子答曰，挖井取土，从土里得到鬼怪，当属神羊。[①]后世儒家据《论语》，以为"子不语怪、力、乱、神"。《孔子家语》中的孔子，则是另外一种形象：神学精湛，对木石、水、土各类神祇了如指掌。《孔子家语》二十七卷曾经《汉书·艺文志·六艺》著录，"当时弟子各有所记"，列为"论语十二家"中的一家，后亡佚。清代学者姚际恒（1647—1715，安徽休宁人）在《古今伪书考》中认定，今本《孔子家语》是三国魏王肃（195—256，山东郯城人）割裂群书之伪作。但是，鲁大夫"季桓子穿井获羊"的故事，并不是王肃本《孔子家语》的孤论。故事另见于《国语·鲁语》《史记·孔子世家》的正文，内容几乎完全一样，则可以证明至少"穿井获羊"这一段不是王肃的编造。汉代学者如司马迁、班固等人读原本《孔子家语》，对"孔子语怪"的故事不以为怪。

---

① 《孔子家语·辨物》："季桓子穿井，获如土缶，其中有羊焉。使使问于孔子曰：'吾穿井于费，而于井中得一狗，何也？'孔子曰：'丘之所闻者羊也。丘闻之，木石之怪夔蝄蜽，水之怪龙罔象，土之怪羵羊也。'"同样的记载，另见于《国语·鲁语》《史记·孔子世家》。

"孔子语怪"的故事证明后儒解释子不语鬼神的定论未必确切。我们看到孔子对杂乱的鬼怪群体有所分类，试图将信仰理性化。早期的情况不能确认，至晚在秦汉时期，有识者已经意识到要对散乱的鬼神进行归类，理出一个神谱，建立一种秩序。古人对于鬼怪的分类有很多种，至少有一种就如《孔子家语·辨物》中记载的，归为木石、水、土三大类。被《孔子家语》定义为木石之怪的魍魉，与魑魅并称，都属于山川之怪。许慎作《说文解字》，定魍魉为山川之怪："魍魉，山川之精物。"另外，杜预注《左传·文公十八年》"魑魅，山林异气所生，为人害者"；薛综注《文选·东京赋》"魑魅，山泽之神"。可见周秦时代，人们把魍魉魑魅归为一类，都是山川之怪。孔子把羵羊神归为土之怪，也是有依据的。《广雅·释天》有云，"土神，谓之羵羊。"可见汉代人仍然把羵羊归为土地之神。按孔子的神学知识，夔、魍魉等神祇，有木石属性，归为山川神。龙、罔象等神祇，有水的属性，归为水神。羵羊则归为土地神。山川、水府、土地，这是孔子对神祇所作的三种分类。

从《孔子家语》的记载来看，并非子不语。《孔子家语·哀公问政》另有子语鬼神理论的记载："宰我问于孔子曰：'吾闻鬼神之名，而不知所谓，敢问焉。'孔子曰：'人生有气、有魄。气者，人之盛也；魄者，鬼之盛也。夫生必死，死必归土，此谓鬼；魂气归天，此谓神。合鬼与神而享之，教之至也。骨肉毙于下，化为野土，其气发扬于上者，此神之著也。圣人因物之精，制为之极，明命鬼神，以为民之则，而犹以是为未足也。故筑为宫室，设为宗祧，春秋祭祀，以别亲疏，教民反古复始，不敢忘其所由生也。'"孔子在回答宰予问题时，完整地陈述了以"魂魄"为核心的鬼神观和祭祀观。《孔子家语》的"鬼神""魂魄"理论和《中庸》论鬼神之为德完全一致。在木石、水、土神祇之外，孔子论述人作为生物，也有气、有魄，即与肉体相分离的精神性存在。孔子对于人的精神性存在有专门术语，"气""魄""魂""鬼""神"都是专门用在与人的肉体相区别的各种精神性的存在。在木石、水、土之怪之外，还有人的魂魄、鬼神。这样，我们可以说在《孔子家语》的神祇有四类：木石、水、土之怪和人之魂魄。

夏曾佑（1863—1924，浙江杭州人）在《最新中国历史教科书》（1902年）中总结夏、商、周帝王的宗教态度。夏王孔甲信鬼神而失诸侯，商纣王不敬神而亡国，总结夏、商两代的不同做法，他认为周代宗教政策间于两者，敬与不敬，"二说并重"，比较中庸。[①]夏曾佑还认为从周代开始，古代中国人开始对鬼神信仰系统管理，有了宗教观，并且把所有鬼神分为四种：天帝、地神、人鬼和魅妖。周代"分鬼神为四种：在天者，为天神，即上帝；在地者，为地祇，即山川之神；人死曰鬼，即祖；百物曰魃，即魅，称妖"。这个帝、神、鬼、妖的四分法，和《孔子家语》中的四分法基本一致。天神（上帝）为升至天庭的精粹灵魂；地祇（山川）则是留在地上的木石之魍魉；人鬼是一般的祖先魂魄；魅妖则是水、上中间的精怪。

以帝、神、鬼、妖来四分所有神祇，夏曾佑为近代宗教学提出的分类学，基本上合乎儒教经典。汉代经学家儒者，以周代制度为名整理古代思想，差不多就是这样的看法。帝、神、鬼、妖四类神祇，在汉代经学中并不是以平等的泛神论形式出现的，而是被分成四种等第。《周礼》有规定："惟天子可祭天（天帝），

---

① 夏曾佑的说法，显然脱胎于《白虎通义》中的夏、商、周"三教"说，即"夏后氏教以忠，故先明器，以夺孝子之心也；殷教以敬，故先祭器，敬之至也；周人教以文，故兼用之，周人意至文也"。周人对夏、商"兼用之"，即夏曾佑所称"二说并重"。

诸侯祭其封内之山川（地示），大夫士祭其先（人鬼），庶人无庙而祭于寝（各种魅妖）。"①天子祭天帝，诸侯祭地示，大夫祭祖先鬼神，百姓只能祭五祀（门、户、井、灶、中霤）等魅妖杂神。商、周及汉代儒教文献中，表现出一个基本特征：中国人对于天地自然中万事万物的灵魂已经有了一个系统的范畴划分、应对态度和处理方案：不同类型的神祇（帝、神、鬼、妖），有不同的人类群体去加以祭祀，形成等第和分工，精英神祇由相应的精英等第来祭祀，大众神祇则由相应的大众阶层祭祀。帝-神-鬼-妖四分法，就是中国人的儒教系统神学，商周时代已有之。

汉代经学家总结的一整套鬼神观念，并不是一种抽象的统治学说。阶级论的"统治学说说"认为"鬼神说"原本并不存在，只是帝王为了建立自己的合法性，由儒者捏造出来，用以"欺骗人民"的谎言。事实上，汉代经学并不是一种脱离中国人信仰生活的观念，而是从帝王到庶民都相信的理论。宗教信仰的普遍（全体）性、超越（阶级）性，在古代（乃至当代）都是存在的。西汉经学认为：周代天子的职责为君，主要掌握世俗权力。按《礼记·曲礼下》的解释："君天下，曰天子。"汉平帝元始五年（5），大司马王莽握权后开始改革礼制，仍然是把天子看作祭祀等第中的爵位，天子本身并不具有神圣性，与庶民人格不异。"王莽奏言：'王者父事天，故爵称天子。'"②按儒教

① 夏曾佑：《中国古代史》，香港，商务印书馆，1994年，第33页。该书原以《最新中学历史教科书》为名，在上海商务印书馆出版，是第一本中国古代通史。因为戊戌变法（1898）和义和团（1900）时期出现的"保教"议题，夏曾佑这本教科书特别重视宗教问题，对中国人的信仰问题揭示最多，甚至也可以同时视为近代宗教学的奠基作。20世纪50年代起，本书曾被大陆学界长期忽视，近年来有多种版本重印，均以《中国古代史》为名行世。
② 班固：《汉书·郊祀志》，上海，上海古籍出版社、上海书店影印本，1986年，第125页三。

"孝"的等第观念，王者之孝（木主、牌位），可以"配天"，则天子祭天仍是凡人之"孝"，称"父事"，不是"上帝之子"，不是"神"。天子只是一种世俗权力，并非基督宗教那种人神合一的含义。

在东汉章帝召集的"白虎观会议"上，经学与谶纬学说结合，儒学出现了神圣化的倾向。天子开始有了"天地之子"的含义，把皇帝的人格神圣化，与凡人脱离，是白虎观会议上的一次尝试。班固整理的《白虎通义》开宗明义地定义"天子"："天子者，爵称也。爵所以称'天子'者何？王者父天母地，为天之子也。故《援神契》曰：天覆地载谓之天子，上法斗极。"①"父天母地"的解释已经不是"父事天地"的意思，而是把皇帝说成是"天地之子"，而且"上法斗极"，与太极、太乙、北辰相联系。就像秦王嬴政把"王"升级为"皇"一样，"天子"含义的迁转，表明汉代思想把皇帝再一次神圣化，与普通人区别开来。《白虎通义》的"天子"解释，从汉代流传的谶纬学说中来，书中所引《孝经援神契》便是一部纬书。谶纬学说来自社会普遍思想，是民间信仰生活的反映。汉代儒生创作的纬书结合了方术和阴阳五行学说，用来证明天子的神圣性和合法性。

但是，这种理论在通过儒学检验时，遇到了很大困难。《白虎通义》引用的另一本纬书《孝经钩命诀》发问："帝王之德有优劣，所以俱称天子者何？"皇帝有暴虐、残忍、愚笨、夭亡，如商纣、嬴政、晋惠、同治者，一点都不显神圣，"天地之子"的理论难以解释这种反常现象。所以，历代皇帝虽都自称"天纵聪敏"，但总的来讲天子的神圣性并未确立。皇帝有权祭天，并非意味着他有耶稣一样的圣人地位。天子只是凡人，也需要用儒

①　班固：《白虎通义》，卷一"爵"，第1页。

学来教化。清代学者编撰的《四库全书总目》仍然把《白虎通义》放在子部杂家类。《白虎通义》在实践中一直沿用，但不被纳入经部，在正统儒学理论中地位不高，原因盖在于此。儒家虽然接受帝王主持郊祀祭天，但一直在抵制帝王直接介入儒学，也从来没有同意帝王凭个人意志来治国。民间儒家和社会上的儒学还在坚持孔子时代"君师相分"的传统。

帝王之灵魂，属于人之鬼魂，并不天生优越于普通人，表现了儒学在一定程度上的平等观。所谓"天子"及王公贵族的灵魂等第与百姓同。汉字记录的古典作品，很少表现出弗雷泽《金枝》在原始民族中收集到的那种对于王的神性的崇拜行为。[①]《尚书·舜典》记录舜帝处罚恶王"四凶"（共工、驩兜、三苗、鲧），"流共工于幽州，放驩兜于崇山，窜三苗于三危，殛鲧于羽山"。贵如皇帝和天子，如果他生前作恶，魂魄升不到天庭，也只能成为厉鬼，有祟人间。《后汉书·礼仪志》注中有个故事，叙及四时风俗，称颛顼（五帝之一）的三个儿子都是厉鬼。《汉旧仪》曰："颛顼氏有三子，生而亡去为疫鬼。一居江水，是为虎；一居若水，是为罔两蜮鬼；一居人宫室区隅，善惊人小儿。"每年季冬腊月，各地州、县、镇、乡邀请大傩驱鬼，就是驱除帝王颛顼三个儿子的鬼魄，不使作祟，成为民众社戏中的一大快事。"天子"不与天同，"天"的地位超越"帝""王"。中国民众在亘古时代已经摆脱了对"王"的神性的迷恋，其信仰上升到更高层面。儒家"敬天"唯"上"、唯"一"的灵魂平等观念，和亚伯拉罕宗教的人人敬畏上帝的观念相契合。中国古代灵魂学说

---

　　① 弗雷泽描述原始部落对于王的崇拜："作为神，王被视作世界的中心。他的片言只语成了法则，由他身上向四处发射一种能量，因此他任一举动或是其存在状态的任一变化都会影响自然秩序的整体平衡及部落的整体生活。"（转见于包尔丹著，陶飞亚等译：《宗教的七种理论》，上海，上海古籍出版社，2005年，第33页。）

的普世性，一直延续到明清时期。

按汉代儒者总结的宗教观念，古代中国人对于神祇的分类，是由"天覆地载"的自然神明，加上"帝－神－鬼－妖"组合灵魂一起构成的神学体系。超越性的"天地"（后世衍生出"乾坤""阴阳""理气"等）观念，加上人间性的"魂魄"（表现为"神明""鬼祟""精灵"等）形式，构成了中国信仰的基本意识。江南民众和文人以为葬礼和祭祀时的哀声悲情，必要能够"惊天地，泣鬼神"，不是无本之说。"天地加魂魄"的基本宗教意识，被儒教利用来支撑和构建"礼乐文明"祭祀的基本宗教形式。我们在儒学发展历史上，看到很多作品都是谈论"鬼神"和"天道"。按次第记录朱熹讲学内容的《朱子语类》，先说"理气"，次论"鬼神"，然后才是"性理""学"《大学》《论语》《孟子》《中庸》……"宋学"讲"'理气'和'鬼神'"，显然是从"天地加魂魄"的基本形式演化而来的。还有，这种基本的信仰意识和宗教形式，并不只是为儒教一家所掌握和拥有。后起的道教、外来的佛教，乃至再往后时期传入中国的摩尼教、祆教、景教、伊斯兰教、天主教、基督新教，只要在中国人中间传教，都必须熟悉和掌握这种"大地加魂魄"的基本信仰意识，如此才能在丰厚的民间信仰土壤中取得生长资源和活力。

现代宗教史家伊利亚德总结20世纪中国宗教研究成果，按西方学者高延、葛兰言、马伯乐（Henri Maspero, 1883—1945）、施舟人（Kristofer Schipper, 1934—　）等人意见，认为汉人宗教属于东北亚地区的萨满教系统。从祭祀仪礼来看，商代中国出现的"青铜器时代的宗教"，特征就是"天帝与祖先"。[①]这些学

---

① 伊利亚德著，晏可佳等译：《宗教思想史》，上海，上海社会科学院出版社，2004年，第463页。

者都从"乃命重、黎，绝地天通"等经典说法中，看到了巫觋活动和萨满教的关系。"某些获特许之人——萨满、神秘家、英雄、统治者——能在出神的境界中升天，因而重新恢复'从前'（in Illo Tempore）被阻断了的交往。在整个中国历史上，我们发现了一种可以被称做对于天堂的乡愁，即渴望通过出神而重建一种'太初状态'：那就是最初的统一性／整体性（混沌），或者人类能够与神直接往来的时代。"①各个学者的具体兴趣不论，把中国古代的巫觋传统，和近代宗教学讨论的萨满教特征联系起来，这个看法和夏曾佑、章炳麟以及五四以后的"古史辨"派学者的意见一致。中外学者在20世纪初年，对中国宗教的萨满教方式已有不少共识。从宗教信仰的本体论角度看，萨满教在祭祀礼器和仪式中崇拜的天帝与祖先，内中的精神（Spirit）方式就是天地加魂魄。

天地加魂魄的信仰模式，既是中国宗教的结构特征，也和其他民族信仰有贯通之处。文化人类学最早尝试定义一个普遍的宗教定义，爱德华·泰勒提出：最低限度的宗教定义，就是对"精灵的存在物之信仰"（the Belief in Spiritual Beings），相信世界上有灵魂（精灵，Spirits）的存在，是一切宗教现象的本源。把宗教的定义放大一点，除了把精灵作为信仰的对象、心理之外，还需要膜拜、祭礼作为信仰的行为（Practice）。弗雷泽说：宗教是"对于统驭自然及人类生活的超人的权威（Powers）之和解的手续"②。我们可以把泰勒的精灵说与中国宗教的魂魄理论做比较，也可以用弗雷泽的崇拜说来理解中国宗教的天地学说。合起来的话，中国宗教在魂魄和天地两方面表现得更加突出，天地加魂魄

---

① 伊利亚德：《宗教思想史》，第468页。
② 转引自林惠祥：《文化人类学》，北京，商务印书馆，2011年，第279页。

的模式，和世界上其他民族的信仰方式有同有异。

宗教学把不同神祇加以分类，天地崇拜属于自然崇拜（Nature Worship）。人类学家论自然崇拜，辨析出水的崇拜、石与山的崇拜、日月星的崇拜等，这些自然崇拜，很自然地被初民们归纳为天父（Heaven Father）、地母（Earth Mother）①的观念，在中国以天地、阴阳、五行的方式表达。这一类自然崇拜现象，在孔子以前的周代典籍中都有出现，非常突出。比较而言，另一类自然崇拜，那些在美洲印第安人、太平洋岛国和非洲部落民中更加突出的动物崇拜（Animal Worship）、植物崇拜（Plant Worship）、图腾崇拜（Totem）、灵物崇拜（Fetishism）、偶像崇拜（Idolatry）、生人崇拜（Man Worship），就比较微弱。另一方面，中华民族的宗教心理在鬼神崇拜（Ghost Worship）和祖先崇拜（Ancestor Worship）方面却非常突出。以魂魄概念（加上天地观念）为基础的祭祀制度，以及在此礼乐制度之上的儒家祖、示、孝、敬学说，构成了中国宗教的基本内容。②

---

① 转引自林惠祥：《文化人类学》，第291页。
② 以上各类崇拜的分类，参见上书"第五篇：原始宗教"，第277—378页。

下篇

江南祭祀之源

第五章　佛道兼容：合一的基层信仰

颐浩寺模式：现代性问题

2011年4月30日，"廿八香汛"中，笔者访问了杨震庙管理人演智法师。演智身披袈裟，周旋于鞭炮喧闹、三牲俱全，还载歌载舞的香客中间，虽然兴奋，却也表露出尴尬。按现代中国的宗教管理制度，佛教、道教各有协会，民间宗教则没有组织。按现代宗教的定义，佛教、道教祭祀严格"用素"，民间宗教则延续祠祀习惯，仍然"血食"。现代佛教、道教及儒教之间有严格的教义区别，"井水不犯河水"。然而，杨震信仰并没有被本土的道教协会接纳；把它归为民间宗教，则会是一种半合法的信仰。青浦区宗教民族事务委员会把杨震庙交由当地佛教协会代管，可两者的祭祀方式"用素""血食"完全不同。演智，皖南人士，闽南佛学院毕业，传承现代"人间佛教"，没有留在市区大寺庙，来到了偏僻的金泽镇颐浩禅寺，已是委屈。"无端更渡桑乾水"，又兼管一个非佛非道的杨震庙，不伦不类，很是茫然，他说："常常不知道，前途在哪里。"

今天的佛教、道教协会都把祭祀"用素"作为与"封建迷信"相区别的重要特征。"血食"就是迷信，需要严格管理。金泽镇颐浩禅寺所属的青浦区佛教协会，设在朱家角镇西淀山湖畔的报国寺。该寺原址在明清时期是天帝祠，属儒教祠祀，民间至今仍称之为"关王庙"，庙前的小路也名为关王庙路。1989年，上海佛教协会玉佛寺把它收为下院，真禅法师按人间佛教规制扩建，陆续兴建大雄宝殿、观音殿，还顺应当地信徒需求，重修了民间信仰的药师殿、财神殿。但是，当地信徒坚持明清传统，用血食祭祀关老爷，令现任住持、区佛教协会会长昌智法师很难处理。昌智法师采用的办法是用墙体把关王庙和报国寺隔断，香客们从临湖一面上岸，继续用血食祭祀，与山门内的用素做法"井水不犯河水"。

演智和昌智的尴尬，其实是一个"现代性困惑"。一百年前，这样的困惑并不严重。明清制度中，在金泽镇这样的基层，庙宇宫观激烈竞争，佛、道之间经常转换。僧侣、术士接管和购买一座寺庙，并不介意它是佛教、道教还是民间宗教。血食、用素的区分，在江南地方寺庙也没有严格的区分。佛教僧侣把民间神祇引进寺庙，或者买下民间的宫观，保留神祇，搞"混合经营"。这种宗教混同的做法，在信界、教界、政界，乃至学界，都是认可的，并无限制。康熙年间，上海龙华寺除主殿供奉佛教主神外，侧殿设有三元祠、五通祠、张方伯祠，都是民间祠祀；[①]乾隆年间，佛教比丘尼购得上海县道教下海庙，新塑佛像后，至今仍然保留城隍、天后、财神、药神等神祇。[②]同理，基层道教也

---

① 见释道渊原辑，张宸重辑：《龙华志》，上海，上海社会科学院出版社，2006年，第9页；明中：《千年古刹龙华寺》，收石鸿熙编：《上海的宗教》，上海，上海市政协文史资料编辑部，1996年，第49页。

② 下海庙地址为虹口区昆明路73号，原名"夏海义王庙"，供奉本地海神显佑伯护海公（1959年发现本庙碑文），乾隆年间由比丘尼心意购入，为尼姑庵，但民间仍然在此供奉护海公。太平天国、"八一三"淞沪会战时和"文革"中，三度被毁。1991年、1999年两度扩建，今为上海佛教协会管理，仍为比丘尼道场。见《上海宗教志·佛教·寺院》（上海，上海社会科学院出版社，2001年）。

容纳佛教神祇。直到今天，上海豫园商城城隍庙内仍然供奉着佛教的观音和地藏菩萨。

上海徐家汇耶稣会禄是遒神父，清末在江浙地区作有关"迷信"的调查，他说："如果你到苏北如皋县的泰山（东岳）庙去，可以看到道教和佛教的神互为关联地供在一起。祠庙虽然被定为道教的，却由佛教的和尚照管着。"在基层，佛教、道教和民间宗教关系密切，禄是遒总结说："各属不同的教派，却肩并肩地被置于同一祭坛上，供大家崇拜。每个人都可在同一个庙宇里选择他自己的神，因此三教合为一庙，可称为'三教合一'。"①事实上，明清时期的三教合一运动并不仅仅是教义融合，还有庙间渗透。三教合一士大夫思潮，其实也被基层庙宇信仰杂糅的实践推动往前。

江南地方乡镇志中保存了大量案例，可以说明儒、佛、道的祠庙寺观确实互有交涉。民国年间，金泽镇东邻相距十余里的练塘镇朱家庄有一座佛教静福庵，规制不小，"南向二进，各五楹"。在"庵前距十余步，面南三楹一栋"，还有一座土祠万福堂，"清顺治时建，祀保婴侯、永猛侯两土神"。土祠小，佛庵大，佛教寺庵收编了"两土神"以后，香火更加旺盛，乃至于"同治己巳（1869）、民国丁亥（1947），两次重修"。但是，"据村人谓：本村先建'万福'，后建'静福'"②。静福庵的香火是万福堂发起的；而万福堂又融入静福庵，堂庵一体，成为其组成部

---

① 禄是遒著，王定安译，李天纲审校：《中国民间崇拜·中国众神》，上海，上海科学技术文献出版社，2009年，第7页。江苏省如皋县东门王家巷的东岳庙，曾是当地最大庙宇。1902年因清末"庙产兴学"，被乡居翰林沙元炳（1864—1927）没收，改造为师范学堂，至今沿续为如皋高等师范学校（2005），东岳庙大殿现为该校校门。
② 心平居士：《练溪祠庙寺观录残稿》，上海，上海社会科学院出版社，2006年，第23页。这本书为残稿，关于民间信仰"卷一·祠庙"已失；关于佛教、道教的"卷二·寺观"残存，但不见道教宫观，殊为可惜。经过1898年和1928年两次庙产兴学的浪潮，民国年间的江南本土宗教备受打击。这本书保存了练塘、小蒸地区佛教寺庵名录，可借以了解一些民国时期江南基层民间宗教的残余状况。

分。青浦练塘朱家庄村万福堂、静福庵的先后秩序以及它们之间的融合关系，正好可以说明一般民间信仰的原发以及江南体制宗教的包容。我们看到：在村、乡、镇一级的基层寺庙，儒、道、佛三教的界限相当模糊。在基督宗教影响本地信仰生活之前，江南信众并不严格区别教会，分清神祇；相反，传统的信众喜欢有更多的选择，喜欢对不同的教派和神祇作出适当的调配与混合；同样，儒、道、佛体制宗教也尽量包容民间宗教，援为信仰资源，借作香火扩展。

金泽镇的老人告诉我们一个故事，既符合官方"宗教和谐论"，也能比照为当代"宗教多元主义""跨宗教理论"。金泽镇不只是"桥桥有庙"，安乐桥上还曾经"一桥三庙"，佛教、道教，甚至儒教都有。查《金泽小志》，时至清代，国字圩、位字圩交界处的安乐桥南堍，兼有"地藏殿"（汉传佛教）、"三官帝阁"（道教）和"葛仙翁祠"（儒、道教）三座宫观祠。"三庙"相互之间各不冲犯，都有自己的香客；大部分的香客也都是三座庙一起烧香。三座小庙无疑都是镇上信徒自发建立的，属民间庙。颐浩寺兴旺的时候，这三座宫观都由本寺僧侣经营。[1]另外，金泽镇儒、道、佛类型的寺观法事形式差不多，三教都做"签事"。"金泽多庙，大都庙内有签与签书，以颐浩禅寺、杨爷庙、府爷庙最'灵'。"[2]颐浩寺属佛教，杨爷庙归祠祀，城隍府爷庙今并为道教，金泽镇的儒、道、佛三教，都求签，都"做七"，都做水陆道场……

---

[1] 金泽镇的安乐桥，"康熙六年，僧普能领募重建"，桥上设亭，桥堍原有三官帝阁。康熙四十六年，安乐桥再毁，僧侣募集里人重修，恰有桥南堍胡姓人家愿意售出老屋，颐浩寺住持僧照礼买下胡氏屋，修建地藏殿，安乐桥三官帝阁和地藏殿联为一体，"与三元堂外分而内合"。加上同在安乐桥南的葛仙翁祠（供抱朴子葛洪的从祖葛玄），均由佛教僧侣经营，香火之资为颐浩寺所有。参见《金泽小志》，第13、33页。

[2] 《金泽志》，上海，青浦乡镇志系列，2004年，第504页。

离开金泽，回到当代，在上海市区最大寺庙玉佛寺，我们仍然能够看到很多跨宗教的现象。玉佛寺安远路正门南面的临街门面，开了很多小店，如风水、算命、锡箔、花圈……按照现代宗教学理念，这些民间信仰的翻新样式，相当于明清时期所谓"奇门遁甲""符箓纸马"，今天学者一般以为归入道教更合适。对此"饭店门口摆粥摊"的现象，玉佛寺住持慧觉法师不以为忤，"信徒有要求，我们都尊重"，这是发自内心的宽容。这些信仰小店拓展了玉佛寺的"市场"，形成了当地的宗教氛围，和佛教互补，为大庙服务。在信仰互补问题上，寺庙、政府和信众三方都没有障碍。据此，我们看到：中国传统宗教在基层信徒中间，其实是"佛道不分"。三教合一，"一"于基层倘若按照现代宗教方式严格区分三教（儒、道、佛），则会有相当大的困难。

宋代景定年间（1260—1264），有本镇人费辅之创建颐浩寺，邀僧人道崇主持，其门徒如信扩建。该寺元、明时为盛，明正德《松江府志》记载：颐浩寺"虽杭之灵隐，苏之承天，莫匹其伟"[1]。颐浩寺名闻海外，引倭寇来犯。《金泽小志》记载：嘉靖三十三年六月十五日（1554年7月14日），倭寇"劫（颐浩）寺中大钟以去"[2]。劫走的大钟没有能够运走，留在了海边，后来移到了金山卫城城隍庙中。"倭寇劫去寺钟，遗金山卫海滨。至康熙初，僧子谋运归，不果。今悬于卫城城隍庙，里人许长康亲见之，镌有'金泽颐浩寺钟'六字。"这口宝钟，"撞之，声极洪大，庙祝云：能闻十里"[3]。一钟一鼓，名寺之宝。失却了宝钟，

①　顾清总纂：正德《松江府志》，上海，上海市地方志办公室、松江区地方志办公室编，上海古籍出版社，2011年，第318页。
②　周凤池纂，蔡自申续纂，杨军益标点：《金泽小志》，上海，上海社会科学院出版社，2005年，第102页。
③　同上书，第105页

颐浩寺的声名不复宋、元、明时那般远播吴越，而趋于衰败。

颐浩寺建在基层，自然有很强的民间性。同时，颐浩寺曾经列为东南名刹，地当舟楫往来之要冲，官宦旅迹不断，文人题咏众多，有很强的士大夫色彩。历经万历年间倭寇、顺治年间失火、1938年日寇造成的数次浩劫，以及1958年"大跃进"的部分毁坏，颐浩寺在"文革"前就已不复当年盛况。破败之后的颐浩寺仍然留着士大夫痕迹。按光绪《青浦县志》，颐浩寺曾有赵孟𫖯题额、文徵明题额。1992年，"文革"后重建大雄宝殿，赵朴初居士为题庙额，今存镇寺之古宝三件：一为数人合抱之宋代银杏树；二为元代牟巘的《颐浩禅寺记》；三为赵孟𫖯亲绘图案之石刻"不断云"。不断云为赵孟𫖯携夫人管道升（字仲姬，1262—1319，浙江吴兴人，祖籍江苏青浦）在颐浩寺歇息时专为本寺所作，是一段轻柔飘逸的云彩图案。寺僧筹款，刻为长40多米长接连不断的青石围栏，名为"不断云"。今残存仅20米，存于殿前，仍可证其为神品之作。

分析赵孟𫖯和颐浩寺的关系，可以看到士大夫在信仰意识上的三教合一。除了民间性的宗教混同之外，江南士大夫在处理儒教与佛教、道教的关系问题上也是兼容为主。赵孟𫖯，宋太祖赵匡胤第十一世孙，书画成就极高。赵孟𫖯元初出仕，仁宗拟为"如唐李太白、宋苏子瞻，姓名彰彰然，常在人耳目"的旷世奇才。后世学者把赵孟𫖯和王羲之、颜真卿、柳公权、欧阳询并列，誉为"书圣"。值得注意的是，赵孟𫖯的艺术风格与其佛教、道教信仰多有联系。宋元之际的江南士人，信仰上不拘一格，教门间融会贯通，收放有致。赵孟𫖯的写帖《洛神赋》《道德经》《玄妙观重修山门记》等，属于流露其道教信仰倾向的作品；画作《三教图》《轩辕问道图》《松石老子图》《溪山仙馆图》《玄元十子图》等，又是儒教、道教不分轩轾的图像作品；还有，在赵孟𫖯的诗文集《松

雪斋集》中，保存有大量与道、佛两界人士交往的作品，特别是
《管公楼孝思道院记》《南泾道院记》等，可见赵孟頫、管道升夫妇
如何服膺道教。赵孟頫《南泾道院记》称："脱儒冠，着道士服，
翛然独处，以颐性养神为事。凡田畴所入，悉以供土木工估。"

　　赵孟頫在信仰上兼跨儒、佛、道，有迹可循。赵孟頫与佛教
关系清晰，颐浩寺即为一例；他与道教的密切关系，则有松江、
青浦的资料为证。《元史·赵孟頫传》称："孟頫才气英迈，神采
焕发，如神仙中人。"元世祖忽必烈宠爱赵孟頫，爱他的仙风道
骨；元仁宗爱育黎拔力八达也赞美他"博学多闻，书画绝伦，旁
通佛、老之旨，皆人所不及"，则赵孟頫信仰绝非儒教、佛教两
种，还有道教。赵孟頫自号"松雪道人""水精宫道人"，可见其
自认为道教信徒，他常来松江城北道院，投奔族兄赵孟僩，所谈
亦应为道教。赵孟頫生平和青浦有极大关系，交汇点就在信仰。
赵孟頫被松江府丰富的"三教"资源所吸引，前来参悟。他常常
往来于吴兴和松江之间，途经金泽镇时舟泊颐浩寺，一则因为其
爱妻管道升原籍为青浦小蒸镇人，[①]二则因为他的族兄赵孟僩在
松江府城道院北道堂隐居，"九峰三泖"之间有一批志同道合的
道士、僧侣和儒生等三教九流的朋友。

---

　　① 赵孟頫《松雪斋外集·魏国夫人管氏墓志铭》："夫人讳道升，姓管氏，字仲
姬，吴兴人也……"赵孟頫本人认管道升为浙江吴兴人。唯新修《青浦县志》（1990
年）则称"管道升（1262—1319），字仲姬，女，小蒸管家路人"，即今天青浦人，
认管道升为当地人。青浦小蒸镇还有一"松雪读书台"，相传是赵孟頫书写诵读的地
方。赵孟頫和管道升夫妇，有书画之情、琴瑟之好，管道升《我侬词》传为佳话：
"你侬我侬，忒煞情多；情多处，热如火。把一块泥，捻一个你，塑一个我。将咱
两个一齐打破，用水调和；再捻一个你，再塑一个我。我泥中有你，你泥中有我；
我与你生同一个衾，死同一个椁。"赵孟頫晚岁作品中，也多有悼亡和伤感妻子的文
字，如北京故宫博物院藏至治元年（1321）五月十一日赵孟頫书《先妻帖》，记录了
赵孟頫恳请中峰法师为亡妻管道升的"再期"（去世两周年祭）做道场，"先妻必然
有超度之望，无非皆出老师之恩"。可见宋元士人用释道做"超度""斋醮"等法事，
习以为常，必要行之。

赵孟僩出入于儒、道、佛之间，并不是单单的学理，而是带有信仰实践。万历年间云间名士陈继儒（1558—1639，江苏华亭人）《〈本一禅院志〉序》："宋宗室赵孟僩，不屑仕元，托黄冠游云间，更名道渊。又五年，髡发为浮屠氏，再更法名曰顺昌，号月麓，又自号三教遗逸，改北道堂为本一禅院。"①陈继儒所说，对于赵孟僩在儒、道、佛之间迁延之关系，不甚明确。朱国祯《涌幢小品》的交代较为清晰，可为补充，其说："赵孟僩，宋之宗室，年十七，及胄举，文天祥辟为参谋。天祥北去，居吴，依亲友以居。越十年，为道士，名道渊，居松江道堂。又五年为僧，名顺昌，因号'三教遗逸'，改道堂为本一庵。"②按朱国祯的说法，赵孟僩和赵孟頫一样，都是初为儒生，继为道士（"道渊"），后为僧人（"顺昌"），儒、道、佛三教贯穿，自称是"三教遗逸"。赵孟僩在做了五年道士之后，将松江北道堂改名为本一禅院，或有三教不同，本则为一的意思。

管道升先于夫君赵孟頫四年，于延祐六年（1319）去世。《金泽小志》《青浦县志》都称赵孟頫生前曾偕夫人同游松江，则赵孟頫不只是丧妻辞官以后，独自前来青浦，必是在青年乡居时期，中年任江浙儒学提举时期，也经常来松江。赵孟頫与松江府的密切关系，未见于《元史·赵孟頫传》和《松雪斋集·赵公行状》。唯松江人士的记载确凿有据，且都和信仰有关。赵孟頫在松江徘徊，先是道教，后为佛教。赵孟頫到过上海七宝镇，题七宝教寺，有诗："探奇来宝地，名刹冠丛林。院设机云代，经描吴越金。霜钟清绕鹤，池竹绿浮琴。投绂勘玄论，桃园

---

① 陈继儒纂：崇祯《松江府志》，上海，上海古籍出版社，2011年，第990页。
② 朱国祯：《涌幢小品》，卷二十"赵孟僩"，上海，中华书局上海编辑所，1959年，第468页。

莫浪寻。"^①他曾引家乡的佛教高僧中峰法师到松江来讲学，事见《〈本一禅院志〉序》："（赵孟𫖯）其族弟赵松雪孟𫖯数来访之，因请天目山中峰禅师至院说法。"^②赵孟𫖯还有很多遗迹存于松江，都与"三教"有关。新修《松江府志》记录近年来发掘的赵孟𫖯遗迹多处。"文革"后，赵孟𫖯书苏轼前后《赤壁赋》石刻重新现世，今存松江醉白池公园碑刻廊；1979年12月，松江青松石45号居民宅中，发现赵孟𫖯书《般若波罗蜜多心经》石刻；1980年3月，松江药棉加工厂（本一禅院旧址）发掘一幅石刻赵孟𫖯自画像，今存松江区博物馆。^③

　　从赵孟𫖯、赵孟𫖯在金泽颐浩寺、松江北道院出入于佛、道之间的案例看，江南地区的佛教和道教确有很多交叉。宋金时期在北方兴起的道教全真派，提倡三教合一，仿照佛教，主张出家修行。松江府道士一般为正一派，多本地人，在家行道。孟𫖯、孟𫖯寓居青浦、松江，"托黄冠游"，已经出家，且有自己的道院，更主张三教合一，应是属于宋末元初传入南方的道教全真派。^④道教全真派和佛教尤其接近，都是素祭，都要出家，都讲

---

① 此诗崇祯《松江府志》卷五十"寺院"收录，赵孟𫖯《松雪斋集》则未见。

② 崇祯《松江府志》，第990页。

③ 上海市松江县县志编纂委员会：《松江县志》，"文物古迹·碑刻"，上海，上海人民出版社，1991年。

④ 吴亚魁《江南全真教》（香港，中华书局，2004年）引正德《松江府志》考证：松江府长春道院，"元大德十年（1306）道士郑道真建，为境内全真教祖"，史称松江府自1306年始有全真教传入（见氏著第99页）。朱国祯《涌幢小品》记：赵孟𫖯曾加入文天祥幕府，"天祥北去"之后"居吴"，则赵孟𫖯来松江寓居，应在南宋德祐二年（1276）之后；"为道士，名道渊，居松江道堂"达五年之久，则推测赵孟𫖯应在1280年之后的五年内为寓居松江的出家道士。赵孟𫖯、赵孟𫖯均以"三教遗逸"自号，可知其接近道教全真派三教合一主张。另据《道家金石录》所录杨载《长春道院记》，至治元年（1321）四月十五日，赵孟𫖯为本记"书并篆题"，则赵孟𫖯在去世前一年仍和松江府的道教全真派有密切来往。据此种种，笔者揣测赵孟𫖯或比杭州人郑道真更早在松江传入道教全真派，不过北道堂五年后转为佛教本一禅院，故不为《松江府志》所载。

修身，都做法事，都有庙产，两者之间比与儒教的差别要小得多。江南的佛教和道教，还有祠祀系统的各类庙宇，道教取佛教寺庙，佛教占道教院堂，竞争激烈，转换容易，赵孟僩、赵孟頫把松江北道堂转为本一禅院即为一例。

佛教、道教寺庙之间的产权、神名变更，历史上也屡屡发生，既有政府意志，也有民间行为。顾炎武《日知录》中有"改佛为道"一条，记录"宋徽宗大观四年（1110），停僧牒；政和四年（1114），置道阶三十六等；宣和元年（1119），诏改佛号'大觉金仙'，余为'仙人'、'大士'；僧为'德士'，易服饰，称姓氏。寺为宫，院为观，女冠为'女道'，尼为'女德'"。[①]陆游《老学庵笔记》："政和神霄玉清万寿宫，初止改天宁万寿宫观为之，后别改宫观一所，不用天宁。若州城无宫观，即改僧寺。俄又不用宫观，止改僧寺。"[②]乾道六年（1170）六月初三，陆游从家乡绍兴到四川夔州履任，路过嘉兴府崇德县，夜航船"晚泊本觉寺前，寺故神霄宫也，废于兵火，建炎后再修"[③]。则宋徽宗改佛寺为道教的神霄宫，70年之后又被民间改回佛寺。宋徽宗信从神霄派道士林灵素（1075—1119，浙江温州人）的说法，祀长生大帝、青华大帝，并自以为"上帝（长生大帝）之长子"。皇帝把佛教寺庙改为道教宫观，民间渐渐又把它们改回佛教寺庙。大殿中间，佛教的三尊和道教的三清，形象、名号有别，格局则相同。

从江南地区寺庙宫观经常转换的传统来看，金泽镇颐浩禅寺方丈管理杨震庙的情况并非偶然。江南地区基层宗教生活中一个突出的现象是：佛教、道教和祠祀系统的大小庙宇既相互转换，又同时兼营。金泽镇之外，佛教协会代管、接管民间信仰的情况

---

① 顾炎武：《日知录集释》，第1225页。

② 陆游：《老学庵笔记》，上海，上海远东出版社，1996年，第305页。

③ 陆游：《入蜀记》，上海，上海远东出版社，1996年，第8页。

也存在。"文革"结束后，宗教管理部门落实宗教政策，顺应信徒要求，一些重要祠祀也和佛教、道教寺观一样得以恢复。土庙难脱迷信之嫌，烧香需要管理，干部们倾向于把祠祀土庙划归佛教协会。例如：1988年，金山县新农乡复建同治年间所建的五龙庙[1]，改为五龙禅寺，保留施锷殿，由佛教协会管理；1995年，嘉定县曹王镇复建南宋淳熙年间所建曹王庙，这座定性为民间信仰的庙宇，改由佛教协会管理。[2]

还有一种情况是，一些基层土庙在历史上就是佛道合一，"文革"后恢复，也就顺应香客要求，在佛教寺庙里保留原来供奉的神祇。例如：1990年，宝山县罗店镇修复梵王宫，归为静安寺下院。该庙最早是明正德年间修建的真武阁，属于道教，光绪初年被认为佛道合一。[3]晚清、民国时期上海和全国最大的妈祖庙，即苏州河河南路桥北堍的天后宫，曾经也是由佛教僧侣管理。明、清以来，江南地区佛教力量一直强于道教，佛教的资源更充分。19、20世纪以后，在上海大都市里复兴的"人间佛教"也大大强于道教。在近代上海，道教的现代改造不及佛教成功，道教协会在学问、人事、影响力和动员能力上似乎都弱于佛教协会，因此在最近这一次的寺庙重建运动中，各地政府都倾向于让佛教协会出面，这是近期中国佛教发展远远超过道教的重要原因。

---

　　① 各地都有五龙庙，今被列为民间信仰。上海金山金张公路上的五龙庙供奉的是宋朝武将、神医施锷（伯成）。农历八月初八是施老爷（施寄爹）生日，有老爷出巡的庙会，方圆几十里戏班搭台。和金泽镇庙会一样，也有提香社、清音班、娘娘队跟随老爷出巡。1964年，"四清"工作组把庙内老爷像烧毁，1969年翻建为小学校舍。1988年，金山县宗教局邀请普陀山达缘法师重建寺庙。现五龙禅寺前殿仍然供奉施锷，主殿供奉释迦牟尼，称为"寺观合一"构成，即佛道兼容模式。参见五龙禅寺单张宣传资料。

　　② 参见张化：《上海宗教通览》，上海，上海古籍出版社，2004年，第13—17页。

　　③ 《上海宗教志·佛教·寺院》，第77页。

佛教如此频繁地"捞过界"，既说明了佛教在20世纪中国现代宗教格局中的强势崛起，也说明了传统三教（儒、道、佛）其实难以截然区分。换句话说，江南传统中的儒、道、佛家并非是三个西方式的教会，从来都不是完全独立的。神学思想上的异同先不论，至少在民间的祭祀生活中，儒、道、佛是共享着同一个祠祀系统的一体信仰。民间祠祀用传统的祭祀方式供奉各类神明（分为"鬼神""魂魄""厉鬼""鬼祟"等），儒教、佛教、道教注意区分主要神祇和基本教义，儒取周、孔，佛取释迦牟尼，道取老、庄，但基层用香火、庙会等方法祭祀的时候差异并不大。更主要的是，在民间祭祀的层面上，儒、道、佛三家并不区别那些次要神祇，关公、城隍、观音、天后以及各类区域性的地方神祇都可以共享香火。近代佛教占据了道教和民间的观、庙，僧侣们加上自己的主神，然后都把原来的神祇作为次神保留下来，以吸引信徒。比如青浦朱家角镇圆津禅院和上海提篮桥下海庙，都由祠祀小庙转变为佛教寺院，寺院内至今都保留了原来的祠祀神祇。

2003年，青浦县金泽镇政府委托颐浩寺管理杨震庙。按现在干部的解释说，当时没有考虑道教协会，是因为颐浩寺有现成的僧侣住持。道教协会远在县城，日常事务不容易管理。于是，佛教又一次扩展了自己的地盘。佛教协会管理民间宗教，这个权宜之计的背后就是佛教作为现代宗教的强势地位。从现代宗教格局来看，正一派的青浦道教协会管理杨震庙更加合理；但是，从传统宗教格局来看，佛教也可以管理祠祀庙宇。这就是中国宗教需要讨论和解决的现代性问题。"颐浩寺模式"是政府借用佛教来统摄民间信仰，似乎是一个权宜做法，却在不经意间透露出当代江南宗教在基层信仰中仍然存在的"三教合一"特征。关于妈祖到底是道教，还是民间宗教；城隍神是归给道教，还是佛教，甚或就是民间宗教……这些划界问题，在现代中国宗教体系中远远没有得到解决。

颐浩寺住持法聚比演智年长，是苏北来此出家的外乡人，在镇多年，能说青浦方言，他对颐浩寺和杨震庙的复杂关系有更多思考。法聚法师以为颐浩寺模式未尝不可。法聚承认：杨震庙的香火，远远比颐浩寺兴旺。杨震庙的法事价格，要比颐浩寺贵一倍，颐浩寺要靠杨震庙。法聚表示：佛教代管的模式，本是政府的安排，到底把杨震庙归给哪家管理更合适，其实并不容易决定。杨震庙是"荤祭"（血食），道教和佛教一样都是"素祭"，杨震庙并不一定属于道教，说起来归入儒教祠祀似乎更合适。这样一笔三教糊涂账剪不断，理还乱。法聚还说：颐浩寺与杨震庙一体管理的模式，信徒们大致能接受。金泽本地香客大多数都在杨震庙和颐浩寺两边烧香，不分彼此。从香汛情况看，大部分远方香客从杨震庙开始烧香，然后顺塘河一路过来，沿途的小庙、私庙、旧庙址，一并都烧，一直烧到颐浩寺。"没有办法，金泽人和这个地方的香客，都相信老庙。"当然，也有不少香客严格区分杨震庙和颐浩寺。大约有30%的集体香客由香头掌控，香头说荤祭、素祭不能混淆，烧了杨震庙就走了。香头们受了现代宗教"三教相分"的观念影响，道、佛相分。颐浩寺做工作，端午、中秋会给他们寄粽子、月饼，争取这群苛刻的现代信众。[①]

近百年的宗教改革运动中，中国的儒、道、佛教有不同的命运。儒教被废除，复杂的情况可以再论。20世纪50年代以后，佛教与道教在政治干预下重组，经过学术界的不断研讨、反复定

---

① 2012年6月20日下午访问颐浩寺，遇住持法聚法师，同行者青浦社会主义学院诸福先、顾海英，金泽镇干部顾燕，上海统战部巡视员张化，复旦大学宗教学系博士生盖钧超。

义，加上政府部门的竭力运作和管理，两教之间初步形成了现代关系，与宋、元、明、清时期的混同状况已经不能同日而语。在当代中国知识分子的意识形态中，佛教、道教已经是截然不同的两种宗教。但是，颐浩寺模式让我们看到：即使在城市化、现代化的挑战之中，江南和上海地区的佛教、道教和民间信仰等传统寺庙，仍然没有完全按照现代宗教的定义，严格地区分各类神祇。在民间信仰层面，三教仍然不分，信仰还是混同。

佛教、道教和儒教，在教义层面确实并不相干，三方都"清理门户"，力图加以区别。儒教从权力政治的立场出发，将佛教、道教并列为"释道"，鄙称为"二氏"。这种关系表达了儒学占据王朝正统的倨傲态度，表明佛教、道教经常与下层信仰结合，儒教斥为愚夫愚妇之教。佛教、道教是体制化宗教，天然追逐各类信徒，包括下层民众。它们扎根基层，接近民间信仰。事实上，严格区分佛教、道教和民间宗教，常常很困难。除了华山、武当山、龙虎山、茅山、青城山、齐云山等道教名山有固定的主神、主庙外，大部分的道教宫观祭祀的都是地方神。一被赐额，一入祀典，即为儒教正祀；未获致祭，未载正典，就是民间淫祀，差别就是帝王之然否，官方之确认否。儒教通常使用祀典来掩饰自己的民间性，而道教、佛教则较为困难。佛教、道教之所以被儒教斥为"二氏"，就在于二者有着难以掩盖的民间性。

三种佛教：士绅的力量

荷兰莱顿大学汉学家许理和在《佛教征服中国：佛教在中国中古早期的传播与适应》一书中提出：经他研究南方佛教"汉化"（Sinicization）案例，中国佛教有别于印度佛教。许理和以为印度佛教的传播过程中，逐渐形成了三个不同阶层的中国佛

教，即"宫廷佛教"（Court Buddhism）、"士大夫佛教"（Gentry
Buddhism）和"民众佛教"（Popular Buddhism）。[①]佛教的"中
国化"现象，早为章太炎、梁启超（1873—1929，广东新会人）、
胡适（1891—1962，安徽绩溪人）等学者所重视，许理和先生因
此对南方佛教的"汉化"[②]作出了更加细致的分析。三种佛教的
划分具有启发性，对于理解中国佛教的复杂局面有庖丁解牛般的
工具作用。[③]

　　许理和先生认为：印度佛教"作为整体移入中国是更晚的现
象……被迫采取折中方式的中国僧人，不得不将其见解建立在不
同时代和学派的各种繁复难解的大小乘经、律、论、符咒、传说
之上"。由于印度佛教传播并不充分，南方汉人的信仰又很热烈，
自然要调动本土资源来完善佛教。"所有这些因素都必定影响到
佛教的完全汉化（即使是在僧人中间），影响到以中国姿态出现，
为中国心灵所理解，转化成中国思想方式的佛教的形成。"[④]事实
上，佛教在南方汉化以后，和民间宗教结合为民众佛教，将巫

---

　　① 把中国佛教分为"宫廷""士大夫""民众"三种类型，并不是许理和先生
书中的明确主张，而是译者的概括，分别见于许理和著、李四龙、裴勇译《佛教征
服中国：佛教在中国中古早期的传播与适应》（南京，江苏人民出版社，2003年）第
4页"译注"，第485页"译后记"。综观全书，结合许理和先生的一贯学理，这个概
括是符合原意的。拙作拟用"三种佛教"的概念，目的并非要截然分开这三种类型，
而是试图通过三种佛教的区分，看到民间宗教的特殊性，识者察之为幸。
　　② 许理和：《佛教征服中国：佛教在中国中古早期的传播与适应》，第4页。
　　③ 笔者研究天主教在华传播史，曾在香港浸会大学（1996）、旧金山大学
（1992）、鲁汶大学（2004）三度聆听许理和先生的学术报告，每次都有幸在会下详
谈。在天主教入华后诸问题的研究中，许理和仍然强调中国天主教所遭遇的民间性。
他不主张单从耶稣会士和儒教士大夫的关系来观察明清天主教历史，而强调眼睛要
向下，下层社会里面才有真正的中国。这些话语，很多是针对西方学者片面理解中
国实际的问题，但也能用来针砭中国学者盲目模仿"汉学"的风气。笔者在民间宗
教领域也常常想到这些教诲。2008年，收到钟鸣旦教授发出的许理和先生去世噩讯
电邮，若有所失。今附载于此，以志。
　　④ 许理和：《佛教征服中国：佛教在中国中古早期的传播与适应》，第2页。

术、风水、魂魄、咒语、符箓等术数都吸收到自己的佛学中。同理，佛教也收编本土宗教的寺庙、神祇和祭祀，或者将民间神祇纳入自己的神谱，或者把佛教神祇塞入民间寺庙，使民众佛教走向本土化。金泽镇的颐浩禅寺与杨震庙，以及上海和江南地区延续至今的佛教与道教、民间祠祀之间的交叉渗透关系，正是这种汉化过程的表现。

颐浩寺不同于一般的江南寺庙，地处小镇，但是信仰资源并不单一。在历史上和传说中，颐浩寺与"宫廷""士大夫"和"民众"都有关系。研究金泽颐浩寺，兴味之一就是一庙之内可以看到三种佛教的踪影。据说，金泽镇曾受到宋朝皇帝、大臣们的垂顾，颐浩寺似乎就有了宫廷佛教的痕迹。南宋理宗景定元年（1260），颐浩寺为巨商费辅之所建。费氏本镇人，笃信佛学，购入吕颐浩的故宅，建造禅寺。皇帝、大臣虔信佛教，捐献自己旧居改建寺庙，南朝尤甚。"宋明帝（439—472）以故第为湘宫寺，备极壮丽。"[1]梁武帝萧衍称帝后，把自己的故宅改建为光宅寺（508），至今保存在南京南城老虎头44号。[2]改帝王大臣故第为寺庙，也是宫廷佛教的一种方式。

吕颐浩（1071—1139，山东济南人）为宋朝重要宰相。按《宋史·吕颐浩传》，吕颐浩在宋徽宗时，先在燕京任河北都转运使。建炎元年（1127），高宗赵构（1107—1187）继位，吕颐浩在南方任职，任扬州、江宁知府，后累官至户部尚书。吕颐浩与张浚、韩世忠合力，在苏州（平江）、杭州（临安）、嘉兴（秀州）一带领兵抗金，为宋高宗迁都临安奠定基础。宋高宗任命吕

---

① 顾炎武：《日知录集释》，第1077页。

② 见《扬子晚报》2011年12月1日报道《千年古寺躲在城南江宁路附近居民区》。

颐浩为宰相，与秦桧在朝中分掌武文大权，"颐浩治军旅，桧理庶务，如（文）种、（范）蠡分职可也"①。吕颐浩主战，力谏在北方设藩用兵，与求和的秦桧不协，后挂冠而去。

《宋史·吕颐浩传》没有提到传主晚年的居址和归宿。南宋嘉定《赤城志·侨寓》有"吕颐浩传"，记载他是"济南人，字元直，元祐九年（1094）中第……"赤城，临海旧名，则吕颐浩挂冠后住在浙江台州，为寓公；嘉定《赤城志·禅院》另有"褒忠显迹院"，称"县西三十里旧名景福……绍兴九年，吕丞相颐浩家乞香灯院，遂改今额"②。吕氏后人将宋高宗表彰给吕颐浩的褒忠显迹祠堂，改为乞香灯禅院，则吕颐浩后人亦居于浙江台州临海。吕颐浩和金泽镇的关系如何，其实并不明确，需要考证。元朝文人牟巘《颐浩禅寺记》中并未说吕颐浩居住在金泽，记中有"夕惕朝兢，颐神养浩……以气养勇，塞乎天地之间，而为颐浩者"句，则"颐浩"者，就是理学所谓"颐养浩然之气"的意思。金泽镇和吕颐浩关系的说法，出现在清初，徐乾学（1631—1694，江苏昆山人）《饭僧田记》道："淀山湖之西南，有地金泽，居民数千家，有寺颐浩，殿宇崇宏，相传南宋吕相故宅。"潘耒《募修禅堂记》记载："金泽镇在苏、松之交，故有颐浩寺，以宋相吕颐浩营建得名，高宗尝驻跸焉。"③从南宋到清初已经500多年，其间必有很多坊间传说加入，而以吕相颐浩来命名颐浩寺，是晚出的说法。

可能的情况是，颐浩寺出名后，数百年间的文人士夫和金

---

① 脱脱等修：《宋史》，卷三百六十二"吕颐浩传"，上海，上海古籍出版社、上海书店影印本，1986年，第1278页二。

② 陈耆卿纂：嘉定《赤城志》，北京，中华书局，1990年，宋元方志丛刊第七册，第7481页、第7549页。

③ 牟巘《颐浩禅寺记》、徐乾学《饭僧田记》、潘耒《募修禅堂记》，均见《金泽小志》，第26—29页。

泽百姓合作，把不同历史传说串联起来，缔造传奇。传说宋高宗赵构迁都临安的时候，曾经驻跸本镇，在永安草庵下榻。"南宋皇帝宋高宗赵构南渡，在宰相吕颐浩护驾下，来到金泽，就认定是风水宝地。吕颐浩就在金泽建造了他的别墅，以后舍宅改寺。"[①]历史传说的特征是：时间越久，细节越多，"古史辨"学派所谓"层累的"古史谬说理论，于正史未必，于小说、传奇、演义却颇能解释。吕颐浩在太湖、淀山湖地区任知州，领兵众保驾高宗南渡，此为确实；吕颐浩在苏、松、湖地区留有遗迹，有过别墅、旧宅，宋高宗曾驻跸金泽，尚有待考证。窃以为颐浩禅寺与吕颐浩、宋高宗的关系属于附会，是该寺兴旺以后对宫廷佛教的攀附。

仅凭宋高宗、吕颐浩的传说，颐浩寺并不能归为"宫廷佛教"类型的大寺庙。颐浩寺非如白马（洛阳）、法门（扶风）、慈恩（长安）、少林（嵩山）、报恩（南京）、灵隐（杭州）等都会佛寺，有皇亲、国戚和大臣常年扶持；也不如五台山佛寺，隋唐以降，以迄清朝，历朝皇帝不断造访；更不似由皇帝故第改建的南京光宅寺、北京雍和宫喇嘛寺。颐浩寺事实上不属于宫廷佛教，它的信仰资源基本上来自民间。颐浩寺是中、下层人士的信仰，以中层特征更加明显。用士大夫佛教和民众佛教相结合的模式来概括颐浩寺特征，庶几近之。颐浩寺并不处于通都大邑，也不靠着名山大川，它是江南地区少见的一座既扎根于小镇，又富有士大夫精英意识的古刹。以一镇之信力和财力支持庞大而悠久的寺庙，实属不易，来自士大夫和民众信徒的支持，成为该寺长期发展的重要源泉。

---

① 青浦区金泽镇人民政府编：《江南第一桥乡——金泽》，上海，百家出版社，2001年，第1页。

　　与颐浩寺关系密切的士大夫，在宋元时期以赵孟頫为代表。从各种迹象看，《金泽小志》记录赵孟頫和金泽及青浦的密切关系属实。除了颐浩寺留有"不断云"石刻等物证外，赵孟頫在青浦还有很多遗迹。例如：至元三十一年（1294），赵孟頫为张之翰（生卒年不详，河北邯郸人，知松江府）《普照讲寺藏殿记略》书篆；至大元年（1308）三月既望，赵孟頫为牟巘《普照讲寺释迦殿记》书篆；至大元年五月望日，赵孟頫为牟巘《重修宝云寺记》书篆。①普照讲寺位于华亭县西（今松江区），离金泽镇东面仅十数里；宝云寺在华亭县亭林镇（今金山区），距金泽镇东南也只有数十里。赵孟頫"夫人道升，贞溪管氏女。溪距金泽二十里，松雪（赵孟頫）往返，多经于此。尝寓宜静院，夫妇遗墨甚多，惜多散失"②。因着夫人管道升祖籍贞溪镇（小蒸，与金泽镇东邻练塘镇西接，相距不足十里）的关系，赵孟頫往来于吴兴和青浦之间，与颐浩寺密切交往。

　　在明代，巨宦徐阶（1503—1583，江苏华亭人）与颐浩禅寺有密切关系。传说徐阶少年时常来金泽镇，拜镇绅吴一祝为师。罢官后，在金泽镇"置别业三所，时来憩息"。颐浩寺经济拮据，他"捐香火田二十三亩"③。万历元年（1573），朝廷决定复析华亭、上海县数乡，再设青浦县，治唐行镇。为建造青浦县衙门，官吏来金泽镇取材，要拆颐浩禅寺大士殿。危急时刻，寺僧向致仕在家乡的首辅徐阶求救，得到帮助，保全了寺庙。④为了震慑地方，徐阁老把殿见嘉靖皇帝时穿的衮衮蟒袍，连同家藏的吴道

---

① 崇祯《松江府志》，第991、1017页。
② 《金泽小志》，第84页。
③ 同上书，第86页。
④ 参见陆树声：《有衮楼记》（收《金泽小志》，第35页）。故事如述："万历癸酉，郡建新邑，吏议撤材于寺，寺所称大士殿议为焉。时少师存斋徐公，谢政居里第，僧偕徒众往告公。公曰：'成毁一相，独奈何毁已成，不可。'吏议乃止。"

子《大士像》赠送给颐浩禅寺。颐浩禅寺建造了三间二层的有衮楼，专事收藏；还画了徐阶像，正堂高悬，以为弹压。[1]徐阶是严嵩的政仇，张居正的老师，退隐后权倾一方，成为颐浩禅寺的"大护法"。

另外，嘉靖年间的文人唐顺之（1507—1560，江苏武进人）、状元陆树声（1509—1605，江苏华亭人）也都来金泽镇颐浩寺捧场。唐顺之年轻时曾"侨居金泽，读书宜静院"，留下很多诗文，有七律《留宿金泽》曰："澄湖乍夜雨初霁，骤觉春衫寒衣多；远浦草青归送雁，夕阳湖上坐微波。"[2]陆树声，本县朱家角镇人，官至礼部尚书，"为人端介，喜禅乘"。万历己卯（1579）年曾在金泽颐浩寺养病，寺僧体贴，馈以莼菜，飨其莼鲈之思，故有《吴淞风味册序》之作，其中有句："己卯秋仲，予卧病长清静斋，颐浩寺僧饷于莼……"[3]可见陆状元与颐浩禅寺僧友情之深。

万历年间（1573—1620）是松江府经济、文化发展的高峰，各地文人士大夫经金泽镇，来松江府各县、镇、乡游历、交友和切磋。舟楫往来，在颐浩寺留下踪迹的著名文人还有王世贞、袁了凡（1533—1606，江苏吴江人）、屠隆（1542—1605，浙江鄞县人）、冯梦祯（1548—1605，浙江嘉兴人）、董其昌（1555—1636，江苏华亭人）。按《金泽镇志》记载，如上五位士大夫都在金泽镇留下了墨迹。万历十二年（1584），为刊刻《嘉兴大藏经》，管志道（1535—1608，江苏太仓人）、袁了凡、冯梦祯等人议定《检经会约》《刻藏凡例》《刻藏规则》等。按冯梦祯的

---

① 事见同上所引书，称："僧以公慈念护持，图所以示信方来者，请于公。公解所御袍蟒，择家藏吴道子大士像畀僧，僧受而藏焉。计非专宇，曷以称崇奉也，乃合檀信，相地于大士殿之后，左折而北，作楼三楹，中设大士像，袭袍蟒，函置之……题曰'有衮'。"

② 转见《金泽小志》，第86页。

③ 同上书，第87页。

《快雪堂日记》，冯梦祯和"管登之（东溟）、袁坤仪（了凡），凡十数人"，在"甲申（1584）、乙酉（1585）岁有校经之约"，[①]地点就在金泽镇颐浩寺。也就是说，颐浩寺是历史上最大规模藏经《嘉兴大藏经》的发祥地之一。

冯梦祯和袁了凡、管志道、瞿汝稷（1548—1610，江苏常熟人）、唐文献（1549—1605，江苏华亭人）、于玉立（江苏金坛人）、王肯堂（约1552—1638，江苏金坛人）等居士，协助紫柏大师（沈真可，1543—1603，江苏吴江人）和密藏法师（道开）一起刊刻《嘉兴大藏经》。苏、松、杭、嘉各府的僧人、居士和学人分工合作，大江南北的佛教人士，有钱出钱、有力出力，在民间刊刻《大藏经》。金泽镇颐浩寺的住持净源上人，将寺院作为刻场，认领了部分藏经的刻版任务。[②]万历十七年（1589）十一月初二日，净源分刻的《诸经要集》竣工，冯梦祯等人按《检经会约》的约定，逢单月校经，来到颐浩寺校读该藏本。那一天，冯梦祯校读了集中的《诚女缘》。[③]

颐浩寺的背后是一大批文人士大夫，他们给寺庙以很大支撑。颐浩寺数度转危为安，起死回生，都与士大夫对佛教的支持有关。对此，冯梦祯在《颐浩寺义田碑记》感叹说："噫！颐浩一刹耳，而国大臣、宰官、居士、长者、比丘，更数善知识，而后欲毁中

---

① 冯梦祯：《快雪堂日记》，南京，凤凰出版社，2010年，第44页。

② 研究者注意到《嘉兴大藏经》在万历十七年以后的刻场有："五台山妙德庵、妙喜庵（万历十七年至二十年）；径山寂照庵、兴圣万寿寺、径山寺、休宁大寺华严堂、金沙东禅青莲社、径山化城寺、宝梦堂、金沙顾龙山、吴江接待寺、姑苏兜率园、嘉禾一指庵、匡山木石庵、寒山化城庵、金坛紫柏庵等（万历二十一年至崇祯年）；径山化城院、理安禅院、宝德堂、松江抱香庵弘法会、宝善庵、虞山华严阁、径山古梅庵、德藏寺藏经阁等（崇祯年至顺治年）；嘉兴楞严寺般若堂（天启年至康熙年）。"（杨玉良：《故宫藏〈嘉兴藏〉初探》，载《故宫博物院院刊》，1997年第3期）金泽颐浩禅寺不在其列，作为《嘉兴大藏经》的发起寺庙，同时是管志道、袁了凡、冯梦祯等人早期刻经、校经活动场所，却没有被注意到，是一个遗憾。

③ 冯梦祯：《快雪堂日记》，第44页。

止，方替转隆，谁谓兴废可委之数哉？"①冯梦祯提到的"大臣、宰官"应是赵孟頫、徐阶、陆树声、董其昌等级别的致仕京官；"居士、长者"应是唐顺之、王世贞、管志道、袁了凡、屠隆这些有好佛之名的地方士绅；"比丘"当然是一代代艰难主持颐浩寺的本地僧人。值得注意的是，所谓"大臣、宰官"都不是以在职官员身份参与颐浩寺的活动，而是以闲居家乡的地方士绅身份来赞助和保护寺庙。这样看来，颐浩寺的士大夫佛教特征更加明确。卜正民（Timothy Brook）教授在研究万历年代佛教的著作《为权力祈祷：佛教与晚明中国士绅社会的形成》中注意到，"士绅"可以进一步区分为"郡绅"（Regional Gentry）、"邑绅"（County Gentry）和"乡绅"（Local Gentry）。②颐浩寺的建造，由本镇士绅（"里人"）费辅之、吴进之发起，本是一个镇乡小庙。由于得到了全邑、跨郡、多省士绅的支持，由于多层次士绅社会的支撑，颐浩寺成为江南地区与苏州承天寺、杭州灵隐寺齐名的区域性大庙，冯梦祯看到的金泽镇颐浩寺"殿极壮丽，江南所无"③。

地方士绅与佛教的关系，是一个以往研究较少涉及的题目。研究者都把士绅作为儒教社会一部分，分析他们与中央王朝的权力关系。卜正民教授指出：马克斯·韦伯在《经济与社会》等著作中，把"'中国的官僚与印度的婆罗门'相提并论"，西方学者总是借助对种姓的理解，来理解印度的社会；通过对士绅的理解来理解中国的政治，④这是西方学者看待中国问题时的一种偏颇。按卜正民的分析，士绅社会不但支撑了以儒教为特征的上层

① 《金泽小志》，第90页。

② 见卜正民著，张华译：《为权力祈祷：佛教与晚明中国士绅社会的形成》，南京，江苏人民出版社，2005年，第19页。"郡绅""邑绅"和"乡绅"的名目，出现在各地的方志记载中，成为突出现象，表明地方士绅社会的形成。

③ 冯梦祯：《快雪堂日记》，第44页

④ 卜正民：《为权力祈祷：佛教与晚明中国士绅社会的形成》，第11页。

权力架构，而且对在中、下层社会生活中非常活跃的佛教也有很大的影响。从万历年间江南地方活跃的"讲学""谈禅"的风气看，不能从中央权力架构中获取权力的士绅们，通过赞助佛教寺庙、参与佛事活动而获取地方上的权力，卜正民称其"为权力而祈祷"（Praying for Power），情况确实。

中国士绅的地方意识，一般都以县为单位，地籍同县，称为"同乡"；地籍同府，则勉强称为"大同乡"。"大多数士绅都认可：县邑社会可能是他们有用武之地的唯一一场所。""寺院的捐赠，几乎完全是局限于县级范围内中、上阶层士绅的一种地方性实践。"[①]地方士绅一般都在自己的县里参加活动，谋取权力和地位，这个概括在一般的情况下是正确的。但是，在明清城市化经济特别发达的江南地区，士绅权力已经从县一级下降到镇一级。大量的碑刻、传记、笔记、方志资料证明：市镇是江南文人士大夫活动的基层单位。以青西地区为例，金泽镇、朱家角镇的佛教、道教和祠祀寺庙的活动，处处都有本镇、本县乃至外地士绅的踪影。颐浩寺以一个市镇寺庙得到了本地区士大夫阶层的广泛支持，活动有声有色，堪称"士大夫佛教"例证。

民众佛教：基层的活力

颐浩寺吸收士大夫和民众不同社会阶层资源，用我们概括的三种佛教理论分析，颐浩禅寺并没有获得宫廷佛教的地位，而士大夫佛教和民众佛教特征却非常突出。江南佛教，一般如此；市镇寺庙，尤其如此。从建寺以来的历史看，颐浩寺是一座士大夫与民众共建的寺庙。合作的方式是，寺庙款待士绅，而士绅则带着自己的

---

① 卜正民：《为权力祈祷：佛教与晚明中国士绅社会的形成》，第19页。

权力，垂顾和帮助寺庙。流寓的外地士大夫不可能成为信仰主力，颐浩寺主要依靠当地的士绅与民众。大臣、郡绅、邑绅、镇绅、乡绅在不同时期以不同方式支持颐浩寺，表现出它的中层特征。颐浩寺虽地处要冲，却远离城市，条件限制，不能成为真正的都会佛寺。作为市镇寺庙，它既不能获得士大夫的常年垂注，也不能成为文人的讲学、社盟中心。颐浩寺的日常香火、供奉和善款，主要来自本地中小信徒。颐浩寺作为一个乡镇寺庙，能够维持750余年的香火不断，本镇、本地区香客的贡献至关重要。

最近十多年来，有建筑师、摄影家、艺术家、社区重建活动人士陆续从市区来到金泽镇，有的置业，有的创作，有的研究，从事各种活动。从外来人的眼光看，金泽地价便宜，产业落后，是经济发展的盆地。但是，生活下来，看到当地人生活悠闲，却忙于各种祭祀活动，都感到惊诧：这是一块信仰的飞地，民众似乎特别虔诚。金泽人，镇上是城镇户口，邻近的村里是农村户口，但生活方式大致相同。中老年男人在"状元楼"聊天喝茶，中老年妇女到杨震庙、颐浩寺虔诚烧香。人们说：金泽镇是因为还没有现代化，才保留了传统宗教。金泽镇保留的庙，如同它残存的桥一样，是"最后的江南"。一般的估计：金泽镇的桥庙文化会随着工业化、城市化和现代化的进程而最终消失。

这样的估计，和20世纪50年代流行的"宗教消亡论"有关。按照"消亡论"，随着科学文化的进步，社会经济的发展，宗教信仰必然消失。这种所谓"历史唯物主义"理论，和20世纪西方流行的"世俗化"理论看上去类似，实则不同。世俗化理论主张宗教适应世俗生活，却并不预言宗教灭亡，更不主动消灭信仰；而前者则相信宗教阻碍生产力，扭曲生产关系，是现代化的负担，应该加以限制和消除。金泽镇保留的民间信仰，就可以归作现代化不够充分，经济不够发达，教育尚未普及。这样的"孑遗说"并不合理。事实上，镇外的世界早就改变，镇里的结构也早已属现代。镇内居民的职业、教育、籍贯、年龄、消费都城市化了，金泽镇是上海大都市社会结构中的一部分。金泽镇的传统信仰，并不是因为与世隔绝才保留下来的"活化石"。

金泽镇民众生活的现代化，自清末维新以来没有中断。光绪八年（1882），镇人陈伯骥创设金溪书院，址设颐浩禅寺的北院，开始利用佛寺办学；光绪二十三年（1897），戊戌变法前夕，本镇已经建立"金泽商会事务所"，属于上海和江浙士绅倡立的现代商会；光绪三十二年（1906），金溪书院转为金溪初等小学堂，始行新式教育；光绪三十三年（1907），本镇颐寿堂药店内附设邮政代办处，金泽始有现代邮政，与上海通邮；宣统元年（1909），江苏省预备立宪，金泽镇为地方"自治区"；宣统三年（1911），镇人卫守廉发起成立淀（山湖）南农务分会，址设金泽镇。[①]金泽的邻镇朱家角，现代化力度更强：1903年，建立现代邮政；1909年，创办小学堂；1911年，马建忠（眉叔）次子马幼眉在镇设立余丰碾米厂、光华电灯公司；1912年，自由党、社会党、五族少年保国会、共和党、国民共进会、中华民国工党等政党，都在本镇设立支部；1914年，投资珠安汽轮公司，至安亭联通京沪铁路……[②]清末以来，青西地区的朱家角、金泽等市镇，一直保持进步，努力维新，一直处在现代化的过程中。把上海和江浙地区的村镇归之为"半殖民地半封建"的"落后"地区，难以说通。

朱家角镇的现代化事业比金泽镇更成功，该镇不但有了

---

① 《金泽志》，第11页。
② 《朱家角镇志》，"大事记"，青浦乡镇志系列，上海，上海辞书出版社，2006年，第6页。

电灯公司、邮政局，而且还发生了邑人席裕福入股上海《申报》（1909）、义成泰酱园参加巴拿马世界博览会并获金奖（1915）、珠溪曲社传习和改良昆曲（1915）、朱泰昌纸号引进现代印刷机（1925）、柳率初创办《薛浪报》（1926）等事件。[①]朱家角镇的维新事业在淀山湖地区最有成就，后来的上海郊区有"三泾（朱泾、枫泾、泗泾）不及一角"的说法。[②]江南古镇中，现代与传统关系融合较好的要数朱家角。在朱家角镇，不但保留明清时期遗产，还有不少民国时期建筑。在青西地区此消彼长的关系中，金泽相比朱家角逊色，但一直也是现代化的追随者。

　　清末以后知识分子中发动的移风易俗、新文化、新生活、反迷信等运动，渐次指向宗教，佛教、道教寺庙受到正面冲击。朱家角镇的圆津禅院和金泽镇的颐浩禅寺地位相同，是典型的士大夫佛教和民众佛教相结合的基层寺庙。镇士大夫的兴趣、资产、生意逐渐移往上海，追鹜沪西之"张园"，甚于家乡之圆津禅院。寺院不再是乡绅的活动中心和资助对象，释道二氏，衰败一时。圆津禅寺曾"是明清时期文人雅士酬唱往返之所，其文化底蕴之深，规模之大，皆为珠街阁（朱家角别称——引者）20余佛寺之冠。从清初住持语石大师起，凡七传200余年，都善藏名家字画，其中有宋刻《妙法莲华经》、明人文徵明手书《多心经》、董其昌等32人合写的《金刚经》等等。此外，如王翚、王昶、刘墉、郑板桥、钱大昕（1728—1804，上海嘉定人）、吴昌硕等书画名流也都慕名住院，泼墨挥毫，留下诗画墨迹。宣统初年（1909），住持能证圆寂后，文物被寺僧变卖，至1949年已所剩无几"[③]。寺院困窘，寺僧变卖文物字画

---

① 《朱家角镇志》，"大事记"，第7页。
② 同上书，"概述"，第1页。
③ 同上书，"宗教"，第165页。

为生，这是自然；更加自然的是，既然士大夫不愿再对佛教"持股"，佛教就"抛售"士大夫股。

近代以来，士大夫逐渐撤销了对佛教、道教甚至儒教的支持，辛丑年以后，清宗室更无人再敢扶持中华名教，原来靠宗室、士大夫、民众三足鼎立来支持的复合佛教，只得靠民众信仰独力支撑。值得注意的现象是，经历着清末以来的现代化运动，朱家角镇、金泽镇的宗教生活并未消失。以寺庙宫观为中心的有组织宗教活动确实式微了，而民间祭祀和信仰却仍然顽强。士绅供奉减少后，佛教、道教逐渐变为靠集市和庙会香火为生。朱家角镇的庙会，以淀山湖边上的普光王寺和云和道院为中心，农历六月二十四日、七月二十七日有二度香汛，称"泥河滩香汛"。规模虽不及金泽镇的廿八香汛和重阳香汛，但也是远近闻名。和金泽镇信徒去苏州、杭州进香的风气一样，朱家角镇的烧香婆也是不计其数。金泽、朱家角两镇的老居民说：民国辰光，吃斋念佛的越来越多。

20世纪，圆瑛①、太虚②在上海等大城市提倡人间佛教，影响

---

① 圆瑛：1878—1953，福建古田人，本姓吴，18岁在福州鼓山涌泉寺出家，后在宁波、福州、泉州、上海主持道场，曾游历新加坡、印度尼西亚、日本、朝鲜以及中国台湾、中国香港、苏门答腊等国家和地区。圆瑛一生致力于佛教复兴，1914年，担任中华佛教总会首任领袖（参议长）；1928年，担任中国佛教会首任会长，蝉联七届，并延至1949年以后。圆瑛在上海建立圆明讲堂（1933）、楞严专宗学院（1942）、圆明佛学院（1942），致力于佛教事业的改革。圆瑛主净土宗，兼修禅宗，其佛学融汇世俗精神，有"十二不"誓：不贪名、不图利、不营私、不舞弊、不苟安、不放逸、不畏强、不欺弱、不居功、不卸责、不徇情、不背理，可为人间佛学之箴言。圆瑛生平，参见袁一峰：《佛门楷模圆瑛法师》（收王宏逵主编：《宗教钩沉》，上海，上海书画出版社，1991年，第35—37页）。

② 太虚，本姓吕，16岁在苏州平望小九华寺出家，同年在宁波天童寺受戒。太虚致力于保存佛教，厉行佛教革命，1912年在南京建立"中国佛教协进会"，后担任《佛教月刊》总编辑，又提出"教理革命，教制革命，教产革命"的主张。1914年在浙江普陀山寺庙静修两年；1916年，游历台湾地区和日本，考察佛教两年；1918年，回到上海，参与创立觉社，以静安寺为基地，担任《海潮音》月刊主编，提倡人间佛教。

达于江南村镇。从改革佛教传统，更新佛学教义，寻找新的信仰基础来看，我们可以把人间佛教看作现代社会重建民众佛教的一种努力。传统宗教建立自己的现代性，人间佛教做得相当成功。僧侣们在大城市的教育、文化、慈善、救济、医疗等事业中相当积极。我们看到，人间佛教在农村基层市镇也是成功的。1926年，朱家角镇居民金联巽、张企良建立净念社①，"善男信女近百人参见，吃斋念佛。民国二十五年（1936），净念社邀请上海圆明讲堂圆瑛法师及龙华寺住持性空法师先后来镇圆津禅院讲解佛学禅理，听者甚众"。1946年，圆津禅院发起中国佛教协会江苏省分会青浦县支会。佛教改革表明，离开了士大夫，佛教仍然活着，民众成为信仰的主流。1949年之前，朱家角的佛教人口在增加。据统计：1936年全镇僧尼近30人，1949年增加到40人。②注意，这是现代组织体系下的佛教僧侣。

道教的情况和佛教有点不同，还有所不如。本来，"民间信徒往往既信佛又敬神，佛道不分"，道教也有机会和佛教一样，接受现代化挑战，建立自己的现代性。但是，各种原因使得道教未能获得与人间佛教相类似的现代性，式微的情况比较严重，甚至不得不寄人篱下，出现了被佛教吸附的情况。"至清末民初，

① 净念社：应为净业社之别称。净业社，即"上海佛教净业社"，1922年由南洋兄弟烟草公司创办人简照南（1870—1922，广东南海人）、简玉阶（1875—1957，广东南海人）兄弟建立，宗旨为"集合在家善信，皈依佛教，专修念佛法门，兼学教典，广行善举"，常年雇请僧人领众念佛。在上海本地方言中"净业"易混为"净念"。上海佛教净业社组织孤儿教养、难民收容、施诊施米、放生济贫等活动，总部设在原简氏私宅常德路418号，称"觉园"。觉园内还曾设立过上海佛教维持会、中国佛教会、印光（1861—1940，陕西郃阳人）大师纪念堂、班禅纪念堂、法明学会、弘化社等总部机构。上海佛教净业社历届社长为施省之（1865—1945，浙江钱塘人）、关絅之（1879—1942，湖北汉阳人）、闻兰亭（1870—1948，江苏武进人）、黄涵之（1875—1961，上海人），该机构为上海早期最重要的佛教改良组织，领导全国佛教更新运动，1956年被取消。参见张化：《上海宗教通览》，第196页。

② 《朱家角镇志》，"宗教"，第172页。

道教逐渐衰落，道观大多废弃，或为民居，或改佛寺。朱家角镇道士有寄居寺院，或在寺庵供奉道教神像者。如镇城隍庙内居有道士一人，长生庵供武圣像，旁塑纯阳祖师，后又供释迦牟尼，如斯种种，不乏其例。"①

道观被寺庙吸附的情况，大多发生在出家修行的全真教派。乡绅善士趋于佛教，朱家角镇城隍庙入不敷出，为生存计，出家道士不得不引进佛教菩萨，分享香火。道教依附佛教的情况，在鸦片战争以后非常严重。全真派在江南本不稳固，一些小道院便出售院产，关门歇业。

即使"式微"，道教作为江南地区最普遍的民众宗教，并未消失。有的道教机构幸存下来，如云和道院靠着一年两度的香汛，坚持到20世纪60年代。产业繁荣、经济富裕之后，民众信仰需求更趋强烈。那些散居在家、以"做七"为业的正一派道士，"事业"还有发展。正一派道士"平时如俗家，可娶妻生子，遇有法事则着道袍道帽，持法器、焚纸符、泼法水，为病家'驱邪捉鬼，禳灾降福'，名为'净宅归土'；或为亡者诵经拜忏，'超度亡灵'，夏秋季节，遇有疫疠流行，或水旱虫灾，即行'打太平醮，做道场'"。②朱家角镇的正一派道士，规模庞大，超越清朝。"1949年前，镇上有龚姓、许姓、金姓、周姓、蔡姓、钱姓、徐姓、陆姓等道士70余人，主持法事者称法师，余则称道士。"③

民国年间，青浦道士在大上海也有势力，是上海道教"十二帮"中"本地帮"的主力。按上海道教协会人士估计：上海道教在1949年之前，分本地、宁波、苏州、南通、江阴、湖州、绍兴、常熟、金坛、无锡、广东十一帮；本地帮中又分东、西两

① 《朱家角镇志》，"宗教"，第172页。
② 同上。
③ 同上。

帮，东为上海帮，西为七宝、南翔，以至朱家角的松江府华亭、青浦各帮道士，均为正一派。他们与出家修行的全真道不同，做科仪为主，又称正一道。松江府道教多受龙虎山系统影响，苏南各郡道教则接近茅山系统。近代道教的式微，仅是与人间佛教相比，它的组织化、城市化和现代化的成就没有佛教那么高。但是，如果以民间信仰规模来衡量，道教其实是在扩张，而且速度惊人。"鸦片战争前夕，上海有道观二三十座。开埠后，江、浙一带道士随之来沪……解放前夕，上海共有道观236座，道士、道姑3716人。"①上海人口从开埠前的50万到1950年的450万，人口翻了近10倍，道观数量相应翻了10倍。国际大都市建成以后，上海的道教人口数量增加，比例没有减少。

从金泽镇、朱家角镇到近代大上海，佛教、道教呈现的情况表明：新派知识分子反对迷信，打击佛教、道教和民间宗教以后，佛教积极应战，较为成功地转型为现代宗教；道教应对现代化的挑战，在组织化层面的改组中不及佛教积极有效，但在民间信仰中却并未完全失去信众。佛教、道教都伴随着近代上海的都市化，在国际大都市中仍然顽强生存着，艰难转型，直到20世纪50年代。

金泽镇留下来的近代资料，不及朱家角镇那么丰富。金泽在清末民初没有出过重要的文人和著述，朱家角则有本镇报纸，还不止一份。采访金泽镇老人，已经很难回忆出当年镇上颐浩寺、东岳庙如何改造自己的佛教、道教，顺应社会发展的细节。但是，文献虽不足征，总体情况差不多。20世纪20年代，金泽旅沪同乡回镇资助开设平民小学，行新式教育；1923年，金泽镇通电，有金明电厂；1934年，金泽镇的民众教育馆改为金泽民校，为现代中学。这些措

① 丁常云：《上海道教的传入和发展》，《20世纪上海文史资料文库·宗教民族》，上海，上海书店出版社，1999年，第62页。

施使金泽镇和大上海的现代文明联系起来，一直处在现代化事业过程中。和朱家角、大上海一样，佛教、道教和民间宗教只是在积极自我改造中，却并未被国际化、现代化、都市化、世俗化所消灭。

金泽镇佛教参与以上海为中心的人间佛教运动，虽晚于朱家角镇，规模却也相当可观。1942年，镇人陆玉珠、李希纲、夏雪荣等居士出资重建西林禅寺；同年，以西林禅寺为核心，成立金泽佛教净业社，集合男女信众四十余人；1946年，圆瑛弟子雪相法师来金泽镇为抗战中死于日寇"三光"政策的同胞追荐亡灵，行"七佛法会"，影响遍及吴江、吴兴、嘉善、嘉兴；1947年，邻镇吴江芦墟学者、南社中坚人物沈颖若居士，应中国佛教协会江苏省分会青浦县支会邀请，前来讲经；直到1952年，上海市佛教青年会①还派遣续可法师前来金泽镇讲经，企图在上海市区以外扎根，发展到江苏、浙江邻近乡镇。②

20世纪80年代以后，上海市、县、区各级统战部门落实宗教政策的举动是具有诚意的。1992年，金泽镇从1958年的废墟上重建颐浩禅寺，镇内外信徒的捐款达52.26万元，③不足部分的余款，由镇政府垫付。颐浩寺复建之初，经费缺乏，由本镇居民许锦新居士兼理，后请到一乘法师住院。随着颐浩寺和杨震庙香火愈来愈旺，寺院财力增长，现已经能够常年供养十几位僧人。前几年，

---

① 上海市佛教青年会，简称"佛青会"，1946年在上海成立，址设林森中路（今淮海中路）。佛青会仿照基督教青年会（YMCA）建制，更新传统佛教组织，宗旨为"循佛教途径，本青年精神，以弘法利生，服务人民"，成员多为上海商界人士，方子藩（1908—1968，浙江镇海人）任理事长。1952年，全国成员达5000多人，其中一半以上在上海，为家庭妇女、中小商人、退休人员、职员、职工、学生等。会务有电台弘法、修行念佛、康乐事业等。康乐事业包括同乐、联谊、参观、旅游、素餐、电影、幻灯、唱歌、梵乐、佛戏等，会刊《觉汛》（月刊）发行量高达6000余份，是典型的佛教改革运动中涌现的人间佛教机构。1956年被解散。

② 《金泽志》，"宗教"，第493页。

③ 同上。

一位年轻的本地僧人住持领寺，现在由江苏如皋籍的法聚法师领班。据法聚法师说，现在本寺加上杨震庙的香火、供奉、法事和捐赠收入，颐浩寺已经能够自我生存，还有发展。

金泽镇的颐浩寺和上海市区很多大寺庙一样，正在经历着当代复兴。按我们对于不同层级佛教信众的划分，佛教在上层社会的复兴较多走了佛学禅修的心性路线。佛教在下层大众中间的复兴则延续了明清至今的民间祭祀传统。金泽镇这样的基层寺庙，随着精英人士离乡离土，已经无法吸引像过去净业社成员那样的缙绅人士从事讲学和禅修，宗教生活以祭祀为主。这些普通信众是一些老人、妇女和闲散人员。平日里，本地的一些善男信女，还有周围的香头定期前来烧香；初一、十五的烧香日，信徒大多来自本镇本地区，颐浩寺、杨震庙都能收到相当可观的香火钱；到了廿八香汛、重阳香汛，周边江、浙、沪方圆数百里的农民、渔民，老人、妇女，大批拥到，香火旺到来不及收拾。加上两个寺庙都做七，还有超度亡灵、消灾免病等法事收入，颐浩寺虽不能和上海市区的玉佛寺、静安寺、龙华寺等大庙相比，但也绰绰有余，生计无虞。

近年来，上海郊区寺庙的香客中出现了不少企业主、商人、职员、白领、民工、学生等现代职业人士，因旅游、度假、禅修、参访、结社等原因从镇外专门前来。虽然香客层次有所提高，但受过高等教育的人士仍然较少参加基层乡镇的佛教、道教和民间宗教活动。从上海市区玉佛寺下到松江西林寺[①]担任住

---

① 西林寺地址为松江区中山中路666号，离青浦区金泽镇20公里。住持悟端法师是福建人，1972年生人，上海佛学院毕业，曾派驻澳大利亚观音寺参学。回沪后先在玉佛寺协理院务，2004年下派到西林寺，兼任松江区佛教协会会长。松江区西林寺的僧侣达60人，在悟端法师努力经营下，西林寺已从一座郊区寺庙发展为上海佛教重镇。

持的悟端法师，一直在本寺推行"一日禅""禅修营"等高端活
动。努力打造崇恩（寺内存宋代崇恩塔）佛教品牌，先后成立
了崇恩图书馆，出版"崇恩法苑"丛书，创立崇恩书苑、崇恩
书画院、崇恩编辑社。市区大公司的高管、职员顺着他的指引
来松江修行，还有一些学者来讲论佛学。但是，人间佛教、都
市佛教不能撑起西林寺的全部活动，西林寺仍然是以传统祭祀
为主要内容。悟端法师提供了一份《2013 年大型法会一览表》，
抄录如下：

2013 年大型法会一览表

正月初一日	新春祈福撞钟法会、烧头香
正月初五日	喜迎财神、点灯祈福
正月初九日	帝释天诞尊，凌晨六时，大型供天
二月十九日	观音圣诞，点灯祈福
3 月 29 日至 4 月 4 日	清明孝亲众姓水陆法会
4 月 6 日至 12 日	独姓报恩祈福水陆法会
五月初三至初六日	文殊菩萨圣诞暨千佛忏，祈福学子
5 月 4 日至 6 日	崇恩文化节暨浴佛节，梵音、乐舞、传灯、浴佛
5 月 6 日	皈依、拜师仪式
六月初六、七、八日	点灯祈福，金榜题名
六月十六日至十九日	崇恩念佛会、观音成道灌顶法会
七月十五日	报恩普度法会，盂兰盆会点灯
七月二十九日至八月初八日	地藏圣诞水陆法会，设延生禄位和往生莲位
八月十五日	中秋赏月、供月仪式
九月初九日	西林梵音登高游
10 月 6 日至 12 日	第九届短期出家活动
九月三十日	药师圣诞活动
十月二十五日至十一月初一日	冬至孝亲水陆法会，设延生禄位、往生莲位

续表

12月31日	元旦祈福撞钟法会
十一月十七日	弥陀圣诞法会
十二月初八日	腊八粥供应日

从上表来看，在基层复兴的当代佛教的特征，仍然是以祭祀（法会）为主、佛学研读为辅，仍然是一种民众佛教，或者在更新的意义上说是新民众佛教。

佛教复兴：都市化革命

20世纪中国宗教史上有一个值得注意的现象：佛教之复兴，与儒教、道教和民间宗教之萎顿对比强烈。20世纪初年，儒、道、佛并重，被列为五大宗教之前三位。[①] 社会体制变动，内乱外祸频仍，世俗化思潮冲击，儒教、道教和佛教都很不适应，一同处在衰败之中。太平天国破坏偶像，打击"阎罗妖"，遇庙就毁，见像即砸，并不分辨儒、道、佛；戊戌变法中的庙产兴学[②]，儒教祠堂、孔庙、书院都得到保存，道教庙观被充公的也

① 马相伯《一国元首应兼主祭主事否》(1914年) 一文中有："儒、释、道、回、耶，非世所称'五教'耶？"（载朱维铮主编，李天纲等编校：《马相伯集》，上海，复旦大学出版社，1996年，第147页）可见民国初年所定的"五教"即为儒教、佛教、道教、伊斯兰教、基督教。新中国成立后所定五大宗教，则易为佛教、道教、伊斯兰教、天主教、基督教，除儒教，析耶教为天主、基督两教。马相伯（1840—1939，江苏丹徒人）曾参与"辛亥光复"，时任袁世凯大总统两位高级政治顾问之一，另一为章太炎，一度参与政治设计。

② 庙产兴学：1898年"百日维新"期间，清廷始议废除佛道寺观，兴办学堂。光绪三十二年四月二十二日（1906年5月2日）清廷发布《奏定劝学所章程》，接受张之洞（《劝学篇》）的提议，将天下佛道寺观改为新式学堂。从戊戌变法时的清政府，到北洋政府、南京政府，曾有数次掠夺庙产高潮。佛教人士厉行抗争，压力之下，多方奔走，团体联合，发愤图强，努力兴学，参与社会，反倒加速了自身的现代化建设。

不多，反倒是佛教寺院财产受冲击最大。然而，100多年后，道教一蹶不振，艰难维持；民间诸神被列为迷信，基本绝迹；儒教则全被送进了博物馆，[1]至今难见起色。只有佛教以人间佛教为契机，先在上海、南京等地，后在台湾南北，成功振兴。这其中的原因，值得宗教研究学者深思。

中国近代佛教的复兴运动，和一大批中外学者的研究和扶持有很大关系。20世纪的佛教复兴，首先是佛学复兴。早期，英美来华传教士为判定佛教性质，做了大量研究，进而深入佛学教义，寻找适应现代社会的佛学教义，或者可以说——"佛学现代性"。艾约瑟（Joseph Edkins, 1823—1905，英国人）[2]、艾德（Ernest John Eitel, 1838—1908，德国人）[3]、李提摩太[4]、艾香

---

[1]　儒教在近代中国被送进了博物馆，其论断参见美国汉学家列文森（Joseph Levenson, 1920—1969）著作《儒教中国及其现代命运》（*Confucian China and Its Modern Fate*），郑大华、任菁译，桂林，广西师范大学出版社，2009年。

[2]　艾约瑟的佛学研究著作包括：《释教正谬》（三眼居士译，1868年）、《中国的宗教》（*Religion in China*, 1878年）、《大乘佛教的涅槃》（*The Nirvana of the Northern Buddhists*, 1881年）、《中国的佛教》（*Chinese Buddhism, A Volume of Sketches, Historical, Descriptive and Critical*, 1893年）等。艾约瑟为新教传教士研究中国佛学之先驱，他提出佛教为"没有神的宗教"，影响后人对于佛教性质的判断；其"大乘非佛说"也引起了近代佛学界的广泛争议。

[3]　艾德的佛学成就体现在《佛教演讲录》（*Three Lectures on Buddhism*, 1871年）、《中国佛教手册》（*Handbook of Chinese Buddhism*, 1904年）中。艾德清理中国佛教名词，将之与巴利文、梵文、暹罗文、藏文等对应，使佛教研究进入近代"比较宗教学"体系。艾德也认为：佛教是一种人为宗教，是"无神论"。

[4]　李提摩太对佛教研究的贡献在于，他在杨文会等人的帮助下，用英文翻译了《大乘起信论》（1907年），赞为"高级佛教的《新约》"（The New Testament of Higher Buddhism），借基督教观念来比较和接纳佛教思想；还在于他与中国和日本佛教人士密切交往，并代表佛教参加1893年芝加哥世界宗教议会（the Parliament of World Religions），推动了"支那内学院"的佛学开展。李提摩太以基督新教来衡量大乘佛教的目的，固在于会通二教，也在于帮助佛教建立现代性，并非故意歪曲佛教。有学者以为李提摩太的佛学研究，亦属"东方主义"，香港中文大学宗教学系赖品超教授对此有专文批评，见氏著《李提摩太对大乘佛教的回应：从后殖民对东方学的批判着眼》（《浙江大学学报》，2010年第3期）。

德（Karl Ludvig Reichelt, 1877—1952，挪威人）①的佛教研究，将佛教纳入在欧洲兴起的比较宗教学。在现代中国儒、道、佛三教中，佛教是英美学者研究最为深入的宗教，其中以李提摩太对《大乘起信论》的诠释最具有现代性意味。

中国近代佛教的复兴，僧人之外，学者和居士作出了突出的贡献。杨文会（1837—1911，安徽石埭人）、康有为、谭嗣同（1865—1898，湖南浏阳人）、章太炎、欧阳渐（1871—1943，江西宜黄人）、张纯一（1871—1955，湖北汉阳人）、梁启超、王国维、胡适、梁漱溟（1893—1988，广西桂林人）、汤用彤（1893—1964，湖北黄梅人）、吕澂（1896—1989，江苏丹阳人）、赵朴初等人从不同视角，从事佛学研究，为佛教复兴的学术奥援。②章太炎先生对中国近代佛教复兴运动的贡献，或许并不能以一般居士的身份来谈论。章太炎一生以"汉学""经学""考据学"的方式研究国粹，主张以不同的路径、创新的方法继承国学，并不拘于佛学。但是，章太炎以民国元勋和革命文豪的两大身份，高扬佛教精神，帮助佛教人士，对

---

① 艾香德的佛教研究作品有：《中国外衣下的宗教》（*Religion in Chinese Garment*, 1922年）、《远东的宗教生活：中国大乘佛教研究》（*Truth and Tradition in Chinese Buddhism: A Study of China Mahayana Buddhism*, 1922年）、《远东的默祷和敬神》（*Meditation and Piety in the Far East, A Religion Psychological Study*, 1947年）等。艾香德曾先后在南京、上海、香港、杭州创办专门与佛教徒对话的"景风""道风""天风"机构，推动"宗教联合运动"。1924年，艾香德与太虚、张纯一等人在庐山世界佛教联合会上结识。通过太虚，艾香德对20世纪华人"人间佛教"运动有特别影响。

② 太虚《佛教对中国文化之影响》一文列述对佛学研究有贡献的思想家："我国近三四十年思想界之重要分子，如康有为、谭嗣同、章炳麟、严复、梁启超诸人，皆受佛教极大之影响。康氏本精于孔学，然能放开孔子门户，盖有取佛之《华严经》。……谭氏从杨仁山居士研究内典，所著《仁学》，尤多佛学之理想。章氏不但精于小学，且能明通诸子，其作述如《原名》、《明见》、《齐物论》等篇，国内学者皆认为空前之著作。……至于严氏所译之《天演论》与穆勒名学等，多是采用佛学之名词……梁氏所讲之中国文化各种史稿，皆有涉及佛教，尤注重于《阿含经》、《五蕴论》、《大毗婆沙》，诸君若看其近著之中卷，即可看见其与佛教之关系。又如最近之学者胡适之、梁漱溟等，亦都对于佛法深有研究。"（《海潮音》，第13卷第1期）

佛教复兴作出重要贡献。①

　　上海是近代佛教复兴的大本营，佛教在上海不但表现出现代性，而且还呈现出不同于帝都城市的现代都市性。在上海这样的现代大都市，佛教资源不是来自朝廷，不可称为"宫廷佛教"。市民社会下，佛教的信仰资源来自都市民间，只可称为"都市佛教"。一大批现代城市中的社会贤达、闻人巨擘，如盛宣怀、罗嘉陵（1864—1941，上海人）、施省之、王一亭（1867—1938，浙江吴兴人）、简照南、简玉阶、关絅之、闻兰亭、黄涵之等重要佛教信徒，慷慨捐助，供养僧人，成为佛教"大护法"。这些"大护法"的贡献有一个作用和宫廷佛教相当，即他们的捐献和赞助。利用这些善款，佛教在上海这样的现代城市社会站稳了脚跟，20世纪中的佛教革命才能在各地立业建功。至少在弘教的影响上，近代的都市佛教和传统宫廷佛教可以比较，呈现出市民社会对帝制社会的替代作用。

　　在中外学者、居士和护法的赞助下，20世纪汉传佛教界连续崛起了好几代高僧，他们先后以上海、南京、武汉为基地，坚守佛教寺庙，创办佛学机构，更新佛教教义，护教弘法。这一条佛传路线，脱胎于明清江南佛教的净土、天台和禅宗，但已新

---

　　①　章太炎因《苏报》案"（1904年）在上海公共租界福州路巡捕房监狱拘押服刑，其间"专读《瑜伽师地论》及《因明论》、《唯识论》，乃知《瑜伽》为不可加"。当时"晨夕研读，乃悟大乘法义"（《章太炎先生轶事》，转引自汤志钧：《章太炎年谱长编》，北京，中华书局，1979年，第198页）。章太炎出狱后，流亡日本，主编《民报》，再读佛学著作，"参以康德（Immanuel Kant）、萧宾诃尔（Arthur Schopenhauer）之书，益信玄理无过《楞伽》、《瑜伽》者"（章太炎：《自叙学术次第》，上海图书馆藏稿本，转引自汤志钧：《章太炎年谱长编》，第198页）。1906年11月15日，章太炎在《民报》发表《建立宗教论》，主张"今之立教，惟以自识为宗"，以佛教唯识宗为宗，按照人的自我意志、自我认识，建立新型宗教。章太炎以唯识宗为基础，融会西方哲学精神，对现代佛学的建立作出突出贡献。

生为人间佛教、都市佛教。①这条路线以谛闲（1858—1932，浙江黄岩人）、印光、圆瑛、弘一（1880—1942，浙江平湖人）、太虚、印顺（1906—2005，浙江海宁人）、星云（1927—　　，江苏江都人）、圣严（1931—2009，江苏南通人）、惟觉（1928—　　，四川营山人）、证严（1937—　　，台湾台中人）等人为代表。100多年来，这一系统的佛教接受现代性的挑战，发展人间佛教，将明清以来衰败已极的汉传佛教转型为现代宗教。佛光山、法鼓山、中台禅寺、慈济功德会等台湾汉传佛教，承接大陆20世纪佛教革命，把人间佛教推到顶峰。近年来的大陆汉传佛教，也有了一些突围的新迹象。

究其原因，中外学者较为友善的态度以及他们对于佛学要理的现代阐发，佛教僧侣在人间佛教改革实践中的艰苦努力，上海、南京等大城市中重要护法人士对于都市佛教的赞助，这些都是中国近代汉传佛教复兴的重要原因。从这些角度来分析，我们发现：20世纪的现代佛教，在大都市里找到了新的社会基础。从"三种佛教"的理论来分析，人间佛教在上海等都市环境中重建了上、中层基础。传统宫廷佛教的上层资源消失后，僧侣们在上海工商界、政界人士中找到了相当的资源来补充；传统士大夫佛教的中层资源崩溃后，僧侣们在章太炎等重要学者中找到了不

① 人间佛教由太虚法师提倡，经过近百年的实践，已被公认为当代佛教之主流，其流变可见学愚著《人间佛教：星云大师如是说，如是行》（香港，中华书局，2011年）。都市佛教，则是21世纪初由上海玉佛禅寺觉醒法师及周围居士为承接人间佛教的理路提出的新概念。2002年11月19日，上海玉佛寺举办"都市寺院与人间佛教"研讨会，上海和全国佛学界的法师、居士和学者85人出席。研讨会主旨以为现代都市佛教与古代"山林佛教"有别，为近百年人间佛教发展的新阶段。会间，有论文提出"都市佛教的现代性"问题，认为"像上海这样的现代化城市说起来只有两百年的历史"，而"以上海为根据地的都市佛教活动，具有与以往封建时代不可同日而语的气象与发展势头"，且"集中体现在上世纪最初的二三十年间"（宋立道：《都市佛教的现代意义》，收入本次会议论文集）。这是从人间佛教的现代性来谈论都市佛教。

少现代主张来支援。这些新的上、中层信仰资源，都是儒教、道教以及民间宗教所缺乏的。

19、20世纪中国本土宗教，尤其是儒教、道教和民间宗教的生存危机，症结在哪里？按美国学者列文森在《儒教中国及其现代命运》中的看法，儒教被送进了博物馆[①]，原因是历史意义的转变，"当中国不再是世界的中心或'中央帝国'，或者说不再是世界时，儒学也就不再具有处于中心地位的美德或活力了"[②]。这个结论犀利准确，当代新儒家固执地坚守儒教的民族性，不像20世纪汉传佛教那样着力发展现代性、人间性和普世性，因而至今仍被人轻视，此是必然。20世纪的中国道教，倒不是如此强烈地坚守民族性，道教中有人试图沿古代科学、生命哲学等思路拓展道教的现代性、普世性，但是，他们搞出来像仙学、玄学、科学易、气功学这样粗鄙的坊间学问，很难为智者首肯。20世纪汉传佛教找到了现代性和人间性，因而艰难复兴；儒教、道教在当代现代性、普世性上则存在缺陷，因而备受打击。

用中央高官、地方知识分子和基层信徒做区分，从宫廷、士大夫和民众三个层面来分析，儒教和道教都没有遇到佛教这样的有利局面。五四运动以后，儒教、道教以及民间宗教，受到了新派知识分子的严厉攻击。随后，新文化运动的科学、民主意识形态，通过该运动的右翼、左翼分子，分别进入中国国民党、中国共产党的政治实践。近一个世纪以来，中国社会以科学反迷信，矛头指向道教、民间宗教；以民主反专制，锋芒直指儒教。道教

---

① 　约瑟夫·列文森的《儒教中国及其现代命运》注意到，20世纪80年代中国政府修复和开放孔庙，用于参观，实施保存，便将之与苏联政府十月革命后把列宁格勒的东正教堂用作文化官、博物馆相比拟，称："现在是博物馆馆长，而不是历史的创造者在看管着孔子。与儒家推崇的孔子不同，现时代的孔子只能是……被收藏。"（第324页）

② 　同上书，第344页。

和民间宗教多被认为是迷信的来源，儒教则被认为是专制体系的基础。儒教、道教和民间宗教受到来自上、中层阶层打压，都没有获得像佛教这样全面的社会资源。

从宗教学的角度来分析，继续按照三种佛教的理路往下行，我们还发现保存本土宗教信仰的主要人群是在下层。然而，儒教、道教除了在上层、中层没有奥援之外，即使在基层的民众领域，佛教僧侣也远胜于那些有志于复兴儒教、道教的迂阔人士。僧侣们不愿放弃哪怕是乡镇上的一座小寺庙，而儒教、道教人士则放弃了祠坛宫观，移居到大都市的学堂、书斋、研究院中讲论儒学、道家，空论心性。佛教能够在庙产兴学的不利环境中坚守寺庙，逐渐走出困境，而同样有着自己场所、机构、教义、仪式和信众的儒教、道教，却没有能够保住自己的领地。儒教、道教的财产被侵夺，最终失去了在民间的权力。

辛亥革命以后，儒家制度被废除。脱离了制度的当代儒学，余英时先生称之为"魂不附体"的"游魂"。[1]余英时的"游魂说"和列文森的"博物馆说"逻辑上是一致的。列文森指出：在新中国，孔子被送进了博物馆，儒家的历史地位被承认，但儒教的延续性已经中断。余先生用了中国宗教的魂魄思想，把死去的儒家称为失魂落魄的"游魂"，点明了儒家的当前困境。事实上，如果我们持"儒家是宗教"的看法，则儒学思想和儒家政治、儒教祭祀密不可分。近代儒家失却的不仅仅是政治领地，而且还有它的宗教领地。进入近代民主政治以后，儒教垄断政治权力，规定

---

① 余英时《现代儒学的困境》（收入氏著《现代儒学论》，上海，上海人民出版社，1998年）："儒学和制度之间的联系中断了，制度化的儒学已死亡了。……让我们用一个不太恭维但毫无恶意的比喻，儒学死亡之后已成为一个游魂了。"（第232页）余英时先生和大部分学者一样，不认为儒家是宗教，"儒家并不是有组织的宗教，也没有专职的传教人员"（第6页）。笔者以为，儒家固然不是教会化的有组织的宗教，但有场所、有祭祀、有教义，"儒家宗教性"是应该注意的。

社会思想，独占官僚体系，即所谓的"外王"的做法，当然是要被废除的。但儒教的庙堂除了建在宫阙，更多是活跃在民间。在民间，除了有儒生士大夫维持的"内圣"之学，还有百姓生活中的祠祀信仰。那些原本属于儒教系统的坛庙、宗祠、神祠、善堂、书院、学堂、盟社、义田（塾、冢）等场所之公共领域被废弃之后，儒教就不再延续，儒学才真正变成了"游魂"。

上海是近代中国的门户，佛教和儒教、道教的不同命运，完全可以通过上海社会的变迁来了解。在上海，佛教遭受了戊戌变法中的厄运，很快便自觉地参加了辛亥革命，并就此复苏，有了新的生命力。黄宗仰、太虚得到章太炎等人的支持，在上海推动人间佛教运动取得成功，至今香火旺盛的玉佛寺、静安寺、龙华寺可以为证。上海道教追步佛教三大寺的复兴路线，陈撄宁道长也试图改造内丹、外丹理论，创立仙学，并利用杂志、出版社、医院等现代组织发展道教的世俗事业。这方面的事业，可以上海白云观、邑城隍庙为代表。佛教、道教作为传统宗教，在大都会上海反而转型成功，生存下来。2000年以后，上海三大寺的年收入都已经超过亿元人民币，上海城隍庙的年门票、香火、捐款收入也有好几千万。上海当代的佛教、道教，既没有传统的庙田，也没有现代的城市产业，基本上靠信众的钱款生存，经济上完全没有问题。

然而，如以文庙（孔庙）为代表，儒教在上海则呈现出一种逐渐被毁弃的状态。明、清两代，上海出过无数著名的文人士大夫，地方上的文庙基本上是儒生讲学议政的公共空间，很难说就是奴役民众思想的上层建筑。明末"东林""复社""几社"等党社活动，上海县文庙是重要的活动场所。清初反清复明的陈子龙、潘国光等人更把文庙作为抗清中枢。上海文庙在近代屡遭厄运，1853年毁于"小刀会"兵火；1856年清廷克复上海后被易地重建；1906年因废科举被废弃；1916年"洪宪帝制"丁祭时一度被启用后再遭废弃；30年代，先后被改造成公园、上海市民众教育馆、上海市立图书馆①；直到1986年"文革"后再次得到修缮，作为书刊交易市场，文庙仍处于不断衰败的绝境之中。在上海，最近一次将儒学和文庙重新结合的努力，是1997年11月6日举行的大成殿《论语》全文碑刻落成仪式。香港孔教学院、山东孔子学院代表和上海各大学、社科院文史哲系所学者出席，大庭广众，还跳了一段"孔子乐舞新编"。然而，无论如何，儒学和文庙（孔庙）的分离，这是100年来难以挽回的现实；儒教如何不再被利用？如何为民众维护信仰的权利？这才是谨守孔孟的当代新儒家必须要回答的问题。

　　佛教在20世纪幸存下来，缘于基层信徒的坚守，他们维持了一个属于自己的公共空间。江南地区市镇上的一批有学问的佛学居士，和大都市上海工、商、政界的佛教大护法一起，支持了近代中国佛教的复兴运动。佛学研究会（1911）创建人范古农（1881—1951，浙江嘉兴人）居士曾在上海南洋公学、杭州求是书院和东京求学，参加同盟会。辛亥革命后以嘉兴精严寺为中心讲学，讲学范围就在嘉兴、嘉善、海盐、平湖、杭州、绍兴以及松江一带。虽然还没有找到范古农在金泽镇活动的依据，但本镇居士佛学兴盛，并非由颐浩禅寺组织，而是加入了范古农在上海参与的佛教总会、协会和莲社系统，可见金泽镇的居士佛学属于人间佛教系统。

　　金泽镇的居士佛学传统深厚，100多年来，历有居士、士绅在维护寺庙。西林寺，原名莲社庵，是本镇仅次于颐浩寺的

---

　　① 上海文庙历史的考订和整理，参见吴静山：《文庙沿革》，收上海通社编：《上海研究资料》，上海，上海书店出版社，1984年，第181页；席涤尘：《上海祀孔讲话》，收上海通社编：《上海研究资料》，上海，上海书店出版社，1984年，第184页。

第二大佛寺。该寺院元代建造，"寺基从香花桥至禅寮港，虽比不上颐浩寺宏伟广大，但也不亚于一般寺院"。庙产兴学之后，寺院逐渐毁弃，至清末只剩下"一埭两厢，无僧住持"。这时，"本镇北圣浜有位章姓者，自幼在浙江天台山出家，清光绪二十七年（1901）返回金泽，立愿要募资重修西林禅寺，经三年，大殿、两厢、头门、偏屋等处，黄墙碧瓦，焕然一新。如来佛祖，罗汉尊者，开光装金，并求得同治状元陆润庠墨宝'感应知城'四字拓制高悬"。至光绪三十三年（1907），章和尚圆寂后，西林寺无人住持，寺庙空荡，沦为镇人停柩之用。1933年，金泽镇公所出面修缮；1942年，镇人陆玉珠、李希纲发起成立金泽镇佛教"净业社"，与上海简氏兄弟创办的"佛教净业社"联络，修复西林寺，镇内外居士一时云集，念讲不置。[①]据金泽镇中老年人士的回忆，西林寺的香火自此一直延续，小时候都见过观音、普贤和文殊菩萨塑像。直到1966年，镇里从上海引进了一家缝纫机零件模具厂，拆掉了大雄宝殿，做了生产车间。

20世纪40年代，金泽镇寺庙和上海各家新式佛教组织联系，江南的村镇佛教处于改造、振兴之中，正从清末的凋敝中恢复。经民国年间的振兴，僧去庙空的情况有所改变，至"解放前，金泽每座寺庙都有僧尼，以颐浩寺最多。杨垛村西祉庵解放前夕，曾有僧人三代十余人"。据1953年的统计，金泽镇仍有寺庙十四座，僧尼十余人。[②]金泽镇的东邻，2004年并入本镇的莲盛乡，情景也差不多，佛教在民国期间恢复。"至解放时为止，大、小寺庙二十二处，住僧尼二十余人。"[③]也是金泽镇的东邻，2004年

---

① 《金泽志》，"西林禅寺"，第45页。
② 《金泽志》，"佛教"，第492页。
③ 《莲盛志》，"佛教"，第268页。

并入本镇的西岑镇，1949年前"全镇有较大的庙宇二十一座，还有零星无名小庙。其中塘北村慈光庵年代较早，建于明崇祯六年（1633），而莲湖荡万圩永静庵建于清康熙年间，其规模最大，有僧人十多人，其他庙宇一般有僧侣一两人住持，也有小庙无僧侣住持。凡有僧侣住持的，均有庙田若干亩，供住持僧侣衣食之用"[①]。1949年以后，奉行土地改革、移风易俗政策，寺庙和僧人都急剧减少。

江南地区的佛教，以明朝万历年间为盛。金泽的佛教全盛期，正在万历年间。以2004年并入金泽镇的商榻镇为例，"商榻地区的佛教早在宋朝咸淳年间就已流行，到明朝正德、万历年间逐步盛行。……到了清康熙、乾隆年间，大批庙宇、庵堂兴建，佛教流行。朱巷的持思庵有和尚近百人，官字圩的永福庵、道堂浜的普福庵等都有和尚，还有汪洋村的福寿庵和东马家浜的三官堂，有尼姑各十多人。到清末民初，本地有大小寺庙二十多座，还有放在农民家里的泥菩萨称'社'，如'小爷社''关爷社'等。老年妇女有吃'常素'的，逢到天灾人祸，求神拜佛，信仰佛教人甚多"[②]。清末金泽地区的佛教一度衰败，而民国时期逐渐恢复。值得注意的是，这里的庙宇格局：和尚、尼姑管理的寺庵，和无人入住的村中田间的小庙，加上家中供奉的佛龛、爷社（基层信徒认为"爷社"也是泥菩萨，归到佛教），构成了一个大、中、小结合的联系庙宇系统。

江南地区的基层寺庙，有"住持制"和"下庙制"。"住持"一词，出《百丈清规》署名"大智寿圣禅寺住持臣僧德辉奉敕

---

① 《西岑志》，"佛教"，第316页。
② 《商榻志》，"佛教"，上海，青浦乡镇志系列，2004年，第292页。

重编"①，则在元朝江西百丈山大智寿寺僧德辉重修《百丈清规》
(1335年) 时，"住持"一词已经流行。《清规》第五章为"住
持"，规定"住持日用""请新住持""议举住持"诸项事务。住
持制在宋、元、明、清执行，实施佛教寺庙的管理，衣钵相传。
佛教的住持制比正一派不出家的"火居道士制"显然更容易维持
庙产。大庙香火旺，有庙田、布施足以供养住持。小庙香火不
足，只能由大庙僧侣流动管理，逢有"道场""做七""礼忏"的
时候，专门下来做法事。香火收入，除去佛像、老爷像的修缮置
装外，也由大庙收取。基层寺庙的做法不是正式制度，不见有记
载，借用著名寺院领有下院的做法，姑名之为"下庙制"。

佛教住持托管零星小庙，形成"上庙"与"下庙"网络，壮
大了佛教。在江南乡镇，多三尺小庙，比村头街角的土地神龛大
不了多少。香火稍旺，神龛扩为小庙，小庙再扩为大庙，最终建
成大殿，成为丛林。江南乡镇的寺庙，规模不及都、州、府、县
的寺院，但小庙撒豆成兵，联为一体，扎根在基层，相当稳固，
构成信仰基础。金泽地区水路交通便捷，上（大）庙与下（小）
庙之间的距离不远。还有，上、下庙联合时，有的杂祀也被大庙
兼并、接管。佛教僧侣托管道教宫观、儒教祠祀、社坛的情况，
在金泽地区时有发生，民间不以为怪，因为本地"信徒皆为普
遍，既拜佛又求神、敬祖"②。金泽镇很多例子，佛教与道教、民
间信仰的界限并不明晰。从颐浩禅寺管理杨震庙，推广到佛教与
道教、民间宗教的关系，在今天确实是一个需要讨论的问题。但
是，讨论佛教寺院和其他宫观、祠祀之间的关系时，要认识到，

---

① 《百丈清规》，唐百丈寺怀海法师为禅宗订立的清规制度，已失传。元代江
西百丈山"大智寿圣禅寺住持臣僧德辉奉敕重编"《百丈清规》，后收入《永乐大
典》，亦收入《大正藏》，今有传世本。

② 《莲盛志》，"佛教"，第268页。

这里面包含了一个现代性的问题。在儒、道、佛教的底层，传统"三教"之间并不严格区别；只是到了20世纪的现代，定义不同宗教之间的界限成为一个急迫的问题。换句话说：颐浩禅寺能否管理杨震庙的问题，对于佛教协会、道教协会、统战干部，还有宗教学者有意义，而大部分基层信徒仍无所谓。信徒们大多只管菩萨、老爷灵不灵，不太管他们是佛教还是道教的。

20世纪80年代以后，中国佛教又经历了一次复兴，大小寺庙的关系中呈现出新的意义。历史上的民间庙庵，规制都不大，但数量庞大。当代复建的庙宇，数量虽不多，形制却很大。无论佛教、道教、民间杂祀，都采取山门、大殿、侧殿一应俱全的大格局。如金泽镇杨震庙扩大了规模，留足了广场，建造了大殿，一派大庙的样子，比90年代复建的颐浩寺更大。金泽人说：杨老爷庙比过去大多了；镇领导则说：要么不造，要造就造大的。江南各地在"文革"后复建的寺庙，飞檐重屋，庄严巍峨，自觉不自觉地都向大型化发展。

如今的大庙格局和政府财力增加有关，更和宗教现代化意识相连。小庙小坛看上去就像迷信；只有大庙，才能显出是宗教的样子。由政府牵头、筹资、规划和建造的庙宇，通常都有大型化的倾向。其中有落实宗教政策的心理，也有向通都大邑、名山大川的著名寺庙看齐的攀比意识。上海玉佛寺、静安寺、龙华寺、邑城隍庙，苏州邑城隍庙、杭州灵隐寺、南京栖霞寺、西安慈恩寺、开封少林寺等窗口大寺庙，既展示了统战政策，又激活了旅游市场，更给镇乡寺庙以重要的示范，寺庙越大，越像正规宗教。在社会意识中还有一个潜在的竞争心理，就是佛、道教寺庙规模要和基督教教堂相当，就更像是宗教了。金泽镇先后复建的颐浩禅寺、杨震庙，还有上海和江浙地区陆续复建中的农村寺庙，都采取大殿式样。青浦朱家角镇利用当地关王庙，复建了一座报国寺，除了新建大雄宝殿外，还把寺庙交给市区大庙玉佛寺管理，作为下庙。此外，宝山区新建宝山寺，作为静安寺的下庙；松江区扩建东林寺，作为龙华寺的下庙。

历经20世纪的城市化、现代化，中国人潜移默化地接受了现代宗教的概念。片面理解宗教的现代化的时候，大家都在模仿西方那样的大教堂。明、清、民国时期遍布镇、村的小寺、小庵，被看作迷信场所，官方基本上不予批准重建。但是，建造大庙，需要大片地基，在农田、宅地和各种开发用地日益紧张的情况下，批复大型寺庙非常困难，政府管理部门很为难。其实，复建镇乡小寺庙才是真正的还庙于民、归信于众，落实基层民众的信仰权利，非为旅游、不是招商，小庙才是合适的形式。障碍来自现代性的意识形态，小庙看上去比较"土"，迹近迷信。土庙屡拆屡建，官民拉锯，缺乏管理。金泽地区一些民营企业主愿意租赁或购买小块土地，建造和修缮小庙，并不被批准。

分析金泽镇大、小庙之间的关系，内部有着完整的结构。小庙是大庙的信众基础，大庙是小庙的集成，两者互相依赖，联系生存。颐浩禅寺、杨震庙等大庙是庙会、香汛、老爷生日时的重大祭祀；遍布村头镇角的小庙、土庙，甚至三尺神龛，是初一、十五、时令日的供香去处。日常信仰的小型化、分散化，和重大场合的大型化、集中化，形成华人365天的宗教活动周期，井然有序。当代台湾、香港、澳门地区以及新加坡的街头、农村，甚至村镇，抑或邻里，都维持着一定数量的小庙、神龛、土地，和城市里的中心寺庙形成网络关系，仍然是一种大小庙结合的格局。从村镇到县市，再到大都市，中国宗教按其本来面目是一个完整的系统，不能说都市大庙是宗教，而村、乡、镇级别的小庙、土庙便是迷信。

第六章　三教通体：士大夫的态度

三教通体

陈寅恪先生《天师道与滨海地域之关系》指出魏晋士大夫精神生活中的一个悖论："东西晋南北朝时之士大夫，其行事遵周孔之名教（如严避家讳等），言论演老庄之自然。玄儒文史之学著于外表，传于后世者，亦未尝不使人想慕其高风盛况。然一详考其内容，则多数之世家，其安身立命之秘，遗家训子之传，实为惑世诬民之鬼道，良可慨矣。"①陈先生指出儒家"名教"下面的"鬼道"底色，对于魏晋之鬼道，陈先生也使用了"惑世诬民"的状语，但他对"滨海地域"之天师道并不简单非议。相反，他想揭示"海滨为不同文化接触最先之地，中外古今史中其例颇多"的事实。陈寅恪先生提醒"好学深思之士当能心知其意也"。②

儒家高头讲章之下含着鬼道，学者必要有此审慎态度。近代中外学者认识的中国文化，大多按后来定义的儒家要义去理解。

---

① 陈寅恪：《天师道与滨海地域之关系》，《金明馆丛稿初编》，上海，上海古籍出版社，1980年，第39页。

② 同上书，第40页。

原本丰富的内涵，变得肤浅。陈寅恪先生察觉这个弊病，另有说："二千年来华夏民族所受儒家学说之影响，最深最巨者，实在制度法律公私生活之方面，而关于学说思想之方面，或转有不如佛道二教者。"[①] 陈先生更指出：儒、道、佛三教，中古以来并称"三教"，"南北朝时，即有三教之目，至李唐之世，遂成固定之制度。如国家有庆典，则召集三教之学士，讲论于殿廷，是其一例"[②]。中古以降，儒、道、佛三教存在同构关系——同一个文化结构下，以不同的方式，相互依赖着，共融共生。儒家、道家和佛学等学理之外，三教有其普遍信仰方式。近代学者都意识到，中国宗教的普遍信仰方式，与民间宗教有关。儒、道、佛三教相通，不但通在教理思想，而且通在民间实践，可以称为"三教通体"。

唐宋以后三教通体之现象，明清时期依然。士大夫在朝廷斥责"释道二氏"，但是江、浙籍的京官们回到家乡，并不对本土宗教持反对态度，大多数相当开明。明末讲学，受王学思潮影响，江南士大夫和佛教、道教人士友好交往，三教贯通的情况十分平常。学界记载，"隆庆二年会试，为主考者厌《五经》而喜老庄，黜旧闻而崇新学……自此五十年间，举业所

---

① 陈寅恪：《冯友兰〈中国哲学史〉下册审查报告》，《金明馆丛稿二编》，上海，上海古籍出版社，1980年，第251页。冯友兰《中国哲学史》强调儒家为中国文化之本。陈先生在审查报告中则强调"佛道二教"，无疑是提醒冯先生要注意基层宗教思想的重要性。陈寅恪先生承认宗教生活对于中国文化的重要性，对于当时北平人云亦云的"中国无宗教"议论并不苟同。在《陈垣明季滇黔佛教考序》中，陈先生严厉批评古今学者都不重视宗教研究，说：中国学者"于宗教往往疏略，此不独由于意执之偏蔽，亦其知见之狭陋有以致之"。"故严格言之，中国乙部之中，几无完善之宗教史。然其有之，实自近岁新会陈援庵先生之著述始。"（《金明馆丛稿二编》，第240页）北平学界只有"二陈"（陈寅恪、陈垣）重视宗教研究，唯从历史（乙部）切入。从经学（甲部）转化而来的中国哲学却不承认中国有宗教，这是20世纪中国宗教学难以开展的重要原因。

② 同上书，第250页。

用，无非释、老之书"①。崇祯时，重申科考必须儒学；清初审核儒学更加严格，但儒、道、佛的交往并未中断。清末以前，江南士大夫并不认为与佛教、道教人士打交道是一件羞于启齿的事情。相反，大部分士大夫，都以欧阳修与释秘演、苏轼与释参寥交往的旧例为托词，在寺庙宫观留下印迹，过的是一种"跨宗教"的生活。

江南苏、松、嘉、湖地区的士大夫，乃至外籍的地方官员，对于地方宗教有开明态度，这一点在正史中常常被忽视了。在地方文献，如《金泽小志》《珠里小志》等乡镇志，还有《青浦县志》《上海县志》《松江府志》《苏州府志》等州府县志中，有不少高层士大夫容教的记载。关于中国思想，不得不用整体、抽象的方式来叙述。但是，在乡镇一级的地方知识（Local Knowledge）层面，在方志、野史、笔记、小说等文献中，历史常常表现得与传统"经部"或"正史"类的著述迥异。在这些非主流的文献中，儒家人士并不刻板，儒学教义并不道貌岸然。身居高位的儒者，不排斥民间信仰，甚至有的还颇为热衷。传说，青浦朱家角镇巨绅王昶的日常生活，包括性生活，都会咨询术士，他"笃信阴阳家言，每好合，必选择吉日，而预算是夜某星过某度。苟时日稍不利，则否"②。

金泽镇的各类寺庙留有碑刻和题匾，可以看到儒家士大夫们的跨宗教生活。金泽镇颐浩禅寺，有赵孟頫用楷体书写的《金刚经》，潘耒作跋。③赵孟頫，元代艺术大家，一品士大夫，籍隶浙

① 顾炎武著，黄汝成集释：《日知录集释·科场禁约》，长沙，岳麓书社，1994年，第660页。
② 徐珂：《清稗类钞》，第10册，《方伎类·王述庵笃信阴阳家言》，北京，中华书局，1984年，第4600页。
③ 周凤池纂，蔡自申续纂，杨军益标点：《金泽小志》，上海，上海社会科学院出版社，2005年，第63页。

江吴兴，与金泽镇相邻。娶青浦贞溪（"距金泽二十里"[①]）籍画家、作《我侬词》的才女管道升为妻，同信佛教。颐浩禅寺曾收藏管道升书篆文《大悲咒》，江南才情夫妇曾优游于金泽，"寓宜静院"。另外，赵孟頫所画"不断云"图案镌刻在巨石上，是金泽颐浩禅寺的镇寺之宝，传世至今。还有，颐浩寺的山门，原有赵孟頫题写"云峰""方丈"二额，寺院视为珍宝。潘耒，清初著名儒生，江苏吴江人，亦与金泽镇毗邻。潘耒师从顾炎武，后好佛，"与（颐浩寺住持）处庵最投契，时来金泽，憩寺中"[②]。潘耒为管道升篆文《大悲咒》所作的跋，及另撰的《修禅堂疏》，都留在颐浩寺。还有，"昆山三徐"中的长兄徐乾学，是清初秉持"理学"的正统儒家，也在颐浩禅寺留下墨迹。徐乾学"与处庵善，致仕后，时来金泽"[③]，作《饭僧田记》，由二弟徐元文书写，题刻在弥勒殿的壁上。[④]

按照中国佛教划分成三种，即宫廷佛教（Court Buddhism）、士大夫佛教（Gentry Buddhism）和民众佛教（Popular Buddhism）[⑤]的理论来判断，金泽镇宗教生活中的士大夫和民众特征都很强。和赵孟頫一样，明末也有很多江南文人把寺庙看作自己的交往对象和精神故乡。明末著名士人董其昌也在金泽镇留有墨迹。颐浩禅寺西面有一座佛寺"雪隐西院"，董其昌为之题写"冰壶"门额。[⑥]董其昌官至礼部尚书，华亭县人，移居府城松江，离金泽镇很近。董其昌晚年好佛，崇祯二年（1629）和陈继儒一起，在松

---

① 周凤池纂，蔡自申续纂，杨军益标点：《金泽小志》，上海，上海社会科学院出版社，2005年，第84页。

② 同上书，第91页。

③ 同上书，第91页。

④ 同上书，第63、64页。

⑤ 参见本书第五章"三种佛教：士绅的力量"一节的讨论。

⑥ 《金泽小志》，第64页。

江城西白龙潭请本地高僧苍雪大师（读彻，1590—1650）讲《楞伽经》。①

"真实居士"冯梦祯与屠隆为万历五年（1577）同科进士，两人交善。同年，屠隆转任青浦知县，冯梦祯则因"夺情案"得罪张居正。仕途受挫之际，他经常从家乡来青浦与屠隆相会，途经金泽颐浩寺。按《金泽小志》记载："长卿令青浦，偕来金泽，登临凭眺，流连不忍去。"遂有《颐浩寺义田碑记》之作。②冯梦祯等人标榜气节，寄情山水，流连佛道，在嘉、杭、湖、苏、松一带推动佛教运动。从冯梦祯的《快雪堂日记》看，冯梦祯、管志道、袁了凡等人，不仅自己投入学力、财力，刊刻藏经，而且动员了大批地方绅士来支持佛教。万历年间的颐浩寺在青浦地区获得了丰富的信仰资源，成为明代佛学运动的中心。居士沈认卿，苏州吴县人，在青浦"有田二千五百余亩，岁入三千余（两）"，为江南巨富，沈认卿平日为颐浩寺恩主。沈认卿的兄长沈文卿，还有于中甫、吴康虞等三人，各自"年输百金"，助刻《嘉兴大藏经》。颐浩寺成为《嘉兴大藏经》的发祥地和编撰基地，可见其财力之丰厚以及与江南士大夫之密切。③

冯梦祯虔心佛教，甚至修改了儒家形式的家礼。每年元旦，冯氏家族祭祀顺序是：最先"礼佛"，然后及于"诸圣"，最后才是拜祭"高祖以下"的列祖列宗。万历戊子（1588），元旦日记，大晴天，东南风，冯氏全家"礼佛及诸圣，次礼高祖以下，各四拜。次与妇再拜，次受二子及男妇拜"。万历己亥（1599）

① 事见苍雪大师《南来堂集》，转见郑威：《董其昌年谱》，上海，上海书画出版社，1989年，第191页。
② 《金泽小志》，第88页。
③ 事见冯梦祯：《快雪堂日记》（南京，凤凰出版社，2011年），第44页。

十一月初一日，秋高气爽，天气晴好，冯梦祯在"佛室礼佛、礼祖先及参神，如常仪"[1]。冯氏家祭，置佛为第一，鬼神第二，五庙第三，把佛、鬼神和祖先放在一起参拜，视为"常仪"，已经修改了《朱子家礼》的祭祀规定，毋宁说是一种"三教合一"的家祭。

清初顺、康年间，江南著名士人的旅迹经常出现在颐浩寺。魏学渠（1617—1690）[2]、毛长孺、徐乾学、潘耒等士大夫，或集群，或个人来金泽镇逗留、参访，结交颐浩寺住持处庵和尚。因为著名文人魏学渠的绍介关系，处庵住持与清初江南群儒交往。"魏学渠，字子存，号青城，昆山人。登第后，官湖广提学佥事。幼与处庵和尚同砚，时至颐浩寺相唱和。尝曰：昌黎《王承福》、《毛颖》二传，柳州《捕蛇》、《乞丐》诸作，正东坡所谓'嬉笑怒骂，皆是文章'也。吾辈游戏三昧，正有至理存乎其间，惟处公已窥此旨。"[3]魏氏一族，是嘉善县大舜乡（今属西塘镇）人，与金泽镇毗邻，不是昆山人，《金泽小志》误记。处庵与学渠是早年同窗，法号"行如，字子山，号处庵，自洞庭华严寺移锡，主颐浩寺，著《子山语录》。与毛锡年、潘耒结世外交"[4]。

魏学渠是东林党魁魏大中（1575—1625）从兄之子，"少负

---

① 冯梦祯：《快雪堂日记》，第9、146页。

② 魏学渠生卒年历来不详，近年来学者据钱澄之《田间文集·魏州来诗序》（《续修四库全书》第1401册收录）"是时子存年才二十七，予年三十有二"，再按《田间先生墓表》记钱澄之生于万历四十年（1612），则魏学渠生于万历四十五年（1617）。另，钱澄之有《武塘哭魏子存》文，时署"八旬叟"，则当年应为康熙二十九年（1690）。考证见于陆勇强《读〈全清词·顺康卷〉献疑》（《学术研究》，2004年第6期）和西南大学中文系刘琪莉硕士学位论文《魏学渠及其词研究》（导师胥洪泉，2013年）。

③ 《金泽小志》，第91页。魏学渠传略，另见于道光《嘉兴府志》和秦瀛《己未词科录》，仅只简述他担任过成都府推官、刑部主事、湖广提学道佥事和江西湖西道参议，无详细生平记录。

④ 同上书，第99页。

隽才，为柳州八子之一"①。学渠和魏大中之子学濂、学洙一起，树柳州词派，并因大中的关系，与余姚黄宗羲家族交往，在江南颇有声望。然而，"明社既屋"，江南炭涂，魏学渠却率先于顺治五年（1648）应乡试，成举人，为芥官，受南国士人诟病。康熙十八年（1679）"己未词科"②，魏学渠亦被荐举，应试中惨淡落第，与阎若璩、毛际可等人一起在50名士之外，又为路人侧目。己未词科中，黄宗羲、傅山以病辞，顾炎武更抛出"刀绳俱在，无速我死"的誓言，士人佩服。反清复明虽已无望，江南遗民仍然"誓守名节"。在江南人士不合作的反满气氛中，魏学渠内心压力可以测知。他引用韩愈《王承福传》《毛颖传》，柳宗元《捕蛇者说》《乞巧文》，都是些被贬谪到边陲为官，与三教九流相处，抑郁不得志的作品。值得注意的是，魏学渠之外，清初从江南出仕的士大夫，如柯耸（嘉善人，顺治六年进士）、徐乾学（康熙九年进士）、潘耒（康熙十八年进士）、韩菼（长洲人，康熙十二年状元）等人，都曾来金泽镇颐浩寺避静。③他们的文风都很低调，并非如魏学渠引黄庭坚《东坡先生真赞》的样子，所谓"嬉笑怒骂，皆成文章"。清初出仕文人出入三教九流，恣意于文章，隐情于佛学，有着深刻的心理原因，那是因为陷入人格危机，需要慰藉。

①　秦瀛：《己未词科录》，收《续修四库全书》，第537册，"史部·传记类"，上海，上海古籍出版社，1995年，第209页。

②　清政府为笼络江南文人，康熙十八年，皇帝亲定在循例的本科进士考试之外，特召天下，恩开"博学鸿词"科，不考八股制艺，胜之者以才艺。儒生无论出身，均可被荐举，康熙亲上太和、保和殿，殿试取士。"己未词科"破格取江南才士50人，"四大布衣"李因笃（富平）、潘耒、严绳孙（无锡）、朱彝尊（秀水），以及汪琬、汤斌、施闰章、尤侗、毛奇龄等不同出身的考生都赫然在列；"明朝遗老"顾炎武、黄宗羲、傅山则坚不出仕。本科进士秦瀛《己未词科录》有记录，民初学者孟森《己未词科外录》有研究，收《明清史论著集刊》（下），北京，中华书局，2006年，可参看。

③　《金泽小志·游寓》，第91页。

明清士大夫中，经学师固执于儒教道统，文学士就更容易放诞性情，游离于儒、道、佛之间。在金泽镇，魏学渠肆意文士秉性，旁研佛学精蕴，令他对其他宗教也有了较为宽容的态度。在文学上，魏学渠主张苏东坡"嬉笑怒骂，皆成文章"，文体宽松；在宗教上，他也因无可无不可的态度，对不同信仰兼容并蓄。魏学渠不只是流连于佛教、道教，还研究过天主教，且与西洋神父做朋友。[①]康熙甲辰（1664），他曾为西班牙方济各会神父利安当（Antonio de Santa Maria Caballero，OFM，1602—1669）之《天儒印》（1664年，济南西堂）作序，有句云："使诸西先生生中国，犹夫濂洛关闽诸大儒之能翼圣教也；使濂洛关闽诸大儒出西土，犹夫诸西先生之能阐天教也。四海内外，同此天，则同此心，亦同此教也。"[②]魏学渠的宗教态度开放，认为儒教和天主教可以沟通，四海之内，同天，同心，亦可以同教。

江南士大夫和寺观住持交游，并非金泽镇独然，清初青西名镇朱家角更加突出。朱家角镇与金泽相邻，距10公里，同属"青西"淀山湖水系，水水相连，庙庙相通，佛教、道教以及民间信仰也很发达。江南地区的儒教士大夫和当地的基层寺庙有很好的交往。按《珠里小志》作者周郁滨的说法："二氏学，儒者不道，然宗风高雅，能外形骸，儒行得焉。"[③]按一般儒家的看

---

① 魏学渠和西班牙神父利安当是朋友，而他的堂兄魏学濂（1608—？，浙江嘉善人）曾经受洗，加入天主教。黄一农《两头蛇：明末清初的第一代天主教徒》（上海，上海古籍出版社，2006年）在论述魏学濂、魏学渠等人的宗教态度时说："这些对西学或西教友善的士大夫，往往也对佛家或道家同感兴趣。"（第221页）这个情况在明末清初的江南信教士大夫身上是存在的，佛学、道学令他们更理解信仰。当然，也有相反的态度，比如天主教徒徐光启、李之藻比较排斥佛教、道教；而佛教、道教人士云栖、虞淳熙也排斥天主教。

② 魏学渠：《〈天儒印〉序》，梵蒂冈教廷图书馆藏本，《天主教东传文献续编》（二），台北，学生书局，1986年。

③ 周郁滨纂，戴扬本整理：《珠里小志》，上海，上海社会科学院出版社，2003年，第174页。

法，释道二氏固不足道，但是，里人周郁滨认为：僧侣、道士中也有一些品行高雅的，堪比儒生。镇上有一座佛教寺院圆津禅院，历史上曾经是一座民间道观。该院和江南士大夫有着密切交往，明末清初的名公巨卿，如董其昌、范允临、赵宦光（1559—1625，江苏吴县人）、王时敏（1592—1680，江苏太仓人）、吴伟业（1609—1672，江苏太仓人）、叶方蔼（1629—1682，江苏昆山人）、徐乾学、徐元文、王掞（1644—1728，江苏太仓人）、王鸣盛（1722—1797，上海嘉定人）、王昶、钱大昕，都为圆津禅院作文题词，留下墨迹。仅此名单所录，就都是明万历年间（1573—1620）到清乾嘉两朝（1711—1820）表率全国文坛的江南士大夫。他们和一座镇级小寺院的良好关系，表明士大夫们看待地方宗教的实际态度。

圆津禅寺位于朱家角泰安桥西，"创自元至正间，盖梵刹之小者"[1]。值得注意的是，圆津禅寺原为圆津庵，只是一座民间小庙，"中塑'辰州圣母'，故俗又称为'娘娘庙'"[2]。明清时期，传说中的湘西辰州鬼神异常灵验，遂有"辰州符""蛊惑""赶尸"等民间信仰传到江南，交通发达的青浦地区也有信仰。这类民间小神，在青浦、上海的县志都没有见到，可见江南民间诸神之繁杂，数不胜数。万历年间，僧侣见此庙香火繁盛，购置圆津禅寺后，保留了娘娘庙。直到今天，圆津寺内的辰州圣母塑像仍然和观音娘娘一同供奉，佛道共存，是一座佛教和下层道教或曰民间宗教合体的寺庙。

朱家角镇在明末清初经济繁荣，商贾云集，香火极盛。禅寺富足，僧侣们邀请鸿儒硕彦来访，"董其昌、赵宦光、王

---

① 王昶：《重修清华阁碑记》，同上书，第72页。
② 同上书，第71页。

时敏、范允临、吴伟业、叶方蔼、诸嗣郢（生卒年不详，上海青浦人）、徐釚（1636—1708，江苏苏州人）、徐乾学、王掞皆有题额"[1]。顺治十五年（1658）、康熙二十年（1681）、乾隆四十七年（1782），三次扩建亭台园林。圆津禅寺找到一条弘教捷径，以出世脱俗之品味，建设城市山林，吸引士大夫。康熙年间始修，乾隆年间重修之清华阁，阁上阁下，有湖光山色十二景：殿角鸣钟、漕溪落雁、帆收远浦、网集澄潭、淀峰西霭、秧渚北浮、木末清波、柳荫画舫、春市长虹、慈门杰阁、人烟绕翠、竹木云连。登高展望，西面金泽古镇，东面佘山、天马山，明沈士充画《九峰三泖图》隐约眼前，乃至"寺为名人游眺之所"[2]，留下更多题咏。"明季以来，东南士大夫之书画盈箱压案，藏弄无一遗者。"[3]江南士大夫热衷题咏、雅集、讲学、社会、琴、棋、书、画，无不兼通。

圆津禅寺胜景，士大夫引为聚会之场所。例如：青浦文教世家之子陆庆绍（字孟闻，崇祯十五年举人；嘉靖二十年状元陆树声之曾孙）举为孝廉之后，迁居朱家角镇，并创立"寅社"，社会之日，"会之地，春秋在圆津庵，夏日在明远禅寺"[4]。佛道混成的圆津庵寺，靠民间信仰筹钱，用佛教丛林做标号，成为儒生士大夫的"公共空间"。近世学者多以祠堂为中心，研究儒家公共空间。其实，在江南，儒家营造的公共空间，如书院、家塾、祠堂，其公共性远不及佛教、道教的寺庙宫观。而且，儒教场所的祭祀、宣讲、表彰，是家族内部的活动；士大夫们与民同乐，优哉游哉，寺庙宫观才是真正的公共人士的

---

① 《珠里小志》，第71页。
② 同上书，第71页。
③ 同上书，第71页、第72页。
④ 同上书，第219页。

交换空间。

因为王昶（述庵）的关系，朱家角镇在乾隆年间成为江南士大夫交往的中心。朱家角镇士绅王昶和钱大昕、王鸣盛、吴泰来（长洲）、赵文哲（上海）、曹仁虎（嘉定）、黄文莲（上海）并称为"吴中七子"。[①]王昶还和王鸣盛、周翼洙（嘉善）、纪昀（河间）、叶佩荪（归安）、顾镇（常熟）、朱筠（大兴）、钱大昕一起，为著名的"乾隆十九年甲戌科"（1754）同科进士。[②]一科优才，著作成就被后人誉为儒学史上的"乾嘉学派"。乾隆四十七、四十八年（1782—1783）圆津寺僧侣振华重修清华阁，朱家角镇人王昶绍介，嘉定人钱大昕为之书额。[③]王昶家与禅寺毗邻，昶又介绍钱大昕、王鸣盛和圆津禅寺频繁交往。某年（待考）冬天一日，王昶为东道主，邀请钱大昕来本镇赏玩。朱家角镇和金泽镇一样，舟楫往来，桥庙勾连。两人在禅门道观之间悠闲散步，诗文唱和中透露出江南儒生对当地佛教、道教的兼容态度。嘉定客人钱大昕给寺庙留下一首七律《题圆津庵》："名流题咏想当年，兴寄长松怪石边。无策破闲聊觅句，有方疗俗是谭禅。古藤似幔低延月，曲沼如珪冷浸天。燕楚往还经万里，飞鸿留爪亦前

---

① "江南老名士"（《清史稿·沈德潜传》，乾隆语）沈德潜掌院苏州紫阳书院时，编有《七子诗》，称他们为"吴中七子"，收集了书院学生钱大昕、王昶等人在成为考据学者之前醉心于辞章诗文时的作品，事见江藩：《汉学师承记·王兰泉》。

② 见朱保炯、谢沛霖编：《明清进士题名碑录索引》，上海，上海古籍出版社，1980年，第2725页。

③ 朱家角镇寺院庙观财力雄厚，和本镇在明末崛起为江南和全国棉布贸易的巨镇有关。松江布"衣被天下"，珠里镇商贾云集，王昶《慈门寺新修钟楼记》云："吾乡人户不下数万，且寺濒溪，船往来日以千计。"（《珠里小志》，第70页）人户数万，船以千计，朱家角、金泽镇的寺庙都建在溪边，香火非常旺盛，集资必然众多，收买文人字画之资金裕如。

缘。"①出了泰安桥西的圆津庵，来到放生桥南的慈门寺。朱家角主人王昶则有一首七律《同钱晓徵过慈门禅寺》，录当日心情："萧然景物近残冬，遥指香林并过从。日午烟销花院竹，天寒雪压石坛松。传心未得通三昧，出世何当叩五宗。欲向南原参大义，鱼山清梵响疏钟。"②一如早年两人同学紫阳书院时"吴中七子"的性情和意境。这里的"三昧"，应是指儒、道、佛三教；"五宗"，或是指佛教天台、华严、法相、律、三论宗。

乾嘉学者对释、道宗教的态度颇值得玩味。按今天学者的理解，钱大昕《潜研堂集》③既有《轮回论》一文，批判佛教本体论；又有《星命说》一文，批判道教术数观，是一位坚持儒家"唯物主义"立场的士大夫，是从不与道教、佛教斡旋的"理性主义"者。果真如此，那么钱大昕诗句中"有方疗俗是谭禅""飞鸿留爪亦前缘"等含着宗教意味的句子，当作何解？他和僧侣、道士的交往，又怎样解释？更有甚者，明末清初，那么多文人、士大夫领袖，如钱谦益、方以智等，或虔信佛学，或遁入空门，又该作何种说明呢？有一种合适的解释，就是士大夫坚持儒学，是为了官方意识形态的需要。练就一种儒学，售与朝廷和皇帝，而真正的安身立命之学，则出入释、老。明清江南士大夫的精神气质出入儒、道、佛之间，融会贯通。达则兼济，穷则独善。"兼济"用儒学，"独善"时大多就是"逃儒""归禅"。

嘉庆七年（1802），钱大昕主持苏州紫阳书院，应圆津寺慧照（觉铭）上人邀请，为《圆津禅院小志》作序。在这篇序

① 钱大昕：《题圆津庵用壁间梁棠村胡南苕汤西厓诸公倡和元韵》，钱大昕著，吕友仁校点：《潜研堂集》，上海，上海古籍出版社，1989年，第1021页。
② 王昶：《同钱晓徵过慈门禅寺》，《珠里小志》，第71页。
③ 《潜研堂集》，有上海古籍出版社1989年版。上海市嘉定区政府与南京江苏古籍出版社合作，编辑出版了《嘉定钱大昕全集》，1997年版。

中，钱大昕交代了他和圆津寺的关系，说："予与述庵少司寇投契五十余年，述庵懿文硕学，领袖艺林，海内知名士无不愿登龙门，即丛林善知识亦引为方外交。慧照上人工诗画，与述庵同里，尤相得，佥谓如欧、苏之秘演、参寥也。予每谒述庵，辄同舟过圆津禅院，慧照瀹苦茗相待，四壁图书，萧然无尘俗之想。予不好禅，而与圆津之家风，独洒然异之，往往竟日不能去。"[①]这里的跨教关系很清楚：钱大昕自称"不好禅"，但通过王昶的介绍，钱大昕和圆津寺觉铭和尚建立了友好关系。茗茶相敬，自不待言；"竟日不去"，也是常事。

佛道流行，士人追鹜，风气奢靡，儒家当然会有反弹。明末学者冯梦龙（1574—1646，江苏长洲人）辑录小说《警世通言》《醒世恒言》中的和尚、道士形象并不健康。清初儒者顾炎武在《日知录》中借万历年间礼部尚书冯琦（1558—1604，山东临朐人）上疏重申："臣请坊间一切新说曲议，令地方官杂烧之。生员有引用佛书一句者，廪生停廪一月，增附不许帮补，三句以上降黜。中式墨卷引用佛书一句者，勒停一科。"[②]鉴于万历年间儒生间的"狂禅"，清初儒者开始清理门户，与佛家划定一些界限。有此氛围，钱大昕给无名和尚作品写序，稍觉不安。为此，钱大昕以欧阳修作《释秘演诗集序》、苏轼作《寄（释）参寥子》为喻，其况其辩，可想而知。其实，反佛最激烈的韩愈本人，也与僧侣为友，有《送文畅（和尚）序》。王昶、钱大昕两位儒学巨擘，思维缜密，理路复杂，不涉"怪力乱神"，也不"空谈性理"。他们如何在"萧然无尘俗之想"的共融环境中，与一位基层寺庙和尚开展宗教对话，这是值得探讨的现象。

---

① 钱大昕《圆津禅院小志序》，《潜研堂集》失收，见于觉铭：《圆津禅寺小志》，上海，上海社会科学院出版社，2006年，第1页。

② 顾炎武：《日知录集释·科场禁约》，第661页。

王昶、钱大昕等乾嘉学者，注重经学，根据五经的学问，把儒学与佛学、道学做明确区分。中国思想史上，清代经学运动清理"宋学"，厘定门户，企图划清儒、道、佛教的界限，是三教之分。明代中叶以后，尤其是万历年间，江南思潮寻找儒、道、佛三者之间的互补，是三教之合。明代的"王学"思潮，推动三教合一运动，是跨宗教交流的实践。林兆恩（1517—1598，福建莆田人）以儒学为主，兼习佛学、道家；袾宏（1535—1615，浙江杭州人）以净土宗统摄儒学、道家；道教全真教自元以来学习儒学、佛学，发展系统教义的做法也在延续。林兆恩在福建创办的三一教，合三教为一，在万历年间的江南很有影响，著名天主教徒、上海巨绅徐光启早年也曾加入该教。[①]明代的宗教运动，在合的方面非常突出。然而，来自江南的地方知识表明：清代的儒教运动，标榜礼教，却也并未完全排斥释道。

中国宗教的儒、道、佛合一倾向，和西方基督教会的分裂趋势不同。从犹太教开始，基督教会不断分裂为罗马天主教、希腊正教、俄罗斯东正教。近代以来，欧洲的宗教改革以新教分离为特征，新教内部又不断派生新兴宗派。中国的不同宗教之间，有分有合，时合时分。明清以来，儒、道、佛三教合一的趋势更加明显。学术界对三教合一的学理讨论，不胜枚举。在这里，值得我们思考的是，三教合一在宗教实践中的基础是什么？儒、道、佛学理之外，还有没有一个共同的信仰生活沟通三教？这是需要考虑的问题。

---

① 徐光启入"三一教"事迹，存于卢文辉编《林子本行实录》（东山祖祠，1995年重印本）中，"万历二十一年（1593）……松江门人姜云龙与同社陈济贤、徐光启、吕克孝，谓教主之书浩瀚难窥，宜掇精要，以当醒醐，遂编集《林子第一义》二卷，校定命梓"（第138页）。转见浙江大学何善蒙：《林兆恩和三一教研究》（未刊）。

"鬼神之为德"

《中庸》有句："子曰：鬼神之为德，其盛矣乎！视之而弗见，听之而弗闻，体物而不可遗，使天下之人齐明盛服，以承祭祀。洋洋乎如在其上，如在其左右。"[①]这是孔儒著作中最为明确的祭祀记录之一，也预定了孔门儒学始终不出宗教范畴。《礼记·中庸》为孔门弟子所作，对祭祀现场的描写生动。《中庸》是宋明儒家最为重视的典章，其中的"格致""正诚""修齐"等概念，是宋儒学说的关键。宋儒重理气，固然不似汉代儒者那样"敬鬼""明鬼"，但也没有否定鬼神之意义。宋代儒学中的"理气"观念，直接来源于"洋洋乎如在其上"的鬼神。此即为"祭如在""祭神如神在"之原意。朱熹《中庸章句》引"程子曰：鬼神，天地之功用，而造化之迹也。张子曰：鬼神者，二气之良能也"。朱熹虽然用"二气"取代"鬼神"，但仍然承认"鬼者，阴之灵也；神者，阳之灵也"[②]。气，只是鬼神的另一种表述。直到20世纪，儒家一直还是最重视祭祀仪式的教派。和道教、佛教一样，儒家承认"鬼神之为德"，鬼神有德行，具有宗教性。

"鬼神之为德"，既能"为德"，便是褒赞。孔子讲学的春秋时代，"鬼神"之"鬼"，并不似后世那样作恶多端。"鬼"字很古老，甲骨文、金文中已经有书写。但甲骨文的鬼字，从示，从人，形如一个人戴着面具，跪在祭坛右侧，意指祭祀中的祖先亡灵，庄重严肃，不是一个坏字眼。郑玄《礼记正义》，在"鬼神之为德"下注曰，"万物无不以鬼神之气生"，鬼神既为万物之本

---

① 朱熹：《四书章句·中庸章句》，济南，齐鲁书社，1992年，第11页。
② 同上。

（"德"），便不是恶神。汉代儒者改用"归"来解释鬼。许慎《说文解字》释义："鬼：人所归为鬼。"《列子》："精神离形，各归其真，故谓之鬼。鬼，归也，归其真宅。"鬼，从"归"来解释，符合中原人民对鬼字的原来理解，也并无恶意。

从战国时期的灵魂学说进一步精细化，鬼开始从"神鬼"并列的良性含义脱离，有了作恶为害的意思。《左传·昭公七年》："子产曰：鬼有所归，乃不为厉。"[①]亦即是说，鬼不得享祀，无所归依，就会为厉作恶。这样的鬼，脱离了神，与原先的厉、祟结合，就变成了恶性的含义。许慎接着说："鬼：阴气贼害，故从厶。"鬼字从厶（私），状如阴私鬼，偷偷摸摸地为害人间。这个说法，即后世所谓的"鬼怪""鬼厉""鬼祟"，应该是在战国发生、汉代流行的。王充（27—约97，浙江上虞人）记载说："世谓人死为鬼，有知，能害人。"[②]鬼神相分，鬼为恶，神为善。从《论衡·论死》的系统驳论来看，"鬼祟"观念随着"魂魄"理论的完善。与"阴阳""五行"理论相配，成为民间信仰的一个系统学说。[③]下层的民间儒教更加重视祭祀性的"鬼祟"理论；上层的士大夫儒教更重视精神性的"鬼神"理论，这个特征在汉代以后愈趋明显。

孔子及汉儒对鬼神之"功用"有如此之肯定，以至于宋儒在以天地、乾坤观念诠释儒学本体的时候，根本无法抛弃鬼神

---

① 孔颖达：《春秋左传正义·昭公七年》，《十三经注疏》影印本，第2050页上。
② 王充：《论衡·论死》，上海，上海人民出版社，1974年。
③ 余英时《东汉生死观》（上海，上海古籍出版社，2005年）第三章"死与神灭的争论"（第78—108页）辨析"鬼""神"，但没有特别指明"鬼"在先秦并无"恶"意。高延在《中国的宗教系统》中称："'阴'和'阳'分为无穷多的或好或坏的精气，分别称为'神'和'鬼'。"（De Groot, *The Religious System of China*, Vol. VI, Brill, Leiden, 1910, P. 929.）用"好坏"判断"神鬼"，是战国以后的观念，孔子时代还没有分辨开来。

概念，只是变化用之，将其理解为理气而已。朱熹《论语集注》对"子不语"的解释为："怪异、勇力、悖乱之事，非理之正，固圣人所不语。鬼神造化之迹，虽非不正，然非穷理之至，有未易明者，故亦不轻语人也。"[①]当代儒学为强调儒家之"理性"，只说前半段，掩去后半段。其实，朱熹排拒"怪力乱神"，却并不否认鬼神。只是说因为鬼神难懂，孔子的"不语"只是不轻易和庸常学生论说。在肯定鬼神这一点上，宋儒朱熹比汉儒王充更接近孔子，王充为了推崇"元气"，差不多否定了"鬼"的存在。

宋儒重视四书（《大学》《中庸》《论语》《孟子》），更强调人事、人性，当代学者称为"儒家人文主义"；然而，五经（《周易》《尚书》《诗经》《礼经》《春秋》）中的鬼神观念也并未从中消失。《论语》三次提到鬼神，其中《雍也》为"子曰：务民之义，敬鬼神而远之"；《泰伯》为"致孝乎鬼神"；《先进》为"季路问事鬼神。子曰：'未能事人，焉能事鬼'"。将这些事迹和语录放回上下文中，都不能得到否认鬼神存在的结论。孔子说"敬鬼神而远之"，学者多说远之，而少说敬；孔子说"致孝乎鬼神"，是"非饮食而致孝乎鬼神，恶衣服而致美乎黻冕，卑宫室而尽力乎沟洫"一起说的，是在赞美禹的丰功伟绩，因而下文是"禹，吾无间然矣"（对于大禹，我没有什么可说的了）；孔子说"未能事人，焉能事鬼"，随后又回答"未知生，焉知死"。从逻辑和修辞上来分析，如果孔子否认鬼的存在，难道他也否认死的存在吗？孔子的逻辑能力还是很强的，他原来只是要强调人生的重要性，只是对鬼、死之事，此时此刻不作解释而已。

---

① 朱熹：《四书章句·论语集注》，第68页。

在《论语》中，孔子对于祭祀的正面态度是"祭如在""祭神如神在"。对这里的"如"字，现代学者总是解释为"假设"，假设有神，其实没有，孔子是"怀疑论"者。考究文本，孔子对鬼神是承认的，《中庸》一共有两处提到鬼神，都是肯定的语气。除了"鬼神之为德"之外，第二次提到，他甚至把鬼神作为"君子之道"的检验标准之一，说："君子之道本诸身，征诸庶民；考诸三王而不缪，建诸天地而不悖，质诸鬼神而无疑，百世以俟圣人而不惑。"质诸鬼神而无疑，鬼神，与身、庶民、三王、天地、圣人一起，作为成圣验道之根本。儒家有很重要的"德配"观念，即个人行为与天地德行相配，方为圣人。亦即合乎鬼神，才能触感阴阳，启动乾坤。《中庸》也有鲜明的宗教性。宋儒既保留了先秦儒家的宗教性（鬼神说），也发展了自己的宗教性（心性论）。后世儒家的宗教性，《中庸》表现得最完整。当代新儒家继承宋儒，借助了《中庸》来阐释儒学的宗教性。[①]不过，在强调内在超越的"心性论"同时，没有充分注意到古人在"鬼神说"中包含着人类外在超越精神的理解。

儒家虽称尽人事，但也主张听天命。民谚所谓"谋事在人，成事在天""人算不如天算"，对天命作了通俗的解释。事实上，《中庸》有更加系统的观点："唯天下至诚，为能尽其性；能尽其性，则能尽人之性；能尽人之性，则能尽物之性；能尽物之性，则可以赞天地之化育；可以赞天地之化育，则可以与天地参矣。"[②]众所周知，这是宋明理学修身养性理论的重要基础。理学修炼，就是在于从尽人之性开始，然后尽物之性，令个体灵魂和宇宙精神沟通，最终赞天地之化育，魂魄与天地同寿，

---

① 当代新儒家对于《中庸》宗教性的阐释，参见杜维明著，段德智译：《论儒学的宗教性：对〈中庸〉的现代诠释》，武汉，武汉大学出版社，1999年。

② 朱熹：《四书章句·中庸章句》，第20页。

共为不朽。儒教的"天命""天道"，在宋明理学中，仍然有很强的宗教性。

按一般理解，宋代理学的集大成者朱熹"道貌岸然"[①]，似乎与鬼神无沾。事实上，黎靖德编《朱子语类》（1270年）卷一、二为"理气"上、下，卷三即为"鬼神"，卷四、五、六才是"性理"一、二、三。可见宋人谈理学，并不避鬼神，而是宋明儒学必须要处理的本体论课题。朱熹学生黄义刚（临川人，字毅然；"癸丑以后所闻"）就《论语·先进》"季路问事鬼神，子曰：'未能事人，焉能事鬼'"而"问鬼神有无"。朱熹回答："人且理会合当理会底事，其理会未得底，且推向一边，待日用常行处理会得透，则鬼神之事理将自见得，乃所以为知也。'未能事人，焉能事鬼'，意亦如此。"[②]朱熹不否认鬼神的存在，对于鬼神的存有形式甚至给予肯定回答。在回答另一位学生黄升卿（"辛亥所闻"）的时候，朱熹说："神，伸也；鬼，屈也。如风雨雷电初发时，神也；及至风止雨过，雷住电息，则鬼也。鬼神不过阴阳消长而已。亭毒化育，风雨晦冥，皆是。在人则精是魄，魄者鬼之盛也；气是魂，魂者神之盛也。精气聚而为物，何物无鬼神？'游魂为变'，魂游则魄之降可知。"[③]"何物无鬼神？"朱熹对待祭祀的态度，不是无神论式的，也不是怀疑论式的，而是接近于托马斯·阿奎那用古希腊灵魂学说和"四因论"（形式、质料、动力、目的）论证的那种"存有论"。朱熹的"理性主义"，只是表现他在回避民间祠祀中的怪力乱神，反对巫觋式的泛神论。

朱熹把自然、社会和人文现象独立出来，不是牵强附会地归

---

① 语出鲁迅《准风月谈·吃教》："宋儒道貌岸然……"
② 黎靖德编：《朱子语类》，长沙，岳麓书社，1997年，第29页。
③ 同上书，第29—30页。

之于鬼神。但是，朱熹用另一种方式，提升了鬼神的形态。如同托马斯·阿奎那用类似的方式论证了上帝一样，朱熹把鬼神作为本体，把怪力乱神等自然、社会、心理的异象，作为与本体相关的种种现象。《性理大全》卷二十八："雨风露雷，日月昼夜，此鬼神之迹也。此是白日公平正直之鬼神，若所谓有啸于梁，触于胸，此则所谓不正邪暗，或有或无，或去或来，或聚或散者。又有所谓'祷之而应，祈之而获'，此亦所谓鬼神，同一理也。"[1]朱熹把自然界的雨风露雷、日月昼夜都看作"鬼神之迹"，和18世纪欧洲的自然神学确实有异曲同工之处，怪不得为莱布尼茨等哲学家激赏。

朱熹主张维护儒家祭祀，民间自古以来所做的斋戒、超度和法事，他都是赞同的。"鬼神若是无时，古人不如是求。'七日戒'、'三日斋'，或'求诸阳'，或'求诸阴'，须是见得有如。天子祭天地，定是有个天，有个地；诸侯祭境内名山大川，定是有个名山大川；大夫祭五祀，定是有个门、行、户、灶、中霤。今庙宇有灵，底亦是山川之气汇聚处，久之被人掘凿损坏，于是不复有灵，亦是这些气过了。"朱熹认为：鬼神是有的，是一种如同天地、山川实在的存在，不然古人不会如此祭礼一般的祈求。所以，要保持周代以来的祭祀：用牲、血食。在回答学生问"祭天地山川，而用牲币酒醴者，只是表吾心之诚耶？抑真有气来格也"时，朱熹答："若道无物来享时，自家祭甚底？肃然在上，令人奉承敬畏，是甚物？若道真有云车拥从而来，又妄诞。"[2]朱熹的观点十分明确，鬼神具一种自然之气，这个真的有；只是那么载形象、有肉身、"拥云车"的鬼神，那是没有的。

---

① 本文原出《朱子语类》，卷三"鬼神"。
② 同上。

"鬼神观"贯通了理气和性理。可以说，没有鬼神观念，宋明理学的体系便不能成立。只不过在朱熹的带领下，宋明以后的士大夫对"鬼神之为德"作了新的理解。"鬼神"以后，"魂魄"随之，"性理"再继之，朱熹对于魂魄的解释，对宋明思想产生了影响。复旦大学历史系教授谭其骧先生（1911—1992，浙江嘉兴人）在1986年的观点，可以移来为朱熹出入儒、释、道之间的现象做定论："理学是宋儒所创立的新儒学。自宋以后，这种新儒学对社会上层分子的思想意识确是长期起了相当深巨的支配作用。但理学虽以继承孔孟的道统自居，其哲学体系实建立在佛教禅宗和道教《参同契》的基础之上，以儒为表，以释、道为里，冶三教于一炉，所以无论是程朱还是陆王，宋明的理学绝不能与孔孟的学说等同起来。"①

清儒反宋儒，不重四书，更爱五经。借助《周礼》等经典研究"原儒"，清代学者对古代中国人的宗教生活有更多知识。顾炎武在《日知录》中有很多条目，对儒、道、佛教，乃至巫觋信仰的民间宗教做了透彻分析。宗教是顾炎武关心的核心问题，可惜为学者忽视。顾炎武分析道教源流，认为后世之道教和古代之信仰，并不是同一种宗教。按照清代学者尊崇"六经"，赞美"古儒"的做法，顾炎武认为三代之巫祝，含有信仰的精义；后代之道教，只是妖术。顾炎武说："今之道家（教），盖源自古之巫祝，与老子殊不相干。"进一步分析巫祝、老子与道教的分别，他认为老子学说"诚亦异端"，但《道德经》一家之说还可以成立，道教却是秦汉方士借用老子学说和古代巫祝建立起来的新宗

---

① 谭其骧：《中国文化的时代差异和地区差异》，收《长水粹编》，石家庄，河北教育出版社，2000年，第371页。1986年1月7日，谭先生在复旦大学首届国际中国文化学术讨论会上发表这篇论文。当时海外当代新儒家刚传入内地，在会上强调其"道统"，这个看似平实的观点很有针对性，会场震动，印象深刻。

教。值得注意的是，顾炎武对于"古之巫祝"——三代民间宗教，反而是赞成的，称其"诚有通乎幽明之故"，"其义精矣"。无奈秦汉时"去古既远"，精义失传，方士们发明经咒、符箓等妖术，别为一门，渐渐沦为"淫邪妖诞之说"。①

对于那些非儒教传统的祭祀，即后世所谓的佛教、道教、民间宗教，顾炎武也不主张以取缔了之。韩愈激进的"排佛""辟邪"之论，顾炎武并不同意，他说："二氏之教，古今儒生尝欲去之，而卒不能去。盖人心陷溺日久，虽贤者不能自免。"况且，"祈祷必以僧、道，厉祭必以僧、道，何以禁民之作道场、佛事哉？"既然儒家士大夫、百姓愚夫妇在日常生活中都需要祈祷、祭祀，那在民间流行的佛教、道教仪式，就不得不保留。顾炎武认为：佛教、道教之有害，不在于道场、佛事，而在于僧人、道士（全真派）出家，违反人性。出家以后，禁欲不成，"虽无妻而常犯淫癖之罪"。为求圣洁，朱元璋不许僧、道有男女之事，规定："僧、道有妻妾者，诸人许捶逐，相容隐者罪之。"②"凡僧有妻室者，许诸人捶辱之，更索钞五十锭。如无，听从打死勿论。"③顾炎武的方案与朱元璋相反，他主张"听其娶妻生子"，圣洁与否，不因夫妇男女，要看礼仪是否敬诚。只要祭祀时礼仪得当，避免"假彼不洁之人，亵鬼神如百戏"即可。顾炎武用考据法揭露："老子之子名宗，为魏将。佛氏娶妻曰耶输佗，生子

---

① 顾炎武原文如下："老子诚亦异端，然其为道主，于深根固蒂，长生久视而已。《道德》五千言具在，于□凡祈祷、禜祷、经咒、符箓等事，初未有一言及之。而道家立教乃推尊老子，置之三清之列，以为其教之所从出，不亦妄乎！古者用巫祝以事神，建其官，正其名，辨其物，盖诚有以通乎幽明之故，故专其职掌，俾常一其心志，以导迎二气之和，其义精矣。去古既远，精意浸失，而淫邪妖诞之说起。所谓经咒、符箓，大抵皆秦汉间方士所为，其泯灭而不传者，计亦多矣，而终莫之能绝也。今之所传，分明远祖张道陵，近宗林灵素辈。"（《日知录集释》，第1236页）。

② 《明太祖实录》，卷二百三十一"洪武二十七年春正月戊申"。

③ 黄景昉：《国史唯疑》，上海，上海古籍出版社，2002年，第18页。

摩侯罗，出家十二年，归与妻子复完聚。"①既然道教、佛教的教主老子、佛陀都娶妻生子，僧道自然可以结婚。顾炎武主张僧道有世俗生活，这种世俗化，并不否认佛教、道教的信仰，相反是打击"亵玩"，增进佛教、道教的神圣性。

"许僧道畜妻"，顾炎武提出佛、道教的"宗教改革"，类似于马丁·路德（Martin Luther, 1483—1546）针对天主教会"贞洁"制度的"Reformation"（改革）。新教改革之后，路德宗、加尔文宗、浸礼宗，尤其是长老宗，都废除了神父制度，让神职人员还俗，建立家庭，发展更加虔诚的"因信称义"——中文用神父和牧师相区别。还有，东南亚地区流行的南传佛教，其僧侣娶妻生子；日本的大乘佛教，改革中土戒律，僧侣在家行仪。世界宗教史上，神职人员过世俗生活——如犹太教拉比、东正教祭司、伊斯兰教阿訇都可以结婚——并不一定干扰信仰的神圣性。顾炎武的神圣性依据在儒教经典，《礼记·礼运》有"饮食男女，人之大欲存焉"，故僧侣可以还俗；《礼记·祭统》："将齐也，防其邪物，讫其嗜欲，耳不听乐……心不苟虑，必依于道；手足不苟动，必依于礼。是故君子之齐也，专致其精明之德也，故散齐七日以定之，致齐三日以齐之。定之之谓齐，齐者精明之至也，然后可以交于神明也。"主祭者（皇帝、诸侯、士大夫）不需出家，只要在三日、七日之内"齐之"，祭祀前保持身体洁净，内心敬诚，就能与神明沟通。顾炎武坚持儒教祭祀主义，如果依了他的佛教、道教改革建议，朝廷撤去僧录司、道录司，民间取消和尚、道士，僧侣制度可以消弭，三教之争就会停息。顾炎武的"宗教改革"，有他的周全之处。

关于儒教、道教和古代信仰的关系，扬州学者汪中（1745—

---

① 顾炎武：《日知录集释·许僧道畜妻》，第1238页。

1794，江苏江都人）也有考据。汪中"私淑顾宁人"[①]，发展顾炎武的观点，颇能代表江南士大夫对于鬼神的看法。汪中在《文宗阁杂记·蓍龟卜筮》中说："古人重卜筮，其究至于通神。龟为卜，蓍为筮。……所以使民信时日、敬鬼神、畏法令。舜之命禹，武王之伐纣，召公相宅，周公营成周，未尝不昆命元龟，袭祥考卜。……汉《艺文志》、刘向所辑《七略》，自《龟书》、《夏龟》凡十五家，至四百一卷，后世无传焉。今之撰蓍者率多流于影象，所谓龟策，惟市井细人始习此艺。其得不过数钱，士大夫未尝过而问也。伎术标榜，所在如织。五星、六壬、衍禽、三命、轨析、太一、洞微、紫微、太素、遁甲，人人自以为君平，家家自以为季主，每况愈下。"[②]汪中认为：汉代以上的龟卜、蓍筮，可以通神，有各种社会功用；汉代文献失传以后，中国人的占卜方法混乱，士大夫也不过问，五星六壬，奇门遁甲，不能起作用。清代儒者肯定"三代"信仰，从信"鬼神之为德"。

　　20世纪的学术界常常以今律古，误会前人。清代江南士大夫儒学，并不是后世学者所谓的"无神论""唯物主义"，或者说是没有信仰、不通义理。清代经生甚至比明代儒者更加虔诚地信仰"上帝"，他们主张用完善的祭祀制度"通神"。清儒整理祭祀，研究经学，"通经致用"，让曾经天崩地解、礼崩乐坏的明末社会，恢复到汉朝之前的"三代之治"。这是清儒对待上帝、信仰、经典和祭祀的基本态度。清儒的这种态度，有别于"空谈义理"的宋儒，更接近于"制礼作乐"的汉儒、古儒、先儒、原儒（清代学者尊崇古人的说法）。清儒以祭祀为核心的礼教主义倾向，含有强

①　汪中：《与巡抚毕侍郎书》，《汪中集》，扬州，广陵书社，2005年，第428页。
②　汪中：《蓍龟卜筮》，《汪中集》，第303页。

烈的宗教性。[①]

苏、松二府的儒学人士，其实相当"迷信"，在科举考试中也不例外。明代万历十七年（1589）状元焦竑（1540—1620，江苏江宁人）曾在《玉堂丛语·术解》中记录昆山状元顾鼎臣（1473—1540）的故事。故事说的是苏州府通判夏泉，"精象纬之学"，懂得用天象预测人事。"弘治甲子"（1504），夏泉到昆山视事，"夜观乾象，明岁状元当在此"。此话一出，昆山城内的举子结伴来问，夏泉进一步预测说："状元在城中，但未知为谁。"顾鼎臣欣欣然指着自己说："属我矣。"发榜时，果然言中，全县传为奇迹。[②]江南民众历来注重耕读，极其重视考试，烧香、拜佛、求签、问卦、占卜的目的，除了健康、子嗣和婚姻等之外，科场登第是更加重要的内容。

1906年，清朝废除科举制，继之以新式大学、中学教育，但在考试季节"不问苍生问鬼神"的情况依然如故。1977年，"文革"后恢复高考，随着意识形态对于迷信监管的逐渐放松，大约在80年代后期，上海和江南地区的考生和家长恢复了向孔（文）庙占问的传统。今天上海市境内，原上海及崇明、嘉定的县孔庙保存较为完整。每当中考、高考季节，文庙前的许愿树、祈福架的上面，挂满了心愿卡；树和架的下面，则点上了很多炷状元香。复

---

① 周启荣、张寿安两先生在他们的明清思想史研究中，提出清代儒学的"礼教主义"特征，颇中肯綮。周启荣《晚期中华帝国儒家礼教主义的兴起》（Kai-wing Chow, *The Rise of Confucian Ritualism in Late Imperial China, Ethics, Classics, and Lineage Discourse*, Stanford University Press, 1996）认为：清代长江下游的儒家学者，把"礼"作为伦理、经典和社会秩序的核心问题，"为了寻求儒教传统的重新解释，以应付晚明以来中国社会的一系列问题，'礼'成为各种各样知识运动（纯净主张和古典主义）的聚合"（第1页）。张寿安《十八世纪礼学考证的思想活力：礼教论争与礼秩重省》（北京，北京大学出版社，2005年）认为："十八世纪初，礼学兴起，百余年间以狂飙之势披靡天下，挑战程朱理学。"（第III页）唯周、张两先生均以礼教为伦理议题，较少涉及"礼教主义"的宗教性。

② 焦竑：《玉堂丛语》，北京，中华书局，1981年，第256页。

旦大学上海籍学生告诉说：90年代以后，上海市重点中学的考生中，一直有一种讨论，即考生要烧状元香，到底是去黄浦区（原上海县）的文庙灵，还是嘉定区（原嘉定县）的文庙灵。复旦嘉定籍学生较多，传说是因为文庙的香火好。去文庙烧香，已经成为上海学生、家长在春节期间的保留活动。据报道：2006年春节期间，上海黄浦区文化局文庙管理处售出了几千张"心愿卡"，单单是年初一就售出500多张。文庙管理处副主任胡育清介绍："学生和家长来买的最多，除中考、高考考生外，考研、专升本、英语口译证书等各类考生都有，甚至还有一些外国游客。"①

台湾学者蒲慕州研究"汉代知识分子与民间信仰"，指出"自西汉早期以下，知识分子就与民间信仰有着复杂的关系。在一方面，有些知识分子企图去改革或影响那些所谓的淫祀。而在另一方面，也有不少人参与民间信仰活动，经由他们与民众的接触，他们（尤其是方术士）对民间信仰产生相当的影响"②。这个结论适用于汉代，也适用于明、清两代。宋、明以后，士人有教义上的"三教合一"运动，江南学者出入于儒学、佛理、道家之间，视为平常。一般来说，士大夫对于佛学、道家的思想和学术比较能够兼容，只是对那些过于愚昧蒙蔽的"五星六壬""奇门遁甲"，或者"劫色骗财""骗钱害命"的欺辱行为才表示反感。

宦游士大夫受角色限制，他们在朝廷、官场坚持儒教立场，避言"怪力乱神"。为阻止皇帝佞幸僧人、道士，他们清理门户，抨击佛教、道教及其教义。然而当他们回乡省亲、守制、辞官、隐居时，却能够宽容佛道，甚至优游于家乡人士营造出来的宗教

---

① 《新民晚报》2006年2月10日报道，徐婉青：《春节文庙学子多，只为学业祈福忙》。

② 蒲慕州：《追寻一己之福：中国古代的信仰世界》，上海，上海古籍出版社，2007年，第225页。

氛围中。除非不堪入目的秽庙、淫祀，乡居的江南士大夫，大多都能欣赏庙宇内外洋溢着的园艺、建筑、书法、琴艺、礼仪、禅机，每每留下诗文，刻在文集中。清初上海士大夫叶梦珠著《阅世编》记："释、道之教，其来已久，或则奉之，或则斥之，要皆一偏之说，不足据也。原立教之意，本与吾道不甚悬绝。"[①]士大夫与佛教、道教相争，争的是在朝野政治中的话语权。在美学艺术、人生修养、精神陶冶和宗教信仰方面，儒、道、佛三教相对和谐，"不甚悬绝"。

三教一源

孟德斯鸠在《论法的精神》中，将中国政体的特质定在介于专制和君主形态之间，依据是从法国耶稣会士那里了解到的儒教特征："中国的立法者们，把宗教、法律、风俗、礼仪都混在一起。所有这些东西都是道德，所有这些东西都是品德。这四者的箴规，就是所谓礼教。中国统治者就是因为严格遵守这种礼教而获得了成功。"[②]中国近代思想家模仿欧洲政体，主张立宪和共和，严复翻译的《法意》风行全国，影响了20世纪学者对于中国社会性质的判断，于是儒教（"儒学""儒家""礼教""德教""孔教""孔孟之道"）成为学者们描写中国社会性质的主要参照。受西方汉学的片面影响，20世纪的中国学者也认为：中国（只）是一个儒教的国度。事实上，中国古代社会的意识形态，至少是儒、道、佛三教，绝不是一家之垄断。

明清时期的儒、道、佛三教，在灵魂观念上常常是一致的。

---

① 叶梦珠：《阅世编》，上海，上海古籍出版社，1981年，第202页。

② 孟德斯鸠著，张雁深译：《论法的精神》，北京，商务印书馆，1982年，第313页。

三大宗教在仪式、教义和经典传统上有很大的不同。但儒、道、佛三个教派都祭拜"灵魂"，差别不大，有很强的同构性。中国人的灵魂学说，是"魂魄二分"的理论。活着的时候，魂魄一体，聚于人身。死了以后，"魂升于天，魄散于地"。这样的理论，在儒学中以讨论、著述的方式一直存在，在民间信仰中则以祭祀、崇拜的方式长期保存。自汉代以后，因死亡和身后问题思考而形成的魂魄理论，在上层信仰和民间祭祀中一直很稳定。按余英时先生的研究，中国人的生死观在东汉已经完全成型，且上层与下层、儒家与道教，轩轾不分。[①]这样的情况一直延续，佛教、道教的寺观，经常把孔子塑像放进大殿，取其灵魂，与释迦牟尼、老子一起加以拜祭。明宣德三年（1428），曾下令"禁天下祀孔子于释、老宫"[②]。孔子进入寺观，佛、老窜入儒学，这可以证明历朝历代民间庙祀中的儒家并没有什么特别。

直到清代，儒家仍然保持与民间祭祀一致的灵魂信仰。著名经学家俞樾在《右台仙馆笔记》中记录了一个"巫者就地滚"的故事。这位巫者就地一滚，"亡者之魂已附其身，与家人问答如生时，其术甚验，故得是名"。可是，某日一位儒生请"就地滚"让他的父亲灵魂来附体，没有滚到。"就地滚"向师傅请教，师傅回答：这位儒生父亲的灵魂不在附近，要么是大恶人，魂魄沉得太深；要么是大善士，灵魂已经升天，都滚不到的。平常多的是凡夫俗子，亡灵浮在中间，一滚就附着得到。

这里借用"就地滚"的故事，说明儒家的魂魄观。俞樾解释了他所理解的灵魂学说："夫人之生也，为血肉之躯，其质重浊。故虽圣贤如孔、孟，有蟠天际地之学；神勇如贲、获，有裂兕曳

---

① 参见余英时：《东汉生死观》，第78—108页。
② 张廷玉等纂：《明史·礼志·吉礼四》，"至圣先师孔庙祀"，第104页。

牛之力，而离地一步，即不能行。及其死也，此块然之质埋藏于地下，而其余气尚存，则轻清而上升矣。大凡其气益清，则升益高。故孔、孟、颜、曾，千秋崇祀，而在人间绝无肸蠁，盖其气已升至极高之地，去人甚远也。苟有一分浊气未净，即不能上与太清为体，于是又赫然森列而为明神者焉。其品愈下，则浊气愈多，而去人亦益近。至于寻常之人，则生本凡庸，死亦阘冗，不过依其子孙以居，汝平时所一招而即至者，即此等鬼也。若夫凶恶之人，清气久绝，纯乎浊气。生前有形有质，尚可混迹人间。死后形质既离，便非大地所载。其气愈沉愈下，堕入九幽，去人亦远。"[1]俞樾的灵魂论同于很多学者，其生平、经历和学术也堪称儒家式的。

从形而上的推演来分析：人的亡灵一上一下，上达于"天"，下坠于"地"，逻辑上便隐含着天堂、地狱说法的可能性。顾炎武《日知录·泰山治鬼》以为"地狱之说，本于宋玉《招魂》之篇"[2]，并非佛教输入，即以历史考证坐实了这个逻辑关系。儒家固然因着孔子"子不语"（怪、力、乱、神）的遗训，不对天堂、地狱作出详尽的描述，但是也不反对天堂和地狱的存在。儒家对死后世界的审慎保留态度，给愿意思考身后的士大夫提供了空间。明清士大夫出儒之后，寻着儒家留下的想象空间，入佛、入道，甚至入耶，进入一个更加完整的宗教领域。

民间信仰认为：魂升为神，魄流为鬼。神为善，能保佑人，能超拔人；鬼为恶，会祸害人，在人间作祟。神和鬼，都需要有坛庙来供奉，用祠庙来请神降神，也用厉坛来安抚鬼魂，请他们不要作祟。官方颁行的"祀典"，一般都只承认崇高神，即那些

---

① 俞樾：《右台仙馆笔记》，上海，上海古籍出版社，1986年，第87页。

② 顾炎武《日知录集释》，第1079页。

已经升为神明的纯粹神。民间"私祀"比较多地供奉一些新鬼、厉鬼，有些甚至是饿鬼、野鬼，让它们安定下来，保境安民。这样的祭祀方式，古老、自然、素朴，后世儒家主流思想很看不起，以为杂乱，不精不纯，其实这才是原始儒教的样子，而且延续数千年，保留至今。

儒家刻意从《仪礼》《礼记》《周礼》等经典中继承古老的祭祀方式，如"郊祀""社稷""方川""五祀""太一""神农"等坛祭祠祀，祀典是儒教延续的一个原因。然而，儒教延续的更重要原因，还在于民间信仰和祭祀方式本身的延续性。江南地区，无论市镇经济如何繁荣、文化如何发达，民间祭祀的方式依然如故，一直延续到近代。江南地区在宋、元、明、清时期儒学（理学、王学、汉学、经学、考据学）最为发达，佛教、道教和民间宗教也趋于鼎盛。儒家精英学说和通俗的信仰实践高度重合，这个现象值得重视。我们把儒、道、佛三教中分出各自的神学教义和礼仪实践，在佛教、道教、儒教的崇拜仪式中区分出佛学、道家、儒学来，就会发现掌握神学（佛学、道家、儒学）的士大夫们，仍然和信奉儒、道、佛各种祭拜仪式的老百姓们和光同尘，相安无事。

从儒学士大夫的角度看中国宗教，儒教、道教与佛教是"三"教。但是，从民间信仰的角度看中国宗教，中国的宗教就是一个整体，不辨彼此，难分轩轾。西方宗教学家自高延、韦伯、杨庆堃以来，一直想要整体地看待中国宗教，所谓"Take the Chinese Religion as a Whole"，高延称之为"中国的宗教系统"（the Religious System of China）[1]。无论是西方汉学家，还是中国学者，只要不忽视基层的宗教生活，或仅仅从儒、道、佛的经典

---

[1] De Groot, *The Religious System of China: Its Ancient Forms, Evolution, History and Present Aspect, Mannners, Customs, and Social Institutions Connected therewith*, 1-6 Volumes, 1892–1901.

去区别三教，就一定会发现中国宗教的整体特征。中国宗教的系统性和整体性，士大夫用合一来概括，也是想说明这个统一性。万历四十三年（1615）刻印的《性命圭旨》，署为"尹真人高弟子"作，首标《三圣图》[①]，取儒、道、佛三教合一说，把释迦牟尼放在中间，老子居左，孔子居右。从构图看，似乎突出了释迦牟尼，好像是佛教徒版本的"三圣合一"。然而，《性命圭旨》本文分"元、亨、利、贞"四集，有《伏道说》《性命说》《死生说》《邪正说》等文字，以道教为本，又可认为是道教版本的"合一"。江南版本的儒教"三教合一"图，可以在陶宗仪《南村辍耕录》中找到。陶宗仪《三教一源图》[②]存江南儒者对三教关系的思考，无画像，纯以文字，今改制成表格，描摹如下：

	健	顺
儒理	仁、义	礼、智→信（用之则行，舍之则藏）
释戒	行、相	受、色→识（观心无常，观法无我）
道精	乾、元	亨、利→贞（绵绵若存，用之不勤）
	阴	阳
儒性	真、静	知、觉→本（不思而得，不勉而中）
释定	念、根	觉、力→正（不与法缚，不求法脱）
道气	金、木	水、火→土（杳杳冥冥，天地同生）
	用	体
儒命	执中、唯一	神明、虚灵→妙合（无物不有，无时不然）
释慧	精进、解脱	清静、真如→圆觉（圆同太虚，无欠无余）
道神	无刑、无名	无情、无为→自然（玄之又玄，众妙之门）

唐、宋以下固然有很多"三教论衡"的文章，强调儒、

---

① 禄是遒神父的《中国迷信研究》收有《三圣图》，见禄是遒著，王定安译，李天纲审校：《中国民间崇拜·中国众神》，第3页；丁福保编：《道藏精华录》第九册，也收录《三圣图》，浙江古籍出版社，1990年，影印上海医学书局无锡丁氏排印本。

② 陶宗仪：《南村辍耕录》，北京，中华书局，1959年，第376页。

道、佛之间的差异性；元、明以来，尤其是明中叶嘉靖、万历年间，江南士人主张三教合一，强调儒、释、道之间的同一性。儒、释、道相互借鉴，合并为同一个神学系统。这一合一的变化是如何发生的，颇值得探讨。至今为止的讨论，大多是从儒家思想之开展、之变异、之包容来理解，还缺乏从宗教学的角度，从民众信仰的角度来理解，因而并没有切入古代思想的本源。从民众信仰的底层看问题，我们发现"三教一源"，源自基层的民众信徒——在他们日常的宗教生活中，根本就不分什么儒、道、佛。道光十六年（1836），朝廷下诏："祀孔子不得与佛、老同庙。"① 反过来证明，直到清代中晚期，经过清初儒者的"门户清理"之后，"三圣合庙"的现象仍然普遍存在。

法国耶稣会士禄是遒神父研究江南民间宗教。他收集春节期间在厅堂上悬挂的神轴画，把众多神祇合在一起的"众神图"，法文称之为"L'olympe de la Chine moderne"（现代中国的奥林匹斯），用古希腊十二神祇来比拟中国众神。该神图未见固定名称，有名之为《神轴》。神图的结构如下：五层自上而下，自左至右，顶层，北斗七星-李老君-如来佛-孔夫子-南斗六星；二层，文昌-朱衣-东岳-电母-童孩-观音-龙女-准提-药王-雷公-雷祖；三层，柳树精-水母娘娘-都城隍-吕纯阳-地官-文判-天官-武判-水官-寿星-真武-龟军-祠山张将军；四层，五路财神-火神-刘猛将-玄坛-周仓-关公-关平-千里眼-二郎神-姜太公-四大王；底层，马神-本土地-灶君-业公-猪神-都土地-利市-财神-招神-县城隍-痘神-眼光-张仙-送子娘娘-牛

---

① 《清史稿·礼志·先师孔子》，上海，上海古籍出版社、上海书店出版社影印本，1986年，第334页中。

王。《神轴》一幅在堂，万神其昌，禄是遒神父又称"中国的万神殿"①。他还说："这幅广为流传的图画生动地阐明了中国宗教的现状：膜拜者视己所好或者所需，从三教中选择适合自己的神，根据自己的选择给男神或者女神烧香，向他们祈祷，而不关注他们到底是属于佛教，还是道教。"②

顾颉刚也记录过类似的《神轴》，他说："当我七八岁时，我的祖父就把新年中悬挂的'神轴'上的神道解释给我听，所以我现在对于神道的印象中，还留着神轴的型式。这神轴上，很庄严的玉皇大帝坐在第一级，旁边立着男的日神，女的月神。很慈祥的观音菩萨是第二级，旁边站着很活泼的善财和龙女。黑脸的孔圣人是第三级，旁边很清俊的颜渊捧着书立着。第四级中的人可多了：有穿树叶衣服的盘古，有温雅的文昌帝君，有红脸的关老爷，有捧刀的周仓，有风流旖旎的八仙，又有很可厌的柳树精在八仙中混着。第五级为摇鹅毛扇的诸葛亮，捧元宝的五路财神。第六级为执令旗的姜太公，弄刀使枪的尉迟敬德和秦叔宝，伴着黑虎的赵玄坛。第七级为歪了头的申公豹，踏着风火轮的哪吒太子，捧着蟾蜍盘笑嘻嘻的和合，嗔目怒发的四金刚。第八级是神职最小的了：有老惫的土地公公，有呆坐在井栏上的井泉童子，有替人管家务的灶君。"③

顾颉刚说："以上所说，因为纯恃记忆，恐不免有许多错误，如神的阶级应当和官的阶级一样，分为九等，但这里我只想出八等来，但大概是不错的。"其实，《神轴》的真实细节无从查究。《神轴》有不同的版本，有的垒三层，有的五层、九层，坊间商

---

①　禄是遒：《中国民间崇拜·中国众神》，第3页。
②　同上书，第4页。
③　顾颉刚：《东岳庙游记》，《顾颉刚民俗论集》，上海，上海文艺出版社，1998年，第400页。

人按照信徒的要求制作。众神图谱中，有的突出释迦牟尼，就是佛教版；有的突出孔夫子，就是儒教版；有的突出老子，当然就是道教版。不过，种种神谱很少把释迦牟尼作为次要神祇。禄是遒神父注意到一个现象，万历四十三年（1615）道士吴之鹤刊刻道书《性命圭旨》，其中的《三圣图》仍然是把释迦牟尼放在中间。"这幅画极为重要，因为书的作者和画的绘者是一位道士，而将佛教的创始人列在第一位，表明他承认一个明显的事实，佛教确实是最流行的，在中国拥有最大数量的支持者。"①事实上，大部分《三圣图》《众神立轴》都以释迦牟尼为中心，李老君、孔夫子是陪衬，这固然说明佛教的流行程度，但也说明儒教、道教信徒的开明态度。三教合一，何教为主？基层信徒，包括许多儒者，对这个问题不感兴趣。

合于民间宗教

"三教合一"，被中外宗教学者公认为是一个有着强烈中华特征的突出现象。如果一定要把儒、道、佛分为三种不同宗教，那么它们之间具有大范围的交叉和重叠（Overlap），明清儒者称为"会通"，西方汉学家有的认为是"Accommodation"（适应），当代学者则称为"对话与融合"（Dialogue & Integration）。会通与融合，中国三教合一模式是怎样达成的？一般的理解，是在观念上先设定儒、道、佛为三种不同的宗教，随后通过碰撞、接触、交流，形成一些共同的领域，称为"合一"。其情景恰如把铜、锡、铅熔化之后，铸成一块青铜合金一样。禄是遒神父说："如果将三支尺寸和颜色各异的蜡烛放在火上熔化，它们就会变

---

① 禄是遒：《中国民间崇拜·中国众神》，第2页。

成一个同样材料的固体，原来的颜色不会完全消失，但是会变得模糊。这三支蜡烛就这样黏合在一起。"[1]

事实上，儒、道、佛教中的许多共同因素，是天然存在的，并非融合后才形成的。比如，儒教、佛教、道教，都走魂魄路线，三教都在处理人活着和死去的灵魂问题。人活着的时候，身体和精神是阴阳、五行、理气、性命的调和；人死以后，要用招魂、做七、超度、法会等祭祀手段来对付这些灵魂。这些理论和实践，自古至今的儒、道、佛教都是承认的，有很强的共通性。中外学者从儒、道、佛三教的创教人（教主）、思想家（神学家）的经典和著作中寻找它们之间的异同。例如，通过比较《论语》和《道德经》《南华经》《中经》《金刚经》《坛经》等，来说明三教之间的异同关系。这样的方法不是不可以，但用来论述三教之共性特别困难，因为这些经典文献之间缺乏时空上的联系。和它们直接联系的，只是古代作者共同感受到的信仰生活——每朝每代的宗教实践。

儒、道、佛的共同基础，在于民众的基本信仰。说"三教合一"，毋宁说是中国的各种宗教生活原来就植根于基层的民众宗教。儒家学者坚持本位立场，认为"三教合一"合于儒教经义，这种观点影响到西方学者的判断。明恩溥（Arthur Henderson Smith, 1845—1932，美国公理会传教士）认为："道教与佛教已经对中国人产生了极大的影响，但是，中国人却依然既不是道教徒，也不是佛教徒。他们是儒家弟子。"[2]问题是儒家有不同的传统，那中国人到底又是什么意义上的儒家弟子呢？事实上，有一种儒教是祠祀，还有一种儒教是信仰。迄于唐代，孔庙仍然是祠

---

[1] 禄是遒：《中国民间崇拜·中国众神》，第6页。
[2] 明恩溥著，刘文飞译：《中国人的气质》，上海，上海三联书店，2007年，第236页。

祀类的全民信仰，孔庙对愚夫愚妇开放。因为开放，曾发生女子进庙后宽衣解带，与孔子像合体交媾，以求得圣子的故事，"妇人多于孔庙祈子，殊为亵慢，有露形登夫子之榻者"。本次事件导致后魏孝文帝下令："孔子庙不听妇人合杂。"[①]"登夫子之榻"的案例表明：儒教的上下层关系很复杂、很紧张。

宋代道学家特别坚守儒教的精英气和纯洁性，孔庙拒斥了愚夫愚妇之后，"理性"程度自然提高，但信仰的虔诚度也随之降低。理性和信仰，总是这样此消彼长。清代经学家意识到这个问题，他们接续儒教的信仰之源，于是再一次承认原儒与古代信仰生活的密切关系。从经学的角度看，清代学者揭示了不少原儒的信仰本质，其献祭、其仪式、其习俗、其神思，都来源于古代民众的宗教生活。从宗教学的角度看，周孔儒学虽然因"殷周之变"而"理性化"，与宗教有所疏离，却并不是一种反信仰的"人文主义"。还有，汉代儒学重回东南地域宗教生活之源，所谓"天人合一"理论中又容纳了很多下层社会的方术、仙论和道说；宋明理学融会佛学、道家理论，更新发展而来，也没有完全脱离原始儒教的祠祀、血食、人鬼信仰。

清代经学家论证原儒，对儒学与古代宗教的关系做过探讨。可惜的是，他们只在中国思想文化史领域讨论，未引起宗教学者的足够重视。例如，清末民初经学家章太炎先生论儒家起源，对儒家根源有过精辟分析。一般而言，古文经学家主张"古之学者，多出王官"[②]，常引刘歆《七略》言"儒家者流，盖出于司徒之官，助人君顺阴阳，明教化者也"，以为儒教来源。"司徒"在《周礼》中属"地官"，职责为"惟王建国，辨方正位；体国经

---

① 封演著，赵贞信校注：《封氏闻见记校注》，北京，中华书局，2005年，第4页。

② 章太炎：《论诸子学》，朱维铮、姜义华编注：《章太炎选集》，上海，上海人民出版社，1981年，第358页。

野，设官分职，以为民极"，是民政长官，则儒家似乎就是俗学，与宗教无关。革命党的理论旗手章太炎在《论诸子学》（1906年）中曾持这个观点，当时是与主张"建立孔教"的维新派今文经学家康有为相对立的。

然而，章太炎作《国故论衡》（1910年）时，他对国粹学说另有反省。在系统清理原儒理论的时候，章太炎认为儒家和古代宗教有密切关系。原儒不但懂得地官学问，而且还有天文知识。"儒之名盖出于需。需者，云上于天，而儒亦知天文、识旱潦……明灵星舞子吁嗟以求雨者谓之儒。……皆以忿世为巫，辟易放志于鬼道。"章太炎披露的原儒，懂得求雨，带有"巫"和"鬼道"的特征。章太炎认为古代儒家有三种含义（关"达""类""私"名），其中第一义就关系到宗教，指为"术士"（达名为儒，儒者，术士也），是一种宗教性的职业，"是诸名籍，道、墨、刑法、阴阳、神仙之伦，旁有杂家所记，列传所录，一谓之儒"。古代的儒者，就是巫觋之人，"儒之名古通为术士，于今专为师氏之守……"[①]

章太炎基于"经说"的儒家起源论，在清代学术中早已为主流观点。清代学者固重"三代之学"，用经典考据的方法，研究"三坟""六典""六经"，但他们并不认为"宋学"坚守的道统是从孔子开始，或者更降而为由孟子奠定的。顾炎武以来的江南经学家们，尝试把儒教的实践传统溯源到汉人的初民社会，给中国文化一个终结性的回答。宋儒为确立孔子"至圣先师"的地位，多强调周文王只是《周易》的原作者，而孔子完成的《易传》才是《易经》正统。清儒不同，他们认为儒家传统不自孔子始，连文王、周公也未必是起点，伏羲、轩辕、神农才是"人文

---

① 章太炎：《国故论衡·原儒》，上海，上海古籍出版社，2003年，第104—106页。

初祖"。清代学者多选择唐代孔颖达《五经正义》的解释"伏羲制卦，文王卦辞，周公爻辞，孔十翼也"，认伏羲为《易》之作者。顾炎武认为："夏、商皆有此卦，重八卦为六十四者，不始于文王。""包羲氏始画八卦，不言作《易》，而曰：'《易》之兴也，其于中古乎？'"之所以把《易经》看作中古时期的普通著作，是因为相信《易》之前，还有《连山》《归藏》等更加古老的文献。文王、孔子被降低到一般的文献继承者，突出伏羲、神农、轩辕，所谓"炎黄""华夏"部落首领的重要地位，这是清代儒学的重要特征，表现出更加广阔的历史主义以及相对宽松的包容精神。

通过文献考据的研究，清代学者把儒学及华夏文明的开端大大地往前推进了，至清代中叶以后，中国才有了华夏三千年、四千年，乃至五千年文明之议论。17世纪到19世纪的江南学者，没有现代考古学的科学发掘、当代人类学的田野调查，也没有20世纪70年代以来大批出土的简帛文献可以参照。宋以降，虽然有一些金石文字和器物学的零散研究，但像汉代、晋代那样不断发现"古文经"的情况也很久没有发生。在条件有限的情况下，清代学者通过汉学、朴学方式的经学研究，提出了很多足可以让当代学者深思的问题。忽视清学的思想价值，尤其忽视清代礼学中的宗教含义，是中国近代学术的一大缺憾。

清代学者的上古文化研究有一个议题和宗教学密切相关，便是众说纷纭的"明堂考"。乾嘉时期，江南学者倾力研究明堂。经学家们认为：明堂制度中，蕴藏着比周代以后成形的"六经"文献更加悠久的人文渊薮，可以定为儒教的上古之源。汉代经学家在整理和注疏六经时，提及周代明堂制度，年代或者可以上溯到夏、商，甚至更古。按汉代颍容所作《春秋释例》：

"太庙有八名，其体一也。"①这八大名物，包括清庙、太庙、明堂、辟雍、灵台、大学、太室和宫，明堂为其中之一，而实际上功能混同，是一回事情。清庙或许为祭天掌鬼的机构之名；太庙或为祭祖奉先的场所；明堂为另一重要祭祀之所，或为所有机构的宫殿总称；辟雍为城壕，宋明以城隍信仰当之；灵台为天象星占机构，后世以"钦天监"当之；大学为子弟庠、序，即后世传授儒学之所；太室为临事宫殿；宫为帝王寝所。显然，明堂制度中最为重要的事项，是早期文明社会最为重要的都城制度——祭祀和宗教。

"汉学吴派"代表惠栋（1697—1758，江苏吴县人）作《明堂大道录》，考证明堂是一套按天象气运井然布置的神圣制度："室以祭天，堂以布政。上有灵台，东有大学，外有四门。门外有辟雍、有四郊及四郊迎气之兆。中为方泽，左为圜丘。主四门者有四岳，外薄四海，有四极。"②如果确实，这一套古代制度和明清南京、北京的都城祭祀制度，如出一辙。清代"扬州学派"领袖阮元（1764—1849，江苏仪征人）作《明堂论》，认为"明堂者，天子所居之初名也。是故祀上帝则于是，祭先祖则于是，朝诸侯则于是，养老尊贤教国子则于是，飨射献俘馘则于是，治天文告朔则于是，抑且天子寝食恒于是。此古之明堂也"③。阮元把明堂考实为宗教、政治、教育、军事、外交功能统一的"政教合一"的宫廷机构，和明清都城紫禁城差不多。同样，阮元也把祭天、祭祖、朝觐、星占、祥瑞等宗教功能，作为明堂制度的

---

① 《诗经正义》"灵台"引，转见于本田成之著，孙俍工译：《中国经学史》，上海，上海书店出版社，第14页。

② 惠栋：《明堂大道录》，王先谦编：《皇清经解续编》（一），上海，上海书店出版社影印本，1988年，第801—833页。

③ 阮元著，邓经元点校：《明堂论》，北京，中华书局，1993年，第57页。

核心。

汪中作《策略搜闻·明堂大学》，提出古籍所谓"明堂大学"的记载，"略存四代之制矣"[①]。增"三代"（夏、商、周）为"四代"（加虞），汪中相信儒教文明的制度起源可以更早。王国维对明堂研究的贡献之一，是确定商代已有明堂制度。氏著《明堂庙寝通考》（1913年）提到，在甲骨文辞中找到了"太室"，共二处。见于"《殷虚书契》卷一第三十六叶，又卷二第三十六叶"。"古宗庙之有'太室'，即足证其制与'明堂'无异。"[②]经学史上的大量记载，已表明"太室""太庙"即为明堂，清代学者已经将此证明为祭祀与政治合一的制度。王国维用20世纪甲骨文发现，证明商代已有太室，即可认为明堂制度早于周代，因此也就可以进一步推定在"三代"、甚至"四代"就有了中央祭祀制度。按先秦著作《尸子》的记载："黄帝曰'合宫'，有虞氏曰'总章'，殷人'阳馆'，周人'明堂'。"我们按现代宗教学的解释，便可以假定在商代之前，在黄帝、尧舜时代，华夏民族就有了类似于周代明堂制度的祭祀体系。《周礼》成形的"六官"系统，其中所谓"天官"，是和"地官"同时出现的制度。或者，按照当代宗教学、人类学、考古学的经验，世界各民族的宗教祭祀性制度都比国家政治类的制度更早建立。

清代学者认为，汉唐以降，明清以来施行的儒教坛祭、祠祀制度，其建立在三代（或为"四代"）之"明堂"之上。现代学者的看法，则可以进一步认为古代以明堂为特征的中央祭祀制度，其根源仍在于民间宗教生活。清代学者的明堂考，或许还不能坐实华夏民族上古文明制度的详情，但是从有限的明堂资料，

---

① 汪中：《汪中集》，第233页。
② 见王国维：《观堂集林》（一），卷三，北京，中华书局，1959年，第132页。

我们至少可以看到儒家的宗教性不但源远，而且流长，遗泽三千年。换一句话说，清代学者认为的汉人祭祀制度，有因有革，诉诸儒教，叠有佛道，从三代一直延续到本朝。原始儒教和华夏初民的宗教生活密切关联，是毋庸置疑的。

　　周代以"明堂"为名号的中央祭祀制度，虽有"九鼎"之重，容有"郁郁乎文哉"之叹，还被中外学者赞叹为"人文主义"，仍然首先是华夏民族宗教生活的一部分。即使把周代文明按"实用理性"①概括为"礼乐文明"②，也仍然明显可以看到它遗留的宗教性，被妥协地表述为"准宗教""半宗教""类宗教""诗化宗教"等。杨向奎（1910—2000，河北丰润人）在晚年作品《宗周社会与礼乐文明》（1987年）中，开创性地把明堂与"民族学或考古学上的大房子"做比较。"大房子"是汪宁生（1930—2014，江苏灌云人）等学者于1963年在《云南省崩龙族社会历史调查报告》中记录的西南少数民族"氏族社会"居址。根据民族学的宗教研究经验，杨向奎反省清以来的明堂研究，总结认为："一个时代有一个时代的信仰，没有信仰的人是不存在的。信仰是宗教的起源，而迷信是信仰的派生物。因有信仰而祭神，因祭神而有明堂、太室；祭神为了祈福，因祈福避祸而求神先知；因求神乃有贞卜；贞卜有术，在商则为龟甲兽骨之卜，西周逐渐由贞卜而转于筮占，于是……《易传》而不同于《易卦》，非卜筮所能范围者。"③杨向奎的"宗周文明"研究，不固执于一般儒学，不排斥宗教。他和悬隔在哈佛大学人类学系的张光直先生相似，认定"虞、夏、商、周是中国最古的四代"④，周代固然

---

　　① 李泽厚：《实用理性和乐感文化》，北京，生活·读书·新知三联书店，2008年。
　　② 杨向奎：《宗周社会与礼乐文明》，北京，人民出版社，1997年。
　　③ 同上书，第210页。
　　④ 同上书，第1页。

"使夏商以来的传统文明发展到新的顶峰"[1]，但并非华夏文明的最早渊源。

从宗教看周代（以及三代、四代），儒教的宗教性一目了然，且儒教宗教性在三千（或曰四千、五千）年以来与华夏民族历代之宗教生活并未中断联系。比如说：中国宗教的血祭特征，一直没有消失；中国宗教的祠祀系统，一直更新保存。在《礼记·郊特牲》中，祭祀用牛、羊、猪三牲，儒家所谓血祭，其作用是"合阴阳""分魂魄"，"凡祭慎诸此：魂气归于天，形魄归于地。故祭求诸阴、阳之义也。殷人先求诸阳，周人先求诸阴"。《郊特牲》还说，夏、商、周三代都用血祭，"血祭，盛气也。祭肺肝心，贵气主也。祭黍稷加肺，祭齐加明水"。盛气是加强阳气，加阳气的方法，按唐孔颖达《礼记正义》的说法，是"周祭肺，殷祭肝，夏祭心"，即周代祭祀时，在五谷祭祀的同时，要加上肺，同理则殷代加肝，夏代加心；祭祀结束的时候，还要添加明水，即在月光下，祭坛下，用金盆获取的露水，也是为了加强效果。这样的周礼，历朝历代设法维持，其宗教性不言而喻。

由于后世儒家坚持以五经治世的经学主张，《周礼》系统中保存的血祭制度，在历朝历代的官方祭祀中保留着。同时，血祭作为民间的信仰风俗，在南北方各地域、各族裔中，一直存活到近现代。西南地区各部落保留的歃血为盟习俗，就是一例；近代帮会内部争斗的时候有"断指为誓"，也可以作为一例；汉族民众，包括江南地区、长江三角洲地区，如以金泽镇信仰生活为例，仍然在杨震庙、关帝庙、二爷庙等祠祀信仰中，保持着牲祭习惯。在明清和民国时期的中国农村、乡镇，乃至大都市，如上海的民间生活中，以儒教祠祀为代表的汉族宗教祭祀，仍然是以

---

[1] 杨向奎：《宗周社会与礼乐文明》，第2页。

牲祭为主的古老礼仪。

近代学者自章太炎以来都肯定了儒教的诞生（所谓"原儒"）依赖"巫觋"之类的宗教体系。相比而言，汉唐以后兴起的佛教、道教，还有从原始儒教变异而来的、以"周孔之教"为特征的中古儒教，都是后起的宗教信仰，带有组织化的"教会"特征。至于宋明时期以理学为特征，强调心性论的"孔孟之道"，则更是在晚近阶段才兴起的"新儒学"，仍然保留了民间宗教生活的底色。所有后来兴起的宗教教派，无论儒教、道教、佛教、白莲教、明教……和三代的"原始儒教"一样，都是从华夏民族民众的宗教生活中改造、摄取、提炼和融合而来的。在所有"宗""教""门""派"的信仰生活中，都可以看到来源于基层社会的基本形式，这就是中国宗教最重要的特征合一性。这种合一性甚至在更加晚近才传入的祆教、回教、犹太教、天主教、基督教中都有表现，人们称之为"本土化""中国化"。

第七章　社、会：民间祭祀的结构

市场圈："施坚雅模式"的修正

今天的金泽已经沦为边缘乡镇，但在明清时期的交通、市场体系中，它是太湖东缘河、湖、港、泖体系的中心。《金泽小志·疆域》：金泽镇"至本邑县治（青浦镇）三十六里，至郡城（松江府城）八十一里，至苏州巡抚驻扎所一百里，至江宁省城总督驻扎所七百里。南至嘉善县治三十六里，西至吴江县治五十四里"[1]。金泽镇处在青浦、嘉善、吴江三县的交界地，离松江、嘉兴、苏州三府府城的距离也大体相当，均在百里之内。再远一点，距离苏、浙之省城南京、杭州也不过数百里。水路舟楫，四通八达，金泽镇有地理优势，曾经是交通运输和商业贸易的中心。

除了是水路运输中心，金泽镇也曾经是长江三角洲地区货品交易中心。成为商业中心，必然具有某些贸易优势，有特殊的商品能够用来交易。在史志中查找，发现清代乾隆以后金泽

---

① 周凤池纂，蔡自申续纂，杨军益标点：《金泽小志》，上海，上海社会科学院出版社，2005年，第2页。

镇还有一个拳头产品——纺车。金泽镇的纺车制造技术，在方圆百里之内是最好的。从松江、吴江、昆山、常熟、嘉善、桐乡、海宁、萧山等地来金泽购买纺车的农妇，川流不息。《金泽小志》称："纺具，曰车，曰锭子。……到处同式，而金泽为工。东松郡，西吴江，南嘉善，北昆山、常熟，咸来购买，故'金泽锭子谢家车'，方百里间，习成谚语。"①购买纺车的顾客们，甚至来自苏南、浙北，地理距离百里，涵盖苏州、嘉兴、松江三府。

处于长江三角洲棉业和丝业的交界地带，金泽镇还有贸易优势。据《金泽小志》记载："松江棉花布，衣被天下。东乡种木棉者，居十之三，俗称'花地'。惟西乡土性不宜，而女红自针黹外，以布为恒业。金泽无论贫富妇女，无不纺织。肆中收布之所，曰'花布纱庄'，布成持以易花，或即以棉纱易，辗转相乘，储其余为一家御寒具，兼佐米盐。"②长江三角洲土地，受海潮侵袭。棉花能抗盐碱，故而东部宜棉，西部宜稻。金泽镇往西是苏州、嘉兴两府著名的"湖丝"产地，金泽镇正好处于稻、棉、丝出产的交界处。也就是说，在江南的地区产业分工中，金泽镇有地理优势，"抱布贸丝"，松江之布匹，要换取嘉兴、苏州之丝绸及江南之稻米，必在金泽镇贸易。凭借独特的自然条件和地理优势，金泽镇发展出自己的内部分工：东乡植棉，西乡纺织，金泽镇利用这样的分工做起了花、纱、布、丝、绸、稻、米的交易；交易有所盈余，还引进镇区之外的柴、米、油、盐等日常用品，全镇的商业便发展起来。

宋代的金泽镇，居江南地区的枢纽地位。顾祖禹《读史方舆

---

① 《金泽小志》，第22页。
② 同上书，第18页。

纪要》记录金泽镇："在县西南三十三里，东南通长泖，向当浙（江）、（南）直（隶）之交，设巡司汛守，防盐盗出没。又县西三十六里曰双塔市，商旅往来苏、松之中道也。"[①] 金泽本地志书记载："四围皆泽，镇具苏松水道之中。"[②] 金泽水系，东连吴淞江、黄浦江，联系上海；西承淀山湖、太湖、大运河、长江，方便进入苏州、无锡、常州、南京；南下港泖，又与浙江之嘉兴、湖州、杭州沟通。水路交通的枢纽地位，令金泽镇维持繁荣，直到民国年间，镇上仍然有"夜航船"专线，联通松江、苏州、无锡和杭州。然而，伴随着上海的大工业机器生产崛起，当地传统的渔业、农业、手工业失去重要性，陷入衰退。百多年里，金泽镇一直与衰退斗争。20世纪后期铁路、公路交通兴起后，水运废弃，全镇陷入困境，一蹶不振。如今，金泽镇的公共交通是汽车，有"青金线"连通青浦县城，"金商线"连通邻近的商榻镇。

金泽镇借助其在江、浙、沪水路网络中的枢纽地位，近代有过一次小小的复兴，在清末民初成为淀山湖一带的枢纽，继而是通往江、浙、皖、赣乃至两湖地区的转驳运输中心。光绪末年，上海的中外商人从英国、美国引进新型汽轮，有怡和、旗昌、轮船招商局等企业采用汽轮航运，航线从远洋、沿海渐渐进入长江和内河。19世纪末，金泽地区用传统"航船"（帆船）、"划船"（橹船）散漫经营的内河航运开始改变。"（光绪）二十一年（1895），首由上海立兴公司试行（新轮），自新闸起，溯吴淞江，入大盈浦，经（青浦县）城濠而西，达珠街阁镇。邑商继之，未几立兴停驶，上海内河招商轮船局接踵而起。三十三年（1907），

---

① 顾祖禹：《读史方舆纪要》，北京，中华书局，2005年，第1219页。

② 《金泽小志》，"凡例"，第1页。

邑人沈锡麒集股倡办裕青公司，自置小轮，逐日开驶。"①金泽镇没有直达上海的轮船航班，东邻朱家角镇设立贯通上海的大码头。但是，金泽镇是进入江浙各县、镇的孔道。金泽为朱家角至上海航线提供客源，接驳旅客到苏州以西的地区。没有力量引进新式汽轮，镇民们利用旧式航船、划船，开通了金泽至苏州、金泽至枫泾、金泽至珠街阁、金泽至练塘四条航线。其中金泽到苏州的航班"间四日来往一次"，其他都是"间日来往一次"。金泽镇的分航线有定期航班，是现代式的公司经营，像毛细血管一样，分输了上海"主动脉"输出的运力，贯通江南各地的经济脉络。

在欧洲近代城市发展过程中，中世纪的城市复兴有的起源于教堂，有的发端于市场，还有一些是从国王、贵族和大家族的城堡而来。从大部分情况来看，教堂是城市化进程中重要的因素。除了教堂的宗教作用，市场的经济作用以及城堡的军事作用，都是欧洲近代城市复兴的重要因素。道森在《宗教与西方文化的兴起》（*Religion and the Rise of Western Culture*）中提出："加洛林王朝时代的城市并不是一个经济中心，除了其为居民提供生活必需品的市场以外，事实上它是一种庙宇城市（Temple City）。"②宗教制度在欧洲中世纪后期兴起的城市中起了重要作用，那么明清江南地区的城市化是不是这样呢？

中国古代把行政治所（都、州、府、县城）建成都、国——城市。金泽镇不具行政职能，不是传统意义上的城市。但是，金泽镇在宋代以后却因为颐浩寺、东岳庙和杨震庙的香火而兴，成为一座"庙宇城镇"。因香火而盛，可以比拟为欧洲的"圣城"

---

① 陈其元等修，熊其英等纂：光绪《青浦县志》，卷五"船舶"，光绪五年（1879），尊经阁刊本。
② 克里斯托弗·道森（Christopher Dauson）著，长川某译：《宗教与西方文化的兴起》，成都，四川人民出版社，1989年，第185页。

(Pilgrim City)。同时，由金泽镇的香火发展出的庙会又是一个市场。本镇一千年的发展历史上，有庙有市，缺乏的只是衙门行政功能。靠着信仰和经济活动，金泽镇的老爷庙会规模很大，将整个江南地区都联系起来。江南的乡民们平日都在本村、社、乡、镇的庙里烧香，逢年节则以庙会形式，用划船、航船串联起来，做朝圣拜祭。一般来讲，年节朝拜的中心大庙都在县、府、州治的城里，但在明清时期的江南地区，一些超级市镇的庙宇也发展成为信徒朝圣的中心。金泽镇的颐浩寺一度超过了杭州灵隐寺，成为宋代以降佛教的中心庙。朝圣类型的中心庙带动了江南乡镇的城市化。

而金泽镇东邻莲盛乡，市集和寺庙都不如金泽发达，乡民的经济和宗教活动以金泽为中心。"每逢初一、月半（十五日），多见是四五十岁以上的信徒和居士，在本村或附近寺庙烧香拜佛，祈求逢凶化吉，迷途指津。每逢农历三月二十八日、九月九日（重阳节前后）、七月二十七日、七月五日，分别去金泽东岳庙、商榻石人庙和朱家角等庙求神拜佛。有的青年人还护'快船'（艄船）寻兴作乐，有的扎肉提香（彩灯等），表示对佛的展演。"[1]另一东邻西岑乡，也以金泽镇为中心："金泽镇有庙会，西岑地区亦有大量佛教徒去金泽赶庙会。"[2]江南的集市制度早在明清时期已经突破了庙会形式，即不仅是初一、十五借"庙"做"会"，而是天天开店，日日有市。但是，月中两次最大的店市，仍然是庙会。乡谚"烧香买油酱，一凑两各档"[3]，说的就是宗教祭祀和商业交易合为一体的庙会。

---

[1] 《莲盛志》，上海，青浦乡镇志系列，2004年，第268页。

[2] 《西岑志》，上海，青浦乡镇志系列，2004年，第310页。

[3] 这句乡谚的另一戏谑版本是"烧香望和尚，一凑两各档"，形容妇女借烧香与和尚行私情。

金泽镇在宋代为江南的市场中心，一直延续到明末清初，清代衰落，但直到民国时期，金泽镇的庙会辐射范围仍然不小，四乡八邻都以金泽为中心。"建国（1949）前，每年农历九月初九是重阳节，商榻地区许多群众都摇了船到金泽镇参加东岳庙'杨老爷'出会。这天金泽镇人山人海，烧香拜佛人不知其数，其规模比本乡'三月二十五'庙会的规模还大很多。"[①]镇上的老人回忆说：民国时期金泽镇庙会范围达到青浦县的西岑、莲盛、商榻、练塘、朱家角；昆山县的周庄、锦溪、角直；吴江县的莘塔、芦墟、北厍；嘉善县的丁栅、姚庄、西塘；松江县的枫泾、新浜；金山县的朱泾……今天负责管理金泽镇杨震庙的演智法师，给我们出示本庙的捐款登记簿，簿子上善男信女的地籍有：无锡、苏州、吴江、昆山、常熟、太仓、松江、青浦、上海市区、嘉善、嘉兴、桐乡、海宁、萧山、杭州。熟悉明清地理的人知道，这是江南的精华之区。

以辐射范围的半径来看，现在分属江苏、浙江和上海三省市的系列古镇，仍然是金泽镇的香客来源地。金泽镇杨震庙的香火兴旺，汛季人数常常逾万，大多是外地赶来。为什么舍近求远，这些从四处各地来朝圣的信徒解释说：金泽镇香火如此兴旺，与当地杨震庙没有修复，信徒们无处烧香，因而集中来金泽镇"寻杨老爷"有关。确实，旧时杨老爷的信仰范围遍及松江、苏州、湖州、杭州，很多乡镇在本地都有供奉。现在江南一带却只有金泽镇重建了单独的"杨震庙"，要烧香只有到金泽来。但是，也有一些信徒解释说：平时家里自己烧烧香，节假日就要到金泽镇来烧，因为金泽杨老爷最灵。这个解释更贴近信仰实情，信徒们普遍认为：香，越烧越灵，所以要烧老庙；庙，越旺越灵，香客

[①] 《商榻志》，上海，青浦乡镇志系列，2004年，第286页。

越多越好。这种说法，有点像赌客要找热得发烫、如有神助的赌台下注。或者说，华人赌徒们的潜意识本来就受了民间宗教的影响，江南人在吴语中讲的"一窝蜂"也是这个意思。于是，金泽镇杨震庙就成为中心庙，香火在江南地区独擅胜场。

当代杨震庙的辐射区域，已经超过民国时期。由于交通工具的改善，今天金泽镇杨震庙的香客来源又有扩展。香客动用机动船，或者大巴前来金泽。因为可以当天或隔日往返，这几年的香客来源甚而远至常州、温州。近年来，远方香客寻找市镇中心庙朝圣的情况，也发生在青浦白鹤镇施相公庙。施相公，即施锷，其信仰在江南地区也非常普及。"白鹤镇的干部说：前来烧香的人最多时（一天）有一万多人，南至温州，北达苏州，以外地人为主。"[1]还有，嘉兴王江泾镇的刘猛将庙，清朝、民国年间也是江南地区的中心庙，有著名的"网船会"。青浦的杨震庙、施公庙，嘉兴的刘猛将庙，在江南地区都非常著名，朝圣香客慕名而来，远远超过了县城里面靠行政权力设置的文庙、武庙、城隍庙。

美国人类学家施坚雅（William Skinner，1925—2008）从1950年开始在中国四川、华北和江南地区调查市镇、市场和社会结构，他强调宗教在市镇建设中的重要性。"另一个焦点，其重要性几乎不弱于市场，通常由镇上较大的寺庙提供。……庙中供奉的神灵本身在尘世上的活动范围，被认为与基层市场区域一致。东岳——一位管理地狱的官员——的雕像每年都要被抬出来在他的权力区域内游行。"[2]施坚雅并没有关注金泽镇的宗

---

① 王宏刚：《上海农村城市化过程中的宗教问题研究》，《世界宗教研究》，2005年第4期，第131页。

② 施坚雅著，史建云等译：《中国农村的市场和社会结构》，北京，中国社会科学出版社，1998年，第48—49页。

教、行政和市场之间的联动关系，但他的概念体系适用于本地区情况的讨论。和他考察的其他地区一样，金泽镇的庙会、老爷出巡，对市场、市镇起了重要作用。但是，和施坚雅论断有所区别的是：金泽镇庙中神灵的活动范围，不只是"与基层市场区域一致"，而且远远地超越了市场。

施坚雅在四川地区划定的村镇市场范围，"距离为3.4到6.1公里"，即"最边远的村民能够不费力地步行到集上"的距离。按此计算，"18个左右的村庄，1500户人家，分布在50多平方公里的土地上"的"典型的社区"构成了一个"基层市场"，中国传统社会的梯级市场理论（"施坚雅模式"）就此建立。[①] 这个基层市场，和金泽镇平日香客的进香范围是一致的。据调查，民国时期和现在的情况差不多，金泽镇初一、十五的香客，大多来自本镇以及莲盛、西岑、商榻等周边乡镇，属于步行距离范围。但是，江南信众还有远方进香（"烧远香""拜山"）的习惯，航行距离远至数百里，"每逢农历三月、九月，富人乘大船（乘大船不用摇橹）去苏州、杭州庵堂上香拜愿"[②]。今天的颐浩禅寺住持法聚法师，每年要组织本寺院的信徒去苏州、杭州、镇江、南京等地进香。同样，金泽镇寺庙被江南信徒认为有"灵"之后，拜香而来的外地信徒远至沪、宁、杭。据2012年重阳香汛期间的调查，"九九"当日，50%以上的香客是非金泽镇的外地人。宋、元、明、清、民国，乃至今天，金泽镇的市场范围从没有达到过苏州、无锡、绍兴、杭州，但是廿八香汛中的远方香客，却络绎于途，从数百里之外航行而来。换句话说，金泽镇的信仰圈，远远超过它的市场圈，如用这两"圈"理论来解释江南宗教，会有

---

① 施坚雅：《中国农村的市场和社会结构》，第44页。
② 《莲盛志》，第268页。

很大的局限性。

施坚雅在四川盆地看到庙会推动市镇发展，这在江南也确凿无疑。"各种各样的自发组成的团体和其他正式组织——复合宗族、秘密会社分社、庙会的董事会、宗教祈祷会社——都把基层市场社区作为组织单位。职业团体也可能在基层市场社区内组成。……还要提到的是，基层市场社区与农民的娱乐活动息息相关。基层市场和较高层次市场是专业说书人、戏班子、卖唱盲人、摆赌摊的、卖艺的、练杂技的、卖膏药丸药的，以及魔术师等等人物的舞台。"[①]庙会、社戏、结社、行会等市镇社会按香火方式加以组织的情况，在宋代周密《武林旧事》、耐得翁《都城纪胜》中都有记载。根据对金泽镇的文献和田野调查，我们把宗教确定为比市场和行政更为重要的因素，来理解这座"庙宇城镇"的起源、生存和发展。金泽人一直在夸耀自己"桥桥有庙，庙庙有桥"的古老传统。"桥庙现象"的背后，隐藏着自宋代以来航运、交通、贸易、产业和宗教之间的复杂关系。宗教信仰，确实是金泽镇发展的一个关键因素。

和很多研究中国城市的学者一样，施坚雅倾向于把中国城市分为两类：一类是自然经济中心，另一类是人为行政中心。一般人认定官方权力只把有城墙防卫的行政中心看作城市，以下就是乡下。"在中国，都市的概念一直与衙门和城墙紧密联系。在传统中国人的观念中，一座真正的城市是建有城墙的县治、府治，或省治。"至于城市与市场的关系，社会学家中有的认为县治和中心市场重叠，北方城市的县城通常就是本地区的最大市场，行政和经济推动城市发展（如杨庆堃）；有的学者承认重要都会，如北京、南京、苏州、杭州、成都都是军事和行

---

① 施坚雅：《中国农村的市场和社会结构》，第49页。

政功能起源，确实是官方城市（如费孝通）。但是，我们发现在长江三角洲地区，存在着大量商业性的市镇。江南地区的自然经济中心和人为行政中心出现了分离，许多市镇的功能和规模，超过了县治、府治。

中华帝国幅员广大，想要概括出某种普遍模式，本身就是冒险。费孝通在《乡土重建》（1948年）一书中，否定了中国城市性质的统一性。费孝通根据江南乡镇的情况，区分城、市、镇的概念。他把北京、南京等称为"衙门围墙式的城"，"'城'墙是统治者的保卫工具，在一个倚靠武力来统治的政治体系中，'城'是权力的象征，是权力的必需品。因之，'城'的地点也是依政治和军事的需要而决定的"。[①]相反，在江南地区另外有一种人口集聚力量，这就是商业活动推动的市和镇。在清代，许多江南市镇的工商业都超过了县城，"以太湖流域的情况说，我（费孝通）的故乡吴江县的县城在商业上远不及县境里的镇，好像震泽、同里都比吴江县城为发达"[②]。费孝通的观察有依据，乾隆《盛湖志》记吴江盛泽镇："万家灯火，百倍于昔，其热闹与郡阎门埒。"[③]吴江首镇盛泽之繁华，不但超过县城，甚至及得上府城苏州。在吴江（中心市场在盛泽、震泽、同里镇，不在吴江城厢镇）、青浦（中心市场在朱家角、七宝、金泽镇，不在青浦城厢镇）、昆山（中心市场在周庄、千灯、锦溪镇，不在昆山城厢镇）、嘉定（中心市场在南翔、黄渡、安亭镇，不在嘉定城厢镇）、宝山（中心市场在罗店、大场、江湾镇，不在宝山城厢镇）、吴兴（中心市场在南浔镇，不在吴兴城厢镇）、嘉兴（中心

---

① 费孝通：《乡土中国　生育制度　乡土重建》，北京，商务印书馆，2011年，第363页。
② 同上书，第367页。
③ 仲沈洙：乾隆《盛湖志》，卷一"沿革"。乾隆三十五年（1770）刻本。

市场在王江泾镇，不在嘉兴城厢镇），费孝通的判断完全正确。[①]
上海县的情况是个例外，上海县境内还有诸如闵行、龙华等市
镇，但不及县城。上海在宋代设镇，是市舶司所在；元代设县；
清初又因海运开埠，苏松太道署和江海关都移设上海；鸦片战争
以后"五口通商"，各类中外机构建立，上海的县治、道署和商
埠地位重叠，华洋杂居，政商结合，成为综合性的现代大都市，
地位超越苏州、杭州、南京和北京。

在江南，经济力量推动了一大批市镇的发展。那么，还有
没有经济、行政之外的力量，比如因宗教生活而推动城市发展
的案例？信仰活动改变城市面貌的情况，在中古时期的欧洲和
阿拉伯城市普遍出现，在中国却被认为非常罕见。但是，历史
地理学家在查考泰山和泰安市、普陀禅寺和舟山市、少林寺和
嵩山市的关系时，都发现宗教信仰和这些城市的发生、发展有
关系。在上海及周边地区，龙华寺与龙华镇、法华寺与法华镇、
七宝寺与七宝镇、真如寺与真如镇、南翔寺和南翔镇、青龙寺
与青龙镇，还有徐家汇、土山湾天主教社区与徐汇区的案例，
都表明当地的讲经、修道、法事、庙会、朝圣、福传活动，推
动了镇区的建立与发展。在青浦县金泽镇，我们更是看到了一
个完整的"因庙兴镇"的实例。宋代以后，金泽镇从一个"庙
宇城镇"逐渐发展为商业、贸易、航运、手工业和农产品交易
中心。金泽镇的案例提示我们：中国的古代、近代和当代，存
在着信仰力量推动城镇发展的案例。

施坚雅提出的梯级市场及市场圈理论被国内外汉学界概
括为"施坚雅模式"。这个模式划分了"基层集镇"（Standard

---

① 苏、松、杭、嘉、湖各府诸市镇发展超过县治的情况，可参见樊树志《明清江南市镇探微》（上海，复旦大学出版社，1990年）一书"下卷 江南市镇的典型分析"。

Market Town)、"中间集镇"（Intermediate Market Town)、"中心集镇"（Central Market Town)、"地方城市"（Local City）和"地区城市"（Regional City）[①] 的不同层级。按施坚雅的划分标准，十几个村庄，上千户人家，分布在几十平方公里的湖区土地上，是一个基层集镇的"典型的社区"。[②] 民国时期的金泽镇，应该是"施坚雅模式"中的"基层集镇"。在明朝和清朝，金泽镇是"青（浦）西巨镇"，曾经设立行政性的巡检司管理数个集镇，则其地位应该相当于施坚雅的"中心集镇"。然而，金泽镇是江南市镇发展中的另类案例，它的繁荣不仅因为商业，而且因为宗教。金泽镇的宗教影响超过了它的经济影响，香客来源和辐射范围已经到达了苏州、无锡、杭州、绍兴地区，就此而言，它至少达到了施坚雅的"地方城市"水平，甚至可以跻身江南的"地区城市"之列。

松江府、青浦县和金泽镇方志形容颐浩寺，都称"虽杭之灵隐，苏之承天，莫匹其伟"[③]，便是把金泽镇的香火和苏州、杭州相提并论。据镇民们的回忆，颐浩寺确实在江南称雄，影响很大。明代建造的金刚殿规模极大，几经兵火，民国犹存，金刚菩萨的帽子上可以围坐四个人吃茶，江南人都冲着金泽的四大金刚来烧香。殿内的大梁粗大得江南少见，1958年被拆去了建造青浦县城的影剧院大礼堂，可见规模之巨。老年居民回忆说，颐浩寺抽一种"大概签"，求的是国泰民安，风调雨顺，是为天下黎民百姓抽的。在全国，只有北京广化寺、浙江普陀寺和金泽颐浩寺三个寺庙有抽大概签的，可见金泽镇的宗教界气魄之大，有着

---

① 施坚雅：《中国农村的市场和社会结构》，第10页。
② 同上书，第44页。
③ 《金泽小志》，第26页。

少见的全民关怀。[①]金泽镇是江南文化中的一座"圣城"，它的宗教生活具有地区城市特征，远远超出其经济地位。

"因庙兴市"的现象，是"施坚雅模式"忽视研究的。尽管施坚雅的《中国农村的市场和社会结构》注意到四川的基层集镇都"染上宗教色彩"[②]，但毕竟没有专门就宗教功能对于城镇发展作出研究。在他主编的《中华帝国晚期的城市》（*The City in Late Imperial China*）中，有几篇论文从宗教信仰的角度讨论城市结构问题，例如斯蒂芬·伏伊希特旺的《学宫与城隍》、施舟人的《旧台南的街坊祀神社》，但是施坚雅本人并未推进宗教生活对市镇发展作用的研究。没有考虑宗教信仰的因素，对"六边形市场"理论作出限定，这是施坚雅模式需要补充和修正的地方。

祭祀圈：市镇祭祀共同体

祠祀是一个有组织的系统，纳入祀典的祠祀，由官方维持，是自上而下的组织。明清城市建制以县级为基层单位，具备如下祭祀系统：社稷坛、神农坛、厉坛、文昌、文庙、武庙、城隍庙等。这个系统是北京、南京都城祭祀体系在地方城市的延伸，也是中央权力的象征。祀典建制是全国性的，但并不总是适合地方上的特殊情况。在江南，官府在县城春、秋两次致祭的祠庙，反而不及市镇信徒们自发建立、热心传播的基层庙宇。在江南地区，有些市镇的交通、商业、贸易、手工业发达程度，超过了县

---

① 据《金泽镇文化老人座谈会记录稿》（2012年12月28日，金泽镇颐浩禅寺会议室），参谈老人：池嘉明（75岁）、费如仲（76岁）、宋雪铭（79岁）、朱福观（78岁）、黄美珍（78岁）、许锦新（77岁）、陈克宏（65岁）；访谈学者：张化（上海市委统战部研究室）、顾燕（金泽镇党工委办公室）、李天纲（复旦大学宗教学系）、郁喆隽（复旦大学宗教学系）。

② 施坚雅：《中国农村的市场和社会结构》，第49页。

治，而市镇祠祀、庙宇、庙会之热闹，也常常超过了城里。长江三角洲的城市化运动，星罗棋布地发生在市镇一级，突破了中央安排的"县域"①体制。按历代的中央集权体制，市镇不够级别分享全国性的信仰体系，不能有独立的社稷坛、厉坛、城隍庙、文庙、武庙。于是，日渐强劲的地方权力必然要求组织自己的信仰系统。

江南市镇的自发信仰系统，历有二途：一是从府治、县治"分神"②，延建诸如"城隍行宫""关帝分庙""乡厉坛"等官方祠祀，礼请府里、县里的神祇下乡，但是，这套官府架构（Hierarchy）有很大局限性，县官不会派员下乡做春、秋二祭，市镇信徒不能僭越祀典，市镇的香火和庙会便不能做大；二是自建私祀系统，中央体制既然不能包容市镇信仰，民间体制就应运而生，江南各市镇的宗教、经济组织的势力壮大之后，都建立了自己的信仰体系，这个体系如果还不能说是自下而上的话，起码可以说是完全自发的。

通常被士大夫斥为"淫祀"的神祇信仰其实并不杂乱，都逐渐形成了自己的社会结构。江南市镇宗教组织模式，是在简单、自然和无为的状态下自发形成的。镇上的神庙、佛寺（庵）、道观，通常由本地的善士、护法、居士（多半是男性的信仰积极分子）出资建造；庙、寺（庵）、观建造以后，庙产人聘请游方僧

---

① 20世纪90年代以后，改革开放过程中出现"温州模式""苏南模式"，中国经济界开始使用"县域经济"的说法，意思是县级水平的经济竞争，"县域"成为一个流行词。其实，费孝通的"小城镇判断"是对的：近40年来江南的经济竞争，不是以县为单位，而是以市镇为单位，在"镇域"间发生。只要下到江南各乡镇的开发区看看，一目了然。

② "分神"是台湾和东南亚华人学者在人类学研究中经常使用的一个概念，指用各种神圣方法，如分香、分身、携带神物、法师开光等，从祖庙（大庙、中心庙）延请神祇，建立子庙（小庙、分庙）的行为。

侣、道士（有的出家，有的在家）掌管祭祀礼仪、修行戒律等事务；入院以后，为繁荣香火，僧侣、道士在讲法诵经之外，还联系各地的香头、师娘、梳头（女性的信仰积极分子），组织初一、十五的日常香火，筹办各种规模的法会、庙会。一般的宗教研究者只注意有明确宗教身份的僧侣、道士，其实站在他们背后的那些善士、护法、居士、香头、师娘、梳头等善男信女，比近代基督教教会的"平信徒"（Laymen, Laywomen）能量更大。善男信女的宗教身份隐藏着中国宗教组织化的秘密。民间信仰生活的实际组织者，通常并不是僧侣、道士，而是善男信女——男、女平信徒。市镇上的善男信女，用"某某社""某某会""某某党""某某团"的旗号，联络各地的香客团体，在十几万人的庙会上进行"迎神赛会""老爷出巡"等活动，狂而不乱，井然有序。就此表明，市镇和乡间的私祀、淫祀活动同样也有着清晰的组织系统。

金泽镇的宗教也企图从县治、府治分享官方祠祀权力，但不成功。本镇的祠祀体系基本上属于民间自己建立的私祀系统。时至清代，金泽镇上香火最旺的寺庙既不是佛教的颐浩寺，也不是官方祭祀，而是民间祠祀系统的东岳庙、杨震庙、总管庙、二爷庙、祖师庙等。清代礼部没有把这些祠祀列入祀典，这些神祇都应被归入私祀。金泽镇分别从府治松江、县治青浦分神，得到两尊城隍老爷，有府城隍行宫（在北沈浜，元时建，康熙三十八年蔡重光增建寝宫）、县城隍行宫（在国字圩，康熙年间建，雍正七年重建，乾隆四十七年里人增建寝宫）。此外，金泽镇还从县治分神，得到文昌祠（在坐字圩颐浩寺大殿东）、关帝庙（在林老桥北堍）。[①]这些官方祠祀，都不是"自上而下"，像行政权力

---

① 以上均引自《金泽小志》，第24—26页。

那样分派下来的。相反，它们是本镇信徒自发申请、自主建造的。康熙年间，镇人蔡重光16岁的二儿子蔡英到青浦城里考秀才，回来后生病，左脚溃烂，卧床两年，几成残疾。重光向府城隍爷求告，后者托梦与他，让他把狭小的庙基扩大，重建寝宫，英儿的足疾就能痊愈。开工之际，蔡英痊愈下床了，镇民欢呼，香火大盛。①

府城、县城的城隍庙、文昌庙、关帝庙，如有僧侣、道士维护，当然也希望在市镇上分香火。但是，宗教的推广有赖于信徒们的信仰，并不由僧、道决定。捐建府城隍行宫的蔡重光是本镇人，金泽镇文昌分祠也是本镇士绅捐建。该祠"宋时建，康熙庚申，蔡英、胡大成倡议，与同志共捐四十九亩为惜字费，方丈拨僧司之，月两次收贮合镇字纸"②。县城文昌祠僧人是在得到镇中人士的庙田捐助之后，受邀请派出和尚，帮助管理本镇的"惜字炉"。金泽镇的祠庙、寺观、庵堂都是镇人自己建造，很少外来投资。历史上最著名的颐浩寺，传说由本镇"巨族费辅之，因里人吴进之之施"③，买下了宋代宰相吕颐浩的故宅，在景定初年建造而成。东岳行宫，因宋代赐东岳神为"天齐王"，列入祀典，金泽镇的东岳神应该是宋代从上级城市引进的，出资人失载。按记载，金泽镇东岳庙在元至正初年由林青迁建，明正德六年（1511）由吴祥修建，两位都是本镇人士。

金泽镇的庙宇系统是本土的，发源于地方信仰，由地方人士维持，和官府扶持的中央祭祀系统有合作，更有很多分工，并不如唯物史观意识形态论描述的那样，受着统治阶级的操纵和控制。地方宗教有另一套民间机构来组织。地方政府只是参

① 《金泽小志》，第25页。
② 同上书，第24页。
③ 同上书，第27页。

与、帮助和利用地方宗教，因势利导，劝导民俗，不使生乱。事实上，宋代以后的儒教人士对于民间信仰的态度一直暧昧尴尬。一方面因循汉代儒教的祭祀传统，对于五经中明文规定的祠祀加以宽容；另一方面则因民间祠祀组织化以后，常常脱离官府、士人和绅商的控制而走向迷信狂热（如"愚夫愚妇"拜"五路神"），甚而闹事（如"夜聚晓散"的"白莲教"），则不得不加以监管。这样的摇摆态度，决定了官方儒教对于民间祠祀的宽严措施。

20世纪80年代以来，中国大陆学者和管理者开始正视各类宗教现象，认识到以前统称的民间宗教，其实是有组织的。近几十年来，宗教管理部门特别主张区分"民间宗教"和"民间信仰"两个概念，一般把民间信仰指为散漫的、无组织的祭祀行为，即过去所称的迷信；民间宗教即历史上强烈表现的会、道、门，如白莲教、一贯道等严密组织的会党。"近十多年来，中国学界和政界纷纷将'民间信仰'这个概念接受过来，特指那些不属五大宗教范围、以'小庵小庙'为载体的信仰形态，以示其与'会道门'有着直接干系的'民间宗教'相区别，从而为民间信仰拓展合法的生存空间。"①其实，将民间信仰和民间宗教做二分法，仍然有可议之处。以同样属于祠祀系统的"妈祖"（天后、圣母）崇拜而论，她在当代福建和东南沿海地区，仍然是一个地方性的祭祀现象，既没有党团帮会化，也难以归入当代道教。但是，她在宋代曾被赐额，在清代的上海和当代台湾都是一个组织严密的信仰体系。观察每年农历三月二十三日，莆田湄洲岛妈祖祖庙接待几十万人朝圣团体的盛况，可以认定，所谓"民间"信仰也有着自身的组织性。

---

① 曾传辉：《中国的民间信仰是不是宗教》，《中国社会科学报》，2009年9月3日。

　　自发的秩序结构，和自上而下的组织体系有着不同的权力运行方式。以祀典为标准的自上而下的中央信仰系统，靠行政制度来维持，是一种"强制权力"（Hard Power）。但是，在信仰领域行使的权力有着特殊性，与强权通行于政治、经济和军事领域的情况不同。在基层宗教生活中，不通过自发的"软性权力"（Soft Power），行政权力就很难在信仰领域起作用。在民间宗教领域，我们仍然可以在那些会党创建人物教主、帮头、盟主、掌门人的身上，看到强制权力的特征，但是他们只在封闭的小团体内有权力。相反，在所谓的民间信仰领域，我们在善士、护法、居士、香头、师娘、梳头等善男信女身上，看到的大多是软性权力。他们出钱、出力、出时间、出信仰，以"社""会"的组织形式，用平信徒的自愿和自主的活动方式组织起一个更大的、公开的信仰共同体。信仰共同体是一种"弱组织"。

　　毫无疑问，民间祠祀有自己的组织形态。严密的会党组织，即所谓"民间宗教"，是中国历史上的显性现象，学者历有研究，耳熟能详。但是，对于松散的社会组织，即所谓"民间信仰"的活动方式，实际上是中国宗教的主流现象，却还缺乏深入的了解。江南地区人文荟萃，历史文献汗牛充栋，但关注民间祭祀的著作不多，这和著述人的儒家身份意识有关。今天的研究者可以通过田野调查来补充这种文献方面的缺陷。2012 年 12 月 28 日下午，借金泽镇颐浩寺法聚法师主持的一次法事活动，我们采访了 4 位女性香头，了解到当前一些乡村、市镇上民间宗教的组织形式。4 位香头都是 60 岁以上的老年女性，蒋居士来自吴江芦墟镇，胡居士来自青浦镇，倪居士来自青浦香花桥镇，还有位吴居士未知籍贯，不是金泽镇人，但也是青浦人。4 位女居士（被称为"护法""师娘""梳头"，也有称"义工"）来自外镇，当天带领自己的信徒们来颐浩禅寺参加法事活动。

据法聚法师的介绍，这4位居士只是颐浩寺和杨震庙常年护法居士群体中的一小部分。他手机里存着的香头的电话号码有几十、上百个，遍布江浙沪各地。颐浩寺今年中秋节给香头赠月饼，回馈她们的贡献，送掉上万元。金泽镇三座开放寺庙的日常香火，一半以上需要这些居士、护法组织过来。据蒋居士的介绍，金泽镇每年两次香汛，她带过来的香客都超过40人，她的信徒团体在吴江有好几百人。芦墟镇庙里的"大老爷"也很灵，但是因为她自己经常有"杨老爷上身"（附体显灵），历年为不孕夫妇求子，成功了4次，所以吴江有一大批人跟着她来金泽镇烧杨老爷的香。[①] 蒋居士在信徒中的地位和身份，现在一般人们都称之为"香头"，相当于传统文献中记载的"巫师"；僧侣们以赞助寺庙的贡献，称她们为"护法"；江南地区的信众，则俗称她们为"师娘"。然而，从宗教社会学的角度来分析，蒋居士的号召力，相当于一个信仰群体中的"有魅者"（Chrisma，又译卡里斯马）。

青浦镇城里的胡居士不似蒋居士宣称有神迹，不说自己"老爷上身"。胡居士在信徒中的优势是她的家族力量。胡居士的丈夫和儿子是乡里的企业主，经商成功以后，全家从乡里移居到城里。胡居士闲来无事，先是替丈夫、儿子的生意兴隆和身体健康来金泽镇的杨震庙、颐浩寺烧香祷告，后来开始在镇乡之间组织信徒朝拜。金泽镇的香客并不只是看得见的这些人，香头们背后还有大群信徒，除了组织每年的香汛、道场、法事活动之外，香头们还在日常时间劝说、联络信徒，收集给庙宇的捐款，称为"写名字"。乡间信徒有事求老爷，没有时间，身

---

① 据《金泽镇颐浩寺香头座谈会记录稿》（2012年12月28日，金泽镇颐浩禅寺会议室），参谈香头：蒋文贞、胡居士、倪居士、吴居士；访谈学者：张化、顾燕、李天纲、郁喆隽。

体不好，路途遥远，都可以通过香头交钱，10元到100元不等，到庙里功德簿上记个名字，就算是亲自烧香了。懂得传统的人，把写名字的做法称为"搭香"，就是委托他人替自己烧香。胡居士家族富裕，有人缘，自己出钱多，她写名字大家都相信，不会认为她吞掉老爷的钱。当问及香头和香客之间的信任问题时，女居士们异口同声地回答，任何活动绝不会有贪钱、中饱的事情，倒不是她们的人品特别受信任，而是在这个圈子里，没有人敢"贪老爷的钱"，不敢受此报应。如果说蒋居士是这个信仰群体中的"有魅者"，胡居士的职能就更多。她是自己那个信仰群体的"布道者"（Preacher）、"组织者"（Organizer）和"恩主"（Donor）。

颐浩寺住持法聚法师非常尊重这些居士，奉她们若上宾，说这些居士都是颐浩寺和杨震庙的大护法。法师似在慨叹苦境，说：没有办法，我们是乡镇寺庙，不像上海市区的玉佛寺、静安寺、龙华寺等都市丛林，有四方贵客，八面来风，可以坐等香火。我们必须要开拓和维持一个稳定的信仰群体，要有自己的圈子。法聚法师用的字眼"圈子"，马上令人想起了宗教人类学中使用的概念"祭祀圈"和"信仰圈"。法聚依靠这些女居士、女护法，每年可以办十几次大的法事，筹到寺庙所需的三分之一款项。每有法事，居士们都会住到庙里来，大致每年有三十几天留住在金泽镇。女居士们的丈夫、儿子都会来捐款，或者买来大米、食油、蔬菜、水果。法聚说：称她们是寺庙的衣食父母也不为过。女居士们常常取笑法师，从他们的外地口音到质朴品行。金泽镇颐浩禅寺的僧侣大多是来自苏北、安徽等地的"外地人"，是佛教协会派驻下来的，缺乏本地的人脉关系。通过女居士的家庭、家族、亲戚、朋友和信众等社会关系，僧侣们接触到当地社会中的商人、普通打工者和居家老年人等各类信众，建立起稳定的信仰关系。从某一角度看，这些居士、护法们在金泽镇信仰圈和颐浩寺里的地位不下于一般僧侣，倒有点反客为主的味道。

当代颐浩寺、杨震庙利用居士、护法来组织民间信仰的实践，和明、清及民国时期的传统做法有着相似性。无论是明清时期江南市镇上的民间祠祀，还是民国时期上海大都市的佛教、道教寺庙，平信徒身份的居士和护法的作用、地位都远远超过出家的僧侣和道士。杨文会、关絅之、赵朴初这样的大居士，简照南、盛宣怀、王一亭这样的大护法，在近代佛教复兴运动中的作用，不亚于太虚、圆瑛、弘一等高僧，开放的复兴的佛教因而被尊称为"居士佛教"[①]。传统的出家人靠着师徒、辈分关系建立的关系网络，无论是"十方丛林"，还是"子孙丛林"，固守衣钵，局限于山头、门派小圈子的佛教，曾被贬为"僧伽佛教"。这里讨论居士和僧伽，并非要区分出两种佛教，而是说明中国宗教的组织，和其他成熟宗教一样，既有教会方式，也有平信徒方式。

现代佛教、道教逐渐建立了全国性的总会、协会，加上中央和地方佛学院的同学关系，甚至还与同级政府建立对应的行政关系，自上而下的权力网络看似比明清时期强大许多。但是，在金泽镇这样的基层信仰权力结构中，法聚法师代表的佛教协会与蒋、胡等居士代表的平信徒，两者的组织能力孰强孰弱，还要视情况来定。法聚法师在与统战部、民宗委、政协、佛教协会打交道时，要求政策，申办事宜，掌握行政权力。而在扩大寺庙香火、组织法事活动的时候，在与乡镇干部、企业家、大家族、"老先生"（有名望人士）、"学问人"（退休教师、干部）打交道，争取他们手中信仰资源的时候，地方居士、护法的"圈子"要大

---

　　① 近代"居士佛教"历史状况的总结，参见于凌波《百年来居士佛教的发展》一文，佛教导航网站，2013年2月16日访问，http://www.fjdh.com/wumin/2009/04/07431053333.html。

得多，方法更多，能力更强。

中国传统宗教除了它被儒、道、佛三教做了组织化的建构之外，仍然保持着民众宗教的基本特征。民众宗教的"非教会化"，并非就是"非组织化"；相反，民众在不断地组织和完善自己的宗教。当代中国的民间信仰，有强烈的"被教会化"的趋势，但是平信徒的自发、自治能力，仍然超过自上而下的权力。20世纪50年代以前的上海，80年代以后的台湾，寺庙管理用现代董事会制度，平信徒的权力上升。"文革"后恢复宗教生活以来，江南地区平信徒的权力还没有在寺院管理领域显现出来。投资商和地方政府提倡"宗教搭台，经济唱戏"，并且控制庙宇的情况，属于世俗权力介入宗教领域，但不属于平信徒参与信仰管理。在近年来兴起的各种各样以庙兴商、以庙促游的庙会活动中，资本和行政权力起了主导作用，并不是平信徒结合世俗权力组织自己的宗教生活。幸运的是，我们在金泽镇的廿八香汛、重阳香汛上，看到了一些平信徒们组织民间信仰的传统方式。

金泽镇的庙会固然有商业活动，也有行政管理，但是和已经与宗教生活分离的商业性庙会——上海龙华镇龙华庙会、真如镇真如庙会、南翔镇南翔庙会相比，这里一如既往地保持着浓烈的祭祀特征。当代金泽庙会仍然是传统形式，"老爷出巡""烧十庙香""迎神赛会""诵经礼佛""还愿法事""水陆道场"，传统民间宗教的大部分仪式都呈现出来。祭祀是传统庙会中压倒一切的活动，贸易、娱乐只是庙会的副牌经营。当代金泽镇丧失了它的贸易、商业、手工业和消费娱乐业的优势，甚至不再具备完整的市镇商业功能。但是，庙会期间，从沪、苏、浙各地前来的航船、巴士排成长队，仅仅为了烧香。这种传统形式的庙会，与其说是"庙会"，不如说是"香汛"。香汛期间，我们遇见的香客团体，大部分都由香头带领。有些结伴而来的烧香婆也不只是代表个人，绢头包里掏出几百元人民币，还附有名单，要演智法师照样"写名字"。演智法师告诉说：越是大型的团体、越是远方的香客、越是年轻的信徒，越多是由香头、师娘组织，这是金泽镇近年来香汛的特征。

20世纪上半叶，中国的民间宗教在剧烈动荡中调整，重建内部秩序。经过50—70年代的挫折，民间信仰活动还在恢复中，其组织化的程度处在原始和无序的状态，前景如何还难以判断。转从延续性比较完整的台湾地区民间宗教来看，看似散漫的汉人祭祀生活却有着隐蔽的组织性，可以为鉴。台湾人类学家有一个"祭祀圈"理论，用以说明一个区域内的民间宗教如何对自己的祭祀生活加以组织，值得参考。1938年，日本学者冈田谦在台湾提出定义：祭祀圈就是"对共同祭祀的各方面而言，进行这祭祀的人们所居住的范围"[1]。这里对祭祀圈的描述，包括一个主神崇拜以及祭祀的地域范围。就"台北州"士林街（今台北市士林街）祭祀的组织性而言，冈田谦提示了祭祀团体的宗族、地缘和经济关系，包括"同宗亲戚"，"还有在大陆的出生地相同，以及通婚的范围、经济关系范围相重合"等。[2]从描述来看，这个祭祀圈基本上是一个宗法、贸易等世俗关系的组织，而缺乏对于信仰本身的理解。

20世纪70年代，台湾学者讨论施坚雅市场圈理论在台湾经济、宗法和信仰社会中的有效性时，重新提出祭祀圈的问题。学者认为："祭祀圈是以主神为经，而以宗教活动为纬，建立在地域组织上的模式。"和施坚雅以市场为中心构建的农村社会不同，

① 冈田谦著，陈乃蘗译：《台湾北部村落祭祀之范围》，《台湾文物》，第9辑第4期，第14—29页。
② 施振民：《祭祀圈与社会组织》，《"中央研究院"民族所研究集刊》，第36期（1980年春季），第199页。

台湾本土人类学家注意到，需要把宗教信仰本身作为市场圈的核心内容来描述，"村庙制度在台湾也许可以代替墟市，作为农村地方中枢"①。和冈田谦的祭祀圈注重祭祀中的宗法、地缘关系不同，台湾学者关注到信徒和信仰本身的组织方式。林美容对自己家乡台湾南投县草屯镇的研究更注重信仰组织，因而提出用信仰圈来修正祭祀圈。"所谓信仰圈，是以某一神明或（和）其分身之信仰为中心，信徒所形成的志愿性宗教组织，信徒的分布有一定的范围，通常必须超越地方社区的范围，才有信仰可言。""信仰圈基本上是一种信徒组织，它与庙宇的管理组织以及庙宇的祭祀组织并不一致，是相互分离的。"②

被纳入"祭祀圈-信仰圈"理论进行研究的神祇，包括"私庙和私坛、佛寺、一贯道等新兴教派、祖先祭祀、家祭神明、石敢当、大树公与石头公等信仰、附属于庙宇的神明会、行业性宗教组织"③等。这个信仰系统基本上就是南方传统的祠祀系统，近代学者所谓"民间宗教"。祠祀在闽南、在岭南，还有在江南，虽有区域性的"地方神祇"（Local Gods）之差异，却并无本质上的宗教文化之不同，古代"吴""越""畲""百越"的共有传统，应该就是这三个地区的文化统一性。根据这一基本判断，我们就可以把源于闽南泉、漳州，粤东潮、汕州的台湾民间宗教的现象，以及学者对此现象的研究，转移到江南社会来观察，发现其中的参考价值。

描述南方汉人信仰生活的"祭祀圈-信仰圈"理论，对于民间信仰的组织化过程、形态和特征有比较好的解释。如同大陆

---

① 施振民：《祭祀圈与社会组织》，《"中央研究院"民族所研究集刊》，第36期，第199页。

② 林美容：《从祭祀圈到信仰圈》，《中国海洋发展史论文集》（三），第102、103页。

③ 林美容：《由祭祀圈来看草屯镇的地方组织》，《"中央研究院"民族所研究集刊》，第62期（1986年秋季），第60页。

学者自辛亥革命以后对于华北、华中、华南地区民间宗教（教、坛、会、道、门、盟、帮）的组织形态深有研究一样，台湾和华南地区的学者在20世纪80年代以后对民间信仰的研究表明：中国基层民众信奉的宗教，也有一个组织化的体系，并非"乱七八糟"（Diffused）。这一点，对于开展江南地区民间信仰研究深有启发。涂尔干的宗教学定义，仍然认定高级宗教必须要有一定的教会形式，"不存在巫术教会"。但是，涂尔干的教会已经不是天主教的教堂，而是一种社群，"不管我们在什么地方观察宗教生活，都会发现有一个确定的群体作为宗教的基础"[①]。江南民间宗教的祭祀具有群体性和组织性，是可以确定的。

当然，用"市场圈""祭祀圈""信仰圈"理论来观察金泽镇的民间信仰，也必须作出适当修正。自20世纪20年代以来，受上海大都市圈内兴起的宗教革命思潮影响，江南地区的佛教、道教已经开始现代化，宗教领袖们自上而下地组织起总会、协会，来统摄基层的民间宗教。50年代以后，作为国家权力体制一部分的佛教协会、道教协会收编寺庙，各类神祇非佛即道，余下则划入"迷信"，予以摒弃。这个"自上而下"的宗教革命运动，使得江南民间信仰已经不复前现代的初始状态，比偏远地区的民间宗教管理更多出了一个现代国家权力系统，这是当初台湾、华南、闽南地区没有出现的情况。100多年移风易俗和宗教改造的结果是：今天还在恢复活力的江南民间信仰既有一种"自下而上"的自治、自主冲动，也有一个"自上而下"的权力系统放在那里。金泽镇以杨震庙和颐浩寺为核心维持的民间信仰生活，就有着两套不同的组织方式。一套是市、区佛教协会以颐浩寺为中

---

① 涂尔干著，渠东、汲喆译：《宗教生活的基本形式》，上海，上海人民出版社，1999年，第51页。

心的"僧侣体系"，负责僧侣的分派、引进、培训和监管；另一套则是住持僧侣以杨震庙祭祀为中心，依靠居士、护法、师娘的自愿热情建立起来的"香头体系"，负责招募、扩展、组织和管理信徒们的信仰生活。

和施坚雅市场圈划分乡村、市镇不同层级市场相仿佛，林美容等学者也把祭祀圈分成"聚落性""村落性""超村落性""全镇性"和"超镇域的"等渐次扩大的不同层级。相比台湾移民社会错综复杂、明晰细密的族群关系，江南地区在"泰伯奔吴"（3000多年前）、"永嘉南渡"（1700年前）和"北宋南渡"（900年前）三次大规模接纳北方离乱汉人过程中，族群关系从动荡趋于融合。江南地区祭祀圈的氏族宗法性、祖籍地域性的特征不像在台湾地区那么明显。金泽镇的祭祀生活有行业特征，如手艺人拜祖师庙，船上人拜总管庙；也有身份特征，读书人拜文昌庙，生意人拜五路神。江南地区的祭祀圈也可以按聚落、村落来划分，明清村社坛庙制度的遗留仍然可以探知。这些细小的祭祀特征都值得学者们继续去作仔细的辨析和研究。但是，由于族群之间的融合，乡村为多族多姓的混合居住，市镇上的祖籍、宗族关系并不十分重要。除了宗祠内部祭祀之外，金泽镇祭祀圈的公共祭祀规模很大，远远不只是跨镇域的，而且跨了几十个镇域，联系起十多个县域的"区域性祭祀圈"，已经超越行业、身份、性别、阶层、祖籍地的分别，具有较强的公共性。

庙会与方域认同

中国地方性的祠祀生活都有空间局限性。以祭祀空间的大小来划分，一般来说家庭、家族为单位的祭祀——祠堂，其范围最小。通常的祖庙、宗祠，都局限在一村一乡之内。村中一姓多祠的情况较多，跨村连乡的大型宗祠较少。以行政区划为单位的祭祀——城隍庙，辖属范围稍大，一县一府可以共享同一个城隍老爷，跨县跨州则是另一个老爷的神界，也有地域局限。相对来讲，以某一个中心庙为核心的民间祭祀，例如金泽镇杨震庙、王江泾镇刘猛将庙、白鹤镇施公庙等祠祀，没有地域上的限定，信徒来自跨村、乡、镇、县、府的各地。每个中心庙都举办香汛、庙会，其辐射范围远远超过一般祠祀。江南跨地区的大型民间信仰活动，多半是依托某一祠祀神祇的中心庙祭祀及祭祀中的庙会建立起来的。

　　一地的宗教信仰和地域内的其他习俗（例如方言、饮食、物产、地理、传说、先贤）一起，肯定也是构成地方文化认同（所谓"郡望""同乡""籍贯"）的重要因素。宗庙祭祀有助于增强某一家庭和家族内的凝聚力，城隍信仰则会帮助邑民树立同一城市内的身份认同。同样，以中心庙为核心的民间祠祀也使得同一祭祀圈之内的信徒确定一个文化共同体，形成更大地域范围内的身份认同。按苏州、松江两府苏南人民的眼光来看，浙西、浙东地区属于同一文化圈。清代苏州人顾禄《清嘉录》所叙"例言"说："吴越本属一家，而风土大略相同，故书中杂引浙俗为最繁。"[1]明代学者王士性也指出，浙北风俗与苏南一体，"大抵嘉禾（嘉兴）俗近姑苏，湖（湖州）俗近松江"[2]。苏南、浙北的士大夫和民众之间有一个文化共同体意识，即所谓"江南文化"，在明清时期已经看得很清楚。但是，这个文化共同体意识和江南地区的祭祀圈是否有关系？文化共同体和祭祀圈两者是重叠关系、交叉关系，抑或是不相干的平行关系，这些都是需要研究的问题。

---

① 顾禄：《清嘉录》，台北，文海出版社影印本，1985年。

② 王士性：《广志绎》，北京，中华书局，1981年，第70页。

民间信仰看似混乱无序，其实固着稳定，扎根在本土宗教的土壤，天然地具有地方认同的本性。因为有土地和香火的观念，信徒们认为一座新庙要烧很久，本庙供奉的神明才会有灵，而且牢靠。即使旧庙被毁，庙址也会有亡灵出没，因此"有灵"。常常听金泽镇的信徒们说：现在的庙都太新了，烧香要烧老庙、熟庙、热庙，庙看上去越旧越好，老爷的面孔熏得越黑越好，否则神灵不太肯来，不灵。信徒们还有一个说法，烧香要烧"苦庙"香，那些被遗弃的老爷，说不定最灵。金泽镇桥塊旧庙废址上仍然有香火，就是这个道理。《吕氏春秋·谕大》引《商书》，曰："五世之庙，可以观怪……"建一座庙，供一百年，才能有灵，说的正是这个意思。还有，神灵来过以后，认识了路径就会常来，所以本土本乡的本来位置就非常重要，不能挪动。中国宗教的乡土性是由祭祀对象的当地性决定的。

民众并不认识市场圈、文化圈和祭祀圈的意义，但是跨区域的共同体意识在信众之间确实存在。上海、江苏、浙江之间的行政区划，并没有阻断信众跨镇、跨县和跨省市的联系。历史上，江苏吴江和浙江嘉善、嘉兴、平湖等县来赶庙会的信徒数量，远远超过青浦本地信徒。今天的金泽镇是三省（市）枢纽，行政虽然分割，祭祀却是一体。2012年10月下旬，复旦大学宗教学系课题组在金泽镇重阳香汛期间做问卷调查。618人的答卷统计中，按香客籍贯分：金泽镇本地籍130人，金泽镇居住的外地籍6人；青浦区其他乡镇本地籍149人，青浦区其他乡镇外地籍23人；上海市区籍24人；浙江籍138人；江苏籍83人；未明（失填、错填）65人。[①]从香客的地域来源情况看，浙江、江苏外省

---

① "金泽镇民间宗教调查研究项目"人员，有复旦大学哲学学院宗教学系李天纲、张化（特邀）、郁喆隽、盖钧超（博士生）。2012年10月项目启动，并得到了青浦区金泽镇政府的支持。整个项目尚未结束，这里的数据为中期成果，仅供参考。

人数和本镇、本区人数各占了一半左右的份额。金泽镇的香客来源兼有乡镇、跨越区县，还超乎省市的界限，是一个按信仰划分、超地域的共同体。

讨论宗教共同体的凝聚力，学者常用基督新教的情况来说明。基督新教主张"因信称义"，靠着对于耶稣的共同信仰，把单个基督徒结合为一个共同体。其实，基督新教信仰共同体的架构，不太适合中国宗教的情况。中国信徒固然也主张"敬""虔"，孔子讲"祭如在"，注重祭祀现场对于上帝神明临在的感受。但是，中国人祭祀出于私自的原因，单个地焚香，并不常用讲道（Preach）、忏悔（Confession）、通功（Communication）等方式举行共同礼拜，也不在集体中分享个人经验。一般拜庙的香客，陌生人之间并不招呼，烧完香转身就走。在老爷面前争先恐后地抢香，还是一种争宠式的竞争关系。这样的祭祀方式很难围绕着对于同一神祇的信仰，靠着一种神学的道理，建立起信仰共同体。中国宗教的共同体意识其实是以另外的方式建立。

江南信徒的庙会活动，却是一种宗教共同体生活。江南传统镇市和现代都市里大型庙祭的庙前祭祀方式看上去是个体的、无组织的；但是庙祭作为整个庙会体系的一部分，是集体的、有组织的。庙祭作为乡民、市民们的公共生活，培养着一个大规模的宗教共同体。寺庙祭祀之外，信徒们以"社""会"的方式组织自己的团体，从事信仰活动，表现出相当规模的组织性。正是这种组织性，培育和增进了区域共同体意识。明清至民国以来，每逢金泽镇杨震庙大型祭祀，都有众多社、会前来表演。当代金泽镇的社、会活动在备受压抑之后相对衰落。近年来，金泽镇杨震庙会中嘉善县姚庄镇"先锋社"最活跃，清一色的中年男性，以表演"扎肉提香"为号召，随老爷出会，轰动江南。其他参加社、会活动的大多是中老年妇女，没有正式名称。

本镇老年妇女有打莲香、荡湖船、演宣卷、唱田歌、舞扇子种种团体，这些经历20世纪60年代群众文艺保留下来的民间团体，21世纪以后用非物质文化遗产的方式还给了宗教生活，载歌载舞，回到了庙会现场。现在的这些"群文""非遗"团体，在政府管理序列里面当然都不是宗教组织，但是每逢庙会，他们都会以社、会的方式参与祭祀。

传统的社、会是宗教共同体和地域文化认同的重要载具。江南地区自宋代以后围绕着寺庙朝香活动建立起来的社、会，是地方庙会的重要组织方式。按《都城纪胜·社会》记载，南宋杭州天竺寺、传法寺及各大神祠有大量社、会依附，如蹴鞠打球社、川弩射弓社、光明会、茶汤会、净业会、药师会、锦体社、八仙社、习闲社、神鬼社、小女叫声社、遏云社、奇巧饮食社、花果社、七宝考古社、清乐社等等。[1]这样的传统至今在乡镇地方仍然保留，各类社、会参加庙会活动，有着强烈的竞争性。庙会又称为"赛会"，酬神、娱神、迎神、抢神……能否把喜神、善神抢回来，把恶神、邪神送出去，端赖本地社、会在祭祀中的精彩表演。询问一位83岁的"打莲香"（一种有伴奏演唱的节奏舞蹈）阿婆，她非常骄傲地称：老爷面前，她们这支莲香队打得最好，过去公社组织文艺演出，她们是第一，现在各个庙宇都请她们去，她们还是第一名。[2]赛会高强度竞争，要求社、会有严密的组织性；社、会内部的组织性以及社、会之间的竞争，又帮助

---

① 耐得翁：《都城纪胜》，北京，中国商业出版社，1982年，第12页。
② 2013年2月27日下午2点，复旦大学宗教学系课题组李天纲、张化、郁喆隽在金泽镇金泽村村民委员会召集本村三位祭祀活动积极分子座谈。83岁的吴金宝是打莲香舞蹈说唱能手。吴阿婆当场表演打莲香酬神歌曲，部分歌词为："唱起歌来烧高香，寄爸面前拜一拜；拜得子孙做状元，拜得老小多和气，拜得家人都兴旺，拜得庄稼大丰收，拜得百姓多发财。"吴阿婆记得小时候的祭祀歌词，自己也新编了一些，曲调和歌词都受到一些时代因素的影响。

祭祀圈内的信徒们建立起更大范围的信仰共同体，形成更大规模的文化认同。江南市镇之间广泛交流的祭祀活动大大地增进了本地区的文化同质性。祭祀生活中许多样式都成为江南文化的鲜明标志。

自春秋吴越时期以来，长江三角洲地区的文化一体化程度就很高。近年来，江浙沪地区文化遗产的申报中，出现了很多重复和争抢的问题。政府文化部门管理的"群文""非遗"，跨省市各个乡镇都有，形式上非常一致。"江南水乡古镇"作为申报联合国教科文组织世界文化遗产的预备项目，最终以江苏的周庄、同里、甪直，浙江的乌镇、南浔、西塘六镇联合申报，还没有包括水乡古镇特征更为典型、现辖属于上海的金泽、朱家角、七宝、枫泾、泗泾等历史名镇。江南市镇的文化同质性在非物质文化遗产领域更明显。例如，嘉善县姚庄镇申用"嘉善田歌"名义，2008年被列入第二批国家级非物质文化遗产名录。事实上，"田歌"又称"山歌""田山歌""吴歌"，明清时期至民国年间流行于嘉善、吴江和青浦的庙会及赛会，不分彼此。还有，"文革"后，青浦区整理"宣卷"（一种含有宗教故事内容的唱本）文化遗产，以商榻镇为主，金泽镇干部也有抱怨。周庄、锦溪、芦墟、西塘、姚庄、南浔、青龙镇、朱家角、七宝各镇都有宣卷表演，而金泽镇的宣卷演唱更是盛极一时。结果，商榻镇的宣卷只申报成上海市级的"非遗"，国家级别的"非遗"被江苏省吴江县夺走。宣卷、田歌、荡湖船、扇子舞……这些"文艺"活动都是明清时期庙会、赛会、社戏等祭祀活动的遗留，在青浦、松江、上海、川沙、昆山、吴县、吴江、嘉善、嘉兴、湖州流传，信众们以此同祭、同乐。

按目前台湾学者使用的理论，祭祀圈是在一个同姓（或异姓）的聚落、村落和全镇范围内，人民以一个主神（土地公、古庙等）为中心，靠着祭祀活动形成了共同体，建立起地域性的社会和组织。比如：建庙修庙是居民共同出资；祭祀费用"丁钱"或是分摊，或是募捐；有"头家""炉主"等祭祀负责人；有公众性的娱神戏剧；有老爷巡游活动及其他公共祭祀活动。这些条件不必全部呈现，但必须有其中的某些。[①]在观察中国、日本、韩国等东亚民族的宗教生活时，祭祀圈的地域划分无疑是有意义的。中国民间的宗教没有犹太教、基督宗教、伊斯兰教、佛教、道教那样明确的组织性。用祭祀圈的方法，可以看到中国基层宗教自身具有的组织性。区分祭祀圈之后，可以观察到微观层面的民间宗教，特别是村、镇级别的本土宗教以及连村、连镇、连县级别的区域宗教之特征。

　　但是，江南村镇的祭祀圈和台湾社会的状况有所不同。台湾社会主体是年轻活跃的两三百年之移民社会，泉州、漳州、潮州、客家之地籍，陈、林、辜、连之族姓，海岸、平埔、高山之地势区隔，土著、半唐、唐山之归化生熟，都容易造成台湾社会的族群区分。加之各类族群都以祭祀为中心，更容易形成相对孤立的祭祀圈。然而，长江三角洲地带，如陆机辞赋作品中之"华亭鹤唳"，如陶宗仪《南村辍耕录》之安宁静谧，常常是战乱中国之外的稳定社会。晋代以后，有北方士族避乱南迁，"侨置郡县"，一度也形成了新旧抗衡的"移民社会"；明清以来，三角洲的圩田开发，也造成了一定程度的"内部移民"。但是，千年的族群交往，江南的朱、张、顾、陆接纳了北方的崔、李、卢、郑，终至于族群融合，社会一体。长江三角洲水乡平原地带和新开发的台湾社会很不同，交通发达，交往频仍，融合程度尤高，

---

　　① 参见三尾裕子：《从地方性庙宇到全台性庙宇：马鸣山镇安宫的发展及其祭祀圈》，载林美容主编：《信仰、仪式与社会》，台北，"中央研究院"民族学研究所，2003年，第288页。

已经很难找到单一宗姓、祖籍、寺庙的村落和市镇。换句话说，长江三角洲的"祭祀圈"，更加微妙和复杂，更加具有文化同质性以及信仰一体化。

中国人的文化认同到底是地域共同体的还是宗法共同体的，两者之间何者更强，是怎样的关系，[1]这些都是应该思考的问题。按一般儒家的看法，儒教"慎终追远"，孝道当先，家祭、庙祭都是以家庭、家族的血缘关系为经线建立的宗法共同体。事实上，儒教祭祀有"祖祭"和"社祭"两套不同体系。"祖祭"为祖先崇拜，是宗法共同体祭祀。除此之外，另一套就是"社祭"，为地域共同体祭祀。如果说祖祭是儒教认同的经线的话，社祭就是儒教认同的纬线。儒教的认同既有宗族祠堂为基础的血缘认同，更有设立坛、社稷、方川、圜丘为基础的方域认同。从历史上来看，历朝历代的祖祭与社祭并没有偏废，最近一次大规模的整顿社祭，是明代初年的"洪武改制"。明代洪武二年（1369），朱元璋规定"每里一百户内立坛一所，祀五土五谷之神"[2]。这一次，朱元璋和儒教礼官正是要恢复汉代的社坛制度，用以维系地方文化。

日本学者滨岛敦俊教授认为：汉代初年以周代里社坛（"坛"露天开放，有别于屋"庙"）之名恢复的乡里祭祀体系，宋元以后的江南地区已经逐渐废弃。乡村、市镇上的地方祭祀已经用供奉人格神（Human Spirits）的土地庙代替里社坛，"农民把特定的人格神当作聚落或地缘性社会集团的守护神来崇

---

① 劳格文（John Lagerwey）教授在2013年10月16日复旦大学中华文明国际研究中心举办的"中国近世地方社会中的宗教与国家"工作坊的讨论中，提出"血缘中国"和"地域中国"的分别。劳教授主张"地域中国"特征甚至比"血缘中国"特征更强烈。这里顺便附议。

② 李东阳、申时行等纂修：《明会典·群祀四》，《续修四库全书》。上海，上海古籍出版社，2002年。

拜"。洪武初年规定的里社坛制度其实并未落实，"明初的国家
政权强制执行了极端复古的，因而是非常理念的里社坛制度。
但这并没能扎下根（实施本身就是荒诞的），传统的土地庙祭祀
仍在继续"①。如果滨岛教授认为像"总管""猛将"，还有像金泽
镇"杨震""二王"等人格神（祠祀）老爷庙，比朱元璋规定的
"里社坛"香火更旺、更热闹，更能代表地方信仰，这个判断
完全正确。金泽镇庙会以杨震庙和东岳神为主神，《礼记》《史
记·封禅书》《汉书·郊祀志》《明史·礼志》中记载的"坛祭"，
并不是金泽镇和江南其他市镇祭祀的重心。但是，如果说里社
坛制度在明清全然没有推行过，后世也不存在，则不够严谨。
在华南地区，在民间信仰保存良好的乡镇里，仍然能看见不少
村口社坛；②在江南地区，例如金泽镇，在镇口、村头、田间和
屋角，也都保存有大量小庙，一乡一坛，一镇一坛，且以不断
蔓延的趋势迅速恢复，成为农村干部非常头痛的事情。这些小
土地庙设牌位，就属于明清里社坛制度的繁衍和遗留，在理论
上属于儒教。

　　庙会的长期运作，强化了地方认同。说一个地方人杰地灵，
和当地人才有关，也和寺庙灵验有关。鲜活的生活每天都在发生
和堆积地方差异。无论一个统一的教会用多么强大的手段，都无
法扼杀地方性，地方性顽强地隐藏在人心和人性之中。即使像中
世纪教会般强大而统一，欧洲大部分教区仍然用各种方式保存自
己的仪式特征。法国学者勒华拉杜里描写了法国南部一个村庄的
信仰生活，16世纪之前的"蒙塔尤"天主教会对当地民众中间的

---

　　① 滨岛敦俊著，朱海滨译：《明清江南农村社会与民间信仰》，厦门，厦门大
学出版社，2008年，第145页。
　　② 同上书，第145页。滨岛敦俊已经注意到华南乡村社坛的事实，认为需要谨
慎考虑和研究。

巫术和魔法并不十分迫害。教会固然设法把魔鬼关起来，"然而，东关西关，很难关得住，信心也不足。……巫术在日常生活中的重要性，不容忽视"①。2005年，我们去利玛窦故乡马切拉塔，教区主教给中国客人看一幅本地信徒特别供奉的圣母玛利亚像，和其他教区版本的玛利亚像都不一样。主教说：这画像过去是秘藏的，因为红衣主教要来查禁。现在可以公开了，因为当代的梵蒂冈教廷也喜欢地方性和多样性了。

民众把地方特征作为自己的文化认同在现代社会仍然非常明显。相对于血缘性的宗法认同受到的巨大冲击，现代社会中的地方认同却保存得较为完整。现代社会的城市化、大规模的人口迁徙运动，造成了移民流出地家庭、家族的分崩离析，也使得移民接纳地的族群分化、多样化。江南村镇历来是北方移民的接纳地，它们从古代单姓、多姓的乡村聚落发展为城镇。都市化颠覆了传统的家庭、家族宗法认同。金泽镇在明代出了三位进士，都是杨姓，杨家是镇上最有势力的家族。②现在，金泽镇由杨姓大族主导的社会结构已经改变，移民使得本镇的族群多元化了。宋、元、明、清以来的金泽大姓——杨姓、陈姓、王姓——已经沦为人口少数。因为经商、择业、求学，镇上的精英人口移居青浦、上海和海外，祠堂、家庙大多毁去。家族宗庙祭祀废除后，宗法认同已经不能主导。相反，地域认同得到了保存、演变和发展。当代金泽民众的身份意识及地域认同更加强烈，他们顽强保存和维护着桥庙文化，这是镇上民众的共同意识。

---

① 埃玛纽埃尔·勒华拉杜里著，许明龙、马胜利译：《蒙塔尤：1294—1324年奥克西坦尼的一个山村》，北京，商务印书馆，1997年，第600页。

② 按记载，明朝三位进士是杨道亨（嘉靖三十五年）、杨铨（嘉靖三十五年）、杨汝成（天启五年）。另有明代举人杨豫孙、杨于世、杨有为、杨于庭、杨继礼、杨虞官、黄德遴、杨懋官，见《金泽小志》第41—42页。杨氏几乎垄断了金泽镇的进士、举人，可列为明代江南大族。

香汛：庙会、性别与组织

金泽镇的庙会，与改革开放以后各地政府推动的有会无庙的庙会完全不同，仍然是明清和民国风格的庙会，是一种以进香为主，集市贸易为辅的祭祀活动。金泽镇民称自己的庙会为香汛，或许更恰当。在金泽镇，沿袭明清春秋两祭的习俗，有农历三月二十八日（东岳大帝生日，现在有居民讹传是杨老爷生日）的"廿八香汛"和九月九日（重阳节）的"重阳香汛"。金泽镇香汛，也有政府意愿的介入。镇上经济滞后，政府极愿利用香客蜂拥前来的机会，举办商品集市，振兴市面。两次香期加起来有一个月，杨震庙的沿路、沿港，设有两三百个摊位，广为招揽。但是，庙会小摊对信徒吸引力很弱，据复旦大学宗教学系课题组在2012年10月23日金泽镇重阳香汛的问卷调查，庙会当天统计到的473人中，烧香之外滞留镇上"逛街购物时间"，1—2小时的有432人，2—5小时的41人，5小时以上的则为0人。这个数据表明：90%以上的香客，烧完香就走了，基本不购物。[①]镇政府当然希望借庙会发展本镇经济，但实际上香客在进香之外，很少买东西，金泽镇的庙会，基本上还是香汛。

在历史上，金泽镇出名的不但是庙外的东岳庙会，更是庙内的东岳道场。现在金泽镇复建了杨震庙，但还没有复建东岳庙。因此，目前信徒都把本镇道场称为"杨老爷道场"。由于杨震庙归青浦区佛教协会下属的本镇颐浩寺管理，颐浩寺僧侣认为，杨震庙的信徒纯用血食和荤祭，不方便做佛教素祭的法事，所以杨老爷道场办得不是很正式。大型、庄重的道场，都移到颐浩寺举

---

① 据复旦大学宗教学系课题组问卷调查报告。课题组成员：李天纲、张化、郁喆隽、盖钧超，课题组得到青浦区统战部和金泽镇政府的支持，问卷由课题组设计，调查则由金泽镇政府招募人员协助。

办。相反，邻近的青浦区朱家角镇上的城隍庙由道教协会管理，该庙大殿右侧的前厢殿内也供奉杨震像，廿八香汛和重阳香汛之日，城隍庙都由道教协会的八位道士齐做杨老爷道场。朱家角镇城隍庙的道教太平斋醮比较传统，收集、誊录、唱念、焚烧信徒名字，供奉礼敬，达一小时之久。青浦地区的谙熟香客们，很多去朱家角城隍庙上香，参拜杨老爷。金泽镇杨震庙的香客，大鱼大肉抬进来，红烛高香点起来，远比别的镇庙热闹，道场却是没有。杨震庙偶尔做个道场，是佛教式样的，素雅清静，不过瘾。香客们说：杨震庙的庙会"闹猛"（热闹），道场就"呒啥啥"（没什么）了。

传统水乡的市镇祭祀活动，都是靠船运交通网络来组织的。金泽古镇的寺庙宫观沿河布置，每座石桥的两边都建有寺庙，吸引香客。香汛季节，香客们从四乡八邻、外镇外县前来进香，都是借着各种船只（有"夜航船""乌篷船""游船""划船"等名目）赶过来，下船就可以烧香。不独金泽镇这样，江浙沪地区的古镇寺庙，大多是沿河道建造的。相传在历史上香火鼎盛的时期，金泽镇的繁华格局是全镇有42座桥，"桥桥有庙、庙庙有桥"。桥庙一体的格局，在金泽的邻镇嘉善县西塘镇，又被俗称为"烧香港"。烧香港是一条700米的长港，沿河有圣堂、福源宫、东岳庙，香客可以从头烧到尾。在青浦朱家角镇，桥庙一体的格局也保存着。本镇最重要的道教宫观城隍庙、最大的佛教寺庙圆津禅院，都还保留在河边，登岸入庙的格局依然。近几年，音乐家谭盾在朱家角镇经营一家"水乐堂"音乐剧场。音乐剧场和圆津禅院隔河相望，佛寺晨钟暮鼓实景，自然融入水乡音乐演出，意境确实不错。

沿河岸建造的寺庙，都受到小桥流水环境的限制，难以展开。香火兴旺，有了足够香资之后，僧侣大德们就会设法外迁到便宜宽敞的空地，另建大庙。明清时期，随着乡镇经济的发展，有财力的寺庙都离岸发展。在太湖流域，东岳庙香火最兴盛，沿河小庙的格局不够应付。西塘镇的东岳庙，明朝正德十年（1515）就由知县倪玑出面，募款觅地，迁出镇区，在东郊凤凰村建造大型宫观。①金泽镇东岳庙的情况也是如此，该庙原位于镇区内的钟家圩，是河边小庙。金泽镇的廿八香汛越来越盛，东岳庙在元代就迁到了东郊开阔的东沈港边上，以便举办更为盛大的庙会。东沈港边的东岳庙虽然也坐落于河港边上，但因为河宽港大，不便建桥，故金泽镇民在"桥桥有庙，庙庙有桥"的谚语后面，又加了一句说法"迎祥桥没庙，东岳庙没桥"。迎祥桥位于金泽镇的南郊，故没有建庙。金泽镇民附加了另一个故事，更为有趣："文革"高潮中有一次废庙运动，镇"革委会"拆掉桥堍的所有小庙后，都建造了厕所，欲彻底"搞臭"迷信，于是镇谚就变成了"桥桥有厕所，方便见桥桥"。如今的金泽镇，镇民还在抱怨"桥桥有庙"没有恢复，但毕竟"桥桥有厕所"的年头已经过去。

"文革"以后，各地兴办了很多"庙会"，意在兴商。限制之下，庙会有会无庙，没有宗教活动做底蕴，变为纯粹的商业、民俗、娱乐活动。当代"庙会"，徒具形式，和传统文化关系不大，缺乏亲和力，传播不开。上海市徐汇区龙华街道的龙华庙会，每年"三月三"（王母娘娘生日）在龙华寺旧址举办，却仍然庙归庙、会管会。街道政府负责摊位招商、市容管理，乃至民俗文化活动，龙华寺庙内的僧众并无配合。社会、法会、诵经、布施、慈善等活动，并不同场举行。庙会分离以后，贸易型的庙会并无特色，吸引力越来越小，难以为继。金泽镇的庙会，仍然是庙与

---

① 此据寺院提供的资料以及调查口录，有待《嘉善县志》或其他方志确认。

会结合，整个庙会围绕着杨震庙和颐浩禅寺的祭祀和法事开展，宗教信仰是庙会的主要内容，甚至还有些重庙轻会。

有香汛做底蕴的庙会，和当代世俗"庙会"不同，表现出浓烈的信仰特征。金泽镇庙会的鲜明特征，是女性参与程度特别高，庙里庙外，妇人特多。杨震庙、颐浩寺、总管庙以及无数有庙无庙的"烧香点"烧日常香的，也大多是女性，较少有男性。女性烧香人口比例高，不但是农村市镇寺庙的特点，上海市区玉佛寺、静安寺、龙华寺、城隍庙香客，也是以女性为多。在苏州虎丘寺、杭州灵隐寺，每逢烧香季节，有如云如织的女香客，人称"烧香婆"。颐浩寺住持法聚法师说：禅寺和杨震庙的常年护法，都是女性。上海市区玉佛寺住持慧觉法师说：我们的情况有点不同，来本寺禅学班读经的有很多"白骨精"（白领、骨干、精英），其中不乏男性CEO。但是，经常参加本寺慈善活动的，大多还是女性。不独本土宗教的香客以女性为多，在江南地区城市和乡村参与天主教、基督新教礼拜的人，也是以女性为主。各类活动都以女性为主的现象，佛教学者将之归入"比丘尼研究"，道教学者作"坤道研究"，在基督宗教神学家看来就是某一种女性神学。

江南妇女积极于信仰生活的现象，明清时期已然。明代万历朝佛学高峰的时候，南方妇女不单自己进香，而且还参与讲学，提倡"女学"。李贽在麻城、南京、杭州各地寺庙讲论佛学时，附议"女人学道"①，众多良家妇女参与，以至《明史·李贽传》

---

① 李贽《焚书》有《答以女人学道为见短书》，指出女人学道，在信仰上的领悟力未必比男人差。李贽承认如果用游历见闻来讲，"不出闺域"的妇人，比不上"桑弧蓬矢以射四方"的男子。但以信仰的角度来看，"短见者只见得百年之内，或近而子孙，又近而一身而已；远见者则超于形骸之外，出乎死生之表，极千百千万亿劫不可算数譬喻之域是矣"。则李贽以为，女人学道，虔诚热心，出于天性，未必比男子差，甚而有过者。

有"引士人讲学，杂以妇女，专崇释氏，卑侮孔孟"的批评。清初整顿江南士风，打击妇女组织淫祀，抛头露面，"宣淫败俗"是一项重要内容。康熙二十三年（1684），理学名臣汤斌出任江苏巡抚，整肃江南奢靡之风，仿唐代宰相狄仁杰故事，禁绝南方人的迷信。禁绝苏州五通庙的时候，汤斌的一个理由就是该信仰在妇女中间助长淫荡风气。苏、松人民祭祀五通神时，香火缭绕，男女混杂，载歌载舞，"妇女有游冶之习，靓妆艳服，联袂寺院"[1]。

禁绝五通神信仰，除了要破除妖术之外，另一个借口是反对庙会之奢靡。汤斌指称："吴中风俗尚气节重文章，而佻巧者每作淫词艳曲，坏人心术。蚩愚之民，敛财聚会。迎神赛会，一幡之值，至数百金。"[2]明末清初，江南各地四乡八邻的民众，每逢祭祀都会组织起来，士人填词，戏子优孟，妇女观剧，备华服，扮神祇，搭高台，请戏班，巡乡行街，鼓乐喧闹，媚神娱己。这些活动，古代之儒家和现代之学者，一般都称之为"民俗""岁时""娱乐"活动，以定义其世俗性，减轻其宗教性。但是，从参与者的感受来说，这些活动具有很强的宗教意味，被称为"迎神赛会"。活动的目的，是为"迎神"；迎神过程，有激烈竞争。谁能请到尊神回乡，需要比看各自的服饰、旗幡、礼乐，称为"赛会"。

妇女冶游，"联袂寺院"的风气，多为明清作者诟病，本身却并非"宣淫败俗"。相反，女性信徒和庙宇僧侣合作，多半案例都是妇女正常参与庙会活动。我们在颐浩禅寺和杨震庙都看到，寺庙周围确实有一大批"护法""香头""师娘"，大都是中

---

① 嘉庆《松江府志》，"名宦传·汤斌"，嘉庆二十二年，府学明伦堂刻本。
② 同上。

老年女性。她们和寺院法师合作，把他们当儿孙般地扶持供养，帮助僧侣们办理寺院佛事，组织信徒去外地寺庙"朝山"。明清学者常常抨击女性信徒的"留庙"风气，称为恶俗。令人诧异的是，这些老年女护法得到了家中支持，接连数天做法事期间都留住在庙里。留庙似乎是一种介于出家与在俗的做法，按女护法们的说法，家中的父亲（公公）、丈夫、儿子、孙子忙于做生意、工作、读书，她们有空信佛，愿意服务。祭祀的时候，给男人们写名字，和他们自己来是一样的。按寺庙僧侣的说法，妇女烧香，不单代表自己，还代表了一家，男性成员都包括。从庙会、法事、朝山和日常进香中显露的性别差异来看，男人不烧香，不等于不信仰。

迎神赛会固有世俗性，摩肩接踵，烟雾缭绕，男女混杂，车马声嚣，风化案件容或是有的。但是，我们应该首先从宗教信仰的角度看问题，把联袂寺院看作江南寺庙的一种组织方式。所谓"联袂寺院"，正是善男信女和寺庙僧侣的密切沟通，合力兴教。江南人有促狭语，指女子与僧侣勾搭，是"烧香望和尚，一凑两合档"。清中叶上海方言小说《何典》，对女性信徒参与寺院生活有刻薄描述，作者张南庄描写了赶庙会的热闹场景："请一个怕尸和尚住在庙中，侍奉香火，收拾得金光灿烂。村中那些大男小女，晓得庙已起好，都成群结队的到来烧香白相。正是'烧香望和尚，一事两勾当'。"[①]乡镇寺庙都是信徒出资建造，聘请一位

---

① 张南庄：《何典》，"第二回　造鬼庙为酬梦里缘　做新戏惹出飞来祸"，北京，工商出版社，1981年，第82页。另见李天纲编：《龚自珍张南庄集》，收《海上文坛百家丛书》，上海，上海文艺出版社，2010年。书中更有评论："缠夹二先生曰：常听人说，烧香望和尚，一事两勾当。每思烧香是为佛天面上，望他救苦救难，自宜一念诚心。至于和尚，不过擂光了头毛，既不能多双拳头多张嘴，又未曾缺只鼻头瞎只眼，一样一个人身，着甚来由，要掉忙工夫去望他？原来他有虮多弗痒的本事，所以娘娘们都掉他不落。"说辞滑稽而刻薄。

外地来的和尚住在庙中，侍奉香火。这样的关系，信徒为主，僧侣为客，探望关心，一般都很正常。"烧香望和尚"之类的市井谰言，其实正好印证了江南信仰生活的主要特征：礼佛参拜、商业集市和大众娱乐，是市镇庙会的三重社会功能；善男信女与和尚道士，是民间宗教的两大组织系统。联袂寺院的做法，表明传统乡镇、城市里的民间宗教，确有一个基层市民信众也能参与的公共空间。

江南女性参与信仰生活，多半限于组织祭祀活动。历史上，妇女立会多是些形式上的香会，没有正式的名称、章程和架构。妇女香会围绕着"朝山""进香"组织香期活动，平时只是参与祭祀、召集读经。这样的香会组织方式松散，把民间宗教保持在祭祀层面。男子参与信仰生活，与妇女们的形式很不相同。男子们要么不参与，一旦参与就倾向于组织比较严密的"会""社""盟"，拟定社名、订立章程、推举领袖、定期活动，"夜聚晓散"。如果把中国本土宗教分为组织程度较高的民间宗教和专注于祭祀的民间信仰，那么男女确实有别，男子倾向于宗教，妇女倾向于信仰。男子具有社会性，追逐权威性，男子的社、会，更加容易走向组织化。

"男觋女巫"，男女在信仰生活中历来就有分工。在金泽镇调查时，曾询问杨震庙和颐浩禅寺周围的女性香头：为什么做香头的都是师娘，有没有男人做香头？师娘们回答说：男人忙啊，现在做香头的都是女人。师娘们很快回过来说：以前来金泽镇烧香的香头常常是男人。因为到处进香，都要撑船摇橹、杀猪抬香，河浜里还可能要"打相打"（发生摩擦），女人吃不消的。这几年坐机帆船来的还有，但多数是骑自行车、摩托车或乘小轿车和旅游大巴来烧香，女人们都可以自己做。女香头们还说：过去庙会必须男人出面，因为要同别的村镇进香团做比赛。确实，在廿八香汛和重阳香汛上，我们看到更多的男人出面。按复旦大学宗教学系课题组在2012年10月23日重阳香汛上的问卷调查，在接受调查的618人中间，除19人失填之外，女性377人，男性222人。[1]这个比例数字说明：在重大庙会时，男性参与人数比平时要多。

男性参与庙会祭祀的热情，不下于妇女，只是方式不同。2000年以来，金泽镇的香汛都有一支来自嘉善县姚庄镇的"先锋社"。该社的成员全部是男性，20多人，40多岁，戴清一色的墨镜，每年两次来到金泽镇的庙会"抢老爷"。先锋社的绝招是表演"扎肉提香"，他们用十几根钢针，扎穿小臂的皮肉，两头系线，下垂吊起一只七八斤重的香炉，点燃香火，有的则是挂一面大锣，跟着"老爷出巡"的队伍，边走边敲，非常显眼。"扎肉提香"在清代就是江南赛会中的热点，每次表演都轰动江南。清末上海出版的《点石斋画报》中有《点肉身灯》一幅，描述"禾郡（嘉兴）城隍庙七月十四夜，四乡男妇入庙烧香，竟夜不息"。祭祀庙会中的社、会组织，以显示自己的虔诚、热心，甚至是残忍，来打败对手，抢夺老爷，这是男人的信仰方式。

20世纪30年代以后，政府取缔宣传迷信的"赛会"，也限制宗教性的社、会活动；50年代以后，政府推广唯物主义教育，移风易俗数十年。90年代以后，嘉善县姚庄镇居然在年轻一代人中间恢复"扎肉提香"的先锋社，可见民间信仰生命力。近年来，姚庄先锋社同时出现在王江泾镇刘王庙、金泽镇杨震庙、白鹤镇施相公庙等庙会中，在江浙沪地区成为传奇话题。按青浦县

的《朱家角镇志》《朱家角乡志》《莲盛乡志》等记载，当地历史上也都有扎肉提香的会社，"文革"后没有恢复而已。现在的先锋社，是江南地区赛会传统的活化石，大部分的社、会并没有恢复建立，组织形式也不健全，政府对其合法地位也有质疑，未来并不确定。

女性和男性在民间信仰生活中的角色，确有不成文的分工。一般来说，日常祭祀和乡村信徒的事务，由女性师娘负责；重大庙会和组织更繁巨的祭祀活动，则由男性香头负责。最近30年里，金泽镇及其附属的金泽、西岑等乡村，都恢复了每年春、秋两季演出社戏的习俗，邀请江浙沪地区的戏班子来村里的戏台演戏。每季社戏持续3天，每天演两三场，共六七场戏。2010年以后，每台戏的费用已上涨到三五千元，总费用需要两三万元。按西岑村范书记描述的情况，平时村里烧香、哭丧、摆祭，还有围绕着烧香活动的"打莲香""挑花篮""荡湖船"等小演出，都是"佛娘"们组织，有的就是她们自己演。但是，每年两季的社戏活动，大部分是男性出面。涉及和各地戏班子谈判商议，迎来送往，搭台布景，住宿招待，还有大宗经费的筹集，都是由村里有能力的青壮年男子负责。[①]受社戏组织方式的启发，我们把师娘们的松散串联活动，看作一种"弱组织"；而将男性香头们的积极出力、出资、出智慧，看作一种"强组织"。

我们认为"庙会""社戏""社""会"及一般祭祀生活的结构，有"强组织"和"弱组织"的分别。还可以概括说：男性参与的宗教活动，倾向于强组织，而女性则倾向于弱组织。香汛季节，我们询问过好几个在庙会前载歌载舞的妇女表演团体，问她们是否有正式的组织，或者有个好听的名字？她们都否认，说就

---

① 据复旦大学宗教学系2013年2月27日上午"金泽镇镇村干部座谈会"。

是姊妹淘凑在一起，在老爷面前开开心。这是一种弱组织。男性就不同，男香头喜欢张罗，通常把场面做得很大。每次社戏，男人们都会把村里大、小庙里的老爷请到戏台前面供着，放鞭炮，做仪式。唱完戏后，又热热闹闹地送老爷回府，好像是村里的一次小庙会。村干部说，男人搞宗教，天然喜欢排场，要面子，好像要和村长或其他什么人"别苗头"似的。这是一种强组织。

换一种观察方法就会发现，民间信仰（祭祀和法事）基本是女性在张罗，是一种弱组织；民间宗教（社、坛、会、道、门）大多是由男性来管理，是一种强组织。中国大陆学者把一般"民间宗教"细分为"民间宗教"和"民间信仰"，从组织化程度的强弱来看，有一定的道理。停留在祭祀、道场、庙会的民间信仰，社、会组织的程度比较弱；而以会党形式活动的民间宗教，其组织形式就比较强。明清到近代历史上，从"白莲教""天地会"，到"安青帮""义和拳""红阳教""一贯道"，或公开或秘密，或良性或恶性的民间宗教团体，其创教者和领袖人物都是男性。相反，一般弱组织的祭祀和信仰活动，基本上就是女性在组织。

进一步地说，以维护祠祀祭祀生活为主的中国宗教，与用教会来规范信仰的西方宗教相比，是一种弱组织的宗教。但是，弱组织并不是无组织，中国宗教并不只是一种把自己的神圣性都分散到所有世俗生活中的分散型宗教。我们可以认定中国宗教的诸多信仰确是与世俗生活交涉在一起，如庙会也有市场和交易的功能。但是，中国宗教仍然是有组织的。中国宗教的组织方式不是教会形式，而是社、会方式，它通常是围绕着祭祀生活建立的。在特定的人事条件下，一些人为了一些目的，借助一些教义，创立秘密会社、会党形式的组织。这个时候，中国民间宗教的方式便类似于西方教会形式的宗教了，差别在于它们仍然是一些组织方式更加紧密的社、会而已。

第八章　汉人宗教的基本形式

汉人宗教的基本形式

汉人宗教有其基本形式。中国古代有"三坟"（《连山》《归藏》《周易》）之书，皆关乎卜筮、牺牲和祭典。朱熹讲学曾有命题，"易本是卜筮之书"[①]，历代学者对此屡有辩证。[②]从20世纪文献学、考古学成就来看，把汉字古代经典，尤其是像《周易》这样的作品，看作先民宗教生活经验的记录，是可以成立的。经典以及对于经典的诠释（经学），奠定了中国宗教的特定形式。"三坟"有各种说法，按孔安国《尚书序》的说法："伏牺、神农、黄帝之书，谓之'三坟'，言大道也。"[③]那么远在伏牺（羲）时代，先民们已经用符号、文字和书籍（"八卦""书契"）来记载自己的神圣经验（"大道"）。另有郑玄《易论》的说法："夏曰《连山》、商曰《归藏》、周曰《周易》。"[④]按此则"三坟"是夏、

[①]　黎德靖编：《朱子语类》，北京，中华书局，1986年，第1651页。

[②]　参见朱伯崑《易学哲学史》（北京，北京大学出版社，1988年）有关论述。

[③]　孔颖达：《尚书正义》卷首"尚书序"，见阮元编《十三经注疏》，北京，中华书局影印本，1979年，第113页下。

[④]　孔颖达：《周易正义》卷首"论易之三名"引，《十三经注疏》影印本，第7页。

商、周时代留下来的不同作品，都是占卜之书。也就是说，夏、商、周三代各有自己的宗教祭祀系统。

晚至唐代，儒家经学家们仍然把牺牲和祭祀等宗教生活，作为古代制度的来源。孔颖达说："古者以圣德伏物，教人取羲牲，故曰'伏羲'。"①古文"羲"，或作"犠""犧""牺"，都是通假字，指祭祀中的牺牲，反映了祭祀生活的宗教性质。"三坟"在汉代已经亡佚，但从20世纪考古学家对于仰韶文化、良渚文化以及商代甲骨卜辞、周代金鼎铭文的研究来看，出土器物上记录的祭祀活动，不但与古籍记载的先民宗教生活一致，而且与今天的民间信仰也有着众多神似和形似。张光直先生在《仰韶文化的巫觋资料》一文中提出：仰韶文化的宗教生活特征，"在本质上是与近现代原始民族中常见的巫觋宗教或称萨满教相符的"。②张光直把中国的古代文献与考古发现，以及现代社会中的原始制度做比较，可以称为"三重证据"的研究方法，用来认识中国人的宗教生活特别有帮助。

儒家的宗教制度来源于民众的宗教生活。民间信仰制度经过儒者的整理和注释，在汉代定稿的五经（《易》《书》《诗》《礼》《春秋》）中逐渐系统化、神学化。承三代而来的汉代信仰，为后世的祭祀建立了一个基本形式，这个基本形式又与民间信仰时时沟通，历经唐、宋、元、明、清、民国，以迄于今。换句话说，汉民族的宗教生活既继承了上古的祭祀传统，也与同时期的民间信仰密切相关。儒家祀典不断修订，历代祭礼也经礼官们经常厘定，盖在于儒教必须从民间信仰中汲取丰富的宗教资源。汉人宗

---

① 孔颖达：《尚书正义》，卷首"尚书序"中"古者伏羲氏之王天下"，《十三经注疏》影印本，第113页上。

② 张光直：《仰韶文化的巫觋资料》，《中国考古学论文集》，北京，生活·读书·新知三联书店，1999年，第150页。

教和汉字传统一样具有延续性。汉字有甲骨文、金文、籀文、小篆、隶书的变化，但其字音、字形、字义的表述原则基本一致。汉人信仰也一样，以鬼神、魂魄、天界、地府为核心的祠祀活动，一直是汉民族信仰的基本方式。

把儒教仅仅当作"上层宗教"来论述，是严重的偏颇。马克斯·韦伯接受19世纪传教士汉学的看法，认为儒教是士大夫的理性宗教。韦伯看到了中国社会普遍具有的儒教特征，但他还是追随西方的汉学理论，认为这是儒家思想对民间社会实施统治的结果。"儒教是受过传统经典教育的世俗理性主义的食俸禄阶层的等级伦理，不属于这个教育阶层的人都不算数。这个阶层的宗教的（您要愿意，也可以说是非宗教的）等级伦理的影响，远远超出了这个阶层本身，它规定了中国人的生活方式。"[1]为什么一定是儒教影响了民众？实际情况不可能是反过来吗？缙绅士大夫们汲取了民间的宗教资源，而官方又不得不迎合民众的信仰诉求，才形成了王朝的礼乐制度——祀典。在宗教思想与社会伦理的主次关系上，韦伯强调前者的重要性，忽视了后者的基本性，不能不说是一种"韦伯式的倒置"。

与西方宗教重视神祇和神学不同，中国宗教的一大特征是强调仪礼——祭祀制度。祭祀制度的基础，恰恰在民间。儒教重视祭祀，固然与孔子及其学说有关。孔子本人对夏代、商代和周代的祭祀制度深有研究，因为个人偏好、家族传统（宋）和地域文化（鲁）的关系，他选择周代的祭祀制度（"郁郁乎文哉，吾从周"）。从此，礼乐制度用了周代文明的标记，以周孔之名传承，并以祀典的方式执行，流延两千年。但是，中国宗教重视祭祀制度

---

① 马克斯·韦伯著，王容芬译：《儒教与道教》，北京，商务印书馆，1999年，第6页。

的特性，不独"周孔之教"然，后世流行于民间的道教、佛教和民间宗教也都重视祭祀（法事、斋醮、道场）。学者注意到：中国人对于神祇、神学不是太感兴趣，只要有灵，拜这个神还是那个神，并不是很介意；中国民间信仰对于怎样拜神，如何请得来，还送得走，在祭祀仪式上更加讲究。中国宗教强调祭祀制度的特征，普遍存在于社会的上、中、下层，是在相互影响的交融过程中形成的。

祀典中的儒教具有精英特征，上层祭祀使用的高级礼器，如玉器（璧、琮、圭、璋、璜、琥六器）、青铜器（鼎、盂、簋、镈等），都是民间祭祀难以置备的。后世宫廷采用周代"郊天"礼，限制民间不得祭天，祭天用最高规格的礼器、祭品和乐舞。唐代杜佑在《通典》中描述道："礼神之玉以苍璧，其牲及币，各随玉色，牲用一犊，币用缯，长丈八尺。"这里提到的玉璧、牛犊、缯帛，都须经过严格挑选，精心梳洗，百姓祭祀不可能如此精美。还有，圜丘祭天，还要配以乐舞："圜钟为宫，黄钟为角，太蔟为徵，姑洗为羽，雷鼓雷鼗，孤竹之管，云和之琴瑟，云门之舞，冬日至于地上之圆丘奏之。"①这种"黄钟大吕""云门之舞"，民间祭祀既难具备，也不允许。

但是，官方儒教是汉人宗教传统的一部分，祭祀方式与民间儒教并没有什么本质上的不同。珍贵繁复的礼器，仍然是用来"感通鬼神"；精美牛犊用作"太牢"，仍然属于远古以来汉族人的血祭传统；"黄钟""云门"等乐舞，仍然与中国民间祭祀中所谓的"媚神娱神"做法一脉相承。民间儒教采用官方祀典的时候，并没有很大的困难。比如，《仪礼·少牢馈食礼》中祭祖祝辞："命曰：孝孙某，来日丁亥，用荐岁事于皇祖伯某，以某妃

---

① 杜佑：《通典·礼·吉礼》，北京，中华书局，1988年，第1162页。

配某氏，以某之某为尸。尚飨！"①民间祭祖献辞大多直接采用。
朱熹为一般百姓制定《家礼》，撰写的祝辞格式与此如出一辙：
"维年岁月朔日子，孝元孙某官某，敢昭告于皇高祖考某官府君，
皇高祖妣某封某氏：气序流易，时维仲春，追感岁时，不胜永
慕，敢以洁牲柔毛，粢盛醴齐，祗荐岁事，以某亲某官府君、某
亲某封某氏祔食。尚飨！"②中国古代祭礼中官方和民间的一致
性，既可以看作民间顺应了官方儒教的"教化"，也可以认为是
官方自民间宗教采风。事实上，延至明清时期皇帝亲祭的祭天
礼，宫廷谕祭的先圣礼，士大夫参祭的祭孔礼，乃至百姓家祭的
祭祖礼，还有"愚夫愚妇"们的各种淫祀仪礼，所用的祭法、祭
义和祭统，都来自一个系统——古代儒教祭祀制度。上上下下
的祭祀，原理相通，都属于《仪礼》《礼记》和《周礼》系统的
"周孔之教"。

魂魄：儒学本体论

魂魄，是"周孔之教"最为强调的宗教观念。一般学者以为
儒学专注人间生活，对生前（前世）和死后（来世）的世界较少
描述，便定义儒家为人文主义者。③其实，儒家学说对生死问题

① 贾公彦：《仪礼注疏·少牢馈食礼》，《十三经注疏》影印本，第1197页上。
② 朱熹：《家礼》，《朱子全书》（七），上海，上海古籍出版社，合肥，安徽教育出版社，2002年，第939页。
③ 《利玛窦中国札记》称："儒家不承认自己是一个教派，他们宣称他们这个阶层或社会集团倒更像是一个学术团体，为了恰当地治理国家和国家的普遍利益而组织起来的。"（北京，中华书局，1983年，第105页）这种观点提示儒家为世俗的人文主义，而不是宗教。耶稣会士裴化行在《利玛窦神父和当代中国社会》（1937年，献县天主堂）中，以"远东的人文主义"来描述儒家和利玛窦思想。另外，裴化行还有专文《明末中国基督教人文主义研究》，连载于《南开社会经济季刊》第9卷（1936年）、第10卷（1937年）。耶稣会士一直定义和诠释着儒家人文主义。

有着强烈兴趣。民间流行的佛教、道教解说对于地狱、天堂有着详细的描写，地府有阎王，天堂有上帝。在佛教、道教的前世和来世的人格化空间里，有诸多感性生活。冥魂能吃、能喝，需消费，有欲望、有婚姻、有性生活。先秦儒家的经典文本对于这样的冥府、天界确实较少谈论。但是，汉代儒家特别承认"事死如事生"，发展出"黄泉""幽都""地府"等观念，在墓葬制度中有强烈表现。对于生死问题，即人生前来自哪里，人死后去向哪里，宋明以后的儒家仍然有着系统的理论，这就是贯通儒学本体论的魂魄学说。①

商代甲骨文中还没有发现神鬼连用的案例，但鬼、神两字已经分别出现。②卜辞有："王占曰：惟甲兹鬼？惟介……四日，甲子，允雨，雷。"③商代甲骨文中鬼、神的意义，与许慎《说文解字》中汉代人理解的鬼、神基本一致，但汉代文献中出现了神鬼并列和鬼神相分的现象。"鬼"，"人所归为鬼"，归地；"神"，"天神，引出万物者也"，升天。④按《礼记·祭义》，有"众生必死，死必归土，此之谓鬼"⑤。《礼记·表记》，有"殷人尊神，率民以事神，先鬼而后礼"⑥。鬼，是人死以后灵魂从体内脱去的形态，是祖先的灵魂。死后埋葬的关系，被认为归于大地，读如"归"字；神，体现大自然的意志，和雷电风雨一起，伸自于天

---

① 近期出版关于汉唐时代的灵魂学说，可参见余英时《中国古代死后世界观的演变》，收《中国思想传统的现代诠释》，台北，联经出版公司，1987年，第123—143页;蒲慕州：《灵魂与死后世界》，《追寻一己之福：中国古代的信仰世界》，上海，上海古籍出版社，2007年，第165—196页。
② 参见郭静云：《甲骨文中神字的雏形及其用意》，《古文字研究》，北京，中华书局，2006年，第95—100页。
③ 参见郭沫若主编：《甲骨文合集》，北京，中华书局，1982年，第1086号。
④ 许慎著，段玉裁注：《说文解字注》，上海，上海古籍出版社，影印经韵楼版，1981年，第434、第3页。
⑤ 孔颖达：《礼记正义》，《十三经注疏》影印本，1595页中。
⑥ 孔颖达：《礼记正义》，《十三经注疏》影印本，1642页上。

上，是自然界的神明。地鬼、天神，各司领域。神鬼并列、鬼神相分的概念，和虞夏时代绝地天通的实践，商周以后天人相分的理论相关联，应该是在春秋、战国时代已经形成，延至秦汉时代最后成形。《庄子·天道》有"莫神于天"，《楚辞》有"神光兮颖颖，鬼火兮荧荧"，《淮南子·览冥训》有"而神物为之下降，风雨暴至"，都是这种观念的反映。

魂魄的观念，也是天人相分，应该与先前的神鬼概念有着密切联系。"神"与"鬼"至晚在战国时期出现合流，成为一个独立的"神鬼"概念体系，并与"魂魄"一起，加上周代末年出现的"阴阳"观念，成为儒教有关灵魂理论的完整学说。并且，"神鬼""魂魄"和"阴阳"，最终都和"天地"观念建立固定和对应的关系，成为中国宗教思想的基本传统。和神、鬼观念相比，"魂魄"两字出现较晚，在甲骨文卜辞中还没有发现。古籍中最晚在《左传》中出现了魂魄理论，已经是一种相当完整的灵魂学说。《左传·昭公七年》："人生始化曰'魄'，既生魄，阳曰魂。用物精多，则魂魄强，是以有精爽，至于神明。"[1]"神鬼"和"魂魄"的概念，与"阴阳"观念结合，搭配成"阳魂阴魄"的理论，一直居于儒教的思想核心。关于魂魄、鬼神与阴阳的关系，朱熹答学生说："神者阳之灵，鬼者阴之灵也。以其可合而言，可分而言，故谓之鬼神；以其可分而言，不可合而言，故谓之魂魄。"[2]周代的儒教学说，就是将魂魄、鬼神和阴阳理论与祭祀仪式紧密结合，用有等级的礼乐制度来慎终追远，将生人与神明联系起来。魂魄、鬼神和阴阳三个概念的相互诠释，是周孔时

---

① 孔颖达：《春秋左传正义·昭公七年》，《十三经注疏》影印本，第2050页上、中。

② 转见胡广：《性理大全》，卷二十八"魂魄"，文渊阁《四库全书》影印版，台北，商务印书馆，1983年，页二十一。

代早期儒教的特征。程朱时代的宋明理学，不过变之为理气和性理而已。

儒教的神圣特征，在两三千年中并没有变异和被取代。宋明理学家对古代祭祀制度有所修改，但仍然保持了古代儒教的祭祀观念。程颢说："古人祭祀用尸，极有深意，不可不深思。盖人之魂气既散，孝子求神而祭，无尸则不享，无主则不依。"程颢认为在祭祀的时候，无论庙祭，还是墓祭，必须安置"尸陈"（神象）和"木主"（牌位），如此才能使亡灵与生灵接通，"祖考来格者，惟至诚为有感必通"①。程朱理学对虔诚供奉先人魂魄的祭祀要求，并不比古人稍有松懈。

清代儒者虽曰"实事求是"，但并没有否认魂魄学说。顾炎武《日知录》中有一个"游魂为变"的表述，可见他并不持现代的唯物论："精气为物，自无而之有也；游魂为变，自有而之无也。夫子之答宰我曰：'骨肉毙于下，阴为野土；其气发扬于上，为昭明，焄蒿凄怆。'"这个"气"，能够造人，能够化物，便绝不是唯物主义的"物质"。顾炎武认为："所谓游魂为变者，情状具于是矣。"也就是说，人死后，脱离骨肉之后的"气"，具有知、情、意等"情状"，即儒教之"鬼神"。顾炎武的目的是用儒教"鬼魂说"来匡正佛教"轮回说"，"鬼者，归也。张子曰：'气之为物，散入无形，适得吾体，此之谓归。'陈无己以游魂为变为轮回之说"②。顾炎武认定，是苏门学士陈师道（1053—1101，字无己，江苏彭城人）才把儒教原创的游魂说，弄成了佛教拿去附会的轮回说。

从宗教学与哲学的角度区别地看待传统，观点很不相同。从

---

① 转见胡广：《性理大全》，卷二十八"魂魄"，文渊阁《四库全书》影印版，页二十八。

② 顾炎武著，黄汝成集释：《日知录集释》，长沙，岳麓书社，1994年，第21页。

哲学的角度，我们可以说中国人是理性民族，懂得用"理气交融"的方式，建立天人合一的"三才化育"之关系。但是，从宗教学的角度看传统，汉族基本人群，尤其是民间大众的信仰方式，甚至是士大夫学者对于中国文化的看法，仍然是重魂魄，而不是天人；是重鬼神，而不是心性。《周易》《尚书》《诗经》《仪礼》《礼记》等儒教经典留下了非常明显的印迹，证明礼教背后是古代汉人一整套应对灵魂出没的态度与方案。汉族人的宗教，基本的特征就是重视灵魂，"祭神如神在"。中国人的宗教，就是用适当的方式去和鬼神、魂魄打交道。

清代江南学者钱大昕秉持儒教立场，对佛教灵魂"轮回说"有过强烈批判，一般学者认为其《轮回论》"继承和发展了何承天、范缜以来的朴素唯物论和无神论传统"[1]。但是，钱大昕是否是唯物论、无神论者，哪怕限定为"朴素的"，都大有疑问。钱大昕说：人"始死之际，魂魄相离，虽有升降之殊，终无久而不散者。先王知鬼神之情状，故制祭祀之礼，使有所归而不为厉。承祭者必其子孙，子孙与父祖气相嬗也。非其族不祭，气不属也"。钱大昕相信魂魄的存在，魂魄生前为神为气，死后也会脱尽血气，分解为神为气，升入天庭，散在大地，子孙与父祖"气属"，故要好好祭祀，慎重对待。钱大昕不能接受的只是佛教"禽兽转世"，即"人同禽兽"的说法，所谓"自有轮回之说，而人且入于畜生矣，畜生亦转而为人矣"[2]。儒教认为：佛教的"六道轮回"，即人的当前灵魂中含有前世为禽兽的因果，这是荒谬的。儒教虽然可以承认每个人都有生前之前因，有一个死后之后果，端赖以魂魄、理气的构成形态，但前、后世的神气、魂魄，

---

[1] 张涛：《钱大昕对佛教轮回说的批判》"摘要"，《齐鲁学刊》，2004年第6期，第39—42页。

[2] 钱大昕：《潜研堂集·轮回论》，上海，上海古籍出版社，1989年，第37页。

都不沾血气, 构不成轮回中的生灵。

汉族宗教有很强的延续性, 魂魄和神鬼学说从古代流传至今, 在社会各个阶层中都有人相信。以汉代普遍流行的招魂术来看, 今天汉人宗教中的招魂做法, 仍然还是以灵魂为核心的信仰。钱锺书先生《管锥编》有"招魂"一节, 从先秦的《楚辞·招魂》说起。他从历代文献中稽考招魂之沿革, 表明长江流域的吴、楚人用此方式, 与亡者、生者的灵魂沟通, 两三千年来并无革命性的变化。钱锺书在无锡、苏州、上海都见过招魂术。如元末诗人高启(1336—1374, 江苏长洲人)《征妇怨》中"纸幡剪得招魂去, 只向当时送行处"那样的招魂场景, 在20世纪30年代大都市上海仍然存在。钱先生说:"余儿时在锡、苏、澄习见此(招魂)俗, 且尝身受招呼。二十许寓沪西, 尚闻邻人夜半为此。"[①] 钱先生儿时生病,"身受招呼", 或曾被"招魂"。录此为证, 说明古今同俗。

"招魂"之外,"明器"(冥器)纸钱也是汉族人对待灵魂的一种基本方式, 同样延续下来, 为当代宗教生活所采用。冥器是符合周代礼制的规定,《礼记·檀弓下》:"其曰明器, 神明之也。"明器是神明之器、实物陪葬品, 供死者灵魂在地府享用。先秦时期, 明器用实物, 是专门制作, 只是和生人所用的物品有别, 考古发现都证明了这一点。据清代学者赵翼的考证, 汉代已经在墓葬中使用"瘗钱", 唐代开始用纸张代替, 称为"寓钱"。以后又发展到在人间焚烧纸钱, 向地府输送, 给阴间的灵魂享用, 亦称"冥钱"。唐代封演《封氏闻见记》:"古者享祀鬼神, 有圭璧币帛, 事毕则埋之。魏晋以来, 始有纸钱。"[②] 按封演

---

① 钱锺书:《管锥编》(第二册), 北京, 中华书局, 1986年, 第632页。
② 封演著, 赵贞信校注:《封氏闻见记校注》, 北京, 中华书局, 2005年, 第60页。

的解释，"纸钱"（冥币）和先秦的"圭璧币帛"是一个传统，只有埋、撒和烧的不同。纸钱当然是在汉代造纸术发明之后才出现的，相传是由五代后周皇帝世宗柴荣（921—959）翰林院旧臣发明的。宋代陶谷《清异录》记：显德六年（959）周世宗发丧之时，在通往庆陵沿途撒发，初次使用纸钱："发引之日，百司设祭于道，翰林院楮钱大若盏口。"①

中古以后流行的纸制"冥器"，其信仰原理和先秦礼制中的"明器"规定有所不同。"冥币"不填埋在墓中，而是通过焚烧纸钱，摄取器物的魂气，向地下供给亡灵。这种习俗在儒教礼制中到底有没有合法性，历代都有争议。"《旧唐书·王玙传》：开元二十六年，玙为祠祭使，乃以纸钱用之于祠祭。《通鉴》亦谓玙用纸钱，类巫觋，习礼者羞之。"②宋代学者司马光对唐代王玙祭祀用纸钱类同巫觋，表示异议。但是，无论如何，焚烧"冥币""纸马"的习俗已经进入宋代官方和民间的祭祀制度，连儒家学者自己也在使用。"邵（邵雍，1011—1077，河南洛阳人）康节春秋祭祀亦焚楮钱，伊川（程颐，1033—1107，河南洛阳人）怪问之，曰：'脱有益，非孝子顺孙之心乎？'"邵雍被司马光尊为兄长，被程颐奉为导师，他在春秋两季的祭祀中使用纸钱，且认为符合"孝子顺孙之心"。对此，朱熹评论说："国初言礼者错看，徒作纸衣冠，而不作纸钱。不知纸衣冠与纸钱何别？"朱夫子以为，既然连纸衣冠也可以用了，用纸钱有什么不可以？对此，赵翼的意见是：纸钱发展了先秦祭祀理论，符合《礼记》精神，如"律以《檀弓》明器之义，则纸钱固未尝

---

① 陶谷：《清异录·丧葬门》，光绪十四年（1888）长沙惜阴书局刻本，第62页。
② 赵翼：《陔余丛考》，卷三十"纸钱"，北京，商务印书馆，1957年，第640页。

不可"①。纸钱习俗在中古以后进入礼制，证明儒教祭祀是一个开放体系，它和南方（江南）、西方（印度）的民间礼仪有很多互动，共同发展。②

20世纪50年代以后，汉族人生活地区，无论城市、乡村，逐步废除了土葬制度，推行火葬，无法实施陪葬，冥器遂绝迹。但是，祭日里给先人焚烧纸钱的风气并未剪除，笔者记得，"文革"前随家人去上海市区北郊江湾公墓祭扫，不但供了祭品，还偷偷烧了纸钱。"文革"期间，上海市区的街道里弄做移风易俗宣传，查禁纸钱，一度绝迹。但因锡箔制作简易，村镇作坊中都能生产，故农村市面仍有。金泽镇的居民告知，即使在"文革"期间，他们这里一直有锡箔纸钱的生产、销售和焚烧，是江浙一带锡箔流通中心。"文革"结束后，焚烧纸钱的风气迅速回到市区，非常普遍。今天上海市区的丧户，从给死者举办的追悼会开始，随后的火葬、做七、拜祭、扫墓，都恢复了焚烧冥器的风气。按江南的习惯，追悼会以后，让死者穿戴生前最喜欢的寿衣、寿被和用品，一起火化；回到家中，在家门口外焚烧花圈、衣物、饰品等生前用品；做七的日子，从花圈店购买纸钱，包括纸制领带、衣裤、家具、轿车、楼房、别墅，甚至iPhone手机都可以买到；清明祭扫，有更多冥器可供选择，焚烧给逝去的先人。

对于这种信仰风气，有国务院《殡葬管理条例》（1997年）第十七条"禁止制造、销售封建迷信的丧葬用品"；上海市《殡葬管理条例》（1997年）第二十九条"禁止制造、销售封建迷信殡葬用品"，虽没有明文禁止冥器的具体种类，但禁止的封建迷

① 赵翼：《陔余丛考》，卷三十"纸钱"，第640页。
② 有儒家学者认为：烧纸钱习俗的盛行，与佛教由印度传入有关。

信用品，显然包括这些纸制冥器。几十年来，司法部门对此违法行为并没有严厉执法，只是由社会舆论出面引导。宣传效果不彰，也就听任其发展，好在事件只在思想领域存在，并没有什么严重的后果发生。[①] 从"明器"的演化过程来看，20世纪的现代化、城市化和西方化，并不是本土宗教的杀手。在江南地区的现代化过程中，如上海这样的城市社会，仍然保持着传统的信仰方式——对灵魂审慎而艺术的处理态度。

明清以来，直到今天，江南农村和上海市区都有"做七"的风俗。儒、道、佛各教派，都承认这个仪式，其实这便是属于古老的"魂魄"安顿仪式。赵翼《陔余丛考》卷三十二记江南风俗："俗以人死，每七日为忌，至七七四十九日则卒哭。"[②] 人死后，设灵堂奠祭，长达七七四十九天，亡灵始得安顿。金泽镇，乃至上海市区的现代丧葬风俗依然如此。光绪《青浦县志·风俗》记载："死后逢七日建造道场，七七始毕。""七七道场"风俗至今延续，按新修《金泽志》记载："人死后，每7天为一个'七'，自头七至七七，都要悼念亡灵，称之为'做七'，至49天才告终七。其中'五七'最隆重，丧家请僧尼或道士做佛事。"[③] 江南传统风俗是请道士、和尚上门设立道场。据丧家的解释，在家"做七"，一则是因家祭典礼，有尽孝慰亲，号召族人的功效；二则更是亡灵在家舍中出没，留下无数生前信息，需要一一清理的缘故。

马林诺夫斯基说："在所有宗教根源里，最高和最终的生命

① 新华社记者冯源、肖春飞2002年4月3日上海报道：《别让"阴风"侵蚀了清明的上海》(http://news.xinhuanet.com/newscenter/2002-04/03/content_342302.htm，2012年3月1日访问)，对上述迷信现象进行规劝。
② 赵翼：《陔余丛考》，卷三十二"七七"，第688页。
③ 《金泽志》，上海，青浦乡镇志系列，2004年，第511页。

危机——死亡，是最最重要的。"[1]宗教学的基本定律在中国同样有效。城市化生活方式并未灭绝人性中沟通亡灵、试探旧魂的冲动，"做七"习俗在大都市还在延续。田野调查和新地方志都表明，明清和民国式样的"做七"在金泽镇一直保持到"文革"前夕。新修《青浦县志》仍然记载："人死后，每7天为一个'七'，自头七至七七，逢七悼念，至49天才告'终七'。五七最隆重，丧家必延僧人或道士做佛事，超度亡灵，并设奠受吊。"[2]改革开放后，金泽镇及周边乃至上海市区、江南一带，"做七"习俗全面恢复。据一般经验，目前一半以上的上海丧家，或多或少都会"做七"。逢七之日，或正式建立道场，或自行颂经礼忏，大部分则是简单地奉香供祭。只是城市家庭缺乏"做七"条件，场地、时辰、仪轨、科班都不齐全；职业、家庭、社交事务繁忙，坚持不了49天，大部分丧家只是做个"头七"，补个"五七"。

　　江南人"做七"，其本质类同于《楚辞》之"招魂"，即招呼亡灵回家，金泽人称为"接眚"。所谓"接眚"，即在"做七"期间，"在死者亡后9—18天内，由道士按生卒时辰算出'接眚'的具体日期。据说接眚就是'亡灵回家'一次，故丧家为死者准备床、被及几样菜肴，门上挂纸元宝，祭毕焚毁，意为'亡灵还阳'"[3]。"接眚"习俗，在金泽镇以及青浦和江南地区农村的老人中还保留，镇居、城居的年轻家庭则很少再做。现代生活方式改变了江南人的"做七"习俗，城市化的"做七"形式与明清及民国时期很不同。但是，看起来变的只是旧形式，另一种城市化的

---

　　① Malinowski, *Magic, Science and Religion*, P. 29. 转引自格尔兹：《文化的解释》，第186页。

　　② 上海市青浦县县志编纂委员会：《青浦县志》，"风俗·丧葬"。

　　③ 同上。

"做七"新形式似乎又在慢慢地生长。

1949年之前，上海正一派道士基本上垄断了民间礼忏事业。上海曾经有"十二帮"正一道士，分为本地东（南翔）、本地西（上海）、苏州、常熟、无锡、江阴、金坛、南通、湖州、宁波、绍兴、广东等。[①]丧家"做七"，大多找道士；因习俗、语言和礼仪不同，不同地籍的丧户找自己家乡来的道士"做七"。然而，由于城市化的发展，除了大户人家保留自己的厅堂、祠堂、家庙，可以私建道场外，上海的平常人家越来越不可能在家中建道场。于是到寺、庵、庙、观里面，请和尚、道士唱念道场，出现了丧家共享的集体超度。江南人在家庭的"做七"，在现代都市中转型和发展为公共道场。据道教界人士回忆："百余年来，上海城市发展的速度赶不上潮水般人流涌入的速度，住房之拥挤是其他城市所不能相比的。结果，一般市民无法在家中举行规模较大的斋醮活动，小型的道士堂式的道院便应运而生了。（1949年前的上海）市区正一派道士堂最多时有73处，道观有23座，聚于周围的散居道士多达3000余众。"[②]正一派道士不出家，"道士堂"仅用于做法事。以每月20多场"道场"[③]计算，全市每年光正一派道士包揽的"做七"道场就有2万多场，在一个400多万人口都市里巷之间，算得上是一道活灵活现的景致。

正一派之外，还有出家修行的道教全真派。据统计，至

---

① 见丁常云：《上海道教的传入与发展》，《20世纪上海文史资料文库》，上海，上海书店出版社，1999年，第64页。上海正一道士十二帮，一说为：本地、锡、苏、宁、广、南通、义、江阴、湖州、绍兴、常熟、金坛等。说见史孝进、袁一峰：《申城道教十二帮》，《上海建城700年：宗教钩沉》，上海，上海书画出版社，1991年，第62页。

② 袁一峰、史孝进：《三居道士和大族道士》，《上海建城700年：宗教钩沉》，第70页。

③ "解放初……一般正一道士每月做道场从20多场减至1—2场。"张化：《上海宗教概览》，上海，上海古籍出版社，2004年，第218页。

1949年为止，全真派在上海市区有道院146座，道士、道姑3716人。[1]另据1943年上海中华道教总会统计，本市道院和道房的总数达到117处，道士人数在极盛时期超过3000人。[2]全真派道观大多有庙产，道士生存主要依赖房产经营和香火供奉，不以礼忏为主。即便如此，数量庞大的道观能提供道场服务，也是相当惊人。除正一、全真二派各蓄3000名道士之外，还有从外埠流入上海的"马路和尚"。"马路和尚"生活在正规佛教寺院之外，无固定处所，其行迹佛、道难辨，仅以租屋"做七"，行"超度"为生。1937年高峰时，达到12000人；1949年尚存1000人。[3]三四十年代抗战和内战期间，上海和江南的死亡人口大大增加，"做七"市场扩大。大量道士、僧侣在上海依赖给亡者"超度"生活，按1945年上海市区战后人口高峰337万[4]数计，23000名僧道人员，占据总人口的0.68%。

上海各寺庙把不同家族的众多亡灵放在一起，多竖牌位，合建道场，实则是一种公共祭祀。上海的城隍庙、白云观、龙华寺、静安寺、玉佛寺等寺庙，为"做七"发展出一种"公共道场"，行集体礼忏，做公共超度活动。在这方面，佛教更有传统的水陆大会。史载："梁武帝梦，神僧告之曰：六道四生，受苦

---

① 张化：《上海宗教概览》，第218页。

② 阮仁泽、高征农主编：《上海宗教史》，上海，上海人民出版社，1992年，第413页。

③ "马路和尚"，指上海开埠后历次战乱和灾荒中从各地涌来，以佛事为生的各类不在册籍的真假僧人。他们没有自己的寺庙，也不被本地寺院收留，游荡于街头，靠乞讨、算命、做法事为生。这里引用的数据，参见张化：《上海宗教概览》，第190页。

④ 邹依仁：《旧上海人口变迁的研究》，上海，上海人民出版社，1980年，第91页。

无量，何不作水陆大斋以拔济之……"①历代佛教遂以梁武帝为
"水陆大会"的奠基人。按南宋高僧宗赜（1053—1107，湖北襄
阳人）②的说法："水陆大会"自宋代以后流行于"江淮、两浙、
川广、福建"，并且是"富者独立营办，贫者共财修设"③。"共财
修设"，这就是古代的公共道场。上海佛教寺庙曾有专门为大户
人家做"独姓水陆"，为平民集体做"众姓水陆"，即源于宋代
"水陆法会"，历代又称"水陆斋""水陆斋仪""水陆道场""悲
济会"。至晚在宋代，临安、南京、苏州及长江三角洲城镇，就
有公共性质的亡灵超度活动。云栖（袾宏）法师在明末的江南寺
庙提倡水陆法会，效果不彰。水陆法会的真正复兴，是在20世
纪以上海为中心，席卷全国的集体礼忏运动。

　　1936年5月，上海佛教"净业社"举办空前规模的水陆大
法会，名为"丙子息灾法会"，由上海大居士王一亭、朱庆澜、
简玉阶、关䌹之、赵朴初、范古农等任事，高僧太虚、圆瑛、
能海、常惺等讲法，14个团体的229人发起，共同祈祷，"挽回
人心，潜消劫运"，以护国息灾，国泰民安。④这样的水陆法会，
在30年代经常举办，含有消解战争紧张气氛，为战死亡灵超度
的意思，对纷乱的社会心理有安抚作用。1946年8月18日，近
代佛教界精神领袖虚云（1840—1959，湖南湘乡人）和尚在广
州中山会馆演讲，点明了现代水陆法会的宗教意义："抗战以来

　　① 志磐：《佛祖统纪》，卷三十三。云栖《竹窗三笔·水陆仪文》亦记载：秦将
白起因长平一战（前260年）坑杀赵兵40多万，"罪大恶极，久沉地狱，无由出离，
致梦于（梁）武帝。武帝与志公诸师议拔救之策"，遂筹集巨资在金山寺建水陆法
会，为屈死众将士和白起本人共同超度亡灵，用致国人和解，天下太平。
　　② 宗赜生卒年失载，此据冯国栋、李辉《慈觉宗赜生平著述考》（载《中华佛
学研究》第8期，台北，"中华佛学研究所"，2004年，第235—248页）考证酌定。
　　③ 宗赜：《水陆缘起》，《续藏经》，第101套，第442册，第443页。
　　④ 转见阮仁泽、高征农主编：《上海宗教史》，第204页。

阵亡将士以身殉国，忠魂无依，崇德报功，自须超荐。其次不屈义民，流离道路，家破人亡，不降于敌，仍是为国。无主孤魂，罔有得所，再有炸弹疫病、覆车堕水一应枉死等众，均须一体普度，以慰亡灵。死者得安，生民获益，所谓普利冥阳是也。"①此话对近代水陆法会的公共性与宗教性都有准确描述，可以定义视之。

20世纪80年代落实宗教政策以后，上海佛教界水陆大法会的公共祭祀性质更加突出。玉佛寺、静安寺、龙华寺等各大寺庙恢复水陆大会，祭奠在水里、陆上的一切亡灵。龙华寺将每年农历三月三日定为固定水陆道场。90年代以后，鉴于现代社会空难频仍，天上也有冤死的灵魂，又加称为"水陆空大法会"。自宋代以来，水陆法会不只是超度亡灵，还有诸如"保庆平安""追资尊长""济拔卑幼"②的功能。现代佛教教会强调与国家的关系，水陆空大会常常具有政治目的，比30年代前后的"水陆法会"的"政治性"又加强了。大至世界和平，小到一境繁荣，国泰民安，都设立"水陆空大法会"，政治性强于公共性，失去了一些"做七"的私人性。当代水陆法会的"做七"功能弱化了。目前，各大寺庙单独设立"做七"法会，招揽丧户。"做七"——江南人安顿灵魂的法事，在都市化的环境中顽强生存，成为都市宗教的一个形式。

家祭不及庙祭，到寺庙正式"做七"，近年来在上海市区渐渐恢复，形成风气。在庙堂里"做七"，并不便宜。据一位朋友告知，他在90年代初期在上海西南某著名寺庙为他逝去的祖母做一专场超度法会，大小费用已经超过8000元人民币。"做七"

---

① 虚云：《民国三十五年八月十八日在广州中山会馆各界欢迎大会上开示》，收净慧编：《虚云和尚开示录》，北京，书目文献出版社，1993年，第10页。转见于"佛缘网站"（http://www.foyuan.net）。

② 参见宗赜：《水陆缘起》，《续藏经》，第101套，第442册，第443页。

超度法会的服务收费，是上海佛教各寺庙主要收入之一，和香火券、捐赠款并列为三。玉佛、静安、龙华三大寺庙的收费标准，按每台道场的和尚人数计算，每人500元。小型道场7人，合计3500元。在上海郊区，下院小庙的道场收费略低，每人约200—300元。①"独姓水陆"价格较高，"众姓水陆"便宜很多。为推广和普及超度法会，寺庙专设集体礼忏，每张牌位仅收20元。在北京，道教白云观2000年前后的"度亡道场，一次收费4000元"。集体性的公共超度，则"每一牌位收费150元"②。然而，一次道场，百张牌位，共同礼忏，集体超度，收入自然也是不菲。③都市化的公共道场，可能发展为江南地区丧家做七的主要样式存在下去。

上海市区20世纪上半叶已经充分都市化，"做七"活动随之现代化，表现形式即为"公共道场"的建立。上海郊区以及同属一个"信仰圈"的宝山、川沙、青浦、松江、金山、奉贤、南汇、嘉定、崇明等县的乡镇，仍然流行私人道场。现代化的集体超度，还没有覆盖像金泽镇这样的郊区地带。郊区丧家"做七"，仍然请游方道士和散居和尚来做。佛教、道教协会所属的和尚则很少上门服务。2012年春，偶遇上海西南城郊接合部某崭新小区内，有人做"头七"，死者家庭属本地农民。游方道士，川沙

---

① 因笔者请求，上海市委统战部调研员张化帮助询问各寺庙，于2012年2月17日提供数据，志谢于此。

② 李养正编著：《新编北京白云观志》，北京，宗教文化出版社，2003年，第288页。

③ 2012年2月29日下午南京市委统战部邀请笔者参观下关区观音寺，见一布告："佛讯：欣逢观音菩萨圣诞到来之际，本寺定于农历二月十二日至十八日（阳历3月4日到3月10日）启建观音佛七道场。坛内设诞生堂、往生堂，有祈福、超荐亡灵者，可至客堂登记牌位，牌位每张20元，望广大信徒相互转告。阿弥陀佛，观音寺客堂白，即日。"记录如上以为据。同行者复旦大学王雷泉、胡守钧、张乐天、徐以骅等教授。

口音，号称"正一"，5人一组，一天收费5000元。询问丧家为何不到庙里去做？回答说：人死在屋里，魂灵附在这边，道场应该就近。传统信徒们仍然认定："做七"是招魂，道场应该设在亡灵出没的地方。

"文革"前后，"做七"被视为迷信，绝不允许。近30年的统战政策发展，超度活动不但在暗中恢复，最近几年还获得了政治上的承认。2010年，有两次全国范围内"做七"活动的公开报道，令超度之名陡然合法化。新华社2010年6月2日报道：当天，青海省著名寺庙塔尔寺为玉树藏族自治州"4·14"大地震遇难者做"七七"法会，"数百名僧人在经堂内为玉树地震遇难者念诵经文，超度亡灵"。这是中央级媒体第一次肯定超度的宗教意义。借着抚慰民族伤痛的举动，佛教超度法会获得了道德合法性。2010年11月21日，中国新闻社报道：上海三大禅寺玉佛寺、静安寺、龙华寺当天为静安区胶州路某公寓"11·15"火灾中遇难的58位居民举行"超荐法会"。报道称："火灾发生地所在区的静安寺举行大型超度遇难者法会。该寺全体僧职人员、上海佛学院全体师生和闻讯而来的近千位信众参加了法会。""近千名会员共同念诵《金刚经》，举行佛识和灵供，希望通过佛教特有的悼念仪式，用念诵佛经的愿力，超度使者魂归净土。"[①]上海佛教三大寺站在民众一边，抚慰冤魂，受到市民赞誉，中央媒体对此超度法会的报道更具深意。

当代的佛教、道教，都恢复了"做七"的斋醮仪式，俗称

---

① 陈静：《上海知名佛寺"头七"超荐火灾死难者》，2010年11月21日中国新闻网发布消息，网址：http://www.chinanews.com/gn/2010/11-21/2670299.shtml。访问时间：2012年1月29日。报道中称：遇难者张雅是玉佛寺慈善功德会的会员，本寺住持慧觉法师专门为她做了小型超度仪式，随后是大型超度法会。

"佛七""道七"。各自的解释小有不同，但"做七"源自民间信仰，合于古代招魂传统则是事实。历史上，为礼忏的合法性，两教常有发明权的辩论。佛教的"七七日"说，较早见于释遁伦《瑜伽论记》"意地"，其说："生时分限，七日一死，寿势颓败，乃至极经七七日，住必得生处。"[①]释遁伦（生平不详，新罗人）传唐玄奘、窥基等人的瑜伽论，讲到地狱时，称人死之后，生命每七日一颓败，经七七四十九日后，转生他处。做七，就是令亡灵顺利转生。李翱（772—836，河北赵县人）辟佛，有《去佛斋论》，以为杨垂所作《丧礼》一书，近乎儒教，唯有把"七七斋"作为丧礼，是"佛法之染，流于中国"的"夷狄之术"，主张去除。赵翼也认为："做七"的习俗，"经传并无明文"，《礼记》"水浆不入口者七日"，应是"后世做七之始"[②]的说法靠不住。他认为"做七"是道教的发明，"按元魏时，道士寇谦之教盛行，而道家炼丹拜斗，率以七七四十九日为断，遂推其法于送终，而有此七七之制也"[③]。

宗教史家蒙文通先生认为"做七"断魂的风俗，是长江流域到西南边地广大南方地区自古迄今的共同信仰，他说："林邑、扶南（今越南、老挝、柬埔寨、泰国等部分地区）丧礼中'七七'、'百期'之习俗，见于道教。……为南方民族之术。"[④]"七七、百日、三年之事，中土古代所无（古代三年之丧，二十七月而毕），亦非印度所有。至元魏、北齐之世，君臣已习行之，见于载记。倘林邑、扶南之强，而其教亦入中国，即所谓

---

① 释遁伦集撰：《瑜伽论记》，大正《大藏经》，第42册，第1828号。

② 赵翼：《陔余丛考》，卷三十二"七七"，第688页。

③ 同上。

④ 转见于王家祐：《读蒙文通先生论道教札记》，载氏著《道教论稿》，成都，巴蜀书社，1987年，第188页。

天师道也。……余疑其为西南民族之宗教，而非汉族之宗教。"①
蒙先生长居四川，于西南民族与中国古史之关系深有研究，说
七七丧礼存于南方少数民族，固然有据。复旦大学宗教学系魏明
德（Benoit Vermander, 1960—   ，法裔学者）曾于20世纪90年代
在四川凉山彝族自治州的羊圈村调查，询知该村传统的超度仪式
要举行21天，分为第7、14、21天。当然，"现在，超度仪式已
减至三天"②。该地区习俗传自古代，历史上也没有受到佛教的影
响，属于本土信仰。

凉山彝族居民保留的鬼神观念，也和汉族人的厉鬼观念相
似。按魏明德教授的实地考察，彝族有"祖先神灵"的崇拜习
俗，那些没有后嗣，或者超度不当的亡灵，都会游离在祖界之
外，成为鬼。人"死后子孙需要为其作超度仪式。终身未婚的男
女、已婚无后的妇女，或是已婚无后又在40岁之前过世的男子，
死后将无法为其超度。再者，有后嗣的意外死亡者，或是违反性
禁忌（如在17岁换童裙仪式前就已有性行为）的妇女，为其作
超度仪式前还必须先进行另一项特别的仪式"。经过适当的仪式，
"对大多数逝者的灵魂能前往祖界感到乐观，也有些认为灵魂很
容易变为鬼"③。彝族自古不传儒教经典，但是这个亡灵"超度"
的做法，却和《左传·昭公七年》子产所说"鬼有所归，乃不为
厉，吾为之归也"并无二致。战国时期的长江流域地区人民，和
今天西南彝族人的祖先一样，都通过祭祀鬼神，安抚亡灵，不
使为厉。因此，蒙文通先生假设"天师道""五斗米教"以及

---

① 蒙文通：《道教史琐谈》，载氏著《佛道散论》，北京，商务印书馆，2011年，
第119页。

② 魏明德著，蔡玫芳译：《从"羊圈"小村到地球村：凉山彝族的生活与传
说》，成都，四川民族出版社，2008年，第213页。

③ 同上。

"七七、百日、三年之事"是晋代从林邑、扶南传入的，恐怕不能成立。较为合理的解释是：远在夏、商、周三代，彝族祖先和汉人祖先同在长江流域生存，有着相似的鬼神信仰，共同流传至今。

汉人宗教的魂魄理论，强调用祭祀方法来迎送神鬼，这是汉族人处理生人与亡者精神关系的一个重要方法。逝去的亲人在精神上和生者有着千丝万缕的联系。各种情感纠葛，利益纠纷，种种奥秘关系，生前难以清理，死后却需要了断。凭此了断，逝者亡灵也可以进入另一个世界，安然归去。显然，这个心理动因在今天的城市社会，包括上海这样的大都市社会，仍然顽强地存在着。这是目前佛教、道教徒，甚至天主教徒，以及一般无明确宗教教派意识的市民们，在经历了几十年大批判之后仍然要恢复"做七"习俗的主要原因。

世界各民族的宗教都有关于灵魂的思想和学说。不同形式的灵魂，在不同民族的信仰中都构成了核心问题。西方古代思想有"Anima"，明代徐光启和毕方济（Francois Sambiasi, 1582—1649，意大利那不勒斯人）合译亚里士多德《论灵魂》，写作"亚尼玛"，即"灵魂"的意思。在这部明末迻译为中文的哲学作品中，译者称："亚尼玛（译言'灵魂'，亦言'灵性'）之学，于费禄苏非亚（译言'格物穷理之学'）中，为最益，为最真。"①"亚尼玛"是古希腊思想的基本观念，灵魂学说对于欧洲哲学具有重要意义，是中世纪后期至文艺复兴运动前后天主教神学家们平衡信仰与理性、异教思想和教会神学的调和做法。事实上，Anima来源于希腊人的宗教观，是古代地中海民族处理鬼魅世界的思想方

---

① 毕方济：《〈灵言蠡勺〉引》，李天纲编：《徐光启文集》，上海，上海古籍出版社，2010年，第381页。

法，也是一整套的信仰体系。

在徐光启、毕方济翻译的《灵言蠡勺》中，转述了亚里士多德《论灵魂》中的"三魂论"。亚里士多德总结希腊的"Anima"学说，将灵魂形态归纳为三种：生魂、觉魂和灵魂，都是"亚尼玛"的表现形式，"魂有三：生魂、觉魂、灵魂。草木之魂，有生，无觉、无灵；禽兽之魂，有生、有觉，无灵；人之魂，有生、有觉、有灵"[①]。来自古希腊的"三魂论"注重按生物、植物、人类的生命形态来划分灵魂的范畴，明清学者与朱熹学说互为阐发。黄宗羲的儿子黄百家（1643—1709）在《明儒学案·晦翁学案》的按语中评论道："泰西人分人物三等：人为万物之首，有灵魂；动物能食色，有觉魂；草木无知，有生魂，颇谛当。"[②]周代以来的鬼神、魂魄理论，把精神（Spirit）分为"天帝、地神、人鬼、魅妖"四等。和希腊相比，中国人的灵魂越出生物界，包括自然界。天地自然，人生社会，均有神明贯穿，有泛神论、自然神论的倾向，哲学家所谓中国古代思想注重天人关系，含义当是如此。

宗教学家伊利亚德认为，古代中国人的灵魂观念，属于萨满教系统，"道家的出魂术，在起源和结构上具有萨满教特征"。老子"吾游心于物之初"，庄子"梦蝶"，都是灵魂出窍，"精神使自己游离于时间和空间之外，发现超越于生死的永恒存在"[③]。招魂，是巫觋通灵术的一种，明显具有萨满信仰特征。《楚辞·招魂》相传是宋玉为屈原招魂所作。"宋玉哀怜屈原忠而斥弃，愁

① 徐光启、毕方济：《灵言蠡勺》，《徐光启文集》，第384页。
② 黄宗羲：《黄宗羲全集》，第4册，杭州，浙江古籍出版社，1990年，第805页。
③ 伊利亚德著，晏可佳等译：《宗教思想史》，上海，上海社会科学院出版社，2004年，第479页。

潕山泽，魂魄放逸，厥命将落，故作《招魂》。欲以复其精神，延其年寿。"[1]长江流域的招魂，中原史籍记载为"复"。按郑玄注《仪礼·士丧礼》"复者一人"，称："复者，有司招魂、复魂也。"[2]可见南方之招魂，相当于中原典籍中之复礼，说明古代中国民间的魂魄、神鬼观念是南北同俗的。而且，我们还可以延伸地说：中国人也和西方人一样，也有一种基于灵魂观念的宗教生活形式。

荷兰学者高延在其著作《中国的宗教系统》一书中认为："证据表明，在她的历史初期，灵魂学说（Animism）实际上就是中国的宗教；在当代中国，灵魂学说也仍然是中国宗教的基本和主要的内容。"[3]高延是影响了马克斯·韦伯中国宗教观的汉学家，他把19世纪在华南地区和东南亚华人社会所见民间宗教与儒教经典和汉语文献合并考察，认为中国宗教从古至今是一个以灵魂学说为基础的信仰系统，并非以儒、道、佛三教划分就能够说明的。在西方中心论仍然流行的19世纪下半叶，高延以灵魂学说（万物有灵论）来理解中国宗教，不免是带着一些看轻汉民族文化，修正耶稣会士用理性主义对中国思想价值过度诠释的目的。但是，在21世纪多元文化主义的氛围中，高延把中国宗教视为一个整体，把中国人的信仰还原到灵魂和精神的层面，超越了20世纪的迷信批判以后，这些都是需要当代学者重新认识的新问题。

现代宗教和宗教学，都淡化了神话、教义和教会的色彩，

---

① 王逸：《〈楚辞〉题解》，转引自王夫之：《楚辞通释·招魂》，上海，上海人民出版社，1975年，第140页。

② 贾公彦：《仪礼注疏》"士丧礼"，《十三经注疏》影印本，第1128页中。

③ De Groot, *The Religious System of China*, Vol. Ⅵ, Brill, Leiden, 1910, P. 929, 台北影印本，1964年。

宗教信仰中的灵魂学说变得更加重要。当代神学家寇克斯认为最近一期的人类信仰，已经进入所谓"灵性的时代"（Age of the Spirit）[①]。当代英语世界的重要哲学家查尔斯·泰勒（Charles Taylor, 1931—　　）也认为：世俗化时代以后，当代西方人不再把教义、教会等"体制化宗教"（Institutional Religions）作为宗教的重要因素。对"新时代"（New Age）的信仰者来说，"灵性"（Spirituality）经验和神秘体验成为信仰的要素。[②] 人类进入世俗化时代以后，更加重视灵性经验，而不是教义、教条和教会。从基督宗教的传统来看，这似乎是非宗教的。但从中国人的宗教经验上来说，泰勒这种"世俗时代"的信仰趋势，正是复归到古典希腊时代的"Anima"，以及中国宗教传统的魂魄观。

中国人的宗教学说，自周代算起已经有超过3000年的传统，比西方基督宗教2000年的历史更加悠久。中国宗教无论在经典文本中，还是在祭祀实践中，都对灵魂和精神保持着关注，对于如何处置和修炼灵魂形态，有着强烈的兴趣和多样的方法。如以儒学来说明中国人的宗教学说，则儒家魂魄观具有一种和欧洲基督教神学相似的理性，即对萨满教式样的"生人降神""灵魂出窍"做法有着必要的警惕。汉代以后的儒家经学，基本上都只在

---

① 寇克斯总结基督宗教2000年历史，划定公元1—3世纪是基督徒的"虔信的时代"（Age of Faith），信徒们追随着耶稣本人的思想；随后以至50年前，是"信仰的时代"（Age of Belief），教会用教义和教团对信徒施加影响；然而，50年前，西方世界的信徒们忽视基督教会和教义，变得更加重视各种灵性经验，乃至于进入了"灵性的时代"。参见 Harvey Cox, *the Future of Faith*, Harper Collins, 2009, Chapter One。

② 参见 Charles Taylor, *A Secular Age*, Harvard University Press, 2007，第508页对 Spirituality 的讨论。鲁夫（Roof）在《灵性市场》（*Spiritual Marketplace*）中的研究，表明当代西方脱离基督教徒传统的信徒们把"宗教"（Religion）看作与"灵性"（Spirituality）对立的"非宗教"因素。泰勒引用鲁夫等人的研究，表明人类对灵性本身的追求，正是当代宗教的主要特征。

生死的意思上讲魂魄，反对在活人身上用魂魄。后世儒学不承认巫觋们在日常生活中使用通灵术、降神术，反对建生祠，反对用尸像，把魂魄观发展为一套完整的祭祀理论，是一种理性主义的神学。在当今后世俗时代，中国宗教的魂魄理论，是值得重视的精神遗产。

鬼祟：民间祭祀之源

"鬼祟"观念，是汉人宗教的另一个核心信仰，与"魂魄""鬼神"观念有直接关系。"祟"，作为恶魂作怪的意思，在商代甲骨文中已经出现。《武丁卜辞》有："癸巳卜◎贞，旬亡祸。王占曰：有祟，其有来戚。"[1]另，"王占曰：有祟，其有来凶"[2]。在周代，鬼并非与作恶的观念相联系。鬼者，归也，就是"归去来兮"的亡灵而已。鬼的这个含义在夏、商、周代比较稳定，因此《礼记·祭法》才说："大凡生于天地之间者皆曰'命'，其万物死皆曰'折'，人死曰'鬼'，此五代之所不变也。"[3]汉代儒家仍然认为，三代以来"鬼"与"神"结合，"鬼神"是一个善的，至少是中性的观念，鬼并不作恶。

从先秦时期开始，鬼开始有了作恶的含义。鬼与神分离，而与祟结合，"鬼祟"合称，意为恶鬼为患。《庄子·天道》："其鬼不祟。"《管子·权修》："上恃龟筮，好用巫医，则鬼神骤祟。"在中古时期的诗文中，鬼祟的意思变化不大，宋黄庭坚《次韵文潜》有："年来鬼祟覆三豪，词林根柢颇摇荡。"[4]明吴承恩《西

---

① 周予同主编：《中国历史文选》，上海，上海古籍出版社，1979年，第1页。
② 郭沫若主编：《甲骨文合集》，第6057号。
③ 孔颖达：《礼记正义·祭法》，《十三经注疏》影印本，第1588页。
④ 黄庭坚：《黄庭坚全集·山谷集·次韵文潜》，成都，四川大学出版社，2000年。

游记》第十一回"游地府太宗还魂　进瓜果刘全续配"："黑雾漫漫，是鬼祟暗中喷出气。"现代汉语中使用的鬼祟，含义仍然相同。《现代汉语词典》释"祟"："原指鬼怪或鬼怪害人，借指不正当的行动：鬼祟、作祟。"①鬼字，上古汉语为善，中古汉语为恶，这一层分别还是容易辨识的。

"鬼祟"，是指灵魂为恶，有凶。汉民族信仰自古以来同样也有善恶之分，表现为"凶吉有异""魂魄相分"以及"神鬼有别"。精魂为善，升至上天；鬼魄作恶，留在地府，散在世间，就会到人间来作祟，这是古代中国人上上下下普遍相信的。希腊人谈Psych，罗马人论Anima，英文翻译为Soul，将灵魂三分：生魂、觉魂、灵魂，把生物界按植物、动物和人类的灵魂性质作出区分；中国人论灵魂则按其利害关系，强调二分：神明、鬼魅。神明是圣人的纯粹灵魂，令人崇敬，与天道合，可以保佑人；鬼魅就是那种或生前为恶，或死有冤屈，黏附着人性，常常出来作祟的精怪。比鬼魅更加糟糕的说法是厉鬼、邪神、妖怪、恶魔、狐狸精等。

汉民族信仰的神鬼，区分正邪、善恶，这和西方亚伯拉罕宗教（犹太教、基督宗教、伊斯兰教）是一样的，说中国宗教不分"正神""邪神"是不准确的。和西方的不同之处在于：中国宗教的"神正论"，对正、邪的区分不是绝对的。汉人宗教思想认为：个体的精神状态——灵魂，在生前可以修炼，在死后应该祭祀，魂魄的性质也会因此发生改变。也就是说，西方宗教对于灵魂善恶的划分是绝对的，而中国宗教则认为生前死后的灵魂都可以转化。张光直先生曾指出：古代中国人的

---

①　中国社会科学院语言研究所词典编辑室编：《现代汉语词典》，北京，商务印书馆，2016年，第1254页。

宗教观是一个"分层的，但内部有着联系的宇宙连续体"①。在汉人的信仰中，如果祭祀得当，那些冤屈而死、魔法广大的鬼魂，也会慢慢去除恶性，升天而去。用西方宗教观念来看，中国人魂魄相分、善恶对应的灵魂观念，是一种二元论。有时候，这种二元论不是引导民众崇拜正神，而是畏惧恶神，让他们好吃好用，看上去像邪神崇拜，因而认不清真正的上帝，"善恶不分"。

马克斯·韦伯指出中国人的灵魂两分法，是信仰上的"二元论"，他说："和其他地方一样，中国原先也有善良的（有益的）'神'（Shen），与邪恶的（有害的）'鬼'（Kwei）的二元论。……人的灵魂也被认为是由来自于天的神，与出自于地的鬼的物质所组成，在人死后，即再度离散。"②他认为正是中国人的道德二元论，令"上帝"隐晦不明，令真理难以被发现。韦伯的知识来自荷兰汉学家高延的中国民间宗教研究。高延的《中国的宗教系统》曾说："神，从宇宙善的那一半中来，自然被认为是好的精气，是正神；鬼，来自相反的那一半，是邪神，是幽灵，是恶魔。"③韦伯从现代性立场看中国宗教，认为这个二元论含着"迷信""非理性"，是中国人不能进入现代之门，不能发现"资本主义伦理"的主要原因。高延、韦伯在基督新教的背景下，把中国人神鬼、魂魄观念作二元论的理解，大致是正确的。但是，中国人以"魂魄论"为基础的道德观，既分善恶，又设层级，并不是截然二分的结构，而是可以转换的有机信仰，这一点韦伯、高延

---

① Chang, Kwang Chih, *The Archaeology of Ancient China, New Haven*, Yale University Press, 1986, P. 439.

② 马克斯·韦伯著，洪天富译：《儒教与道教》，南京，江苏人民出版社，1997年，第36页。

③ De Groot, *The Religious System of China*，P. 930，台北影印本。

没有认识。汉族人"供邪神"，并非热爱他们，而是帮助他们脱离邪恶，纯化精神，早日升天。

相信灵魂能作恶（"鬼祟"）的观念，其他民族（包括基督宗教民族）或多或少都有存在。弗雷泽在《金枝：巫术与宗教之研究》（1890年）中描写了大量驱邪仪式。信仰基督宗教的民族，也遗留了很多原始信仰的鬼神观念。意大利西西里人、中欧波西米亚人、法国南方人，都在新年的1月6日（主显日，即耶稣显灵日，在圣诞节后第12天，又称第十二夜）全镇出动，喧声震天，借耶稣的神灵，驱赶恶鬼。[1] 和其他民族相比，汉人的鬼祟观念，把神分为善恶，并无特别。如有特别，就在于神鬼说法后面有一个比较固定的魂魄理论。中国人认为神魂升天，鬼魄散地。鬼魄被关在阴间，出来人间游荡，就会作祟。《礼记·郊特牲》："凡祭，慎诸此：魂气归于天，形魄归于地。故祭求诸阴阳之意也：殷人先求诸阳，周人先求诸阴。"《礼记·祭义》："气也者，神之盛也；魄也者，鬼之盛也。"至晚在汉代，中国人的鬼祟理论已经成形，并保留至今。[2]

多神教的社会，不仅供奉那些具有德行的良善灵魂——神，用以趋利；也供奉那些生性作恶的不良骇魄——鬼，借它避害。弗雷泽记录印尼爪哇巴厘岛的供鬼祭祀，9月（"黑月"）有驱鬼日，村民"在庙前的十字路口，给魔鬼摆上祭品"，祭司祷告，请魔鬼从各家各户出来享用祭品，然后用法术、咒语把他们引出村庄。[3] 在中国，巫觋们邀请各种各样的神鬼，无论善恶，为之

---

① 詹姆斯·弗雷泽著，徐育新等译：《金枝：巫术与宗教之研究》，北京，大众文艺出版社，1998年，第506页。

② 参见余英时：《中国古代死后世界观的演变》，《余英时文集》第2卷《中国思想传统及其现代变迁》，桂林，广西师范大学出版社，2004年。

③ 詹姆斯·弗雷泽：《金枝：巫术与宗教之研究》，第504页。

驱妖。比如，钟馗丑陋，并没有什么德行，却被奉为门神。沈括《梦溪补笔谈》说：钟馗是唐玄宗梦中见过的一个能吃小鬼的大鬼，被请来人间，专门打鬼。按顾炎武《日知录·终葵》考证，"钟馗"，原意为"终葵"，《礼记·玉藻》《考工记》均作："终葵，椎也。"一根尖木棍，"盖古人以椎逐鬼，若大傩之为耳"[①]。顾炎武认为唐人以讹传讹，把"终葵"画成了"钟馗"。亭林先生把汉人的钟馗信仰，归为萨满教类型的"大傩"，非常正确。大傩之傩戏、傩舞、傩仪，都用恶神做面具。

弗洛伊德用精神分析学总结20世纪初叶的宗教理论，认为人类对于灵魂和宇宙关系的看法，经历了"精灵说时期，宗教时期和科学时期"[②]。"精灵说时期"，即为原始信仰时期，其特征是"迷信"；"宗教时期"，当为基督宗教等体制宗教建立以后的时期，教会以系统神学解释灵魂学说；"科学时期"，则是现代人们以人类学、生物学、医学、心理分析学方法来解释人类的精神状态，常常把"灵魂"意识看作虚妄的精神疾病。弗洛伊德的《图腾与禁忌》集中讨论了"精灵""灵魂""巫术"和"魔法"对于心理治疗的关系。问题在于，科学时期的心理分析理论，并没有完全消灭人类的鬼魂意识和精灵作恶的观念。在西欧国家的城市社会，即所谓"现代性"最为强烈的地区，比如苏格兰的爱丁堡，精灵的观念仍然存在。科学昌明的时代，英国平民作家罗琳出版了畅销作品《哈利·波特》。截至2011年，这部讲述魔法学校故事的小说，以70多种语言，在200多个国家，销售了4.5亿册，可见迷信意识变换了方式，仍然是当代意识形态的一部分。

---

① 顾炎武：《日知录集释》，第1154页。
② 弗洛伊德著，杨庸一译：《图腾与禁忌》，北京，中国民间文艺出版社，1986年，第112页。

西方中世纪以来，教会对恶神严厉打压，一神教压抑各种"精灵说"，迷信因素被清理出神学，犹太教、基督宗教、伊斯兰教都不能崇拜恶神，天主教、东正教崇奉的天使、圣人都是具有各种德性的善神，具有仁、义的形象。但是，一神论以善神打压恶神，并不是否认邪神的存在，不得已还要与邪神共处。在这方面，儒教与邪神相处的方式有所不同。儒教也有一神论倾向，儒教也打压邪神。孔子规避"怪力乱神"，孟子坚持性善论，潜伏着反对邪神崇拜的态度。《论语》中有："吾道一以贯之……忠恕而已。"三国魏的经师何晏（190—249，河南南阳人）把《论语·里仁》的"忠恕论"，解释成"以善为元"的"元善论"，[①]后世儒学追求以"善"为始终的"一贯论"。无论是汉儒之"天"，还是宋儒之"理"，儒家都主张自然界有一个"上帝"的全善，并以"天""道""理"贯穿人间。[②]持"元善论"（或曰"原善论""性善论"）的儒教士大夫，一直反对迷信，力禁淫祀。淫祀的对象，很多就是像五圣、五路这样的邪神。

和基督宗教的神学一样，儒学提倡正神。但是，儒学比神学宽容，不得已也与邪神共处，标志之一就是承认鬼祟理论的存在。在江南地区，民众为自我保护而供奉恶神，以防鬼祟的做法一直存在，民国时仍然延续。金泽镇在清代建有"陈三姑娘庙"（"三姑庙"），就在杨震庙旁边。庙里供的是一个常常作祟，使人患病的女鬼。金泽镇信徒认为，陈三姑是本镇女子，住本镇南街，生前犯淫，被父亲溺死。"有陈三姑娘者，镇南

---

① 《论语·里仁》孔子教导曾子，有"吾道一以贯之"的说法，曾子的解释是"夫子之道，忠恕而已"，此可称为"道"之"忠恕论"。何晏《论语集解》有云："善有元，事有会，天下殊途而同归，百虑而一致，知其则众善举矣。故不待多学，一以知之也。"此可称为"道"之"元善论"。

② 明末天主教徒如何利用儒家经学论述论证儒教"一神论"，参见李天纲：《跨文化的诠释：经学与神学的相遇》，北京，新星出版社，2007年，第1—50页。

之乡人。因犯淫，其父怒而沉诸宗家荡。人病诣卜，辄云三姑为崇，三四十里间谨事之，且绘其像以鬻于市，金泽、张堰亦有其庙。每岁三、四月，庙中香火如繁星，蚁舟至不能容，人趾相错于途，而平时以牲帛酬神者尤无算。金泽三姑庙旁又有杨爷庙，与三姑相若，亦为世俗所崇奉。"[1]按另一传说，"陈三姑"是吴江之芦墟人，居三白荡边。年十六七，美丽自命，有'桑间'、'濮上'之行。其父觉之，遂沉诸湖，后为崇，由来已久"[2]。一个行为不端的女子，惨死之后亡灵不得安顿，在水中骇人，到岸上作崇，致人生病癫狂。金泽镇的信徒予以供奉，明清以来一直在本镇的东岳庙、杨震庙陪祀，有的地方甚至还有专庙祭祀。

按清代中叶的记载，陈三姑的信仰圈远近数百里，遍及松、苏、锡、常、杭、嘉、湖地区，正和东岳神、杨老爷、刘猛将和施相公等正神信仰范围相当。江南民众为防不测，躲避祸害，都非常谨慎地供奉这个邪神妖怪，故而香火和其他老爷庙一样旺盛。清代学者钱泳《履园丛话》卷十五有"鬼神·陈三姑娘"，记金泽镇的淫祠和邪神："青浦金泽镇有淫祠曰'陈三姑娘'者，有塑像附东岳行宫。每年逢三月廿八、九月初九，远近数百里内，男女杂遝，络绎而至者，以数万计。灯花香烛，昼夜不绝。乡中妇女，皆装束陪侍女神，以祈福佑。或有疾病者，巫辄言触犯三姑，必须虔祷。于是愚夫愚妇亟具三牲，到庙求免。庙僧拒门不纳，索费无已。亦看其家之贫富，富者至少三十番，然后延入，以为利薮。地方上有庠生杨姓者，为庙

①　陈其元等修，熊其英等纂：光绪《青浦县志》，卷三"建置·坛庙"，尊经阁初刻本，员十八。

②　钱泳：《履园丛话》，卷十五"鬼神·陈三姑娘"，北京，中华书局，1979年，第417页。

中护法，与僧朋比剖分。相传祷祝时，必捡择美少年入庙哀求，尤为响应，真可笑也。"

儒生士大夫鄙视陈三姑这样的邪神信仰，对于庙僧、护法们串通一气，利用民间邪神信仰来敛取愚夫愚妇们的香火钱财，"以为利薮"则更加痛恨。所以，如果有人奏报，地方官员判断为极端的案例，便会予以取缔。道光六年（1826）十一月，钱泳在朋友徐既若（时任青浦县少府）的幕府接到本地一位秀才倪皋的控告，要求禁止陈三姑信仰。正好金泽镇徐某与杨某为陈三姑庙产纠纷，同时告到松江府，钱泳便和徐既若一起下乡"隳庙"，把陈三姑塑像从庙中搬走。当时他们遭到了金泽镇信徒的围攻，陈三姑娘像，"盛妆纤足，体态若然，观者数千人，咸以为不可亵渎神明，叩求宽免，恐触祸也"。不得已，他们只得把塑像带回县城，"置县堂下，纵火焚之，其讼遂结"[①]。钱泳他们焚毁的只是一尊塑像而已，陈三姑信仰并没有消除。2011年"廿八香汛"季节，我们在杨震庙侧殿的杨夫人庙前，看见好几个信徒供奉的陈三姑香篮和香盘，金泽镇的邪神信仰还在延续。

1871年，"曾门四学士"之一的黎庶昌（1837—1897，贵州遵义人）署理青浦知县，为恢复正统儒学，对金泽、张堰两镇上的三姑庙竭力打击，试图灭绝。黎庶昌欲烧尽两镇流行的三姑画像，但是巫师们却拿烧剩的画像纸灰，在信徒中贩卖，供他们辟邪，赚了更多的钱。"三姑在金泽，妖焰特张。署知县黎庶昌怒取壤像焚之，而巫者犹然其灰以愚弄乡民，岁费金钱无算。是不能无望于后来者之整齐之也。"[②]在儒家看来，拜祭邪神、恶神是

① 钱泳：《履园丛话》，第418页。
② 光绪《青浦县志》，卷三"建置·坛庙"。

450

一种罪恶，正是淫祀。黎庶昌在青浦"隳淫祀"，只是短期突击的运动，迷信回到一个可以接受的状态，当初看不下去的儒学人士也就作罢了。

儒教去邪神并非激进的隳庙一法，它还有很多温和的做法，其中之一便是宽容地收编。很多邪神后来都被儒、道、佛教承认和接纳，转化为正神。儒教不承认那些歪门邪道的鬼魅，但能够接受民间信仰中替天行道的神明。有些正神，如李冰、岳飞、杨震、黄道婆、天妃天后，从祠祀系统中出来，有善良、公正和纯洁的神性，合于儒家仁义、忠恕理念，受到册封。还有些邪神（狐仙、妖精、厉鬼），原本会作恶、兴乱、忤逆，不够道德，不该祭祀，也不入祀典。但是他们有时也活泼显灵，具有人性，更重要的是，汉人的宗教观念认为鬼魄可以转化，鬼魄的冤屈得到申告，恶性就会减少，更会离开人间，不再纠缠。有些神祇开始确是邪神，供奉得当，就会转为正神。如汉末荆州地区流传的"关公"信仰，就是一个因身首分离、冤屈难申的作恶之邪神。经过佛教、儒教的长期供奉，最后被册封，转化成正神。[1]

金泽镇供奉邪神，除三姑庙之外，还有五圣庙。金泽镇有两座五圣庙，一座称为"五圣庙"，位于东胜港，毁去之前是清代建筑；另一座称为"五路堂庙"，位于周家圩，毁去之前是明代建筑。[2]五圣庙和五路堂庙，都在"文革"前后被拆除。拆除之前，两庙被禁止香火多年，以至于本镇人士也已经不太了解当年情况，只知道两庙供奉的是一位"亦正亦邪"的五圣爷。江南地区一般传说的五圣爷，是五个江洋大盗，也是财神爷。本镇传说的五圣爷版本还有所不同，他是一个争勇斗狠、游手好闲、作恶

---

[1]　参见本书第二章《众教之渊：金泽镇诸神祠》"关帝庙"一节。
[2]　青浦区金泽镇人民政府编：《江南第一桥乡——金泽》，上海，百家出版社，2001年，第13页。

多端，还会调戏妇女的泼皮，人称"阿五"。阿五死后，作祟有术，一旦沾染，就会遭殃，于是被民间封为邪神，立一个五圣庙供奉。[①]这种规避邪神、向鬼魅妥协，达成消灾免祸的祭祀，并非是要学习恶魔，做个坏人，而是趋利避害的现实主义。从"持正"的儒家立场看，供奉五圣是"不分是非"。从民众立场看，规避恶势力是自我保护，未尝不是一种理性态度。

明初以来，太湖流域的松江、苏州、常州、湖州、杭州各府，都供奉五圣，情景非常突出。清初，江南文化受到北方朝廷的严厉打击，尤以苏、松二府为重。按《陔余丛考》考证，"五圣者，宋元已有之，而非起于明祖矣"。明清江南地区供奉的"五圣"，即唐代从徽州流行开来的"五路""五通""五显"等鬼祟。明太祖大封功臣时，江南纷纷立祠，要求抚恤当地将士的亡灵。朱元璋对晚上在梦境中纠缠他的亡灵说："汝固多人，无从稽考，但五人为伍，处处血食可耳。命江南人各立尺五小庙祀之，俗谓之'五圣庙'。"[②]可见五圣庙是朱明为安抚江南设立的官庙，崇拜的是那些阵亡将士，是江南文化的一个重要特征。然而"五通"自唐代起就是一个邪神，有说是"心作恶，口说空，欺木石，吓盲聋，牛阿房，鬼五通"[③]。民间认定五圣爷会作祟，"树头花间，鸡埘豕圈小有灾殃，辄曰'五圣为祟'"[④]。五圣庙的谱系，起始为邪，终难归正，唯正邪调谐，人心倒也安然。

① 曹同生：《金泽千年桥庙文化》，上海，浦东电子出版社，2003年，第197页。
② 赵翼：《陔余丛考》，卷三十五"五圣祠"，第774页。
③ 郑愚：《潭州大为山同庆寺大圆禅师碑铭》，见《唐文粹》卷六十三。转见范荧《上海民间信仰研究》，上海，上海人民出版社，2006年，第247页。范著综合宗力、刘群《中国民间诸神》（河北人民出版社，1987年）的收集，对作为邪神信仰的"五通""五路"做了深入研究。另外，刘仲宇认为"五通的原型，乃是自古流传的山魈木客这类妖精"（《中国精怪文化》，上海，上海人民出版社，1997年，第135页）。
④ 赵翼：《陔余丛考》，卷三十五"五圣祠"，第774页。

本来以"尺五小庙"规避一下鬼祟，于江南社会无伤大雅。以拍马作秀、死唱高调来邀宠的清初理学名臣汤斌，在康熙二十三年（1684）领到谕旨，出任江苏巡抚，整肃江南风俗。汤斌从打击五路邪神下手，隳五通庙，改造为关帝庙。汤斌在《毁淫祀以正人心疏》中称："苏、松淫祠，有五通、五显及刘猛将、五方贤圣名号，皆荒诞不经。"[①]然而，汤斌隳五圣等神并不是简单的反淫祀，内中含有机巧，值得细究。反对淫祀的朱熹提醒地方官员对隳庙要谨慎行事："人做州郡，须去淫祠。若系敕额者，则未可轻去。"[②]江南五圣庙曾经朱元璋"敕额"无疑，应在"未可轻去"之列。清朝入关后，多尔衮曾表示"清承明制"，保留明朝制度，不多加拆除和改造。汤斌看准机会，可以邀功，表面上审定五圣庙为淫祀，施行隳庙，实质上是借刀杀人，割除五圣庙背后的江南信仰特征，让人心归顺朝廷。险恶之处在于，他将含有朱明特征的五圣庙，改造成清朝追捧的关帝庙[③]，实属消灭江南的文化认同，归属清朝，和"削发令"异曲同工。

江南人民顽强供奉五圣，汤斌隳庙以后又渐渐恢复。五圣作为一种邪神信仰，很可以透见江南人的心态。清末上海租界内外实行地方自治制度，中央管制逐渐式微，五圣卷土重来。近代上海人熟知的五圣仍然是个邪神，有《点石斋画报》记录为证："相传（五圣）神为盗魁……诚绿林中豪杰也。"[④]正月初五，

---

① 汤斌：《毁淫祀以正人心疏》，转引自黄伯禄《集说诠真》，光绪三十二年（1906）上海慈母堂排印本。

② 黎靖德编：《朱子语类》，第48页。

③ "满族崇拜关羽"，称为"关玛法"，为立"武庙"的情况，参见朱维铮《走出中世纪》（上海，上海人民出版社，1986年）中《在中世纪晚期的〈三国演义〉》（第111—124页）的论述。

④ 吴友如等绘：《点石斋画报·庙祀财神》，张奇明主编：《点石斋画报》（大可堂版），上海，上海画报出版社，2001年。

上海和江南各地遍供五圣，奉为财神，居然是五个拦路的强盗，这个确实是蛮邪乎的。五圣的性格就是"邪"，这一点民间是知道的。在上海方言中，"阿五"是形容那些令人讨厌的坏人。鄙视某人，就斥之为"阿五卯"，显然是五圣信仰在吴方言中的孑遗。[1]阿五、三姑这样的恶鬼、邪神，居然和圣贤同祀。于是，注重教化的儒教，指责为淫祀。

江南民间信仰有一种"神鬼相分"的特征，即在祈求神明的同时，也会设法躲避和驾驭鬼魅，不使为害。江南人用各种方法安抚厉鬼，懂得神鬼相分的道理，才能理解汉人的宗教伦理。汉人奉鬼，其实并不是崇敬邪神，而是设法与鬼魅周旋。江南的信徒们有一套对付鬼魅的方法。在金泽镇，每年的三月廿八和重阳两次香汛，仍然都有东岳大帝的出巡。老爷出巡的功用，就是安抚本镇的恶鬼、厉鬼。抬出正神，压住邪神，不让鬼魅为恶，这是江南各地迎神赛会的主题。[2]在平日里，信徒们则会供养这些鬼魅，给它们烧钱、送食、做新衣服，状如哄骗吵闹不懂事的坏小囝。

不只是一般民众与鬼祟周旋，重视正神主导作用的体制性宗教也与鬼魅做交易。道教、佛教发明了符箓、咒语和揭帖，用以驱赶、规避瘟疫、鬼魅。道教、佛教多用正神来压制邪鬼，"神是善的，是人类的保护者，而鬼是邪恶歹毒的。中国人将前者当作他们与后者作斗争的同盟与工具，符就是他们所采用的这样一

---

① 上海方言中，"阿五"又被记作"阿胡""阿糊""阿乌""阿污"，参见《吴方言词典》（上海，汉语大词典出版社，1995年）各词条。《吴方言词典》录"阿污西西"一语，实应记作"阿五兮兮"（即"像阿五那种坏人样子"的意思），盖因不知出处的缘故。

② 曾在"廿八香汛"中访问金泽镇，镇上人说这几年政府不让抬老爷出巡，怕人群轰动，有安全问题。

种独特手段"①。20世纪初年，耶稣会上海会区的禄是遒神父，在江南地区的纸马店、寺庙以及《秘传万法归宗》《趋吉避凶全书》等书籍中搜集到大量符箓和咒语，"多出自僧人，尤其是道士之手，可用于医治疾病，防止或控制瘟疫、抵拒魔鬼、对治各种邪恶势力，并为人间一切不祥求得诸神的护佑"②。这些符箓单张，在城乡到处出售，信徒都广泛采用，"支配着中国各群体的人们，从平民百姓到儒家学者，乃至在位统治者们的精神世界"。③

禄是遒的《中国民间崇拜》将江南人所用符箓中的动作语言归类，排为系列。面对鬼祟，信徒们使用"战、镇、治、救、除、伏、袚、劾、禳、解、遣、禁、去、驱、辟、散、送、厌、御"④等词，可证这些符箓的功用只是驱除鬼祟，而不是消灭它们。这种规避鬼魅的做法，和一味崇尚仁义的儒教及殊死搏击魔鬼必欲除之而后快的伊斯兰教、基督宗教之强硬态度很不相同，比较现实和实际。与鬼祟周旋，表面上看肯定是一种犬儒主义非原则的态度，却正好表现了江南的民间精神——以柔克刚。上海地区信徒对一些鬼魅神祇的祭祀，表现了江南人的性格：即使面对邪恶，仍然是因势利导，变害为利。

按汉人宗教的观念，每个厉鬼都有各自为恶的原由。或者生前蒙冤，或者死时惨烈，或者过早夭亡，或者死后无嗣，这些魂魄一般都难以升天，都会滞留在地府，为厉鬼，都要妥为祭祀。于是，那些夭折、屈死、刑杀、孤寡死去的冤魂，都要抚慰。这种做法看起来又像是一种东方宗教形式的人道主义。在古代，对

---

① 禄是遒著，程群译，李天纲审校：《中国民间崇拜·咒术概观》，上海，上海科学技术文献出版社，2009年，英译版序，第3页。
② 同上书，第4页。
③ 同上。
④ 同上书，第2页。

战争对手的亡灵也都会妥为照顾。传说元末上海县士绅钱鹤皋，因率兵反抗朱元璋被杀，"临刑，白血喷注。明祖异之，恐为厉，因令天下设坛，祭鹤皋等无祀鬼魂"①。钱鹤皋受刑时冒白血，冤屈而死，朱元璋怕他成厉鬼为害四方，命令全国设厉坛，祭祀安抚。还有，传说孙权杀死关羽后，将首级斩下，赠送给曹操。曹操害怕关羽身首分离，鬼魂将会为害，在洛阳盛葬关羽。这些故事都说明，汉人对于屈死的鬼魂，有着比西方人宗教意识更为复杂的审慎态度。

"敬邪神"，在汉人信仰的儒教时代并不是一个十分严重的问题。中国学术国际化以后，和西方现代宗教比较，发现中国人的邪神信仰确实是非不分，善恶混淆，并归结为中国现代化进程中的难题。社会学家费孝通在英国写作博士论文，说："我们对鬼神也很实际，供奉他们为的是风调雨顺，为的是消除灾祸。我们的祭祀有点像请客、疏通、贿赂，我们的祈祷是许愿、哀乞，鬼神对我们是权力，不是理想；是财源，不是公道。"②费先生是江南人，家乡吴江县的开弦弓村（江村）离青浦金泽镇仅十数里水路，属于同一信仰圈，他说的情况真实有感。柔性温和、吴侬绵软的江南人，哪怕对于邪神，也是与之共舞，和平相处。在西方宗教，现代理性看起来，就是一种"非理性"。

传统宗教制度下的非理性，并没有对江南地区的现代化产生非常负面的影响。因迷信而妨碍现代化建设的情况，在长江三角洲地区并不突出。明清以来的城镇化发展，乃至1843年开埠后上海大工业城市化的出现，江南地区的传统文化，包括其独特的信仰方式，都没有阻碍现代化。长江三角洲地区的小城镇继续发

---

① 毛祥麟：《对山余墨》，《香艳丛书》，长沙，岳麓书社，1994年，第604页。
② 费孝通：《人生漫笔》，同心出版社，北京，2001年，第258页。

展自己的棉纺织业、丝绸制造业和各项手工业，直到清末戊戌变法之前，江南人一直保持着完整的传统信仰。现代上海崛起后，上海租界和华界都保存并发展了儒、道、佛系统的祠祀和寺观。其他县份的江南人民，都保留了大部分的土神，并带着家乡的神祇进入大上海。现在需要更多研究的，是江南传统文化如何转型成为现代都市制度的一部分。

传统宗教伦理，并非一定是现代化的障碍。不举行反迷信、移风易俗、取缔民间宗教的意识形态批判，单就经济发展而言，问题并不太大。在东亚地区，日本、韩国、新加坡以及我国台湾、香港、澳门等地区都在保留传统宗教的同时，成功进行经济"现代化"。这些国家和地区在经济、政治、文化领域中实施了一些西方化的改革，但就传统宗教而言，这些改革只可以说是更新，并不是改造，更不是取缔。马克斯·韦伯对中国宗教不可能发生资本主义伦理，因而也难以进入现代社会的宣判，并非"儒教与道教"的宿命。[①] 近30年来，江南人在经济全球化中取得成功，如果就此讨论经济伦理和宗教信仰之间的关系，那么可以说他们在生存中的克勤克俭、灵活变通的态度，与信仰上一贯的知天乐命、与神鬼共处的精神，有着"韦伯式"的联系。

1995年初春，费孝通先生重访江村，回到苏州。在西园宾馆，费先生接受上海电视台纪录片《费达生》节目组的采访。应编导王韧的邀请，笔者担任学术顾问，给费先生设计提问。提问中有一题："传统文化是否为江南经济发展的障碍？"费先生的回答很坚定，就是承认江南文化的积极作用。他认为：江南社会

---

① 马克斯·韦伯对中国宗教不能产生资本主义的论断，参见氏著《儒教与道教》。另，鉴于日本和"亚洲四小龙"在保留传统文化的同时发展资本主义经济，余英时先生在20世纪80年代著《儒家伦理与商人精神》（广西师范大学出版社，2004年），试图修正韦伯命题。

的下层，具有很强的活力，只要政策得当，不搞意识形态的运动，少干预社会结构，江南经济的现代化，一直非常强劲。[①]由于采访主题是城市化，而笔者当时还没有完全转入宗教学领域，所以没有专门提问民间宗教和江南现代化的问题。费孝通先生晚年主张文化多样性，他对中国宗教和现代化之关系，应该是改变了看法的。《南方周末》披露2000年他在上海的谈话："你说中国是没有宗教的，但是'五四'以后那一代知识分子，有一些先进的人是有宗教的，有这种宗教般的热忱。"问题并不很确定，可能是想问，宗教精神是如何激励费孝通这一代表面上反宗教的知识分子？费先生回答说：江南知识分子，如顾炎武"天下兴亡，匹夫有责"的精神，确实来源于宗教。像他姐姐费达生从事丝绸产业的热情，"除了一种宗教性质的热忱之外，是没有凭借的"[②]。晚年费孝通大约是承认了江南人的传统宗教，也有理性激励作用。

血食：祈、报及"祭如在"

2011年4月30日，农历三月二十八日，正逢金泽镇廿八香汛，和宗教学者安伦先生在当地做调查。在镇东头的杨震庙里，又一次遇见颐浩禅寺的年轻和尚——演智法师。演智一袭袈裟，在杂乱的香客中间并不自在。最为难的是，杨震庙供的都是些牲品：猪头、蹄髈、肋条、青鱼、鳊鱼，样样都有。当代的佛教、道教，如上海市区的玉佛寺、静安寺、龙华寺、城隍庙，都是"素祭"，杨震庙却是"血食"。青浦区佛教协会及金泽镇颐浩禅

---

① 此段文字，因找不到当时笔记，是根据记忆录写的。2012年3月24日回忆这段采访的时候，和上海电视台纪实频道编导王韧就一些细节进行过确认。
② 《费孝通先生访谈录》，《南方周末》，2005年4月28日。

寺代为管理杨震庙，演智法师是闽南佛学院毕业生，守佛教茹素戒律，而这里的信徒们用的却是儒教、民间宗教的牲祭，再加上震耳欲聋的"高升"和鞭炮，与安静的颐浩禅寺气氛完全不同，让他难以接受。法师眉心不展的样子，一定是在埋怨这里的祭祀，实在不及一里之外镇上的颐浩古寺那么高雅圣洁。

演智法师或许不知，古代儒教的祭祀差不多也就是这个样子。燔燎——借烟火上达天庭，带去信徒祝祷中的意愿；献祭——用祭品供亡灵来享，引诱鬼神降临；各种各样的手段，包括血腥的牲物，高腾的火焰，喧闹的声音，都是加强祭祀中的气氛，帮助接通祭祀者与神明的联系，古人称为"用气"。《礼记·郊特牲》说："血腥爓祭，用气也。"[1] 郑樵所著《通志·礼略·吉礼·宗庙》概括中国古代血祭传统，说："唐虞立五庙，其祭尚气。先迎牲，杀于庭，取血告于室，以降神，然后奏乐。尸入，王裸以郁鬯。"[2] "其祭尚气"，喜欢盛大、浓郁、芳香、热闹的气氛，这是汉民族信徒从古至今与神明对话的基本方式。当代中国允准的五大宗教（佛教、道教、伊斯兰教、天主教、基督教）的祭祀活动，都不采用血祭的方式，只有民间信仰保持这一传统。习俗的力量非常顽强，大多数的丧户都会在家里死去的亲人相片前点一炷香，供上鸡、鸭、鱼、肉等熟食。上海市区玉佛寺等大庙，按教规不允许带荤腥食物来做道场。金泽镇的规定没有这样严格，道士、和尚在庙外主持的家庭道场自不必说，吹拉弹唱，加荤素食品都无所谓。庙里道场，如果信徒一定要供荤品，住持和尚们也一眼开一眼闭，愿意通融。

儒教"血食"，用牛、羊、猪等动物。后来兴起的道教（全

---

① 孔颖达：《礼记正义·郊特牲》，《十三经注疏》影印本，第1457页上。

② 郑樵：《通志》，北京，中华书局，1995年，第637页。

真派）和印度传入的佛教主张"素祭"，用鲜花、瓜果、菜蔬和奉香来祭祀，儒、道、佛的祭祀，与此不同。在儒教经典中，祭品规定为牲祭，即采用动物全体或者头部，或者烹煮过的肉类食品，来祭祀亡灵。古代牺牲是现场屠宰，直接以血肉相荐。后世有烹煮后，置于青铜鼎器中相荐，仍称为"血食"。儒教从节制用牲的原则出发，规定无故不得杀生，且牲祭分为轻重等级，有"太牢""少牢"和"馈食"数等。《大戴礼记·曾子天圆》："诸侯之祭，牲牛，曰太牢；大夫之祭，牲羊，曰少牢；士之祭，牲特豕，曰馈食。"牛、羊、豕，儒教称为"三牲"。按《礼记·王制》的规定，天子用"太牢"（亦称"大牢"，用牛牺牲，即"牲牛"，合羊、豕二牲，为"三牲"），诸侯只能用"少牢"（羊、豕二牲）："天子社稷皆大牢；诸侯社稷皆少牢。"最低阶层的庶人平民，在春韭、夏麦、秋黍、冬稻等时令农产品祭祀的同时，可以适当地配上一些鸡蛋（卵）、鲜鱼（鱼）、猪肉（豚）、大雁（雁）等鲜品猎物祭祀，称为"荐新"："大夫、士宗庙之祭，有田则祭，无田则荐。庶人春荐韭，夏荐麦，秋荐黍，冬荐稻。韭以卵，麦以鱼，黍以豚，稻以雁。"①

儒教以血食，是自古以来的传统。许慎《说文解字》说："祭，祭祀也。从示，以手持肉。"②"以手持肉"，就是一个形象的血祭场景。关于"血"字，《说文解字》的解释也是关于祭祀的，"血，祭所荐牲血也"。按段玉裁注："古者茹毛饮血，用血报神。"③"用血报神"，就是用动物的血气向众天神、地祇祭祀。汉代以上，儒教礼官都把血食看作维持国祚和文明的根本措施。《史记·陈杞世家》："太史公曰：舜之德可谓至矣！

---

① 孔颖达：《礼记正义·王制》，《十三经注疏》影印本，第1337页上。
② 许慎著，段玉裁注：《说文解字注》，第3页下。
③ 同上书，第213页下。

禅位于夏，而后世血食者历三代。"司马迁是说夏、商、周三代文明能够延续，血食祭祀是个象征。《史记·李斯列传》又说："三者逆德，天下不服，身殆倾危，社稷不血食。"司马迁把"不血食"列为三种"逆德"行为之一，可见其对周代祭祀的维护。

《礼记·郊特牲》竭力维护周代祭祀，其中解释牺牲品的作用是"合阴阳""分魂魄"："凡祭慎诸此：魂气归于天，形魄归于地。故祭求诸阴阳之意也。殷人先求诸阳，周人先求诸阴。"血食的功用，便是为了加强阴阳之间的调和，分辨魂魄的种类。《郊特牲》记录夏、商、周三代加强血祭效果的补充方法："血祭，盛气也（加强阳气）。祭肺肝心，贵气主也。祭黍稷加肺，祭齐加明水……"[1]按唐代经师孔颖达对《礼记》这段经文的解释："周祭肺，殷祭肝，夏祭心。"即周代祭祀，三牲之外加肺，商代加肝，夏代加心，用以调和阴阳。另有"明水"，是在月光下用金盆取到的露水，以增加阴气。用五谷祭祀要加肺，用酒水祭祀要加明水，都是为了调和阴阳。儒教血祭保留了原始信仰，和古代萨满式的巫教有密切关系。唐以后的儒教，崇尚经典，一直没有追随佛教、道教，没有对《仪礼》《周礼》《礼记》中的祭祀礼仪作出重大改革，因而保存了古代祭祀中的血祭（血食）习俗。

朱熹作《家礼》，曾对儒教祭祀作了整理和改革，也参照过佛教、道教的一些斋戒仪式，但基本上维持了周代的血祭传统。在"祭礼"部分的"四时祭"中，朱熹主张像佛教、道教那样严格斋戒，祭祀前三日"沐浴、更衣。饮酒不得至乱，食肉不得茹荤。不吊丧，不听乐，凡凶秽之事，皆不得预"。四时祭属于节

---

[1] 孔颖达：《礼记正义·郊特牲》，《十三经注疏》影印本，第1457页中。

气祭祀，比较素雅，"每位果六品，菜蔬及脯醢各三品，肉、鱼、馒头、糕各一盘，羹、饭各一碗，肝各一串，肉各二串"[1]。祭祖礼仪则不同，因为沾染魂魄，朱熹主张在具馔时可以更加血荤一些，"杀牲，主人割毛血为一盘，首、心、肝、肺为一盘，脂杂以膏为一盘，皆腥之"。[2]朱熹在《家礼》列羊、猪的首、心、肝、肺为祭品，是对《礼记》"盛气"原理的自觉继承。朱熹坚持儒教血祭传统，与佛教、道教祭礼有所分别。

宋明儒家坚持血食，秉承道统，意在区别于从祠祀系统分离出去的道教。朱熹曾以二郎神（李冰第二子）的案例来说明儒教血食的重要性，《朱子语类》卷三"鬼神"有："论鬼神之事，谓：蜀中灌口二郎庙，当初是李冰因着开离堆有功立庙。今来现许多灵怪，乃是他第二儿子出来。初间封为王，后来徽宗好道，谓他是什么真君，遂改封为真君。向张魏公用兵，祷于其庙，夜梦神语云：'我向来封为王，有血食之奉，故威福用得行。今号为真君，虽尊，凡祭我以素食，无血食之养，故无威福之灵。今须复我封为王，当有威灵。'魏公遂乞复其封。"故事说的是宋徽宗封李二郎为"真君"，把他赐给道教。道教素祭以后，真君不再显灵，改回原封号"王"，复用血食，又供牺牲，这才恢复了活力。朱熹说："大抵鬼神用生物祭者，皆是假此生气为灵。"[3]朱熹固然是以气来解释血食，但也是以儒教血食与道教素食相区别，确保儒教的正统。

牺牲祭品的功用到底是什么？主张儒教理性主义的学者历来以为这只是一种习俗，祭祀者只是借此表达思念之情，并不认为有鬼神来享用祭品。然而，理学原来的解释并不如此，朱熹与

---

① 朱熹：《家礼》，《朱子全书》（七），第936页。
② 同上书，第942页。
③ 黎靖德编：《朱子语类》，第49页。

学生的答问："（学生）问：祭天地山川，而用牲币酒醴者，只是表吾心之诚耶？（朱熹）曰：若道无物来享时，自家祭甚底？肃然在上，令人奉承敬畏，是甚物？若道真有云车拥从而来，又妄诞。"[①]全面地理解这段答问，看出朱熹认为当然是有灵魂"来享"祭物的，否则不用祭祀。不过，来享用的并非道教传说中的云车，真有仙人下凡，而是气一样的无形之物。在祭祀问题上，朱熹是有神论，而非无神论。

直到清代，儒教祭祀秉承《仪礼》《礼记》和《周礼》，坚持用牲。《清史稿·祀典志》记载文庙祭孔仪礼，祭品有：牛（正坛）、羊（正坛一、配坛四）、豕（正坛一、配坛四；两哲二，分为十二盘；两庑二，分为一百二十四盘）、帛（九坛各一，白色，长一丈八尺）、檀香（各一两）、烛（共三十斤）、榛仁、菱米、芡实、枣、栗（以上每笾二斤）、形盐（一斤）、蜜造麦面饼、蜜造荞面饼（每笾十八圆）、干鹿脯（五块，无鹿脯以羊脯代）、藁鱼（每笾三尾）、芹菜、笋、韭菜、菁菜、造醢兔、造醢鱼、造醢猪肉（每豆二斤）、造醢鹿肉（无鹿以羊代）、造脾、肵、猪肚（每一副）、造豚白、猪胯（每一方）、黍米、稷米、稻米、粱米（每五升）、酒（每樽二斤）。清代祭孔首列"三牲"，为"太牢"；次有各类"荐新"品类；再次鱼、肉干脯，加米酒若干。值得注意的是，至清代为止的祭孔仪式，仍然不参合鲜花瓜果，以示纯粹。

按儒教礼制，祭祀用血食，牲祭；受到佛教、道教的影响，民间祭祀也用素食，祭花果。因此，江南的民间祭祀有用牲祭，也有用瓜果鲜花祭祀——诸果献，是一种血、素混合的祭祀。其实，汉代学者整理《礼记》的时候，已经兼用血食和

---

① 黎靖德编：《朱子语类》，第46页。

素食，以血食牲祭为主，以素食果蔬献为辅。儒生叔孙通（生卒年未详，山东滕州人）为汉高祖刘邦（前256—前195，江苏沛县人）恢复祭祀制度，是汉代制度的奠基者。一天，已经成为太子太傅的叔孙通和汉惠帝一起去离宫春游，还在思考祭礼问题。途中见樱桃遍野，忽发奇想，决定用樱桃祭祀祖先，后人以为是儒教"诸果献"的起源。《史记·叔孙通传》："惠帝曾春出游离宫，叔孙生曰：'古者有春尝果，方今樱桃熟，可献……'上乃许之，诸果献，由此兴。"元马端临同意司马迁的说法，也以为"诸果之献由此兴"，[1]后世祭祀兼用蔬果的礼制源于此。唐司马贞（生卒年不详，河南沁阳人）以为不然，《史记索隐》据《吕氏春秋》"仲春羞，以含桃先荐寝庙"句，则以为战国时期已经用瓜果祭祀祖先。

儒教祭祀的主祭品，按等第分用太牢（牛、羊、豕）、少牢（羊、豕）和一般馈食（豕）的牲祭，花果菽稻，只是作为辅祭用品。牲祭的祭品，对品种、部位、大小都有严格规定，且以此决定祭祀的等级。四时轮替，万物生焉，儒教祭祀相信时鲜可以调解阴阳，谓之"尝祠"。儒教用一些时鲜土特食品，给神明调剂享受，补充"正祠"。马端临《文献通考》引《汉旧仪》："尝祠：正月尝韭，又尝羔，六月尝黍，七月岁事，八月尝酎、特牛，九月尝雁，十月尝稻，十一月岁事，又赛祷。凡正祠一岁二十二，原庙一岁十二祠，有闰加一祠，皆用太牢。"尝祠中所用的祭品"韭""黍""稻"为农产品；"羔""特牛""雁"是禽、肉产品；"酎"则是正月初一开始酿制的祭祀用酒，"八月

---

① 马端临：《文献通考》，卷九十七"宗庙考·祭祀时享"，北京，中华书局影印本，1986年，第881页上。

成，名曰酎酒"。"八月，诸侯王酎金助祭。"[1]皇帝在八月份尝祠仪式上，以酎酒的名义，召集分封在各地的诸侯王，请他们赞助全年最盛大的祭祀。祭祀之后，共享此酒。经过汉代修订的儒教祭祀，正祠仍然"皆用太牢"，是正餐。花果菽稻，还有野味特酿，供鬼神们调剂口味和尝鲜之用，算是点心。尝祠制度，在宋、元、明、清时期一直保存。儒教祭祀庄严隆重，虔敬如在，儒教的"鬼神之为德"同时也充盈着一股享乐主义。

中国各宗教教派的祭祀活动中，只有儒教坚持血食，用动物做供品，供神明享用；汉传佛教和道教从戒杀生的教义出发，采用素食。民间信仰既有厚待先人亡灵的朴素想法，同时又受到儒教传统的家祭、族祭礼仪规定的影响，自然也是使用血食来祭祖。金泽镇人人熟悉祭祀文化，老人们都知道"老爷吃荤，菩萨吃素"的祭祀原理。汉族及江南人民有一个比较特别的宗教观念——祭重饮食，用食物做"供品"，做人神沟通的媒介。祭祀以后，祭坛上下来的供品大家分食。在金泽镇杨震庙，远道而来的信徒们从家乡带煮过的整个猪头、整条肉排来祭祀。回家后，全家、全族重烹再食这些回锅肉。调查中询问信徒，回答很一致，都说是杨老爷吃过的肉，人吃了会沾染福气，不生病。从宗教学的观点看，这种说法的含义是：经过亡灵眷顾的供品，再次食用，人神共享，牺牲品就成为人神沟通的媒介。

"三礼"（《仪礼》《周礼》《礼记》）中的祭祀体系，自汉代

---

① 以上所引，均见马端临《文献通考》，卷九十七"宗庙考·祭祀时享"。"酎"，按《左传·襄公二十二年》"见于尝酎"，就是一种八月酿成的当年新酒，用于秋天祭祀中的"尝祠"。按《说文解字》，"酎"还有另一种解释，即是一种重复酿制的"三重醇酒也"。然而，"酎"绝非有人误认为的"蒸馏酒"（白酒、烧酒）。这里的三重酿制，应该只是反复过滤，数度调制的意思。

以后由儒家经学家维持，执行到明清时期，历有修订，基本未变。廿八香汛日，我们看到金泽镇杨震庙殿堂前的大规模牲祭，一字排开，鸡鸭鱼肉，层层叠叠，前后相拥，好不壮观。金泽镇的民间祭祀，不自觉地遵守着传统祭祀的"百姓馈食"礼制，没有牛（"太牢"）、羊（"少牢"），只有猪，加上鸡、鸭、鱼、瓜、果、菜、蔬而已。然而，当代祭祀中的违制、僭越行为正在发生，信众祭品呈现出极大的多样性。前来祭祀的渔民、农民、工人、商人、职员，都以日常所食的动、植物献祭，芋艿、茨菰、茭白、竹笋、枇杷、荔枝、香蕉、鹌鹑、鸽子……种种传统"荐新"食物不论，像洋烟、洋酒、口香糖、汉堡包等未见于礼经的荤素食物，层出不穷；更有古代纸马店不售、现今花圈店大卖的冥用别墅、豪宅、轿车、手机、麻将、西装。当代江南人民的祭品，"礼崩乐坏"，远远突破了"三礼"的规定，此可曰"违制"，即所谓"三千年未有之大变局"，宗教学者称之为世俗化、现代性。

长江三角洲素称"鱼米之乡"，有着丰富的动植物、瓜果菜蔬资源。明清时期，这里发展出巨大的手工业生产力，日常用品繁复、细致；清末民初，本地又进步为中国工业化的先驱，中西物件众多，且又时尚。发达的生产，富裕的生活，为祭祀活动提供了多样化的祭品，容易往淫祀方向发展。江南的民间祭祀传统，素称"奢靡""僭越""违制"，不同于风气滞重的中原和北方。最近二三十年中，祭祀仪礼在江南和上海地区渐渐恢复，新旧交错，并无定规。当代花圈店经营祭品之繁杂，混乱无章法，不亚于明清纸马店，又一次登峰造极。问题不在于多，而在于乱，民间的宗教生活确实需要整理。

金泽镇杨震庙的祭祀方式，有老香客维持，一直以血食为主。一些年轻女香客带着花束前来，作为供品，放在像前，但相对少见。船民信徒随船带来祭品，都是一些煮得半熟的猪头、蹄膀、肋条……也有一些瓜果，如苹果、生梨、香蕉……金泽镇的祭祀，整体上是祠祀传统，以香火、爆竹、牺牲和果蔬为主，管理也比较松散。杨震庙形制不小，但香烟缭绕，牺牲遍地，加上爆竹声声。寺庙管理处以防火安全为由，贴出告示，禁止信徒燃放爆竹，但是全然无用，只能放任。杨震庙的管理人演智法师告知，他不能严格执行鞭炮、爆竹燃放禁令，否则香火就没有了。可见传统祭祀方式的力量仍然很强。

杨震庙看上去是一座乡镇土庙的样子，其实各项祭祀倒是儒教传统，庙内的供品都杂乱无章地排列在大殿外的广场上，这个格局是从古代传下来的。按礼经规定，祭品要置放在"庙门之外"。《仪礼·士虞礼》："特豕馈食，侧亨于庙门外之右，东面；鱼腊鳖亚之，北上；馔爨在东壁，西面。"现在已经没有人懂得《仪礼》，或按照礼制来规定祭祀等级、祭品种类、摆放朝向、进退顺序，但民间的信徒还是自觉地按老习惯，把祭品摆放在庙门外。老百姓祭祀不用牛羊，也是老规矩。询问在杨震庙里供老爷的信徒们，为什么祭祀不用牛羊，他们都知道，"这个不可以的"。

通过祭品的中介达到人与神的共享、共融，这是许多宗教的通性。各种宗教都有自己的献祭形式。基督宗教，包括天主教、东正教和新教，是在犹太教基础上发展起来的人为教会。犹太教和中国宗教一样，也有类似的血祭制度。在《旧约·出埃及记》的第29章中，上帝和摩西订约，要他带领犹太人祭祀的时候，把公牛、公绵羊的血涂在祭坛上，然后焚烧牛羊的"两个腰子和腰子上的脂油"（第13、22节），中文译为"燔祭"（Burnt Offering）、"火祭"（Offering by Fire）。基督宗教的圣体礼，用象征性的手法，改进了犹太教血祭传统。在《新约·马太福音》

中，耶稣借"最后的晚餐"向门徒们规定"饼和酒"，代表他的身体和血，以为祭祀。[①] 基督宗教教会依据《福音书》，建立了"圣体"（Eucharist）仪式，不再用犹太教《旧约》中的血祭制度与神沟通。[②]

犹太教的血祭除了有"救赎"（Redemption）的祈求外，还有"共融"（Communion）的意义。救赎是信徒们通过献祭牺牲和食物，取悦天神，得到天神的恩典、保佑和宽恕，有实际的收获；共融则是通过一定的祭祀仪式，与亡去的先人作精神上的沟通，并不一定会得到什么报应和好处，只是达到一种精神上的满足。在中国，孔子提倡的"祭如在"，以及宋明以后的儒家学说更加重视"祈"，不特别强调"报"。儒家的如在观，与佛教、道教的报应理论相区别，是一种偏向于共融的宗教心理。朱熹等理学家解释"祭如在"，主张在祭祀中以"理""气"为媒介，沟通人神，参与化育。"言鬼神、祸福、凶吉等事，此亦只是以'理'言，盖人与鬼神、天地同此一理，而理则无有不善。人能顺理则吉，逆理则凶，其与祸福亦然，此岂谓天地、鬼神一一降于人哉？"[③]朱熹不否认天地鬼神的存在，而是主张用共融精神来更好地达到祭祀目的。祭祀中的鬼神并不是实际地"一一降于人"，这当然是一种更高层面的信仰实践。

---

① 《新约·马太福音》，26:26-28："耶稣拿起饼来，祝福，就擘开，递给门徒，说，你们拿着吃，这是我的身体。又拿起杯来，祝谢了，递给他们，说，你们都喝这个；因为这是我立约的血，为多人流出来，使罪得赦。"其余三福音也有关于圣体的记载。

② 犹太教原来也有血祭制度。《旧约》记载的古代犹太教，上帝"要试验亚伯拉罕"，命他用独生子以撒祭祀上帝，考验到最后关头才改用公羊来燔祭，故事见《旧约·创世记》，22:1-20。

③ 胡广：《性理大全》，卷二十八"魂魄"，文渊阁《四库全书》影印版，页二十二。

　　当代基督宗教强调与耶稣同在的"临在性"（Being），[①]重视共融甚于救赎。"与神同在"的基督宗教共融理论，可以和孔子"祭神如神在"的儒教祭祀理论相比较。中国宗教的如在理论，具有悠久而丰富的实践，可以补充当代宗教学。中国的民间宗教和儒教，很早就是一种与神共融的理论。儒教主张"祭如在"，愿意在祭祀场合与先人、先贤和先圣的魂魄融为一体，给参与祭祀的人以某种精神动力，帮助与祭者认识他与祖先、家庭、社会、国家和自然的关系。中国宗教借助祭礼、祭乐、祭舞、祭器以及祭品的运用，和灵同在，与神共融。这既是现代信仰可以汲取的重要因素，也是现代宗教学必须加以研究的极好对象。

　　涂尔干在谈到澳大利亚部落的血祭时，认为这种特殊的供奉起源于牺牲，是最原始的宗教行为。"血献给众神，是众神喜欢吃的食物。……因此，我们没有根据认为供奉观念是文明的后期产物。"[②]虽然认定血祭是一种原始宗教行为，但涂尔干认为这不是动物性的膜拜和祈求，而具有积极的思想意义。膜拜行为的真正原因，"存在于借助这些行为产生出来的内在的和精神的更新过程之中。崇拜者奉献给神的真实事物，并不是他摆放在祭坛上的食物，也不是从他的血管里流出的血，而是他的思想"[③]。儒教"祭如在"思想，既保存了"三代"血祭的原始形式，更表达了后世祭祀者通过祭品、食物和牺牲，在一个神人交融的空间里，进行"内在的和精神的更新"的意愿。

---

　　① 现代西方教会对于"圣体"意义的重新解释，参见Richard P. McBrien, *The Sacraments*, Part Five 的中文译本，麦百恩著，光启社编译：《圣事》，上海，天主教上海教区光启社，2002年，第43页"圣体圣事"。

　　② 涂尔干：《宗教生活的基本形式》，第449页。

　　③ 同上书，第454页。

《礼记·郊特牲》对祭祀的功能有所诠释："祭有祈焉，有报焉，有由辟焉。斋之玄也，以阴幽思也，故君子三日斋，必见其所祭者。""祈"（祈福祥）、"报"（报社稷）、"由辟"（弭灾祸）这三种诉求都是功利的，上帝未必都能实现。《礼记》作者当然知道"祈"是祈，"报"是报，祭祀未必能够消灾免祸。因此，在"斋之玄也"的感叹之后，作者又提出了祭祀功能的第四种——"幽思"。君子只要好好地斋戒三日，必定能与他向往的亡去的灵魂重逢，在精神上融为一体。孔安国（汉景帝至昭帝时在世，山东曲阜人）注曰："斋之日，思其居处，思其笑语，思其志意，思其所乐，则见之也。"[1]《礼记·郊特牲》这一段经文和注疏，发挥了孔子"祭如在"的想法，这种"幽思学"说也完全应得上涂尔干的献祭非关食物和血，而是"他的思想"的论断。

焚香：人神沟通之具

汉代儒教有一个重要特征，它主张在祭祀中"兼存三代"。孔颖达在《礼记正义·郊特牲》的注疏中说"周祭肺，殷祭肝，夏祭心"[2]。三代不同"德"，夏、商、周朝的祭祀，便在三牲奉献中添加不同的动物器官（周肺、殷肝、夏心），用以调节阴阳。三代不同祭祀的说法，不仅存在于汉、唐经师的注疏中，《礼记》《仪礼》的文本中也充斥着这个说法。《礼记·檀弓上》："仲宪言于曾子曰：'夏后氏用明器，示民无知也；殷人用祭器，示民有知也。周人兼用之，示民疑也。'"[3]按仲宪（原宪）也是孔子的弟子，他所传孔学是说夏代用地下的冥器陪葬，商代用地上的祭

---

① 孔颖达：《礼记正义·郊特牲》，《十三经注疏》影印本，第1457页下。
② 同上书，第1457页中。
③ 孔颖达：《礼记正义·檀弓上》，《十三经注疏》影印本，第1290页中。

器来供奉，而周代制度则兼用冥器和祭器，为的是让民众有一个选择，或者两兼，即所谓"疑"。"多闻阙疑，慎言其余，则寡尤。"（《论语·为政》）这两处的"疑"字，都不是怀疑、多虑、不决的意思，而是"多闻""兼听"的意思，这符合孔子的一贯思想，也可见先秦儒学在祭祀仪式上"兼存三代"的多元、开放态度。

《礼记·檀弓上》："夏后氏尚黑，大事敛用昏，戎事乘骊，牲用玄；殷人尚白，大事敛用日中，戎事乘翰，牲用白；周人尚赤，大事敛用日出，戎事乘骠，牲用骍。"①《仪礼·士冠礼》："委貌，周道也；章甫，殷道也；毋追，夏后氏之道也。周弁、殷冔、夏收，三王共皮弁素积。"②这些记载都表明孔子本人对于夏、商、周三代的祭礼很有研究，《礼记·中庸》："子曰：吾说夏礼，杞不足征也；吾学殷礼，有宋存焉；吾学周礼，今用之，吾从周。"孔子向杞国人学夏礼（"夏时"），向宋国人学殷礼（"坤乾"），这些都是周代还保留着的地方古礼。作为一个鲁国的儒者，孔子遵守自己家乡的祭祀礼仪，故而整体上"吾从周"。但是，从孔子对待夏、商、周不同文化遗产的平衡态度来看，他主张兼收并蓄。颜渊曾经问孔子：如何治理国家？"子曰：行夏之时，乘殷之辂，服周之冕，乐则《韶》《舞》。"③可见孔子的理想是文化多样性，算是一个多元文化主义论者。

按古代文献记载，夏、商、周三代的祭祀体系属于一脉相承的同一系统，但在具体制度（如尚色、建正、服饰）上各有特色。周代祭祀除了继承夏代"用气"，商代"用声"之外，自己发明出另一种祭祀方法——"用臭"。按《礼记·郊特牲》记

---

① 孔颖达：《礼记正义·檀弓上》，《十三经注疏》影印本，第1276页上。
② 贾公彦：《仪礼注疏·士冠礼》，《十三经注疏》影印本，第958页下。
③ 何晏、邢昺：《论语注疏·卫灵公》，《十三经注疏》影印本，第2517页中。

载："有虞氏之祭也，尚用气。血腥爓祭，用气也；殷人尚声，臭味未成，涤荡其声，乐三阕，然后出迎牲。声音之号，所以诏告于天地之间也；周人尚臭，灌用鬯臭，郁合鬯。臭，阴达于渊泉。"①也就是说，周代除了继承夏代祭祀用血淋淋的动物器官"加气"（夏用心，商用肝，周用肺）之外，还继承了商代祭祀用撼动天地的声乐来"加声"。此外，他们更发明了用香气袭灵的嗅味来加强祭祀效果，即"用臭"。周代祭祀综合应用"气""声"和"臭"，场面生动，有色、有声、有味，是一套复杂的祭祀体系。从某种意义上来说，中古、近代和当代民间庙会的祭祀，锣鼓喧天、鞭炮齐鸣、香烟缭绕，都是周代祭祀的特征，记在《仪礼》和《礼记》中。

焚烧，产生嗅味，用以献祭，沟通人神，这是汉人宗教的另一种基本方法。在古代文献中，有"燔"，有"燎"，用以祭天。《仪礼·觐礼》有"祭天，燔柴……"《说文解字》有"燎柴，祭天也"。《尔雅·释天》有"祭天曰燔柴"。燔、燎、焚的时候，信徒们或狂舞、高歌、欢宴，或祈祷、默念、许愿……复杂的内心活动，抽离的物质世界，经过熊熊烈火，袅袅香烟，蓬勃火气，到达神明，感动上苍。这时候，内心的信仰和上苍的悲悯结合，达到人神交融、天人合一的境界。按人类学家张光直的说法："燃烧，乃是使某种物体从一个世界转化到另一个世界的方法。"②焚烧，以达成天人合一，这是自古迄今中国人的基本信仰方式。在这里，外在超越和内在超越并不分割。

火燔和升香，让天上的上帝嗅到歆馨，促其降陟，这是《诗经》就有的祭祀方式。《诗经·生民》最后一章："卬盛于豆，于

① 孔颖达：《礼记正义·郊特牲》，《十三经注疏》影印本，第1457页上。
② 张光直：《考古人类学随笔》，北京，生活·读书·新知三联书店，1999年，第238页。

豆于登。其香始升，上帝居歆。胡臭亶时，后稷肇祀。庶无罪悔，以迄于今。"按郑玄注：豆，木质盛器；登，瓦质盛器。周代的祭祀者在豆、登里面盛满了馨香之物。按孔颖达疏："豆、登所盛之物，其馨香之气始上行，上帝则安居而歆享之。"[1]放在木豆、瓦登里面的"馨香"，现不知何物，估计和后来出现在《楚辞》中的木本、草本的"香草"差不多，是专门用来祭祀的香料。如此，我们可以说：在佛教传入中国，并且发明使用东南亚植物香料的焚香之前，周代祭祀已经开始使用馨香。

烧香礼拜，即用焚香的方式与上帝沟通，是明清以来中原汉人宗教最为突出的特征之一。中古以后，信徒们无论是祠祀，还是寺观，抑或土庙，乃至家祭，都用铜制香炉。儒教、佛教、道教的信徒们普遍使用焚香的方式来敬拜神明，成为华人宗教和西方宗教的重要分别。清末民初在江南地区生活的法国耶稣会士禄是遒神父说："中国熏香的气味，对于西方人的嗅觉神经来说是特别刺鼻难闻的。"[2]至今很多来玉佛寺、静安寺、龙华寺和城隍庙旅游的外国人，常常还是不能接受庙中焚香的味道。焚香，是中国宗教区别于西方宗教的重要特征。

其实，西方学者有关中西文化的比较并非天然正确，祭祀用香，与上帝沟通，在西方宗教中也很古老，起源于犹太教。在《旧约·出埃及记》第30章中，上帝对摩西说："你要用皂荚木作一座烧香的坛。"（第1节）"他要在耶和华面前烧这香，作为世世代代常烧的香。"（第8节）基督新教在宗教改革中废除了该项制度，天主教会、圣公会、路德宗和东正教至今保留用香传统，在举行大礼弥撒的时候，使用香炉作为辅助祭器，焚烧乳香（或

---

① 孔颖达：《毛诗正义·生民》，《十三经注疏》影印本，第532页中。
② 禄是遒著，沈婕、单雪译：《中国民间崇拜·岁时习俗》，第47页。

松香），给上帝献香（Biblical Incense）。在宗教场合焚香的基本作用，就是借馨香悠远，上达天听，与神交融。现代基督宗教不强调焚香，也不用异香，一般信徒便认为焚香不是基督宗教传统。反观中国宗教（佛教、道教和儒教），祭祀大典的供奉之外，信徒在个人礼拜中也焚香，一入寺庙，香烟缭绕、香气袭人，和西方宗教的教堂有很大的分别。

周人已经在祭祀中利用香味，用升香加强祭祀效果。周代祭祀的升香，是植物香料和酒精挥发的复合效果。《礼记·郊特牲》："周人尚臭，灌用鬯臭，郁合鬯，臭，阴达于渊泉。"祭祀之前，先用浓郁的香草与本已加了香精的鬯酒混合，洒在地上（"灌"），让香气渗透到地底黄泉，接通鬼神。"既灌，然后迎牲，致阴气也。"①虽然周人用香味诱神，但升香是辅助祭祀，"灌用鬯臭"，是为迎牲做准备，祭祀的主题仍是牺牲——让神吃饱吃好。《周礼》规定的礼器，用鼎盛肉，用爵盛酒，用簠簋盛稻粱菽麦，用豆盘盛香味调料。祭祀的时候，礼器一字排开，盛大庄严，用香却不成制度。中原祭祀少用焚香，和本地区缺乏香料有关。与神沟通，需要奇香，而黄河流域战乱频繁、开发过度，植被早受破坏，香料资源匮乏。秦汉时期，长江流域植物资源丰富，屈原《离骚》中"香草美人"段落有句："扈江离与辟芷兮，纫秋兰以为佩。""朝搴阰之木兰兮，夕揽洲之宿莽。"其中江离、辟芷、秋兰、木兰、宿莽，都是草本香料植物，大夫贵族用于美容熏身，泥饰堂厅。吴、楚地区日常生活大量使用香料，但较少在周代祭祀文献中记载。

周代偶有升香记载，但并不成为独立的祭祀制度。唐代以后广泛应用的焚香礼神，与中国古代礼制有很大差别，是随着印度

---

① 孔颖达：《礼记正义·郊特牲》，《十三经注疏》影印本，第1457页中。

佛教传入而流行起来的外来祭祀方式。学者比附，有把焚香归溯到《周礼》燔柴的。北宋经学家邢昺（932—1010）《〈尔雅〉疏》注"燔柴"，以为"祭天之礼，积柴以实牲体、玉帛而燔之，使烟气之臭，上达于天，因名祭天曰'燔柴'也"。近世学者章太炎先生也同意这个说法，说："焚膋者，或曰以达臭也。"[1]焚香的宗教功用，是靠着香味，吸引神明的垂注，以达成天人沟通。确实，和犹太人一样，中原人偶尔也用馨香与上帝沟通。除了上述《诗经·生民》的例子以外，《尚书·周书》还有"至治馨香，感于神明；黍稷非馨，明德惟馨"。可见香气通神的原理，已被周人认识和采用。但是汉代以前，焚香并不系统地用于祭祀活动。周人告天用"燔柴""升香"，和佛教焚香祭祀仪式并不相同。周人祭天用"燔"用"燎"，其效果注重的是"燔燎"之火，腾焰之气，未必是"达臭"之香。在中国西南民族生活中，至今还可以看到人们围着火堆，举着火把，借着火势，举行祭祀仪式。今天上海和江浙地区居民在追悼会结束后，于死者家门口焚烧花圈、衣物、用具，也是同理。

唐宋时期，随着域外生活习俗进入中原，香料渐渐用于中原，既用于宫廷生活，也用于祭祀大典。传说汉武帝时，"昆都王杀休屠王来降，得金人之神，置之甘泉宫。金人者，皆长丈余，其祭不用牛羊，惟烧香礼拜"[2]。明清学者一般认为昆都王所献匈奴休屠王"金人"即佛像，并据此以为早在汉武帝时已经传入佛教。不细究佛教传入中原的精确日期，转而考察"祭不用牛羊，惟烧香礼拜"习俗的开端，则佛教传入北方汉人地区后带来了祀法上的革命，是可以肯定的。也就是说，宋明以后，汉族地

① 章太炎：《訄书·干蛊》（初刻本），《章太炎全集》（三），上海，上海人民出版社，1984年，第34页。

② 周嘉胄：《香乘》，卷七，北京，人民出版社影印本，2011年。

区佛、道、儒三家以及民间宗教设香堂，焚柱香的制度，是由佛教传入的。佛教焚香制度传入后，渐渐影响了儒教、道教和民间宗教，笃信佛教、道教，主张"三教同源"的南朝梁武帝萧衍把焚香制度用在南北郊的天地祭祀中。按记载："梁武帝制南郊，明堂用沉香，取天之质，阳所宜也。北郊用上和香，以地于人亲，宜加杂馥，即合诸香为之。"儒教的祭天和祭地，都改用焚香，是中国宗教祭祀仪式上的大变法，明末学者周嘉胄（1582—1658，江苏扬州人）说："梁武祭天，始用沉香，古未之有也。"①

唐代都市奢华，朝野疯狂追逐异域香料。太平公主见宗楚客造豪宅，用"沉香泥壁"，叹为观止；武则天宠臣张易之用沉香装饰大堂，不得善终。②北半球香料产地集中在南亚、东南亚等热带地区，东亚民族用香料依赖进口。按明代书籍记载："沉香所出非一，真腊者为上，占城次之，渤泥最下。"③沉香如此，檀香、乳香、藿香、龙涎香、迷迭香、麝香等名贵香种也都是如此。中原的名贵香料"沉檀龙麝"，大都要从岭南、海南、东南亚、南亚，甚至西域地区运来，顶级香料则要靠当地国王作为"方物"来进贡。因为得之不易，中国人对香料非常珍视。在民间，各大寺庙掺合名贵香料制作焚香，用来礼神，渐渐成为宗教用品。明代扬州人周嘉胄记录当时流行的说法："檀香、乳香，谓之真香，止可烧祀上真。"④明清时期江南祠祀寺观用上好的进

---

① 周嘉胄：《香乘》，卷二。
② 说见唐代笔记小说张鷟著《朝野佥载》卷三："楚客造一新宅成，皆是文柏为梁，沉香和红粉以泥壁，开门则香气蓬勃。……太平公主就其宅看，叹曰：'看他行坐处，我等虚生浪死。'"卷六："张易之初造一大堂，甚壮丽，计用数百万。红粉泥壁，文柏贴柱，琉璃沉香为饰。"（北京，中华书局，1979年，第70页、第146页）
③ 参见周嘉胄：《香乘》。
④ 同上。

口香料来礼神，在所不惜。

在江南，民间历来有"烧头香"的风俗。江南各地（上海市区松江、苏州、湖州、杭州、宁波、绍兴）的吴方言地区，都保持古汉语的习惯，"头"取"首"①之意，即"第一"的意思。"烧头香"，就是烧香抢第一。宋代开封人孟元老在《东京梦华录》（1147年）中记载："夜五更争烧头炉香，有在庙止宿，夜半起以争先者。"②烧香人相信每天的第一炷香的气味，一定能被在天之灵嗅到，因而顺着气味下凡到人间，专宠于己。清人袁枚（1716—1795，浙江钱塘人）《子不语》记载："凡世俗神前烧香者，以清早第一枝为头香，至第二枝便不敬。"③精确的意义倒还不是"不敬"，而是"不灵"。人多嘈杂，香火过旺，上帝闻香太多，就分辨不清，敬香也就无用了。俞樾说得很准确："亲信仆持香往岱岳祈谢，谓曰：'圣帝惟享头炉香。'"④以馨香沟通神祇，在中国人的宗教心理中已经根深蒂固。

自宋代以来，烧头香习俗在江南延续了千年。令人诧异的是，历经种种扫除运动之后，"文革"一结束，这一传统在江南大都市里马上复活，至今蔚为壮观。近年来，上海玉佛寺、静安寺、龙华寺、城隍庙、钦赐仰殿、下海庙等市区寺观，都接续了民国时期上海人烧头香的传统，生意人、白领、干部、领导轻裘宝车，蜂拥前往。1998年除夕，上海三大寺"进庙烧头香的达18200人，其中玉佛寺3200人，龙华寺12000人，静安寺3000人"⑤。2001年春节，上海玉佛寺限售的头香券价格单张888元；

---

① 《说文解字注》："头，首也，从页，豆声。"（影印版，第415页下）

② 孟元老：《东京梦华录》，北京，中国商业出版社，1982年，第53页。

③ 袁枚：《子不语》，济南，齐鲁书社，1986年，第408页。

④ 俞樾：《茶香室丛钞》，卷十五"头炉香"，扬州，广陵书局影印上海进步书局刻本，第12页。

⑤ 《上海宗教志·佛教》，第320页。

2012年涨到1280元，年初一的全天香火券价单张100元。在苏州，烧头香的客人集中于西园寺、寒山寺、伽蓝寺、崇元寺、玄妙观、城隍庙、神仙庙、玉皇宫，各寺观在除夕晚上九点就开庙迎客，不限香客，2012年春节香券价格每人50元。在江南，历来有"头炷香"和"头炉香"的分别。"烧头香"严格讲是"头炷香"——第一炷香。全年唯一，求者无数，庙方和信徒只得放宽定义，把开春的"头炉香"——第一炉香，都算作"头香"，勉强满足了十方信众的需求。

和年初一烧头香相仿佛的是年初五抢鞭炮。近30年里，南方大城市在正月初五日迎财神时，市民抢放鞭炮，也抢时辰。有的抢早，有的抢巧。抢早的，在初四日戌亥时分就陆续燃放；抢巧的，则在准24点第一秒燃放。和抢头香一样，抢鞭炮也是争夺着与神沟通。一则以浓味，一则以强声，都是设定神祇会在当时当地准确降临，赐福人间。任何人，不分中国、外国，无论东南西北，也不需要分辨有神论、无神论，只要是于正月初五日子夜时分，身处那种撼动天地的鞭炮、"高升"巨响中，都会听到这个民族的心声。熟悉传统祭祀的人自然会想到：现代大都会的市民们仍然用数千年来的一贯方法，供奉着自己的神明。

有一个现象值得注意：中国传统宗教在经历了现代性洗礼之后，佛教、道教以及本土的民间信仰方式，仍然保持着传统的香火方式——个体祭祀。中国人的现代宗教，仍然不是西方化的组织，不是集体式的教会、讲道、宣教，而是个人化的焚香、静修、祈祷。经历了100多年的"改造"，曾经有着一定组织形式，以家庭、宗族和社区为单位，传统称为"祀典"的儒教祭祀制度基本上消失了，佛教、道教的寺观并没有组织起紧密形态的现代教会。也就是说，当代的城市宗教仍然没有按照西方宗教的方式，进一步趋于组织化，反而是在经受打击和取缔以后，更加的个人化、分散化。儒教祭祀制度消失之后，血食、牺牲越来越少；相反，佛教、道教的素祭、香火方式在信仰复苏后却更加普遍。

在当代江南镇乡和上海大都会地区，宗教生活正在逐渐恢复，传统的拜祭方式却越来越不纯粹。"文革"以前，很多城市和乡镇家庭都会在年节时分烧弄几个小菜，放在亲人遗像前供奉，仿佛明清祠堂的样子，现在则基本上绝迹了。但是，以放鞭炮和焚香为手段的人神对话方式，仍然是汉人信仰的基本形式。逢年过节在家中、坟前给祖先焚一支香，还经常可见；有事无事去佛教、道教的寺观，用一炷焚香来表达哀情、思念、福佑等情感，更是平常。遇到婚丧嫁娶、开张择吉等重大事宜，用锣鼓喧天、鞭炮声响来撼动神明，还是一种基本习俗。

但也有不少人不喜欢扫墓祭祀时烟雾缭绕，也不喜欢在坟前浪费供品。广州市政府民政局负责指导的公营殡葬、公墓机构，多年来一直动员舆论，设计方案，从事礼仪改革。他们开辟专门区域，说服拜祭者前往祭祀，提倡"无烟拜祭"运动。然而，经过近十年的实践，收效甚微。清明时节，广东人酬神专用的烤乳猪价格越来越高。①按照清明节前往公墓拜祭者的说法，用香火、烤乳猪、水果和米酒祭祀先人的习俗已经延续几千年，殡葬和祭祀礼仪的改革，需要照顾大家的心理接受能力。管理干部和新派

---

① "无烟拜祭"的概念首先由广州市民政局提出。2005年清明节，广州银河公墓设立专门区域，规定"不能点香、烧纸，只可用鲜花"（《羊城晚报》，2005年3月21日）。然而，据2009年3月30日广州《新快报》报道："无烟拜祭区遇冷，高级拜祭间受捧。""高级拜祭间"是指收费168元，提供烟、烛、鲜花和祭祀人员助祭服务的专用祭祀房间。时至2012年清明节，无烟拜祭改革在广州仍然未有大的突破。据当年4月3日《南方日报》报道，清明节广州各无烟拜祭区内，拜祭者"大多携带了鲜花、水果、烧肉、香火、酒等祭品"，只是受到劝阻，未加摆放、点燃和莫洒而已。无烟拜祭运动前途仍然未卜。

的年轻人则说：祭祖方式要环保，新时代应该改革礼仪，应该移风易俗。

现代城市生活方式的建立，必定要求对传统礼仪作出改革。"无烟拜祭"是对传统祭祀方式的重大改革，涉及基本形式的变易，但似乎还没有成功。此外，其他祭祀礼仪改革也在进行。例如，近年来有IT界年轻人组织网上祭奠，建立网上纪念馆，这些新的祭奠方式，正改变着在《尚书》《诗经》《仪礼》《礼记》和《周礼》中延续了数千年的"燎""燔""升香""焚香"等祭祀礼仪。改变汉人宗教焚香祭祀的传统，是一次巨大的革命。显而易见，其难度也是很高的。

设像：非儒教主张

顾炎武在《日知录·像设》中认为：中国古代祭祀仪式，有木主（牌位），有尸象（用童男扮作祖先亡灵之象），用来代表神祇，但没有塑像和画像的做法。"古之于丧也有重，于祔也，有主以依神；于祭也，有尸以象神，而无所谓像也。……而春秋以后不闻有尸之事。"[1] "主"，木主，即俗称的牌位；"尸"，亡灵的象征，祭祀时可以用童男装扮。牌位制度，一直在孔庙、宗祠和家祠中左昭右穆地保存到现在；尸象制度，如顾炎武所说，在春秋以后就不见采用了。按顾炎武的结论：中国古代宗教"无所谓像也"，后世佛教、道教在寺观中设立泥塑、木雕之像，也就不具有正统性。顾炎武坚持先秦儒教的牌位昭穆制度，反对佛教、道教在大殿里"设像"。

---

[1] 顾炎武：《日知录集释》，第528页。顾炎武记洪武三年城隍庙废塑像、立牌位事，参见《明太祖实录》卷三十八、卷五十三；《明史·礼志·吉礼·城隍》；《续文献通考·群祀考·杂祠淫祀》。

　　中国宗教供奉不同神祇，放在祭祀（祠、寺、观、坛、社）场所中心，作为崇拜对象的大致有两种：神主和塑像。先秦的儒教祭祀传统，主要采用神主；汉、唐以后的祠祀以及后起的佛教、道教则主要采用塑像。明清时期，用神主还是用塑像，这个差别成为分辨儒、道、佛三教的一个重要标志。其实，周代民间祭祀还用过第三种崇拜对象——"尸象"，汉代以后被淘汰了。中国古代祭祀，以神主为主，尸象为辅，可以无疑。许慎《五经异义》（已佚）称："主者，神象也。孝子既葬，心无所依，所以虞而立主以事之。唯天子、诸侯有主，卿大夫无主，尊卑之差也。卿大夫无主者，依神以几筵，故少牢之祭，但有尸无主。"①按许慎依据"春秋公羊说"的解释，"卿大夫非有土之君，不得祫享昭穆，故无主"②。神主是配天的社稷之祭，生前没有领土的卿大夫，不得建有神主，原理上应该如此。因为不能用牌位，卿、大夫祭祀就临时找一位男童充任尸象，作为祖先亡灵的象征，让大家对着他祭祀。显然，在上的神主，其地位超过在下的尸象，尸象是"滥竽充数"的神主。

　　汉唐以后，士族力量崛起，要求改革礼仪，士大夫家祭也得设立神主。北魏孝明帝孝昌年间（525—527），权臣、太傅王怿提出"若位拟诸侯者，则有主；位为大夫者，则无主，便是三神有主，一位独阙，求诸情理，实所未安。宜为通主，以铭神位"③。此后，按照许慎、郑玄经学理论解释的"卿大夫无主"的规定被取消，原来只在天子明堂设立的昭穆制度，普及到一般官员。唐代前期规定官员三品以上可以设立家庙、私庙。唐天宝十

　　① 转引自杜佑：《通典》，卷四十八"吉礼·天子皇后及诸侯神主"，北京，中华书局，1988年，第1344页。
　　② 同上书，第1346页。
　　③ 《魏书·礼志二》，北京，中华书局，1974年，第2771页。

年（751）修改《开元礼》，"京官正员四品清望官，及四品、五品清官，并许立私庙"[1]。如此，在全国各地就多出许多庙宇建筑。延至明清时期，士人、百姓的家族、家庭祭祀也建造宗庙、族庙、家庙，设立牌位。民国时期，祠堂里面牌位林立，家堂内外香气飘溢，成为近代中国人宗教生活的重要特征。

神主，端置祠堂中央，是一种用硬质栗木制作的四方形木块，前方后圆，中间穿孔，背书谥文。"主之制，四方，穿中央达四方。天子长尺二，诸侯一尺，皆刻谥于背。"汉唐木主，和明清时期长方竖形木板，上端穿孔，正面题书的规制很不同。历朝历代的儒教制度，除了努力维护《礼记·王制》"天子七庙……诸侯五庙……大夫三庙……士一庙，庶人祭于寝"的"庙制"规定之外，朝廷对神主的尺寸等级也有规定。按《汉仪》规定："帝之主九寸，前方后圆，围一尺；后主七寸，围九寸。木用栗。"[2]当然，一般官员乃至地方百姓的木主牌位必须小于帝王、诸侯。

后世儒者认为尸象制度粗朴原始，是一种陋习，又和孔子反对人殉、作俑的精神违背，应该抛弃。唐代杜佑说："古之人朴质，中华与夷狄同，有祭立尸焉，有以人殉葬焉，有茹毛饮血焉，有巢居穴处焉，有不封不树焉，有手抟食焉，有同姓婚娶焉，有不讳名焉。中华地中而气正，人性和而才惠，继生圣哲，渐革鄙风。今四夷诸国，地偏气犷，则多仍旧。自周以前，天地、宗庙、社稷一切祭享，凡皆立尸。秦汉以降，中华则无矣。或有是古者，犹言祭尸礼重，亦可习之，斯岂非甚滞执者乎？"[3]其实，孔子以及汉代儒家并不反对尸象，相反还在

---

[1] 杜佑：《通典》，卷四十八"吉礼·天子皇后及诸侯神主"，第1344页。

[2] 同上书，第1345页。

[3] 同上书，第1355页。

努力维持。《礼记·曾子问》："'祭必有尸乎？'孔子曰：'祭成丧者必有尸，尸必以孙。孙幼则使人抱之，无孙则取于同姓可也。'"[①]孔子不避俚俗，认为卿、大夫祭祀时必要有尸象，充任尸象的，应该是死者的孙子；没有孙子，可以是同宗族的孙辈，这样才能体现血缘关系上的孝子之心。

孔子个人坚持尸象制度，"祭必有尸"的粗朴做法还是在唐代以后被儒教废除。神主取代尸象，这一方面是祭祀制度进化的需要，另一方面则是神主普及以后的自然结果。和神主相比，尸象在较低级别的民间祭祀中使用。木主普及以后，人们取木主之高雅，厌尸象之简朴，既然祭祀中有木主可以寄托，尸象的做法自然就放弃了。尸象曾经是下层宗庙祭祀的核心，虽然它在汉唐以后被官方儒教放弃了，但在民间儒教的一般宗教活动中却并没有废除。直到今天，民间的信众在组织老爷出巡和庙会行街时，经常在队伍中托举童男童女，这个做法就是周代祭祀中尸象制度的残留。

周代祭祀中的尸象制度说明了中国宗教有过的立像传统。儒教并不是从一开始就反对立像，相反是热衷于造像。赵翼不同意顾炎武"无所谓像也"的结论，他认为塑像是古已有之的宗教形式："自佛法盛而塑像遍天下，然塑像实不自佛家始。《史记》：'帝乙为偶，人以象天神，与之博。'则殷时已开其端。《国语》：'范蠡去越，越王以金写其形而祀之。'《国策》：'宋王偃铸诸侯之象，使侍屏厕。'则并有铸金者。《孟子》有'作俑'之语，宋玉《招魂》亦云'像设'。魏文侯曰：'吾所学者，乃土梗耳。'又《国策》：'秦王曰：宋王无道，为木人以象寡人而射其面。'又孟尝君将入秦，苏代止之，曰：'土偶与桃梗相遇，桃梗曰：

[①]　孔颖达：《礼记正义·曾子问》，《十三经注疏》影印本，第1399页下。

子西岸之土也，挺子以为人，岁八月雨降，则汝残矣。土偶曰：
吾西岸之土，土残则复西耳。今子东国之桃梗也，削子以为人，
雨下水至，漂子而流，吾不知所税驾也。则泥塑木刻，战国时皆
已有之矣。"①

赵翼用种种考据，证明战国时期的宗教生活曾有"立像"。
赵翼没有考证的事实是：汉唐以前的立像，终究没有取代神主的
地位。佛教进入中国以前，并没有神祇的塑像竖立在庙堂中央；
汉唐以后传入的佛教造像运动，却对中国宗教施加了全面影响。
此后的庙宇很多设像，看上去也像犍陀罗、印度宗教传统那样，
树立了一整套的偶像供奉。丘濬（1421—1495，广东琼山人）
《大学衍义补》："塑像之设，自古无之，至佛教入中国始有也。
三代以前，祀神皆以主，无有所谓像设也。"②如丘濬、顾炎武所
说的那样，祠祀庙宇设立塑像与佛教造像的传入相关。唐代尊奉
老子，乾封元年（666）唐高宗李治封李耳为"太上玄元皇帝"，
汉代祠祀系统中的老君祠独立出来，成为与儒教抗衡的道教。文
明元年（684），唐睿宗李旦"册老君妻为'先天太后'，立尊像
于老君庙所"③。既然老子夫人塑像立在庙中，老子本人在祠中
肯定有像。此时为武则天当政高峰，行将改号"武周"（690—
705）。武则天热衷在佛教龙门石窟塑卢舍那像，也想到了在老君
祠里塑先天太后像。隋唐佛教的造像运动影响了祠祀以及道教，
这是可以肯定的。

在老君祠之外，唐代中后期的孔子祠，也曾经仿照佛教寺
庙，或树立塑像，或饰以画像。按开元八年（720）司业李元瓘上
疏，认为孔子祠中的亚圣颜渊和孔门十哲，都是侍立的样子，不

---

① 赵翼：《陔余丛考》，卷三十二"塑像"，第693页。
② 丘濬：《大学衍义补》，北京，京华出版社，1999年，第561页。
③ 郑樵：《通志·礼略》，第665页。

合配祭孔子，一同受享的姿态，建议都改成坐像。[①]唐玄宗李隆基谕准，"乃诏十哲为坐像，悉豫祀。曾参特为之象，坐亚之。图七十子及二十二贤于庙壁"[②]。先圣孔子，孔门十哲（颜渊、子骞、伯牛、仲弓、子有、子贡、子路、子我、子游、子夏），加上七十子中的曾参，都有享受牺牲的祭祀待遇，其余"七十子""二十二贤"——在壁上画像，不受供奉。孔子祠以孔子塑像为中心，加门徒像环绕的布局，和佛教以菩萨像为中心的罗汉堂格局差别不大。唐代长安、洛阳两京的国子监以及各州、县的孔子祠，都和老君祠一样，用像不用主，和周、秦、汉、唐以来的郊丘、明堂、宗庙用栗木制作的神主代表上帝、列祖列宗的礼制完全不同。

开元二十七年（739），唐玄宗定谥孔子为"文宣王"，命天下大建文庙。原来孔子（"先师"）坐在国子监周公孔子庙中的西牖，陪祀朝南的周公（"先圣"）。现在孔子自己朝南，颜渊陪祀在一侧，依然用坐像。[③]熙宁七年（1074），宋神宗"判国子监常秩等请立孟轲、扬雄像于（文）庙庭"；大观二年（1108），宋徽宗"从通仕郎侯孟请，绘子思像从祀于左丘明二十四贤之间"。据此可以看到，宋代文庙里祭祀的孔子仍然是一个坐姿像。孔子跪坐在庙当中受享，有点像"匍匐乞食"，苏东坡嘲笑之。[④]更有甚者，当初唐玄宗为文宣王孔子塑像，他和弟子们穿戴的都是汉代服饰。宋崇宁年间（1102—1106）国子监丞赵子栎上疏说："七十二子皆周人，而衣冠率用汉制，非是。"宋

---

① 《新唐书·礼乐志》，卷十五；又见郑樵：《通志·礼略》，第665页。

② 郑樵：《通志·礼略》，第668页。

③ 《新唐书·礼乐志》，卷十五，第45页三。

④ 事见孔凡礼编：《苏轼文集》（北京，中华书局，1992年）卷二，第203页。朱熹对"跪坐拜说"的议论，另见黎靖德编：《朱子语类》（北京，中华书局，1982年）卷三，第52页。对此事件之详细讨论，见于黄进兴：《圣贤与圣徒》（台北，允晨文化实业股份有限公司，2001年），第236页。

徽宗听从了奏报，做了变通，他决定"孔子仍旧，七十二子易以周之冕服"[①]。这一次，把孔子冠冕上的旒增加到十二旒，与"王"同等。

有孔子祠以来，唐宋以降的文庙祭孔有"立像"与"神主"之争。"像设"冲击周秦儒教以"木主栖神"的祭祀传统，老子祠、周公祠、孔子祠，均有立像。元大德二年（1298），成宗铁穆耳继世祖忽必烈位，他推崇儒学，命通州知州赵居礼修建文庙。元成宗倒是下令用牌位来供奉孔子，但是，从明初京师和各地文庙都有孔子像的情况来看，这一规定并未遵行，元代各地文庙都是设像的。按《明史纪事本末》的记载，明代"更定祀典"的祭礼改革有两项主要争议：一是天地分祀还是合祀；二是祭祀用像还是木主。这两项改革都是以恢复汉族人在周代的礼仪为理由进行的。

明初大臣宋濂有《上孔子庙堂议》，向朱元璋建议废孔子像，改立牌位："古者，木主栖神，天子、诸侯庙皆有主。大夫束帛，士结茅为取，无像设之事。今因开元八年之制，抟土而肖像焉，失神而明之之义矣！"[②]洪武三年（1370），朱元璋厉行改制，在祀典中纳入民间信仰城隍神的时候，决议"造木为主，毁塑像异置水中，取其泥涂壁，绘以云山"。洪武十四年（1381），南京新建国子监文庙，孔子及以下都采用了神主，实现了礼制革命。可是，朱棣迁都，北京国子监文庙因元代之旧，仍然设像。[③]儒家礼臣胜在南京，却失在北京。"天

---

① 均见脱脱等修《宋史》，卷一百五，礼志第五十八"文宣王庙"，上海，上海古籍出版社、上海书店出版社影印本，1986年，第351页二。

② 谷应泰：《明史纪事本末·更定祀典》，北京，中华书局，1977年，第768页。

③ 丘濬《大学衍义补》："国初，洪武十四年首建太学，圣祖毅然灼见千古之非，自夫子以下，像不土绘，祀以神主，数百年夷教乃革。……惟文庙之在南京者固已行圣祖之制，今京师国学，乃因元人之旧。"（第561—562页）

顺间，林鹗知苏州，时苏学庙像，岁久剥落，或欲加以修饰，鹗曰：'塑像，非古也。我太祖于太学易以木主。彼未坏者犹当毁之，幸遇其坏，易以木主，有何不可？'"毁像派又在苏州文庙扳下一城，"然其他郡县如故也"[1]。礼臣们在"洪武改制"时有充分道理，"世之言礼者，皆出于孔子。不以礼祀孔子，亵祀也"[2]。他们指出：孔庙和其他祠祀设像的吊诡之处在于，孔子本人坚持周礼（神主）。不用他主张的礼乐来祭祀，就是无效祭祀。

嘉靖九年（1530），在全国范围内废除孔子塑像，改用木主神位。当年，权臣张璁上疏："孔子宜称'先圣先师'，不称王；祀宇宜称庙，不称殿。祀宜用木主，其塑像宜毁。"[3]本次"毁像设主"动议，以嘉靖皇帝打压士大夫清议，推行他的"议礼"主张为目的。尽管有徐阶等人的反对，这次礼仪改革仍然推行。明初宋濂等人发动洪武改制，以木主代替塑像的主张，终于在嘉靖年间实现。为此，谷应泰《明史纪事本末》评论说："教天下，故祀孔子。孔子加封，自汉平帝始也。王拜于帝，僭已。称先师，礼也。庙祀设像，自唐开元始也，其亵已甚。易木主，礼也。"[4]因为礼臣们的长期坚持，儒教在孔庙成功"废像"，对儒家祭祀意义重大。

明清以来，宋濂、林鹗、丘濬、张璁和顾炎武等儒家学者主张以神位代替塑像，其中涉及的政治纠纷和宫廷权谋先不论，仅从他们坚持将祠祀"神主"与佛教"像设"分离，维护中华祭祀传统来讲，并非没有道理。儒教以郊丘、明堂、宗庙、祠堂祭祀

---

① 谷应泰：《明史纪事本末·更定祀典》，第769页。
② 同上书，第768页。
③ 《明史·礼志·吉礼》，卷五十"至圣先师孔子祀"，第140页。
④ 谷应泰：《明史纪事本末·更定祀典》，第782页。

为正统，故主"神位"，反对佛教在大殿内塑像。儒学反对"设像"，并以此与佛教、道教相区别，这是中国宗教的一个特征。顾炎武为明初将城隍收入祀典叫好，摒弃塑像，竖立神主，"此令一行，千古之陋习为之一变"[1]。顾炎武坚持儒本立场，厌恶"千古之陋习"塑像，认为儒教祭祀必须使用牌位，不能如佛寺、道观那样，设立雕像，膜拜念唱。

儒教主张在祭祀场所用神主，不立塑像，比之佛教、天主教、东正教、基督新教等宗教在教堂和寺庙里崇拜圣像的做法，儒教崇拜的是一种精神。中国古代的祭祀传统，首要的崇拜对象是天地、日月、山川，这些崇拜对象被认为是"无声无臭""无色无形"，是不可形象的。其次，儒教祭祀的"鬼神"，也并非是人形本身，而是他们的"魂魄"，也是无形的，这些鬼神用神主就可以表示。而且，先圣先贤、列祖列宗只是给天地、日月、山川的配祭，并不是祭祀的主要对象。人物祭祀成为自然祭祀的一部分，"天人合一"，便不应独立出自己的形象。周代祭祀的合理性，在于他们用神主把人类对于自然造化的赞美抽象化为一种灵性崇拜，而不是停留在实物崇拜。在周代祭祀的中心场合——圜丘、社稷，占据天、地之位的并非实物，亦非塑像，而是"空空如也"。儒教祭祀有很强的精神性，这是显而易见的。

天主教耶稣会士利玛窦在1600年进入南京，与江南士大夫交往，孔庙是经常要去的地方。当时，明朝废除孔庙塑像，代之以木主已有多年，但很多地方还保存着原样，木主与塑像并存。"（孔）庙修得十分华美，与它相邻的就是专管已获得初等学位（指贡生——引者）者的大臣的学宫。庙中最突

---

① 顾炎武：《日知录集释》，第1239页。

出的地位供着孔子的塑象。如果不是塑象，则供奉一块用巨大的金字书写着孔子名讳的牌位。在旁边还供奉孔子某些弟子的塑象，中国人也把他们奉为圣人，只是要低一等。"[①]听了儒生们对嘉靖"不设像"的解释，又亲自比较了儒、释、道的庙宇特征，利玛窦得到的结论是——儒教不拜偶像。"他们不相信偶像崇拜，事实上他们并没有偶像。然而，他们却的确相信有一位神在维护着和管理着世上的一切事物。他们也承认别的鬼神，但这些鬼神的统治权要有限得多，所受到的尊敬也差得多。"[②]

儒教不拜偶像，对于来自16世纪欧洲天主教会的神父来讲有特别的意义。同一时期的欧洲，马丁·路德和加尔文为圣像问题对罗马天主教会发动了史无前例的猛烈攻击，乃至1566年尼德兰地区的教徒有暴烈的"破坏圣像运动"，境内有5500多所教堂、修道院里的圣像被捣毁，给天主教会带来极大损失。[③]中西比较之下，利玛窦会觉得儒教比天主教会处理圣像的做法更加高明。当然，这一点在利玛窦的中文著述中并没有公开表述。但是，法国耶稣会士李明（Louis Le Comte, 1655—1728）返回欧洲后，在《中国现势新志》（1696年）中说的话，应该是利玛窦想到而没有说的："这个民族将近两千年来，始终保持着对真神的认识。他们在世界最古老的寺庙（指他看见的天坛）中祭祀造物主。中国遵循最纯洁的道德教训时，欧洲正陷于谬误和腐化堕落

---

① 利玛窦、金尼阁：《利玛窦中国札记》，第103页。

② 同上书，第101页。

③ "破坏圣像运动"，请参见沃尔克著，孙善玲等译《基督教会史》（北京，中国社会科学出版社，1991年）相关章节。把明代儒者"反孔庙像设"与欧洲天主教会的"破坏圣像运动"相比较，可参见黄进兴《"圣贤"与"圣徒"：儒教从祀制与基督教封圣制的比较》（收氏著《圣贤与圣徒》，第89—179页）。

之中。"①儒教反对用偶像，主张用牌位（木主）来作为象征。祭祀时礼仪庄严，进退有据，专注于和天地之神的灵性交流。在耶稣会士看起来，这些都显得比较理性和纯洁。也许，儒教祭祀真有这样的基本特质。

---

① 转见于伏尔泰著，吴模信等译：《路易十四时代》，北京，商务印书馆，1982年，第597页。

总论　中国的宗教与宗教学

"中国根柢"：江南祭祀的底色

唐宋以降之教门，儒、道、佛三教最为突出，或对立，或互补，或同构，史称"三教并立""三教合一"，此为学者公认。但是，三教的渊源在哪里？三教当中谁是根本？哪一教更能代表中国文化？这种三教论衡问题，无法达成共识。三家在各自立场上"辩教""护教"，为本教争地位，难有定论。时至近代，到了20世纪初年的新文化运动前后，出现了新的"三教论衡"。一方面，清代学术成就的累积，西方学术方法的引进，令学者们趋于"理性"；另一方面，新文化运动学者持"科学"立场，对传统三教都持批判立场，跳出了传统门户，另有一种"客观"。因此，20世纪初年"新青年"们提出了一些观点，值得重视。

戊戌变法以后，知识分子从上一代严复、康有为、章太炎的"保教"立场，迅速地转为否定传统宗教。戏剧性的转折，发生在1900年。义和团运动以后，学者对本土宗教的评价持续下降。辛亥时期的学者，或凭借上海媒体，或占据北京教席，主导舆论，传承学术。不数年间，《新青年》等杂志以科学名义，刊登批判中国宗教的文章，其篇幅不亚于以民主为主题的宣传文章。一般以为"新青年"们"反传统""反专制"的矛头，指向"孔家店"（儒教），其实他们对待佛教、道教和民间宗教更为严厉，而以道教、民间宗教尤甚。这一时期，陈独秀（1879—1942，安徽怀宁人）、钱玄同（1887—1939，浙江吴兴人）、周树人（鲁迅）、周作人（1885—1967，浙江绍兴人）、许寿裳（1883—1948，浙江绍兴人）等人，都认为道教和民间宗教才是中国文化的底色，并且拖累了中国文化的进步。用鲁迅的话说，"中国根柢全在道教"。

北京师范大学教授钱玄同是《新青年》作者群中具有学术影响力的人物。1918年5月15日，《新青年》第4卷第5号钱玄同《随感录》一文，有"最野蛮的道教"之说："民贼之利用儒学以愚民，而大多数之心理举不出道教之范围。"[①]钱玄同把儒学归作上层统治术，核心是"专制"；把道教当成下层信仰，特征是"愚昧"，这个说法在"新青年"中迅速流行。同年7月《新青年》第5卷第1号有陈独秀《随感录》，其中说："吾人最近之感想：古说最为害于中国者，非儒家，乃阴阳家也（儒家公羊一派，亦阴阳家之假托也）。一变而为海上方士，再变而为东汉、北魏之道士，今之风水、算命、卜卦、画符、念咒、扶乩、炼丹、运气、望气、求雨、祈晴、迎神、说鬼，种种邪僻之事，横行国中，实学不兴，民智日塞，皆此一系学说之为害也。"[②]批判道教和民间宗教，陈独秀受到了钱玄同的影响，且更为激烈。

五四学者区分儒、道、佛，却还不常使用"民间宗教"概念。陈独秀批判民间愚昧，冠用"阴阳家"，其他人则用"道教""萨满教"等统称后来所谓"民间宗教"，并认为这是中国传

---

① 钱玄同：《随感录》，《钱玄同文集》，北京，中国人民大学出版社，1999年，第11页。

② 陈独秀：《随感录》，《陈独秀著作选编》（一），上海，上海人民出版社，2009年，第421页。

统义化中最大的负资产，危害甚于儒家。在教授们的影响下，北京大学文学院的学生对道教的评价也相当负面。北大新潮社成员顾颉刚说："道教真是一个只有崇拜，没有思想的宗教。道教的经典我现在尚未能看，只是从苏州的玄妙观、北京的东岳庙领略一个道教的大意。"顾颉刚熟悉家乡苏州的玄妙观，又调查了北京东岳庙，"这两个地方都是神道的总汇"，也是苏州人和"北京人的迷信的总汇"[①]。没有读过道教的经典，也不追究道家的渊源，就认为它没有思想，宫观里的神道法事，就是迷信了。

把儒教定性为上层专制学说，把道教定性为下层愚昧行为，有很大的问题。事实上，儒教祭祀深入民间，是社会基层，绝非仅仅是一种上层统治学说；而道家、道学的理论精湛，为明清士大夫思想的精髓，却被当时的思想家以及后来的学者排除出道教范畴，长期忽视。新文化运动中，民主的锋芒集中在"孔家店"（儒教），清理儒教中的专制；科学的矛头对准了迷信（道教、民间宗教），批判道教、佛教、民间宗教中包含着的愚昧，都是有的放矢。把"科学""民主"列为中华文化现代性的核心并不为错，但忽视儒教在民间社会的积极作用，略去道教对上层精英思想的正面影响，切割以后，一味批判，割裂了儒、道、佛教传统。批判并不解决问题，否认儒教、限制道教、取缔民间宗教，造成了中国现代思想体系的单质化以及社会结构上的失衡。不经意中出现的反例是：新文化运动对佛教的批判力度弱于儒教；政治运动对佛教的打击也比道教、民间宗教宽松，结果中国20世纪佛教在上海、台湾等地成功转型，渐趋复兴，成为现代宗教，远比儒教、道教继续腐朽、衰败的命运好得多。

---

① 顾颉刚：《东岳庙游记》，《顾颉刚民俗论集》，上海，上海文艺出版社，1998年，第401页。

20世纪学者对传统宗教（儒教、佛教、道教、民间宗教）的摒弃，与义和团的迷狂行为以及对义和团的反思有关。陈独秀在《克林德碑》（1918年）中说："造成义和拳的原因，第一是道教；……第二原因就是佛教；第三原因就是孔教；儒、释、道三教合一的中国戏，乃是造成义和拳的第四种原因；最近第五原因，乃是那仇视新学，妄自尊大之守旧党。……以这过去五种原因，造成了义和拳大乱。以义和拳大乱，造成了一块国耻的克林德碑。"①归咎义和拳，宗教是祸首，而道教、佛教、孔教排列为第一、第二、第三。"流质多变"的梁启超经常附和年轻学者的观点，他说："做中国史把道教叙述上去，可以说是大羞耻。他们所做的事，对民族毫无利益，而且以左道惑众，扰乱治安，历代不绝……"②这种"羞耻感"，迫使新派知识分子与之切割。

认为义和团把民族拖进深渊，拳民迷狂使中国宗教声誉扫地，学者痛定思痛，当时的反思是及时的。但是，将反思本质主义化，把地方宗教中暴露的国民性缺陷统括为中国文化的本性，确实是以偏概全的做法。鲁迅、周作人兄弟曾分析道教（周作人定义为"萨满教"），颇以为道教而非儒教，才代表中国文化传统。鲁迅在1918年8月20日给许寿裳的信中说："中国根柢全在道教，此说近颇广行。以此读史，有许多问题可以迎刃而解。"③另外，鲁迅还有一篇《小杂感》说道："人往往憎和尚，憎尼姑，憎回教徒，憎耶教徒，而不憎道士，懂得此理者，懂得中国大半。"④1925年9月2日，周作人在《萨满教的礼教思想》中表达

①　陈独秀：《克林德碑》，《陈独秀著作选编》（一），第439页。

②　梁启超：《中国历史研究法》，上海，上海古籍出版社，1987年，第284页。

③　鲁迅：《致许寿裳》，《鲁迅全集》，第9卷，北京，人民文学出版社，1985年，第285页。

④　鲁迅：《小杂感》，《鲁迅全集》，第3卷，北京，人民文学出版社，1957年，第398页。

过类似的"道教根柢说":"中国据说是礼教立国,是崇奉至圣先师的儒教国,然而实际上国民的思想全是萨满教的(比称道教的更确)。"针对北平学术圈内流行"中国无宗教"论,他还说:"中国绝不是无宗教国,虽然国民的思想里法术的分子比宗教的要多得多。……要研究中国,须得研究礼教;而要了解礼教,更非从萨满教入手不可。"①

　　儒教,还是道教,堪称中国文化的"根柢"?还有,这些宗教因素,哪些是积极的,哪些是消极的?这些都是很有价值的"现代性"问题。近百年内,这些问题并没有得到很好的讨论,论者就轻率地得出了结论,导致"中国无宗教论""儒家非宗教论"盲目流行,影响至今。道教被选中作为中国根柢,并不是荣誉,而是要为中国文化的愚昧落后承担责任,但这一观点仍然承认中国有宗教。当代学者重拾此问题,断章取义,拿鲁迅"中国根柢全在道教"来表彰道教,确属不智。②"新青年"对中国文化之宗教底色的讨论,犯了急于切割,乃至于根本上否定的错误。世界历史上,各大宗教都有过错,都曾经狂热、迷信,甚至作恶,这是一件需要正视,但并不需要感到特别羞耻的事情。况且,佛教、道教和民间宗教在中国社会的上下层、南北方、各时代有很复杂的表现,不能本质化地一概而论。就义和团而论,可以说北方"坛""盟""会""社"形式的集体信仰"愚昧落后",但它们和江南以个体信仰为主的分散崇拜并不相同。庚、辛之

---

① 周作人:《谈虎集·萨满教的礼教思想》,上海,北新书局,1936年,第342页。

② 卿希泰《重温鲁迅先生"中国根柢全在道教"的科学论断》(《中国道教》,2001年第6期)认为,鲁迅的这句"名言","科学地阐明了道教在中国传统文化中的地位和作用之外,它本身并不包含对道教的褒与贬",并以此来表彰道教,曲解了鲁迅和五四一代学者对道教的强烈批判。参见邢东田:《应当如何理解鲁迅先生"中国根柢全在道教"之说:与卿希泰先生商榷》(《学术界》,2003年第6期)。

年，香火更旺，寺庙、宫观、祠祀更加繁多的江南宗教并没有卷入宗教性"迷狂"。"新青年"以整体性（Generality）思维，把所有宗教形式的社会生活不加分析地一棍子打翻，是五四思想的一个大失误。

"新青年"们一度把道教、民间宗教作为中国人的基本宗教，这个说法可以重新考虑。就其反省而言，华北民间宗教一度被用作义和团的工具，但就此把中国宗教都归为"迷信"则过于极端。然而，"中国根柢全在道教"的批判性说法，确实揭示了中国宗教的一些基本特征。汉族人信仰的基本特征来自本土宗教，而不是外来宗教，中国宗教的"坏"与"好"，中国人都必须直接面对，坦然接受。"五四"以后有一个流行的观点认为：中国文化中的宗教不发达，简直就是没有；有之，亦为外来宗教。钱穆在《现代中国学术论衡·略论中国宗教》中说："中国文化中，则不自产宗教。凡属宗教，皆外来，并仅占次要地位。其与中国文化之传统精神，亦均各有其不相融洽处。"①这样的说法含着一种遮遮掩掩、曲里拐弯的自卑，以宗教为耻，更以本土宗教为耻。这种羞耻感迫使人们在把"愚昧落后"的道教、民间宗教归为"迷信"之后，立刻宣布：中国本没有宗教；如有宗教，也是外国传来的。和"中国根柢全在道教"相比，20世纪30年代流行的"中国无宗教"说法，通过去宗教来确立中国文化的"理性精神"，却明显地带有粉饰和逃避色彩。

"中国根柢全在道教"的说法，源自章太炎先生的"古文经学"理论。章太炎秉持完整的儒教理论，本不轻易断言"中国无宗教"。在《訄书》（初刻本，1900年）中，章先生讲"冥

---

① 钱穆：《现代中国学术论衡》，北京，生活·读书·新知三联书店，2001年，第1页。

契""封禅""河图""干蛊",将这些祠祀传统的祭祀制度作为中国宗教的基本形式,并与世界各大宗教等同:"生民之初,必方士为政。是故黄帝相蚩尤,而禹、益以庀县治山。日本之天孙,印度之仙人,西方犹太之礼金牛,此五洲上世之所同也。"①1904年,章太炎在东京再版《訄书》(重订本),对汉人"原教"提出了更加系统的看法,反对基督教传教士散布的"中国无宗教"的说法。章太炎说:"观诸宣教师所疏录,多言某种族无宗教者,若非洲内地黑人,脱拉突非古野人,新基尼亚野人(亦名穆托)。箸于拉备科所上文牍,辄言建国时未有宗教,而后稍事幽灵崇拜。然人类学诸大师,往往与是说娗拒,咸知以宗教者,人类特性之一端也。"②章太炎倡导国学,知悉儒教,力行宗教革命。还有,他在上海、东京阅读欧洲宗教学、人类学家的最新著作,知道传教士所持"中国无宗教"论的是一种过时理论。然而,20世纪大部分中国学者没有关注宗教学、人类学、社会学的进步,他们摭拾基督教中心主义的观点,深陷其中而不自知。

章太炎"东京讲学"(1908)期间,钱玄同、周树人、周作人等人均在座聆听。太炎先生的"国学"对他们影响重大。这一代从江南文化深处走出来的新派读书人,自1906年废科举以后,受西学,论国学,讲维新,对中国宗教有着经典和实践的双重体验。太炎先生《訄书》中人类学视野的中国宗教观,原来是为了"提倡国粹"③,整理汉族文化传统,为革命以后建立汉族政权体制做准备。然而,辛亥革命以后"新青年"绝望于时政,自然地

---

① 章太炎:《訄书·干蛊》(初刻本),《章太炎全集》(三),上海,上海人民出版社,1984年,第33页。
② 章太炎:《訄书·原教》(重订本),《章太炎全集》(三),第283页。
③ 章太炎:《太炎文录初编·再与人论国学书》,《章太炎全集》(四),第355页。

将前辈先生以国学为标签的建设理论转为一种社会批判学说。他们认为，中国宗教，包括江南的民间信仰，都不能应付20世纪新潮流，需要改造。鲁迅在小说《药》中对家乡镇民华老栓迷信人血馒头的批判；在杂文《父亲的病》中对本地中医陈莲河谋财害命的控诉，都表现出那一代人对于传统信仰的绝望。

以儒家经学和当代宗教学、人类学的观点来看，鲁迅等"新青年"把道教、民间宗教、萨满教归为"中国根柢"是有道理的。但是，他们就此对中国宗教展开的批判，却含着过激和偏颇。中国宗教的根源确实在于它的民间性；民间生活中的宗教性，肯定影响了中国人的国民性；落后的国民性当然也是腐朽政治的一层社会土壤。但是，中国宗教以及它们背后的中国文化（"国民性"）在多大程度以及在哪些环节上要为大清帝国的腐朽落后埋单，这是需要宗教学家、社会学家、人类学家和政治学家一起好好研究才能立论的。可惜当时中国学术体系中还没有这些学科，"新青年"们是凭政治激情和生活直觉来判断。或者说，我们可以理解"五四"一代人的理想主义，也明白道教、佛教、儒教、民间宗教曾经对他们构成了障碍和压迫，更不否定他们的言论中间包含着真知灼见。但是，这些"急迫之论"，在一百年后拿来作为科学论断时，一样也需要认真分析，谨慎甄别。

从"新青年"的眼光看江南宗教，江南地区类似金泽镇这样的民间宗教肯定会被划入"愚昧""迷信""落后"的范畴加以取缔改造的。但是，就"新青年"们对国民性的反省而言，一个明显的现象是：庚、辛之际华北平原民间宗教"坛""盟""社""会"活动泛滥时，江南地区民间信仰没有卷在其中。非但如此，从"南昌教案"（1862）到"义和团"（1900），江南民间信仰在西学东渐中表现得相当温和，对外来的天主教、基督教虽有抵触，但并没有用愚昧落后、盲目排外的方式来表现。几十年间，上海、江苏、浙江境内，尤其是在长江三角洲地区的城市、乡镇，"江南无教案"是一个突出现象。[①] "新青年"们因反省义和团而对中国宗教所作的批判，本针对"仇视新学，妄自尊大之守旧党"，在江南地区属于无的放矢。

就封建迷信阻碍社会进步而言，江南的民间信仰也不是十分保守。这是由于中国传统宗教的弱组织状态决定的，并没有什么教会来维持不合时宜的意识形态。江南是清末洋务、改良、维新和革命运动的核心地带，同治以后，地方士绅和民间人士倡导的移风易俗活动不断推进，并呈现与西学调和的态势。上海和江浙地区的中下层社会结构一直在调整。佛教、道教、民间宗教都在以上海为中心的工业化、都市化和城市化的压力下，从事着现代化的改造。说江南地方迷信妨碍了现代化建设的人，常常举1876年上海地方当局拆除淞沪铁路做例子。李鸿章曾指责修建铁路为"凿我山川，害我田庐，碍我风水，占我商民生计"[②]。表面上用传统风水意识拒绝铁路，实际原因却是最后点明的——"占我商民生计"，是利益之争，而非信仰之争。在江南，当现代器具有利于国计民生时，"迷信"让位于"科学"，"传统"融会于"现代"，这样的事例比比皆是。上海商人的同业公会，早在乾隆年间接管了邑城隍庙的庙

---

① 开埠以后，上海地区境内发生过两次著名教案，即"徐家汇教案"（1847）和"青浦教案"（1848）。"徐家汇教案"是一件细小的土地买卖纠纷，很快解决；"青浦教案"是因伦敦会传教士在朱家角镇散发小册子被哄抢，稍有肢体冲突，英国领事馆介入后以一般处罚结案。这两次非典型教案冲突并不严重，也没有在社会上形成恶果，和19世纪60年代以后蔓延全国的系列性"民教"冲突案件（教案）完全不同。

② 见李鸿章同治六年十二月六日奏折，转见宓汝成：《中国近代铁路史资料》（一），北京，中华书局，1962年，第25页。

会事务，并顺应租界的发展，在南市地区割除旧习，推行自治；①在我们观察的青浦金泽镇、朱家角镇，分别于1912年、1902年开设电厂，早早地进入电气时代。古镇的码头上开设了轮船招商局的航线，佛教、道教寺观的法师、居士、镇绅、乡绅们则与上海华洋各界接通关系，开始了人间佛教等宗教改造运动。②江南地区的传统宗教和民间信仰的保守行为，并没有"新青年"们夸张的那么大。"新青年"们没有看到江南民间信仰中隐藏着温和多元、渐进改良的特征，这是五四启蒙思想的失策。

宗教普遍性：傩、巫觋、萨满教

芝加哥大学宗教史学家伊利亚德讨论了世界各民族宗教的具体特征，结论却是认为人类信仰具有普遍性："认识到人类精神史的统一性，是最近才有的事，它还没有得到充分的研究。"③宗教学的芝加哥学派不但承认各大宗教的个体性，也研究它们之间的统一性，这是一件比要么标榜个性要么规定共性更困难、更深刻的事情。如何从信仰的个性（"多"）中寻找普遍性（"一"），在"一与多"的关系之间解释人类信仰的种种原因，这是现代宗教学必须要解决的问题。

---

① 相关的观点和研究，参见拙文《简论上海开埠后的社会与文化变迁》（《史林》，1987年第2期）；李天纲：《一种过渡形态的城市生活》，收唐振常主编：《上海史》第二十一章（上海，上海人民出版社，1988年）；以及 Bryna Goodman, *Native Place, City and Nation: Regional Network and Identities in Shanghai, 1853—1937*, Berkeley, University of California Press, 1995。

② 参见本书第一、二、三、六章。

③ 伊利亚德著，晏可佳等译：《宗教思想史》，上海，上海社会科学院出版社，2004年，第6页。

中国宗教，儒、道、佛或者民间宗教，都有针对"天"的信仰和崇拜。儒家的"理天"，道家的"道天"，佛学的"梵天"，江南民间宗教对天界、地府的描述，都有"天"——世界终极存在——的含义。"天"具有神性，人类各民族都有认识。明末来华耶稣会士利玛窦用儒家之"天"翻译"Deus"（神），有广泛的语义学根据。在希腊、拉丁民族中，"Deus"（The）为"神"，现代英、法、德文改其形为"Theo"；意、葡、西文改其形为"Teo"，这个意义为"神"的词根，在印欧语系民族的古代语言中，都含有"天"的意思。伊利亚德根据词源学的研究结论，指出："在'神'这一术语（拉丁语 Deus，梵语 Deva，伊朗语 Div，立陶宛语 Diewas，古日耳曼语 Tivar）及其特尤斯（Dyaus）、宙斯、朱庇特等一些主神的名字里，均可发现其印欧语系中的词根 Deiwos，即'天空'之意。关于神的概念总是与天空的神性有关，也就是说，与光及"超越性（高度）"有关。"[①]现代英语 Day，在古代兼有"天空"（Sky）和"神"（Theo）的含义，其词源也是出自 Deus。[②]按伊利亚德对世界各民族宗教历史的考察，"天"是萨满教灵魂信仰的最高形态。世界大部分民族的信仰中，都有一层"神-天"关系，也就是说：信"天"认"命"，是从希腊到中华的一种普遍现象。

上古宗教生活在语源学中遗留的蛛丝马迹，得到当代人类学、考古学的印证。哈佛大学考古人类学家张光直受福斯特

[①] 伊利亚德：《宗教思想史》，第162页。

[②] 参见John Ayto, *Dictionary of Word Origins*, Arcade Publishing, New York, 1991, 162, "Deity"（天神）条目。按该条目的考证和解释，英语的Deity与古法语的Diete、晚期拉丁语的Deitas，词源自古代拉丁语的Deus一词，并与印欧语系语词Deiwos同源。此外，印欧语系各民族的Deiwos都有Sky（天空）、Day（日子）的含义，在Bright（日照）和Shining（光明）等意义上与"天"相关联。

(Peter T. Furst)"亚美巫教"(Asian-American Shamanism)[①]研究
的启发，提出了中国古代文明和美洲印第安文明共有一个"环太
平洋的底层"。张先生认为：在15000年之前东亚和美洲及太平
洋岛屿民族，都属于萨满教文明，"殷商和中美洲美术的许多基
本的在风格上与在内容上的原则乃是来自一个共同的旧石器时代
的底层"[②]。张先生把Shamanism翻译为"巫教"，和荷兰汉学家高
延用"Wu-ism"(巫教)[③]描述中国宗教相似，"亚美巫教"说法
的特别之处是：中东地区古代文明的宗教模式，即后来影响基督
教文明的希伯来、两河流域、波斯的宗教，并不是人类宗教的主
流，萨满教才是较为统一的人类信仰方式。[④]

　　用"萨满说"来解释中华文明传统，在考古学、人类学、思
想史领域有很大启发，对宗教学更有直接意义。按张光直的概
括，"亚美巫教"一个基本特征是其人神贯通的"宇宙论"。宇宙

----

① 见张光直：《连续与破裂：一个文明起源新说的草稿》，《中国青铜时代》，
北京，生活·读书·新知三联书店，1999年，第488页。

② 张光直：《中国古代文明的环太平洋底层》，《中国考古学论文集》，北京，
生活·读书·新知三联书店，1999年，第363页。1998年，笔者担任年度哈佛-燕京
访问学者，在杜维明、赵如兰、陆慧风等先生主持的"剑桥新语"聚会中，初闻张
先生"萨满教理论"，对中国宗教的理解顿感豁然开朗。前辈先生的指教，不敢稍
忘，在此志谢。

③ 见De Groot, *The Religious System of China*（《中国的宗教系统》），Vol. VI,
Brill, Leiden, 1910, 台北影印本，1964年。高延在其中的第六部详细论证了"巫教"
在汉代前后的表现形式。高延并未把"Wu-ism"与"萨满"相连，而是把它与地中
海民族的"灵魂"相比较，称之为"Animistic"（神灵）。

④ 张光直对于把环太平洋的"亚美巫教"模式扩展解释南亚、中亚和欧洲地
区的古代文明相当谨慎，只是提出"'亚美巫教底层'的适用范围远超过中美研究而
应当值得所有研究古代文明学者的注意。尤其值得注意的是他在上面所说的几乎全
部可以适用于中国古代。在近年来发表的一系列文章里，我详细讨论了巫教（或萨
满教）在中国古代文明中的重要性"（张光直：《中国考古学论文集》，第359—360
页）。但是不少人类学家先前已经认为：北欧、西伯利亚、东北亚地区，一以贯之的
信仰是萨满教。参见史禄国（Sergei Mikhailovich Shirokogorov, 1887—1939, 俄罗斯
人）等人的研究。

论在中国宗教和萨满教中都表现为"天"。宇宙分为上、下层，各再分为若干层，"每层经常有其个别的神灵式的统治者和超自然式的居民。有时还有四方之神或四土之神，还有分别统治天界与地界的最高神灵。这些神灵中有的固然控制人类和其他生物的命运，但他们也可以为人所操纵，例如通过供奉牺牲。宇宙的诸层之间，为一个中央之柱（所谓'世界之轴'）所穿通。这个柱与萨满的各种向上界与下界升降的象征物在概念上与在实际上都相结合"①。美洲印第安人的玛雅宗教和中国古代宗教，乃至当代民间宗教何其相似！例如，以"世界之轴"（Axis Mundi）贯通天地，并牺牲四神的祭祀描述，和《周礼·春官宗伯·大宗伯》"以苍璧礼天，以黄琮礼地，以青圭礼东方，以赤璋礼南方，以白琥礼西方，以玄璜礼北方"的方式非常接近。

现代考古学家基本认定中国古代传世和出土的玉璧、玉琮，即为《周礼》《考工记》《说文解字》中记载用以"地天相通"之祭器。清末金石学家吴大澂《古玉图考》（1889年）最早将传世的玉质柱器与琮联系起来，定为古人祭祀天地之神器。1984年，上海博物馆考古队在青浦福泉山高台墓地40号墓出土神面纹玉琮、凹弧边刻符玉璧，证明"璧礼天，琮礼地"的古史记载并非无稽。外方、内圆、中孔、兽纹形制的玉琮，在福泉山65号墓地（神人兽面纹玉琮，1984）、金山亭林遗址16号墓（神面纹玉琮，1988）都被发现。同时，在常州寺墩、吴县草鞋山等良渚文化遗址中都有玉琮出土。上海考古学家认为：良渚文化已经有了一套完整的礼制，"为此而设计出各种形制的礼器，玉琮是礼器之首"②。琮，"应是祭祀天地和祖神的用器，而且琮只在贵族大

---

① 张光直：《中国青铜时代》，第489页。

② 上海市文物管理委员会编：《上海考古精粹》，上海，上海人民美术出版社，2006年，第17页。

墓中出土，是掌握原始宗教权的象征物"①。

张光直看到了江南地区良渚文化以璧、琮为核心的"通天术"，具有人类宗教的普遍性，他认为：琮，是"萨满式的巫术，即巫师借动物的助力沟通天地，沟通民神，沟通生死……"中国古代思想中的"天圆地方""天人合一"等概念，正可以在玉琮上得到印证，并以萨满的方式加以正确理解。②考古学家苏秉琦对良渚文化出土玉琮的研究，也采用了巫觋理论，颇能支持张光直的"萨满说"。苏先生认为江南地区的良渚文化正当"五帝时代的前后期之间，即'绝地天通'的颛顼时代。良渚文化发现的带有墓葬的祭坛和以琮为中心的玉礼器系统，应是宗教已步入一个新阶段的标志"。"玉琮是专用的祭天礼器，设计的样子是天人交流……这与传说中的颛顼的'绝地天通'是一致的。"③

萨满教"天人合一"的信仰特征，出现在"环太平洋的底层"文明中。根据近期考古学的发现，以萨满说解释天人合一，既满足萨满教特征，也与商周考古吻合，更与传世文献记载对应。更重要的是，萨满教特征的天人合一，呈现出比犹太教、基督宗教、伊斯兰教等阿伯拉罕宗教更加充分的普世性。联系马克斯·缪勒、伊利亚德等宗教史家的论述，结合高延对于华南民间宗教研究提出的"巫教"，史禄国、凌纯声等人对于中国北方萨满教的早期研究，以及富育光、王宏刚、孟慧英等人的近期

① 《上海考古精粹》，第113页。
② 张光直：《谈"琮"及其在中国古史上的意义》，《中国青铜时代》，第289—304页。
③ 苏秉琦：《中国文明起源新探》，香港，商务印书馆，1997年，第120页、第124页。

调查，再参考汉语古籍中对于北方"珊蛮"[①]和南方"天问""招魂"[②]等人、事的记载，我们不但在北美、东亚、北欧、西伯利亚发现萨满教的"通天术"，而且在中亚、中东地区以及华中、华南的黄河、长江流域，都可以发现以"沟通天地"为特征的"天神"信仰。以萨满说解释人类信仰有更加宽广的普世性。

在语源学、考古学、人类学中揭示的上古宗教特征，仍然可以在江南宗教生活中得到印证。以萨满说看明清宗教以至今天的民间宗教，还能得到很多启示。自古至今，汉人宗教有着强大的延续性。孔子曾对子张说："殷因于夏礼，所损益，可知也；周因于殷礼，所损益，可知也。其或继周者，虽百世，可知也。"[③]孔子预言百世之后，礼之"损益"，必有"可知"，是对礼乐制度的"延续性"抱有信心。这种信心建立在接受损益（即承认不断变革）的基础之上。孔子以后，自汉平帝封褒成侯，宋仁宗加封衍圣公，至孔德成（1920—2008，山东曲阜人，第32代衍圣公）共繁衍了77代，还不足"百世"。《周礼》《仪礼》《礼记》中的汉人祭祀制度，直到明清时期，仍在官方和民间的祭祀体系中基本保存着，诚如孔子之预言"所损益，可知也"。民间坚守的祭

---

① 珊蛮，为中国古代史籍中明确与 Shaman（萨满）一词对应的译名，初见于徐梦莘《三朝北盟会编》："自制女真法律、文字，成其一国，国号为珊蛮（改作萨满）。珊蛮者，女真语巫妪也，以其通变如神。"（上海，上海古籍出版社，1987年，第21页）

② 《楚辞·招魂》，王夫之同意王逸《楚辞章句》的说法，《招魂》为宋玉所作。王夫之还认为：宋玉作《招魂》是要"复其精神，延其年寿"。"宋玉哀怜屈原忠而斥弃，愁懑山泽，魂魄放逸，厥命将落，故作《招魂》。"可见王夫之认为当时屈原还活着，精神失常（"魂魄放逸"），故而为之"招魂"。王逸以为《招魂》为"讽谏怀王之说，非其实也矣"（王夫之：《楚辞通释》，上海，上海人民出版社，1975年，第140页）。王夫之持"魂魄说"解释《招魂》，比"讽谏说"更为坦率而妥帖，可见清初学者仍是传统的宗教意识。

③ 《论语·为政》，《十三经注疏》影印本，北京，中华书局，1983年，第2463页中。

祀方式和官方认可的祠祀系统，经过不断的变革和适应，渗透在中国人的所有宗教（儒教、佛教、道教、民间宗教，乃至中国伊斯兰教、天主教、基督教等）之中。民众间的祭祀延续了萨满教"天人合一""人神相通"的信仰。在这个意义上，我们把民间宗教看作中国宗教，甚至是儒教的传承者，大致是可以的。

在宗教领域谈普遍性是一件极其困难的事情，既不被信徒接受，也得不到神学家的承认。文化传统各异，就有不同的信仰方式；信徒们组织起来，又有了繁多的教会。按教会传统，或按神学教义、祭祀礼仪、崇拜神祇等定义来区别宗教，人类信仰的数量无法计数。人类宗教无疑是以多样性形式存在于世间，在当代"多元主义"的文化环境中，我们不能简单地规定某种形式的信仰是宗教，其他的就是"异端""迷信"或者"非宗教"。那么，更困难的问题出现了：人类宗教有没有一些基本形式？进一步来问：如果不是一种可怕的相对主义，那么在不同宗教传统中还有没有一些共享的因素存在？或者就是问：人类在信仰上有没有一些普遍性？

虽然寻找宗教普遍性是一个非常艰难的任务，但是20世纪后半期主张宗教对话和信仰共融的神学家、哲学家们，都在探讨人类信仰的普遍性。如德日进（Teilhard de Chardin，1881—1955）、蒂利希、希克（John Hick，1922—2012）、孔汉思（Hans Kung，1928—　　　）、斯维德勒（Leonard Swidler，1929—　　　）、查尔斯·泰勒等人毕生从事这项工作。20世纪基督宗教学者讨论"普世教会"（Ecumenicalism），主要是为了从事宗教对话，拉近各教距离。因教义纠纷严重，一时难以会通，故先集中在普世价值、普世伦理方面。比如孔汉思、斯维德勒等人把黄金律（Golden Law）提议为不同宗教之间的"最低限度的全球基本伦理"（Most Limited Global Basic Ethics）。把儒教、佛教、伊斯兰教、基督宗教中都具有的共同伦理（在中国，通常以儒教"己所不欲，勿施于人"为例）作为跨宗教的基本伦理，是让所有宗教坐下来对话的基础。[①]

如果我们同意不同的宗教确实包含有一些基本要素，那么拆解和分析这些基本要素，可以发现不同信仰之间的共性，找到跨宗教的普遍性。宗教学家不再以基督宗教为标准来定义宗教，法国社会学家涂尔干的《宗教生活的基本形式》提出一个包容性的宗教定义："宗教是一种由既与众不同、又不可冒犯的神圣事物有关的信仰与仪轨所组成的统一体系，这些信仰与仪轨将所有信奉它们的人结合在一个被称为'教会'的道德共同体之内。"[②]在这里，涂尔干认定"信仰""仪轨"和"教会"是宗教的基本形式。涂尔干把"教会"（Church）作为宗教的构成要素，并不是要强调基督教会等级体系的重要性，而是提示宗教是一种社区生活的组织方式，相当于社群的含义。涂尔干的宗教定义的好处还在于指出了仪轨（Ritual）——祭祀礼仪的重要性，使得原始、部落、民间宗教等"非教会""非西方""非理性"性质的信仰，都可以纳入比较宗教学的研究领域。

1993年8月，在美国芝加哥帕尔默希尔顿饭店举行世界宗教议会（Parliament of the World's Religions）百周年纪念大会，全球各大宗教的神学家们签署了《走向全球伦理普世宣言》。这个《宣言》将宗教基本要素定义为"四个C"："通常，所有的宗教都

---

① 关于"黄金律"（又译"黄金规则"）存在于各民族宗教经典（涉及琐罗亚斯德教［祆教］、儒教、耆那教、佛教、印度教、犹太教、基督教、伊斯兰教等圣书以及康德哲学）中的论证，参见孔汉思、库舍尔编，何光沪译：《全球伦理：世界宗教议会宣言》（成都，四川人民出版社，1997年）第135～154页美国天普大学斯维德勒教授起草的《走向全球伦理普世宣言》附录。"黄金律"最初由德国天主教神学家孔汉思提出。

② 涂尔干著，渠东、汲喆译：《宗教生活的基本形式》，上海，上海人民出版社，1999年，第54页。

包括四个C——信纲（Creed）、规范（Code）、崇拜（Cult）、社团结构（Community-Structure），并以关于超越者的概念为其基础。"①这个定义，比涂尔干的定义又宽容了一些。不需要有教会，只要是在社区生活中起作用的宗教团体，加上一定形式的信仰和仪轨，就可以称为宗教。具备"四个C"，就应被当作宗教，而不必动辄批判为迷信、异端和邪教。从1893年芝加哥世界宗教议会到1993年芝加哥世界宗教议会百年大典，儒、道、佛教都有代表参与，华人三大宗教被公认为世界性宗教。儒、道、佛有超越性的信仰，按照当代宗教学的定义，三教都具备宗教的基本要素。

从宗教学、人类学和社会学的定义看，近代中外学者从儒、道、佛教中间划分出来的民间宗教并不脱离中国的宗教传统，仍然属于主流宗教。根据我们的辨析，所谓"傩""巫觋""萨满"传统的宗教也有对灵魂的信仰（Believing）；有向鬼神的拜祭（Worship）；有碑、记和口传的神话（Legend）；还有"宗"（Cult）、"教"（Teaching），有"社"（Society）、"会"（Congregation）等组织形式。作为宗教，中国民间宗教的功能有强有弱，有"宗、教"，有"社、会"等组织形式，表现或明或暗，方式各式各样，基本形式却仍然具备。华人宗教与人类各民族其他宗教之间也存在可比性、普世性。

儒家宗教性：中国有宗教

谈论中国近代文化时，学者们一般都把宗教放在一个次要位置，着重介绍"中国的人文主义"，这是早期西方汉学（Sinology）

---

① 孔汉思、库舍尔编，何光沪译：《全球伦理：世界宗教议会宣言》，成都，四川人民出版社，1997年。

的一个重要特征。①降低中国宗教的重要性，有很多不同做法，包括：第一，判定儒家不是宗教，只是一种伦理学说和政治制度；第二，将佛教、道教的神圣性理论，按"无神论"的"人文主义"，乃至"科学主义"的思路加以解释；第三，把民间宗教表现出来的信仰热情贬为"迷信"。经过这样的现代性剖析，西方汉学重新解释了中国的宗教体系。随之，中国近代学者也按照自己对于现代性的理解，解释了自己的宗教传统。如果说当代学者还没有将宗教驱除出中国文化体系的话，至少已经把儒、道、佛三教以及民间宗教贬到了中国文化框架的边缘。

17—20世纪的西方汉学家，很少刻意贬低中国宗教，丑化中国文化。②相反，他们把中国宗教的分量说得轻一些，是一种善意，是要抬高中国文化在欧洲学者心目中的形象。自文艺复兴、启蒙运动、科学主义、自由主义盛行以来，近代西方学者在自己的国度里抬高人文主义，打压宗教的社会地位。把中国的儒、道、佛三教以及民间宗教，按照西方理性主义来解释，这是借现代性赞美中国文化。他们说起"中国没有宗教""中国哲学是一种自然神学""儒家不是宗教"，常常是在肯定的场合为中国文化辩护。"为中国辩护"，在明末清初"中国礼仪之争"的时候就开始了。利玛窦等人试图将儒教放到一个世俗学说的背景下来理解，法国耶稣会士甚至请康熙皇帝开介绍信，证明儒家的"敬天法祖"，并不是一种宗教的行为。③

近代中国学者在寻求中西传统沟通的时候，还停留在作一些

---

① 参见李天纲：《中国礼仪之争：历史、文献和意义》（上海，上海古籍出版社，1998年），"人文主义：中国文化的定性研究"，第259—275页。
② 参见李天纲：《殖民主义还是人文主义》，《跨文化的诠释：经学与神学的相遇》，北京，新星出版社，2007年，第412—436页。
③ 参见李天纲：《从两个文本看儒家"宗教性"争议的起源》，《跨文化的诠释：经学与神学的相遇》，第305页。

结论性的判断，最流行的语文模式，就是"中国文化是……西方文化则是……"涉及"宗教"，就说"中国文化是人文精神（隐含无宗教），西方文化是信仰主义（意思是基督宗教）"。怪诞的是，在另外场合谈论起哲学，又改成了"西方文化是理性主义，中国文化是多神教"。人文精神与多神论，理性主义与信仰主义，在中西方文化传统中是如何定义出来的，在不同背景下到底是怎样的关系，并不深究。中国近代学术功利、急切，要的就是结论，而对如何得到结论的方法论并不太在意。"在我们试图去理解它们的时候，我们所理解的理解本身，已经不是我们自己的理解了"，宗教人类学家吉尔兹把现代诠释学精神概括为"对理解的理解"，很是透彻。[①] 西方学者中也有概说"法国人是笛卡尔式的，英国人是洛克式的……"[②] 可是，这种修辞和比喻在中国学术圈更加普遍和严重。

中国文化在西方因人文主义而行，中国近代学者因此也顺着这种赞美，将儒教、佛教、道教理性化。章太炎《黄巾道士缘起说》强调道家和道教的分别，即一为哲理性，另一为宗教性。此后的学者遂以这两种方式来论道，分为道家与道教。西文的"Daoism"并没有分，仍然把学说和信仰，以一个词来概括。"五四"以来的中国学者，一直用儒家和儒教来区分涉儒的学术和信仰，而西文仍然是以"Confucianism"概之。佛教的情况也类似，学者强调佛教的理性精神，以为佛学是一种哲学，而佛教不免迷信。这样的做法，固然可以提纯儒、道、佛的教义，看起来像是一种"纯粹理性"，与基督宗教的神学相当。但是，提倡如此的教-学关系，教义学说和宗教实践的关系却被掐断了。

---

① 吉尔兹著，王海龙等译：《地方性知识》，"绪言"，北京，中央编译出版社，2000年，第4页。

② 同上书，第244页。

政教分离以后的基督宗教，并没有出现这样严重的教学割裂。"教"与"学"本应互相解释，两者间的分离对于学术和宗教都是难以接受的。"Christianity"至今还包括"Theology"（神学）、"Faith"（信仰）和"Rites"（礼仪）等诸方面内容，神学还在与信仰者互动交流。在当代中国，甚至出现了"心理不同，道术已裂"[1]的局面，结果就是：儒、道、佛教的学理，与信仰实践隔离，成为供人赏玩的"传统"和高调的"德政"，人民厌之。

　　康有为的"孔教会"便是这样一种失败了的宗教实践。康有为不被世人认可，并非他的维新主张，而是"曲学阿世"的孔教会做法。康有为试图模仿基督宗教的教会形式，创建一个孔教来代替儒教。他自称"素王"，要做"中国的马丁·路德"，用一个捏造的孔教会和耶教对抗。用新发明的孔教来"保国""保种""保教"，效果适得其反，加速了儒教在"五四"以后的大崩溃。经过辛亥革命和洪宪帝制的反复较量，儒教暴露的只是其官学、礼教和迷信的一面，学者更不愿意承认儒家的宗教性。20世纪初期的中国学者不喜欢宗教，总是百转千回地证明中国没有宗教。梁启超说："在中国著宗教史（纯粹的宗教史）有无可能，尚是问题。……中国是否有宗教的国家，大可研究。"[2]梁漱溟进到北京大学后，基本上附会冯友兰的著名观点，说："中国人宗教意味淡薄，中国文化缺乏宗教。"中国"所有祭祀丧葬各礼文仪式，只是诗，只是艺术，而不复是宗教"[3]。

　　按现代宗教学观点，理性和信仰、道德和宗教、伦理和祭礼都不是能够截然区分的。哪怕是在近两百年来的现代和世俗生

---

　　① 钱锺书先生《谈艺录·序》有言："东海西海，心理攸同；南学北学，道术未裂。"（北京，中华书局，1984年，第1页）这里借用。
　　② 梁启超：《中国历史研究法》，上海，上海古籍出版社，1987年，第282页。
　　③ 梁漱溟：《中国文化要义》，上海，学林出版社，1987年，第111页。

活中，哪怕是在启蒙运动最为彻底的法国、英国、德国等基督宗教民族中，宗教"退出"当代生活以后，并未消亡，只是换了一种方式而已。[①]很显然，当初说中国没有宗教，是学者们拿了中国宗教去和基督宗教做比较，然后得到的片面结论。梁启超说："宗教史里边，教义是一部分，教会的变迁是一部分。教义是要超现实世界的，或讲天堂或讲死后的灵魂，无论哪一宗教都不离此二条件。其次，宗教必有教会；没有教会的组织，就没有宗教的性质存在。"[②]儒教、民间宗教的教义、教会形式不及基督宗教那么明确和强大，但佛教、道教的藏经、僧侣制度却不遑多让。另外，说中国宗教中没有灵魂、天堂观念——除非是用了基督宗教的尺度把中国鬼神观念都抹杀为迷信之外——是绝对不能成立的说法。还有，中国宗教虽然没有西方宗教"强组织"方式的教会，但也一样有"弱组织"形态的社会。梁漱溟意识到，很难否认中国人祭祀生活中的宗教性，"假如说中国亦有宗教的话，那就是祭祖祀天之类。从前北京有太庙、社稷坛、天坛、地坛、先农坛等，为皇帝行其典礼之处。在老百姓家里则供有'天地君亲师'牌位"[③]。不过，随后他就大大地强调了祭祀生活中的诗意、理性、道德性、伦理性，拿来遮盖那些突出的宗教性。

　　杨庆堃先生在《中国的宗教》中恰当地说明了梁启超、胡

---

　　① "宗教退出"（Sortie de la Religion）是法国哲学家马歇尔·高歇（Marcel Gauchet）在他的著作《世界的除魅》（*Le desenchantement du monde*，1985年）中使用的概念，大致是指西方基督宗教在世俗化的时代退出了一般社会政治范围，而转为另一种新的宗教现象。复旦大学宗教学系魏明德（Benoit Vermander）教授借此理论了描述中国宗教从古至今的历程，并且认为当代中国宗教处于新一次的"宗教退出"过程中。当代"中国宗教置身于各种文化表达方式之中，无论就其经典诠释，还是就其在当代的多次重构，都是重要的诠释资源，有助于书写人类命运的新叙述"。见《高歇的"宗教退出"说与中国宗教格局重构的哲学思考，台北《哲学与文化》（第卅八卷第十期，2011年10月，第179页）。

　　② 梁启超：《中国历史研究法》，第282页。

　　③ 梁漱溟：《中国文化要义》，第87页。

适所作"中国没有宗教"的判断，是受到了西方汉学家的影响。理雅各（James Legge, 1815—1897）翻译《中国经典》，强调"儒家的不可知论特征"（Agnostic Character of Confucianism），然后"现代中国学者，更把这种'宗教在中国社会中无足轻重'的说法发展到极致"[①]。梁启超的《中国历史研究法》说："中国土产里既没有宗教，那么著中国宗教史，主要的部分只是外来的宗教了。"[②]胡适在芝加哥大学以"中国的文艺复兴"为题演讲，宣称："在中国，有教养的人淡漠于宗教。"[③]在早先的中文作品《名教》一文中，胡适更有一个说法："中国是个没有宗教的国家，中国人是个不迷信宗教的民族——这是近年来几个学者的结论。"[④]

近代学者倾向于否定中国宗教，意图强烈，且关乎本体。钱穆在《现代中国学术论衡·略论中国宗教》中说："中国文化中，则不自产宗教。凡属宗教，皆外来，并仅占次要地位。其与中国文化之传统精神，亦均各有其不相融洽处。""五四"前后的知识分子谙熟中国民间信仰之强烈，他们的亲戚、朋友、家属，乃至本人，都还浸淫于迷信之中，却异口同声地宣布中国文化中没有宗教，这是非常奇怪的事情。钱穆自己都不能否认，中国人是有信仰的，中国文化中是有神鬼、灵魂的。他说："宗教重信，中国人亦重信。……中国人亦非不重神。……中国人亦非不信有灵魂。"钱穆强调，中国人的信神，"重自信，信其己，信其心"，因此就与基督宗教不同，"乃为己之教，即心教，即人道

① C. K. Yang, *Religion in Chinese Society: A Study of Contemporary Social Functions of Religion and Some of Their Historical Factors,* University of California Press, 1961, P. 4.
② 梁启超：《中国历史研究法》，第283页。
③ Hu Shih, *The Chinese Renaissance*, Chicago, 1934, P. 78.
④ 胡适：《名教》，《胡适文存二集》，上海，亚东书局，1928年，第91页。

教"①。这样的中西之别并不成立，历史上的基督宗教也出现过许多和儒家学说类似的流派，也可以解释为"为己之教"（如强调认识自己的奥古斯丁学说）、"心教"（如主张灵修的圣方济各学派）、"人道教"（如"文艺复兴"中的人文主义学说）、"自然神学"（如启蒙运动中强调人与自然交融的信仰主张）；相反，儒教除了"宋学"一路的"人道""天道"理论外，还有"汉学"一路的"神道""鬼道"学说。儒家教义不是单一学说，而是复合信仰，怎么能一概而论呢？

不是套用西方宗教的定义讨论中国文化，我们就不会说中国没有宗教。中国没有宗教说法盛行的时候，顾颉刚就提出，"战国以前的古史是'民神杂糅'的传说"，"古史的性质是宗教的，其主要的论题是奇迹说。我们不能因为孔子等少数人的清澈的理性，便把那时的真相埋没了"。②熟悉中国古代宗教的李零说："两教（佛教、道教——引者）之前，中国肯定有宗教。没有的话，中国就成了怪物。"秦汉祠祀就是中国人的"早期宗教"③。现代学者首先不提有没有宗教，而是问宗教是什么。我们不能说西方人的信仰是宗教，中国人的信仰就是迷信。放弃使用西方传统的宗教定义，我们就能看清中国古代宗教的特征，在中古、近世，以及当代的文化中间都存在。涂尔干反对把基督宗教以外的信仰都说成是迷信。他认为："实际上，任何宗教都不是虚假的。就其自身存在的方式而言，任何宗教都是真实的；任何宗教都是对既存的人类生存条件作出的反应，尽管形式不同。"人类宗教可以"排列出高低等级"，但"它们同样都

---

① 钱穆：《现代中国学术论衡》，第1页。
② 顾颉刚：《秦汉的方士与儒生》，上海，上海古籍出版社，2005年，第118页、第119页。
③ 李零：《中国方术续考》，北京，中华书局，2006年，第7页、第8页。

是宗教，就像所有生物，不论是最简单的生物基质，还是人类都是生命一样"。①

涂尔干，还有历史学家汤因比，都认为西方宗教是高于东方的"高级宗教"。现代人类学家却连西方宗教是否真的那么高级都不加肯定，他们倾向于认为现代文明仍然具有原始性。美国人类学家格尔兹延续了列维-斯特劳斯的理论，说："野性的（'野蛮的'、'未开化的'）思维方式，原来就存在于人类的心性中，这些思维方式是我们所有人共有的。现代科学与学术中的文明的（'驯服的'、'驯化的'）思维模式是我们自己社会的产物。这种思维方式是从属的、派生的，虽然不是无用的，却是人为做作的。"②从现代宗教学的角度看问题，宗教和信仰仍然是一种与生俱来的人类秉性，当代学者研究一种宗教现象，问题不单单在于揭示它的迷信，还在于理解包含其中的人性。宗教学的必要前提，就是承认任何信仰现象都属于人性中的宗教性，它们是自然的，而非畸形的、病态的。

在西方，语言和宗教是人类自我认同的两个基本要素。按德国哲学家康德《永久和平论》的论断："大自然采用了两种手段，使得各个民族隔离开来而不至于混合，即语言和宗教的不同。"③康德的论述至今仍然适用欧洲基督宗教传统的民族国家，亚洲民族的情况则需要修正。格尔兹研究亚洲各民族的宗教与文化认同，提出：从中东到印度尼西亚，亚洲非基督宗教民族的"族类意识"（Conscious of Kind）通常是由"假定的血缘纽带"、种族、

---

① 涂尔干：《宗教生活的基本形式》，第 3 页。

② 格尔兹著，纳日碧力格等译：《文化的解释》，上海，上海人民出版社，1999 年，第 420 页。

③ 参见康德著，何兆武译：《永久和平论》，上海，上海人民出版社，2005 年，第 37 页。

语言、地域、宗教习俗等不同因素支撑的，并以此组成自己的部落、地区或社群主义。[①]亚洲的民族和国家大部分并不是按语言和宗教认同建立的，情况远比欧洲要复杂。近代民族国家建立过程中，中国人对自己的文化认同有不少谈论，但由于缺乏严肃而公共的讨论，到底是哪些因素对我们的文化认同起了更加重要的作用，并无共识。金泽镇的信仰状况使我们认识到：宗教在中国现代社会建构中的作用并不是像一般学者轻忽的那样，只是无足轻重的。

近代中国人对于宗教的认识有一个急剧转变。20世纪初年，学者们的舆论延续戊戌时期的想法，仍然充满以改造传统宗教为主题的"建立宗教论"[②]，康有为、梁启超、谭嗣同、夏曾佑、章太炎等人都持有类似的主张。然而，辛亥以后的情势急转直下，知识界就以否认宗教、批判宗教和消亡宗教为职志，发动了一次次的移风易俗、破除迷信和扫除宗教的社会运动，导致了"中国无宗教"的说法。100多年中，中国知识界建立起科学主义的思维方式，奇妙的是，整个社会并没有达成消灭宗教的目标。相反，在20世纪80年代以后的乡村、市镇、城市，乃至现代大都市，宗教作为意识、信仰、习俗和节庆，迅速地回到中国人的日常生活中间。如今在上海玉佛寺、静安寺、龙华寺、城隍庙以及在金泽镇的杨震庙、颐浩寺，宗教生活、祭祀活动已经恢复，成为大都市中的突出现象。

从传统"三教"儒、释、道，到现代"五教"儒、释、道、回、耶，明显有一个现代性的主题含在其中。把中国宗教和伊斯兰教、天主教、基督新教等具有严格教会形式、强烈神学色彩的

---

① 格尔兹：《文化的解释》，第309—312页

② 《建立宗教论》（1906年），《章太炎全集》（四），第403—418页。

宗教放在一起比较，现代的儒教、佛教、道教，就不再是传统意义上的儒、释、道了。按现代的、西方的、神学的、理性的、教会样子的宗教标准，作为儒教、道教、佛教信仰基础的民间宗教，首先就因其"迷信"而被排除了。传统儒、释、道从各种信仰中间被选择出来，够格进入现代之门的是那些讲求学问的儒学、佛学和道家，一般都被打扮成"中国哲学"。另一方面，模仿现代教会形式的全国性宗教组织，诸如总会、协会、联合会等，在佛教、道教、民间宗教中涌现出来，组成现代宗教。但是，现代的中国宗教（指佛教、道教协会）和大学、研究院的中国哲学并不存在天然的关系。同时，真正表现信仰的修身、颐养、礼仪、祭祀、卜告、占问等传统信仰形式，慢慢都被宗教领袖们淡化和排除了。另外，现代儒、释、道也都不再看重民间信仰、民间宗教，它们被排斥在"五教"之外。

现代的中国宗教最先被摒弃的是儒教。儒教在当代中国的遭遇已有很多谈论。当代新儒家秉"内圣外王"的理念，对中国现代政治抛弃儒家颇为不满，但他们理解的儒家都属于宋明理学。当代新儒家在"心性论"里打转，对儒教要义的"礼乐祭祀"和"天帝天命"学说则犹豫不决，害怕陷入非理性。在20世纪初期的文化环境中，这样做是有理由的。康有为的孔教会、袁世凯的"洪宪帝制"，把儒教政治化为保皇和专制的工具，令儒家在"五四"以后名誉扫地。为恢复儒教地位，学者必须强调其学理部分。问题是儒家作为宗教，它不只是学理的，就如天主教、基督新教、伊斯兰教，乃至世界上所有被认可为宗教的，都是既有神学教义，又有信仰实践。礼仪、祭祀、崇拜，都以"现代的"（Modern）和"合理的"（Reasonable）方式保留着。

从中华民国"五教"之"儒、释、道、回、耶"，到中华人民共和国"五教"之"佛、道、伊、天、基"，儒教失去了宗教地位。但是，儒家是否宗教，这个问题还在大陆学术界延续很久，20世纪80年代争论激烈。任继愈受命筹建中国社会科学院世界宗教研究所，创立儒教研究室，主张"儒家是宗教"。他认为："中国儒教顽强地控制着中国，它与中国封建社会相始终，甚至封建社会终结，它的幽灵还在游荡。"延续"五四"话语，批判儒教影响，任继愈从负面的角度，肯定儒家是宗教："儒教本身就是宗教，它给中国历史带来了具有中国宗法社会的特点的宗教神权统治的灾难。"[①]用唯物史观的观点理解儒教，很大的困境在于其理论的本身。宗教并非只是封建社会的意识形态，在考古学家发掘出来远远早于奴隶社会的上古时代，在当今西方工业化、城市化、现代化都已过去的后现代社会，宗教都还存在。近年来，中国唯物史观宗教学者和管理人士，提出社会主义社会宗教现象的长期性，是一个不错的认定和修正。[②]

张岱年坚持"儒家理性主义"，不同意儒家是宗教说。他认为：即使承认理学受了佛学的影响，并不能说明儒学就是宗教，"佛教是宗教，而理学只是哲学，不是宗教"。因为"佛教以生死问题为出发点，儒家根本不重视生死问题。这是儒、佛的一个根本区别，也是宗教与非宗教的一个根本区别"[③]。这个看法强调儒学的纯洁性，为儒家的世俗性和正当性辩护。"儒家非宗教"说的理论前提是世俗性具有正当性；神圣性则是非理性，归根结底是迷失了的思想。持"儒家非宗教"说的学者，在大批判的氛围

---

① 任继愈：《论儒教的形成》（1980年），任继愈主编：《儒教问题争论集》，北京，宗教文化出版社，2000年，第17页。

② 参见王作安：《关于宗教存在长期性的再思考》，《世界宗教研究》，2003年第3期。

③ 张岱年：《论宋明理学的基本性质》（1981年），任继愈主编：《儒教问题争论集》，第55页。

中维护儒家地位的心理可以理解，但在知识论上却有重大缺陷。持论者从宋明理学来定义儒家，儒家的宗教性就减弱了。暂且不论理学是否真的"不重视生死"，即便理学不重生死，礼学却注定是处理生死、灵魂和祭拜问题。再回过来讲，即使一个时期的神学（理学）出现了无神论倾向，也不能以该神学来否定其整个宗教的宗教性。如果单单从理论形态看，欧洲18世纪兴起的"自然神学"、19世纪出现的系统神学，以及当今流行的世俗化神学，也有被认为是反信仰和无神论的。然而，当代西方的基督宗教却依然存在。

即使是士大夫秉持的宋明理学，仍然有很强的宗教性。朱熹学派主张"理气""鬼神""性理"的学问秩序，"鬼神"仍然是理学的转承关键。"鬼神"思想延续《中庸》之说"鬼神之为德"，仍然是一种宗教性的论述。张载《正蒙》次第从"太和篇"论"气"、论"神"开始，至"乾称篇"以"天地""乾坤"结尾之前，有"王禘篇"大谈《礼记·王制》中规定的周代祭祀制度，用以对付鬼神。还有，朱熹的学生编定《朱子语类》，次第亦为"理气""鬼神""性理"……即使在理学中，从汉代经学中延续下来的鬼神、魂魄概念，仍然是个关键，被系统地论述。儒学对鬼神、魂魄的讨论，与古希腊人、古罗马人对Psych、Anima的讨论相似，Psych和Anima后来都进入了基督宗教神学，在近代又理性化为哲学上的"精神""本体"等概念。先秦、汉代的鬼神观念，在"宋学"中也没有消失，从张载《正蒙》到朱熹《语类》，都包含魂魄概念，不过是以理气、心性的概念加以提纯。上帝、天帝的概念，在理学中至关重要，这是我们主张儒学、儒家、儒教确有自己的神圣性，即所谓宗教性终极关怀的根据。

清代学者顾炎武、钱大昕、戴震、章学诚、凌廷堪、阮元等人雅好"汉学"，比之"宋学"吸取佛教、道教的先天理论，用以滋润儒学，他们更重视汉代经学原本的礼制。一般认为清代学者只知考据，守版本、目录、校勘之学，无关思想、哲学和宗教。其实，他们在文献考据中蕴含着一些重要思想，即认为汉代承继的礼乐祭祀制度，更接近儒家根本。也就是说，比较宋学开辟出来孔孟之道的"心性论"，"清学"主张恢复汉学，从中整理出"周孔之教"的祭祀制度。唐宋以后的"孔孟之道"，儒教思想走的是上层士大夫的学养路线；清代主张的"周孔之教"是儒家学者的社会思考，他们忧虑道德崩溃、人性无度、儒教失传、天人相隔，故而重视礼教，是综合上下各阶层的全面路线。从心性到祭祀，从这一角度来看，清代儒学更加注重外部宗教性的考量，含着一种外在超越。

按蒂利希的终极关怀的超越性理论，人类的宗教感有外在超越和内在超越之分。儒家强调"慎终追远"，用对于祖先、先贤、先圣的亡灵崇拜来维系家庭、家族，进而扩大为村落、地域、民族和人类的终极关怀。这种超越性，显然属于外在超越。由此，我们说儒家具有宗教性，乃至是宗教，确实是合理的。宗教社会学家杨庆堃也是在这个意义上认定儒家是宗教，在他看来："我们感兴趣的只是分析宗教因素在儒学作为一个有效的社会政治传统的发展过程中所起到的作用，看看这样的因素是作为教化的内在部分，还是作为某些外在的仪式而存在。因此我们认为，儒学作为社会政治教化拥有宗教的特性。"[①]可是，从伦理学角度肯定儒家的宗教性仍然有着局限，只能说儒家是一种伦理性的宗教。事实上，儒家在灵魂本体论的意义上，也具

---

① 杨庆堃著，范丽珠等译：《中国社会中的宗教》，上海，上海人民出版社，2007年，第40页。

有强烈的宗教性。

在儒教经典"礼经"（"三礼"，即《仪礼》《礼记》和《周礼》）中，我们清楚地看到周孔时代的儒教祭祀特征。从儒教经典论证儒家的宗教性，从祭礼、祭法和祭义去查看儒教的礼仪、法规、教义，是一种饶有兴趣的考据学，中国思想文化史学界已有不少成果。清代学者的明堂考和近代学者的礼乐考，包含大量研究成果。研究中国人古代宗教（早期儒教）的学科，如考古学、人类学、文献学领域都取得了很好的成果，可以引作参考。人类学家关于北欧、西伯利亚、东南亚、南北美洲和大洋洲地区同属古代萨满教传统的理论，还有一些商周考古学家对古代方国时代宗教生活的发现和结论，以及近年来汉代简帛文书对早期经典的考订和诠释，都可以帮助中国宗教学的研究。中国宗教的研究可以放到更大的范围内来考察，得出更可靠的结论。

儒家经典曾被看作中国人生活的基本准则，如"经学"所说之"经义治世""经世致用"；另一方面，儒家经典还被看作古代民众生活的记录、提炼和萃取，或即章学诚所谓"六经皆史"。这两种经学方法，一是用经学对一般民众的行为、道德和伦理作出规定；另一则是把一般民众的生活看作经学的源泉。如果经学也是一般社会生活的反映，那它则同时记录了普通民众的宗教生活——民间宗教。我们今天再度把经学放回到古代民众生活中去研究，就能更好地理解三代经典中的宗教性内容。然后，再通过对民众宗教生活的延续性，从今天民间宗教来观察儒家制度和思想从古至今的变迁，观察儒教与当代民间信仰的关系，我们就会有一个更加开放、自由和平等的宗教学视野。法国宗教社会学家葛兰言用他老师涂尔干的理论研究《诗经》，体会道："有时候，解释一种信仰的基础，近代文献比古代文献更有效……通过适当的古代事实来证明现存真实的事实在过去也是真实的，这是一种好方法。"①反过来，通过古代儒家经典中的礼乐制度，来理解现存祠祀（民间宗教）中的宗教生活和祭祀活动，也应该是一种好方法。

周代根据民间宗教生活建立起来的祠祀系统和依附其发展的儒家教义，构成了礼仪和信仰的两个部分，它们是儒教最初和最稳定的基本形态。涂尔干的宗教定义，包含两部分："宗教现象可以自然而然地分为两个基本范畴：信仰和仪式。……这两类事实之间的差别，就是思想和行为之间的差别。"②现代学者不但应该从教义信仰来判断宗教，而且也应该从祭祀仪式来研究宗教。当代宗教学更注重信徒们的宗教行为，即在礼仪过程中研究宗教。禄是遒、高延、葛兰言等西方汉学家在清末民初进入中国，他们发现中国传统宗教，不论儒教、佛教、道教、民间宗教，都是注重祭祀礼仪甚于神学教义。从周代儒教奠定的祠祀传统来看，中国宗教的祭祀规定要多于神学阐释。如何通过恰当的祭祀，使神鬼的魂魄各有安顿，这是祠祀更加关心的。《仪礼》《礼记》和《周礼》涉及祠祀，不是阐释教义，而是规定祭祀——礼制。中国宗教注重教义，是在佛教进入以后。唐代译经释经、辩教格义之后，佛学、道学和儒学才更多地表现出各自的教义热情，对自己的信仰作出诠释。

然而，在民间坚持的祠祀传统中，祭祀行为仍然是主流。注重祭祀的方法，关心鬼神、魂魄的形式，民间宗教延续了儒教的本来精神。从后世祠祀系统——不恰当地被贬低为民间宗教——更能看出儒家的宗教性。说"儒教是宗教"，应该从民间宗教入

---

① 格拉耐（葛兰言）著，张铭远译：《中国古代的祭祀与歌谣》，上海，上海文艺出版社，1989年，第4页。

② 涂尔干：《宗教生活的基本形式》，第42页。

手。任继愈说"儒这个称号不自孔子始"[①]，这是对的，儒教祠祀传统形成于周代，早于孔子。但是他对儒教的辨证从孔子以后的经学、玄学和理学形态开展，周代儒教的祭祀方式并不在他的研究范围。按照清代学者的观点，儒教传统成于周代，这是诸多清儒考究"五经之学"中的"古礼""古义"的心理动因。清代学者推崇古代祠祀，宽容当代淫祀，都有这样的原因。按"清学"的看法，祠祀是儒教之本源，道学是儒教之派生和流衍。"周孔之教"如果不是优于、至少也是早于"孔孟之道"。

中国人的祠祀主要由民间宗教（淫祀、迷信）保存，虽然"低级"，但这是中国人的信仰基础。中国人的高级宗教，儒教、道教、佛教，乃至后来传入的伊斯兰教、天主教、基督新教，都要依赖这个信仰基础，与之沟通、融合，在草根层面实践本土化。祠祀中的儒教特征，比道教、佛教更突出。道教、佛教只是借助祠祀，儒教才是祠祀的本体。中国本土宗教以儒教为代表，这一点清末来华的美国人明恩溥看得很清楚，说："道教与佛教已经对中国人产生了极大的影响，但是，中国人却依然既不是道教徒，也不是佛教徒。他们是儒家弟子。"[②]这种观点，在清代看起来尤其有道理。明恩溥在乡村、市镇和都会里遇见的士绅官员，都是祠祀生活的维护者。

100年的轮转，21世纪的宗教状况仿佛回到中华民国初年。1914年，南北学者激辩儒家性质及其在民国的地位，对宗教有更深理解的马相伯作《一国元首应兼主祭主事否》一文，同意现代中国应该确立五种宗教，"儒、释、道、回、耶"。"夫五族共

---

① 任继愈：《儒家与儒教》，任继愈主编：《儒教问题争论集》，第22页。

② 明恩溥著，刘文飞译：《中国人的气质》，上海，上海三联书店，2007年，第236页。

和，儒、释、道、回、耶，非世所称'五教'耶？"[①]马相伯是天主教徒，曾是耶稣会神父，后在李鸿章幕办理洋务数十年。当时，袁世凯恢复帝制，主持祭天、祭孔，行天子礼。马相伯同意儒家可以立为宗教，但元首不得任主祭、主事，因为按现代政教分离原理，政治与宗教应该分离，世俗领袖不能染指信仰权力，故"君与师之职，亦不相兼焉"[②]。与章太炎、严复、梁启超和康有为等人一样，马相伯意识到现代中国不得不按西方宗教的样子，把惯常所称的"三教"按西方宗教的组织形式，做教会化、或曰现代化、或曰神学化、或曰理性化等等的改造，成为现代中国的五大宗教。

然而，由于康有为企图用新教改革的方式改组孔教，袁世凯企图用政教合一的方式统治中华民国，儒教自此被绑定在当代文化的耻辱柱上，声名扫地。从"五四"以后，国家元首不再主持儒教祭祀，知识分子不再祭孔，家族祭祖也难以为继，儒教失去了传统的主体性，意识形态领域内也没有人愿意出面保存儒教。1927年以后，新文化意识形态在国家政治中施行，儒教便从民国初年"五教"之首的地位跌落下来。到1949年以后，更是被顺理成章地废除了。50年代，中共中央统战部在全国范围内普建中国伊斯兰教协会（1952）、基督教三自爱国运动委员会（1954）、中国天主教爱国会（1958）、中国佛教协会（1953）和中国道教协会（1957）等全国宗教组织，"佛、道、伊、天、基"五大宗教，就不再包括儒教。

"文革"结束以后，通过落实宗教政策恢复了"五大宗教"（佛、道、伊、天、基）建制，儒教当然不在其中。本来有美国

---

① 马相伯：《一国元首应兼主祭主事否》，朱维铮主编，李天纲、陆永玲、廖梅编校《马相伯集》，上海，复旦大学出版社，1996年，第147页。

② 同上书，第145页。

学者列文森宣布儒教在现代中国"已经被送进博物馆"，大家似乎都同意了。然而，21世纪以来，儒家的宗教性以及儒家是否宗教的问题，在思想、文化和学术界又重新提了出来。各种各样的儒教主张中，有的要提倡儒教伦理来约束民众行为，有的要继续批判以反对"愚昧"和"迷信"。更有甚者，还暗中模仿康有为、袁世凯，把倒下的儒教再扶起来，并以"儒家宪政"的名义行政教合一的"改革"主张也跃跃欲试。所有这些儒教主张，都和我们在这里的研究结论格格不入。我们认为：周代以来的儒教，首先是中国人的一种信仰行为，是由基层民众维持、在民间社会流行的祭祀制度。民间信众倘若愿意保持自己的宗教信仰，这首先是一种权利，士大夫、知识分子、官员不应该用自己的意识形态去干预。

宗教对话：中西会通之具

把中国宗教作为一个整体来看待，就不会只是关注不同信仰之间的差异。相反，会通的理念会帮助建立对话的机制。站在水乡的桥头放眼金泽，镇中醒目的宗教场所，不是散居和隐藏着的小祠小庙，而是基督宗教的天主堂、耶稣堂，十字架高过所有祠庙寺院。这种情况用"宗教市场论"来解释，即为多教竞争，教会在争取信众"市场份额"。但是，如果用"宗教对话论"来理解，则是众教融合。我们在香汛、庙会上看见基督教的信徒在传教，倒也相安无事。民间信仰培育的宗教意识，为组织化的教会提供了基础。从此意义上讲，外来的宗教并不是征服本土信仰，只是利用原有的宗教观念，建立自己的神学和教会。外来的天主教、基督新教是这样，本土的佛教、道教和民间宗教之间也是如此。主张众教融合的学者，持有金字塔模式，以为不同宗教在基层信众之间难以沟通，各入各会，各信各教；唯精英人士因理性认识能力渐升，则最后在顶点相遇，融合在上层。^①其实，众教融合也可能存在另一种梧桐树模式：不同教会就像同一棵梧桐树主干分出来的枝杈，多种教会在底层的信仰来源上也是相通的，或可以称为众教源通。

在汉人地区的不同信仰存在相当程度的一致性。中外学者定义中国宗教，原本可以有一条路径，把儒、道、佛三种具有明显"中国性"的本土宗教，与还处于"洋教"状态的伊斯兰教、天主教、基督新教、东正教、犹太教区分开来，统一建构为一种"中华教"。在印度，西方学者和当地学者合作最终把印度次大陆的婆罗门教、湿婆教、耆那教、沙克蒂教等不同信仰，归并为"印度教"（Hinduism）。在中国，本土宗教并没有被归并简化成一种"中华教"（Chineseism），而是顺应传统的"三教"称呼，重新划分和定义为儒教、佛教、道教的现代宗教。另外，又从三教之中各划出一块下层信仰类型的"迷信"，于是有了民间儒教、民间佛教等课题的设立。但是，从宏观的传统来看，它们不就是日常所谓的民间信仰、民间宗教吗？儒、道、佛三教分立，加上各种"洋教"的嵌入，就构成了中国宗教的杂色拼图。这样的划分固然方便承认各个教会的特殊性，承认它们的独立地位，但却掩盖了"中国宗教"的统一性。

中国宗教的多元化特征，不仅仅表现在"三教并立""三教合一"，还有一个"三教通体"的问题。宋明儒学一直有一种三教合一的企图，试图把儒、释、道的教义合为一体。这方面的工作，中国哲学史领域的学者做了很多。其实，汉人宗教的同一性也存在于礼仪之中。三教合一不但合于教义，而且还合于祭祀、

---

① 参见安伦：《理性信仰之道：人类宗教共同体》，上海，学林出版社，2009年。

合于基层。如果祭祀时的三教通体现象在经典中看得还不是很清楚，那么回到基层，从金泽镇这样的民间祭祀生活来看，情况就一目了然——民间宗教是乡间最有活力的宗教，佛教、道教，还有儒教，都是在此祭祀传统的信仰本体上建立起来的。

在江南地区、长江沿岸和东南沿海等以汉人为主体的社会，民间宗教压过儒教，甚至佛教，是一个突出而稳定的现象。教育家蒋梦麟在《西潮》中说："除了崇拜祖先之外，大家要信什么就信什么。上佛寺、拜神仙、供关公、祭土地，悉听尊便，没有宗教限制，也没有宗教迫害。你信你的神，我拜我的佛，各不相涉，并且还有把各式各样的神拼在一起大家来拜。这就是通常所称的'道教'。如果基督徒肯让基督与中国神祇并供在中国的庙宇里，我相信村里人一定会像崇拜其他神佛一样虔诚崇拜基督。"[1]历史学家顾颉刚则说："道教真是一个只有崇拜，没有思想的宗教。道教的经典我现在尚未能看，只是从苏州的玄妙观、北京的东岳庙领略一个道教的大意。"顾颉刚的道教，和民间信仰的祠祀没有区分，他熟悉苏州玄妙观，又调查了北京东岳庙，"这两个地方都是神道的总汇"，也是苏州人和"北京人的迷信的总汇"。[2]蒋梦麟和顾颉刚从批判和启蒙的角度，承认了"迷信"（民间信仰）确为中国人的基本信仰。

杨庆堃把中国宗教分为制度性宗教和分散性宗教。前者包括佛教、道教、会道门和帮会等，后者则是弥漫于社会生活中的民间宗教。至于两者之间的关系，他认为是"分散性宗教依赖制度性宗教发展其神话的或神学理念，提供神明、精灵或其他崇拜的象征，创造仪式和供养方式，以及对信徒和出家人进行专门训

---

① 蒋梦麟：《西潮》，台北，辅欣书局，1990年，第17页。
② 顾颉刚：《东岳庙游记》，《顾颉刚民俗论集》，第401页。

练。因此佛教和道教的信仰制度、神明、仪式和出家人被借用在分散性宗教的不同形式中，诸如祖先崇拜、民间神明以及道德-政治的崇拜仪式"①。按杨庆堃的估计，制度性宗教（佛教、道教、会道门、帮会等）为非制度性的分散性宗教提供了样板，让它们学习、模仿。这个估计是用静态方法观察明清时期的民间宗教，民间信仰挂靠佛、道教，佛、道教接管民间土庙。但是，从更久远的历史发展、动态互动来看，这个估计是不成立的。中国的民间宗教自古以来就有自己的神明、神祇、崇拜、祭祀方式，有相当固定的基本信仰形式。包括后来进入中国的伊斯兰教、天主教、基督教等外来宗教，也都在相当程度上适应了中国宗教的基本形式，所谓的"本色化""中国化"，归根到底就是"民间化"。不是分散性宗教学习制度性宗教，而是儒、道、佛三教，借鉴和适应了民间形态的基本信仰。说起来，从儒教祠祀系统演变出来的民间宗教，才是现代宗教的信仰之源。正是在这个意义上，我提出民间信仰是儒道佛在教义上的"三教合一"之外，在教制上表现为"三教一源"或"三教通体"。

现代中国社会改造儒、道、佛三教，按现代定义，废除了儒教，重建了佛教、道教两种当代宗教，民间宗教地位则还未定。中国人实践的现代性，导致了新的"三教相分"局面，既改变了宋明以来"三教合一"的趋势，也抑制了祠祀（民间宗教）的合法性。1927年，南京政府弃置天坛、社稷坛、先农坛、文昌庙、孔子庙之后，官方儒教系统的祠祀消失了。1928年，内政部颁布《寺庙登记条例》《神祠存废标准》；1929年，内政部颁布《寺庙管理条例》；1930年，内政部颁布《监督寺庙条例》，

---

① 杨庆堃：《中国社会中的宗教》，第269页。

民间儒教系统的祠祀大部分都被废除了。[①]民间祠祀只留三皇五帝、孔孟关岳等神祇，宋、明、清朝进入官方祠祀系统的天后、城隍、东岳也都废除。然而，从实际情况看，民国时期列入废除标准的民间神祠并未遭到严厉禁止。金泽镇的东岳庙、杨震庙、总管庙等一直延续到今天；上海邑城隍庙则在强劲的现代城市社会制度中，发展为上海最重要的庙宇，中国现代道教改革运动的中心。

20世纪50年代中国大陆施行宗教管理，虽然没有让民间信仰登记为合法，但也没有严厉禁绝。只是在建立官方宗教协会的时候，不让祠祀中的"人鬼"信仰进入。佛教协会对窜入寺庙、原属于祠祀系统的妈祖（天后）、东岳、二郎、王母娘娘、黄道婆等信仰颇为尴尬，道教协会也对收留这些民间"迷信"的神祠表示为难。事实上，明清至民国时期的佛教、道教都管理了很多原属儒家祠祀的庙宇。金泽镇的颐浩禅寺至今仍然负责管理杨震庙。传统的儒、道、佛教并不排斥民间祠祀，而是包容、改造它们，汲取活力，获得财源。然而，清末以降，政府和学者"咸与维新"时，把大量民间神祇排除在三教体系之外，不加处理，造成了一个"失祀"状态。余英时先生有一个说法：制度化的儒教死亡之后，近代中国的儒家思想就变成了一种"游魂"。儒学失去了本体，倘若还想延续下去，就要"借尸还魂"。[②]儒教的近代死亡，在国家祭祀和国家制度（即"国教"）层面上看，属于

---

① 民国时期的宗教管理条例刊布情况，参见何建明《从管理寺庙到监督寺庙：民国时期宗教立法观点的转变》一文，载《中国民族报·宗教周刊》，2012年6月5日。

② "游魂"和"借尸还魂"的说法，见于余英时《现代儒学的困境》（1988年，收《余英时学术思想文选》，上海，上海古籍出版社，2010年）；"让我们用一个不太恭维但毫无恶意的比喻，儒学死亡之后已成为一个游魂了。如果我们因此庆祝儒学获得了新生，那么儒学又将以何种方式维持它的新生命呢？它将从此成为'游魂'呢？还是要'借尸还魂'呢？"（第284页）

政教分离和宗教退出的本义，是近代化之必须，儒教之本肯定不能建在这个"僵尸"①之上。但是，我们也不能就此说儒学、儒家、儒教，乃至佛教、道教以及其他中国宗教（伊斯兰教、天主教、基督教）就没有社会本体了。儒教失祀，失去的只是官方宗教的形式，未始不是一件好事情。宗教在社会，信仰在人心，从近30年的情况看，民间祭祀已经复苏，中国人的宗教生活仍然活着。民间宗教富有生机，这才是中国人宗教精神之本。

有宗教信仰背景的外国游客即刻就能发现：当代中国人仍然在祭祀着各种各样的游魂。江南信徒对于鬼神、魂魄、天界、地府的关注，是非常强烈的。即使移居现代大都市上海，这样的灵魂意识也只是转型，并没有消失。从金泽镇的杨震庙到上海市的城隍庙、玉佛寺、静安寺、龙华寺，我们看到对于灵魂、来世和超自然现象的关注，并非只是传统人、农村人和封建主义残渣余孽中间才有的事情。事实上，信仰隐藏于人性，初不分为儒教、佛教、道教，它也贯穿于伊斯兰教、天主教、基督新教。忽视不同宗教之间的共有意识，即人类信仰的共同性，一味突出宗教之间的差异性，这个偏颇思路于学术、于实践，都有相当大的问题。

当代天主教会吸取"中国礼仪之争"中的经验和教训，对中国人的祭天、祭孔、祭祖等祭祀礼仪更加宽容。2012年4月1日，清明节前夕，在上海市区西南某天主教大堂的入口处，看见一块"诸神相通"的立牌，副题为"为炼狱灵魂祈祷，献弥撒、拜

---

① "僵尸"和"出祟"的说法，是周予同先生首先提出的。周先生把民初官方的儒教主张，看作从死去的"僵尸"上逸出的"鬼祟"，是专制体制的思想残余。在《僵尸之出祟》（1926年，收朱维铮编：《周予同经学史论著选集》，上海，上海人民出版社，1996年）一文中，周先生批评中华民国教育部在学校推行"读经运动"，是文化复辟，"这'读经'的僵尸，在民国作祟已不止一次了"（第593页）。周先生含着现代性批判的主张，和余英时的现代儒学的困境说法相似。

苦路、念玫瑰经"。立牌的下部插有一两百张逝者的名片，印有照片、姓名、年龄、生平和事迹，类似于儒教、道教、佛教在超度中使用的牌位。上海天主教会把这种类似于超度的祭祀，称为"通功"。清明时节，以信徒的愿力为"炼狱灵魂祈祷"，从形式上看，和儒、道、佛的道场仪式依然是相像的，只是用炼狱之名代替了地府。在上海这样的大都市，天主教信徒们仍然以传统的方式上拜祭祖先的亡灵，这种做法不是"中国礼仪之争"之后梵蒂冈教廷的一纸禁约能够管束的。"梵二会议"之后的天主教已经对本土信仰和祭祀网开一面。于是，现代化、西方化改造了鬼神信仰，而魂魄、地府、天堂等观念，也为现代教会提供了信仰资源。于此可见，中国古代的信仰情况是众教源通；当代的民间信仰则成为各种宗教都可以汲取的源泉。

都市化：宗教的基本与变革

经历了现代化和城市化的冲击，江南地区以祠祀为特征的民间宗教前途怎样？更加具体地说，1843年开埠以后的上海，超越了明清以来江南市镇化的城市发展，兀自成长为一个世界级的大都市，中国人的本土宗教是如何在这个全球化的舞台上表现的？这是关系中国宗教变迁的大问题，是都市宗教研究不能不关注的核心问题。中国人的祭祀方式，如已经衰变为"老爷信仰"的祠祀系统，变成是庙祭、墓祭、斋醮、超度、法会、道场等信仰方式。那么，它们还会不会继续存在下去？一方面，中国人的本土宗教、佛教、道教、儒教、民间信仰按照现代化的要求在作出变革；另一方面，这些信仰方式又继续企图以传统的方式保持其灵性。这样的现实是宗教学应该关注的。

从江南地区和上海都市发生的实际情况来看，除了儒教被士大夫放弃，被知识分子和现代政治废除之外，其他的本土宗教都在努力重生。16世纪以后来华传教的天主教、基督新教，到19世纪在欧美获取了相当多的现代性，成为适应世俗化、城市化生活的现代宗教。尤其是来自英、美、德等的基督新教，有一整套的现代制度，非常适应在上海这样的大都市活动。经受着现代化意识形态高压的佛教、道教以及民间宗教，在遭受知识分子的批评、外国教会的压力之下，保存教产，募集新血，不断重组，改造自身。20世纪初年，上海的各大寺庙就在居士、护法、知识分子的帮助下，建立佛教总会、道教协会。从20世纪后期的情况看，寺庙宫观、神祇仪轨基本得以保留，他们的实践不能说不成功。

近代上海的都市宗教和它的都市经济一样，都深入周边市镇。金泽镇的宗教生活，在20世纪30年代以后，已经和大都市上海的现代佛教、道教以及民间宗教系统联系在一起，成为近代都市宗教的一部分。金泽镇的佛教以颐浩寺为核心，已经参加上海的佛教总会，属于太虚、圆瑛等人提倡的人间佛教的一部分。道教和民间宗教以东岳庙和杨震庙为核心，也经历了现代化的改造。偶有机缘的话，还能得到政府、企业、社会的帮助，把原先的土庙、小庙扩建成现代化的大庙，如金泽镇杨震庙。

从江南市镇和上海大都会的基层社会来看，本土宗教退出国家祭祀体系，但并没有退出信仰领域。佛教、道教、民间宗教与后来传入的天主教、基督新教等现代教会一样，在日常生活和公共空间中扮演着重要角色。如果说"洋教"（天主教、基督新教）在思想、文化、科学、技术和市民社会的组织等方面具有现代性优势的话，佛教、道教和民间宗教在宗教意识、礼仪、祭祀和信徒网络的串联方面仍然具有无可替代的草根性，即所谓"群众基础"。30年代，本土宗教在学习了外来宗教的协会、社团、俱乐部、出版社、学校、医院等现代组织方式之后，曾表现出不亚于"洋教"的活力。80年代以后，恢复后的佛教、道教协会，培养出新一代的僧侣。虽然存在着诸多复杂问题，但在组织基层信徒的信仰生活方面依然相当有效。当然，本土宗教能否适应21世纪更大规模的社会变迁，能否从集权制度下完成转型，这又是另外一回事情。不过，这困难不独本土宗教会遇到，当代中国基督新教和天主教也面临同样的问题。

当代新儒家强调"内圣外王"，好像这仅仅是自己教派的独有特征。其实，任何宗教（包括基督宗教）都有其内向诉求和外向诉求。明清时期是江南宗教的鼎盛时期，儒、道、佛三教都表现出内外两种诉求。祭祀、默想、神操和灵修时的心灵体验，不仅只有儒家士大夫能感受，一般稍具恻隐之心的信徒也都有知觉，进而产生内心的神圣体验，这是内向诉求；另外，信徒们结合在一起，分享自己的经验，同奉公认的神祇，组织起法会、庙会、香会、善堂、义庄、讲学社，建立团体，参与社、会，这是外在诉求。内向性的心理体验由个人从事，基本上是一己之行为，对应于威廉·詹姆斯式的"个人的宗教"（Individual Religion）；外向性的社会活动则是集体从事，注重于构建团体的身份、地位和权力，相当于涂尔干意义上的"宗教的社群"（Religious Community）。然而，宗教性的内外诉求、内圣外王，从来都不是天经地义地永远正确。修炼得当，"内学"可以怡情养性，提升境界；否则也会走火入魔，如某些邪教分子，毁其一生。"外学"也一样，良善信仰和积极事工结合起来的恰当主张，可以增进社会凝聚力，扩大公共空间，形成市民社会；否则也会演变成在地下释放毒气的"真理教"。

在明清以降的江南祠祀中，我们看到了一种内外兼具的完整的宗教生活。中国人的宗教意识，保存了远古宗教的基本形

式，即对灵魂的思考。早期儒教围绕魂魄祭祀，构建了"祖"和
"社"的崇拜，树立祖先（血缘）和方域（地域）的文化认同。
后世学者把祖先崇拜归结为儒家孝道，并以"慎终追远"的祭
祀制度来解释中国宗教的本质。其实，对宗教信仰作孝的解释
仍然是间接的。宗教意识的直接起源在于人们对于自己灵魂形
式的不懈探究。人类对于"鬼"（Ghost）、"神"（God）、"灵魂"
（Soul）、"灵性"（Spirituality）有不懈的探求，只要人性里的这
种探求不结束，宗教和信仰就会长期存在，这就是信仰之源。杨
庆堃认为中国宗教在20世纪必定衰落，因为"在西方的影响下，
城市中的家庭开始失去凝聚力，于是祖先崇拜便迅速衰落了。现
代家庭不会再在主客厅内为祖宗安设牌位，曾经是人们最为神圣
的职责——供奉祖先，对年轻一代来说已经失却了意义"[1]。说祖
先崇拜的传统方式在大都市家庭生活中会衰落，可能是对的。但
因此衰落就说"分散性宗教……没落的命运不可避免"[2]，却过于
武断。事实上，在21世纪的中国最大都市上海，民间宗教和各
种宗教性的崇拜行为仍然存在。

上海大都市和江南地区中、小城市，乃至基层市镇中，传
统的宗教生活维持着当地的公共空间。保存至今的金泽镇民间信
仰，仍然既有个人化的烧香、祷告、求签、问卜，也有组织化的
水陆法会、集体道场，以及香汛、庙会、弘道、讲经。这些形
式，有的是传统的，有的则是从传统形式变型转化过来的。在今
天，江南市镇上保持的传统宗教基本上仍是由信徒自己，而不是
借助教会、教义和教士来处理灵魂附带的各种问题。生老病死、
婚丧嫁娶、星相八卦、升学求职等不测因素，都是通过烧老爷

---

① 杨庆堃：《中国社会中的宗教》，第273页。
② 同上书，第274页。

香、拜灵庙佛、问算命先生来解决，这确实都是"个体宗教"的样子。但是，金泽镇的庙会例子又提醒我们，这里还有着传统的"宗教社群"，各种各样的人群，至少在特定的香期内，进香、巡会、拜神、娱神、庙会等，仍然是以神祇的名义聚集起来。明清时期仍然还有儒教、佛教和道教机构设法加以组织，民国以来的现代社会则放弃了这种努力，转而轻视、歧视和打压这些民间活动。

江南民间宗教的基本形式，即使在现代的大都市也没有发生太大的变化。上海玉佛寺地处稍偏，房价不算巨贵，周围街坊就出现了一片大大小小的佛堂，生意就是替人算命、测卦。上海市政府市容、卫生、民政、教育和宗教部门常常要求玉佛寺取缔它们。寺庙本身则举棋不定，难以管理。当代佛、道教的香火管理，在农村、市镇和都市都是一个难题。这些事实表明中国宗教还需要探索出一条真正结合信众的现代路线，重新组织起中国人的信仰生活。在现代大都市里如何保存信仰，台湾的例子可以参考。2011年1月，在台北市区台湾大学所在的大安区，偶遇一家雅香斋，"南无阿弥陀佛"的幌旗之下，经营范围是"阳宅鉴定规划，八字流年预测，面相律人顾问，事业财运文昌，到户祭拜承包，风水器材摆设，宗教祈福拜祭，人生目标规划"。台北的现代化并不去干预闽南人的"拜拜"，两者之间保持着一种张力，并存不悖，一起往前。

现代化一直都在影响中国人的宗教生活，传统宗教在现代社会急剧转型。大都市光怪陆离的现代生活，近代以来断断续续的宗教改革，使佛教、道教和民间宗教出现了都市宗教的风格。上海佛教界发动的人间佛教运动，在江南和全国都相当成功，使得佛教在中国近代文化发展中具有一席之地。延续20世纪的"人间佛教"运动，21世纪上海佛教界又提出"都市佛教"的概念，以期有更大的发展。曾有激进主张认为，人间佛教应该是一种新佛教，与传统的鬼神宗教无涉。[①]但是从实际情况看，20世纪的佛教改造运动，并未与明清以来的净土思想完全脱离。韦尔奇（Holmes Welch）《中国佛教的复兴》（*The Buddhist Revival in China*，1968年）认为：近代佛教的繁荣，用"复兴"这个词并不恰当（更不要说"革命"了），因为民国之前的明清佛教相当繁荣，人间佛教的延续性要强于其断裂性，太虚等人的佛教革命不过就是一次"Transformation"（转型）。[②]从单纯的佛学理论上看，韦尔奇的观点有点问题，因为近代佛学一直试图用唯识论来取代鬼神论的净土宗，以期建立一个无神论的新佛教。但是，如果从完整的佛教运动来看，韦尔奇的观点是正确的："净土""往生""地藏""超凡"等观念从来没有从民间佛教中退出，有的只是一种转型。

相对而言，中国大陆在道教和民间宗教上的改革一直滞后，缺乏人间佛教这样的转型运动。但是，缺乏是相对的。首先，在难以区分儒、道、佛教的基层社会，以佛教名义的改革，必然也对道教、民间宗教产生影响；其次，即使缺乏教理上的改革，社会结构的变化也逼迫民间宗教和道教作出很多调整；最后，都市信徒的崇拜方式发生了很大的变化，他所持有的现代生活方式对庙宇、家庭和个人的信仰形态都有很大影响。都市宗教的革命，对上海周边江南长江三角洲地区施加了很大的影响。有线索证明，偏远地区的青浦金泽镇、朱家角镇，在百年前就受到了人间佛教的影响。上海大都市佛教协

---

① 巨赞（1908—1984）法师提出的"新佛教"概念，参见氏著《新佛教运动的回顾与前瞻》，《狮子吼月刊》，1940年第1卷第1期。

② 韦尔奇著，王雷泉、包胜勇、林倩译：《中国佛教的复兴》，上海，上海古籍出版社，2006年。

会、道教协会联合江南市镇佛教、道教寺庙的情况，在20世纪30年代就出现了。当代江南市镇上的宗教生活早已是都市宗教的一部分。农村宗教的传统特征依然还在，而城市宗教的新形式也在不断涌现。

宗教总是在自身的生长中间完成转型和改造。"我们在中国宗教面貌中既可以看到某些注定要消失的过去的遗存，也可以看到一种将中国本身上升为神圣物件的身份反映。……正是透过信仰群体或个体的创造力，宗教才实现走出自身的迁移。"[①]中国宗教必定也是像其他民族的宗教一样，在当今全球化和世俗化的时代，它固有的传统会成为新的宗教的一部分。这几年有大量年轻人加入金泽镇的杨老爷信仰，他们在祈祷中的诉求，和农村老年信徒的关注点很不同。中青年信徒装束、言语和举止，有明显的城市化特征，他们和老年信徒分边烧香，不求病痛，不问儿女，求问的是楼市、股市、升学、就业。城市化改造传统宗教，为信仰增加内容，但并没有改变信仰的基本形式，信徒们用烧香拜佛方式探究的，仍然是超越凡俗的灵性。在香港，随着社会经济的转型，九龙的黄大仙庙和沙田的车公庙在20世纪七八十年代呈现出明显的都市信仰特征。车公神公、忠、勇、武，逐渐转为楼市、股市的保护神。车公、黄大仙不但保佑个别香客，还保佑全体香港人。

香港沙田车公庙新年为全港求签解签的例子，说明传统宗教可以融入市民社会。每年春节的正月初二日，香港特别行政区行政官员会陪同新界乡议局主席刘皇发一起参拜当地的车公庙，公

---

① 魏明德：《高歇的"宗教退出"说与中国宗教格局重构的哲学思考》，台北《哲学与文化》（第卅八卷第十期，第178页）。

行祷告，为城市繁荣力求上签。①在神祇面前，为全民祈祷，抽的是公共福利之签。我们在宋代金泽镇颐浩寺的"大概签"案例中看到过，当代香港市民的信仰，则赋予新的内涵。车公庙为全港抽大概签，香港特别行政区政府的高官定期定时出席，全程赞助。但是，这项赞助不同于明清官员的致祭。民政署署长等官员代表港府莅临，虽不是以个人身份，但绝不是主祭，只是受车公庙邀请列席作证，祭祀和抽签的主角仍是庙方。②现代政府代表的是全体民众、不同信众，不能有倾向性地组织和赞助某一宗教、某一教团的活动。但是，车公庙宣称为"全港福祉"抽签，港人亦趋之若鹜，港府采取这样审慎而积极的态度来应对，不失为既坚持政教分离原则，又含有信仰自由精神的现代意识。通融和折中的做法，使得民间宗教在转入都市宗教的过程中，兼有全新的市民社会内容，同时仍然保存着传统的信仰核心。

上海社会在1980年以后的社会转型，也改变了传统的信仰方式。虽然到目前为止，高官、巨贾们的祭祀、崇拜行为并不公开，属于某种形式的私人宗教，并不像香港、台湾那样为外界所知，受公众监督。但是，一般民众在佛教、道教和民间宗教场所的活动中，祈求内容明显地趋于现代化。在各大寺庙，楼市、股市、升学、职场，都成为最主要的祈祷内容。很多信徒，因为在商场获利，回寺庙还愿，捐佛像，塑老爷，建大殿，在都市、市镇、乡村在在都有。在寺院经济、文化发展比较顺利的寺庙，如

---

① 见香港《明报》2011年2月5日新闻报道：《港得中签，兔年政府"欠威"》。时任特首曾荫权信奉天主教，并不出席车公庙求签，但每年都有特别行政区政府民政署署长等高官参拜，为香港求签解签，形成全区热门话题。

② 感谢香港城市大学前校长张信刚教授告知车公庙新年抽签组织详情。张校长曾担任香港特别行政区政府首届文化委员会主席，了解内情。他特别强调特首或民政署署长出席抽签并非亲自祭祀，而是应邀参与、观察和作证，特别说明了这一细节。

上海玉佛寺、静安寺、龙华寺、城隍庙、钦赐仰殿（太清宫），都已经恢复建立起相当规模的灵修、慈善、文化、教育、出版等机构，成为大都市里面市民社会的一部分。不过，因管理方法的限制，在很多细节和原理方面还有待完善。

中国人的民间信仰是一种真实的力量。这股力量常常被人利用，当代社会却没有很好地加以组织。在中国传教的美国公理会传教士明恩溥转用《罗马帝国衰亡史》作者吉本的话说："对于普通人民而言，所有的宗教都同样的真实；对于一位哲学家而言，所有的宗教都同样的虚妄；对于一位官员而言，所有的宗教都同样的有用。"[1]然而，对于宗教的理解，我们既不能从官员的角度加以利用，也不能从哲学家的角度加以否认，当然也不能从普通人民的角度盲信随从。在实践中，宗教学家的态度，应是对各方面人群的态度持"同情的理解"，然后再作出判断。与宗教有关的感觉、信念、情感、知识、学问，都是非常独特的，没有一种同情的理解，只是争论"有没有""好不好""对不对"，并不解决问题。"子不语怪力乱神"，或许也是针对这一类无谓的争议有感而发。"子不语"或者也应包含这样的含义：对于宗教问题上的种种争议，我们先表示应有的沉默。

新路径：中国宗教研究的方法与主张

20世纪以来，欧美学者看待宗教大都采用威廉·詹姆斯在1901年爱丁堡大学吉福德讲座演讲中的做法，把人类宗教处理为"个体宗教"[2]。尽管詹姆斯强调另一边还有"制度的宗教"，

---

[1] 明恩溥：《中国人的气质》，第242页。
[2] 参见威廉·詹姆斯著，唐钺译：《宗教经验之种种：人性之研究》，北京，商务印书馆，2002年，第26页。

但当代学者一般都顺着詹姆斯路线，倾向于把宗教说成一种"个人经验"，做着"人性之研究"。詹姆斯对人类宗教采取了一个简约的做法，"把宗教简约到它的最低的可以承认的方式，到那个脱除任何个人的附加物"的程度。在詹姆斯看来，宗教的核心就是个人信仰，"宗教，因其关切个人的运命，并这样与我们所知道的此外无他的绝对实在保持接触，必定在人类历史上有个永恒的贡献"[①]。于是，20世纪学者慢慢地把宗教说成是"私人的事情"。事实上，借用詹姆斯"个体宗教"来描述中国人的宗教生活，有很大的困难。詹姆斯的宗教学方法虽然趋向于科学、理性，却仍然可以看出是源自基督新教的"因信称义"，强调信徒个人与上帝之间的直接沟通。这种新教伦理的个人主义和东方宗教传统很难吻合。中国的儒教强调礼制，佛教强调静修，道家注重丹术，民间信仰又特别重视祭祀，有很多群体活动。中国宗教除了士大夫在理学中讲求一点关于上帝的道理之外，一般信徒较少接触神学类型的复杂教义。汉传佛教保留了某些印度宗教传统，有一些精神性的思辨和内省，还比较个人化。但是，佛教宗派和中国宗教的祭祀传统合流，儒教强调的集体伦理，道教发展法会团体，中国宗教看上去更像是詹姆斯说的"制度的宗教"，而不是神学化的"个体宗教"。

和西方亚伯拉罕宗教相比，中国宗教忽视教会和神学，重视的是礼仪和祭祀。围绕着礼仪和祭祀，才有庙会、法会、香会、社会等各种组织形式。中国宗教与其说是"讲"（神学）的宗教，不如说是"做"（祭祀）的宗教；与其说是个人的宗教，不如说是群体的宗教。研究中国宗教，如果忽视它的社会性，几乎就无从下手，就只能围着几本经典打转。杨庆堃"分散性宗教"有重

---

① 参见威廉·詹姆斯《宗教经验之种种：人性之研究》，第493页。

要的启发性，只因他指出了一点：研究中国宗教，需要在各种社会现象中观察它的存在。如果确实要用西方宗教学来关照中国的民间宗教，20世纪初期理论中较为可取的并非詹姆斯的心理学，而是涂尔干的社会学。法国哲学家涂尔干因处理天主教教会而发展起来的社群理论，因关注巫术而完善起来的仪轨学说，都对研究中国宗教有更多的启发。

在《宗教生活的基本形式》中，涂尔干认定宗教生活中的"社会事实"比"个体事实"更基本、更普遍，当然也更重要。人的宗教感（恐惧、追思、怀念、感动、交融、爱慕）是产生于个人默祷，还是公共祭祀？詹姆斯的回答是前者，涂尔干的回答则是后者。"毕竟，人从来就不仅仅是个体，他们总是属于——父母或亲戚、一个城镇或一座城市、一个种族、一个政党、一种伦理传统，或是某个其他的群体。"[①]涂尔干认为，宗教和社会是不可分离的，两者又是不可或缺的。对于宗教的定义，涂尔干有较高的标准，就是社会性。涂尔干吸取了英国人类学家弗雷泽《金枝：巫术与宗教之研究》的理论，他同意"巫术与宗教同源""巫术先于宗教"，但不接受"巫术也是宗教"。因为一方面，"巫术只是一种个人的事情"，"一个是个人事务的领域，另一个是公共事务的领域。一个巫师拥有顾客，却没有组织，'不存在巫术教会'"[②]。尽管19世纪末期的英美人类学已经把巫术、萨满和种种泛神论的信仰作为宗教学研究对象，涂尔干却坚持认为，宗教必须要有一定形式的组织，或曰教会，或曰社群。

然而，中国宗教并不是巫术、迷信类型的低级宗教。儒教、佛教、道教等体制宗教，哪怕是被指认为民间信仰的祭祀，也是

---

① 包尔丹著，陶飞亚、刘义、纽圣妮译：《宗教的七种理论》，上海，上海古籍出版社，2005年，第107页。

② 同上书，第123页。

有着相当组织程度的"体制的宗教"，堪比涂尔干标准的高级宗教。我们在金泽镇和江南地区看到的祭祀生活，是高于澳大利亚、密克罗尼西亚岛屿土著民族图腾信仰的宗教。因此，即使运用涂尔干的社会学标准来研究中国宗教，也是完全合适的。中国宗教有组织，涂尔干理论研究社群；中国宗教重祭祀，涂尔干理论正好也侧重仪轨。涂尔干强调"社会事实"，使得他的宗教学方法从思辨的变成经验的；从不可见的神秘体验变成了可以观察记录的行为和仪轨。按涂尔干的定义，"宗教是一种由既与众不同、又不可冒犯的神圣事物有关的信仰与仪式所组成的统一体系"[1]。中国宗教（儒、道、佛、民间信仰）源自于古代萨满教的巫觋传统，但在夏、商、周时代已经进化为有组织、有典章和有教义，即《尚书》所谓"有册有典"的系统信仰。"中国有礼仪之大，故称夏；有服章之美，谓之华。"[2]中国和华夏，在春秋时就是一个大规模的祭祀体系。汉唐时期的儒、道、佛和民间宗教延续了这个祭祀体系，也都擅长祭礼。延至后世，无论是明清庙祭（祠堂祭祖），还是当代墓祭（清明扫墓），都表现出社会性、制度性的特征。从这个角度来讲，涂尔干的宗教学比较切用。

20世纪的国内一般学者对于中国宗教的看法，较少受到西方汉学和宗教学的影响，较多是对基督宗教学说的反应。佛教学者重视《大藏经》、宗派和历代高僧传，道教学者也是专注《道藏》和道教人物传记。这种习惯性的做法，其实就是采用了基督宗教学者的标准和方法，偏重于经典、圣贤、宗派和教阶制度的研究。对于西方宗教来说，《圣经》、圣徒和圣职正是他们的信仰核心。对于中国宗教来讲，对应于基督宗教的事物并不突出，而

---

① 涂尔干：《宗教生活的基本形式》，第54页。

② 孔颖达疏《左传·定公十年》"裔不谋夏，夷不乱华"句，见《春秋左传正义》，阮元编：《十三经注疏》，第2148页上。

余下的那些因素又是如此重要。因此，不是单单从基督宗教研究传统中寻找方法，而且还要从19世纪以来的宗教学传统获得启发。如何为中国宗教研究寻找新的方法论，成为宗教学科发展的当务之急。

威廉·詹姆斯的心理学方法，可以发明中国人信仰的个体特征；涂尔干的社会学方法，则可以用来解释中国人信仰的群体特征。还有，卡尔·马克思的"鸦片论"方法，提示人们在宗教现象的背后存在人的"异化"；马克斯·缪勒的东方学方法，帮助在东西方不同信仰体系中建立一种比较宗教学；马克斯·韦伯的新教伦理理论，也帮助人们理解基督新教与犹太教、印度教、儒教、道教在现代性方面的不同。总之，我们承认前人研究的有效性，也承认这些有效性中包含的普适性。但是，我们依然认为欧美19世纪以来的宗教学可以启发人，但不能决定和代替我们的实际研究。方法论，从来不是决定论，套用西方学者个人的研究方法，并依此样式解决中国问题的做法，无一不陷入失败，在错综复杂、东西方迥异的宗教学领域，尤其如此。

例如，我们发现涂尔干的社会学路径对本项研究有较多的启发，但也发现把他的理论用在中国有很大的局限性。首先，中国宗教远在涂尔干的视野之外。面对中国宗教——一个既有经典，又有组织，还有其丰富礼仪，并且至少有三四千年古老传统的信仰，涂尔干的整体方法马上失效，他没有考虑过中国宗教这么复杂的问题。涂尔干在巴黎大学任教时期的学生葛兰言于1911年来华研究中国宗教，或者正是为了弥补这样的缺憾。汉学家葛兰言以《诗经》研究为基础的代表作《中国古代的祭祀与歌谣》（1919年），利用了民国初年中国学者的经学成果，开创性地解释中国宗教的祭祀特征。葛兰言把民间宗教与先秦儒教联系起来的做法，既延续了清代经学的礼学观点，又把涂尔干的宗教社会学用来研究中国宗教。非常可惜的是，葛兰言的中国宗教研究一直局限于《诗经》，后来也没有机会做更多的田野调查。"二战"和中国内战爆发后，中外学者关于中国宗教研究的交流几乎中断，这方面的研究难以深入。

20世纪50年代之后，中国大陆试行各种改造和革命，学术界与世隔绝，中外学者更是没有办法交流中国宗教研究的方法。在此期间，中国大陆学者对本土宗教展开"批判"和"肃清"，而欧美学者中仍有人坚持使用文献考证和田野调查相结合的方法来研究中国宗教，对重新厘清中国文化中的儒、道、佛和民间宗教的特征作出了重要贡献。杨庆堃先生带到海外的中国宗教研究，以华北（望都县、清河县）、华东（宝山县、川沙县）和华南（南海县、佛山县）等地区的明清方志为文献，以20世纪30年代的燕京大学社会学调查为田野，形成了优秀成果《中国社会中的宗教》，并以"分散性宗教"观点影响学界。虽然他的"分散性宗教"观点已经陆续被后来的学者修正，然而把社会学和文献学结合起来，并依此对中国宗教做整体研究，这一方法却得到继承。杨庆堃先生对中国宗教研究所做的更加重要的贡献，恐怕还在于方法论。

在这方面，焦大卫（David K. Jordan）和欧大年教授在1969年开始合作进行的台湾慈惠堂"拜鸾"研究颇能说明问题。在这项研究中，仍然是文献与田野的结合，"人类学者焦大卫与历史学者欧大年教授合写出经典性著作《飞鸾：中国民间教派面面观》"①。这部著作的作者们继承杨庆堃先生的方法，甚于他的观点。欧大年说："长久以来，我一直相信，人类学、历史学和对

---

① 王见川：《关于慈惠堂：代序》，焦大卫、欧大年著，周育民译，宋光宇校读：《飞鸾：中国民间教派面面观》，香港，中文大学出版社，2005年，第XI页。

经文的文本研究是要相互借鉴的。"更有甚者，研究中国宗教的学者，可以在传统宗教与民间宗教之间发现很多天然的联系。欧大年表示："我的研究主题是明清两代的民间各种教派，我当下震慑于明清教派和现代慈惠堂之间何其相似。"①回到历史，可以想见欧大年"震慑"于明清宗教和当下信仰，与葛兰言发现中国宗教和先秦儒家经典《诗经》之间的相似性感觉一致。中国宗教确实是一脉相承，既古老，又完整，还很广大。

面对一个完整的中国宗教，杨庆堃先生以后的同行学者有一个局限性，他们都只能在海外、台港和华南地区研究华人宗教。他们处理的经典、方志和文献，仍然是3000年以来的"周孔之教""儒、道、佛"或民间宗教；他们的田野调查，则无奈地转移到了台、港、澳或新加坡等传统华人文化地区，这时的中国宗教变得有点像是区域宗教。20世纪80年代以后，海外以及台湾、香港的"中国宗教"学者带着这些原本局限的研究成果，回到福建、广东开展田野调查，加以确认。数十年以后，这批学者建立起一个华南学派，对中国宗教研究是一个推动、一次回归。

华南学派对大陆的中国宗教研究是一个启发，我们可以因此获得启发，重建一个江南学派、华北学派、西南学派、西北学派。事实上，80年代以后，这些地区的大陆学者在各自的领域——历史学、文艺学、民族学、社会学、宗教哲学等等——分头做了很多工作，建立各自学派的条件是具备的。目前的宗教研究中，真正缺乏的是一种综合性的整体研究，即将中国宗教作为一个整体看待，不分儒、道、佛，结合文、史、哲，兼及社、法、经等各系科，建立一门真正独立的宗教学，对中国宗教加以系统的研究。在这方面，研究刚刚开始，我们还有很多工作要做。

---

① 欧大年：《序》，见《飞鸾：中国民间教派面面观》，第XXV页。

后记

　　本书从 2005 年开始写作，持续了近 10 年，于 2014 年初定稿。起因是接受了上海师范大学都市文化研究中心的邀请，完成"上海城市化历程与都市宗教研究"（编号 06JJDZH003）课题。先是想结合宗教学和城市研究，写一部上海大都市现代宗教（包括基督教、天主教、佛教、道教等）的起源与发展。课题设计完成后，我的兴趣发生了转移。一次偶然的机会，在上海市青浦区金泽镇发现了一个完整形态的"民间宗教"，我便毅然决定调整研究方向，对都市宗教从民间宗教的角度加以分析。该研究于 2011 年结项，课题名称就转为"金泽：现代都市的边缘宗教"。本书的大部分章节内容都已经作为该项目成果，提交给上海师范大学都市文化研究中心。在此过程中，该中心为我挡去了种种行政管理上的烦琐，尽可能少填表格，少开会，多调研，专心写作。为此，首先要感谢中心主任杨剑龙教授、前任主任孙逊教授的信任和支持。

　　本书初稿完成之后，杨丽华编辑就引荐此书稿给生活·读书·新知三联书店出版，签了合同后却被我拖延了好几年。这一段时间里，我对金泽镇民间信仰的兴趣越来越浓，不断地去当地调研考察。同时，对民间宗教与中华文化之关系的认识也越加深入，深感关系重大，需要慎重对待。后几年去金泽，以宗教社会学和政策研究居多，集中在民间宗教合法性问题的探讨，成果没有写在这本书里。搁置本书的几年中，我越加确定了一个看法：中国人的思想、文化和哲学同样也充满了各种"宗教性"；置汉族人的宗教生活于不顾，想要说明整个中华文化传统，或者说改造出一个现代精神文明体系，肯定是不可能的事情。近百年来，中国学者忽视宗教研究，视野局限，造成的结果就是华人社会对于自己文化的宗教性十分生疏，认识不清。在社会生活中粗暴割裂、极端处置宗教问题的事件一旦发生，非常危险。

2003年，我加入复旦大学哲学系的宗教学研究，与先在本系创办宗教学专业的王雷泉、张庆熊教授有一个共识：我们这一代"新三届"人从事的宗教学刚刚聚集起来，不可能有很强的宗教学（Religious Studies）特征。初创阶段，依托复旦大学多年积累的文、史、哲学研究传统，把宗教学的框架先建立起来；然后，在下一代的学者中间逐渐用社会学、人类学、心理学和比较研究等经验性的学科，像欧美大学那样把宗教学融会贯通成独立学科。实际的情况就是这么一回事情，宗教研究并不是完全没有，只是分散在各个老学科里，需要收集整理。在我看来，汉族人的民间宗教，是"中华宗教"的一部分，而且是最为基础的那一部分。正因为民间宗教是华人的基本宗教，学者们虽然不以民间宗教为名研究，实际上却是绕不过去，还发表了很多研究成果。中国近代传统的历史研究，包括思想史、文化史、经学史、文学史、地方史，甚至经济史中都有很多宗教课题的研究。怎样在一个跨学科的文、史、哲交叉领域，辟建出一个中华宗教的研究天地，这是我们一直思考的问题。这个思路得到了诸多同事、朋友的关注和支持。复旦大学哲学学院院长孙向晨教授、中国社会科学院世界宗教研究所所长卓新平教授、上海社会科学院宗教研究所晏可佳、葛壮研究员给予了很多鼓励。复旦大学中华文明国际研究中心兼任研究员安伦先生看过本书稿后,以多种方式表示支持,合其人力、物力推动中华宗教的研究。对于他们多年来的友情,在此表示感谢。

2007年春天,和卜正民(Timothy Brook)教授一起郊游时,发现了金泽镇的"廿八香汛",触发灵感,发愿以此题材研究中华宗教。卜正民教授有点困惑,不太理解我为什么要转向民间宗教研究。值此书稿完成和出版之际,我的心情是兼有释怀和忐忑,释怀是实践了当初的诺言,忐忑却是要等待他的评论。卜正民教授读过书稿中的几个章节,还曾应允写一篇序文,因为他太忙,最后还是不忍催他践约。无论如何,用这本书稿来纪念我们近30年的友谊,备感欣慰。

这10年来的中华宗教研究,曾经与魏明德(Benoît Vermander)、傅敏怡(Michael Friedrich)、杜赞奇(Prasenjit Duara)、劳格文(John Lagerwey)、高万桑(Vincent Goossaert)、丁荷生(Kenneth Dean)、杜瑞乐(Joel Thoraval)、Lisa Raphals、李丰楙、谢世维、黄一农、李明辉、杨儒宾、吴展良、张寿安、潘光哲、刘笑敢、朱鸿林、李炽昌、黎志添、谭伟伦、黎汉基、李凌瀚等海外及港台地区学者,还有国内的张志刚、吴飞、李四龙、程乐松、金泽、周伟驰、刘国鹏、刘仲宇、李向平、龙飞俊、汪堂家、周振鹤、王振忠、张伟然、金光耀、陈引驰等学友在不同场合讨论。他们的鼓励表现了学者们共建学术共同体的责任;他们的意见对于本书的写作和修改起了很大的作用,需要铭记。

最近几年里,上海市委统战部张化研究员、复旦大学宗教学系的郁喆隽副教授、美国圣路易斯华盛顿大学蒋狄青,以及一些博士生、硕士生,甚至是本科生,加盟到金泽镇的民间宗教研究,本书中的一些调查研究,得益于他们的参与和配合,在此也要特别鸣谢。另外，复旦大学的研究生王宏超、张湛、王定安、纪建勋、盖钧超、魏泽吉，博士后章可、李俊涛、王启元、苏畅等都帮助做了很多工作。另有王木娘、季怡雯、朱明川等帮助料理庶务，参与调研。复旦大学博士后张洪彬，香港中文大学博士生胡劼辰帮助校读了部分稿件。在此一并感谢。

金泽镇遗留下来的文化形态，受到越来越多人的关注，我们的研究并不孤单。上海籍香港实业家张颂仁、张颂义昆仲和梅冰巧女士，在金泽镇从事"嘉礼堂"（四民会馆）文化建设项目，致力于恢复传统市镇生活和明清祭祀礼仪。熟识多年的摄影家尔冬强也在金泽镇从事文化创意事业。每次都受到他们热情的招待，特别是梅冰巧女士，提供了无私帮助，在此表示感谢。青浦区政府获知我们在金泽镇从事研究，民族宗教委员会梁海红主任、诸福先老师特地邀请参加本区的研究项目。金泽镇政府的郭正梁先生、顾燕女士安排调研会议，提供信息和资料。为此，非常感谢来自金泽本土人士的帮助。

犹记得2005年秋季的一天，和老朋友李韧、陈克艰、程念祺在无意中首次闯入金泽镇，顿时发现了这个宁静质朴的桥乡。2007年春天，和老朋友卜正民、严搏非再访金泽镇，恰逢廿八香汛，又发现了一种遗落在江南湖区的古老信仰。"桥庙古镇"的民间宗教，与现代大都市文明并行不悖，这其中的奥秘，难以理解，又令人着迷。很多次，身边的师友们问我近年来忙什么，都是难以答复。恩师朱维铮最关注我的学术进展，好几次不无忧虑地专门询问近况。而我每次除了打开文件，向朱师报告章节之外，总还想着找机会请他去看看古镇。江南古镇，是明清文化的渊薮，也仍然是沪、苏、宁、杭都市人的精神故乡，读书人也一样。现在书稿完成，也有了更多的机会和可能，但是，临终仍在牵挂着学生们的朱老师，却在两年前永远地离开了我们。谨以本书铭记向恩师问学请益的日子。

本书出版，得到生活·读书·新知三联书店总经理李昕、特约编辑杨丽华的热情邀请。能在思想传统悠久、人文底蕴深厚的三联书店出版本书，确实是一种荣幸。李静韬编辑认真仔细地校看了所有文字，付出了艰辛努力，还提出了许多中肯的建议。上海交通大学出版社编辑任雅君、岳麓书社黄金武先生分别通校了全稿。在此一并感谢。

李天纲

于上海阳光新景寓所

二〇一五年一月十二日

参考书目

地方文献

周凤池纂，蔡自申续纂，杨军益标点：《金泽小志》，上海，上海社会科学院出版社，2005年。

周郁滨纂，戴扬本整理：《珠里小志》，上海，上海社会科学院出版社，2005年。

金惟鳌纂，姜汉椿标点：《盘龙镇志》，上海，上海社会科学院出版社，2005年。

唐澄甫、葛志坚著，赵航标点：《西岑乡土志》，上海，上海社会科学院出版社，2005年。

上海市青浦县县志编纂委员会编：《青浦县志·概述》，上海，上海人民出版社，1990年。

上海市青浦区地方志编纂委员会编：《青浦县志（1985—2000）》，北京，方志出版社，2009年。

青浦区金泽镇人民政府编：《江南第一桥乡——金泽》，上海，百家出版社，2001年。

曹同生编：《金泽千年桥庙文化》，上海，浦东电子出版社，2003年。

上海市松江县县志编纂委员会编：《松江县志》，上海，上海人民出版社，1991年。

金泽镇镇志编纂委员会编：《金泽志》，上海，青浦乡镇志系列，2004年。

莲盛镇镇志编纂委员会编：《莲盛志》，上海，青浦乡镇志系列，2004年。

西岑镇镇志编纂委员会编：《西岑志》，上海，青浦乡镇志系列，2005年。

商榻镇镇志编纂委员会编：《商榻志》，上海，青浦乡镇志系列，2004年。

朱家角乡乡志编纂委员会编：《朱家角乡志》，上海，青浦乡镇志系列，香港，新大陆出版社，2007年。

朱家角镇镇志编纂委员会编：《朱家角镇志》，上海，青浦乡镇志系列，上海，上海辞书出版社，2006年。

尹继佐等主编：《民俗上海·青浦卷》，上海，上海文化出版社，2007年。

上海宗教志编纂委员会编：《上海宗教志》，上海，上海社会科学院出版社，2001年。

顾清等纂：正德《松江府志》，正德七年（1512）刻本。

顾清等纂：正德《松江府志》，上海，上海古籍出版社，2011年，周建鼎等纂：康熙《松江府志》，上海，上海古籍出版社，2011年。

陈继儒纂：崇祯《松江府志》，上海，上海古籍出版社，2011年。

孙星衍等纂：嘉庆《松江府志》，嘉庆二十三年（1818）府学明伦堂刻本。

孙星衍等纂：嘉庆《松江府志》，上海，上海古籍出版社，2011年。

博润纂：光绪《松江府续志》，上海，上海古籍出版社，2011年。

熊其英等纂：光绪《青浦县志》，光绪五年（1879）尊经阁初刻本。

钱崇威纂：民国《青浦县续志》，民国二十三年（1934）刻本。

张应武等纂：《嘉定县志》，万历三十三年（1605）刻本。

俞樾纂：光绪《川沙厅志》，光绪五年（1879）刻本。

朱延射等纂：光绪《宝山县志》，光绪八年（1882）刻本。

俞樾纂：同治《上海县志》，同治十年（1871）上海南园志局重刻本。

姚文楠纂：民国《上海县志》，民国七年（1918）上海南园志局刻本。

冯桂芬纂：同治《苏州府志》，光绪九年（1883）江苏书局刻本。

曹允源等纂：《吴县志》，民国二十二年（1933）苏州文新公司排印本。

李绍文：《云间人物志》，上海，上海古籍出版社，2011年。

觉铭：《圆津禅寺小志》，上海，上海社会科学院出版社，2006年。

张廷玉等纂：《明史·礼志·吉礼》，上海，上海古籍出版社影印本，1986年。

赵尔巽、柯劭忞：《清史稿》，上海，上海古籍出版社影印本，1986年。

封演：《封氏闻见记》，北京，中华书局，2005年。

陆广微：《吴地记》，南京，江苏古籍出版社，1999年。

陆游：《老学庵笔记》，上海，上海远东出版社，1996年。

陆游：《入蜀记》，上海，上海远东出版社，1996年。

洪迈：《容斋随笔》，上海，上海古籍出版社，1998年。

龚明之：《中吴纪闻》，上海，上海古籍出版社，1986年。

孟元老：《东京梦华录》，北京，中国商业出版社，1982年。

耐得翁：《都城纪胜》，北京，中国商业出版社，1982年。

周密：《武林旧事》，北京，中国商业出版社，1982年。

陶宗仪：《南村辍耕录》，北京，中华书局，1959年。

王士性：《广志绎》，北京，中华书局，1981年。

钱泳：《履园丛话》，北京，中华书局，1997年。

叶梦珠：《阅世编》，上海，上海古籍出版社，1981年。

朱国祯：《涌幢小品》，上海，上海古籍出版社，2005年。

徐崧、张大纯：《百城烟水》，南京，江苏古籍出版社，1999年。

姚福均：《铸鼎余闻》，台北，学生书局，1989年，

顾禄：《清嘉录》，台北，文海出版社影印本，1985年。

俞樾：《茶香室丛钞》，北京，中华书局，1995年。

王韬：《瀛壖杂志》，上海，上海古籍出版社，1989年。

黄式权：《淞南梦影录》，上海，上海古籍出版社，1989年。

葛元煦：《沪游杂记》，上海，上海古籍出版社，1989年。

秦荣光编：《上海县竹枝词》，上海，上海古籍出版社，1989年。

中川忠英编著，方克、孙玄龄译：《清俗纪闻》，北京，中华书局，2006年。

袁景澜：《吴郡岁华纪丽》，南京，江苏古籍出版社，1998年。

陈伯熙：《上海轶事大观》，上海，上海书店出版社，2000年。

上海通社编：《上海研究资料》，上海，上海书店出版社，1984年。

上海通社编：《上海研究资料》（续集），上海，上海书店出版社，1984年。

顾炳权编：《上海风俗古迹考》，上海，华东师范大学出版社，1993年。

顾炳权编：《上海洋场竹枝词》，上海，上海书店出版社，1996年。

张南庄：《何典》，李天纲编：《海上文坛百家·龚自珍、张南庄卷》，上海，上海文艺出版社，2010年。

上海博物馆图书资料室编：《上海碑刻资料选辑》，上海，上海人民出版社，1980年。

瞿宣颖纂辑：《中国社会史料丛钞·甲集》，上海，上海书店出版社，1985年影印本。

吴亚魁编：《江南道教碑记》，上海，上海辞书出版社，2007年。

张化：《上海宗教通览》，上海，上海古籍出版社，2004年。

中文论著

许慎撰，段玉裁注：《说文解字注》，上海，上海古籍出版社据经韵楼版影印，1981年。

王充：《论衡》，上海，上海人民出版社，1974年。

朱熹：《家礼》，《朱子全书》（七），上海，上海古籍出版社、合肥，安徽教育出版社，2002年。

黎靖德编：《朱子语类》，长沙，岳麓书社，1997年。

杜佑：《通典》，北京，中华书局，1988年。

郑樵：《通志》，北京，中华书局，1995年。

马端临：《文献通考》，北京，中华书局，2006年。

胡广：《性理大全》，台北，商务印书馆，1983年。

丘濬：《大学衍义补》，北京，京华出版社，1999年。

顾炎武著，黄汝成集释：《日知录集释》，长沙，岳麓书社，1994年。

阮元编：《十三经注疏》，北京，中华书局据上海世界书局本影印，1979年。

永瑢等撰：《四库全书总目提要》，上海，商务印书馆，1931年。

永瑢、纪昀编：《四库全书总目》，北京，中华书局，1960年。

钱大昕：《潜研堂集》，上海，上海古籍出版社，1989年。

章学诚：《文史通义》，北京，中华书局，1994年，赵翼：《陔余丛考》，北京，商务印书馆，1957年。

黄伯禄：《集说诠真》，光绪三十二年（1906）上海慈母堂排印本；台北，学生书局，
　　1989年。

朱维铮、姜义华编注：《章太炎选集》，上海，上海人民出版社，1981年。

章太炎著，徐复注：《〈訄书〉详注》，上海，上海古籍出版社，2000年。

章太炎：《国故论衡》，上海，上海古籍出版社，2003年。

夏曾佑：《中国古代史》（原名《中国历史教科书》），台北，商务印书馆，1994年。

王国维：《观堂集林》，北京，中华书局，1959年。

本田成之著，孙俍工译：《中国经学史》，上海，上海书店出版社，2001年。

蒋梦麟：《西潮》，台北，辅欣书局，1990年。

林惠祥：《文化人类学》，北京，商务印书馆，2011年。

顾颉刚：《秦汉的方士与儒生》，上海，上海古籍出版社，2005年。

顾颉刚著，钱小柏编：《顾颉刚民俗论集》，上海，上海文艺出版社，1998年。

钱穆：《国史大纲》，北京，商务印书馆，1996年。

郭沫若：《中国古代社会研究》，北京，人民出版社，1964年。

岛邦男著，濮茅左、顾伟良译：《殷墟卜辞研究》，上海，上海古籍出版社，2006年。

蒙文通：《经史抉原》，成都，巴蜀书社，1993年。

蒙文通：《古史甄微》，成都，巴蜀书社，1999年。

侯外庐等：《中国思想通史》（第一、二、三、四卷），北京，人民出版社，1957年、1959年。

费孝通：《江村经济：中国农民的生活》，北京，商务印书馆，2001年。

费孝通：《乡土中国　生育制度　乡土重建》，北京，商务印书馆，2011年。

钱锺书：《管锥编》，北京，中华书局，1986年。

苏秉琦：《中国文明起源新探》，香港，商务印书馆，1997年。

杨向奎：《宗周社会与礼乐文明》，北京，人民出版社，1997年。

朱维铮编：《周予同经学史论著选集》（增订本），上海，上海人民出版社，1996年。

朱维铮：《中国经学史十讲》，上海，复旦大学出版社，2002年。

李学勤：《走出疑古时代》，沈阳，辽宁大学出版社，1997年。

许倬云：《西周史》，北京，生活·读书·新知三联书店，1994年。

任继愈主编：《儒教问题争论集》，北京，宗教文化出版社，2000年。

蒲慕州：《追寻一己之福：中国古代的信仰世界》，上海，上海古籍出版社，2007年。

魏明德著，蔡玟芳译：《从"羊圈"小村到地球村：凉山彝族的生活与传说》，成都，四川
　　民族出版社，2008年。

张寿安：《以礼代理：凌廷堪与清中叶儒学思想之转变》，台北，"中央研究院"近代史所，
　　1994年。

樊树志：《明清江南市镇探微》，上海，复旦大学出版社，1990年。

滨岛敦俊著，朱海滨译：《明清江南农村社会与民间信仰》，厦门，厦门大学出版社，

2008 年。

李零：《中国方术正考》，北京，中华书局，2006 年。

李零：《中国方术续考》，北京，中华书局，2006 年。

李天纲：《中国礼仪之争：历史、文献和意义》，上海，上海古籍出版社，1998 年。

李天纲：《跨文化的诠释：经学与神学的相遇》，北京，新星出版社，2007 年。

陈来：《古代宗教与伦理：儒家思想的根源》，北京，生活·读书·新知三联书店，1996 年。

黄进兴：《圣贤与圣徒》，台北，允晨文化实业股份有限公司，2001 年。

黄宗智：《长江三角洲小农家庭与乡村发展》，北京，中华书局，1992 年。

林美容主编：《信仰、仪式与社会》，台北，"中央研究院"民族学研究所，2003 年。

林美容：《妈祖信仰与汉人社会》，哈尔滨，黑龙江人民出版社，2003 年。

严耀中：《江南佛教史》，上海，上海人民出版社，2000 年。

高致华编：《探寻民间诸神与信仰文化》，合肥，黄山书社，2006 年。

吴亚魁：《江南全真道教》，香港，中华书局，2006 年。

赵世瑜：《狂欢与日常：明清以来的庙会与民间社会》，北京，生活·读书·新知三联书店，
　　2002 年。

范荧：《上海民间信仰研究》，上海，上海人民出版社，2006 年。

阮仁泽、高征农主编：《上海宗教史》，上海，上海人民出版社，1992 年。

赵轶峰：《明代国家宗教管理制度与政策研究》，北京，中国社会科学出版社，2008 年。

学愚：《人间佛教：星云大师如是说，如是行》，香港，中华书局，2011 年。

段玉明：《中国寺庙文化》，上海，上海人民出版社，1991 年。

宗力、刘群：《中国民间诸神》，石家庄，河北人民出版社，1987 年。

吕宗力、栾保群：《中国民间诸神》（增补本），石家庄，河北教育出版社，2001 年。

尔冬强：《口述历史：尔冬强和 108 位茶客》，上海，上海古籍出版社，2010 年。

西文译著

利玛窦、金尼阁著，何高济等译：《利玛窦中国札记》，北京，中华书局，1983 年。

苏尔·诺尔编，沈保义等译：《中国礼仪之争西文文献一百篇》，上海，上海古籍出版社，
　　2001 年。

马克斯·韦伯著，洪天富译：《儒教与道教》，南京，江苏人民出版社，1997 年。

马克斯·韦伯著，王容芬译：《儒教与道教》，北京，商务印书馆，1999 年。

威廉·詹姆斯著，唐钺译：《宗教经验之种种》，北京，商务印书馆，2002 年。

涂尔干著，渠东、汲喆译：《宗教生活的基本形式》，上海，上海人民出版社，1999 年。

伊利亚德著，晏可佳等译：《宗教思想史》，上海，上海社会科学院出版社，2004 年。

詹姆斯·弗雷泽著，徐育新等译：《金枝：巫术与宗教之研究》，北京，大众文艺出版社，

1998年。

禄是道著，李天纲等译：《中国民间崇拜》，上海，上海科学技术文献出版社，2009年。

明恩溥著，刘文飞译：《中国人的气质》，上海，上海三联书店，2007年。

格拉耐（葛兰言）著，张铭远译：《中国古代的祭祀与歌谣》，上海，上海文艺出版社，1989年。

列维－斯特劳斯著，李幼蒸译：《野性的思维》，北京，商务印书馆，1997年。

埃玛纽埃尔·勒华拉杜里著，许明龙、马胜利译：《蒙塔尤：1294—1324年奥克西坦尼的一个山村》，北京，商务印书馆，1997年。

施坚雅主编，叶光庭等译：《中华帝国晚期的城市》，北京，中华书局，2000年。

施坚雅著，史建云等译：《中国农村的市场和社会结构》，北京，中国社会科学出版社，1998年。

亨廷顿著，周琪等译：《文明的冲突与世界秩序的重建》，北京，新华出版社，2002年。

彼得·伯格著，李骏康译：《世界的非世俗化：复兴的宗教及全球政治》，上海，上海古籍出版社，2005年。

马克斯·缪勒著，陈观胜等译：《宗教学导论》，上海，上海人民出版社，1989年。

埃里克·夏普著，吕大吉等译：《比较宗教学史》，上海，上海人民出版社，1988年。

吉尔兹著，王海龙等译：《地方性知识》，北京，中央编译出版社，2000年。

格尔兹著，纳日碧力格等译：《文化的解释》，上海，上海人民出版社，1999年。

包尔丹著，陶飞亚等译：《宗教的七种理论》，上海，上海古籍出版社，2005年。

杨庆堃著，范丽珠等译：《中国社会中的宗教》，上海，上海人民出版社，2007年。

许理和著，李四龙、裴勇译：《佛教征服中国：佛教在中国中古早期的传播与适应》，南京，江苏人民出版社，2003年。

约瑟夫·列文森著，郑大华、任菁译：《儒教中国及其现代命运》，桂林，广西师范大学出版社，2009年。

史华兹著，程刚译：《古代中国的思想世界》，南京，江苏人民出版社，2004年。

余英时著，侯旭东等译：《东汉生死观》，上海，上海古籍出版社，2005年。

余英时：《现代儒学论》，上海，上海人民出版社，1998年。

杜赞奇著，王福明译：《文化、权力与国家：1900—1942年的华北农村》，南京，江苏人民出版社，1996年。

欧大年著，严耀中等译：《中国民间宗教教派研究》，上海，上海古籍出版社，1993年。

焦大卫、欧大年著，周育民译，宋光宇校读：《飞鸾：中国民间教派面面观》，香港，中文大学出版社，2005年。

杜维明著，段德智译：《论儒学的宗教性：对〈中庸〉的现代诠释》，武汉，武汉大学出版社，1999年。

卜正民著，张华译：《为权力祈祷：佛教与晚明中国士绅社会的形成》，南京，江苏人民出版社，2005年。

韩森著,包伟民译:《变迁之神:南宋时期的民间信仰》,杭州,浙江人民出版社,1999年。

De Groot, *The Religious System of China*, Vol. I–VI, Brill, Leiden, 1910,台北影印本,1964年。

Harvey Cox, *The Secular City, Secularization and Urbanization in Theological Perspective*, the Macmillan Company, New York, 1965.

Robet Bellah, *Beyond Belief, Essays on Religion in a Post Traditional World*, University of California Press, Berkeley, 1970.

C．K．Yang, *Religion in Chinese Society: A Study of Contemporary Social Functions of Religion and Some of Their Historical Factors,* University of California Press, 1961.

Charles Tailor, *A Secular Age*, Harvard University Press, 2007.

Hansen, Varelie, 1990, *Changing God in Medieval China, 1127–1276*, Princeton N. J. Princeton University Press.

Susan Naquin, *Peking, Temples and City Life, 1400–1900*, University of California Press, Berkeley, 2000.

Chang, Kwang Chih, *The Archaeology of Ancient China, New Haven*, Yale University Press, 1986.

Wang Gang, *Daoism Prince*, Oxford University Press, Oxford, 2012.